Ihr Vorteil als Käufer dieses Buches

Auf der Bonus-Webseite zu diesem Buch finden Sie zusätzliche Informationen und Services. Dazu gehört auch ein kostenloser **Testzugang** zur Online-Fassung Ihres Buches. Und der besondere Vorteil: Wenn Sie Ihr **Online-Buch** auch weiterhin nutzen wollen, erhalten Sie den vollen Zugang zum **Vorzugspreis**.

So nutzen Sie Ihren Vorteil

Halten Sie den unten abgedruckten Zugangscode bereit und gehen Sie auf **www.galileocomputing.de**. Dort finden Sie den Kasten **Die Bonus-Seite für Buchkäufer**. Klicken Sie auf **Zur Bonus-Seite / Buch registrieren**, und geben Sie Ihren **Zugangs-code** ein. Schon stehen Ihnen die Bonus-Angebote zur Verfügung.

Ihr persönlicher
Zugangscode

ng79-3t4w-dr52-kyva

Fabian Moritz, René Hézser

Praxisbuch SharePoint-Entwicklung

Galileo Press

Liebe Leserin, lieber Leser,

kaum ein anderes Produkt von Microsoft schreibt derzeit eine solche Erfolgsgeschichte in Unternehmen wie SharePoint. Dies verwundert kaum angesichts der Funktionsvielfalt, die es Unternehmen z.B. in den Bereichen Zusammenarbeit oder Dokumentenmanagement bietet.

Gerade für Sie als Entwickler dürfte jedoch besonders ein Aspekt von SharePoint interessant sein: SharePoint ist mehr als eine reine Softwarelösung für einzelne Anwendungsgebiete wie z.B. das Dokumentenmanagement. Es ist eine *Entwicklungsplattform*, mit der Sie schnell eigene, auf Ihr Unternehmen maßgeschneiderte Lösungen bereitstellen können.

Und damit sind wir beim Thema dieses Buches: Es erläutert Ihnen jederzeit leicht nachvollziehbar, wie Sie Anwendungen in SharePoint entwickeln, die sich nahtlos in die Umgebung in Ihrem Unternehmen integrieren. Das Buch vermittelt Ihnen dabei wesentlich mehr als nur die benötigten Grundlagen. Es versetzt Sie in Schritt für Schritt in die Lage, mit SharePoint u.a. vollständige Enterprise-Lösungen zu realisieren.

Besonderen Wert haben unsere Autoren Fabian Moritz und René Hézser in Ihrem Buch darauf gelegt, alle Kapitel konsequent am täglichen Einsatz von SharePoint-Entwicklern auszurichten. Sicher werden Ihnen die zahlreichen Beispiele und Praxistipps, die die Autoren aus ihrer langjährigen Erfahrung mit SharePoint für Sie zusammengestellt haben, wertvolle Dienste leisten. Die ausgewogene Mischung von Erklärungen, Beispielen und Tipps in Verbindung mit einer leicht verständlichen Ausdrucksweise machen das Buch zu einer rundum gelungenen Anleitung von Praktikern für Praktiker.

Das Buch wurde mit großer Sorgfalt geschrieben, lektoriert und produziert. Sollten sich dennoch Fehler eingeschlichen haben, wenden Sie sich bitte an mich. Ihre Anmerkungen und Ihre Kritik sind immer willkommen.

Sebastian Kestel
Lektorat Galileo Computing

sebastian.kestel@galileo-press.de
www.galileocomputing.de
Galileo Press · Rheinwerkallee 4 · 53227 Bonn

Auf einen Blick

Der Name Galileo Press geht auf den italienischen Mathematiker und Philosophen Galileo Galilei (1564–1642) zurück. Er gilt als Gründungsfigur der neuzeitlichen Wissenschaft und wurde berühmt als Verfechter des modernen, heliozentrischen Weltbilds. Legendär ist sein Ausspruch *Eppur si muove* (Und sie bewegt sich doch). Das Emblem von Galileo Press ist der Jupiter, umkreist von den vier Galileischen Monden. Galilei entdeckte die nach ihm benannten Monde 1610.

Lektorat Sebastian Kestel
Korrektorat Friederike Daenecke, Zülpich
Cover Barbara Thoben, Köln
Titelbilder oben: Ilandrea/Fotolia.com; Mitte links: Tim Hawley/Getty Images;
      Mitte und Mitte rechts: Galileo Press
Typografie und Layout Vera Brauner
Herstellung Norbert Englert
Satz III-satz, Husby
Druck und Bindung Bercker Graphischer Betrieb, Kevelaer

Gerne stehen wir Ihnen mit Rat und Tat zur Seite:
sebastian.kestel@galileo-press.de bei Fragen und Anmerkungen zum Inhalt des Buches
service@galileo-press.de für versandkostenfreie Bestellungen und Reklamationen
britta.behrens@galileo-press.de für Rezensionsexemplare

Dieses Buch wurde gesetzt aus der Linotype Syntax Serif (9,25/13,25 pt) in FrameMaker.

Bibliografische Information der Deutschen Nationalbibliothek
Die Deutsche Nationalbibliothek verzeichnet diese Publikation in der Deutschen National-bibliografie; detaillierte bibliografische Daten sind im Internet über *http://dnb.d-nb.de* abrufbar.

ISBN 978-3-8362-1468-1

© Galileo Press, Bonn 2011
1. Auflage 2011

Inhalt

Danksagung

Fabian Moritz

Mir ist es ein besonderes Bedürfnis einigen Personen zu danken. An erster Stelle meiner Frau Kelly, die über mehrere Monate hinweg auf mich verzichten musste und mir während dieser Zeit eine große Hilfe war. An zweiter Stelle möchte ich meinem Co-Autor René Hészer dafür danken, dass er mich bei diesem Buchprojekt tatkräftig unterstützt hat. Ohne seine Expertise wäre dieses Buch so nicht möglich gewesen. Nicht vergessen möchte ich mein Team, das mich durch hervorragende Projektarbeit beruhigt hat schlafen lassen.

René Hézser

Ohne Unterstützung wäre es mir nicht möglich gewesen, dieses Buch zu schreiben. Deshalb möchte ich mich insbesondere bei meinem Co-Autor Fabian Moritz bedanken, dass er es mir durch sein Vertrauen überhaupt erst ermöglicht hat, an diesem Buch mitzuwirken. Mein Dank gilt ebenfalls meiner Frau Corinna, die viele Abende, Tage und Wochenenden erdulden musste, dass ich trotz Anwesenheit mit Abwesenheit glänzte. Auch mein Sohn musste hinnehmen, dass sein Vater nicht mehr Zeit mit ihm verbringen konnte.

*SharePoint ist kein Produkt, sondern eine Entwicklungsplattform,
mit der sich individuelle benutzerdefinierte Lösungen unterschiedlicher
Art realisieren lassen.*

1   SharePoint als Entwicklungsplattform

»Was ist eigentlich SharePoint?« Diese Frage ist eine der häufigsten, die man als SharePoint-Spezialist gestellt bekommt. Die Frage ist durchaus berechtigt, weil es hierzu sehr viele unterschiedliche Aussagen gibt. Sie reichen von »SharePoint ist eine Zusammenarbeitsplattform« über »SharePoint ist ein Dokumentenmanagement-System« bis hin zu »SharePoint ist ein Teufelswerk« – die Palette der Aussagen ist sehr weit gefächert. Michael Greth, ein Microsoft Most Valuable Professional (MVP) für SharePoint Server, hat die Technologie SharePoint sehr zutreffend so beschrieben:

> *»Man muss sich SharePoint als eine Art Info–Lego vorstellen. SharePoint stellt einen riesengroßen Baukasten bereit, mit dem sich unterschiedliche Lösungen realisieren lassen. Von einer einfachen Teamsite zur Unterstützung der Zusammenarbeit über spezielle Projekträume bis hin zu kompletten Intranet-Portalen – die Einsatzgebiete von SharePoint sind sehr vielseitig.«*

Diese Fähigkeit kann gleichzeitig als Segen und Fluch bewertet werden.

Als »Fluch« deshalb, weil SharePoint damit als nichts Halbes und nichts Ganzes bezeichnet werden kann. Stellt man SharePoint anderen, spezialisierten Produkten für bestimmte Anforderungen (zum Beispiel für das Dokumentenmanagement) gegenüber, wird man feststellen, dass SharePoint im Vergleich zu diesen Lösungen teilweise nur 80 Prozent des Funktionsumfangs abdeckt. Aber genau darin steckt das Potenzial dieser Technologie – und das ist der »Segen«: SharePoint ist kein Produkt, sondern eine Entwicklungsplattform!

Recherchiert man in den gängigsten Nachschlagewerken, findet man als Definition des Begriffs ungefähr folgende Beschreibung: Eine Entwicklungsplattform zeichnet sich dadurch aus, dass sie eine Anwendungsschicht oberhalb des Betriebssystems bereitstellt. Diese Schicht besteht aus einem oder mehreren Frameworks, gut dokumentierten Programmierschnittstellen, Standardkomponenten sowie unterschiedlichen Werkzeugen, die die Realisierung individueller Unternehmensanforderungen ermöglichen.

Diese Eigenschaften lassen sich sehr gut auf die SharePoint-Technologie übertragen. SharePoint wird mit unterschiedlichen Produkten ausgeliefert, stellt zahlreiche Programmierschnittstellen, Anwendungskomponenten und Dienste bereit und liefert einen reichhaltigen Satz an Werkzeugen, die die Umsetzung von benutzerdefinierten Anwendungen unterstützen.

Die datenbankgestützte Plattform basiert vollständig auf ASP.NET 3.5, integriert sich nahtlos in die homogene Windows-Landschaft und nutzt an geeigneter Stelle die Standardkomponenten des Betriebssystems bzw. von ASP.NET.

In diesem Buch werden Ihnen die grundlegenden Aspekte von SharePoint 2010 als Entwicklungsplattform vorgestellt. Sie lernen die Charakteristika der SharePoint-Plattform, ihre Schnittstellen und Standardkomponenten, die Basistechnologien sowie die verschiedenen Werkzeuge zur Umsetzung von benutzerdefinierten Anwendungen kennen. Zudem finden Sie in den unterschiedlichen Kapiteln dieses Buches an geeigneter Stelle Tipps und Tricks, weiterführende Themen sowie mögliche Entwicklerressourcen.

In den vergangenen Jahren konnte man einen deutlichen Trend bei SharePoint-Projekten beobachten: Sie dauern immer länger, die Anzahl der beteiligten Akteure nimmt zu, und die Komplexität wird immer größer. Aus diesem Grund ist es besonders wichtig, den Entwicklungsprozess auf die jeweilige Anforderung abzustimmen und die Umsetzung durch geeignete Werkzeuge zu unterstützen. Bei dieser Betrachtung sollte nicht nur die Rolle des Programmierers, sondern auch die des Webdesigners, des Testers oder des Projektmanagers berücksichtigt werden.

Ein hervorragendes Werkzeug zur Begleitung sämtlicher Phasen eines SharePoint-Projekts ist *Visual Studio 2010* in Verbindung mit dem *Team Foundation Server 2010*. Die Suite beinhaltet neben einer sehr guten Integration in den SharePoint-Entwicklungsprozess zahlreiche nützliche Werkzeuge zur technischen Unterstützung sämtlicher Projektphasen, von der Planung über die Implementierung bis hin zur Stabilisierung. Insbesondere bei einem Zusammenschluss mehrerer Projektbeteiligter erreichen Sie durch den Einsatz eines zentralen Planungs- sowie Code-Verwaltungswerkzeugs einen optimalen Output sämtlicher Akteure.

In diesem Buch werden Sie erfahren, welche Entwicklungswerkzeuge Ihnen für die SharePoint-Programmierung zur Verfügung stehen und wie Sie diese sinnvoll einsetzen können.

Eine große Bedeutung für die SharePoint 2010-Familie hat *Office 2010*. Die Suite stellt nicht nur wichtige Werkzeuge für die integrierte Bearbeitung von Share-

Point-Dokumenten bereit, sie spielt auch eine grundlegende Rolle in der Umsetzung von SharePoint-Lösungen. Mit dem *SharePoint Designer 2010* sowie *InfoPath 2010* stellt Office 2010 zwei sehr elementare Bausteine in der Liste der SharePoint-Werkzeuge bereit. Mit ersterem lassen sich nicht nur administrative Aufgaben ausüben, das Werkzeug dient vor allem dem Webdesigner und technisch versierten Nutzer zur Anpassung der Benutzeroberfläche, zur Erstellung von Workflows oder zur Bereitstellung von Seitenvorlagen für Web-Content-Management-Systeme.

Die Bedeutung von InfoPath 2010 für den SharePoint-Entwickler hat im Vergleich zu den Vorversionen noch zugenommen. Neben der Bereitstellung von client- oder webbasierten Formularen dient die neue Version auch als Standardwerkzeug zur Anpassung von Listen- oder Workflow-Formularen. Beide Office-Produkte wurden gleichermaßen vollständig überarbeitet und integrieren die neue Ribbon-Benutzeroberfläche aus Office.

Sie werden in diesem Buch erfahren, dass Visual Studio 2010 nicht das einzige nützliche Tool für den SharePoint-Programmierer ist. Je nach Anwendungsfall können auch der SharePoint Designer 2010, InfoPath 2010 oder auch andere Community- bzw. Drittanbieter-Tools bei der Realisierung von SharePoint 2010-Lösungen behilflich sein.

1.1   Die SharePoint-Features im Überblick

SharePoint 2010 beschreibt sich selbst als Entwicklungsplattform für den Einsatz im Unternehmen und im Web. Die Technologie liefert dabei einen hohen Grad an Erweiterungs- und Anpassungsmöglichkeiten. Die Anzahl der unterschiedlichen Möglichkeiten für den Programmierer ist enorm. Von der einfachen Anpassung der Benutzeroberfläche bis hin zur Realisierung kompletter Intranet- oder Internetlösungen – die Technologie SharePoint bietet eine reichhaltige Plattform für eine Vielzahl von Anwendungsfällen.

SharePoint 2010 liefert nicht nur die für die Lösungsentwicklung erforderlichen Frameworks, Schnittstellen und Dienste, sondern auch einen reichhaltigen Satz an Standardfunktionen. Das Spektrum reicht von einfachen Websites für die Zusammenarbeit über Dokumentenmanagement-Features und die Suche bis hin zu Business-Intelligence- oder Web-Content-Management-Funktionen. Seinen Funktionsumfang gruppiert SharePoint 2010 in sechs Bereiche: *Sites, Communities, Content, Search, Insights* und *Composites*.

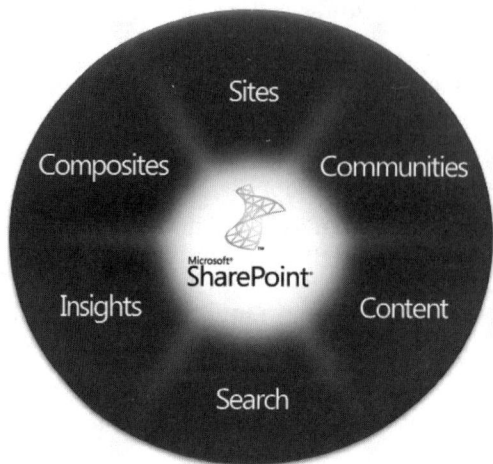

Abbildung 1.1   Die SharePoint 2010-Technologien im Überblick

Die Begrifflichkeiten werden bewusst aus dem Englischen übernommen und nicht übersetzt, weil für die deutschen Bezeichnungen größtenteils (noch) keine passenden Begriffe existieren. Tabelle 1.1 liefert Ihnen eine detaillierte Beschreibung des Funktionsumfangs von SharePoint 2010.

Fähigkeit	Beschreibung
Sites	Sites bilden die Grundlage einer SharePoint-Plattform. Sie unterstützen die Nutzer bei der Zusammenarbeit in unterschiedlichen Teams innerhalb und außerhalb des Unternehmens. Dazu integriert SharePoint 2010 zahlreiche Standardvorlagen, RSS-, Benachrichtigungs- und Workflow-Funktionen sowie eine hervorragende Integration in Office 2010.
Communities	Die Communities-Funktionen liefern die Möglichkeit, Personen innerhalb und außerhalb des Unternehmens zu verbinden. Wichtige Features sind die Abbildung und Suche von persönlichen Fähigkeiten und Beziehungen. Außerdem beinhaltet diese Fähigkeit Funktionen wie Tagging, Tag Clouds oder die Bewertungsmöglichkeit des Seiteninhalts.
Content	Mit der Content-Management-Funktion lassen sich Inhalte in Webseiten oder Dokumentencentern über unterschiedliche Wege bereitstellen, editieren oder intuitiv um digitale Medien erweitern.
Search	Über die Suche können Daten aus SharePoint-Webseiten oder anderen Datenquellen (Dateisystem, Exchange Server, Webseiten oder LOB-Systemen) indiziert und durchsucht werden.

Tabelle 1.1   Funktionsblöcke von SharePoint 2010

Fähigkeit	Beschreibung
Insights	Daten aus Backend- oder SharePoint-Systemen können über Webseiten, Dashboards, Excel Services oder Performance Point Services ausgewertet, transformiert und visualisiert werden. SharePoint 2010 bietet die Grundlage dafür an, Informationen dort bereitzustellen, wo die Entscheidungen getroffen werden.
Composites	SharePoint 2010 liefert zahlreiche Möglichkeiten, integrierte Lösungen mit Out-of-the-Box-Funktionen und Standardwerkzeugen zu realisieren.

Tabelle 1.1 Funktionsblöcke von SharePoint 2010 (Forts.)

Die hier beschriebenen Funktionen von SharePoint 2010 werden in unterschiedlichen Produkten ausgeliefert. Den Kern der SharePoint-Technologie und ein wesentlicher Standard-Funktionsumfang wird durch *SharePoint Foundation 2010* bereitgestellt. Alle anderen Produktversionen (zum Beispiel *SharePoint Server 2010*, *Search Server 2010* oder *Project Server 2010*) bauen auf diesem Standard auf und erweitern ihn um benutzerdefinierte Features, Dienste oder Anwendungskomponenten.

Im Fokus dieses Buches stehen die Kernfunktionen, Standard-Technologien, Schnittstellen sowie Sprachkomponenten von SharePoint 2010.

Das Wissen, das Sie durch dieses Buch erlangen, können Sie in der Anwendungsentwicklung für sämtliche SharePoint-Produktversionen einsetzen.

1.2 Welche Produkte gibt es?

SharePoint 2010 wird in zwei wesentlichen Produktversionen ausgeliefert: *Microsoft SharePoint Foundation 2010* und *Microsoft SharePoint Server 2010*.

Microsoft SharePoint Foundation 2010 ist der Nachfolger der *Windows SharePoint Services 3.0*. Diese Produktversion ist kostenlos. Sie kann von jedem Anwender benutzt werden, der über eine gültige Windows Client-Zugriffslizenz verfügt. SharePoint Foundation 2010 stellt die Basisfunktionen der SharePoint-Technologie und die Standardelemente für die Bereitstellung von Webseiten (Sites), Community Features (Blogs, Wikis oder Diskussionen) sowie zahlreiche Tools und Werkzeuge (Composites) bereit.

Microsoft SharePoint Server 2010 ist der lizenzpflichtige »große Bruder« von SharePoint Foundation 2010. Er basiert auf der Basisfunktion von SharePoint Foundation und erweitert sie um zusätzliche Enterprise Features. Microsoft SharePoint Server 2010 wird in zwei unterschiedlichen Lizenzierungsvarianten ausgeliefert: In der *Standard-* und der *Enterprise*-Version.

Standard vs. Enterprise

SharePoint Server 2010 Standard und Enterprise sind im Grunde genommen keine zwei unterschiedlichen Produkte. Die technische Basis dieser beiden Versionen ist identisch. Der Unterschied besteht lediglich in der Art der Client-Lizenzierung. Die Nutzung von Enterprise-Funktionen erfordert den Erwerb einer Enterprise Client-Zugriffslizenz (CAL). Sie sollten beachten, dass diese Lizenz zusätzlich zur Standard-CAL erworben werden muss.

Die Enterprise-Funktionen werden entweder durch die Websitevorlage oder die jeweiligen SharePoint-Features aktiviert.

Tabelle 1.2 listet die wichtigsten Erweiterungen der Standardversion, gruppiert nach den Technologiebausteinen, auf.

Bereich	Funktion
Sites	erweiterte Kontrolle
	Seitenstatistik
Communities	soziale Netzwerke
	Enterprise-Wiki
	Benutzerprofile und Organisationen
	Meine Seite (Mein Inhalt, Meine News und Mein Profil)
	Ratings
	Tagging
Content	Inhaltsorganisation
	Dokumentensätze
	Dokumenten-ID
	Verwaltetet Metadaten.
	verteilte Inhaltstypen
	Rich-Media-Support
Suche	beste Suchergebnisse
	Standardsortierung
	Suchfacetten (Metadaten-Verfeinerung)
	Personensuche
	phonetische Suche
	Abfragevorschläge (Meinten Sie...)
	Suchbereiche
	Windows 7-Suche

Tabelle 1.2 SharePoint Server 2010 Standard-Features

Bereich	Funktion
Composites	BCS-Profileseite
	Workflow-Vorlage

Tabelle 1.2 SharePoint Server 2010 Standard-Features (Forts.)

Die Erweiterungen der Enterprise-Version beziehen sich auf die Technologiebausteine der Suche, Insights und Composites (siehe Tabelle 1.3).

Bereich	Funktion
Search	erweiterte Sortierungsmöglichkeiten
	kontextuelle Suche
	bessere Verfeinerung der Suchfacetten
	ähnliche Suchergebnisse
	Vorschaufunktionen
	visuelle beste Suchergebnisse
Insights	Business Intelligence Center
	Key-Performance-Indikatoren (KPIs)
	Datenverbindungsbibliothek
	Excel-Services
	PowerPivot
	PerformancePoint-Services
	Visio-Services
Composites	Access-Services
	Businessdaten-Integration in Office
	Geschäftsdaten-Webparts
	InfoPath-Forms-Services

Tabelle 1.3 SharePoint Server 2010 Enterprise-Features

Neben diesen drei Kernprodukten wird die SharePoint-Technologie noch in weiteren Versionen ausgeliefert, die jedoch nur eine Lizenzierungsvariante darstellen. Für den Einsatz von SharePoint 2010 in Extranet- oder Internet-Szenarien stellt Microsoft die Lizenzvariante *SharePoint Server 2010 for Internet Sites (Standard/Enterprise)* bereit. Diese Produktversion enthält jeweils den gleichen Funktionsumfang wie die Intranet-Lizenzvarianten. Der Unterschied besteht in der Art der Lizenzierung. SharePoint Server 2010 for Internet Sites wird serverseitig lizenziert, Client-Zugriffslizenzen sind nicht erforderlich.

1.3   Welche Produktversion ist die für Sie richtige?

Aufgrund des großen Spektrums der Standardfunktionen dieser drei Produktvarianten ist es ratsam, sich frühzeitig Gedanken über die Lizenzvariante zu machen, die Sie brauchen. Teilweise ist es sinnvoll, für die Umsetzung einer spezifischen Anforderung eine Standardtechnologie von SharePoint zu verwenden. In diese Überlegung sollten auch die weiteren Produkte der SharePoint-Familie mit einbezogen werden, z. B. *InfoPath Forms Services*, auch wenn deren Einsatz zusätzliche Lizenzkosten mit sich bringen. Der Gesamtbetrag kann trotz der zusätzlichen Aufwendungen durch weniger Programmierarbeit ausgeglichen werden. Eine richtige Entscheidung kann aber auch sein, die Anforderung auf Grundlage von SharePoint Foundation 2010 umzusetzen.

Eine mögliche Herangehensweise zur Auswahl der richtigen Technologie ist die Betrachtung der *Total Cost of Ownership* (TOC) der jeweiligen Lösung und der eventuellen Folgeprojekte. In bestimmten Konstellationen kann die Umsetzung eines einzigen Projekts mit dem Enterprise Feature von SharePoint Server nicht rentabel sein, sich jedoch bereits mit dem zweiten Projekt amortisieren. Bei der Planung eines SharePoint-Projekts sollten Sie im Vorfeld folgende Fragen klären:

▸ Kann die Anforderung mit Standardfunktionen von SharePoint abgedeckt werden?

▸ Welche Lizenzvariante ist hierfür erforderlich?

▸ Wie hoch sind die Lizenzkosten für die geplante Anzahl an Nutzern?

▸ Wie hoch sind die Entwicklungskosten?

▸ Bei welcher Kostenschwelle amortisiert sich der Erwerb der Enterprise-Version?

▸ Wie sieht die Roadmap für die kommenden drei Jahre aus? Welche weiteren SharePoint-Projekte sind geplant?

▸ Welche Vorgaben kommen aus Infrastruktursicht?

▸ Welches Know-how haben die SharePoint-Programmierer, und welche Kosten entstehen für Schulungen und Trainings?

Dieser kleine Ausflug in die Planung eines SharePoint-Projekts soll deutlich machen, wie groß die Tragweite der Entscheidung über die passende SharePoint-Produktversion sein kann.

Die Auswirkung dieser Entscheidung hat einen direkten Einfluss auf die mögliche Basistechnologie, das Team und den Aufwand für den Programmierer. Es gibt gute Gründe dafür, eine komplette Lösung auf Basis von SharePoint Foundation 2010 zu implementieren, und zwar dort, wo die Programmierung einen sehr großen Anteil an den Projektvorgängen einnimmt. Adäquat dazu besteht die Möglichkeit, eine Lösung auf Basis einer Standardtechnologie von SharePoint Server 2010 zu implementieren, auch wenn in diesem Fall die Lizenzkosten für das Produkt teurer wären.

Diese Betrachtung macht einen weiteren wichtigen Faktor für die Auswahl der passenden Produktversion deutlich: die Anzahl der Entwickler und das vorhandene Know-how. Bitte berücksichtigen Sie, dass Sie für ein SharePoint-Projekt das nötige Entwickler-Know-how benötigen. Fehler in der Umsetzung eines SharePoint-Projekts können sich direkt oder auch zu einem späteren Zeitpunkt noch auf die SharePoint-Plattform auswirken.

Dieses Buch soll dazu beitragen, Ihre fachlichen Fähigkeiten zur Umsetzung eines SharePoint Projekts auszubauen und zu verbessern. Sie werden in den folgenden Kapiteln erfahren, welche vorbereitenden Schritte für die Entwicklung von SharePoint-Anwendungen erforderlich sind, welche Entwicklungswerkzeuge Sie hierzu einsetzen können und woher Sie sich gegebenenfalls weiterführende Informationen und Ressourcen beschaffen können.

1.4   Was ist neu an SharePoint 2010?

SharePoint ist eine ausgereifte Entwicklungsplattform, die neben zahlreichen Programmierschnittstellen für den Server und den Client die neusten Programmiertechnologien – wie zum Beispiel LINQ, REST oder Silverlight – unterstützt. Auch die Möglichkeit, direkt auf einem Client-Betriebssystem entwickeln zu können, macht den Weg bis hin zur SharePoint-Entwicklung deutlich kürzer. Wir möchten jetzt einen genaueren Blick auf die wichtigsten Verbesserungen von SharePoint 2010 werfen.

1.4.1   Language Integrated Query (LINQ)

Mit dem .NET Framework 3.5 hat Microsoft eine neue Sprachtechnologie eingeführt, mit der Sie in einem SQL-ähnlichen Vokabular Daten aus unterschiedlichen Datenquellen abfragen können. LINQ ist eine Technologie, mit der sich dynamische Datenabfragen auf eine sehr flexible Art und Weise mittels Programmcode realisieren lassen. Technisch betrachtet ist LINQ eine Art objektrelationaler Mapper (OR-Mapper), der bestimmte Operationen einer nativen Datenabfrage in einer .NET-Programmiersprache zugänglich macht.

Ein wichtiger Bestandteil von LINQ ist der sogenannte LINQ-Provider. Er stellt die Schnittstelle zur eigentlichen Datenquelle her und transformiert den LINQ-Befehl in eine anwendungsspezifische Datenabfrage. Standard-Provider des .NET Frameworks sind beispielsweise *LINQ to Objects*, *LINQ to SQL* oder *LINQ to*

XML. Mit SharePoint 2010 wurde auch ein LINQ-Provider eingeführt, der die flexible Datenabfrage gegen SharePoint-typische Elemente ermöglicht, indem er eine LINQ-Abfrage in CAML (*Collaboration Application Markup Language*) transformiert.

1.4.2 Verbesserungen an der Datenplattform

Eine wesentliche Funktion einer SharePoint-Plattform ist die Verwaltung von Dokumenten und anderen Informationen. Prinzipiell basieren sämtliche Datencontainer einer SharePoint-Anwendung auf einer sogenannten Liste. Mit SharePoint 2010 wurde das Listenmodell um einige wichtige Funktionen erweitert. So lassen sich zum Beispiel Datenrelationen abbilden, Bedingungen für das Löschverhalten definieren oder Plausibilitätsprüfungen realisieren. Entwickler können sich auch darüber freuen, dass Listenansichten anstelle von CAML nun vollständig über XSLT erzeugt werden können.

In Kombination mit der neuen Ribbon-Benutzeroberfläche und den Werkzeugen des SharePoint Designers 2010 oder des Visual Studio 2010 lassen sich mit SharePoint 2010 alle Arten von datenorientieren Anwendungen realisieren.

1.4.3 Business Connectivity Services (BCS)

Die *Business Connectivity Services* (BCS) erhalten mit SharePoint 2010 nicht nur einen neuen Namen, sondern auch einen reichhaltigen Satz neuer Funktionen. Mit dem Nachfolger des *Business Data Catalogs* (BDC) lassen sich Daten aus *Line Of Business*-(LOB-)Systemen direkt in eine SharePoint-Umgebung integrieren und darstellen. Externe Systeme, mit denen sich SharePoint verbinden kann, sind beispielsweise SQL Server-Datenbanken, Webservices, SAP-Anwendungen sowie andere Backend-Systeme. Die BCS-Programmierschnittstelle wurde so erweitert, dass sich externe Daten sowohl serverseitig als auch auf dem Client integrieren lassen. Die Präsentation der Daten ist mit der von einfachen Listen und Listenelementen vergleichbar. Neu in SharePoint 2010 ist die Möglichkeit, über diese Schnittstelle externe Daten zu editieren. Business-Daten können zusätzlich in Office-Werkzeugen wie Outlook oder Word integriert oder mit dem *SharePoint Workspace 2010* offline bearbeitet werden. Die Modellierung von BCS-Schnittstellen wird durch den SharePoint Designer 2010 oder Visual Studio 2010 unterstützt.

1.4.4 Client-Objektmodell

SharePoint Foundation 2010 integriert neben verbesserten serverseitigen Programmierschnittstellen auch ein neues Client-Objektmodell, mit dem sich unterschiedliche Client-Lösungen realisieren lassen, wie beispielweise Windows-, Silverlight- oder JavaScript-basierte Anwendungen. Das Client-Objektmodell macht die Umsetzung von speziellen Webservices für den clientseitigen Zugriff überflüssig und somit die Umsetzung von Client-Anwendungen deutlich lukrativer. Es wird in drei Varianten ausgeliefert:

- als ein Managed Objektmodell,
- als eine Silverlight-API sowie
- als eine ECMAScript-Bibliothek (JavaScript, JScript).

Der Funktionsumfang des Client-Objektmodells ist im Vergleich zur serverseitigen API deutlich abgespeckt, jedoch für grundlegende Aufgaben vollständig ausreichend. Mittels des Client-Objektmodells können Sie beispielsweise Listenelemente auslesen, editieren oder löschen, neue Listen oder Webseiten erstellen, Dokumente hochladen oder Berechtigungen einer Webseite anpassen.

1.4.5 Silverlight-Integration

Die Möglichkeit, Silverlight-Anwendungen in SharePoint zu integrieren, ist vom Prinzip her nicht neu. Bereits in der Vorversion von SharePoint 2010 war es möglich, Silverlight-Anwendungen in eine SharePoint-Webseite zu integrieren. Dazu mussten ein paar manuelle Anpassungen in der *web.config*-Datei der Webanwendung vorgenommen sowie ein benutzerdefinierter Webpart entwickelt werden, der die jeweilige Silverlight-Anwendung ausliefert. Neu in SharePoint 2010 ist die native Unterstützung von Silverlight, ein Standard-Silverlight-Webpart sowie ein eigenständiges Client-Objektmodell, das die Realisierung von Silverlightbasierten Anwendungen deutlich vereinfacht.

1.4.6 Sandboxed Solutions

Sandboxed Solutions sind ein komplett neues Deployment-Modell, das es ermöglicht, SharePoint Solution-Pakete (WSP-Dateien) auf der Ebene einer Websitesammlung zu installieren. Besonders im Hosting-Umfeld bieten Sandkastenlösungen völlig neue Perspektiven, da SharePoint-Anwendungen nicht mehr durch einen zentral gesteuerten Prozess bereitgestellt werden müssen. Sandkastenlösungen sind auf einen bestimmten Funktionsumfang des Objektmodells (bezogen auf die Websitesammlung) beschränkt. Sie unterstützen die Arbeit mit Inhaltstypen, Websitespalten, benutzerdefinierten Aktionen, Workflows, Ereignishandlern oder Webparts.

Technisch betrachtet ist die »Sandbox« ein separater Prozess, in dem die SharePoint Solution ausgeführt wird. Sie stellt einen Teil des `Microsoft.SharePoint`-Namensraums bereit, der den Code auf die Ausführung von Funktionen innerhalb der Websitesammlung einschränkt. Die Limitierung wird über Code-Access-Security-(CAS-)Richtlinien gesteuert. Die Installation einer Sandboxed Solution wird über das Lösungsverzeichnis auf der Ebene der Websitesammlung ermöglicht. Die Kontrolle, das Management sowie das Monitoring werden über die Zentraladministration gesteuert.

1.4.7 Entwicklerdashboard

Die Umsetzung von SharePoint-Lösungen ist manchmal mit sehr komplexen Zusammenhängen verbunden. Insbesondere bei der Fehlersuche oder der Performance-Optimierung muss man als Entwickler auf eine Vielzahl verschiedener Werkzeuge zurückgreifen, um server- oder clientseitig Kennzahlen auswerten zu können. SharePoint 2010 liefert für diese Aufgaben eine in die SharePoint-Oberfläche integrierte Lösung. Das Entwicklerdashboard ermöglicht die Auswertung unterschiedlicher serverseitiger Aufrufe und Kennzahlen auf eine unkomplizierte Art und Weise.

1.4.8 Verbesserungen in der Benutzeroberfläche

Das »Look & Feel« der SharePoint-Benutzeroberfläche wurde im Vergleich zur Vorversion grundlegend überarbeitet. Die mit Office 2007 eingeführte Ribbon-Technologie hält Einzug in die neue Generation von SharePoint und präsentiert sich durchgängig in sämtlichen Webseiten, Anwendungen und in der Zentraladministration. Der kontextsensitive Ribbon wird im oberen Bereich der Webseite eingeblendet und lässt sich vollständig anpassen.

Unterhalb des Ribbons integriert SharePoint eine neue Statusleiste, über die, je nach Zustand der Anwendung, spezielle Informationen für den Benutzer bereitgestellt werden können.

Eine dritte wichtige Verbesserung in der SharePoint-Benutzeroberfläche ist das Dialog Framework. Es macht Schluss mit langen vollständigen Seitenaufrufen und integriert dafür eine neue, auf JavaScript und partiellen Seitenaufrufen basierende Popup-Komponente, die Seitendialoge als Ebene oberhalb der eigentlichen Webseite darstellt. Das Dialog Framework basiert zu großen Teilen auf dem neuen SharePoint Client-Objektmodell und kann vollständig in eigene Anwendungen integriert werden.

1.4.9 Visual Studio 2010 SharePoint Tools

Abgerundet werden die Verbesserungen durch zahlreiche neue SharePoint-Vorlagen und Tools in Visual Studio 2010. Entwicklern wurde es in der Vergangenheit nicht besonders leicht gemacht, benutzerdefinierte Anwendungen für SharePoint zu programmieren. Visual Studio 2010 ist die erste Version seiner Produktreihe, die weitreichende Unterstützung für die Umsetzung von benutzerdefinierten Share-Point-Anwendungen Out-of-the-Box liefert. Die Entwicklungsumgebung stellt für die gängigsten SharePoint-Typen Projekt- sowie Elementvorlagen bereit, unterstützt den Prozess der Feature- und Solution-Generierung und macht die Bereitstellung und das Debugging von SharePoint-Anwendungen deutlich flexibler.

1.5 Einrichtung der Entwicklungsumgebung

Bevor Sie mit der SharePoint-Programmierung beginnen, müssen Sie eine passende Entwicklungsumgebung einrichten. Eine Entwicklungsumgebung besteht in der Regel aus mehreren Komponenten: Neben der SharePoint-Installation sind auf dem Entwicklungssystem grundsätzlich auch ein SQL-Server, Visual Studio, der SharePoint Designer oder etwaige Drittanbieter- Tools zu finden.

Die richtige Wahl der Entwicklungsumgebung ist von unterschiedlichen Faktoren abhängig. Die zunächst wichtigste Frage besteht darin, ob Sie allein oder im Team arbeiten wollen. Programmieren Sie eigenständig, steht Ihnen die Option offen, die Entwicklungswerkzeuge und SharePoint auf einem *Windows Server 2008 R2*-Betriebssystem oder auf einem *Windows Vista-* bzw. *Windows 7*-Client zu installieren.

Arbeiten Sie in einem Team von Entwicklern, haben Sie unterschiedliche Möglichkeiten, eine Entwicklungsumgebung aufzubauen:

▶ gemeinsame Arbeit auf einem Windows Server 2008 R2-Terminal-Server, auf dem SharePoint direkt installiert ist

▶ Entwicklung auf einem unterstützten Windows-Client-Betriebssystem mit installiertem SharePoint

▶ Verwendung einer virtuellen Umgebung, in der Windows Server 2008 R2 inklusive SharePoint installiert sind

▶ entfernte Programmierung ohne lokale SharePoint-Installation

Jede Variante hat ihren Charme, birgt aber auch Herausforderungen. Wenn Sie gemeinsam auf einem Terminal-Server arbeiten, hat das den Vorteil, dass Sie nur eine SharePoint-Farm administrieren müssen. Ein weiteres Plus ist die Tatsache, dass mehrere Entwickler gemeinsam an einer komplexen SharePoint-Lösung arbeiten können, in der die unterschiedlichen Aufgaben klar voneinander getrennt sind. So könnte zum Beispiel ein Programmierer eine UI-Komponente umsetzen, die im nächsten Schritt von einem Webdesigner gestaltet wird.

Neben den Vorteilen der gemeinsamen Entwicklung auf einem zentralen Server gibt es jedoch einige Herausforderungen, zum Beispiel das gleichzeitige Debugging einer Anwendungskomponente. Dazu muss man wissen, dass während des Debugging-Prozesses die Benutzeroberfläche für andere Anwender komplett blockiert ist. Dieses behindert die Arbeit deutlich. Für diesen Fall bietet SharePoint jedoch einen Lösungsansatz! So besteht die Möglichkeit, die SharePoint-Webanwendung auf einen zweiten virtuellen Webserver zu erweitern, um somit dieser Anwendung einen separaten Anwendungspool zuzuweisen. Damit werden die Prozesse klar voneinander entkoppelt, sodass die Programmierer sich beim Debuggen nicht mehr in die Quere kommen.

SharePoint 2010 unterstützt erstmals die Installation auf einem Windows-Client-Betriebssystem. Dabei liefert SharePoint einen Support für *Windows Vista (SP1)* und *Windows 7*. Wenn Sie Client-Umgebungen nutzen, bleiben Sie flexibel: Der Entwickler kann seinen eigenen Computer für die Programmierung verwenden, ohne dass er von anderen Akteuren abhängig ist oder behindert wird. Zusätzlicher Aufwand kann dann entstehen, wenn mehrere Projektbeteiligte gemeinsam an einer SharePoint-Anwendung arbeiten müssen. In diesem Fall muss ein Weg gefunden werden, um die Daten und Anwendungen mittels eines einheitlichen Prozesses zusammenzuführen. Ein weiterer Nachteil entsteht durch zusätzliche Administrationsaufgaben bei dezentralen SharePoint-Farmen. Zu empfehlen ist dieser Programmieransatz dann, wenn das Projektteam sehr klein ist und die Anwendungskomponenten klar voneinander getrennt sind.

Vor der Entwicklung von SharePoint 2010 war der Einsatz von virtuellen Umgebungen ein gern genutzter Lösungsansatz, um auf einem Client-Computer SharePoint-Anwendungen entwickeln zu können. Die Virtualisierung von Server-Landschaften vereint die Stärken des jeweiligen Server-Systems mit der Unabhängigkeit der lokalen Programmierung. Ein zusätzlicher Vorteil ist, dass neben SharePoint auch weitere serverbasierte Anwendungen virtualisiert werden können.

Haben Sie sich dafür entschieden, mit virtuellen Umgebungen zu arbeiten, stehen Ihnen unterschiedliche Technologien zur Verfügung. Zu denen am weitesten verbreiteten gehören: *Microsoft Hyper-V, VMware Workstation* oder *VMware ESX Server*. Die Auswahl der jeweiligen Virtualisierungs-Technologie ist oftmals von Unternehmensvorgaben oder persönlichen Vorlieben abhängig.

Alternativ besteht die Möglichkeit, auf einem Client-Computer ohne SharePoint zu entwickeln. Diese Entwicklungsumgebung macht nur dann einen Sinn, wenn Sie Remote-Lösungen auf Basis von Webservices oder dem Client-Objektmodell umsetzen, ansonsten wären das Remote-Debugging und die erforderlichen Bereitstellungsprozesse zu komplex und zeitaufwendig.

In allen vier Szenarien empfehlen wir Ihnen den Einsatz eines Versionierungs- und Code-Verwaltungswerkzeugs. Arbeiten Sie mit Visual Studio 2010, können Sie Ihren Programmcode durch den *Team Foundation Server 2010* (TFS) verwalten lassen. Der TFS hat eine hervorragende Integration in Visual Studio 2010 und unterstützt den gesamten Entwicklungsprozess von der Planung über die Umsetzung bis hin zur Stabilisierung und Wartung. Die Anwendungsoberfläche des Team Foundation Servers basiert vollständig auf SharePoint-Technologien.

Wenn Sie Ihre SharePoint-Entwicklungsumgebung vorbereiten, stehen Ihnen folgende Installationsmöglichkeiten zur Verfügung:

▸ Windows Server 2008 x64 (Service Pack 2)

▸ Windows Server 2008 R2 x64

▸ Windows Vista x64 (Service Pack 1)

▸ Windows 7 x64

Exemplarisch beschreiben wir Ihnen die Installation von SharePoint Foundation 2010 auf einem Windows Server 2008 R2.

1.5.1 SharePoint auf einem Windows Server 2008 (R2) installieren

Wenn Sie SharePoint und die gewünschten Programmierwerkzeuge auf einem Windows Server 2008 (R2) bereitstellen wollen, sollten Sie mindestens folgende Komponenten installieren:

▸ Windows Server 2008 Webserver-Rolle

▸ SQL Server 2005 / 2008 / 2008 R2 (optional)

▸ SharePoint Foundation 2010 oder SharePoint Server 2010

▸ Visual Studio 2010

▸ SharePoint Designer 2010

▸ SharePoint Software Development Kit (SDK)

Die Installation von SharePoint und der Entwicklungsumgebungen kann nach folgendem Schema ablaufen. Beachten Sie, dass sämtliche Systemkomponenten in der 64-Bit-Version installiert werden müssen, da SharePoint 2010 eine Installation in 32-Bit-Umgebungen nicht mehr unterstützt.

Schritt 1: Installation des SQL Servers 2008 R2 (optional)

Wollen Sie für Ihre SharePoint-Installation eine separate SQL Server-Instanz verwenden, müssen Sie zunächst den Datenbankserver installieren. In diesem Anwendungsbeispiel wird der SQL Server in seiner aktuellsten Version (SQL Server 2008 R2) installiert.

Schritt 2: Installation der Systemvoraussetzungen

Im zweiten Arbeitsschritt müssen die Systemvoraussetzungen für SharePoint installiert werden. SharePoint 2010 bietet hierzu einen Assistenten (*Prerequisits-Installer.exe*).

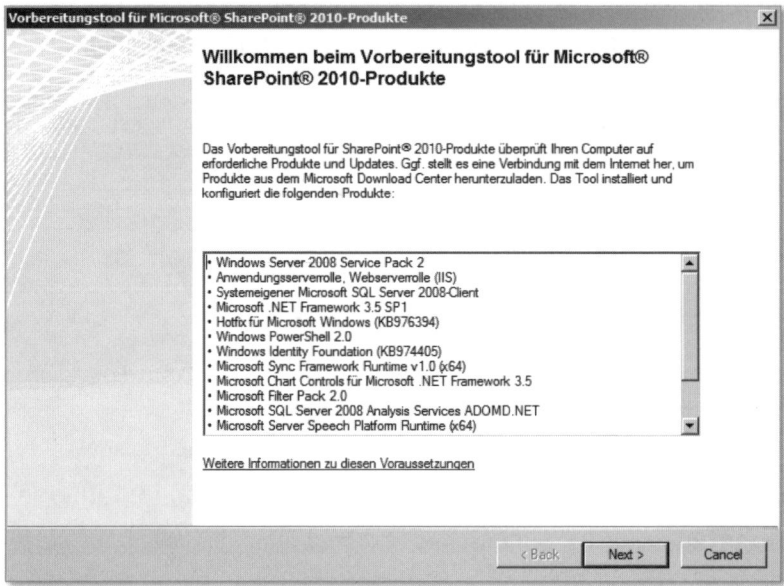

Abbildung 1.2 Das Vorbereitungstool installiert sämtliche für SharePoint 2010 erforderlichen Systemvoraussetzungen.

Schritt 3: SharePoint installieren

Nachdem die Systemvoraussetzungen hergestellt sind, kann mit der Installation des SharePoint-Produkts begonnen werden (siehe Abbildung 1.3). SharePoint stellt hierzu zwei Installationsmodi bereit: EIGENSTÄNDIG oder SERVERFARM. Wir empfehlen Ihnen, den Installationsmodus der Serverfarm zu nutzen, weil Sie hiermit eine bessere und gründlichere Kontrolle über die einzelnen Installationsschritte haben.

Schritt 4: Konfigurationsassistenten durchführen

Im Anschluss an die Basisinstallation können Sie optional zusätzliche Sprachpakete installieren. Wenn Sie hiervon Gebrauch machen, sollten Sie zuvor nicht den Konfigurationsassistenten starten. Es ist vollkommen ausreichend, wenn der Assistent am Ende der Installation ausgeführt wird. Der Konfigurationsassistent hilft Ihnen bei der Einrichtung der neuen SharePoint-Farm (siehe Abbildung 1.4). Über die administrativen Masken können Sie den Namen der Konfigurationsdatenbank, die Portnummer der Webanwendung, der Zentraladministration sowie das zentrale Farmkonto definieren.

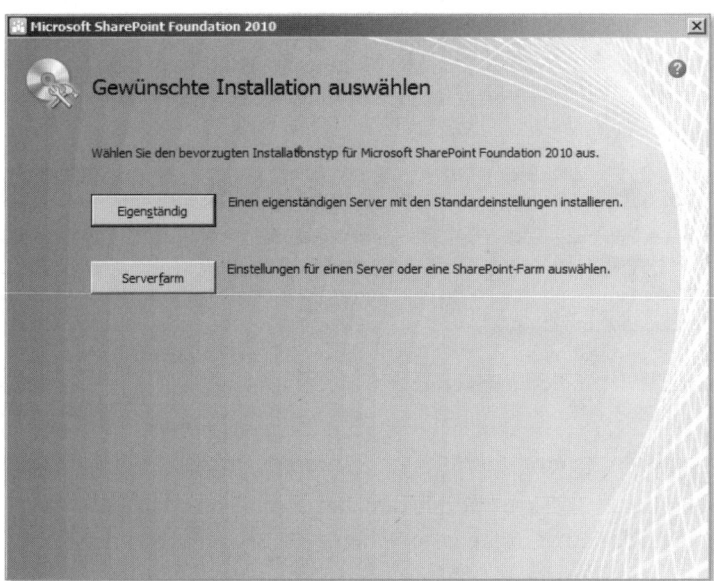

Abbildung 1.3 Mit dem Installationsmodus der Serverfarm haben Sie die vollständige Kontrolle über sämtliche Konfigurationsschritte.

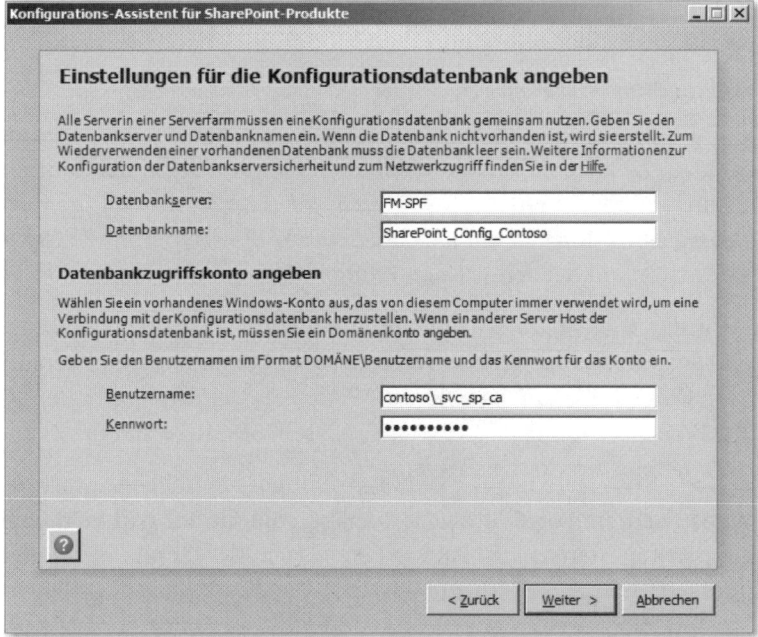

Abbildung 1.4 Der SharePoint-Konfigurationsassistent unterstützt Sie bei der initialen Einrichtung der Farm.

Je nach SharePoint-Version oder installierten Sprachpaketen durchläuft der Assistent circa neun einzelne Schritte. Danach öffnet sich automatisch die Webseite der Zentraladministration, auf der weitere administrative Aufgaben durchgeführt werden können.

Deutsch oder Englisch?

Wir empfehlen, zunächst die englische Sprachversion von SharePoint 2010 zu installieren und erst danach das deutsche Sprachpaket. Der wichtigste Grund dafür ist die spätere Fehlersuche. Mit den deutschen Fehlerbeschreibungen in der Ereignisdatenbank von Windows wird es vermutlich deutlich länger dauern, bis Sie einen Lösungshinweis im Internet finden. Bei englischsprachigen Beschreibungen werden Sie wesentlich schneller einen Lösungsansatz geboten gekommen.

Schritt 5: SharePoint-Dienste einrichten

Nachdem die SharePoint 2010-Farm durch den Konfigurationsassistenten vollständig eingerichtet wurde, müssen Sie zum Schluss die SharePoint-Dienste und -Dienstanwendungen konfigurieren. Möchten Sie sich diese Aufgabe vereinfachen, können Sie den in die Zentraladministration integrierten *Configuration Wizzard* verwenden.

Wenn Sie es bevorzugen, Ihre SharePoint-Farm gemäß den Best Practices aufzubauen, empfehlen wir Ihnen die manuelle Konfiguration der Dienste.

Schritt 6: Webanwendung erstellen

Um eine SharePoint-Websitesammlung erstellen zu können, müssen Sie eine initiale Webanwendung erzeugen. Dieser Arbeitsschritt kann direkt in der Zentraladministration durchgeführt werden. Navigieren Sie hierzu in den Bereich ANWENDUNGSVERWALTUNG. Klicken Sie anschließend auf den Hyperlink WEBANWENDUNGEN VERWALTEN und danach auf den Ribbon-Menüpunkt NEU.

Danach öffnet sich das Dialogfeld zur Erstellung einer neuen Webanwendung. Hierin können Sie den Namen der Webanwendung, die Portnummer, den Service Account sowie den Datenbanknamen festlegen. Wollen Sie ein dediziertes Benutzerkonto für die Webanwendung verwenden, müssen Sie diese Benutzerkennung vorab als verwaltetes Konto registrieren.

Nachdem die Webanwendung erstellt wurde, erhalten Sie die Möglichkeit, eine Websitesammlung zu generieren. Zu Testzwecken sollten Sie von dieser Option Gebrauch machen!

Lässt sich die erzeugte Websitesammlung über den Browser öffnen, war die Installation erfolgreich. Sie sind für die Umsetzung einer SharePoint-Lösung nun bestens vorbereitet.

1.5.2 SharePoint auf Windows 7 oder Windows Vista SP 1 installieren

Mit der Einführung von SharePoint 2010 unterstützt die Technologie erstmals die Installation auf einem clientbasierten Betriebssystem. Als mögliche Betriebssysteme kommen Windows 7 oder Windows Vista SP 1 infrage. Die clientbasierte SharePoint-Installation erfordert einige manuelle Arbeitsschritte.

Schritt 1: SharePoint-Installationsdateien extrahieren

Im ersten Schritt müssen die SharePoint-Installationsdateien extrahiert werden. Führen Sie dazu folgenden Befehl in einem Windows-Konsolenfenster aus:

```
SharePoint.exe /extract:C:\SharePointInstallationsDateien
```

Dieses Kommando entpackt sämtliche Installationsdateien von SharePoint in ein Zielverzeichnis.

Öffnen Sie unterhalb des Verzeichnisses folgende Datei:

C:\SharePointInstallationsDateien\Files\Setup\config.xml

Sie beschreibt sämtliche Konfigurationseinstellungen des SharePoint-Setups. Fügen Sie am Ende des Package-Elements folgenden Eintrag hinzu:

```
<Setting Id="AllowWindowsClientInstall" Value="True"/>
```

Die Konfigurationsdatei sollte danach folgenden Aufbau haben:

```
<Configuration>
  <Package Id="sts">
    <Setting Id="LAUNCHEDFROMSETUPSTS" Value="Yes"/>
  </Package>
  <Package Id="spswfe">
    <Setting Id="SETUPCALLED" Value="1"/>
  </Package>
  <Logging Type="verbose" Path="%temp%"
           Template="SharePoint Server Setup(*).log"/>
  <PIDKEY Value="BR68M-F6WK6-W6BVB-GXQGB-W67BG" />
  <Setting Id="SERVERROLE" Value="SINGLESERVER"/>
  <Setting Id="USINGUIINSTALLMODE" Value="1"/>
  <Setting Id="SETUPTYPE" Value="CLEAN_INSTALL"/>
  <Setting Id="SETUP_REBOOT" Value="Never"/>
  <Setting Id="AllowWindowsClientInstall" Value="True"/>
</Configuration>
```

Listing 1.1 Die »AllowWindowsClientInstall«-Einstellung ist für die Installation auf einem Windows-Client zwingend erforderlich.

Falls Sie diese Erweiterung nicht vornehmen, würde die spätere Installation mit der Fehlermeldung aus Abbildung 1.5 abgebrochen werden.

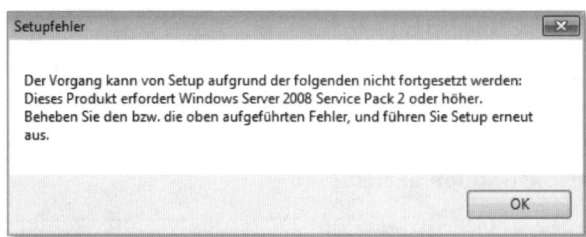

Abbildung 1.5 Die Installation von SharePoint auf einem Client-Betriebssystem erfordert einige manuelle Arbeitsschritte.

Schritt 2: Systemvoraussetzungen manuell installieren

Der Assistent zur Installation der Systemvoraussetzungen wird leider nur bei Windows Server 2008-Installationen unterstützt. Bei Windows Vista bzw. Windows 7 müssen die Systemvoraussetzungen manuell bereitgestellt werden.

Im ersten Arbeitsschritt müssen Sie die für SharePoint erforderlichen Serverrollen und Features aktivieren. Führen Sie dazu folgenden Befehl in einem Windows-Konsolenfenster aus:

```
start /w pkgmgr /iu:IIS-WebServerRole;
                IIS-WebServer;
                IIS-CommonHttpFeatures;
                IIS-StaticContent;
                IIS-DefaultDocument;
                IIS-DirectoryBrowsing;
                IIS-HttpErrors;
                IIS-ApplicationDevelopment;
                IIS-ASPNET;
                IIS-NetFxExtensibility;
                IIS-ISAPIExtensions;
                IIS-ISAPIFilter;
                IIS-HealthAndDiagnostics;
                IIS-HttpLogging;
                IIS-LoggingLibraries;
                IIS-RequestMonitor;
                IIS-HttpTracing;
                IIS-CustomLogging;
                IIS-Security;
                IIS-BasicAuthentication;
                IIS-WindowsAuthentication;
                IIS-DigestAuthentication;
```

```
IIS-RequestFiltering;
IIS-Performance;
IIS-HttpCompressionStatic;
IIS-HttpCompressionDynamic;
IIS-WebServerManagementTools;
IIS-ManagementConsole;
IIS-IIS6ManagementCompatibility;
IIS-Metabase;
IIS-WMICompatibility;
WAS-WindowsActivationService;
WAS-ProcessModel;
WAS-NetFxEnvironment;
WAS-ConfigurationAPI
```

Listing 1.2 Die Betriebssystemkomponenten müssen manuell aktiviert werden.

Als Ergebnis werden auf dem Windows 7-Client die Webserverrolle sowie einige IIS-Features installiert. Die Windows Features sollten dann ungefähr die Struktur aufweisen, die Sie in Abbildung 1.6 sehen.

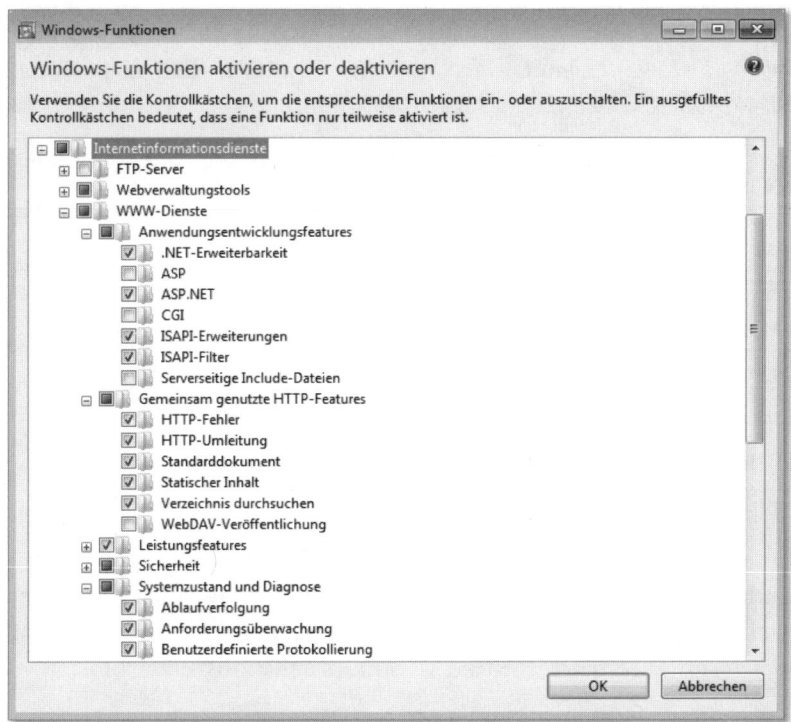

Abbildung 1.6 In den Windows Features können Sie überprüfen, ob die erforderlichen IIS-Komponenten installiert wurden.

Im nächsten Schritt müssen Sie eine Reihe von Systemvoraussetzungen manuell einrichten. Sie sollten die Komponenten in folgender Reihenfolge installieren:

1. Microsoft Sync Framework

   http://go.microsoft.com/fwlink/?LinkID=141237

2. SQL Server Native Client

   http://go.microsoft.com/fwlink/?LinkId=123718

3. Windows Identity Foundation (*Windows6.1-KB974405-x64.msu*)

   http://support.microsoft.com/kb/974405

4. ADO.NET Data Services

   http://www.microsoft.com/downloads/details.aspx?familyid=79d7f6f8-d6e9-4b8c-8640-17f89452148e (Windows 7)

   http://www.microsoft.com/downloads/details.aspx?familyid=4B710B89-8576-46CF-A4BF-331A9306D555 (Windows Vista)

5. Chart Controls

   http://go.microsoft.com/fwlink/?LinkID=122517

6. SQL Server Analysis Services – ADOMD.NET

   http://download.microsoft.com/download/A/D/0/AD021EF1-9CBC-4D11-AB51-6A65019D4706/SQLSERVER2008_ASADOMD10.msi

Folgende Komponenten müssen nur unter Windows Vista manuell installiert werden:

▸ .NET Framework 3.5 SP1

   http://www.microsoft.com/downloads/details.aspx?FamilyID=AB99342F-5D1A-413D-8319-81DA479AB0D7

▸ Windows PowerShell 2.0 CTP3 x64

   http://support.microsoft.com/kb/968929

▸ Windows Installer 4.5

   http://www.microsoft.com/downloads/details.aspx?FamilyID=5a58b56f-60b6-4412-95b9-54d056d6f9f4

Nach der manuellen Installation dieser Softwarekomponenten sollten Sie Ihren Computer einmal neu starten. Danach müssen Sie noch eine Anwendung installieren – das *Microsoft Filter Pack*: Sie finden es im Installationsverzeichnis:

*C:\SharePointInstallationsDateien\PrerequisiteInstallerFiles\FilterPack\
FilterPack.msi*

WCF Hotfix installieren

Unter Windows 7 und Windows Server 2008 gibt es ein bekanntes Problem in der WCF-Komponente des .NET Frameworks. Um dieses zu beheben, ist es notwendig, ein weiteres Update manuell zu installieren. Das Hotfix können Sie von folgender Webseite herunterladen:

http://support.microsoft.com/kb/976462

Schritt 3: SharePoint Foundation / Server installieren

Jetzt können Sie mit der eigentlichen SharePoint-Installation beginnen. Möchten Sie den Server im alleinstehenden Modus bereitstellen, ist die Installationsroutine relativ selbsterklärend. Sie sollten hierbei aber beachten, dass in diesem Modus SharePoint inklusive der mitgelieferten SQL Server Express-Version installiert wird.

Im erweiterten Modus müssen Sie die Dienste von PowerShell zur Hilfe nehmen. Zur Einrichtung der initialen Konfiguration müssen Sie folgenden Befehl in der Microsoft SharePoint-Verwaltungsshell ausführen (die SharePoint-spezifische PowerShell-Konsole finden Sie im Startmenü):

```
New-SPConfigurationDatabase -DatabaseName "SharePoint_Config_<Name
der Farm>" -DatabaseServer "<Datenbank Server>"
-AdministrationContentDatabaseName "SharePoint_Content_Admin"
-Passphrase (ConvertTo-SecureString "<Kennwort>" -AsPlaintext
-Force) -FarmCredentials (Get-Credential)
```

Listing 1.3 Der erweiterte Installationsmodus erfordert die initiale Einrichtung via PowerShell.

Der Parameter `AdministrationContentDatabaseName` definiert den Namen der Datenbank der Zentraladministration. Über den `Passphrase`-Parameter wird das Farm-Kennwort definiert, womit später die Einstellungen der Farm verschlüsselt werden. Die Methode `Get-Credential` öffnet ein Dialogfenster, das die Eingabe des Farm-Dienstkontos ermöglicht.

Nachdem Sie diesen Befehl ausgeführt haben, müssen Sie den erweiterten Installationsmodus von SharePoint erneut starten. Sie werden feststellen, dass die durch PowerShell erzeugten Einstellungen bereits vorbelegt sind.

Die weiteren Konfigurationsschritte sind identisch mit der Installation unter Windows Server 2008.

1.5.3 Visual Studio 2010 installieren

Um benutzerdefinierte Anwendungen direkt auf dem SharePoint-System programmieren zu können, müssen Sie noch *Visual Studio 2010* sowie die *Share-*

Point Software Development Kits (SDKs) auf dem Computer installieren. Die Umsetzung von SharePoint-Projekten wird bereits mit der Professional-Version von Visual Studio 2010 ermöglicht.

Wenn Sie erweiterte Features für die Modellierung oder das Testing benötigen, können Sie alternativ auf die *Premium-* oder *Ultimate-*Version zurückgreifen. Eine Gegenüberstellung der verschiedenen Produktversionen stellt Microsoft auf seinen Webseiten bereit:

http://www.microsoft.com/visualstudio/en-us/products

Nahezu perfekt wird die Entwicklungsumgebung noch durch die Installation der SharePoint SDKs. Die dazugehörigen Pakete können Sie über folgende URL herunterladen:

http://www.microsoft.com/downloads/details.aspx?FamilyID=f0c9daf3-4c54-45ed-9bde-7b4d83a8f26f&displayLang=en

1.5.4 SharePoint Designer 2010 installieren

Der SharePoint Designer 2010 wurde im Vergleich zu seinem Vorgänger deutlich verbessert und begleitet den Programmierer bei unterschiedlichen Aufgaben in der Planung, der Gestaltung oder der Prototypenentwicklung. Die kostenlose Office-Komponente unterstützt Sie zum Beispiel bei folgenden Aufgaben:

▶ Gestaltung von Masterseiten und Inhaltsseiten

▶ Anpassung und Erweiterung von *Cascading Style Sheets* (CSS) und weiterer Design-Elementen

▶ Planung und Deklaration von Listen- und Website-Workflows. Die deklarativen Workflows können exportiert und in Visual Studio 2010 weiterverarbeitet werden.

▶ Modellierung von *Business Connectivity Services*-Entitäten und externen Inhaltstypen

▶ Erstellung von Seitenvorlagen (*Page Layouts*) für SharePoint-Web-Content-Management-Systeme

Den SharePoint Designer 2010 können Sie auf folgenden Webseiten kostenlos herunterladen:

http://www.microsoft.com/downloads/details.aspx?displaylang=en&FamilyID=d88a1505-849b-4587-b854-a7054ee28d66 (32 Bit)

http://www.microsoft.com/downloads/details.aspx?displaylang=en&FamilyID=566d3f55-77a5-4298-bb9c-f55f096b125d (64 Bit)

1.5.5 Umgebungsvariablen registrieren

Die Programmierung und Administration von SharePoint-Anwendungen wird durch zahlreiche Werkzeuge unterstützt. Um den Zugriff auf diese Tools zu erleichtern, empfehlen wir die Registrierung folgender Pfade in der Umgebungsvariable Path:

Pfad	Beschreibung
C:\Program Files\Common Files\Microsoft Shared\web server extensions\ 14\BIN	In diesem Verzeichnis sind zahlreiche SharePoint-Werkzeuge zu finden. Dazu gehören zum Beispiel *psconfig.exe, spmetal.exe* oder *stsadm.exe*.
C:\ Program Files\Microsoft SDKs\ Windows\v6.0A\Bin\x64	Hier befinden sich Standard-Entwicklungs-Tools, wie zum Beispiel *gacutil.exe, ildasm.exe, sn.exe, sqlmetal.exe* oder *windiff.exe*.

Tabelle 1.4 Zusätzliche Pfade für die Umgebungsvariable »Path«

Die Umgebungsvariablen können Sie über folgenden Weg administrieren:

▶ Klicken Sie im Startmenü mit der rechten Maustaste auf Computer und anschließend auf das Menü Eigenschaften.

▶ Öffnen Sie die Erweiterten Systemeinstellungen.

▶ Klicken Sie auf die Schaltfläche Umgebungsvariablen.

▶ Markieren Sie die Path-Variable, und klicken Sie dann auf Bearbeiten.

Durch ein Semikolon getrennt, können Sie die beiden vorgeschlagenen Pfade registrieren. Um die Richtigkeit dieser beiden Pfade zu überprüfen, öffnen Sie ein neues Konsolenfenster und tragen den Befehl stsadm ein. Erscheint im Anschluss daran die Liste der möglichen stsadm-Operationen, waren Sie erfolgreich und die Pfade sind korrekt registriert.

1.6   Die SharePoint-Serverarchitektur

SharePoint 2010 gliedert sich nahtlos in die Serverarchitektur einer Windows-basierten Systemlandschaft ein. SharePoint kann alleinstehend oder in einer Serverfarm betrieben werden.

Voraussetzung für den produktiven Betrieb einer SharePoint 2010-Farm ist Windows Server 2008 (Service Pack 2) oder Windows SharePoint 2008 R2 (jeweils in der 64-Bit-Version). Die SharePoint-Plattform nutzt hierbei geeignete Technologien der darunter liegenden Systemkomponenten von Windows. Dazu gehören zum Beispiel die Windows-Dienstarchitektur, COM+ und DCOM oder auch die *Internet Information Services* (IIS).

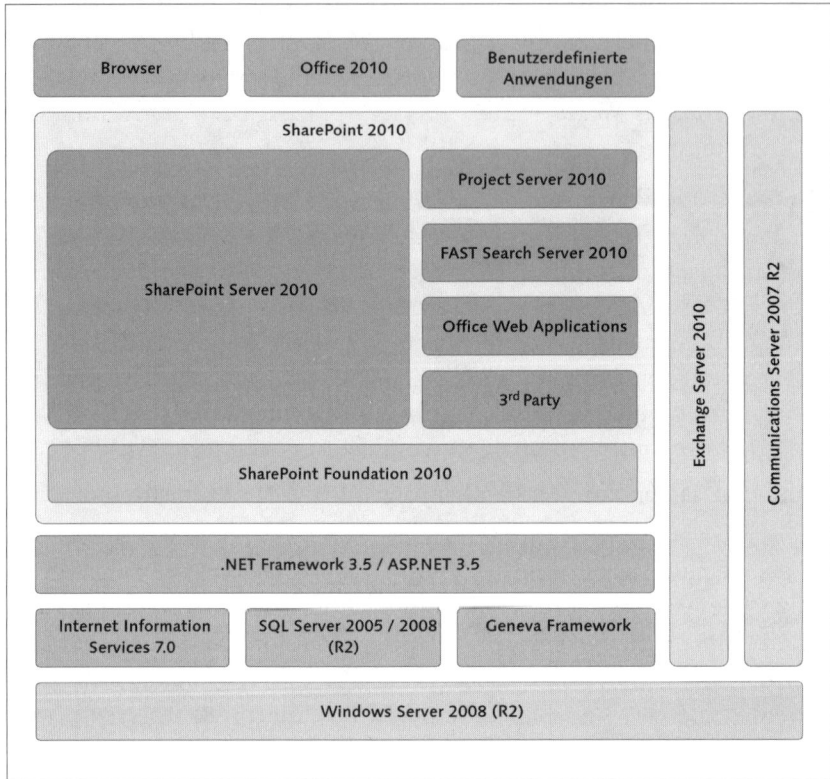

Abbildung 1.7 SharePoint 2010-Serverarchitektur vom Server bis zum Client

SharePoint ist vollständig datenbankbasiert. SharePoint Foundation 2010 unterstützt gleichermaßen SQL Server 2005, SQL Server 2008 oder SQL Server 2008 R2. Optional kann die von SharePoint mitgelieferte Express-Version (im Single-Server-Modus) genutzt werden.

Als Bestandteil des Betriebssystems erfordert SharePoint das .NET Framework 3.5 sowie ASP.NET 3.5. SharePoint ist eine vollständige ASP.NET-Lösung und greift in vielen Bereichen auf die Systembibliotheken des .NET Frameworks zurück.

Die technische Basis der SharePoint-Technologie liefert SharePoint Foundation 2010. Es integriert sämtliche Plattformdienste sowie einige Basisfunktionen und gibt die Architektur, die Topologie, das Modell von Websitesammlungen und Webseiten oder das Speichermodell vor. Die erweiterten Produktversionen basieren auf dieser Plattform und ergänzen sie um benutzerdefinierte Dienste und Anwendungskomponenten.

Zur erweiterten Produktfamilie von SharePoint 2010 gehören *Microsoft Exchange Server 2010* (als E-Mail-Plattform), *Microsoft Communications Server 2007 R2* (als Plattform für Instant Messaging, Präsenz, Audio und Video) sowie *Microsoft System Center Operations Manager 2007 R2* (als Werkzeug zur Überwachung der SharePoint-Dienste).

Der Internet Explorer, Mozilla Firefox oder Safari, Office 2010 sowie zahlreiche Anwendungen von Drittanbietern dienen als Clients für eine SharePoint 2010-Plattform. Die Anwendungsentwicklung wird durch Visual Studio 2010, SharePoint Designer 2010 und PowerShell unterstützt. Visual Studio 2010 ermöglicht die Umsetzung von benutzerdefinierten Lösungen auf allen Ebenen der Serverarchitektur. Der SharePoint Designer 2010 arbeitet ab der Ebene einer SharePoint-Webseite und bietet nützliche Features zur Verwaltung, Administration und Anpassung von SharePoint-Webseiten. PowerShell kann für administrative Aufgaben eingesetzt werden.

Dieser Zusammenhang verdeutlicht die strategische Ausrichtung von SharePoint 2010. SharePoint nutzt in vielerlei Hinsicht die Stärken der Systemarchitektur von Windows oder ASP.NET. Es versteht sich als Plattform für die Zusammenarbeit im Unternehmen und im Web. Hierbei soll die Plattform keine bestehenden, etablierten Systeme – wie zum Beispiel CRM-, ERP- oder datenbankbasierte Anwendungen ersetzen –, sondern als Bindeglied zwischen der SharePoint-Welt und diesen Systemen agieren.

1.7   SharePoint als Entwicklungsplattform

SharePoint 2010 ist die erste Generation seiner Produktfamilie, die reichhaltige Unterstützung für den SharePoint-Entwickler liefert. SharePoint hat sich von einer Zusammenarbeits- und Portal-Plattform zu einem Framework entwickelt und unterstützt somit den SharePoint-Programmierer in sämtlichen Phasen eines Entwicklungsprojekts.

1.7.1   Herausforderungen für den SharePoint-Entwickler

Der herkömmliche SharePoint-Entwickler sieht sich bei der täglichen Arbeit unterschiedlichen Herausforderungen ausgesetzt. diese beginnen mit der Wahl der passenden Entwicklungsplattform, gehen über die Etablierung von Prozessen für die Zusammenarbeit in unterschiedlichen Projektteams und reichen bis hin zur Auswahl eines geeigneten Deployment-Verfahrens – die Aufgaben für den SharePoint-Entwickler sind tatsächlich sehr vielseitig!

Die Fülle und Komplexität der Aufgaben eines Entwicklers resultieren aus der Vielfalt der technologischen Möglichkeiten von SharePoint 2010. SharePoint besteht nicht nur aus einer einfachen Programmierschnittstelle, sondern darüber hinaus noch aus zahlreichen Standardfunktionen, Diensten und weiteren Frameworks, die gleichermaßen als Basis für die Umsetzung einer Business-Anforderung dienen.

Stellen Sie sich vor, Sie hätten die Aufgabe, ein einfaches Formular für einen Urlaubsantrag zu entwickeln. In der SharePoint-Welt stehen als Lösungsansatz zahlreiche Möglichkeiten bereit:

▶ Programmierung eines nativen SharePoint-Webparts

▶ Umsetzung eines visuellen Webparts

▶ Entwicklung einer SharePoint-Anwendungsseite

▶ Umsetzung eines nativen InfoPath-Formulars

▶ Umsetzung eines InfoPath-Webformulars

▶ Realisierung eines Formulars auf Basis von SharePoint-Listen

Diese Fülle der Auswahlmöglichkeiten macht das Dilemma eines SharePoint-Programmierers deutlich: Er muss eine für seinen Anwendungsfall geeignete Technologie finden. Dabei gibt es in der Regel nicht genau jeweils »die« richtige Technologie. Oftmals führen unterschiedliche Lösungsansätze oder eine Kombination der Möglichkeiten zu einem wünschenswerten Ergebnis.

Neben der Auswahl der geeigneten Technologie warten auf den Entwickler noch weitere Aufgaben:

▶ Auswahl einer geeigneten Technologie für den Datenzugriff

▶ Auswahl einer passenden Deployment-Technik

▶ Auswertung von Protokolldateien und serverseitigen Events

▶ Server- und clientseitige Fehleranalyse

▶ Nützliche Verwendung von Drittanbieter-Lösungen

Arbeiten Sie in einem Team zusammen, werden die Aufgaben noch komplexer. Sie müssen einen Weg finden, gemeinsam mit Quellcode zu arbeiten, die Daten Ihrer Anwendungen zusammenzuführen oder ein einheitliches Deployment-Konzept zu etablieren.

Egal ob in Teams oder in eigenständigen Entwicklungsprojekten, die Nutzung von passenden Entwicklungswerkzeugen und eines standardisierten Projektmanagements sind bei heutigen SharePoint-Projekten wichtiger denn je.

In den folgenden Abschnitten werden Sie einige Wege und Möglichkeiten kennenlernen, wie Sie mit den Herausforderungen der SharePoint-Projekte umgehen können und welche Unterstützung hierbei SharePoint als Entwicklungsplattform liefert.

1.7.2 Den richtigen Einstieg finden

»Wie finde ich den richtigen Einstieg in die SharePoint-Technologie?« Das ist die erste Frage, mit der sich viele Programmierer meist auseinandersetzen müssen, wenn sie zum ersten Mal mit SharePoint in Berührung kommen. Um darauf eine Antwort zu bekommen, muss man die einzelnen Bestandteile der Technologie etwas genauer betrachten.

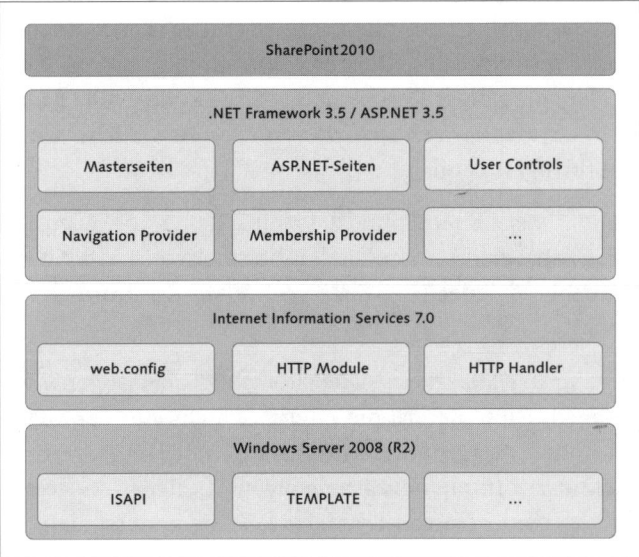

Abbildung 1.8 Das Zusammenspiel von Windows, IIS, ASP.NET und SharePoint 2010

Aus Sicht des Webentwicklers ist SharePoint nichts weiter als eine Webanwendung, die auf ASP.NET 3.5 basiert. Die Webanwendung liefert den Zugriffspunkt auf die Webseiten und Inhalte einer SharePoint-Umgebung. Für den allgemeinen Anwendungsentwickler bietet SharePoint unterschiedliche Facetten der Anpassung oder Erweiterung an. Er kann für SharePoint benutzerdefinierte Webparts, ASP.NET-Anwendungsseiten oder andere auf ASP.NET basierende Komponenten implementieren. In Abschnitt 1.7.3, »SharePoint und ASP.NET 3.5«, erfahren Sie mehr zu dem Zusammenspiel zwischen SharePoint und ASP.NET.

Die Programmierung und die Bereitstellung von benutzerdefinierten SharePoint-Anwendungen wird durch Visual Studio 2010 unterstützt. Die Suite liefert eine weitreichende Integration in den Entwicklungsprozess von SharePoint-Lösungen. Zahlreiche Projekt- und Elementvorlagen, Deployment-Tools oder ein Server Explorer sind nur ein paar Beispiele für die Unterstützung durch Visual Studio 2010.

Auch klassischen Webdesignern liefert SharePoint eine Arbeitsumgebung. Die Plattform bietet vielseitige Möglichkeiten, auf Designelemente einer SharePoint-Webseite Einfluss zu nehmen. Webdesigner können die komplette Struktur einer Webseite durch die Anpassung der Masterseite ändern, das Design einer bestehenden Webseite anpassen oder auch Seitenvorlagen für Web-Content-Management-Systeme umsetzen. Dieser Prozess wird durch den SharePoint Designer 2010 umfassend unterstützt.

Eine SharePoint-Webanwendung ist prinzipiell nichts weiter als eine IIS-Webseite, die um zusätzliche HTTP-Handler und Module erweitert wird. Die Steuerung der SharePoint-Erweiterungen erfolgt über die *web.config*-Konfigurationsdatei. Für den SharePoint-Entwickler spielt diese Datei eine wichtige Rolle, weil er über sie seine benutzerdefinierten Anwendungen registrieren oder zusätzliche Konfigurationseinstellungen unterbringen kann.

Zusätzlich zur Webanwendung stellt SharePoint 2010 eine Reihe von Diensten und Schnittstellen bereit. Zu den bekanntesten zählen beispielsweise der Share-Point-Zeitgeberdienst, die Suche oder der *User Code Service* zur Ausführung von Sandkastenlösungen.

Die Verwaltung und Steuerung der SharePoint-Dienste erfolgt über sogenannte verwaltete Dienstanwendungen. Diese liefern die Zugriffsschicht von der Share-Point-Clientanwendung zu den Hintergrunddiensten der SharePoint-Infrastruktur und können die Architektur zur Implementierung eigenständiger Service-Clients verwenden oder auch komplett benutzerdefinierte Dienste bereitstellen.

Eine wichtige Aufgabe innerhalb der SharePoint-Infrastruktur übernimmt der Datenbankserver. SharePoint speichert sämtliche Informationen und Konfigurationseinstellungen in einer beziehungsweise mehreren Datenbanken ab, wozu auch Dokumente oder andere Inhalte einer SharePoint-Webseite zählen. Der direkte Zugriff auf die SharePoint-Datenbanken ist eine schlechte Idee. Das liegt zum einen daran, dass die internen Prozesse und Datenbankstrukturen sehr komplex sind, zum anderen geht sogar – falls direkte Änderungen an Datenbankinhalten oder der Struktur vorgenommen werden – der Support von Microsoft verloren! Für diesen Fall stellt SharePoint einen alternativen Weg bereit. Der Zugriff auf die Anwendungen, Webseiten und Dienste einer SharePoint-Infrastruktur erfolgt über die Programmierschnittstellen von SharePoint. Je nach Produktversion stellt die Technologie unterschiedliche Schnittstellen bereit. Die Programmierschnittstellen werden als .NET-Bibliothek, Webservices oder als clientseitiges Objektmodell bereitgestellt. Die am häufigsten zur Anwendung kommende Schnittstelle ist das serverseitige Objektmodell. Das Server-Objektmodell stellt im Vergleich zu den anderen beiden Varianten die größte Auswahl an Schnittstellen bereit. Ein reichhaltiger Satz an Klassen, Enumerationen und Interfaces liefert die Grundlage für die Umsetzung benutzerdefinierter SharePoint-Lösungen. Kapitel 3, »Das erste SharePoint-Projekt«, liefert Ihnen eine Übersicht über die SharePoint-Objektmodelle sowie über deren Anwendungsgebiete.

1.7.3 SharePoint und ASP.NET 3.5

ASP.NET spielt in der SharePoint-Architektur eine besondere Rolle, da SharePoint in vielen Bereichen auf ASP.NET 3.5 basiert. Wenn Sie bereits Erfahrungen mit ASP.NET oder verwandten Technologien haben, wird Ihnen der Einstieg in die SharePoint-Programmierung deutlich leichter fallen. Falls Sie in beiden Bereichen noch keinerlei Know-how haben, können Sie ASP.NET als Brücke in die SharePoint-Welt nutzen.

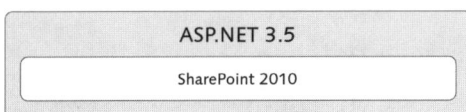

Abbildung 1.9 SharePoint 2010 basiert vollständig auf ASP.NET 3.5.

SharePoint nutzt in seiner Anwendungsoberfläche die gesamte Palette der Architektur von ASP.NET. Hier einige Beispiele:

▸ **Masterseiten (Master Pages):** Jede SharePoint-Webseite basiert auf einer speziellen Masterseite. Sie dient als Vorlage für sämtliche Inhaltsseiten einer SharePoint-Webseite. SharePoint-Masterseiten lassen sich vollständig anpassen und erweitern.

▸ **Webserver-Steuerelemente:** SharePoint stellt seine speziellen Anwendungskomponenten zum größten Teil über Webserver-Controls bereit. Sie erkennen die SharePoint-Controls am Präfix `SharePoint:<Name des Steuerelements>`. Eine besondere Form eines Webserver-Controls ist der SharePoint-Webpart. Die Klasse leitet sich von der Basisklasse des ASP.NET-Webparts ab und ist so konzipiert, dass es als Baustein in SharePoint-Seiten integriert werden kann. Als SharePoint-Entwickler werden Sie es häufig mit der Programmierung von Webparts zu tun bekommen.

▶ **Benutzersteuerelemente:** Wiederkehrende Anwendungsbausteine (zum Beispiel das Standard-Suchfeld) werden in SharePoint über Benutzersteuerelemente (*User Controls*) realisiert. User Controls können auch als Basis für benutzerdefinierte SharePoint-Anwendungen dienen. Der visuelle Webpart, ein sehr prominenter Anwendungsbaustein von SharePoint 2010, verwendet im Kern die Technologie der Benutzersteuerelemente.

▶ **Navigation Provider:** Die Navigation einer SharePoint-Webseite basiert vollständig auf dem *ASP.NET Navigation Provider Framework*. Mittels benutzerdefinierter Steuerelemente wird innerhalb einer SharePoint-Masterseite die Navigation abgebildet sowie eine Datenquelle für die Navigation referenziert.

▶ **Membership Provider:** Diese Technologie ermöglicht die Authentifizierung eines Benutzers gegen eine individuelle Datenbank oder einen alternativen Verzeichnisdienst. Die Kommunikation sowie begleitende Funktionen werden komplett durch das *Membership Provider Framework* gesteuert. Sie können dieses Framework dazu einsetzen, Benutzer Ihrer SharePoint-Webseite zum Beispiel gegen eine SQL Server-Datenbank zu authentifizieren.

Diese wenigen Beispiele verdeutlichen den Kern der SharePoint-Architektur. Wenn Sie sich mit der Thematik von ASP.NET vertraut machen, werden Sie auch recht schnell in der SharePoint-Welt zurechtkommen.

1.7.4   Die SharePoint-Programmierschnittstellen

Sie werden in diesem Buch sehr viel über die unterschiedlichen Programmierschnittstellen von SharePoint 2010 erfahren. Allein die Basistechnologie von SharePoint Foundation 2010 (SharePoint Server erweitert diese Anzahl deutlich) stellt in der Summe über 7000 Klassen, Enumerationen und Interfaces bereit. Diese Zahl macht einerseits deutlich, dass die SharePoint-Programmierschnittstelle zahlreiche Möglichkeiten liefert, andererseits lässt dieser Wert schon erahnen, dass auf den SharePoint-Programmierer sehr viele Recherchearbeiten warten.

Da die SharePoint-Klassenbibliotheken in mehrere Namensräume gruppiert sind, wird Ihnen der Einstieg vielleicht nicht ganz so schwer fallen, wie Sie eventuell befürchten. Die übergeordneten Klassen werden zum Beispiel über den Namensraum `Microsoft.SharePoint` zugänglich gemacht, wohingegen die Klassen für administrative Aufgaben im Namensraum `Microsoft.SharePoint.Administration` zu finden sind. Möchten Sie die Struktur und Klassen des SharePoint-Objektmodells auswerten, können Sie von unterschiedlichen Werkzeugen Gebrauch machen. Stellvertretend möchten wir Ihnen an dieser Stelle zwei nützliche Tools vorstellen: *Visual Studio 2010 Objektkatalog* sowie den *.NET Reflector* von Red Gate (ehemals Lutz Roeder).

Der Visual Studio 2010 Objektkatalog bietet Ihnen die Möglichkeit, die Namensräume, Interfaces, Enumeration und Klassen über eine Strukturansicht auszuwerten. Um zum Beispiel die Namensräume der `Microsoft.SharePoint`-Assembly zu
analysieren, können Sie mit Visual Studio 2010 ein beliebiges SharePoint-Projekt
erzeugen und die referenzierte SharePoint-Assembly über die Eigenschaften der
Datei im Objektexplorer öffnen.

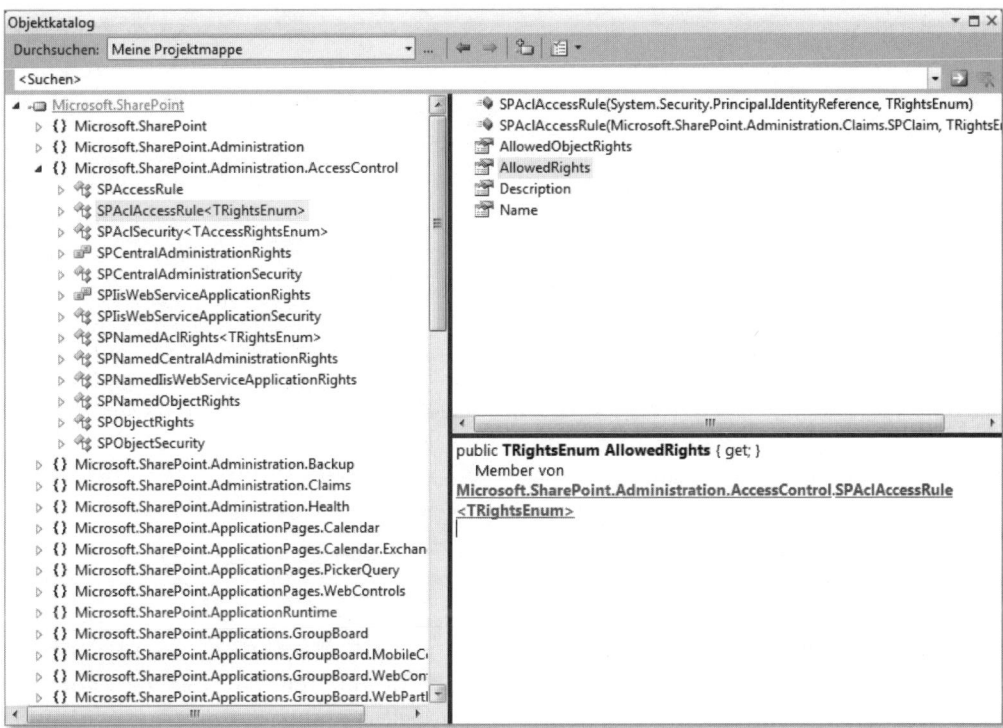

Abbildung 1.10 Der Objektexplorer liefert einen vollständigen Zugriff auf die Namensräume
der Microsoft.SharePoint-Assembly.

Hierin werden Ihnen in einer leicht lesbaren Baumstruktur die einzelnen
Namensräume sowie die darin enthaltenen Elemente aufgelistet. Wenn Sie in der
linken Hierarchie eine Klasse selektieren, werden Ihnen im rechten Bereich des
Visual Studio-Tools die darin enthaltenen Eigenschaften und Methoden aufgelistet. Unterhalb dieses Eigenschaftsfensters finden Sie weitere Details zu dem
jeweiligen Element.

Wenn Sie einen tieferen Blick in die Funktionsweise einer SharePoint-Klasse werfen wollen, können Sie auch den .NET Reflector verwenden. Dieses kostenlose
Werkzeug liefert Ihnen detailliertere Informationen zu einer SharePoint-Kompo-

nente. Die Analyse der jeweiligen Klasse erfolgt auf Basis einer integrierten Dekompilierungsfunktion.

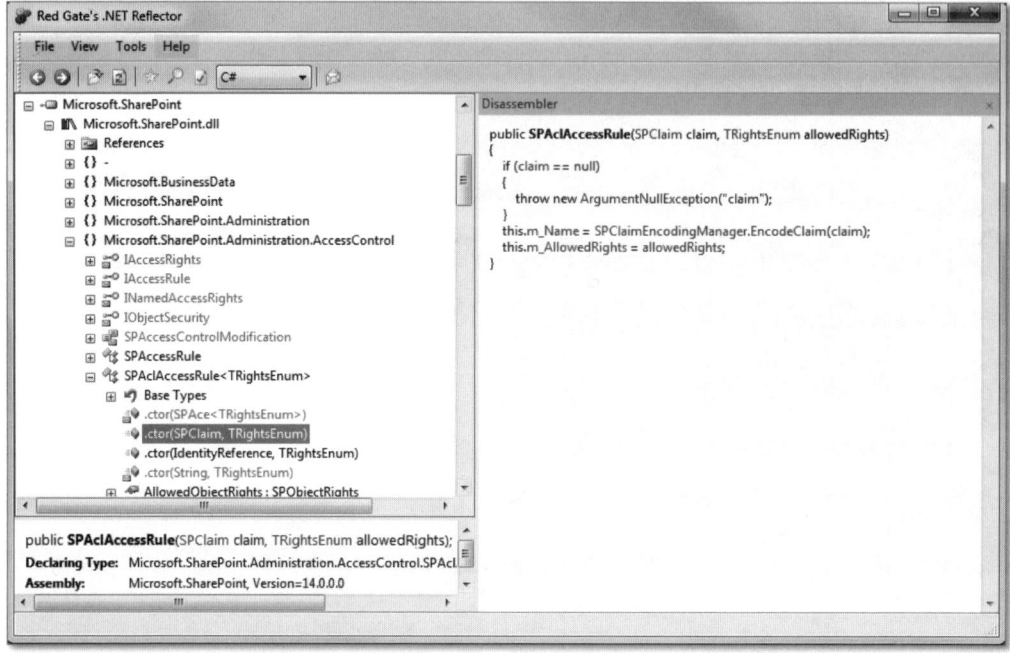

Abbildung 1.11 Der .NET Reflector bietet Ihnen die Möglichkeit, eine SharePoint-Klasse in ihre einzelnen Bestandteile zu zerlegen.

Beide Werkzeuge integrieren eine Suchfunktion. Über diese können Sie die gesamte SharePoint-Klassenbibliothek nach bestimmen Begriffen durchsuchen. Je mehr Sie mit dem SharePoint-Objektmodell arbeiten, desto mehr werden Sie vermutlich von diesen Werkzeugen Gebrauch machen.

.NET Reflector und weitere Tools

Den Red Gate .NET Reflector können Sie von folgender Webseite herunterladen:
http://www.red-gate.com/products/reflector/index.htm
Zusätzlich finden Sie auf *Codeplex* eine Reihe weiterer Add-ons für den Reflector:
http://reflectoraddins.codeplex.com

Was auch immer Sie mit SharePoint realisieren werden, Sie werden sehr schnell mit dem Objektmodell von SharePoint 2010 in Berührung kommen. Daher möchten wir Ihnen empfehlen, zuvor den Blick auf das SharePoint-Objektmodell zu richten. Teilweise werden Sie feststellen, dass die Klassen von SharePoint nicht dekompiliert werden können, weil sie obfuskiert (d. h. in nicht lesbaren Code umgewandelt) sind. Auch werden Sie beobachten, dass nicht alle Klassen vererbt werden können, weil diese teilweise als *sealed* (von der Vererbung ausgeschlossen) gekennzeichnet sind.

Neben den unterschiedlichen Analysewerkzeugen sollten Sie stets ein Fenster des *SharePoint Software Development Kits* (*SDK*) geöffnet haben. Das SDK enthält Dokumentationen und Codebeispiele zu den Programmierschnittstellen von SharePoint Foundation 2010 sowie zahlreiche weitere Empfehlungen. Die im Vergleich zu seinem Vorgänger deutlich verbesserte Dokumentation liefert detaillierte Informationen zu den Namensräumen, Klassen und weiteren Komponenten der SharePoint-Programmierschnittstelle. Insbesondere für den unerfahrenen SharePoint-Entwickler ist die Installation des Software Development Kits eine Pflichtaufgabe.

Zur Online-Version des SDKs gelangen Sie über folgende Adresse: *http://msdn.microsoft.com/de-de/library/ee557253.aspx*

1.7.5 Das SharePoint-Systemverzeichnis

Eine dritte wichtige Komponente der SharePoint-Architektur ist das SharePoint-Systemverzeichnis. Es ist standardmäßig unter folgendem Pfad zu finden: *%CommonProgramFiles%\Microsoft Shared\Web Server Extensions\14*. Das Systemverzeichnis enthält wesentliche Bausteine der SharePoint-Plattform. Neben den SharePoint-Assemblys sind hier auch die Standardvorlagen, Anwendungsseiten, Ressourcen oder Webservice-Definitionen enthalten. Tabelle 1.5 beschreibt die wichtigsten SharePoint-Systemkomponenten unterhalb des 14er-Verzeichnisses.

Ordnername	Beschreibung
ADMISAPI	Stellt die administrativen Webservices bereit. Der Ordner wird über das virtuelle Verzeichnis *_vti_adm* mit der Webanwendung verbunden.
CONFIG	Verwaltet Konfigurationsdateien der SharePoint-Infrastruktur inklusive *web.config*-Erweiterungen und Code-Access-Security-Richtlinien.
ISAPI	Stellt die SharePoint-Assemblys, Webservices sowie WCF-Dienste bereit. Die Inhalte werden über das virtuelle Verzeichnis *_vti_bin* von der SharePoint-Webanwendung referenziert.
Resources	Enthält Ressourcen, die von SharePoint-Vorlagen und Features referenziert werden.

Tabelle 1.5 Übersicht über die wichtigsten SharePoint-Systemverzeichnisse

Ordnername	Beschreibung
TEMPLATE\ADMIN	Beinhaltet die Anwendungsseiten der SharePoint-Zentraladministration.
TEMPLATE\CONTROLTEMPLATES	Vereint Benutzersteuerelemente der SharePoint-Standardseiten.
TEMPLATE\FEATURES	zentrales Verzeichnis für SharePoint-Features
TEMPLATE\GLOBAL	Verwaltet die global gültigen Masterseiten sowie die Schemadefinitionen von Listen.
TEMPLATE\IMAGES	Stellt Standardbilder bereit. Das Verzeichnis wird von den SharePoint-Webanwendungen durch den Pfad _layouts/images referenziert.
TEMPLATE\LAYOUTS	Bündelt SharePoint-Anwendungsseiten. Der Ordner wird unterhalb einer SharePoint-Webanwendung über das virtuelle _layouts-Verzeichnis adressiert.
TEMPLATE\SiteTemplates	Enthält Schemadefinitionen (onet.xml) der Standard-Websitevorlagen.
TEMPLATE\XML	Speichert spezielle XML-Konfigurationen sowie SharePoint-Schemas.
UserCode	Stellt die benutzerdefinierten Dienste der Sandkastenlösungen bereit.
WebClients	Verwaltet die Konfigurationsabschnitte der clientbasierten SharePoint-Komponenten.

Tabelle 1.5 Übersicht über die wichtigsten SharePoint-Systemverzeichnisse (Forts.)

Das Systemverzeichnis stellt einen weiteren Zugriffspunkt für die Bereitstellung benutzerdefinierter Anwendungen dar. Sie sollten beachten, dass die von den SharePoint-Webanwendungen referenzierten Dateien den Charakter der globalen Gültigkeit besitzen. Wenn Sie beispielsweise Anwendungen unterhalb des Layouts-Verzeichnisses integrieren, müssen Sie berücksichtigen, dass diese Komponenten von sämtlichen Webanwendungen angesprochen werden können. Das Systemverzeichnis können Sie dazu nutzen, benutzerdefinierte SharePoint-Anwendungen zur Verfügung zu stellen. Die folgende Auflistung liefert Ihnen einige Beispiele möglicher Erweiterungen im SharePoint-Systemverzeichnis:

▶ **Seitendefinitionen:** SharePoint bietet die Möglichkeit, benutzerdefinierte Websitevorlagen umzusetzen. Die deklarativen Elemente der jeweiligen Seitendefinition werden unterhalb des *SiteTemplates* sowie im *FEATURES*-Verzeichnis abgespeichert.

▶ **Listendefinitionen:** Ebenso wie um Websitevorlagen können Sie die SharePoint-Architektur auch um benutzerdefinierte Listenvorlagen erweitern.

▶ **Features:** Als SharePoint-Entwickler werden Sie schnell mit der Features-Technologie in Berührung kommen. Features sind ein deklaratives Programmiermodell, mit dem bestimmte Dateien und Funktionen innerhalb einer SharePoint-Webseite bereitgestellt werden können.

▶ **Anwendungsseiten:** Wenn Sie zentral gültige ASP.NET-Seiten in einer SharePoint-Umgebung bereitstellen wollen, sind Anwendungsseiten die hierfür passende Technologie. Sie werden unterhalb des *LAYOUTS*-Verzeichnisses gespeichert und können von sämtlichen Webseiten aufgerufen werden.

▶ **Webservices:** Auch die Bereitstellung benutzerdefinierter Webservices kann über den Weg der Systemverzeichnisse erfolgen. Der hierfür geeignetste Platz ist das *LAYOUTS*-Verzeichnis für ASP.NET-Webservices bzw. das *ISAPI*-Verzeichnis für WCF-Services.

▶ **Benutzersteuerelemente:** Aufgrund der Architektur von User Controls (die Assembly muss im Global Assembly Cache gespeichert werden) müssen diese Anwendungskomponenten zentral zur Verfügung gestellt werden. Die benutzerdefinierten ASCX-Dateien werden unterhalb des *CONTROLTEMPLATES*-Verzeichnisses gespeichert.

▶ **Globale Ressourcen:** Global gültige Ressourcen, wie Bilder, CSS-Dateien oder JavaScripts, können zentral unterhalb des *IMAGES*- bzw. *LAYOUTS*-Verzeichnisses abgelegt werden.

▶ **Vollständige Anwendungen:** Prinzipiell können sämtliche SharePoint-Anwendungstypen (Master- und Inhaltsseiten, Bilder und CSS-Dateien, ASP.NET-Seiten oder Konfigurationsdateien) in das *LAYOUTS*-Verzeichnis integriert werden. Hiermit lassen sich komplette Anwendungen innerhalb der SharePoint-Systemverzeichnisse unterbringen.

Die Bereitstellung von Anwendungen unterhalb des Systemverzeichnisses wird durch die Technologie der *SharePoint Solutions* unterstützt. Hierüber können Sie steuern, in welche Zielverzeichnisse die benutzerdefinierten Dateien abgespeichert werden sollen.

Die hier vorgestellten Technologien werden Sie an vielen Stellen dieses Buches wiederfinden. Zusammen mit zahlreichen Beispielen werden Sie einen Eindruck davon erhalten, welche Technologie sich für welchen Anwendungsfall am besten eignet.

1.7.6 SharePoint und die Internet Information Services

Wie Sie bereits erfahren haben, spielt die Webanwendung für die SharePoint-Infrastruktur eine signifikante Rolle. Die Anfrage an eine Webseite wird zunächst an die Webanwendung gerichtet, die im Grunde genommen nichts weiter als eine Webseite unterhalb der *Internet Information Services* (IIS) ist. Die Webanwendung empfängt die Anfrage und leitet sie an die SharePoint-Runtime weiter, die dann als Ergebnis die SharePoint-Webseite ausliefert. Hinter diesem Verfahren steckt ein recht aufwendiger Prozess, der sich aus unterschiedlichen Komponenten zusammensetzt. Die Generierung einer Webseite erfolgt auf Basis der Seitenvorlage (Seitendefinition), der Listenvorlagen (Listendefinition), der Anwendungsdateien des Dateisystems sowie der Inhalte aus der Datenbank (siehe Abbildung 1.12).

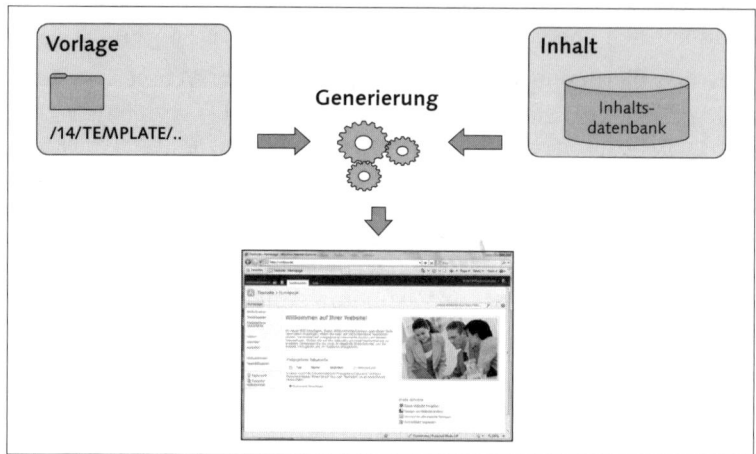

Abbildung 1.12 Die Generierung einer SharePoint-Website basiert auf einem komplexen Prozess.

In klassischen ASP.NET-Webanwendungen werden die ASPX-Dateien direkt vom Webserver eingelesen, serverseitig kompiliert und dann als HTML-Seite an den Browser übergeben. In SharePoint-Umgebungen funktioniert dieses Verfahren anders. SharePoint speichert einen Großteil seiner Daten in der Inhaltsdatenbank der Webanwendung – also teilweise komplette ASP.NET-Seiten. Die Plattform ist so konzipiert, dass sie in der Lage ist, vollständige ASPX-Dateien aus der Datenbank über einen optimierten Weg zu verarbeiten. Die dahinterliegende Technologie heißt *Virtual Path Provider*.

Der Virtual Path Provider führt die Quelldaten aus den Verzeichnissen des Servers sowie der Inhaltsdatenbank zusammen und übergibt sie an die ASP.NET-Runtime. Bei diesem Prozess muss der Provider nicht unbedingt die ASPX-Dateien aus der Inhaltsdatenbank lesen. Das Standardverhalten von SharePoint besteht darin, dass der Generierungsprozess zunächst die Master- und Inhaltsseiten der Websitevorlage verwendet (*uncustomized*). Diese Dateien befinden sich direkt auf dem SharePoint-Server. Erst mit der Anpassung einer Master- oder Inhaltsseite (*customized*) werden die Inhalte der Webseite in der Datenbank abgespeichert. Dieser Prozess wird auch als *Unghosting* (*ghosted* = nicht angepasst; *unghosted* = angepasst) bezeichnet.

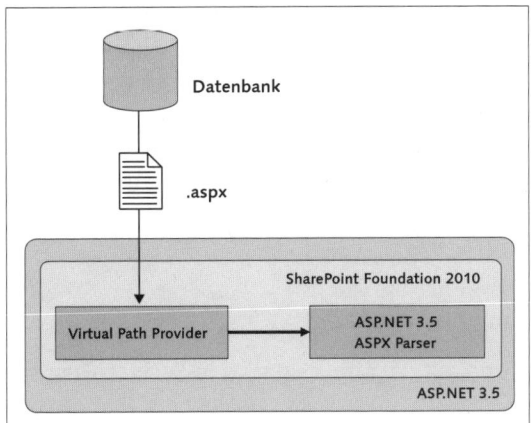

Abbildung 1.13 Der Virtual Path Provider ermöglicht das Parsing von ASPX-Dateien aus einer Datenbank.

Virtual Path Provider

Das Konzept des Virtual Path Providers wurde mit ASP.NET 2.0 eingeführt. Virtual Path Provider erlauben es, beliebige ASP.NET-Dateien (wie zum Beispiel .ASPX oder .ASMX) anstatt aus dem Dateisystem von einer benutzerdefinierten Quelle zu laden. SharePoint nutzt dieses Prinzip und integriert einen SQL-basierten Virtual Path Provider, der es ermöglicht, ASP.NET-Dateien direkt aus der Inhaltsdatenbank einer Webanwendung auszulesen.

Weitere Informationen zur Anpassung von Masterseiten finden Sie in Abschnitt 5.2, »Masterseiten«.

Um die SharePoint-Umgebung in die Lage zu versetzen, über den Virtual Path Provider Dateien aus einer SharePoint-Datenbank zu lesen, muss zuvor die Anfrage von den Internet Information Services an die SharePoint-Runtime übergeben werden. Diese und andere SharePoint-spezifische Einstellungen werden innerhalb der *web.config*-Datei registriert. Die *web.config* setzt sich aus mehreren übergeordneten Bereichen zusammen:

```
<configuration>
  <microsoft.sharepoint.client>
  ...
  </microsoft.sharepoint.client>
  <SharePoint>
  ...
  </SharePoint>
  <system.web>
  ...
  </system.web>
```

```
<system.webServer>
  ...
</system.webServer>
<runtime>
  ...
</runtime>
</configuration>
```

Listing 1.4 Wurzelbereich der »web.config«-Datei

Zunächst ein paar Worte zu diesen Basiselementen:

- Das Element `microsoft.sharepoint.client` referenziert den Service-Host für das clientseitige Objektmodell.
- Im `SharePoint`-Element sind allgemeine Einstellungen der SharePoint-Umgebung zu finden.
- Der `system.web`-Zweig definiert die für SharePoint erforderlichen ASP.NET-Konfigurationen.
- Unterhalb des `system.webServer`-Elements befinden sich sämtliche Einstellungen des Webservers.
- Das `runtime`-Element konfiguriert die ASP.NET-Runtime.

Tabelle 1.6 zeigt einen Auszug der wichtigsten SharePoint-Konfigurationen innerhalb der *web.config*-Datei.

Element	Beschreibung
SharePoint	
WebPartLimits	Definiert die maximale Anzahl an Steuerelementen für eine einzelne SharePoint-Seite.
WebPartCache	Referenziert den zu verwendenden Cache für Webparts (Standard: *ASP.NET Cache*).
SafeControls	Definiert die von SharePoint erlaubten Assemblys.
PeoplePickerWildcards	Konfiguriert die Wildcard-Einstellung der Personenauswahl (*People Picker*).
WorkflowServices	Referenziert die Workflow-Assemblys.
MergedActions	Definiert die zusammengeführten Aktionen aus dem Verzeichnis *14/Config*.
system.web	
securityPolicy	Referenziert die von SharePoint standardmäßig verwendeten Code-Access-Security-Richtlinien (`WSS_Medium` und `WSS_Minimal`).

Tabelle 1.6 Elemente der »web.config«-Datei einer SharePoint-Webanwendung

Element	Beschreibung
customErrors	Steuert das Verhalten bei auftretenden Fehlern.
httpRuntime	Legt über das Attribut maxRequestLength die maximale Größe einer Datenanfrage fest.
authentication	Regelt das Authentifizierungsverfahren (zum Beispiel Windows oder formularbasierte Authentifizierung).
identity	Steuert die Impersonifizierung einer Benutzeranfrage. Durch das Attribut impersonate=true wird die Benutzeridentität an die SharePoint-Runtime weitergereicht.
compilation	Steuert die Kompilierung von ASP.NET-Komponenten.
pages	Konfiguriert die seitenspezifischen Einstellungen der SharePoint-Umgebung.
siteMap	Definiert die Standard-Sitemap-Provider für die SharePoint-Infrastruktur.
trust	Legt über das level-Attribut das Sicherheitslevel der SharePoint-Webanwendung fest (Standard: WSS_Minimal).

Tabelle 1.6 Elemente der »web.config«-Datei einer SharePoint-Webanwendung (Forts.)

Das system.webServer-Element bedarf einer genaueren Betrachtung, weil hierüber die erforderlichen Module für die Steuerung der Abfrage an die SharePoint-Umgebung festgelegt werden. Der Abfrageprozess in SharePoint basiert prinzipiell auf dem von ASP.NET. Abbildung 1.14 veranschaulicht die Prozesspipeline einer ASP.NET-Webanwendung.

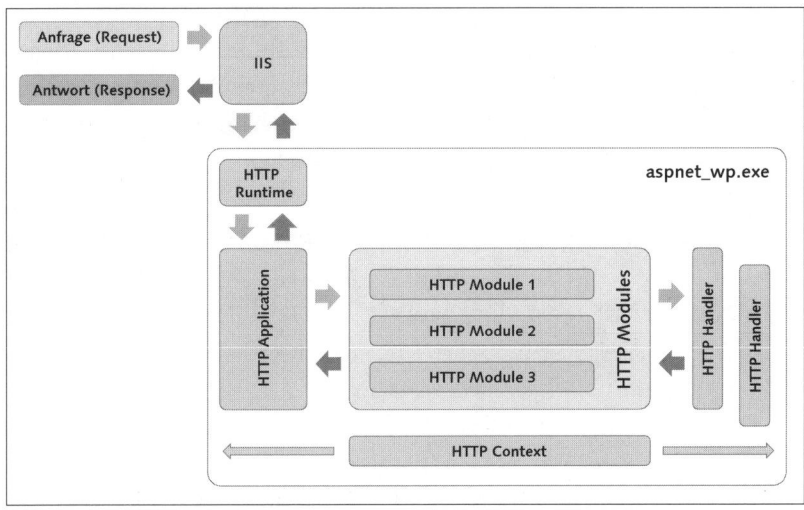

Abbildung 1.14 Die ASP.NET-Abfragereihenfolge wird durch spezielle Module und Handler gesteuert.

Das ASP.NET-Pipelinemodell besteht aus mehreren Komponenten: einem `Http-Application`-Objekt, verschiedenen Modulen sowie einem `HttpHandler`-Objekt inklusive seiner jeweiligen Factory-Objekte. Das `HttpApplication`-Objekt übernimmt die Anfrage vom IIS und steuert dann die initiale Verarbeitung des Requests. Ein HTTP-Modul können Sie sich als eine Art Filter vorstellen. Es verarbeitet sämtliche Anfragen und Antworten innerhalb der Prozesspipeline. `HTTPHandler`-Objekte bilden den Endpunkt einer Anfrage und übernehmen die Verarbeitung spezieller Dateitypen. Pro Anfrage wird jeweils ein HTTP-Handler angesteuert. Beispielsweise stellt die ASP.NET-Runtime bestimmte Handler für die Verarbeitung von .ASPX- oder .ASMX-Dateien bereit. Letztlich wird die komplette Antwortnachricht durch den HTTP-Handler generiert. Das `HttpContext`-Objekt steuert den gesamten Prozess von der Anfrage bis zur Antwort. Es steht sämtlichen an der Pipeline beteiligen Modulen zur Verfügung.

SharePoint Foundation 2010 basiert auf diesem grundlegenden Prozess und erweitert ihn um benutzerdefinierte Anwendungen, Module und Handler. SharePoint definiert ein benutzerdefiniertes `HTTPApplication`-Objekt unter der Verwendung der `SPHttpApplication`-Klasse. Diese Klasse wird innerhalb der SharePoint-spezifischen *global.asax*-Datei referenziert. Diese Datei befindet sich auf der obersten Ebene des Quellverzeichnisses einer Webanwendung.

```
<%@ Assembly Name="Microsoft.SharePoint"%>
<%@ Application Language="C#"
Inherits="Microsoft.SharePoint.ApplicationRuntime.SPHttpApplication" %>
```

Listing 1.5 Aufbau der »global.asax« einer SharePoint-Webanwendung

Zusätzlich zum `HttpApplication`-Objekt verwendet die SharePoint-Infrastruktur einige benutzerdefinierte HTTP-Module und HTTP-Handler. Sie binden SharePoint-spezifische Komponenten in die Prozesspipeline einer SharePoint-Anfrage ein. Die Erweiterungen werden innerhalb der *web.config* im Konfigurationsabschnitt `system.webServer` spezifiziert. Hierin finden Sie zwei wichtige Abschnitte: `modules` und `handler`.

Die zunächst wichtigste Erweiterung ist im Konfigurationsabschnitt `module` zu finden. SharePoint stellt für die Verarbeitung von Anfragen an eine Webseite eine Reihe benutzerdefinierter HTTP-Module bereit:

```
<modules runAllManagedModulesForAllRequests="true">
  ...
  <add name="SPRequestModule"
      preCondition="integratedMode"
      type="Microsoft.SharePoint.ApplicationRuntime.SPRequestModule,
      Microsoft.SharePoint, Version=14.0.0.0, Culture=neutral,
      PublicKeyToken=71e9bce111e9429c" />
```

```
<add name="ScriptModule"
    preCondition="integratedMode"
    type="System.Web.Handlers.ScriptModule, System.Web.Extensions,
    Version=3.5.0.0, Culture=neutral,
    PublicKeyToken=31bf3856ad364e35" />
<add name="SharePoint14Module"
    preCondition="integratedMode" />
<add name="StateServiceModule"
    type="Microsoft.Office.Server.Administration.StateModule,
    Microsoft.Office.Server, Version=14.0.0.0, Culture=neutral,
    PublicKeyToken=71e9bce111e9429c" />
<add name="PublishingHttpModule"
    type="Microsoft.SharePoint.Publishing.PublishingHttpModule,
    Microsoft.SharePoint.Publishing, Version=14.0.0.0,
    Culture=neutral, PublicKeyToken=71e9bce111e9429c" />
</modules>
```

Listing 1.6 Die Verarbeitung von SharePoint-Anfragen wird von benutzerdefinierten Modulen gesteuert.

An erster Stelle ist die `SPRequestModule`-Klasse anzutreffen. Sie stellt die für die Verarbeitung einer SharePoint-Seite erforderlichen Prozesse und Konfigurationen bereit. Beispielsweise ist das `SPRequestModule` für den Aufruf des Virtual Path Providers verantwortlich.

Neben diesem Kernmodul stellt SharePoint noch weitere Komponenten bereit. Sie steuern die Verarbeitung von AJAX-Anfragen (`ScriptModule`), die Zustandsverwaltung (`StateServiceModule`) oder die SharePoint Server-Veröffentlichungsinfrastruktur (`PublishingHttpModule`).

Das Modul `SharePoint14Module` weist eine Besonderheit auf. Anders als die anderen Module hat es keinen Typ spezifiziert. Der Grund hierfür ist, dass dieser Baustein nativen Code referenziert (die *owssvr.dll*). Native Komponenten werden nicht in der *web.config* einer Webwendung, sondern in der *applicationHost.config*-Datei des IIS (unterhalb des Bereichs `globalModules`) spezifiziert. Dieses globale Modul übernimmt die Verarbeitung von unmanaged Ressourcen einer SharePoint Foundation-Webseite.

Den benutzerdefinierten Modulen folgen einige http-Handler (`handlers`-Element), denen jeweils die zu verarbeitende Dateierweiterung sowie die Anfragetypen (GET, HEAD, POST etc.) zugeordnet sind. SharePoint 2010 stellt für eine Reihe von Dateitypen einen benutzerdefinierten Handler bereit:

```
<handlers>
  ...
```

```
<add name="svc-Integrated" path="*.svc" verb="*"
    type="System.ServiceModel.Activation.HttpHandler,
    System.ServiceModel, Version=3.0.0.0, Culture=neutral,
    PublicKeyToken=b77a5c561934e089"
    preCondition="integratedMode" />
<add name="OwssvrHandler"
    scriptProcessor="C:\Program Files\Common Files\
    Microsoft Shared\Web Server Extensions\
    14\isapi\owssvr.dll"
    path="/_vti_bin/owssvr.dll"
    verb="*"
    modules="IsapiModule"
    preCondition="integratedMode" />
<add name="ScriptHandlerFactory"
    verb="*"
    path="*.asmx"
    preCondition="integratedMode"
    type="System.Web.Script.Services.ScriptHandlerFactory,
    System.Web.Extensions, Version=3.5.0.0,
    Culture=neutral, PublicKeyToken=31bf3856ad364e35" />
<add name="ScriptHandlerFactoryAppServices"
    verb="*"
    path="*_AppService.axd"
    preCondition="integratedMode"
    type="System.Web.Script.Services.ScriptHandlerFactory,
    System.Web.Extensions, Version=3.5.0.0, Culture=neutral,
    PublicKeyToken=31bf3856ad364e35" />
<add name="ScriptResource"
    preCondition="integratedMode"
    verb="GET,HEAD"
    path="ScriptResource.axd"
    type="System.Web.Handlers.ScriptResourceHandler,
    System.Web.Extensions, Version=3.5.0.0,
    Culture=neutral, PublicKeyToken=31bf3856ad364e35" />
<add name="JSONHandlerFactory"
    path="*.json"
    verb="*"
    type="System.Web.Script.Services.ScriptHandlerFactory,
    System.Web.Extensions, Version=3.5.0.0, Culture=neutral,
    PublicKeyToken=31bf3856ad364e35"
    resourceType="Unspecified"
    preCondition="integratedMode" />
<add name="ReportViewerWebControl"
    verb="*"
    path="Reserved.ReportViewerWebControl.axd"
```

```
        type="Microsoft.Reporting.WebForms.HttpHandler,
        Microsoft.ReportViewer.WebForms, Version=8.0.0.0,
        Culture=neutral, PublicKeyToken=b03f5f7f11d50a3a" />
</handlers>
```

Listing 1.7 SharePoint Foundation 2010 registriert eine Reihe individueller HTTP-Handler zur Verarbeitung spezieller Dateitypen.

Anders als in SharePoint 2007 wird für die Verarbeitung von .ASPX-Dateien kein benutzerdefinierter Handler angeboten. SharePoint 2010 verwendet für sämtliche ASP.NET-Erweiterungen den in der *applicationHost.config* registrierten Standard-Handler. ASPX-Dateierweiterungen werden von der Klasse `System.Web.UI.PageHandlerFactory` verarbeitet.

Neben den hier beschriebenen Konfigurationen in der *web.config*-Datei erweitert SharePoint die Internet Information Services noch um andere Einstellungen. Mehr über dieses Thema können Sie in folgendem MSDN-Artikel nachlesen:

http://msdn.microsoft.com/en-us/library/ee537834.aspx

Als Anwendungsentwickler werden Sie schnell auf die *web.config*-Datei stoßen. In dieser werden zum Beispiel die benutzerdefinierten Webparts und Steuerelemente registriert (`SafeControl`) oder die Code-Access-Security-Richtlinien (`trust level`) referenziert.

Arbeiten Sie mit der Technologie der SharePoint Solutions, brauchen Sie sich über die Registrierung der erforderlichen *web.config*-Einträge zunächst keine Gedanken zu machen, da diese Aufgabe vom Prozess des Solution Deployments übernommen wird. Unabhängig davon sollten Sie sich aber stets bewusst sein, welche Vorgänge durch die unterschiedlichen SharePoint-Automatismen im Hintergrund der Webanwendung ablaufen. Mehr zum Thema des Solution Deployments finden Sie in Kapitel 7, »Deployment-Konzepte«.

1.8   Fehlersuche und Überwachung

Die Programmierung von benutzerdefinierten Lösungen ist oftmals sehr eng mit den Themen der Fehlersuche und Überwachung verbunden. Bei der Fehlersuche bzw. der Analyse bestimmter SharePoint-Funktionen müssen Sie gleich mehrere Protokollierungsdatenbanken in Augenschein nehmen:

▸ SharePoint Logs

▸ Internet Information Services Logs

▸ Die Windows-Ereignisanzeige

Abhängig von der jeweiligen SharePoint-Komponente (Windows-Dienst, Webpart oder Workflow) werden die Ereignisse oder Fehler in einer dieser drei Protokollierungsdatenbanken abgespeichert. Schauen wir uns diese Protokollierungsquellen etwas genauer an.

1.8.1 SharePoint United Logging Service (ULS)

SharePoint Foundation 2010 stellt einen einheitlichen Logging-Service bereit, den *United Logging Service* (ULS), der die Protokollierung sämtlicher Ereignisse, Warnungen und Fehler von SharePoint-Komponenten steuert. Wenn Sie ein Problem mit einem Webpart, Feature oder einer anderen SharePoint-spezifischen Funktion haben, werden Sie in diesen Protokolldateien fündig. Diese Dateien werden standardmäßig im Verzeichnis *%CommonProgramFiles%\Microsoft Shared\ Web Server Extensions\14\LOGS* abgespeichert. In Produktivumgebungen werden Sie die Logdateien gegebenenfalls auf einer separaten Partition antreffen.

Da die Protokolldateien sehr schnell eine hohe Anzahl von Einträgen erreichen können, wird es mit einem einfachen Editor zur Mammutarbeit, die passende Stelle zu finden. Um die Auswertung der Logdateien zu vereinfachen, stellt Microsoft mit dem *ULS Viewer* ein kostenloses Werkzeug bereit, womit sich Ereignisse nach Bedarf oder auch zur Laufzeit auswerten lassen.

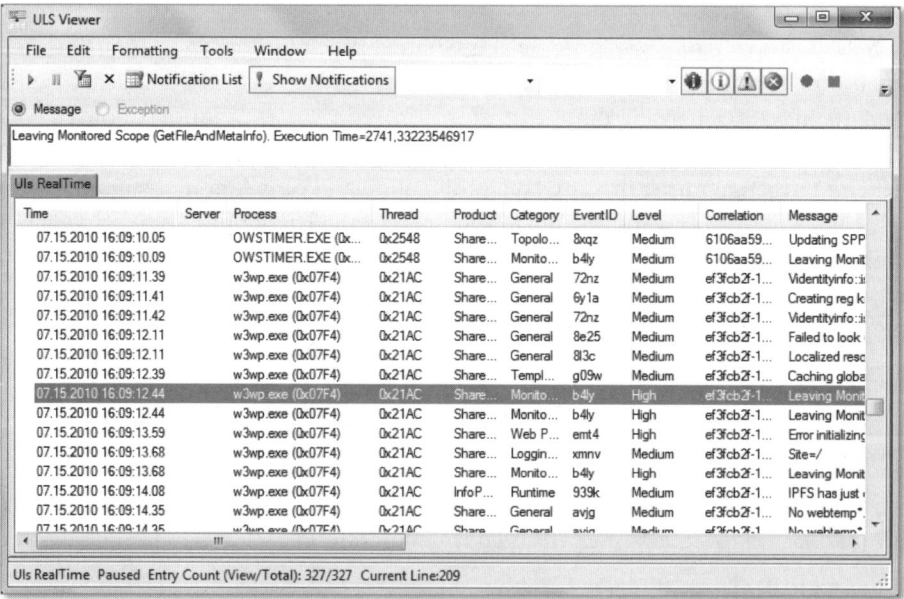

Abbildung 1.15 Der Microsoft ULS Viewer macht die Auswertung von SharePoint-Ereignissen deutlich einfacher.

Sie können den kostenlosen ULS Viewer direkt herunterladen:

http://code.msdn.microsoft.com/ULSViewer

Die Bedeutung der Korrelations-ID

Die Korrelations-ID wurde mit SharePoint 2010 neu eingeführt. Sie fasst sämtliche Ereignisse zu einem speziellen Prozess zusammen und speichert sie unter einer eindeutigen Identifizierung ab. Zum Beispiel werden alle zusammenhängenden Ereignisse eines bestimmten Benutzers in einer eindeutigen Korrelations-ID gruppiert. Insbesondere dann, wenn eine auf mehrere Server verteilte Anwendung betrieben wird (zum Beispiel Suchanwendungen), ist diese Neuerung ein Gewinn, denn die Fehlersuche wird damit erheblich vereinfacht.

Eine hiermit verbundene Verbesserung ist die Darstellung der Korrelations-ID bei Fehlern innerhalb der Benutzeroberfläche. Diese Information können Sie gegebenenfalls von den Nutzern Ihrer Anwendung abfragen, um eine genauere Fehleranalyse durchzuführen. Abbildung 1.17 zeigt unter anderem die Ausgabe der Korrelations-ID.

Zusammen mit dem neuen ULS-System wurden in SharePoint 2010 noch weitere Verbesserungen integriert, die Ihnen mehr Einfluss auf die Administration der Protokollierungsdienste geben. Dazu gehören zum Beispiel:

▸ **Ereignisdrosselung (Event Throttling):** Sie können in SharePoint sehr granular steuern, welche Ereignisse und Kategorien protokolliert werden sollen.

▸ **Komprimierung:** Die Größe der Logdateien wurde im Vergleich zur Vorversion um 50% reduziert. Sie können über die Zentraladministration die Aufbewahrungszeit (Standard: 14 Tage) steuern und die maximale Größe einer Protokolldatei festlegen.

▸ **Schutz vor Event-Überflutung:** Der Unified Logging Service ist standardmäßig so konfiguriert, dass er in der Lage ist, wiederkehrende Ereignisse zu erkennen und die Ereignisdatenbank nicht mit ihnen zu überfluten. Sollte zum Beispiel innerhalb von zwei Minuten mehrmals das gleiche Ereignis auftreten, wird in diesem Fall eine Zusammenfassung in einem Eintrag aggregiert, inklusive der Beschreibung, wie oft dieses Ereignis tatsächlich aufgetreten ist.

▸ **PowerShell-Unterstützung:** Die erweiterte Administration oder Auswertung von Logdateien wird durch zahlreiche PowerShell-Kommandos unterstützt. Sie können hierüber den Unified Logging Service administrieren, auswerten oder bestimmte Prozesse automatisieren.

SharePoint liefert also mit seinem neuen Logging-Service sehr viele Möglichkeiten zur Auswertung unterschiedlicher Ereignisse und Fehler. Jedoch sind die SharePoint-Protokolle nicht die alleinige Stelle, die bei der Fehleranalyse zum Tragen kommt. Bei besonders komplexen SharePoint-Anwendungen sollten Sie weitere Logging-Datenbanken auswerten.

1.8.2   Internet Information Services Logs

Bevor SharePoint in der Lage ist, bestimmte Ereignisse zu identifizieren und zu protokollieren, muss die Anfrage vom Webserver (Internet Information Services) verarbeitet werden. Wenn bereits hier ein Fehler auftritt, zum Beispiel ein Authentifizierungsfehler, werden Sie vergeblich nach einem Eintrag in den Share-Point-Protokollen suchen. Die IIS-Protokolle enthalten Informationen zu sämtlichen Anfragen an eine SharePoint-Webseite. Sie sind standardmäßig in folgendem Verzeichnis anzutreffen:

%SystemDrive%\inetpub\logs\LogFiles\[ID der Webanwendung]

1.8.3   Windows-Ereignisdatenbank

Auch in der Windows-Ereignisdatenbank sind SharePoint-spezifische Informationen zu finden. SharePoint stellt innerhalb der Ereignisdatenbank einen speziellen Bereich bereit. Darüber hinaus speichern ASP.NET und SharePoint bestimmte Events im Anwendungszweig der Windows-basierten Protokolldatenbank ab.

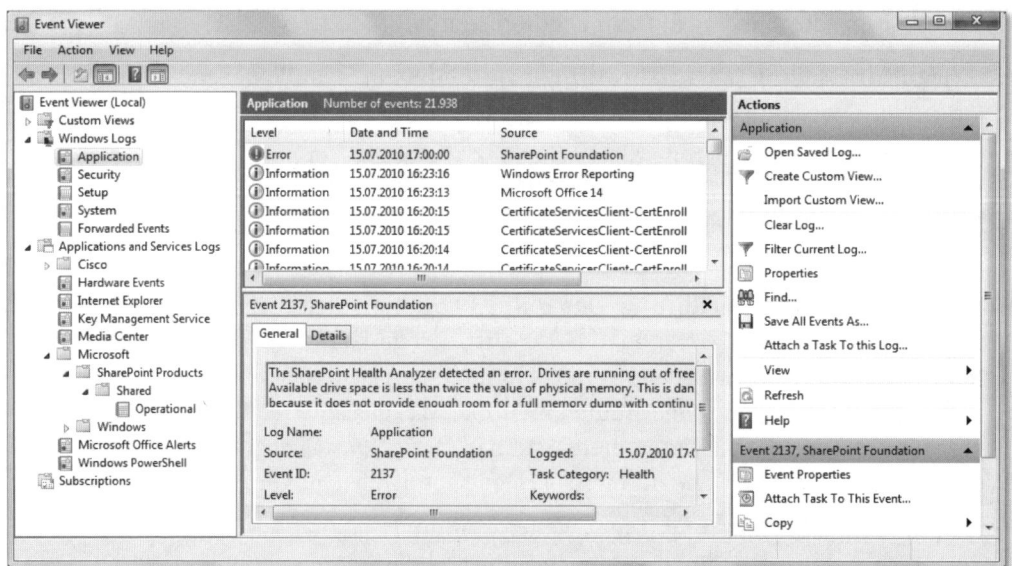

Abbildung 1.16 SharePoint speichert zahlreiche Events auch in der Windows-Ereignisdatenbank ab.

Neben den unterschiedlichen Logging-Datenbanken können Sie sich auch direkt innerhalb der Webanwendung erweiterte Fehlermeldungen ausgeben lassen. Standardmäßig gibt SharePoint eine einfache Fehlerseite aus, die jedoch, zumindest für den Entwickler, wenig informativ ist.

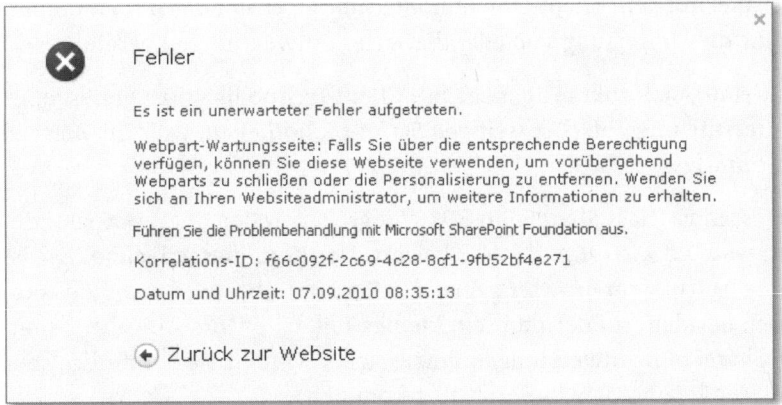

Abbildung 1.17 Die Standard-Fehlermeldung ist für den Entwickler wenig hilfreich.

Um die erweiterte Fehlermeldung einer Ausnahme darzustellen, sind zwei kleine Änderungen in der *web.config* erforderlich:

```
<configuration>
  <SharePoint>
    <SafeMode CallStack="true" … />

    …
  </SharePoint>
  <system.web>
    <customErrors mode="off" />

    …
  </system.web>
</configuration>
```

Listing 1.8 Um die erweiterten Fehlermeldungen anzuzeigen, nehmen Sie diese zwei Anpassungen an der »web.config«-Datei vor.

Innerhalb des `SafeControl`-Elements müssen Sie das Attribut `CallStack` auf den Wert `true` setzen und die `customErrors` abschalteen.

Diese Einstellung in einer Produktivumgebung zu aktivieren ist wenig ratsam. Sie sollten diese Anpassung nur in Ihrer Entwicklungsumgebung vornehmen.

1.8.4 Überwachung von Client-Komponenten

Mit SharePoint 2010 werden deutlich mehr Funktionen in den Client ausgelagert. Das liegt vor allem daran, dass der Trend bei Webanwendungen der neuen Generation dahin geht, Funktionalität im Browser auszuführen. Hierfür stellt Share-

Point zum Beispiel mit dem Client-Objektmodell eine eigenständige Programmier-schnittstelle für die Umsetzung von clientbasierten Anwendungen bereit.

Ein weiterer Grund, sich zukünftig mehr mit Client-Technologien zu befassen, ist die native Unterstützung von clientseitigen Script-Bibliotheken, wie zum Beispiel *jQuery* oder *Prototype*.

Nicht zu vergessen ist, dass SharePoint 2010 zu großen Teilen auf AJAX-Funktio-nen (*Asynchronous JavaScript and XML*) basiert. Der Kern dieser Technologie ist der asynchrone Aufruf vom Browser gegen den Server. Dabei wird nicht die kom-plette Seite neu geladen, sondern nur ein kleiner Teil. Ist es Ihre Aufgabe, benut-zerdefinierte SharePoint-Anwendungen umzusetzen, werden Sie vermutlich sehr schnell mit dieser Technologie in Berührung kommen.

Die neuen, clientseitigen Möglichkeiten liefern deutlich mehr Facetten für den Anwendungsentwickler. Diese Tatsache hat jedoch eine Kehrseite! Der Entwick-ler muss sich damit neuen Herausforderungen bei der Implementierung und auch bei der Fehlersuche stellen: Nun werden Clientanwendungen vollständig im Browser ausgeführt. SharePoint 2010 unterstützt nicht mehr nur den Internet Explorer, sondern auch weitere gängige Standardbrowser wie beispielsweise Mozilla Firefox, Opera oder Safari. Das bedeutet, dass die Client-Anwendungen hinsichtlich ihrer Funktionalität oder Performance für sämtliche Zielbrowser optimiert werden müssen.

Die Fehlersuche wird damit nicht weniger komplex, denn anders als bei server-seitigen Komponenten, werden Clientfunktionen vollständig im Browser ausge-führt. Damit können diese Anwendungstypen ihr Protokoll nicht in den zuvor vorgestellten Log-Datenbanken von Windows oder SharePoint abspeichern.

Wenn Sie clientseitige Anwendungen auswerten wollen, können Sie die Funktio-nalität unterschiedlicher Tools zu Hilfe nehmen. An dieser Stelle möchten wir Ihnen nun eine Reihe nützlicher Werkzeuge vorstellen.

Auswertung des Datenstroms mit Fiddler

Wenn Sie Clientfunktionen überwachen oder auswerten wollen, wird es Sie ver-mutlich erst einmal interessieren, was sich beim Aufruf einer Webseite oder bei der Ausführung einer Funktion im Hintergrund abspielt. Ein sehr mächtiges Werk-zeug für diese Aufgabe ist *Fiddler*. Das kostenlose, englischsprachige Tool ermög-licht das Mitschneiden von Protokollaktivitäten während des Verbindungsaufbaus zu einer SharePoint-Webseite. Fiddler identifiziert den einzelnen Datenstrom inklusive des kompletten Inhalts des Datenpakets (Anfrage und Antwort), Header-informationen oder Cookies. Technisch betrachtet integriert sich Fiddler als Proxy in den Browser, der den kompletten Datenverkehr mitschneidet.

Fiddler selbst ist von der Browserversion unabhängig, kann also für alle Browser verwendet werden. Nachdem Sie Fiddler auf Ihrem Client installiert haben, erscheint beispielsweise im Internet Explorer ein neuer Eintrag unterhalb des Hauptmenüs Tools: Fiddler kann wahlweise aber auch manuell gestartet werden, je nachdem, ob Sie die Überprüfung mit einem anderen Browser durchführen wollen.

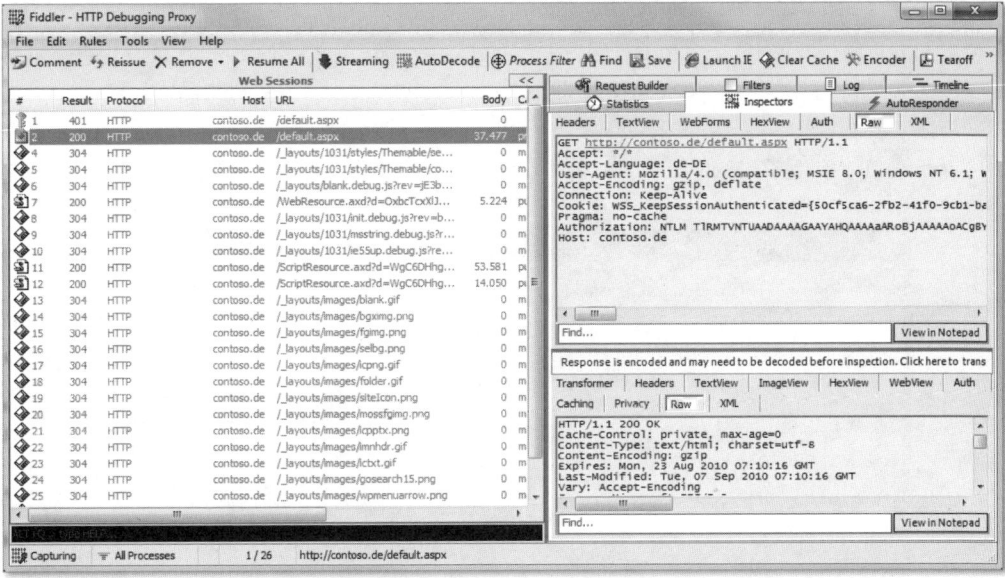

Abbildung 1.18 Fiddler analysiert sämtliche Datenpakete einer Anfrage an eine SharePoint-Webseite.

Das kostenlose Werkzeug kann unter folgender URL heruntergeladen werden: *http://www.fiddler2.com/fiddler2/version.asp*

Verwendung von Browser-Developer-Tools

Vor allem der Nutzerkreis der Webdesigner sieht sich oft mit der Aufgabe konfrontiert, das Design einer SharePoint-Webseite zu modifizieren oder eventuell auch für unterschiedliche Browser zu optimieren. Um diesen Prozess möglichst effizient durchzuführen, empfehlen wir die Verwendung von Browser-Developer-Tools. Diese Werkzeuge geben Ihnen die Möglichkeit, das HTML-Gerüst einer SharePoint-Seite zu analysieren, die verwendeten Stylesheets und deren Vererbung auszuwerten oder Designelemente direkt anzupassen.

Die gängigsten Webbrowser stellen kostenlose Erweiterungen für Entwickler und Webdesigner bereit – einige enthalten diese Werkzeug Out-of-the-Box. Tabelle 1.7 listet Ihnen die Entwicklertools für die bekanntesten Browser auf.

Browser	Developer Tools
Internet Explorer	Entwickler Toolbar (in den Browser integriert)
Mozilla Firefox	Firebug. Kostenloses Add-on (*http://getfirebug.com/*)
Google Chrome	Entwickler Tools (in den Browser integriert)
Safari	Safari Web Developer Tools (in den Browser integriert)
Opera	Opera Dragonfly (in den Browser integriert)

Tabelle 1.7 Standard-Browser und ihre Developer Tools

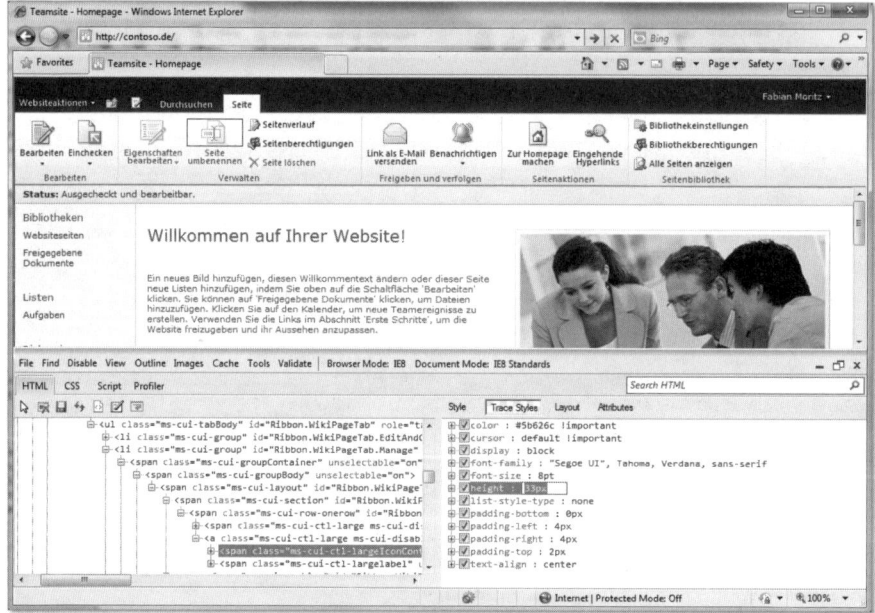

Abbildung 1.19 Mit der Developer Toolbar des Internet Explorers können Sie den HTML-Code einer Seite analysieren und modifizieren.

Der Funktionsumfang der jeweiligen Entwickler-Tools ist vergleichsweise identisch. Neben der Auswertung und Modifizierung von CSS und HTML können Sie über die Tools unter anderem folgende Aufgaben durchführen:

▸ Darstellung und Auswertung des *Document Object Model* (DOM) der kompletten HTML-Seite

▸ Selektierung und Modifizierung bestimmter HTML-Blöcke

▸ grafische Darstellung von Größenangaben sowie inneren und äußeren Pixelabständen

▸ Validierung von HTML-Code, CSS oder RSS-Links

- Überprüfung von Ladezuständen der einzelnen Elemente einer Webseite (referenzierte Dokumente, Bilder und JavaScripts)
- Debugging von JavaScripts
- Anpassung der Browsereinstellungen und Kompatibilitätsmodi.
- Validierung von HTML, CSS und RSS

Die Auswahl des passenden Werkzeugs sollten Sie von Ihren Vorlieben und Erfahrungswerten abhängig machen. Ein kleiner Tipp sei jedoch erlaubt: In der Webdesigner-Community ist *Firebug* sehr beliebt.

1.8.5 Das SharePoint-Entwicklerdashboard

Das letzte Werkzeug, das wir Ihnen im Zusammenhang mit der Analyse von Fehlern bzw. der Auswertung von Ablaufzeiten vorstellen wollen, ist das Entwicklerdashboard. Das Entwicklerdashboard wurde mit SharePoint 2010 neu eingeführt. Es unterstützt Sie bei der Auswertung von verschiedenen Performance-Daten sämtlicher Komponenten einer SharePoint-Webseite inklusive benutzerdefinierter Anwendungen.

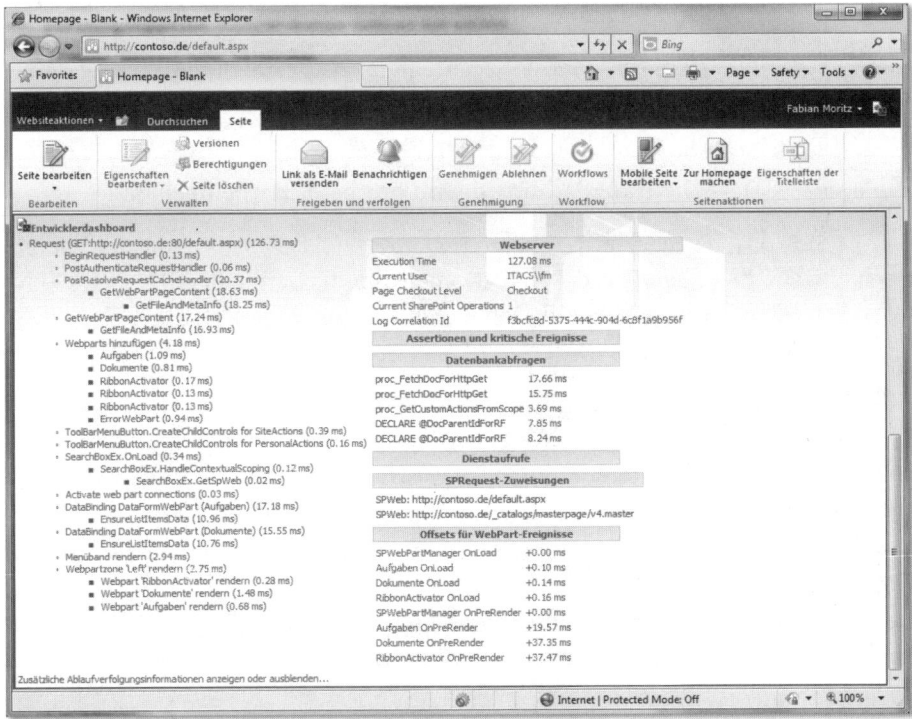

Abbildung 1.20 Das Entwicklerdashboard liefert Ihnen Kennzahlen und Performance-Daten einer SharePoint-Webseite.

Der Webpart des Entwicklerdashboards liefert beispielsweise folgende Kennzahlen zu einer Seite:

▶ Ladezeit der gesamten Seite sowie der einzelnen Steuerelemente

▶ Lebenszyklus der einzelnen Komponenten einer Seite

▶ Ausgeführte Ereignisse während des Seitenaufbaus

▶ Technische Informationen zur Webanwendung

▶ Ausführungszeiten spezieller Datenbankanfragen

Das Entwicklerdashboard ist nach der Installation von SharePoint Foundation 2010 standardmäßig deaktiviert. Sie können die Funktion über *STSADM*, PowerShell oder auch über das SharePoint-Objektmodell aktivieren. Der schnellste Weg ist die Verwendung von *STSADM*. Über folgenden Befehl können Sie das Entwicklerdashboard aktivieren:

```
stsadm -o setproperty -pn developer-dashboard -pv ondemand
```

Listing 1.9 Das Entwicklerdashboard kann über einen einfachen STSADM-Befehl aktiviert werden.

Der Parameter `pv` kann folgende Werte annehmen:

▶ `on`: Das Entwicklerdashboard wird permanent als Bestandteil der Seite dargestellt.

▶ `off`: Entwicklerdashboard deaktivieren.

▶ `ondemand`: Das Entwicklerdashboard wird nur bei Bedarf eingeblendet.

Wenn Sie das Entwicklerdashboard mit der `Ondemand`-Option aktivieren, erscheint auf der SharePoint-Webseite im rechten oberen Bereich ein kleines Icon, mit dem Sie das Dashboard einblenden können.

Abbildung 1.21 Das Entwicklerdashboard muss durch ein spezielles Icon eingeblendet werden.

Der Vollständigkeit halber möchten wir Ihnen auch einen Weg vorstellen, über den Sie das Entwicklerdashboard mittels PowerShell aktivieren können:

```
$ddb =
[Microsoft.SharePoint.Administration.SPWebService]::ContentService
```

```
$ddb.DeveloperDashboardSettings.DisplayLevel =
([Enum]::Parse([Microsoft.SharePoint.Administration.SPDeveloperDashb
oardLevel], 'OnDemand'))
$ddb.DeveloperDashboardSettings.Update()
```

Listing 1.10 Aktivierung des Entwicklerdashboards mittels PowerShell

1.9   Zusammenfassung

In diesem Kapitel haben Sie eine allgemeine Übersicht über die SharePoint-Technologie, die unterschiedlichen Produktversionen sowie die mit SharePoint verbundenen Systeme erhalten. SharePoint 2010 ist eine Entwicklungsplattform,
mit der sich unterschiedliche individuelle Lösungen realisieren lassen. Dabei
stellt SharePoint ein Framework bereit, das sich aus verschiedenen Schnittstellen,
Standardtechnologien und einer Reihe von Werkzeugen zusammensetzt. Mit der
neuen Version der Entwicklungstools von Visual Studio 2010 erhalten Sie erstmals eine weitreichende Unterstützung während des gesamten Entwicklungsprozesses. Dieses Kapitel vermittelte Ihnen außerdem einen Eindruck davon, mit
welchen Herausforderungen Sie es in der Praxis zu tun bekommen. Wenn Sie mit
ASP.NET und den allgemeinen Programmierparadigmen des .NET Frameworks
vertraut sind, wird Ihnen der Einstieg in die SharePoint-Technologie nicht allzu
schwerfallen. Bei SharePoint-Projekten sollten Sie aber stets prüfen, welcher Rea-
lisierungsansatz für den jeweiligen Anwendungsfall am besten geeignet ist.
Durch die große Auswahl an Standardfunktionen ist die Programmierung einer
Anwendung nicht immer der beste Weg. In den nächsten beiden Kapiteln werden wir Ihnen die unterschiedlichen Programmierwerkzeuge vorstellen und
Ihnen Stück für Stück erklären, wie Sie sich der Technologie SharePoint am besten nähern.

Mit SharePoint 2010 wird dem Programmierer erstmals ausreichende Unterstützung für die Umsetzung von SharePoint-Lösungen geboten.

2 SharePoint-Entwicklungswerkzeuge

Im ersten Kapitel haben Sie unterschiedliche Aspekte von SharePoint 2010 als Entwicklungsplattform kennengelernt. Eine Entwicklungsplattform ist aber nur halb so viel wert, wenn sie keine passenden Werkzeuge für die Umsetzung von benutzerdefinierten Anwendungen bereitstellt.

Die Umsetzung von SharePoint-Lösungen ist – im Vergleich zu klassischen ASP.NET-Anwendungen – mit einigen Besonderheiten behaftet. Das liegt vor allem an der komplexen Zusammenstellung einer SharePoint-Lösung. Sie besteht in der Regel nicht aus einer einzelnen ASP.NET-Datei oder einer Assembly, sondern aus einer Kombination unterschiedlicher Dateien und Komponenten. Bereits ein einfacher SharePoint-Webpart setzt sich im Allgemeinen aus mehreren Bestandteilen zusammen: einer Assembly, einer Feature-Definition, der Webpart-Definition, einer oder mehreren optionalen Ressourcen sowie dem *Solution Manifest*. Bei anderen SharePoint-Typen kann die Zusammenstellung der einzelnen Anwendungskomponenten durchaus komplizierter sein.

Dieser Umstand macht deutlich, wozu eine Entwicklungsumgebung für die Umsetzung von SharePoint-Lösungen im Stande sein muss. Sie muss nicht nur Werkzeuge für die Gestaltung und Umsetzung von Benutzeroberflächen, Workflows oder anderen SharePoint-Typen bereithalten, sie muss auch in der Lage sein, diese einzelnen Anwendungskomponenten zu einer vollständigen Share-Point-Lösung zusammenzufassen und auf dem Zielsystem bereitzustellen. Hinzu kommt, dass der geneigte Programmierer in der Regel ausreichende Unterstützung für den Datenzugriff, die Nutzung der Programmierschnittstellen oder Werkzeuge für das Debugging erwartet.

Ein deutlicher Trend bei SharePoint-Projekten sind immer größer werdende Entwicklungsteams, die nicht nur aus Programmierern, sondern auch aus Webdesignern, Testern oder Projektmanagern bestehen. Daraus ergeben sich neue Anforderungen an die Entwicklungsumgebung. Diese sollte die Fähigkeit aufweisen, den gesamten Softwareentwicklungsprozess zu unterstützen. Entwicklungsumgebungen werden immer mehr nicht nur als Programmierwerkzeug betrachtet, sondern als integrierte Suite für Aufgabenmanagement, Quellcodeverwaltung oder zur Durchführung von Softwaretests.

SharePoint 2010 bietet durch seine Entwicklungswerkzeuge erstmals eine weitreichende Unterstützung für den SharePoint-Programmierer. Nicht nur zahlreiche Neuerungen in Visual Studio 2010 machen die Umsetzung von benutzerdefinierten Anwendungen deutlich komfortabler, auch die Unterstützung von Power-Shell und eine merklich verbesserte Benutzeroberfläche des SharePoint Designers 2010 werden Ihnen bei der Arbeit mit SharePoint eine wesentliche Hilfe sein. In diesem Kapitel stellen wir Ihnen drei der wichtigsten Entwicklungsumgebungen für die Umsetzung von SharePoint-basierten Lösungen vor:

▶ Visual Studio 2010

▶ SharePoint Designer 2010

▶ PowerShell

Das Zusammenspiel dieser drei Werkzeuge liefert Ihnen die Grundlage für die Realisierung spezieller Enterprise-Lösungen. Die Entwicklungsumgebungen sind so konzipiert, dass sie den gesamten Zyklus des Softwareentwicklungsprozesses unterstützen – von der Planung über die Implementierung und das Testing bis hin zur Installation.

Sie werden in diesem Kapitel erfahren, welchen Funktionsumfang die unterschiedlichen Entwicklungsumgebungen zu bieten haben, für welche Aufgaben welches Werkzeug eingesetzt wird und auf welche Weise Sie diese drei Tools in einen ganzheitlichen Entwicklungsprozess integrieren können.

Neben diesen Kernanwendungen existieren noch zahlreiche Community- und Drittanbieter-Tools, die bei der Umsetzung von SharePoint-Lösungen sehr hilfreich sein können. Im letzten Teil dieses Kapitels finden Sie eine Auflistung nützlicher Tools und Add-ons für den SharePoint-Programmierer.

2.1 Visual Studio 2010

Falls Sie bereits Erfahrungen mit der SharePoint-Entwicklung unter Visual Studio 2008 oder sogar mit dessen Vorversionen gesammelt haben, werden Sie sich bestimmt daran erinnern, dass sich die Unterstützung in Bezug auf SharePoint-Lösungen auf einige wenige Funktion beschränkte: Das waren unter anderem die Bereitstellung einer SharePoint-Lösung sowie die Integration zweier Projektvorlagen für die Umsetzung von Workflows. Diese Funktionalität wurde durch die in der Community wenig beliebten *Visual Studio-Erweiterungen für Windows SharePoint Services* (VSeWSS) sowie durch das *SharePoint Software Development Kit* bereitgestellt. Dem SharePoint-Programmierer hat Visual Studio 2008 bisher nicht sonderlich viel Beachtung geschenkt. Die Umsetzung von SharePoint-Lösungen war nur unter Zuhilfenahme von Drittanbieterprodukten oder zahlreichen manuellen Schritten möglich. Man konnte bei vielen Programmierern beobachten, dass der Prozess zur Umsetzung von SharePoint-Anwendungen oftmals keinem einheitlichen Muster folgte und stattdessen sehr individualisiert wurde.

Einige Unternehmen haben teilweise sehr große Anstrengungen unternommen, die Visual Studio-Umgebung durch benutzerdefinierte Funktionen zu erweitern, um einen ganzheitlichen, professionellen Softwareentwicklungsprozess abzubilden. Einige Programmierer haben sich auch damit beholfen, auf Community-Tools zurückzugreifen oder komplette eigene Prozesse zu kreieren.

Mit Visual Studio 2010 wird das anders! Erstmals liefert die Suite einen umfangreichen Support für die Umsetzung von SharePoint-basierten Lösungen. Die Unterstützung beginnt mit der Bereitstellung zahlreicher Projekt- und Elementvorlagen für die gängigsten SharePoint-Anwendungstypen und endet mit sehr nützlichen Werkzeugen für die Erzeugung und Bereitstellung von SharePoint-Features und -Solutions. Dazwischen integriert die Entwicklungsumgebung viele weitere Funktionen, wie zum Beispiel einen Workflow-Designer, einen Server-Explorer oder einen visuellen Webpart-Designer.

2.1.1 Welche Produktversionen gibt es?

Visual Studio 2010 wird in vier Produktversionen geliefert:

- ▶ Visual Studio 2010 Professional
- ▶ Visual Studio 2010 Premium
- ▶ Visual Studio 2010 Ultimate
- ▶ Visual Studio 2010 Express

Die gute Nachricht ist, dass jede dieser Produktversionen die SharePoint-Erweiterungen integriert. Die weniger gute ist, dass die kostenlose Express-Version von Visual Studio keinen Support für SharePoint-Projekte liefert. Sollten Sie noch keine Visual Studio 2010-Lizenz besitzen, sei Ihnen empfohlen, zunächst einmal mit der Evaluierungsversion zu arbeiten. Sie können die Testversion von Visual Studio 2010 von folgender Webseite herunterladen:

http://www.microsoft.com/visualstudio/en-us/download

2.1.2 SharePoint 2010-Projektvorlagen

Bei der Erzeugung Ihres ersten Visual Studio-Projekts werden Sie direkt von den benutzerdefinierten Projektvorlagen für SharePoint 2010 begrüßt. Visual Studio

2010 unterstützt sowohl die Umsetzung von SharePoint 2007-Projekten als auch von SharePoint 2010-Anwendungstypen, wobei sich die erste Variante auf die Projektvorlagen für die Umsetzung von Workflows beschränkt. Die Vorlagen stehen für VB.NET- und C#-Projekte zur Verfügung (dieses Buch verwendet C# als bevorzugte Programmiersprache). Beachten Sie, dass SharePoint-Projekte jeweils auf dem .NET Framework 3.5 basieren müssen.

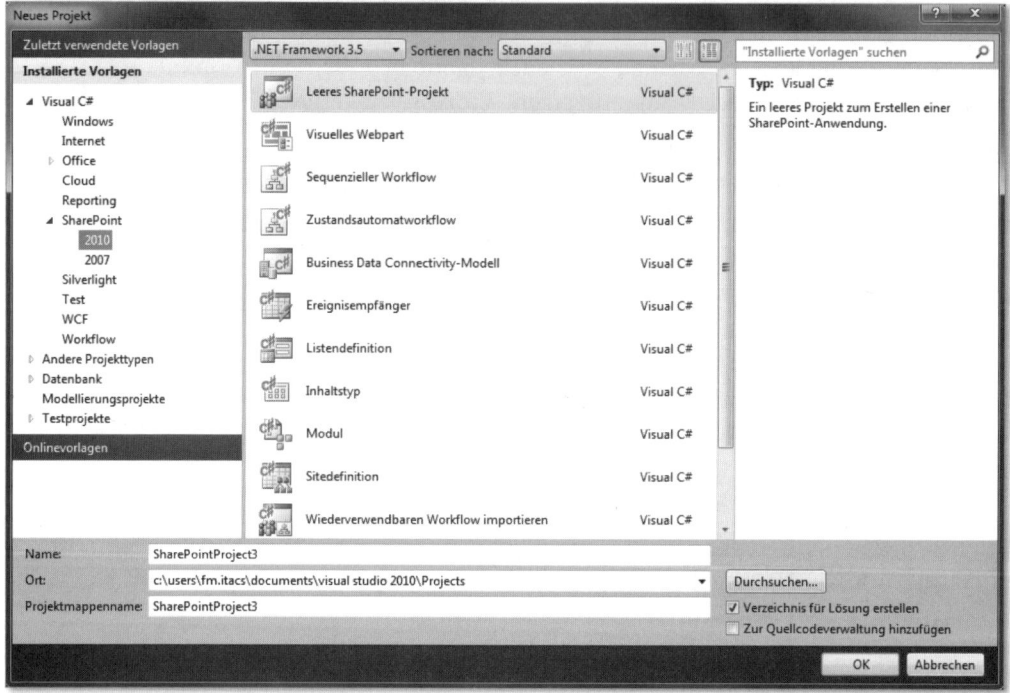

Abbildung 2.1 Visual Studio 2010 integriert zahlreiche Projektvorlagen für die gängigsten SharePoint-Anwendungstypen.

Die Projektvorlagen sind so konzipiert, dass die hierfür erforderlichen Referenzen, Komponenten und Standarddateien automatisch registriert werden. Das erleichtert Ihnen die Arbeit ungemein, denn mit den integrierten Projektvorlagen von Visual Studio können Sie sich unmittelbar auf das Wesentliche konzentrieren – die Programmierung. Tabelle 2.1 liefert Ihnen eine Auflistung der Standardvorlagen für SharePoint 2010.

Die Projektvorlagen zeichnen sich dadurch aus, dass einem speziellen SharePoint-Anwendungstyp weitere Elemente hinzugefügt werden können. So lässt sich beispielsweise ein visueller Webpart zusätzlich um einen Event Receiver oder um ein Modul erweitern.

Vorlage	Beschreibung
Leeres SharePoint-Projekt	Diese Projektvorlage dient dazu, unterschiedliche SharePoint-Anwendungstypen in einem Projekt zusammenzufassen. Alternativ kann diese Vorlage eingesetzt werden, wenn der SharePoint-Anwendungstyp nicht durch eine spezielle Vorlage unterstützt wird.
Visuelles Webpart	Mittels dieser Vorlage können Sie visuelle Webparts entwickeln. Im Unterschied zu Standard-Webparts wird hiermit eine strikte Trennung von Design und Funktionalität eingehalten. Die Oberflächengestaltung des visuellen Webparts ist vergleichbar mit der Umsetzung von ASP.NET-Anwendungen und wird durch einen grafischen Editor unterstützt.
Sequenzieller Workflow	Diese Vorlage unterstützt die Programmierung von sequenziellen Workflows.
Zustandsautomatworkflow	Vorlage zur Umsetzung von Zustandsautomatworkflows
Business Data Connectivity-Modell	Vorlage zur Entwicklung von Business-Connectivity-Services-Modellen
Ereignisempfänger	Diese Vorlage erstellt einen Event Receiver, der auf bestimmte Ereignisse einer SharePoint-Liste oder Bibliothek reagieren kann.
Listendefinition	Vorlage zur Umsetzung von Listenvorlagen
Inhaltstyp	Erstellt einen Inhaltstyp auf Basis einer definierten Listen- oder Bibliotheksvorlage.
Modul	Generiert ein individuelles Modul zum Transport von Dateien in eine SharePoint-Webseite.
Sitedefinition	Vorlage zur Umsetzung von Websitevorlagen
Wiederverwendbaren Workflow importieren	Mittels dieser Projektvorlage lassen sich durch den SharePoint Designer 2010 erzeugte, wiederverwendbare Workflows importieren und weiterverarbeiten.
SharePoint-Lösungspaket importieren	Der Import von kompletten SharePoint-Solutions (WSP-Dateien) wird durch diese Vorlage unterstützt.

Tabelle 2.1   Visual Studio 2010-Projektvorlagen für SharePoint 2010

Nach der Erstellung eines neuen Projekts öffnet sich ein spezieller SharePoint-Assistent. Hierüber haben Sie die Möglichkeit, die Zielwebseite zu bestimmen sowie die fehlerfreie Verbindung dorthin zu überprüfen. Außerdem können Sie den Typ der Lösung festlegen. Der Dialog überlässt Ihnen die Entscheidung, ob die SharePoint-Lösung als *Sandboxed Solution* oder als Farmkomponente bereitgestellt wird.

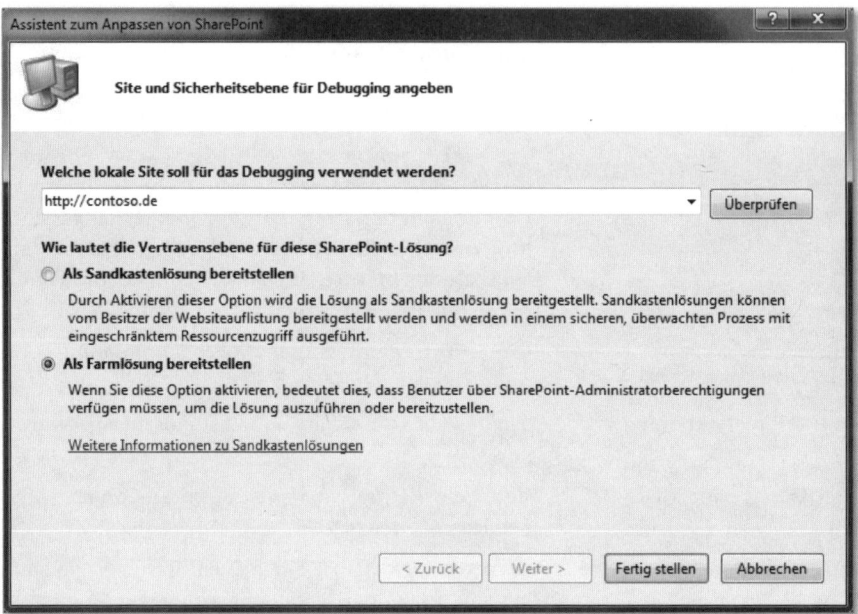

Abbildung 2.2 Visual Studio 2010 integriert einen speziellen Assistenten zur initialen Konfiguration eines SharePoint-Projekts.

Das Konzept der Sandboxed Solutions ist neu in SharePoint 2010. Anders als Farmlösungen werden die Anwendungskomponenten dieser Lösung nicht global, sondern speziell auf Ebene der Websitesammlung installiert. Falls die benutzerdefinierte Lösung nicht unbedingt global bereitgestellt werden muss oder gar einen erweiterten Zugriff auf das SharePoint-System benötigt (der Funktionsumfang von Sandboxed Solutions ist im Vergleich zu Farm Solutions deutlich eingeschränkt), sollten Sie von dieser Option Gebrauch machen. Es ist im Nachhinein möglich, den Lösungstyp über die Projekteigenschaften zu ändern.

Nicht alle Projektvorlagen unterstützen den Lösungstyp der Sandboxed Solution. Das liegt an der Architektur des jeweiligen Anwendungstyps. Teilweise bedingt ein SharePoint-Anwendungstyp die Installation von Komponenten in SharePoint-Systemverzeichnissen oder die Bereitstellung der Assembly im *Global Assembly Cache* (GAC) – dies ist ein spezieller Speicherort innerhalb des Betriebssystems. In diesem Fall ist die Option der Sandboxed Solution deaktiviert. Folgende Projektvorlagen sind hiervon betroffen:

- Visuelles Webpart

- Sequenzieller Workflow

- Zustandsautomatworkflow

- Business Data Connectivity-Modell

- Sitedefinition

- Wiederverwendbaren Workflow importieren

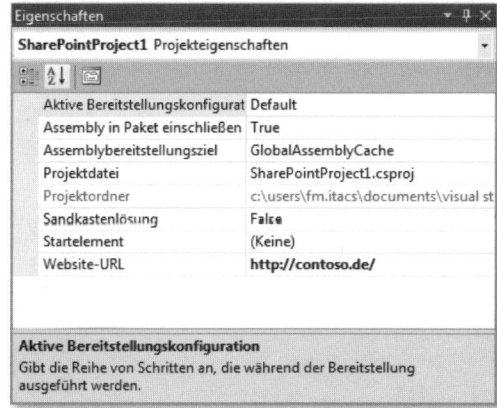

Abbildung 2.3 Den Lösungstyp sowie das Bereitstellungsziel legen Sie über die Eigenschaften des Projekts fest.

Bevor Sie mit Sandboxed Solutions arbeiten, empfehlen wir Ihnen, sich zuvor näher mit dieser Technologie zu befassen. Es gibt bei der Umsetzung von Sandboxed Solutions einige Besonderheiten. Weitere Informationen zum Deployment-Konzept der Sandboxed Solutions finden Sie in Kapitel 7, »Deployment-Konzepte«, in Abschnitt 7.3.

Global-Assembly-Cache-Lösungen

In Abbildung 2.3 erkennen Sie, dass eine Farmlösung in der Standardeinstellung ihre Assembly im Global Assembly Cache (GAC) bereitstellt. Diese Einstellung sollten Sie – wenn möglich – vermeiden. Assemblys im Global Assembly Cache besitzen auf dem gesamten Server ein vollständiges Vertrauen (*Full Trust*). Sollte Ihre Anwendung zum Beispiel durch einen Fehler kompromittiert werden, könnte hiervon nicht nur die Share-Point-Anwendung betroffen sein, sondern auch noch weitere Systemkomponenten. Anstelle eines Deployments in den Global Assembly Cache sollten Sie die Bereitstellung auf Webanwendungsebene (*BIN*-Verzeichnis) stets vorziehen. Die für die Anwendung erforderlichen Berechtigungen sind mittels benutzerdefinierter Code-Access-Security-Richtlinien über das Manifest der SharePoint-Solution steuerbar. Mehr zu diesem Thema finden Sie in Abschnitt 5.6.7, »Webparts und Code Access Security«.

2.1.3 SharePoint-Elementvorlagen

Jedem Visual Studio-Projekt können Sie beliebig viele SharePoint-Elemente hinzufügen. Mit den unterschiedlichen Elementvorlagen haben Sie die Möglichkeit, eine aus mehreren Anwendungskomponenten bestehende SharePoint-Lösung umzusetzen.

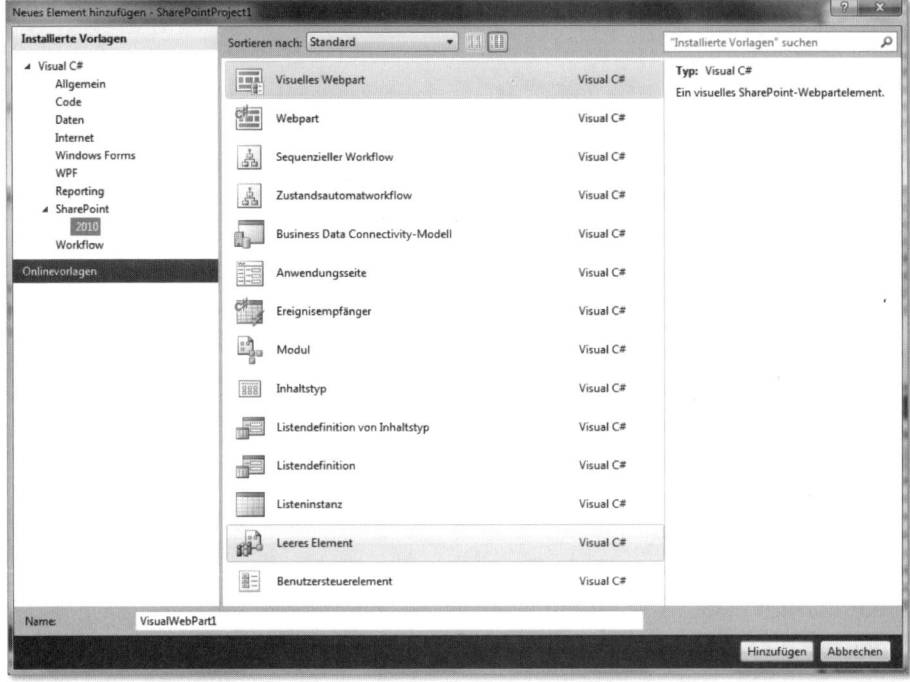

Abbildung 2.4 Visual Studio 2010 liefert eine Reihe von Elementvorlagen für SharePoint-spezifische Komponenten.

Je nach verwendeter Elementvorlage werden durch Visual Studio 2010 die hierfür erforderlichen Dateien erzeugt sowie benötigte Assembly-Referenzen registriert. Durch den Standardaufbau der durch Visual Studio erzeugten Dateien wird Ihnen der Einstieg in den jeweiligen Anwendungstyp deutlich leichter fallen.

2.1.4 Feature und Package Designer

Die Umsetzung von SharePoint 2007-Projekten erforderte stets zahlreiche manuelle Arbeitsschritte oder die Verwendung von Drittanbieter-Werkzeugen. Besonders aufwendig gestaltete sich der Prozess zur Erstellung von Feature- oder Solution-Paketen, weil Visual Studio hierfür nur wenig Unterstützung bot. Visual Studio 2010 integriert einen sogenannten *Feature-* und *Package Designer*. Diese beiden Werkzeuge ermöglichen die Erstellung und Verwaltung von Feature- und Solution-Definitionen über eine visuelle Benutzeroberfläche. Dabei ist Visual Studio 2010 so konzipiert, dass für sämtliche Elemente und Ressourcen eines Share-Point-Projekts die dazugehörigen Features und Solution-Einträge automatisch erzeugt werden. Sie brauchen sich also um diesen Prozess erst einmal keine Gedanken zu machen, sondern können sich einzig und allein auf die Programmierung konzentrieren.

Der Zugriff auf den Feature bzw. Package Designer erfolgt über den Strukturbaum des Visual Studio-Projekts. Hierin finden Sie die beiden festen Projektelemente FEATURES und PACKAGE.

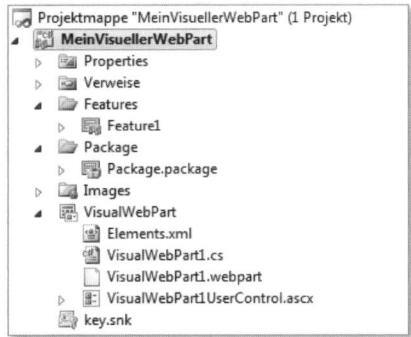

Abbildung 2.5 »Features« und »Package« sind ein fester Bestandteil der Struktur eines SharePoint-Projekts.

Beim Öffnen eines Features oder des Packages über einen Doppelklick gelangen Sie auf direktem Weg zu dem dazugehörigen Designer.

Der *Feature Designer* gibt Ihnen volle Kontrolle über die Inhalte und Eigenschaften eines Features. Das visuelle Werkzeug liefert Ihnen folgende Möglichkeiten:

▸ Festlegung eines Titels und einer Beschreibung

▸ Definition des Geltungsbereichs des Features (*Web*, *Site*, *WebApplication* oder *Farm*)

▸ Zuweisung der dem Feature zugeordneten Dateien

▸ Definition von Abhängigkeiten

▸ Bearbeitung der Feature Manifest-Datei

Der durch den Designer generierte XML-Code ist jederzeit einsehbar. Fortgeschrittenen Anwendern steht die Option zur Verfügung, den XML-Code des Features über einen Editor zu bearbeiten. Weitere Informationen zur Umsetzung von SharePoint-Features finden Sie in Abschnitt 7.1, »Features«.

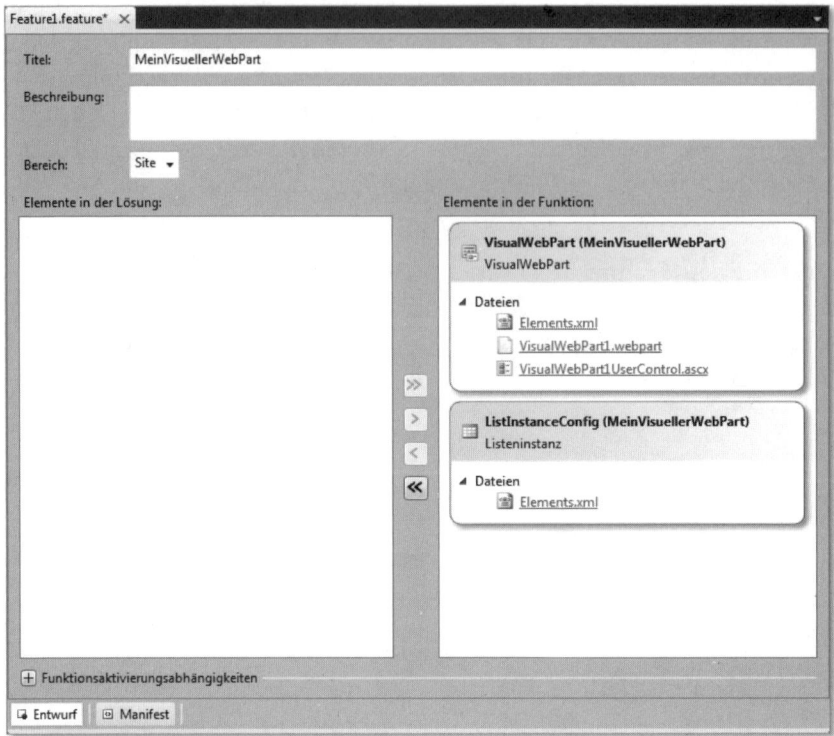

Abbildung 2.6 Der Feature Designer gibt Ihnen volle Kontrolle über die Inhalte und Eigenschaften eines SharePoint-Features.

Die Funktionsweise des *Package Designers* ist mit der des Feature Designers vergleichbar. Über diese grafische Benutzeroberfläche können sämtliche Einstellungen sowie die der Solution zugeordneten SharePoint-Komponenten konfiguriert werden. Im Standardverhalten werden alle Elemente und Dateien des Visual Studio-Projekts dem Solution-Packet Package automatisch hinzugefügt.

Analog zum Feature Designer können Sie auf die XML-Struktur des Solution Manifests zugreifen und diese gegebenenfalls editieren (siehe Abbildung 2.8). Sollten Sie mit der Solution weitere Assemblys bereitstellen wollen, besteht die Möglichkeit, die dazugehörigen DLLs über die erweiterten Einstellungen des Package Designers zu referenzieren.

Die Dateien einer Solution werden während des Bereitstellungsprozesses automatisch in die dafür vorgesehenen Zielverzeichnisse kopiert. Die Zuweisung der jeweiligen Ziele erfolgt direkt im Solution Manifest. In den Einstellungen des Package Designers können Sie außerdem festlegen, ob der Webserver nach dem Deployment neu gestartet werden soll.

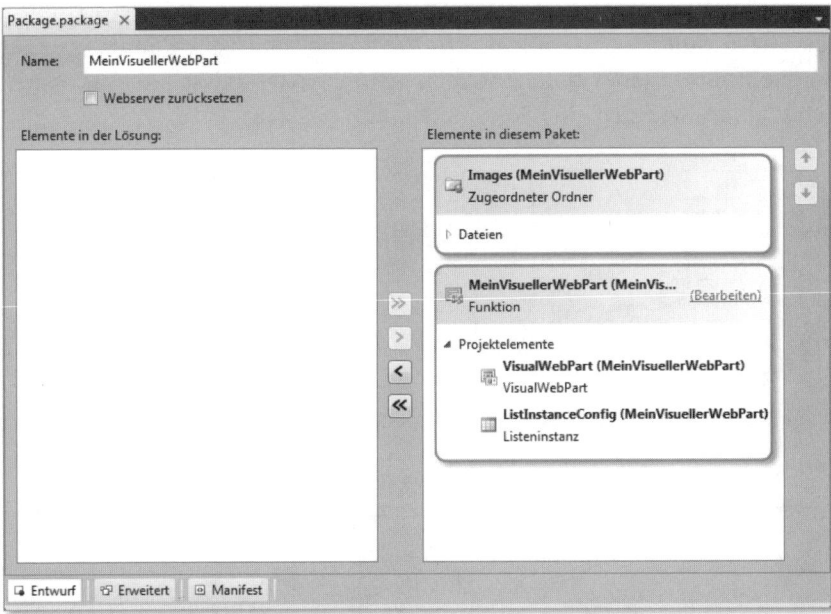

Abbildung 2.7 Mit dem Package Designer können Sie sehr granular steuern, welche Elemente und Dateien mit der SharePoint-Solution bereitgestellt werden sollen.

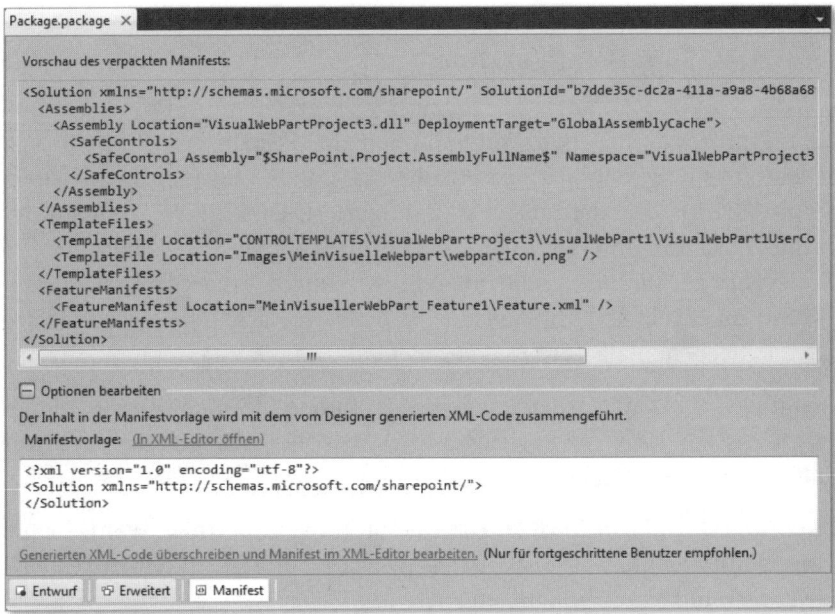

Abbildung 2.8 Der Package Designer generiert vollständig automatisch den XML-Code des Solution Manifests.

Eine weitere nützliche Funktion in diesem Zusammenhang ist der Paket-Explorer. Dieses in Visual Studio 2010 integrierte Werkzeug stellt die Elemente einer SharePoint-Solution in einer hierarchischen Struktur dar, sodass Sie exakt nachvollziehen können, wie sich eine Solution zusammensetzt.

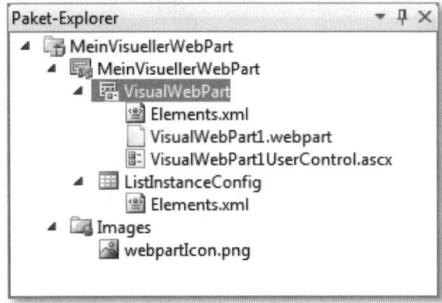

Abbildung 2.9 Der Paket-Explorer liefert einen weiteren Zugriffspunkt auf die Elemente und die Struktur einer SharePoint-Solution.

Sie werden feststellen, dass die durch den jeweiligen Designer generierten XML-Dateien von der Technologie der SharePoint-Tokens Gebrauch machen. Diese Tokens werden während der Generierung der Solution automatisch durch die entsprechenden Realwerte ersetzt.

2.1.5 Bereitstellungskonfiguration

Mit Visual Studio 2010 erhalten Sie erstmals sehr granularen Einfluss auf den Bereitstellungsprozess einer SharePoint-Solution. Im Prinzip brauchen Sie sich über die Bereitstellung der SharePoint-Solution keine Gedanken zu machen. Visual Studio 2010 ist standardmäßig so konfiguriert, dass die Solution auf der Zielwebseite vollständig installiert wird, die Features aktiviert werden sowie der Anwendungspool der Webanwendung neu gestartet wird. Ein einfaches Drücken von F5 führt im Ergebnis dazu, dass der Browser – je nach Typ – geöffnet wird und Sie dann gegebenenfalls Ihre Anwendung debuggen können.

Die Einstellungen für den Bereitstellungsprozess finden Sie in den Visual Studio-Projekteigenschaften. Über die Registerkarte SHAREPOINT gelangen Sie direkt zur Bereitstellungskonfiguration.

Hier finden Sie zwei Standardprofile: DEFAULT und NO ACTIVATION. Wenn Sie die Standardkonfiguration über die Schaltfläche ANZEIGEN öffnen, erkennen Sie, dass die Einstellungen in zwei Gruppen aufgeteilt sind: BEREITSTELLUNGSSCHRITTE und ZURÜCKZIEHUNGSSCHRITTE.

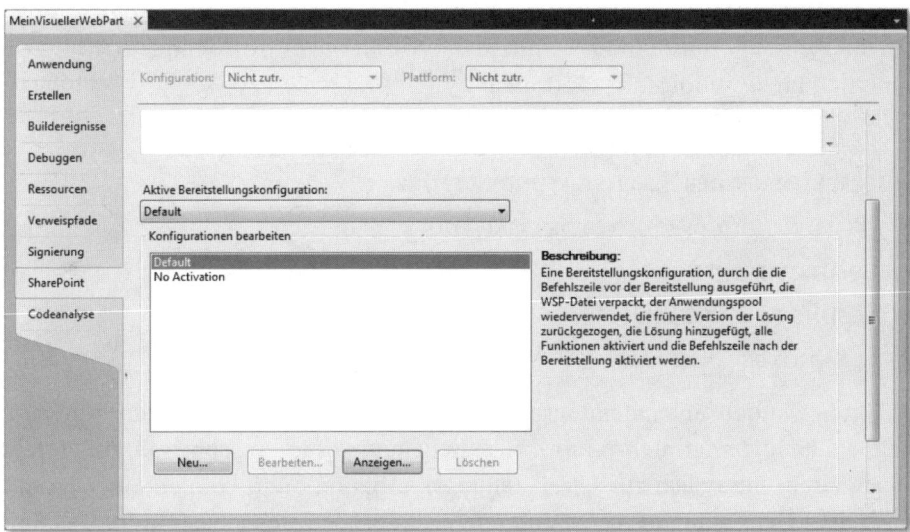

Abbildung 2.10 Für den Bereitstellungsprozess sind in Visual Studio 2010 zwei Standardprofile vorhanden.

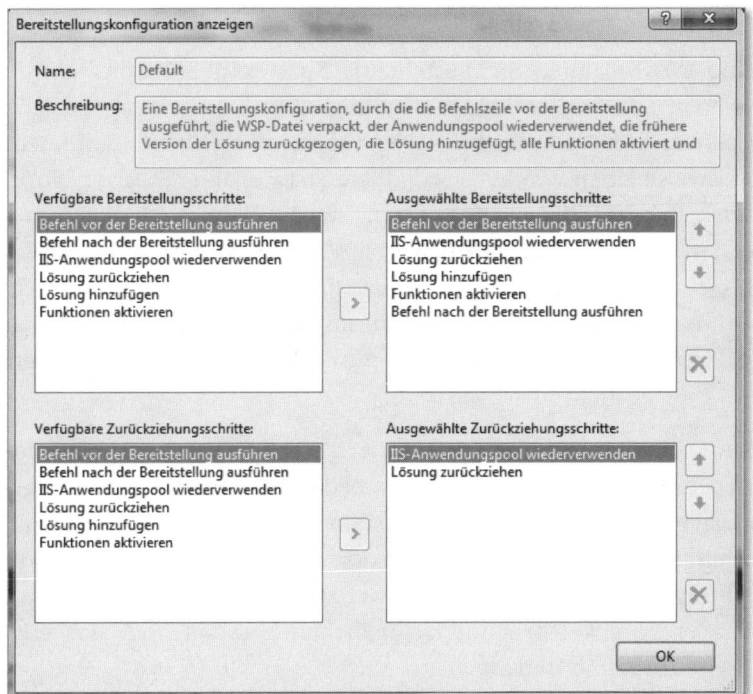

Abbildung 2.11 Über die Bereitstellungskonfiguration können Sie die einzelnen Schritte für den Bereitstellungs- und Zurückziehungsprozess vollständig individualisieren.

Um das Verfahren zur Bereitstellung bzw. Zurückziehung zu konfigurieren, wählen Sie zwischen bestimmten Standardaktivitäten aus. Visual Studio 2010 liefert für beide Prozesse folgende Optionen:

- ▶ Befehl vor der Bereitstellung ausführen
- ▶ Befehl nach der Bereitstellung ausführen
- ▶ IIS-Anwendungspool wiederverwenden
- ▶ Lösung hinzufügen
- ▶ Lösung zurückziehen
- ▶ Funktionen aktivieren

Möchten Sie den Bereitstellungsprozess individualisieren, besteht die Möglichkeit, ein benutzerdefiniertes Profil zu erstellen, um es im Anschluss Ihrem Projekt zuzuweisen. Zusätzlich zur Bereitstellungskonfigurationen können Sie vor oder nach dem Deployment-Prozess einen oder mehrere Befehle ausführen. Das Eingabefenster für die Definition einer Befehlszeile befindet sich oberhalb der Bereitstellungskonfigurationen in den Projekteigenschaften.

2.1.6 Solution-Paket importieren

Mit Visual Studio 2010 können Sie bestehende SharePoint-Solutions (.WSP-Dateien) importieren. Die Entwicklungsumgebung stellt hierfür eine spezielle Projektvorlage bereit. Der Importprozess kann dann zum Einsatz kommen, wenn Sie beispielsweise einen wiederverwendbaren SharePoint Designer-Workflow weiterentwickeln oder auf Basis einer vorhandenen Website oder Liste eine Site- bzw. Listendefinition erzeugen wollen. Das Visual Studio 2010-Werkzeug führt vor dem eigentlichen Importprozess des Solution-Pakets eine detaillierte Analyse der darin enthaltenen Elemente durch, mit deren Hilfe Sie selbst auswählen, welche Elemente der Solution in das Visual Studio-Projekt importiert werden sollen.

Der WSP-Import ist ein Vorgang für den eher erfahrenen SharePoint-Programmierer, weil hierbei sämtliche Facetten der SharePoint-Technologie zum Einsatz kommen – von Listeninstanzen über Module bis hin zu Workflow-Assoziationen. Auch als Einsteiger können Sie von dieser Funktion profitieren, und zwar indem Sie den Solution-Import zum Beispiel dazu einsetzen, um sich einen Eindruck davon zu verschaffen, aus welchen unterschiedlichen Komponenten sich eine SharePoint-Webseite zusammensetzt.

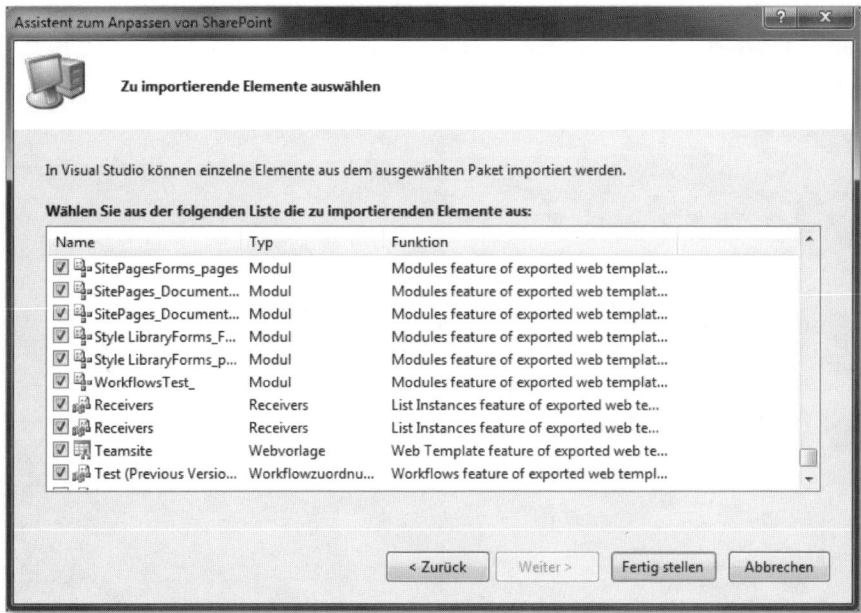

Abbildung 2.12 Sie können mit dem WSP-Import sehr granular steuern, welche Elemente in das Projekt importiert werden sollen.

2.1.7 SharePoint Server-Explorer

Der in Visual Studio integrierte Server-Explorer (mit diesem Werkzeug können Sie zum Beispiel auch auf SQL-Datenbanken zugreifen) ist um eine Schnittstelle zu SharePoint erweitert worden. Der SharePoint Server-Explorer liefert Ihnen eine Übersicht über die Struktur und den Inhalt einer Websitesammlung, inklusive der Listen und Dokumentbibliotheken, Inhaltstypen, Spalteneigenschaften, Ansichten, Workflowvorlagen und -zuordnungen sowie der installierten Features.

Besonders für unerfahrene SharePoint-Entwickler ist der Server-Explorer eine große Hilfe, weil damit die unterschiedlichen Typen der SharePoint-Architektur eingesehen werden können und somit der Zusammenhang verschiedener Objekt schneller einleuchtet. Je nach Typ des selektierten Elements werden im rechten Eigenschaftsfenster detaillierte Informationen des Objekts aufgelistet.

Eine Funktionalität lässt der in Visual Studio integrierte Server-Explorer jedoch offen: Die Editierung von Eigenschaften eines Objekts. Wenn Sie auf diese Funktion Wert legen, empfehlen wir Ihnen, auf ein in der Community sehr bekanntes Tool zurückzugreifen: den *SharePoint Manager*. Dieser wird Ihnen im letzten Teil dieses Kapitels vorgestellt.

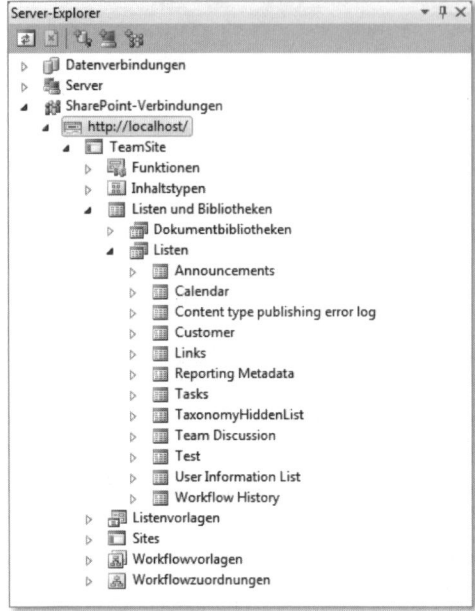

Abbildung 2.13 Der Server-Explorer liefert ein genaues Abbild der Elemente einer SharePoint-Webseite.

2.1.8   Erweiterte Integrationsfunktionen

Visual Studio 2010 liefert neben den Projekt- und Elementvorlagen noch weitere Integrationsfunktionen, die für Sie als SharePoint-Programmierer interessant sein könnten. Die mit SharePoint 2010 eingeführten Visual Studio-Erweiterungen erleichtern Ihnen die Umsetzung von SharePoint-Anwendungen und führen in einigen Fällen zu einer echten Zeitersparnis.

Zugeordnete SharePoint-Ordner

Bei der Entwicklung von SharePoint-Anwendungen, die bestimmte Dateien oder Ressourcen in den SharePoint-Systemverzeichnissen bereitstellen und referenzieren, wird Ihnen dieses Feature von großem Nutzen sein. Mittels sogenannter *zugeordneter SharePoint-Ordner* können Sie ein beliebiges Systemverzeichnis mit Ihrem Projekt verbinden. Die innerhalb der verbundenen Ordner abgelegten Dateien werden durch das Deployment-Paket automatisch in der SharePoint-Zielumgebung bereitgestellt.

Die Standardverzeichnisse *Bilder* (*Images*) und *Layouts* können direkt über die HINZUFÜGEN-Funktion einer Projektmappe referenziert werden. Wollen Sie andere Systemverzeichnisse an Ihr SharePoint-Projekt anbinden, rufen Sie einfach mit dem letzten Menüpunkt eine Liste sämtlicher Systemordner auf.

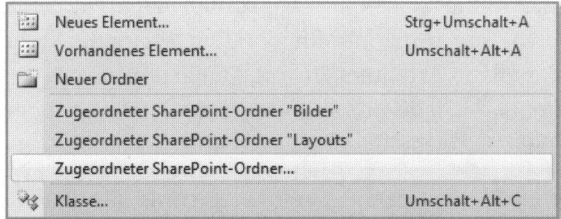

Abbildung 2.14 Mittels zugeordneter SharePoint-Ordner lassen sich Dateien direkt in den SharePoint-Systemverzeichnissen bereitstellen.

Gebrauchen Sie diese Funktion, um benutzerdefinierte Dateien in einem der SharePoint-Systemordner abzuspeichern, empfehlen wir Ihnen, unterhalb des betreffenden Verzeichnisses jeweils einen Unterordner anzulegen.

Bilder und andere Ressourcen referenzieren

Die Referenzierung von vorhandenen Bildern oder anderen Ressourcen aus den SharePoint-Systemverzeichnissen wird Ihnen mit Visual Studio 2010 sehr leicht von der Hand gehen. Die Entwicklungsumgebung integriert einen Dialog, mit dem Sie vorhandene Elemente aus dem *Images*- oder *Layouts*-Verzeichnis referenzieren können.

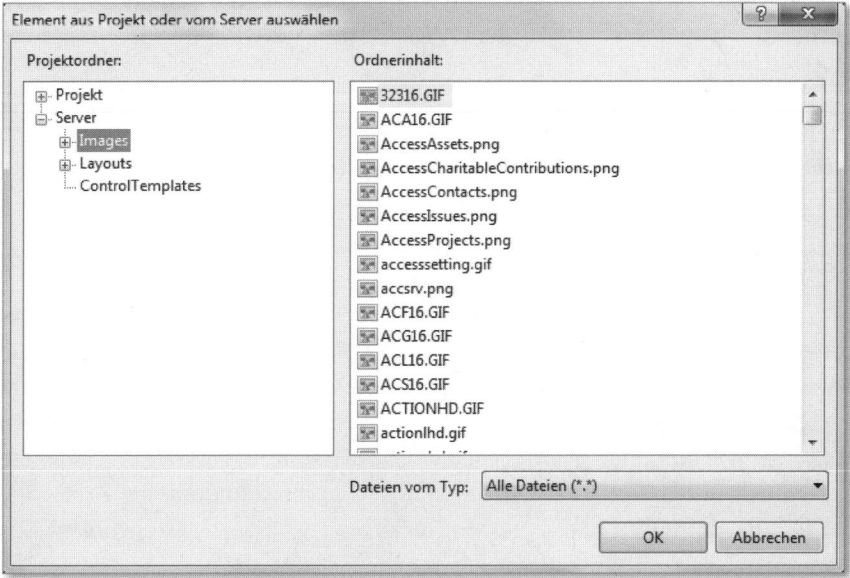

Abbildung 2.15 Visual Studio 2010 integriert einen Dialog zur einfachen Referenzierung von Grafiken oder anderen Ressourcen.

Das Dialogfenster wird von Visual Studio 2010 dann angeboten, wenn Sie eine Datei oder andere Ressourcen für ein Attribut eines HTML-Elements oder ASP.NET-Controls referenzieren wollen. Arbeiten Sie im Quellcode der Seite, wird Ihnen dieser Dialog in den entsprechenden Attributen eines ASP.NET- oder HTML-Controls über ein Smart Tag bereitgestellt.

Neben der Referenzierung einer Datei aus einem Systemverzeichnis können Sie auch Elemente aus Ihrem Projekt mithilfe dieses Werkzeugs auswählen.

SharePoint-Tokens

Die Umsetzung von ASP.NET-Anwendungskomponenten für SharePoint-Webseiten, zum Beispiel Anwendungsseiten oder Benutzersteuerelemente, erfordert die Referenzierung des vollqualifizierten Assembly-Namens. Dieser Prozess ist oftmals sehr umständlich, da hierzu entweder Visual Studio-Kommandozeilenwerkzeuge oder Drittanbieter-Tools zu Hilfe genommen werden müssen. Visual Studio 2010 integriert eine neue Funktion, die diesen aufwendigen Arbeitsschritt überflüssig macht – die sogenannten SharePoint-Tokens. Sie werden während des Build-Prozesses in ihre tatsächlichen Werte transformiert. Bei einer benutzerdefinierten Anwendungsseite sähe die Assembly-Direktive beispielsweise so aus:

```
<%@ Assembly Name="$SharePoint.Project.AssemblyFullName$" %>
```

Der Build-Prozess von Visual Studio 2010 sorgt dafür, dass die Tokens durch ihre entsprechenden Werte ersetzt werden. Visual Studio 2010 integriert folgende Standard-Tokens:

- ▶ `$SharePoint.Project.FileName$`
- ▶ `$SharePoint.Project.FileNameWithoutExtension$`
- ▶ `$SharePoint.Project.AssemblyFullName$`
- ▶ `$SharePoint.Project.AssemblyFileName$`
- ▶ `$SharePoint.Project.AssemblyFileNameWithoutExtension$`
- ▶ `$SharePoint.Project.AssemblyPublicKeyToken$`
- ▶ `$SharePoint.Package.Name$`
- ▶ `$SharePoint.Package.FileName$`
- ▶ `$SharePoint.Package.FileNameWithoutExtension$`
- ▶ `$SharePoint.Package.Id$`
- ▶ `$SharePoint.Feature.FileName$`
- ▶ `$SharePoint.Feature.FileNameWithoutExtension$`
- ▶ `$SharePoint.Feature.DeploymentPath$`

- `$SharePoint.Feature.Id$`

- `$SharePoint.ProjectItem.Name$`

- `$SharePoint.Type.<GUID>.AssemblyQualifiedName$`

- `$SharePoint.Type.<GUID>.FullName$`

Aus Performance-Gründen wird der Ersetzungsprozess nur von folgenden Dateitypen unterstützt:

- ASPX

- ASCX

- XML

- WEBPART

- DWP

Wollen Sie diese Funktion auch für andere Dateitypen verwenden, zum Beispiel für WCF-Services (*.svc*-Endung), müssen Sie die Erweiterung innerhalb der Projektdatei des Visual Studio-Projekts (**.csproj*) registrieren. Um diese Projektdatei im Quellcode anzupassen, tun Sie Folgendes:

1. Klicken Sie mit der rechten Maustaste auf das Wurzelverzeichnis Ihres Visual Studio-Projekts.

2. Klicken Sie auf die Schaltfläche PROJEKT ENTLADEN.

3. Selektieren Sie erneut das Wurzelelement und führen Sie dann die Funktion BEARBEITEN <NAME DES PROJEKTS>.CSPROJ aus.

In der XML-Datei müssen Sie anschließend innerhalb des `PropertyGroup`-Elements einen neuen `TokenReplacementFileExtension`-Eintrag hinzufügen. Dieser könnte beispielsweise so aussehen:

```
<TokenReplacementFileExtensions>svc</TokenReplacementFileExtensions>
```

Nachdem Sie die Änderungen abgespeichert haben, laden Sie das Projekt über das Kontextmenü des Projektmappen-Explorers neu.

Wollen Sie eine Dateiendung für alle Visual Studio-Projekte global registrieren, müssen Sie die MSBuild-Ziele für SharePoint-Projekte erweitern. Die Einstellungen finden Sie auf Ihrem Arbeitsplatzrechner in folgender Datei:

C:\Program Files (x86)\MSBuild\Microsoft\VisualStudio\v10.0\SharePointTools\ Microsoft.VisualStudio.SharePoint.targets

Die Einstellungen dieser Datei werden für sämtliche Projekte herangezogen, die auf Basis der Visual Studio Tools für SharePoint erstellt werden.

Die Summe der hier vorgestellten Standardfunktionen von Visual Studio 2010 macht deutlich, dass die Entwicklungsumgebung zu einer echten Hilfe für den SharePoint-Entwickler herangewachsen ist. Sie werden bei Ihren Entwicklungstätigkeiten feststellen, dass es teilweise erforderlich ist, für bestimmte Aufgaben dennoch auf Drittanbieter- oder Community-Werkzeuge zurückzugreifen. Für die professionellen Anwendungsentwickler liefert Visual Studio 2010 eine optimale Grundlage für die Umsetzung von benutzerdefinierten SharePoint-Lösungen.

Besonderheiten in der Architektur

SharePoint 2010 wird nur von 64-Bit-Betriebssystemen unterstützt. Das bedeutet für Sie als Anwendungsentwickler, dass Sie Lösungen realisieren, die gegen die 64-Bit-Version des .NET Frameworks 3.5 kompiliert werden. Bei der Nutzung von Visual Studio 2010 auf dem SharePoint Server sind einige Besonderheiten zu beachten, zum Beispiel bei der Programmierung einer Konsolenanwendung oder bei Standard-ASP.NET-Webseiten.

Um diese Anwendungen fehlerfrei gegen die 64-Bit-Version des .NET Frameworks kompilieren zu können, muss die Zielplattform in den Projekteinstellungen zuvor auf 64-BIT oder ANY CPU eingestellt werden. Dazu gehen Sie wie folgt vor:

▸ Navigieren Sie zu den Projekteinstellungen (am einfachsten über das Menü PROJEKT • NAME DES PROJEKTS • EIGENSCHAFTEN).

▸ Öffnen Sie die Registerkarte ERSTELLEN.

▸ Ändern Sie die Zielplattform von ANY CPU in x64, oder erstellen Sie eine neue Zielplattform ANY CPU.

Sollten Sie diese Einstellung nicht ändern, würde Ihre Konsolenanwendung beim Zugriff auf bestimmte SharePoint-Objekte eine Ausnahme vom Typ *FileNotFoundException* auslösen.

Für SharePoint-Projekte auf Basis der Standardvorlagen von Visual Studio 2010 ist diese Einstellung nicht erforderlich.

2.2 SharePoint Designer 2010

Die Vorversionen des SharePoint Designers wurden oftmals als rotes Tuch betrachtet und von einigen SharePoint-Programmierern eher gemieden. Das lag vor allem an einer nicht vorhandenen Integration in Visual Studio 2010 und einer im Vergleich zur Entwicklungsumgebung komplett anderen und wenig benutzerfreundlichen Oberfläche.

Mit der Einführung von SharePoint 2010 wurde auch der SharePoint Designer 2010 komplett überarbeitet. Nicht nur Funktionen wurden verbessert, auch der komplette Aufbau des SharePoint-Werkzeugs ist neu. So präsentiert sich der SharePoint Designer 2010 zum Beispiel mit einer komplett neuen Ribbon-Benutzeroberfläche, die aus der Office-Familie bekannt ist. Sind Sie bereits mit den Vorversionen des SharePoint Designers vertraut, werden Sie feststellen, dass der neue Aufbau sehr nutzerfreundlich ist und sich Funktionen deutlich schneller finden lassen.

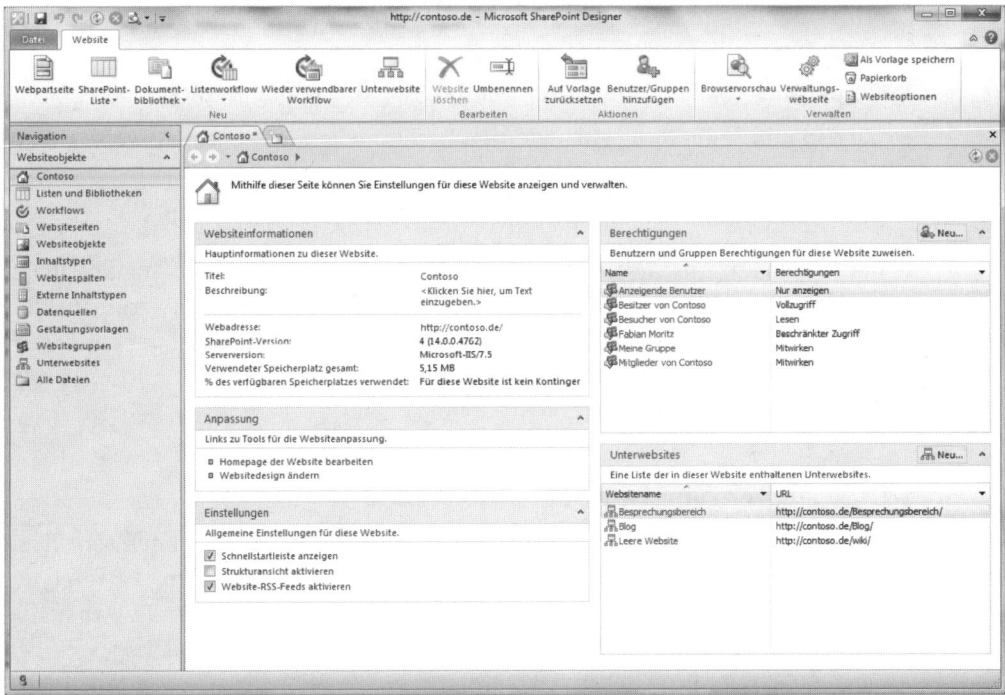

Abbildung 2.16 Der SharePoint Designer 2010 präsentiert sich mit einer komplett neuen und aufgeräumten Benutzeroberfläche.

Der SharePoint Designer 2010 liefert für den SharePoint-Entwickler eine gute Ergänzung zur Arbeit mit Visual Studio 2010. Einige Aufgaben lassen sich mit dem Office-Werkzeug durchaus einfacher und schneller lösen, speziell administrative oder designspezifische Aufgaben.

Mit dem SharePoint Designer 2010 lassen sich vollständige SharePoint-Lösungen realisieren, ohne hierfür einen speziellen Programmcode generieren zu müssen. Auch für den Programmierer kann es von Nutzen sein, die Standardfunktionen des SharePoint Designers zu kennen. Aus einer Fülle an Funktionen beschreibt die folgende Auflistung die wichtigsten Features des SharePoint Designers 2010:

▶ Erstellung und Verwaltung von SharePoint-Gruppen und Berechtigungen

▶ Erzeugung von Bibliotheken, Listen und Webseiten

- Anpassung und Erstellung von SharePoint-Master- (*.master*) und Inhaltsseiten (*.aspx*)

- Gestaltung und Anpassung des Websitedesigns über Cascading Style Sheets (CSS)

- Entwurf von einfachen und wiederverwendbaren Workflows

- Erstellung und Zuweisung von Inhaltstypen und Websitespalten

- Anpassung von Listenansichten via XSL-Transformation (XSLT)

- Zugriff und Anbindung von externen Datenquellen, wie beispielsweise Datenbanken, Webservices oder XML-Dateien

- Modellierung von Business-Connectivity-Service-(BCS-)Modellen

In den folgenden Abschnitten stellen wir Ihnen den Funktionsumfang des SharePoint Designers 2010 am Beispiel von drei unterschiedlichen Zielgruppen vor: dem Administrator, dem Power User sowie dem Webdesigner. Zuvor möchten wir eine Abgrenzung des SharePoint Designers 2010 zu Visual Studio 2010 vornehmen.

2.2.1 Abgrenzung zu Visual Studio 2010

Im Gegensatz zu Visual Studio 2010, dessen programmierte Lösungen sehr flexibel auf unterschiedlichen Webseiten eingesetzt werden können, verfolgt der SharePoint Designer 2010 eher einen Top-down-Ansatz. Er nutzt als Arbeitsfläche eine vorhandene oder neue erstellte Websitesammlung. Die jeweiligen Anpassungen oder Erweiterungen werden ausschließlich für eine spezielle Webseite vorgenommen. Dieser Ansatz ist der deutlichste Unterschied zu Visual Studio-Projekten. Die durch Visual Studio realisierten Lösungen werden mittels eines Deployment-Verfahrens in der Zielumgebung installiert und können somit prinzipiell mehreren Webseiten zur Verfügung gestellt werden.

Auch ist der Handlungsspielraum von Visual Studio-Projekten deutlich größer. Wo der SharePoint Designer 2010 sich ausschließlich auf die Anpassung innerhalb einer Webseite beschränkt, ist das Programmierwerkzeug von Visual Studio 2010 in der Lage, auch farmweite Lösungen zu realisieren.

Ein weiterer Unterschied ist die Programmierfähigkeit. Mit Visual Studio 2010 können Sie Anwendungen umsetzen, die den kompletten Funktionsumfang der SharePoint-Programmierschnittstelle nutzen. SharePoint Designer-Lösungen verfolgen eher einen deklarativen Ansatz.

Trotz der Unterschiede haben beide Werkzeuge viele Berührungspunkte. Zum Beispiel lassen sich die vom SharePoint Designer gestalteten Webseiten mithilfe des WSP-Imports weiterentwickeln. Auch die Programmierung von wiederver-wendbaren SharePoint Designer-Workflows wird von Visual Studio 2010 unter-stützt. Insbesondere bei der Arbeit mit Masterseiten, Seitenlayouts (Vorlagen für Web-Content-Management-Seiten) und anderen designspezifischen Komponen-ten treffen der SharePoint Designer 2010 und Visual Studio 2010 oftmals aufein--ander. Der Webdesigner wird seine Designanpassungen mit dem SharePoint Designer durchführen und nach Fertigstellung einem Visual Studio-Projekt über-geben, um dann die Elemente zum Beispiel in einem SharePoint-Feature in der Zielumgebung bereitzustellen. Der Vorteil dieses Verfahrens ist, dass Änderun-gen an der Struktur oder dem Design über den SharePoint Designer direkt auf der Webseite sichtbar sind. Anders wäre es bei Visual Studio 2010, weil dort die Änderungen erst nach einem Deployment-Prozess bereitgestellt werden, was zu erheblich mehr Zeitaufwand führt. Visual Studio ist für die direkte Anpassung des Designs oder der Standardelemente einer Webseite eher ungeeignet und hin-dert den Anwender folglich an seiner Arbeit. Aus diesem Grund ist es immer rat-sam, genau zu überlegen, was das richtige Werkzeug für den jeweiligen Anwen-dungsfall ist.

2.2.2   SharePoint Designer aus Sicht des Administrators

Administratoren haben in der Regel das Anliegen, allgemeine administrative Auf-gaben auszuführen. Dazu zählen zum Beispiel die Konfiguration der Berechtigun-gen sowie anderer Sicherheitseinstellungen innerhalb einer Webseite. In den meisten Fällen werden Administratoren zunächst einmal auf die Zentraladminis-tration, das Kommandozeilenwerkzeug STSADM oder PowerShell zurückgreifen. Der SharePoint Designer 2010 liefert ebenfalls einen möglichen Einstiegspunkt für diese administrativen Aufgaben. Das Office-Werkzeug bietet Administratoren unter anderem folgende Möglichkeiten an:

▶ Erstellung und Verwaltung von SharePoint-Gruppen

▶ Zuweisung von Benutzerberechtigungen

▶ Verwaltung von Berechtigungsstufen

▶ Zugriff auf den Papierkorb und die Websiteeinstellungen

▶ Verwaltung der Einstellungen von Listen und Bibliotheken

▶ Zugriff und Verwaltung der erweiterten Websiteeigenschaften

Der eine oder andere Administrator legt mitunter großen Wert darauf, die jewei-ligen Aktivitäten zu steuern; das heißt, er möchte bestimmen, welche Aktivitäten über den SharePoint Designer 2010 erlaubt sind. Die hierfür zuständige Konfigu-ration finden Sie in den Einstellungen der Websitesammlung.

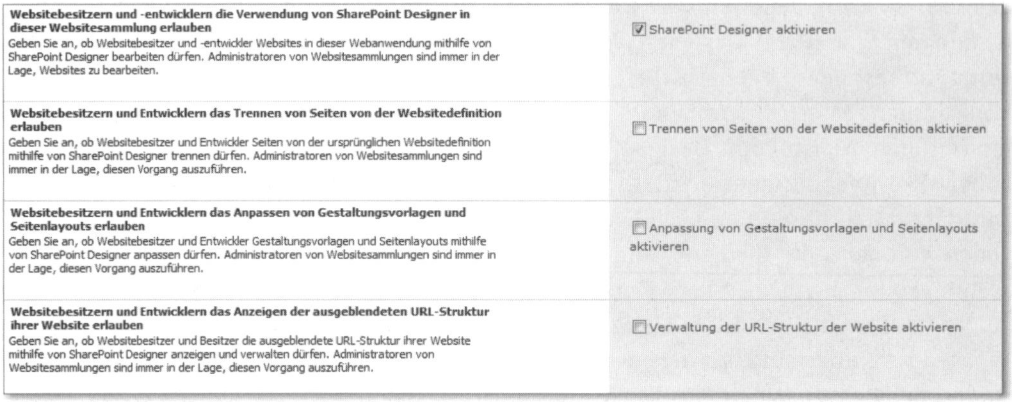

Websitebesitzern und -entwicklern die Verwendung von SharePoint Designer in dieser Websitesammlung erlauben Geben Sie an, ob Websitebesitzer und -entwickler Websites in dieser Webanwendung mithilfe von SharePoint Designer bearbeiten dürfen. Administratoren von Websitesammlungen sind immer in der Lage, Websites zu bearbeiten.	☑ SharePoint Designer aktivieren
Websitebesitzern und Entwicklern das Trennen von Seiten von der Websitedefinition erlauben Geben Sie an, ob Websitebesitzer und Entwickler Seiten von der ursprünglichen Websitedefinition mithilfe von SharePoint Designer trennen dürfen. Administratoren von Websitesammlungen sind immer in der Lage, diesen Vorgang auszuführen.	☐ Trennen von Seiten von der Websitedefinition aktivieren
Websitebesitzern und Entwicklern das Anpassen von Gestaltungsvorlagen und Seitenlayouts erlauben Geben Sie an, ob Websitebesitzer und Entwickler Gestaltungsvorlagen und Seitenlayouts mithilfe von SharePoint Designer anpassen dürfen. Administratoren von Websitesammlungen sind immer in der Lage, diesen Vorgang auszuführen.	☐ Anpassung von Gestaltungsvorlagen und Seitenlayouts aktivieren
Websitebesitzern und Entwicklern das Anzeigen der ausgeblendeten URL-Struktur ihrer Website erlauben Geben Sie an, ob Websitebesitzer und Besitzer die ausgeblendete URL-Struktur ihrer Website mithilfe von SharePoint Designer anzeigen und verwalten dürfen. Administratoren von Websitesammlungen sind immer in der Lage, diesen Vorgang auszuführen.	☐ Verwaltung der URL-Struktur der Website aktivieren

Abbildung 2.17 Die Rechte für den SharePoint Designer können Sie in den Website-Einstellungen zentral steuern.

Zusätzlich zur Verwaltung der SharePoint Designer-Rechte auf der Ebene einer Websitesammlung haben Sie die Möglichkeit, diese Berechtigungen auch global für eine gesamte Webanwendung festzulegen. Die Einstellungen hierfür finden Sie in der SharePoint-Zentraladministration.

Welche SharePoint Designer-Rechte sind die richtigen?

Diese Frage hängt sehr von dem von Ihnen angewandten Deployment-Modell und mit den Fähigkeiten der Anwender zusammen. Stellen Sie die Komponenten und Anwendungen der SharePoint-Umgebung komplett über den Weg des Solution Deployments bereit und haben die Anwender eher inhaltliche Aufgaben wahrzunehmen, dann sollten Sie die Rechte für den SharePoint Designer einschränken. Haben Sie eher technisch sehr versierte Anwender in Ihrem Unternehmen, sollten Sie diesen Nutzern die Möglichkeit geben, sich auf der Plattform zu entfalten, und den SharePoint Designer als festes Anwendungswerkzeug einplanen.

2.2.3 SharePoint Designer aus Sicht des Anwenders (Power Users)

Besonders für den sogenannten Power User wird der SharePoint Designer eine sehr wichtige Arbeitsumgebung darstellen. Im Prinzip lassen sich über das kostenlose Werkzeug dieselben inhaltsbezogenen Aufgaben durchführen wie über die Websiteoberfläche einer SharePoint-Seite. Der Vorteil bei der Verwendung des SharePoint Designers liegt in der deutlich schnelleren Arbeitsweise. Um zum Beispiel eine neue Spalte oder Ansicht zu erzeugen, brauchen Sie nicht darauf warten, bis eine neue Seite geladen wurde – anders als beim Zugriff über den Browser. Der SharePoint Designer vereint die Vorteile eines Windows-basierten Programms mit den Funktionen von SharePoint. Allgemeine Aufgaben können hierüber deutlich schneller abgearbeitet werden als über die Website. Der SharePoint Designer unterstützt unter anderem folgende Standardaktionen:

▶ Verwaltung von Dokumentenbibliotheken und Listen

▶ Konfiguration von Spalten und Ansichten

▶ Anpassung von Ansichten über XSLT

▶ Definition von Inhaltstypen und Websitespalten

▶ Umsetzung von Website-, Listen- und wiederverwendbaren Workflows

▶ Erzeugung von externen Inhaltstypen und Business-Connectivity-Services-Modellen

▶ Verwaltung von externen Datenquellen zu SQL Server-Datenbanken, Webservices oder XML-Dateien

Sie werden bei der Arbeit mit dem SharePoint Designer feststellen, dass die kontextsensitive Navigation zusammen mit der Ribbon-Benutzeroberfläche eine deutliche Erleichterung bringt. Sie erhalten zum Beispiel im Einstiegsbereich eine Aufstellung sämtlicher Informationen zur Liste sowie einen Zugriffpunkt zu bestimmten Aufgaben – beispielsweise die Verwaltung von Spalten, Ansichten, Berechtigungen oder Anwendungsformularen.

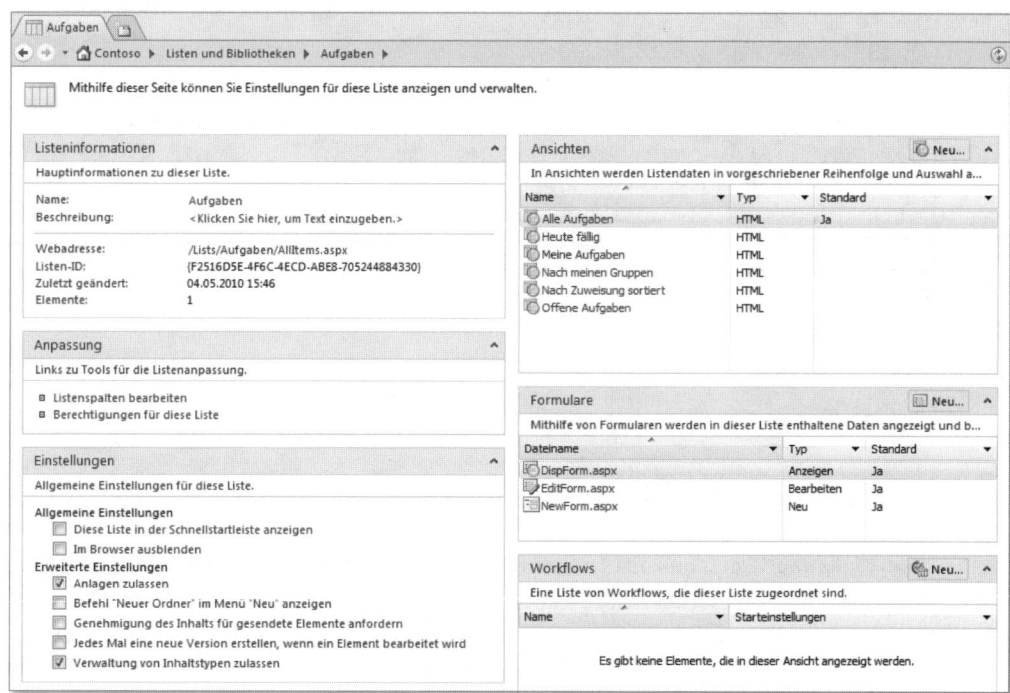

Abbildung 2.18 Sämtliche Einstellungsmöglichkeiten einer Listen- oder Dokumentenbibliothek werden in einer Administrationsoberfläche zusammengefasst.

Eine besondere Stärke des SharePoint Designers ist die Möglichkeit, sogenannte No-Code-Lösungen umzusetzen, also komplette Anwendungen ohne Programmcode. Die Arbeitsumgebung des SharePoint Designers bildet eine Vielzahl von Szenarien ab – vom Aufbau kompletter Zusammenarbeitsplattformen über die Integration von Line-of-Business-(LOB-)Daten bis hin zu Business-Intelligence- oder Workflow-Lösungen. Zur Umsetzung von Lösungen ohne Code stellt der SharePoint Designer 2010 unterschiedliche Standardfunktionen bereit. Die wichtigsten Werkzeuge möchten wir Ihnen kurz vorstellen.

Benutzerdefinierte XSLT-Ansichten

Neu in SharePoint 2010 ist, dass sämtliche Ansichten auf XSLT basieren, dies macht die Anpassung deutlich einfacher. Anders als CAML – damit wurden Listenansichten in den Vorversionen von SharePoint 2010 realisiert – liefert XSLT deutlich mehr Facetten bei der Gestaltung von Ansichten.

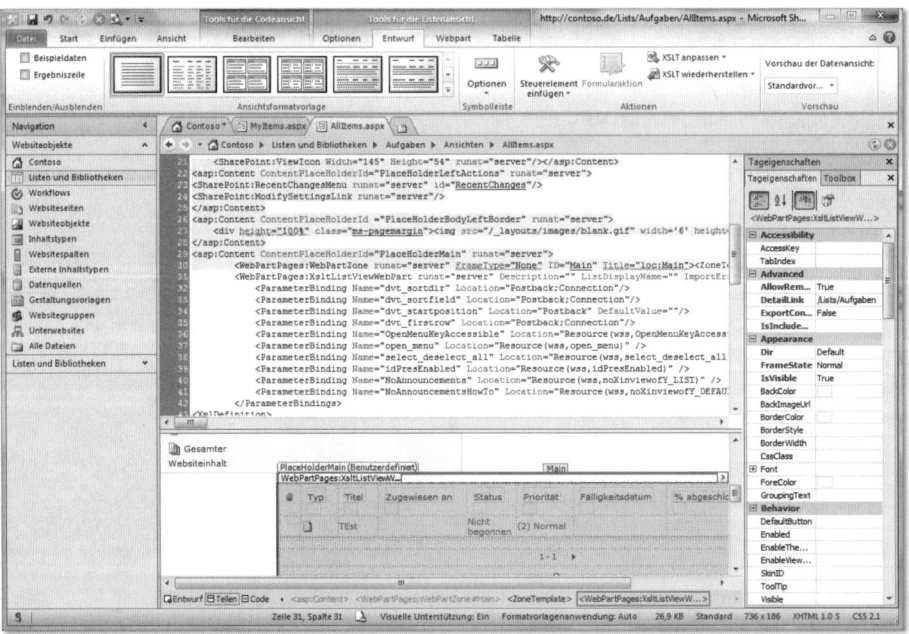

Abbildung 2.19 Der SharePoint Designer ist ein vollwertiges XSLT-Werkzeug, mit dem sich Ansichten beliebig transformieren lassen.

Die technische Realisierung erfolgt auf Basis des *XsltListViewWebPart*. Die Verwendung von XSLT liefert Ihnen bei der Umsetzung von SharePoint-Ansichten folgende Vorteile:

▶ XSLT ist – im Gegensatz zu CAML – eine Standardtechnologie, die in der Umsetzung von transformierten Ansichten weitaus mehr Flexibilität bietet. Darüber hinaus ist XSLT deutlich besser dokumentiert als CAML.

▶ Die Einbettung benutzerdefinierter Cascading Style Sheets ist merklich einfacher.

▶ Mit XSLT lassen sich bedingte Formatierungen umsetzen.

▶ XSLT-Ansichten können um benutzerdefinierte Scripts (zum Beispiel JavaScript oder jQuery) erweitert werden.

▶ Die XSLT-Technologie ist sehr benutzerfreundlich. Zudem beinhaltet der SharePoint Designer 2010 zahlreiche Werkzeuge, die die Arbeit mit XSLT erleichtern. Dazu gehören zum Beispiel IntelliSense oder ein Formeleditor.

▶ Die neuen Ansichten ermöglichen es, über einen deutlich robusteren Weg externe Daten einzubinden. So können nun innerhalb einer Ansicht Unternehmensdaten über die Business Connectivity Services integriert werden. Darüber hinaus ist es möglich, externe Datendienste abzufragen, um Listenelemente um zusätzliche Kennzahlen zu bereichern.

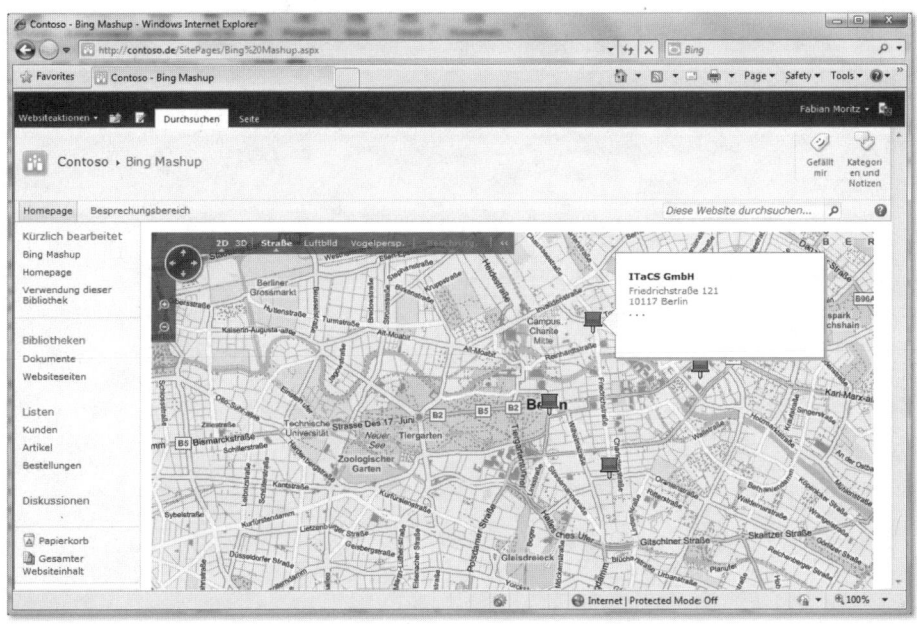

Abbildung 2.20 Im Zusammenspiel mit internen oder externen Datendiensten lassen sich mit dem SharePoint Designer 2010 vollwertige Mashup-Anwendungen realisieren.

Ein Schlagwort, das Sie eventuell bereits gehört haben, ist *Mashups*. Mashups sind ein komplett neuer Ansatz, Daten und webbasierte Dienste miteinander zu vereinen. Anwender haben hierüber die Möglichkeit, Ad-hoc-Anwendungen zu erzeugen, die speziell auf ihre Bedürfnisse zugeschnitten sind. Die Grundlage für Mashups bilden eine Reihe einheitlicher Formate und Prinzipien zum Austausch von Daten, wie beispielsweise RSS, REST oder JSON. In der SharePoint-Welt las-

sen sich sogenannte Mashup-Anwendungen durch die Kombination von Share-
Point-Daten mit internen oder externen Datendiensten realisieren. Eine Kundenliste ist somit zum Beispiel nicht einfach nur in einer Tabellenform darstellbar,
sondern kann mit Kartenmaterial von *BING Maps*, *Google Maps* oder anderen
Anbietern angereichert und visualisiert werden.

Der SharePoint Designer 2010 verfügt über die Fähigkeit, »No-Code«-Anwendun-
gen zu erzeugen, die nicht nur SharePoint-Informationen ausgewertet darstellen,
sondern kann diese Daten mit anderen Diensten kombinieren.

Workflow Designer

Der Workflow Designer wurde im Vergleich zur Vorversion komplett runderneu-
ert. Wenn Sie bereits mit dem SharePoint Designer 2007 Erfahrungen gesammelt
haben, werden Sie vermutlich ein wenig Zeit benötigen, sich an die neue Arbeitsweise zu gewöhnen.

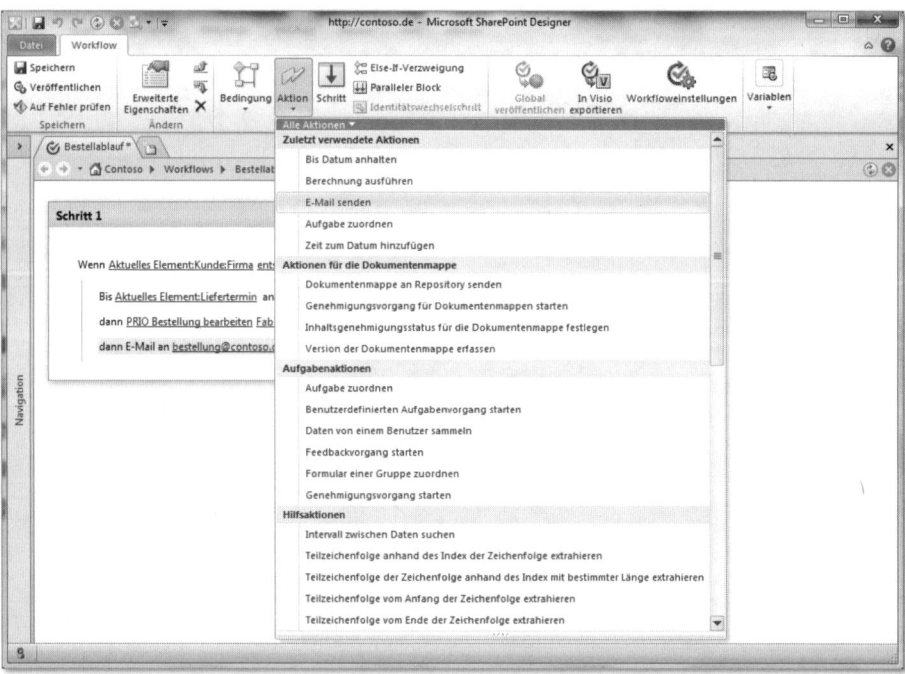

Abbildung 2.21 Der SharePoint Designer 2010 integriert einen komplett überarbeiteten Workflow Designer.

Der SharePoint Designer 2010 macht es möglich, deklarative Workflows auf Lis-
ten- oder Websiteebene zu erzeugen, um Unternehmensprozesse technisch zu
unterstützen. Die Bestandteile eines Workflows sind in der Praxis sehr über-
schaubar. Ein Workflow besteht jeweils aus einer oder mehreren Bedingungen

und einer beliebigen Anzahl an Aktivitäten, die sich in sequenzielle oder parallele Schritte bündeln lassen. Der SharePoint Designer 2010 stellt insgesamt 39 Standardaktivitäten bereit, die sich in sechs Gruppen aufteilen:

Gruppe	Aktivität
KERNAKTIONEN	Kommentar hinzufügen
	Zeit zu einem Datum hinzufügen
	Berechnungen ausführen
	In die Workflow Historie schreiben
	Für Dauer anhalten
	Bis Datum anhalten
	E-Mail versenden
	Zeit auf Datum/Zeit Feld setzen
	Workflowstatus setzen
	Workflowvariable setzen
	Workflow anhalten
AKTIONEN FÜR DIE DOKUMENTEN-MAPPE	Version einer Dokumentenmappe erfassen
	Dokumentenmappe an Repository senden
	Inhaltsgenehmigungsstatus für die Dokumentenmappen setzen
	Genehmigungsvorgang für Dokumentenmappe festlegen
LISTENAKTIONEN	Element einchecken
	Element auschecken
	Element kopieren
	Element erstellen
	Als Record erklären
	Element löschen
	Auschecken verwerfen
	Inhaltsgenehmigungsstatus setzen
	Feld im aktuellen Element setzen
	Record auflösen
	Element verändern
	Auf Feldveränderung in aktuellem Element warten
RATIONALE AKTIONEN	Vorgesetzen eines Anwenders abfragen

Tabelle 2.2 Standardaktivitäten des SharePoint Designers

Gruppe	Aktivität
AUFGABENAKTIONEN	Ein Formular einer Gruppe zuordnen
	Eine Aufgabe zuordnen
	Daten von einem Anwender sammeln
	Freigabeprozess starten
	Eigenen Aufgabenprozess starten
	Feedbackprozess starten
HILFSAKTIONEN	Teilzeichenkette vom Ende einer Zeichenkette extrahieren
	Teilzeichenkette von einer indexierten Zeichenkette extrahieren
	Teilzeichenkette vom Anfang einer Zeichenkette extrahieren
	Teilzeichenkette eines Index mit definierter Länge extrahieren
	Intervall zwischen Daten finden

Tabelle 2.2 Standardaktivitäten des SharePoint Designers (Forts.)

Neben der Verwendung der Standardaktivitäten haben Sie die Option, benutzerdefinierte Aktivitäten zu erzeugen oder eine der unzähligen kostenlosen Aktivitäten aus der Community zu verwenden.

Benutzerdefinierte SharePoint Designer-Aktivitäten

Die Community stellt eine Reihe benutzerdefinierter und kostenloser Aktivitäten für den SharePoint Designer 2010 bereit. Eine große Auswahl finden Sie auf dem Community-Portal *Codeplex* unter folgender URL:

http://spdactivities.codeplex.com

Die Liste der hier verfügbaren Aktivitäten reicht von erweiterten E-Mail-Aktionen bis hin zu Workflows zur Kontrolle von Benutzerberechtigungen.

Ein über den SharePoint Designer erzeugter Workflow lässt sich direkt einer Liste oder einem Inhaltstyp zuordnen. Neu in SharePoint 2010 sind Website- und wiederverwendbare Workflows. Website-Workflows besitzen die Eigenschaft, dass sie thematisch keiner Liste oder Dokumentenbibliothek zugeordnet sind. Sie lassen sich zum Beispiel einsetzen, um Zustände oder Informationen über mehrere Listen hinweg zu überprüfen.

Wiederverwendbare Workflows eignen sich besonders für die Verwendung in mehreren Listen oder Dokumentenbibliotheken. Sie können außerdem in Visual Studio 2010 weiterentwickelt werden.

Eine besondere Rolle im Zusammenhang mit dem SharePoint Designer 2010 spielt *Visio 2010*. Das Diagrammerstellungswerkzeug unterstützt mit seiner neuen Version auch die Erstellung von Workflow-Diagrammen, die vom Share-Point Designer importiert werden können. Auf diese Art und Weise ist es möglich, die Aufgaben des Prozessdesigners und des technischen Anwenders klar voneinander zu trennen.

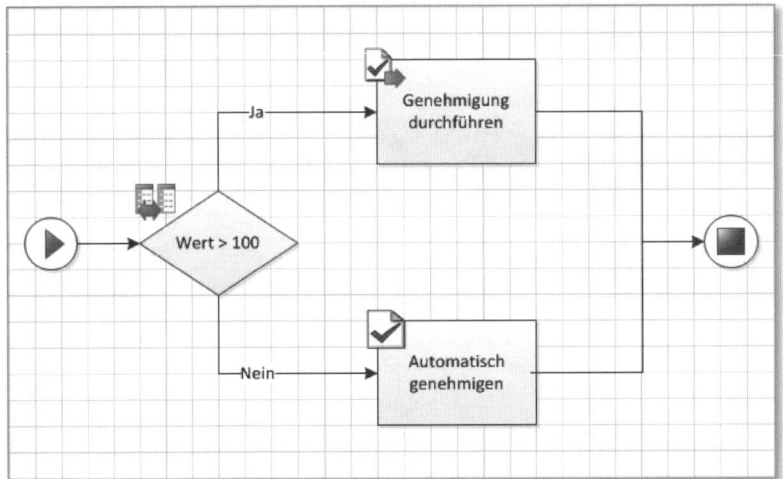

Abbildung 2.22 Mit Visio 2010 Premium können Sie Workflow-Diagramme zur Weiterverarbeitung für den SharePoint Designer vorbereiten.

Visio stellt sämtliche im SharePoint Designer enthaltenen Aktionen als Bausteine für ein benutzerdefiniertes Workflow-Diagramm bereit. Diese Eigenschaft ist also die Grundlage für den späteren Import durch den SharePoint Designer. Im Gegensatz zum SharePoint Designer werden die Sequenzen und Abhängigkeiten nicht in Listenform, sondern komplett über ein Diagramm dargestellt. Diese Art der visuellen Aufbereitung macht es dem Anwender besonders einfach, Workflows zu entwerfen und auch zu verstehen.

Die Workflow-Funktionen fallen im Vergleich zu den Möglichkeiten von Visual Studio 2010 oder Drittanbieter-Werkzeugen (zum Beispiel *Nintex Workflows*) eher bescheiden aus. Die Standardfunktionen der SharePoint Designer-Workflows sind begrenzt; zum Beispiel fehlen die Möglichkeiten, Zustandsworkflows umzusetzen, Schleifen abzubilden oder auf externe Daten zuzugreifen. Wollen Sie jedoch zu einer schnellen Lösung mit wenig Aufwand und einem hohen Grad an Flexibilität kommen, werden Sie feststellen, dass hierfür die Standardfunktionen des SharePoint Designers 2010 in Kombination mit benutzerdefinierten Aktivitäten aus der Community oftmals vollkommen ausreichend sind.

Business-Connectivity-Modelle

Die Business-Connectivity-Dienste von SharePoint 2010 sind in eine neue Generation aufgestiegen. War die Erstellung von Anwendungsdefinitionen für externe Datenquellen in der Vorversion nur dem Programmierer oder Nutzer von Drittanbieterprodukten vorbehalten, ist diese Aufgabe nun mit dem SharePoint Designer 2010 lösbar: Es ist möglich, ohne Programmieraufwand über diese Technologie Schnittstellen zu externen Systemen (Line-of-Business-Anwendungen, SQL-Datenbanken oder anderen Datenquellen) aufzubauen. Diese BCS-Schnittstellen liefern die Grundlage zur Integration von externen Daten in eine SharePoint-Umgebung. Die technische Realisierung der Schnittstelle erfolgt auf Basis sogenannter externer Inhaltstypen, die über den SharePoint Designer verwaltet werden können. Die Arbeit mit externen Daten ist identisch mit der von Standardlisten. Die Technologie der Business Connectivity Services (BCS) ermöglicht neben der Darstellung auch das Editieren von Datensätzen sowie die Suche oder die Offline-Bearbeitung über den SharePoint Workspace 2010.

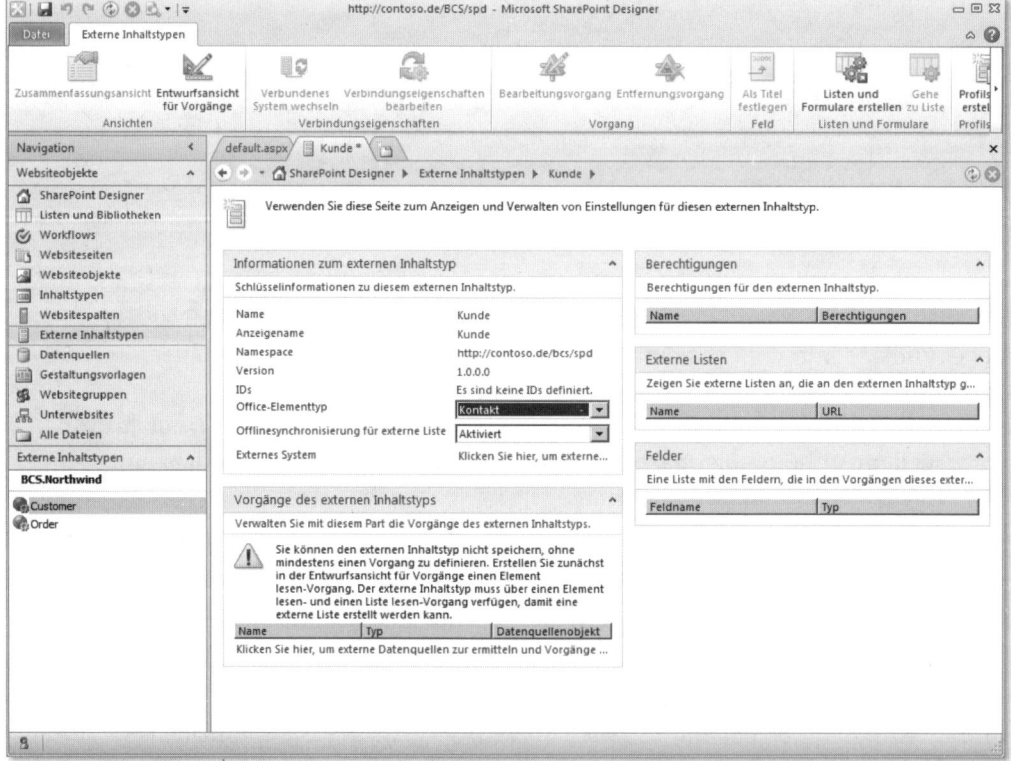

Abbildung 2.23 Der SharePoint Designer 2010 ermöglicht die Erstellung von BCS-Anwendungsdefinitionen und externen Inhaltstypen.

Der gesamte Prozess zur Erstellung und Anbindung externer Inhaltstypen wird vollständig durch den SharePoint Designer 2010 unterstützt. In Kapitel 9, »Business Connectivity Services« werden Sie anhand konkreter Anwendungsbeispiele erfahren, welche Möglichkeiten Sie bei der Umsetzung von BCS-Anwendungen haben.

2.2.4 SharePoint Designer aus Sicht des Webdesigners

In diesem Abschnitt werden wir Ihnen die Fähigkeiten des SharePoint Designers aus Sicht des Webdesigners erläutern. Um sich diesem Thema anzunähern, werfen wir erst einmal einen Blick auf die allgemeinen Aufgaben eines Webdesigners. Zum Aufgabengebiet des Webdesigners gehören unter anderem:

▸ die Anpassung der Struktur und des Designs bestehender SharePoint-Webseiten

▸ die Erstellung von benutzerdefinierten Master- und Inhaltsseiten

▸ die Definition benutzerdefinierter Themes (Designs für SharePoint-Seiten)

▸ die Anpassung und Erstellung von Cascading Style Sheets

▸ die Erstellung von Seitenlayouts (Seitenvorlagen für Web-Content-Management-Systeme)

▸ die Integration von JavaScripts oder jQuery-Technologien für die erweiterte Anpassung von Designelementen

▸ Der SharePoint Designer 2010 ist das Werkzeug, das der Webdesigner vermutlich am häufigsten verwenden wird, wenn es um die Gestaltung von SharePoint-Webseiten geht. Das Designwerkzeug integriert zahlreiche Features, die die Arbeit mit Cascading Style Sheets, HTML oder anderen Ressourcen unterstützen.

▸ Master- und Inhaltsseiten lassen sich über einen visuellen Designer oder in einer Codeansicht bearbeiten. Neben der Anpassung des Designs oder des HTML-Codes können Sie Standard-ASP.NET-Controls, SharePoint-Steuerelemente oder auch spezielle Webparts in eine SharePoint-Seite integrieren. Funktionen wie IntelliSense für CSS, HTML oder ASP.NET sind im SharePoint Designer 2010 von Haus aus enthalten.

▸ Obwohl der SharePoint Designer 2010 vornehmlich für den Power User oder Webdesigner gedacht ist, ist das Werkzeug in der Lage, auch die Arbeiten für den Programmierer zu beschleunigen. Sie werden in diesem Buch den SharePoint Designer noch häufig antreffen und erfahren, bei welchen Aufgaben der SharePoint Designer 2010 von Nutzen sein kann.

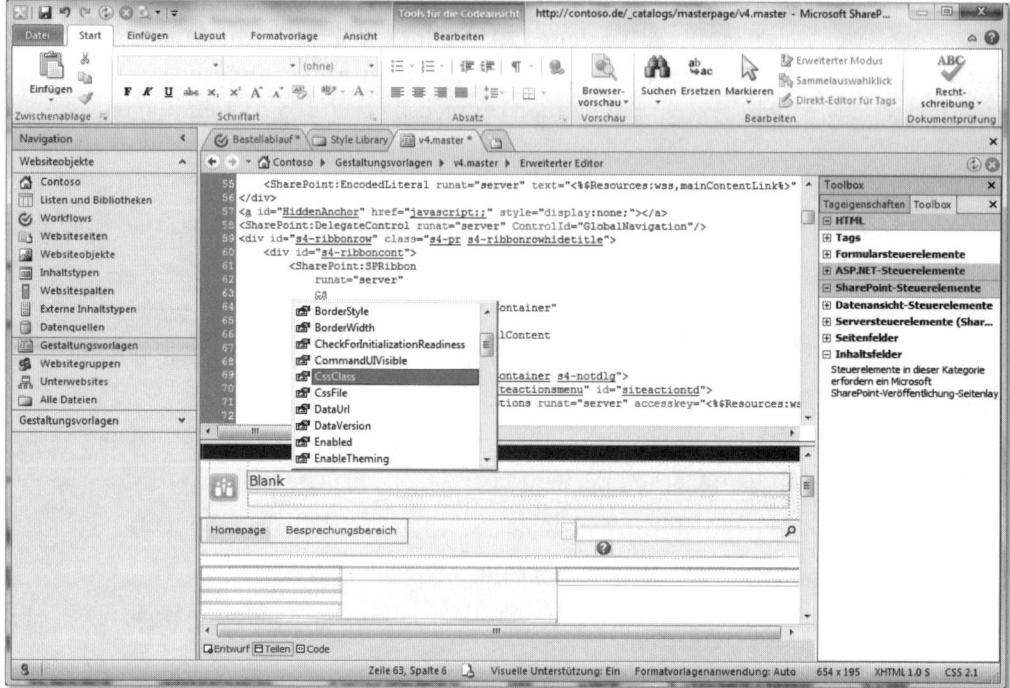

Abbildung 2.24 Der SharePoint Designer unterstützt die Anpassung von SharePoint-Seiten mit einer IntelliSense-Funktion sowie einer integrierten Design- und Codeansicht.

2.3 PowerShell

Das von vielen Administratoren geschätzte Kommandozeilenwerkzeug *STSADM* wird in SharePoint 2010 durch *PowerShell* abgelöst. SharePoint 2010 liefert zahlreiche PowerShell-Kommandos (*cmdlets*), mit denen sich sämtliche administrativen Aufgaben erledigen und automatisieren lassen: Von der Installation und Einrichtung einer kompletten Farm bis hin zur Abbildung von Backup-Prozessen oder der Verwaltung von Benutzern und Rechten – PowerShell ist das ultimative Werkzeug für den SharePoint-Administrator.

Zwar ist STSADM in SharePoint 2010 noch verfügbar, es wird aber nicht weiterentwickelt. Der von Microsoft eingeschlagene Weg ist dennoch richtig, da PowerShell weitaus mehr Möglichkeiten bietet als ein einfaches Kommandozeilentool. Eine ausführliche Beschreibung sämtlicher PowerShell-Features würde den Rahmen dieses Buches sprengen. Stattdessen werden wir Ihnen einen allgemeinen Einblick in die Standardfunktionen dieser Technologie geben und beschreiben, wie sich PowerShell in die SharePoint-Architektur integriert.

2.3.1 Einführung in PowerShell

Auf den ersten Blick scheint PowerShell nichts anderes als eine normale DOS-Anwendung zu sein. Führen Sie beispielweise den Befehl *dir* aus, werden Ihnen die Inhalte eines Windows-Verzeichnisses aufgelistet, also genau dasselbe, was ein Standard-DOS-Befehl liefert.

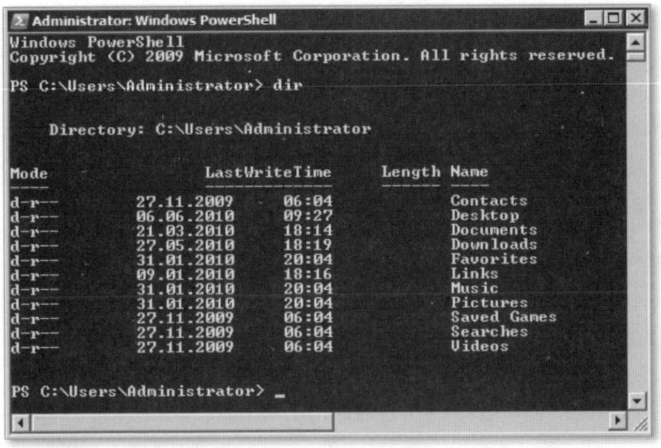

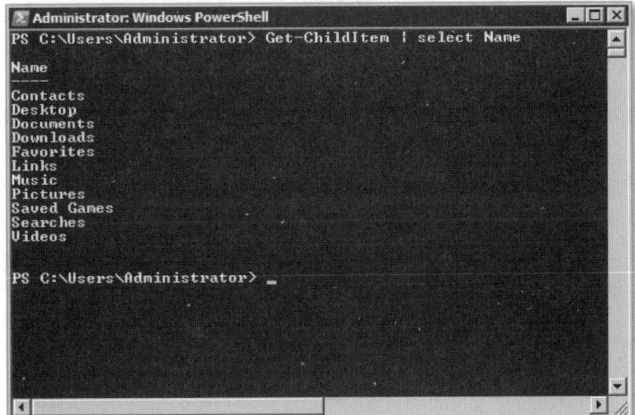

Abbildung 2.25 Ein einfacher »dir«-Befehl listet Ihnen die Elemente eines Verzeichnisses auf.

Dieses einfache Beispiel täuscht jedoch über die tatsächlichen Fähigkeiten von PowerShell hinweg. Schauen wir uns den einfachen dir-Befehl einmal etwas genauer an. Anders als bei der Standard-DOS-Box erhält man als Ergebnisse nicht nur einfache Textinformationen, sondern Objekte. Eine kleine Anpassung ließe den Befehl so aussehen wie in Abbildung 2.26.

Abbildung 2.26 PowerShell-Ergebnisse sind vollständige .NET-Objekte, die weiterverarbeitet werden können.

Da jede einzelne Zeile ein Objekt repräsentiert, können von diesem Objekt auch die einzelnen Eigenschaften ausgegeben werden. Dabei ist der `dir`-Befehl nichts anderes als ein Alias für den PowerShell-Befehl `Get-ChildItem`.

Interessant ist, dass ein PowerShell-Objekt nicht irgendein Objekt, sondern ein .NET-Objekt ist. Das Verhalten der PowerShell-Objekte ist identisch mit allen anderen .NET-Objekten. Diese können weiterverarbeitet, manipuliert oder gelöscht werden.

PowerShell lässt sich durch sogenannte »Snap-ins« erweitern. Ein Snap-in stellt jeweils bestimmte *cmdlets* in der PowerShell-Umgebung zur Verfügung. Viele Microsoft-Produkte der aktuellen Generation lassen sich mittels PowerShell verwalten. Zur Reihe dieser Produkte gehören zum Beispiel Exchange Server (ab Version 2007), SQL Server (ab Version 2008) oder auch Windows Server 2008 (und aufwärts). Um diese Produkte über die PowerShell-Oberfläche administrieren zu können, müssen Sie nur das entsprechende Snap-in laden. Danach erhalten Sie sofort Zugriff auf die produktspezifischen Objekte. Auch andere Hersteller haben ihre Produkte um eine PowerShell-Schnittstelle erweitert. PowerShell ist komplett erweiterbar. Somit können Sie ohne viel Aufwand benutzerdefinierte *cmdlets* für Ihre eigenen Anwendungen programmieren.

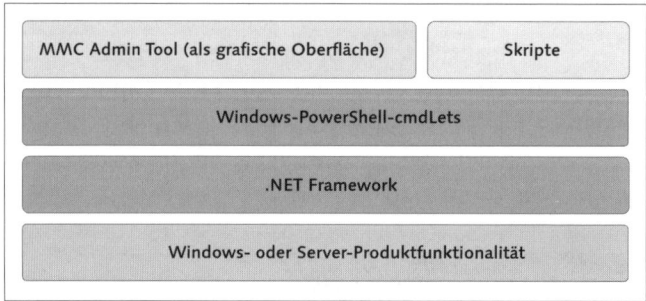

Abbildung 2.27 PowerShell integriert sich oberhalb des .NET Frameworks in die Windows-Systemarchitektur.

Die erste Version von PowerShell wurde Ende 2006 veröffentlicht. Seit Anfang 2007 ist die PowerShell für Windows Vista verfügbar. Seitdem ist sie stetig weiterentwickelt worden und steht aktuell in der Version 2.0 für viele Microsoft-Betriebssysteme zum Download bereit. Eine gute Übersicht liefert folgender Artikel:

http://technet.microsoft.com/de-de/scriptcenter/powershell.aspx.

Ab der Version 2.0 wird die Ausführung von PowerShell-Befehlen von entfernten Systemen unterstützt (Remoting). Damit wäre es beispielsweise denkbar, eine SharePoint-Lösung auch von einem entfernten System aus zu installieren.

Neben dem Aufruf von PowerShell-Befehlen über das mitgelieferte Eingabefenster können diese Befehle auch in andere Oberflächen integriert werden. Die Eingabe von Befehlszeilen in einem SharePoint-Webpart ist somit ebenso realisierbar, wie in einer benutzerdefinierten Workflow-Aktivität. Das Einsatzgebiet von PowerShell ist sehr vielseitig.

2.3.2 Cmdlets

Cmdlets (sprich: »Commandlets«) sind im Grunde genommen nichts weiter als die Befehle einer PowerShell-Umgebung. Sie geben in der Regel ein .NET-Objekt zurück. Die Nomenklatur eines Befehls basiert auf einer einheitlichen Verb-Nomen-Syntax. So erschließt sich die Funktion des *cmdlets* mit dem Namen `Get-ChildItem` fast von selbst.

Die *cmdlets* sind Instanzen von .NET-Klassen. Sie nutzen die PowerShell-Runtime zur Auswertung von Parametern und für die Fehlerbehandlung. Mehrere Befehle können hintereinandergeschaltet werden (was auch unter dem Begriff *Pipelining* bekannt ist), da sie Objekte zurückgeben, die als Eingabeparameter für das nächste *cmdlet* genutzt werden können. In diesem Fall werden die *cmdlets* mit dem Pipe-Symbol "|" getrennt.

Mithilfe von Snap-ins, die auch *PSSnapIn* genannt werden, lassen sich mehrere *cmdlets* zusammenfassen und in eine bestehende PowerShell-Umgebung integrieren. Die Einbindung von weiteren Snap-ins erfolgt über den Befehl `Add-PsSnapin`.

2.3.3 Das Einmaleins des PowerShell-Scripting

Um Ihnen den Einstieg in die Script-Sprache von PowerShell zu erleichtern, wollen wir Ihnen an dieser Stelle einige grundlegende Aspekte des Scriptings unter PowerShell vorstellen.

Vermutlich werden Sie sich als Erstes fragen, welche Befehle es überhaupt gibt. Um das herauszufinden, müssen Sie einfach nur das Kommando `Get-Command` in einer PowerShell-Konsole aufrufen.

Die Schreibweise eines Befehls ist nicht an bestimmte Zwänge gebunden, Sie können ihn also beliebig groß- oder kleinschreiben. Wird an die jeweilige Funktion ein Parameter übergeben, sollten Sie beachten, dass PowerShell ein Leerzeichen und kein Komma als Separator erwartet, obwohl es in anderen Script-Sprachen meist so üblich ist.

Hilfe

Die Syntax und Beispiele eines *cmdlets* können Sie mit dem *cmdlet* Get-Help aufrufen.

```
Get-Help Add-SPUserSolution
```

Die Ausgabe des Get-Help-*cmdlets* ist mitunter sehr ausführlich. Sie enthält eine allgemeine Beschreibung, die möglichen Parameter, die Syntax, verwandte Themen sowie einen Hinweis auf Besonderheiten.

Abbildung 2.28 Die Hilfe von PowerShell ist sehr umfangreich.

Assemblys laden

Obwohl PowerShell bereits in ihrer Standardversion sehr leistungsfähig ist, lässt sich der Funktionsumfang des PowerShell-Interpreters um den Funktionsumfang externer Assemblys erweitern. Um Methoden von externen Assemblys aufzurufen, müssen diese in die PowerShell-Umgebung geladen werden. Hilfreich ist dabei der System.Reflection-Namensraum.

```
[Reflection.Assembly]::LoadWithPartialName("System.Drawing")
```

Die Assembly muss nicht gezwungenermaßen über den vollqualifizierten Namen referenziert werden. Stattdessen kann auch der Dateiname ohne die Endung DLL angegeben werden.

Variablen

In PowerShell genutzte Variablen beginnen mit einem »$«-Zeichen. Sie sind nicht typisiert und können implizit oder explizit initialisiert werden.

```
$txt = "SharePoint"              # implizite Initialisierung
$txt = [string]"SharePoint"      # explizite Initialisierung
```

Die Initialisierung eines Arrays bzw. eines *DateTime*-Objekts könnte wie folgt aussehen:

```
$array = "S","h","a","r","e","P","o","i","n","t"
$datetime = New-Object System.DateTime(2010, 1, 1)
```

Operatoren

Operatoren dienen dem Vergleich von Objekten. Wie auch in anderen Programmiersprachen können sich Operationen auf Objekte unterschiedlich auswirken. Das Listing 2.1 veranschaulicht die Verwendung des »+«-Operators.

```
PS C:\> $a = 1
PS C:\> $b = 2
PS C:\> $c = $a + $b
PS C:\> Write-Host $a + $b = $c
1 + 2 = 3
```

Listing 2.1 Eine Addition mit der PowerShell

Eine Übersicht der wichtigsten PowerShell-Operatoren finden Sie in Tabelle 2.3.

Operator	Beschreibung	Beispiel
+	Addition	$a + $b
%	Modulus	$a % %b
-not	Logische Negation	Where { $_ -not 1 }
=	Vergleich	Where { $_ = 1 }
-and	Verknüpft Bedingungen mit UND.	Where { $a = 1 -and $b = 1 }
-as	Konvertiert ein Objekt (Casting).	1 -as [string]
-lt	Kleiner	$a -lt 10
-le	Kleiner oder gleich	$a -le 10
-contains	Enthält	$a -contains "SharePoint"

Tabelle 2.3 Auswahl von PowerShell-Operatoren

Schleifen

In einem PowerShell-Script lassen sich verschiedene Schleifenarten abbilden.

▸ `foreach`-Schleife

```
foreach ($<Element> in $<Auflistung>){<Anweisungsliste>}
```

▸ `while`-Schleife

```
while (<Bedingung>){<Anweisungsliste>}
```

▸ `do`-Schleife

```
do {<Anweisungsliste>} while (<Bedingung>)
```

▸ `for`-Schleife

```
for (<Anfangswert>; <Bedingung>; <Wiederholung>)
{<Anweisungsliste>}
```

Sehen wir uns die `foreach`-Schleife einmal genauer an. Dieser Schleifentyp läuft durch jedes Element einer Auflistung oder eines Arrays. Eine Durchlaufvariable nimmt nacheinander jedes einzelne Element des Arrays auf und stellt es dem Block innerhalb der geschweiften Klammern zur Verfügung.

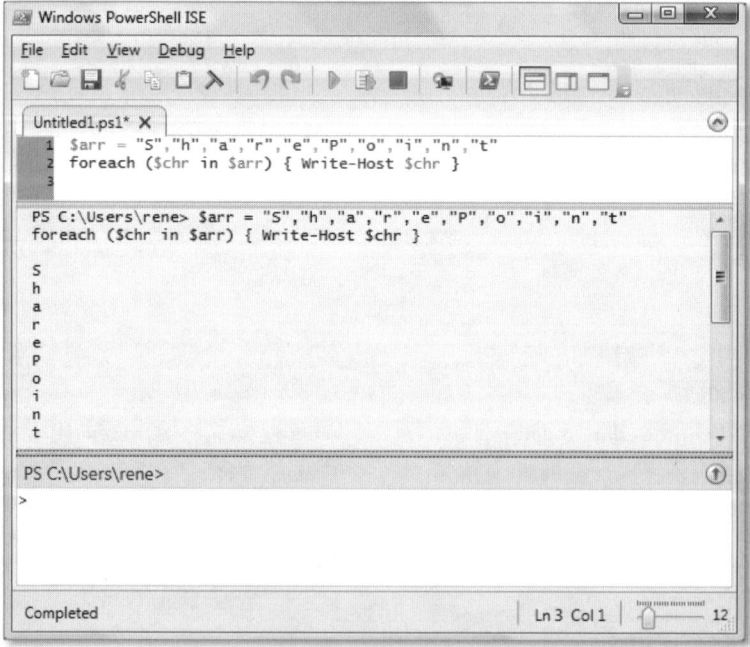

Abbildung 2.29 PowerShell-Scripts lassen sich auch über die Entwicklungsumgebung der Windows PowerShell ISE entwickeln.

Abbildung 2.29 zeigt die Programmierung eines PowerShell-Scripts über die *Windows PowerShell ISE*. Das in Windows integrierte Werkzeug bietet neben einem Editor für PowerShell einen integrierten Debugger. Haltepunkte können wie in Visual Studio mit F9 gesetzt werden. F5 startet dann das Debugging.

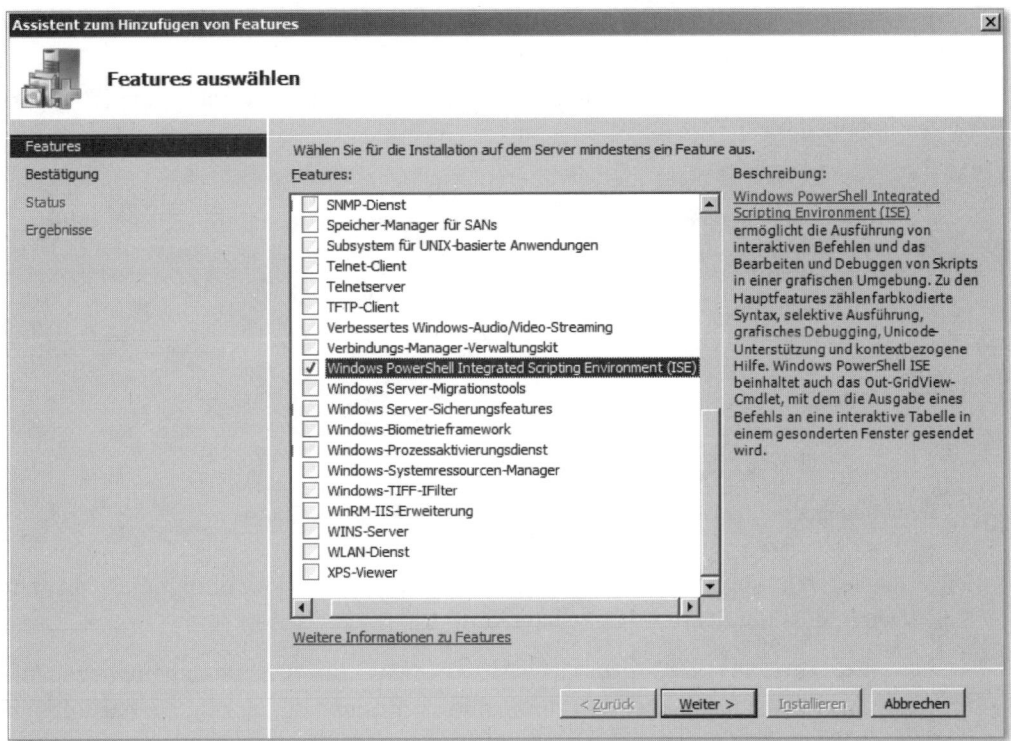

Abbildung 2.30 Die Windows PowerShell ISE wird über ein Windows-Feature installiert.

Piping

Das Hintereinanderschalten mehrerer Befehle wird im Allgemeinen als *Piping* bezeichnet. Die Rückgabe eines Befehls repräsentiert jeweils ein Objekt, das an den nächsten Befehl als Eingabeparameter weitergereicht werden kann.

Die Technik des Pipings wird in Listing 2.2 verdeutlicht.

```
Get-ChildItem -Recurse | where { $_.Length > 100000 } | Write-Host $_.Name
```

Listing 2.2 Aneinanderreihung von PowerShell-Befehlen

Dieses Beispiel veranschaulicht, wie die drei Befehle »Hole«, »Filtere« und »Gib aus« durch das Piping in einer Zeile zusammengefasst werden können.

2.3.4 PowerShell und SharePoint

SharePoint 2010 integriert PowerShell als festen Bestandteil einer Server-Architektur. Mittels PowerShell lassen sich sämtliche Einstellungen einer Farm administrieren und automatisieren. Folgende Fakten machen deutlich, welche Rolle PowerShell in der SharePoint-Technologie eingenommen hat.

▸ Es gibt 531 *cmdlets* für SharePoint.

▸ Zahlreiche Konfigurationseinstellungen lassen sich nur noch mittels Power-Shell ändern.

▸ STSADM wird nicht mehr weiterentwickelt.

▸ Durch Scripting durchgeführte Konfigurationen dokumentieren sich selbst.

Die SharePoint PowerShell-Administrationsoberfläche kann über das Startmenü geöffnet werden.

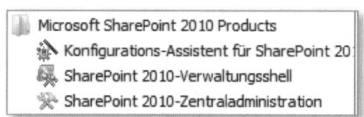

Abbildung 2.31 Die SharePoint-Verwaltungsshell finden Sie im Startmenü.

Die Verwendung der von SharePoint mitgelieferten Verwaltungsshell hat den Vorteil, dass bereits sämtliche SharePoint-Add-ins registriert sind.

Bei insgesamt 531 *cmdlets* für SharePoint kann es unter Umständen etwas zeitaufwendiger sein, das passende Kommando zu finden. Auf der Suche nach einem speziellen Befehl bietet sich die Filterfunktion als Hilfe an.

```
Get-Command -noun "*search*"
```

Dieser Befehl listet Ihnen alle Kommandos auf, die im Namen den Begriff »search« enthalten. Eine Beschreibung sämtlicher PowerShell-Befehle hat Microsoft auf folgender Webseite zum Download bereitgestellt:

http://www.microsoft.com/downloads/details.aspx?FamilyID=045F7AF5-B226-4A05-8ACE-4E17CFDEF856&displaylang=en#filelist

PowerShell zur SharePoint-Administration einsetzen

Von der vollständig automatisierten Installation und Konfiguration einer Share-Point-Farm bis hin zur Durchführung täglicher administrativer Aufgaben – der Funktionsumfang von PowerShell ist sehr vielfältig. Das nachfolgende Listing erläutert Ihnen die allgemeine Arbeitsweise eines SharePoint-spezifischen Befehls.

```
New-SPSite -Url http://contoso.de -OwnerAlias contoso\administrator
-name Contoso -Template SPSPORTAL#0
```

Der Befehl New-SPSite erzeugt eine neue Websitesammlung innerhalb der Share-Point-Farm. Als Parameter werden dem Befehl die URL, der Login-Name des Websitebesitzers, der Name der Website sowie die anzuwendende Vorlage übergeben. Die Parameter können, wie hier abgebildet, in einer Zeile untergebracht oder alternativ nacheinander eingegeben werden.

Bei der Programmierung komplexerer Befehle ist es wichtig, die SharePoint-Objekte im Speicher wieder freizugeben. PowerShell integriert die beiden *cmdlets* Start-SPAssignment und Stop-SPAssignment, die diese Aufgabe übernehmen. Listing 2.3 beschreibt, wie diese Befehle in den Programmablauf eines PowerShell-Scripts eingebettet werden können.

```
Start-SPAssignment -global
$web = Get-SPWeb http://contoso.de
$web | Set-SPWeb -Description "Contoso Intranet"
Stop-SPAssignment -global
```

Listing 2.3 SharePoint-Objekte müssen in PowerShell freigegeben werden.

Die Arbeitsweise dieser Kommandos ist vergleichbar mit dem using-Statement eines C#-Codeblocks. Die innerhalb dieses Blocks instanziierten SharePoint-Objekte werden nach Ausführung automatisch freigegeben.

Die bequemste Art der Zuweisung ist die Verwendung des global-Parameters. Wir empfehlen diese einfache Syntax nur dann einzusetzen, wenn SPSite- oder SPWeb-Objekte innerhalb des Bereichs verarbeitet werden.

In komplexeren Szenarien lassen sich einzelne Variablen gezielt beseitigen (siehe Listing 2.4).

```
function Set-DoSomething([string]$siteUrl, [string] $value)
{
   trap {
      # in case of an error, dispose properly
      $gc | Stop-SPAssignment
   }
   $gc = Start-SPAssignment
   $site = $gc | Get-SPSite -Identity $siteUrl
   # do something with $value
   $gc | Stop-SPAssignment
}
Set-DoSomething "http://contoso.de" "Neuer Wert"
```

Listing 2.4 Bei komplexeren Programmen können Sie die Variablen gezielt wieder freigeben.

Diese einfachen Beispiele verdeutlichen die Fähigkeiten des PowerShell-Scriptings unter SharePoint 2010. Falls Sie noch das alte STSADM-Werkzeug benutzen, gibt es gute Gründe, bald auf PowerShell umzusteigen. Neben den Standard-Administrationsaufgaben können Sie die Technologie dazu einsetzen, Automatismen abzubilden oder auch als Bestandteil Ihrer benutzerdefinierten Lösung auszuliefern.

Mittelfristig ist damit zu rechnen, dass sich PowerShell für SharePoint 2010 deutlich weiterentwickeln wird. Nicht nur Microsoft wird diese Technologie als Plattform für administrative Zwecke nutzen, sondern auch zahlreiche Anbieter von Drittprodukten.

2.4   Zusätzliche SharePoint-Werkzeuge

Neben den in diesem Kapitel vorgestellten Werkzeugen liefert SharePoint selbst – sowie die Community – noch zahlreiche weitere Tools, die den Entwicklungsprozess entweder vereinfachen oder auch beschleunigen können. Einige Tools sind in der Geschichte von SharePoint zu einem festen Bestandteil der Anwendungsentwicklung herangewachsen. Sowohl Administratoren als auch Entwickler kennen diese Werkzeuge wie ihre eigene Westentasche. In diesem Kapitel möchten wir Ihnen einige der bekanntesten Tools vorstellen. Betrachten Sie die nun folgende Anwendungsliste als Anregung, und schauen Sie selbst, was Ihnen bei der Programmierung oder der Arbeit mit SharePoint behilflich sein kann. Außerdem empfehlen wir Ihnen, sich permanent nach neuen und geeigneten Werkzeugen in der Community umzusehen. Die Anzahl der SharePoint-Tools erhöht sich täglich um ein Vielfaches. Wenn Sie den Portalen *SharePointCommunity.de* oder *Codeplex.com* einen Besuch abstatten, werden Sie sehr schnell fündig.

2.4.1   SharePoint-Standardwerkzeuge

Mit der Installation von *SharePoint Foundation 2010* wird eine Reihe von weiteren Werkzeugen bereitgestellt, die den administrativen Prozess unterstützen können. Diese Tools finden Sie im Verzeichnis *%CommonProgramFiles%\Microsoft Shared\Web Server Extensions\14\BIN*.

Stsadm.exe

Dieses Kommandozeilenwerkzeug ermöglicht die Ausführung diverser administrativer Aufgaben in einer SharePoint 2007-Farm. Der Hinweis auf »2007« ist an dieser Stelle von uns bewusst gewählt worden, da das Kommandozeilenwerkzeug nur aus Kompatibilitätsgründen in SharePoint 2010 übernommen wurde.

Das für die neue SharePoint-Version bevorzugte Administrationswerkzeug ist PowerShell. Wenn Sie mit der Arbeit mit *STSADM* vertraut sind, ist es Ihnen nicht untersagt, Ihr Wissen für die Ausführung bestimmter administrativer Aufgaben einzusetzen oder bestimmte Prozesse mithilfe von Batch-Dateien oder Scripts zu automatisieren. Mittelfristig sollten Sie sich jedoch auf die Verwendung von PowerShell einstellen, da diese Scriptsprache über deutlich mehr Funktionsumfang und Flexibilität verfügt; zudem wird *STSADM* nicht weiterentwickelt.

Eine komplette Referenz der *STSADM*-Befehle finden Sie im SharePoint 2007-SDK unter folgender URL:

http://technet.microsoft.com/en-us/library/cc261956(office.12).aspx

Psconfig.exe

Dieses Kommandozeilenwerkzeug ermöglicht die Konfiguration und Reparatur einer SharePoint-Installation. Das Werkzeug liefert das Pendant zum grafischen Konfigurationsassistenten (*Psconfigui.exe*) und ermöglicht eine sehr granulare Steuerung der Einrichtung einer SharePoint-Farm. Auch hier gilt, dass die Konfiguration einer SharePoint-Farm mit PowerShell durchaus mehr Möglichkeiten und Flexibilität beinhaltet. Eine vollständige Referenz der Kommandos von *psconfig* finden Sie auf folgender Webseite:

http://technet.microsoft.com/en-us/library/cc263093.aspx

SPMetal

Dieses SharePoint-Kommandozeilenwerkzeug dient zum Erstellen von Proxyklassen vorhandener Listen und Bibliotheken für den späteren Datenzugriff via *LINQ to SharePoint*. Sie können das Werkzeug als Befehlszeilenreferenz in Visual Studio 2010 integrieren, um so typensichere Datenzugriffsschichten zu erzeugen.

Der Einsatz von *SPMetal* und die möglichen Parameter werden Ihnen in Abschnitt 6.2.4, »SPMetal«, ausführlich erläutert.

2.4.2 Community Tools

In den letzten Jahren ist SharePoint zu einer Technologie herangewachsen, die in der Community immer mehr Anhänger findet. So ist es nicht außergewöhnlich, dass in der Community für die Arbeit und Entwicklung mit SharePoint mehr und mehr kostenlose Tools und Add-ons veröffentlicht werden. In diesem Abschnitt werden wir Ihnen einige der prominentesten Community-Werkzeuge vorstellen.

U2U CAML Query Builder

Das von dem belgischen Trainingsanbieter U2U für SharePoint veröffentlichte Werkzeug *CAML Query Builder* unterstützt Sie bei der Erzeugung von CAML-Abfragen gegen eine SharePoint-Liste oder Dokumentenbibliothek. CAML (*Collaborative Application Markup Language*) ist ein sehr wesentlicher Bestandteil der SharePoint-Technologie. Die XML-basierte Sprache dient gleichermaßen zur Beschreibung von Listen- und Sitedefinitionen wie auch zur Abfrage von Informationen aus einer SharePoint-Umgebung. Sie können den CAML Query Builder einsetzen, um beliebige CAML-Abfragen über eine grafische Benutzeroberfläche zu erzeugen.

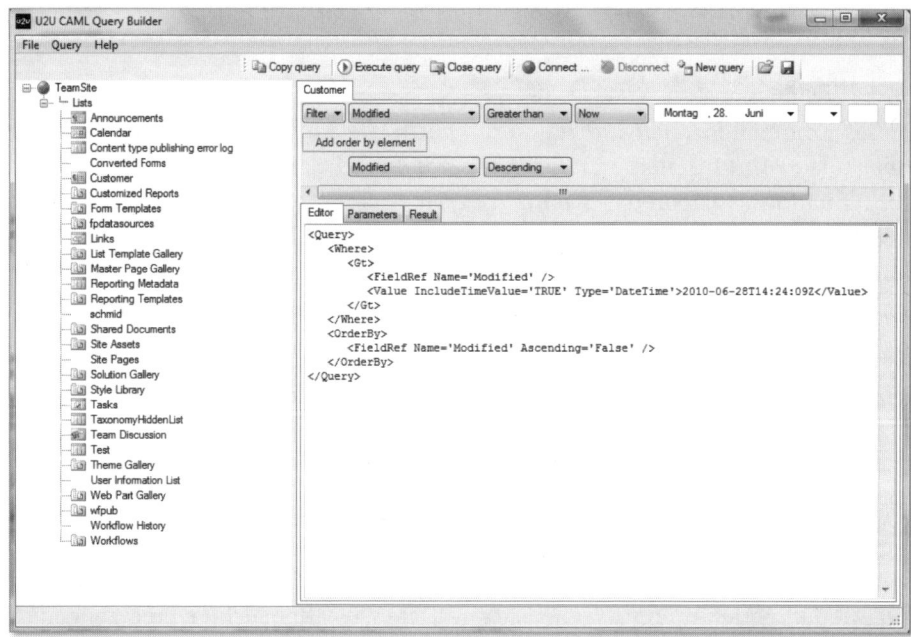

Abbildung 2.32 Der U2U CAML Query Builder ermöglicht die einfache Erstellung von CAML-Abfragen gegen eine SharePoint-Liste oder Dokumentenbibliothek.

Das kostenlose Werkzeug unterstützt die gängigsten CAML-Operationen, die Abbildung von AND- oder OR-Verknüpfungen, die Filterung sowie die Sortierung. Den durch das Tool generierten XML-Code können Sie in einer Datei abspeichern oder direkt in Ihrem Visual Studio-Projekt weiterverarbeiten. Weitere Informationen sowie eine Downloadmöglichkeit erhalten Sie auf der offiziellen Webseite von U2U:

http://www.u2u.be/res/tools/camlquerybuilder.aspx

SharePoint Manager 2010

Dieses auf Codeplex veröffentlichte Tool ermöglicht die Navigation durch sämtliche Objekte einer SharePoint-Farm inklusive administrativer Dienste und sämtlicher Serviceanwendungen. Der Funktionsumfang ist vergleichbar mit dem des Server-Explorers von Visual Studio 2010, jedoch mit dem Unterschied, dass der SharePoint Manager deutlich mehr Informationen auswertet und zusätzlich die Editierung bestimmter Eigenschaften unterstützt.

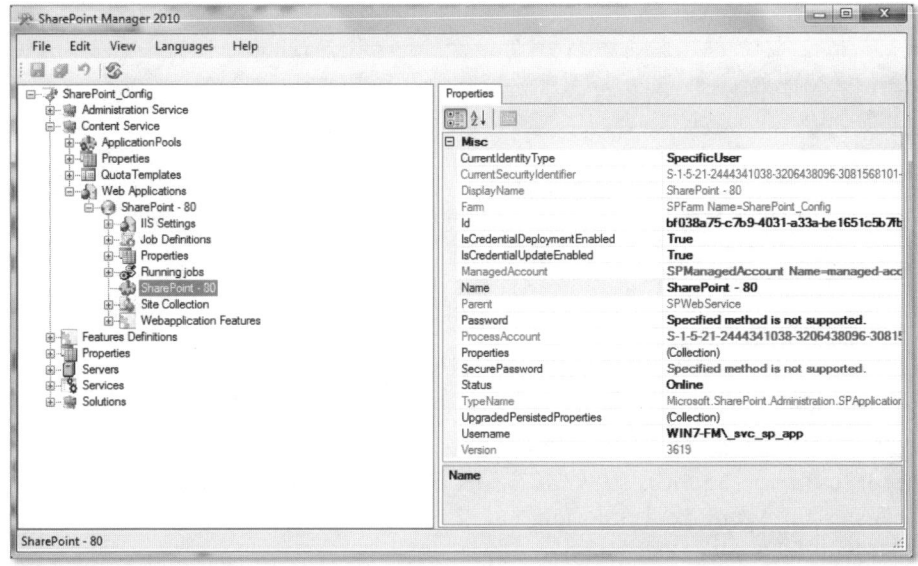

Abbildung 2.33 Der SharePoint Manager 2010 ist ein Objekt-Modell-Explorer, der sämtliche Elemente einer SharePoint-Farm auswertet.

Der SharePoint Manager 2010 kann direkt von Codeplex heruntergeladen werden:

http://spm.codeplex.com/

Application Pool Manager 2010

Während der Arbeit mit SharePoint-Anwendungskomponenten werden Sie es vielfach mit dem Wiederverwenden (Recycling) oder Neustart eines Anwendungspools (Worker-Prozesses) zu tun bekommen. Das liegt daran, dass bestimmte SharePoint-Komponenten erst dann neu geladen werden, wenn der darunterliegende Prozess neu gestartet wird.

Der vom SharePoint-MVP Spencer Harbar veröffentlichte *Application Pool Manager 2010* unterstützt Sie bei der Kontrolle der Anwendungspools auf einer Entwicklungsmaschine. Das als Tray-Icon in die Taskleiste integrierte Werkzeug listet die vorhandenen Anwendungspools mit der Option auf einen Neustart auf.

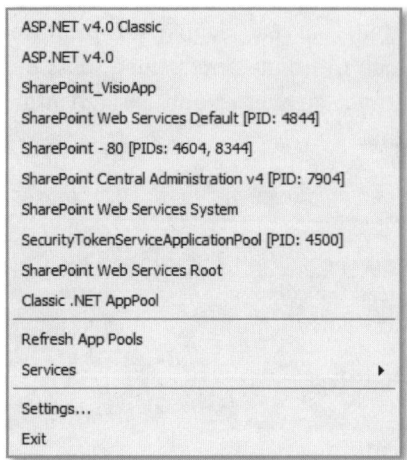

ASP.NET v4.0 Classic

ASP.NET v4.0

SharePoint_VisioApp

SharePoint Web Services Default [PID: 4844]

SharePoint - 80 [PIDs: 4604, 8344]

SharePoint Central Administration v4 [PID: 7904]

SharePoint Web Services System

SecurityTokenServiceApplicationPool [PID: 4500]

SharePoint Web Services Root

Classic .NET AppPool

Refresh App Pools

Services ▶

Settings...

Exit

Abbildung 2.34 Der Application Pool Manager 2010 vereinfacht den Prozess des Neustarts vorhandener Anwendungspools.

Zusätzlich zur Kontrolle der Anwendungspools liefert das kostenlose Werkzeug noch weitere Funktionen, wie zum Beispiel den vollständigen Neustart der Internet Information Services (*IISRESET*), des SharePoint-Zeitgeberdienstes oder des Dienstes für Sandboxed Solutions. Sie können den Application Pool Manager 2010 von folgender Webseite herunterladen:

http://www.harbar.net/articles/apm.aspx

WSPBuilder

Die Erstellung von Solutions unter SharePoint 2007 war ein oftmals sehr aufwendiger und mit vielen manuellen Arbeitsschritten behafteter Prozess. Viele Share-Point-Entwickler haben daher auf den Funktionsumfang des *WSPBuilders* zurückgriffen.

Dieses Kommandozeilenwerkzeug generiert aus einer vorgegebenen Projekt-struktur vollkommen automatisiert eine SharePoint-Solution (WSP-Paket) inklusive sämtlicher Anwendungskomponenten, Features und Ressourcenreferenzen.

Auch wenn die Erzeugung von Solution-Paketen zu einem festen Bestandteil von Visual Studio 2010 geworden ist, nimmt dieses Werkzeug dennoch eine nützliche Rolle im Bereitstellungsprozess ein, insbesondere dann, wenn mehrere Projekte zusammengeführt oder mehr Einfluss auf den Generierungsprozess genommen werden soll. Den *WSPBuilder* können Sie von folgendem Codeplex-Projekt beziehen:

http://wspbuilder.codeplex.com

2.5 Zusammenfassung

Dieses Buch betrachtet SharePoint als Entwicklungsplattform, die die Grundlage dafür liefert, benutzerdefinierte Lösungen unterschiedlichster Natur zu realisieren. Eine Entwicklungsplattform zeichnet sich nicht nur durch ihr Framework oder ihre Standardfunktionen aus – eine besondere Rolle spielen jeweils auch die Werkzeuge, die die Arbeit mit der Plattform und die Umsetzung individueller Lösungen unterstützen.

Mit Visual Studio 2010 und dem SharePoint Designer 2010 liefert Microsoft erstmals ein Toolset, das dem Entwickler eine weitreichende Unterstützung bei der Umsetzung von Anwendungskomponenten bietet. Zusätzlich zu diesen Werkzeugen existieren in der Community unzählige weitere Tools, die bei der Programmierung nützlich sein können. Sie werden feststellen, dass es nicht »das« Werkzeug gibt, das sämtliche Aufgaben unterstützt – vielmehr ist es eine Kombination aller Tools, die einen professionellen, agilen Softwareentwicklungsprozess ermöglichen.

In den folgenden Kapiteln dieses Buches werden wir Ihnen anhand von Beispielen aus der Praxis vorstellen, für welche Aufgabe sich welches Werkzeug am besten eignet. Visual Studio 2010 wird in den meisten Fällen eine sehr wesentliche Rolle einnehmen.

Visual Studio 2010 unterstützt den gesamten SharePoint-Entwicklungs-
prozess – von der Programmierung über das Debugging bis hin zum
Deployment.

3   Das erste SharePoint-Projekt

In den ersten beiden Kapiteln haben Sie sehr viel Theoretisches über die Share-
Point 2010-Architektur, die Standardfunktionen, die unterschiedlichen Entwicklungsumgebungen und zu einigen Community-Tools erfahren. In diesem Kapitel
widmen wir uns nun dem praktischen Teil.

Anhand eines definierten Szenarios werden wir Ihnen die unterschiedlichen Pro-
jekt- und Elementvorlagen von Visual Studio 2010, die erweiterten Integrations-
features sowie die Standardfunktionen für die Bereitstellung einer SharePoint-
Lösung vorstellen. Sie werden die ersten Schritte in der Feature-Generierung und
dem Solution Deployment machen sowie Ihren ersten visuellen Webpart programmieren.

3.1   Vorbereitung der Umgebung

Bevor Sie Visual Studio 2010 öffnen und Ihr erstes Projekt erzeugen, müssen
Sie zunächst die SharePoint-Umgebung vorbereiten. Wir gehen davon aus, dass
die SharePoint-Farm vollständig installiert ist und dass Sie mindestens eine
Webanwendung generiert haben. Auf Basis dieser Webanwendung werden Sie
im ersten Arbeitsschritt eine leere Websitesammlung kreieren, die Ihnen als
Arbeitsgrundlage dient. Innerhalb dieser Webseite müssen ein paar Listen
erstellt werden, in denen Kundeninformationen, Artikel und Bestellungen
verwaltet werden. Stellen Sie sich als Szenario eine Firma vor, die bestimmte
Produkte verkauft und diese über eine SharePoint-Plattform verwalten möchte.
Zu diesen Daten zählen die Kundeninformationen, Produktlisten und Bestellungen.

3.1.1 Leere Websitesammlung erstellen

Im ersten Arbeitsschritt erzeugen Sie eine neue Websitesammlung auf Basis einer leeren Webseite. Öffnen Sie dazu die Zentraladministration, und gehen Sie wie folgt vor:

1. Navigieren Sie zum Bereich ANWENDUNGSVERWALTUNG.
2. Klicken Sie unterhalb des Bereichs WEBSITESAMMLUNGEN auf den Hyperlink WEBSITESAMMLUNGEN ERSTELLEN.
3. Tragen Sie einen beliebigen Titel (zum Beispiel »Contoso«), optional eine Beschreibung sowie die URL der Websitesammlung ein.
4. Wählen Sie die Vorlage LEERE WEBSITE.
5. Tragen Sie nun Ihren Benutzernamen als Besitzer ein, und erzeugen Sie die neue Websitesammlung.

Die von der Zentraladministration erstellte Webseite können Sie danach öffnen.

3.1.2 Listen erzeugen

Nachdem Sie die leere Websitesammlung angelegt haben, füllen Sie die Webseite mit Leben. In der Demoumgebung werden drei benutzerdefinierte Listen bereitgestellt:

- ▸ Kunden
- ▸ Artikel
- ▸ Bestellungen

Erzeugen Sie nun drei benutzerdefinierte Listen:

1. Öffnen Sie das Menü WEBSITEAKTIONEN.
2. Klicken Sie auf die Schaltfläche WEITERE OPTIONEN. Es öffnet sich eine Silverlight-Anwendung mit einer Liste der zur Verfügung stehenden Vorlagen.
3. Wählen Sie die Vorlage der BENUTZERDEFINIERTEN LISTE.
4. Tragen Sie den Namen der Liste und gegebenenfalls eine Beschreibung ein, und wiederholen Sie diesen Arbeitsschritt für die anderen beiden Listen.

Jetzt können diese Listen mit weiteren Metadaten (Spalten) versehen werden. Zur Vereinfachung werden die Spalten direkt in der Liste erzeugt. Alternativ besteht die Option, für den jeweiligen Listentyp einen Inhaltstyp zu erzeugen.

Erstellen Sie in der Kundenliste folgende Spalten:

Spaltenbezeichnung	Datentyp
TITEL (Ändern in KUNDENNAME)	eine Textzeile
ADRESSE	mehrere Textzeilen
STADT	eine Textzeile
PLZ	eine Textzeile
ANSPRECHPARTNER	mehrere Textzeilen

Tabelle 3.1 Metadaten der Liste »Kunden«

Wiederholen Sie diesen Arbeitsschritt für die Artikelliste mit folgenden Metadaten:

Spaltenbezeichnung	Datentyp
TITEL (Ändern in ARTIKELNAME)	eine Textzeile
BESCHREIBUNG	mehrere Textzeilen

Tabelle 3.2 Metadaten der Liste »Artikel«

Und zum Schluss legen Sie noch die Liste der Bestellungen an:

Spaltenbezeichnung	Datentyp
TITEL (Ändern in BESTELLNUMMER)	eine Textzeile
KUNDE	Nachschlagen der Liste KUNDEN
ARTIKEL	Nachschlagen der Liste ARTIKEL
ANZAHL	Zahl
BEMERKUNGEN	mehrere Textzeilen

Tabelle 3.3 Metadaten der Liste »Bestellungen«

Zur Vereinfachung werden wir bei diesem Beispiel auf diverse Listenfunktionen, wie die Abbildung von Standardwerten, Pflichtfeldern oder Datenrelationen, verzichten.

Sie können die Listen jetzt mit Beispieldaten versehen.

3.2   Leeres SharePoint-Projekt erzeugen

Nachdem Sie die Demoumgebung vorbereitet haben, steht Ihrem ersten Visual Studio-Projekt nichts mehr im Wege. Öffnen Sie nun Visual Studio 2010 aus dem Startmenü mit der Option ALS ADMINISTRATOR AUSFÜHREN (siehe Abbildung 3.1).

Visual Studio mit administrativen Rechten ausführen

Ist auf Ihrem PC die Benutzerkontensteuerung aktiviert, muss Visual Studio mit den Privilegien des Administrators gestartet werden, da ansonsten eine Bereitstellung und das Debuggen nicht möglich sind.

Abbildung 3.1 Visual Studio 2010 muss mit administrativen Rechten ausgeführt werden.

Erstellen Sie nun ein leeres SharePoint-Projekt (siehe Abbildung 3.2):

1. Erstellen Sie ein neues Projekt über den Pfad Datei • Neu • Projekt.

2. Navigieren Sie unterhalb der von Ihnen bevorzugten Programmiersprache zum Menüpunkt SharePoint 2010.

3. Wählen Sie die Projektvorlage Leeres SharePoint-Projekt aus.

4. Vergewissern Sie sich, dass das .NET Framework 3.5 selektiert ist.

5. Geben Sie dem Projekt eine passende Bezeichnung (zum Beispiel »Contoso«), und wählen Sie anschließend einen Ordner aus.

6. Deaktivieren Sie als Letztes die Option Verzeichnis für Lösung erstellen. Diese Option verhindert, dass für Ihr Projekt ein doppelter Namensraum (`Contoso.Contoso` anstelle von `Contoso`) vergeben wird.

7. Klicken Sie auf OK.

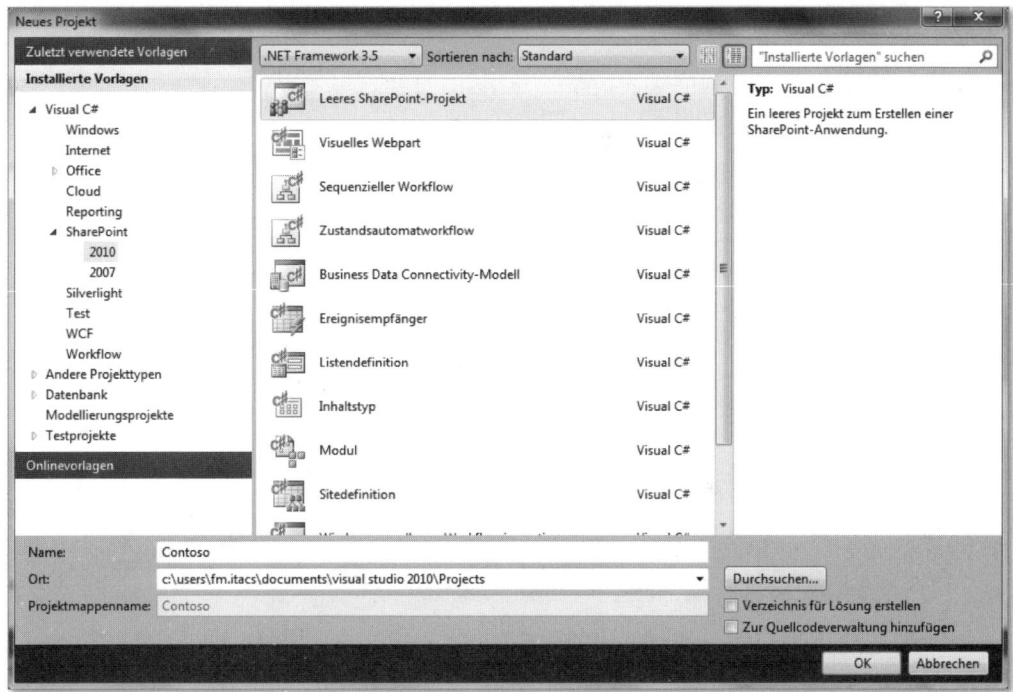

Abbildung 3.2 SharePoint-Projekte müssen auf dem .NET Frameworks 3.5 basieren.

Nach diesem Arbeitsschritt öffnet sich direkt der Assistent für die Einrichtung der SharePoint-Lösung. Tragen Sie die zuvor von Ihnen erzeugte Websitesammlung (ohne *default.aspx*) in das Adressfeld ein. Über die Schaltfläche ÜBERPRÜFEN können Sie sich vergewissern, ob Visual Studio eine Verbindung zur Webseite aufbauen kann. Wählen Sie den Bereitstellungstyp FARMLÖSUNG aus, und beenden Sie den Assistenten (siehe Abbildung 3.3).

Der Bereitstellungtyp der Farmlösung ist in diesem Beispiel erforderlich, weil mit der Solution später ein visueller Webpart installiert werden wird. Visuelle Webparts lassen sich nur als Farmlösung umsetzen, weil mit der Installation einige Komponenten im SharePoint-Systemverzeichnis bereitgestellt werden.

Nach der Erstellung des Visual Studio-Projekts erscheinen die initiale Struktur und die Eigenschaften des Projekts im rechten Bereich der Entwicklungsumgebung (siehe Abbildung 3.4).

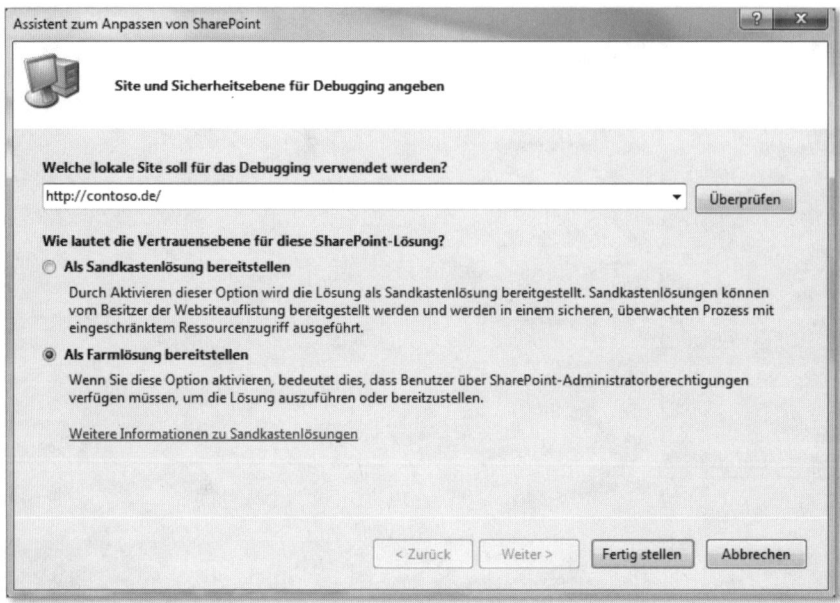

Abbildung 3.3 Der SharePoint-Assistent bietet Ihnen die Möglichkeit, die Zielwebseite auszuwählen und den Bereitstellungstyp zu definieren.

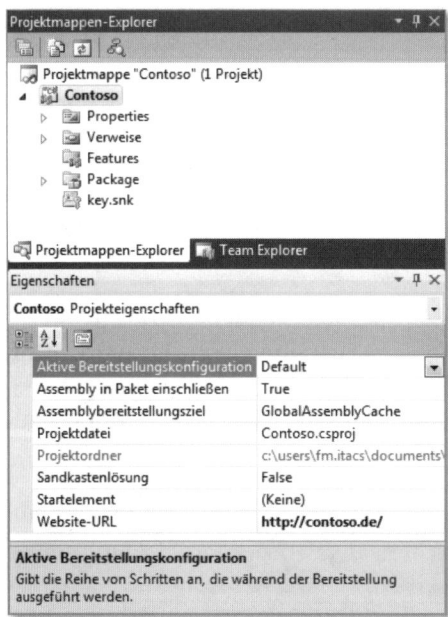

Abbildung 3.4 SharePoint-Projekte erhalten durch Visual Studio 2010 eine Standardstruktur inklusive eines Package- und Features-Verzeichnisses.

Im Eigenschaftenfenster des Projekts erhalten Sie eine Übersicht über die wesentlichen Projekteigenschaften. Hierüber können Sie gegebenenfalls die Website-URL anpassen oder das Bereitstellungsziel ändern. Standardmäßig ist hierfür der *Global Assembly Cache* (GAC) ausgewählt. Für den Fall, dass Ihre Komponente nicht zwingend im GAC installiert werden muss (zum Beispiel bei einem einfachen Webpart), sollten Sie diese Einstellung auf den Wert WEBAPPLICATION ändern. Bei diesem Beispiel sind wir jedoch darauf angewiesen, den Global Assembly Cache als Bereitstellungsziel auszuwählen, weil die Architektur des visuellen Webparts dies so vorsieht.

Neben der Standardstruktur referenziert Visual Studio 2010 auch die erforderlichen SharePoint-Assemblys.

Zum Schluss überprüfen Sie, ob die Zielplattform im Konfigurations-Manager auf den Wert ANY CPU gesetzt ist (siehe Abbildung 3.5). Die Dialogbox des Konfigurations-Managers rufen Sie über die Registerkarte ERSTELLEN auf.

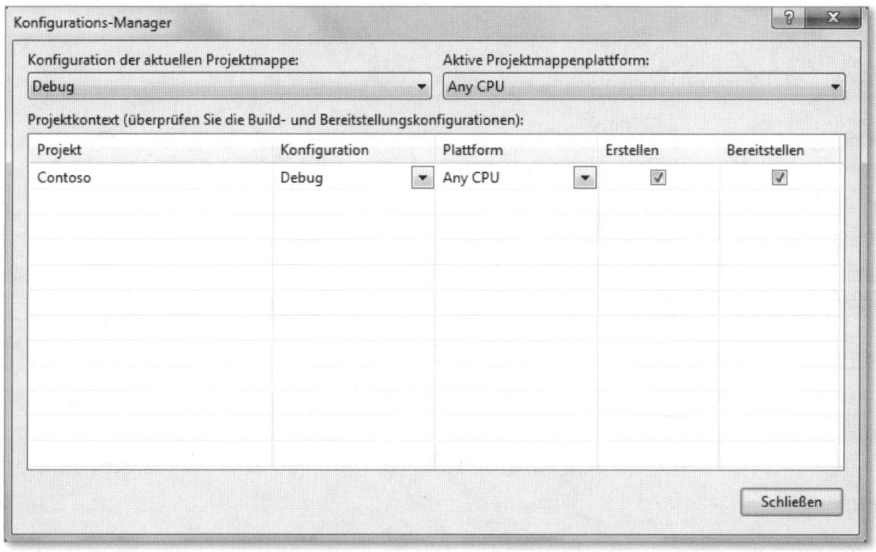

Abbildung 3.5   SharePoint-Projekte müssen auf die Zielplattform »Any CPU« oder »x64« gesetzt sein.

SharePoint Visual Studio-Projekte sind standardmäßig so eingerichtet, dass die Assembly gegen die Zielplattform ANY CPU (also CPU-unabhängig) kompiliert wird. Wenn Sie beispielsweise eine einfache konsolen- oder Windows-basierte Anwendung erzeugen, die auf die SharePoint-Assemblys zurückgreift, muss die Zielplattform vor der Erstellung des Projekts manuell geändert werden.

3.3 Ressourcen hinzufügen

Visual Studio 2010 ist so ausgelegt, dass zur Bereitstellung von Ressourcen keine manuellen Anpassungen am Zielsystem erforderlich sind. Um die fehlerfreie Funktionsweise des Visual Studio-Projekts zu überprüfen, fügen Sie dem Projekt im ersten Schritt einige Bilder als Ressource hinzu. Dazu erstellen Sie zunächst in Ihrem Projekt einen neuen *zugeordneten Ordner* zum SharePoint-Standardbilderverzeichnis. Klicken Sie hierfür mit der rechten Maustaste im Projektmappen-Explorer auf den Namen Ihres Projekts, expandieren Sie das Menü HINZUFÜGEN, und klicken Sie dann auf den Eintrag ZUGEORDNETER SHAREPOINT-ORDNER »BILDER« (siehe Abbildung 3.6).

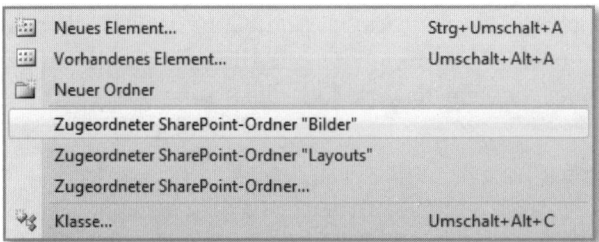

Abbildung 3.6 Über einen integrierten Menüpunkt kann das SharePoint-Projekt mit dem Standard-Images-Verzeichnis verbunden werden.

Danach finden Sie in der Projektstruktur den Ordner IMAGES mit einem zusätzlichen Unterordner. Als Verzeichnisname wird die Bezeichnung des Projekts genutzt. Sie haben jedoch die Möglichkeit, diesen Namen noch einmal anzupassen.

Bereits nach Ausführung dieser Aufgabe wird deutlich, dass Visual Studio 2010 bei der Umsetzung von Best-Practices-Regeln behilflich ist. Wir empfehlen, benutzerdefinierte Dateien und Bilder nicht direkt in den Wurzelordnern der SharePoint-Systemverzeichnisse abzuspeichern, sondern für sie Unterordner zu erzeugen.

Im nächsten Arbeitsschritt müssen Sie dem Projekt zwei Grafiken hinzufügen. Sie finden die Quelldateien auf der Bonus-Seite zu diesem Buch unter *http://www.galileocomputing.de/2204*. Klicken Sie mit der rechten Maustaste auf das zuvor erzeugte benutzerdefinierte Bildverzeichnis, expandieren Sie das Menü HINZUFÜGEN, und klicken Sie dann auf den Menüpunkt VORHANDENES ELEMENT. Navigieren Sie zum Verzeichnis der Bildquellen, und selektieren Sie anschließend die beiden Grafiken *FeatureIcon.png* und *WebPartIcon.png* (siehe Abbildung 3.7).

Diese beiden Bilder dienen später zur Hervorhebung des Features sowie des Webparts in der Webpart-Galerie.

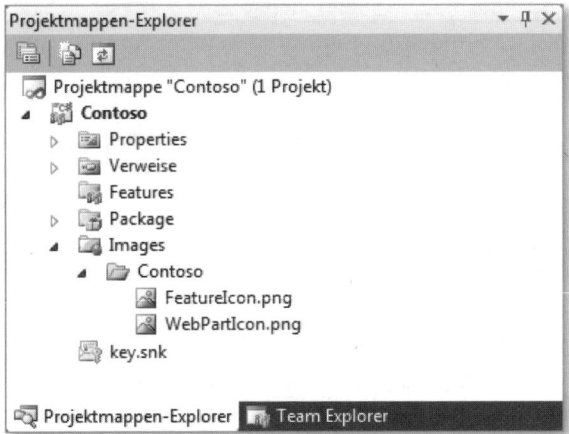

Abbildung 3.7 Ressourcen aus verbundenen Ordnern werden durch das Solution Deployment automatisch in den Zielverzeichnissen bereitgestellt.

3.4 Feature erstellen

Ihre nächste Aufgabe wird die Erstellung eines benutzerdefinierten Features sein. Dieses Feature übernimmt die Bereitstellung des Webparts (genauer genommen der Webpart-Definition) in den Webpartkatalog.

Features wurden mit SharePoint 2007 neu eingeführt und mit SharePoint 2010 konsequent weiterentwickelt. Sie ermöglichen die Bereitstellung von Anwendungskomponenten oder Dateien innerhalb einer SharePoint-Webseite sowie die Ausführung bestimmter Funktionen bei der Installation oder Deinstallation (bzw. Aktivierung oder Deaktivierung). Das deklarative Modell eliminiert die Notwendigkeit der manuellen oder programmgesteuerten Kopie unterschiedlicher Dateien und vereinfacht damit den Bereitstellungsprozess enorm.

Um Ihrem Projekt ein neues Feature hinzuzufügen, klicken Sie mit der rechten Maustaste im Projektmappen-Explorer auf das Verzeichnis *Features* und dann auf den Menüpunkt FUNKTION HINZUFÜGEN. Durch diesen Schritt wird automatisch ein neues Feature mit dem Standardnamen PROJEKTNAME FEATURE1 erzeugt. Geben Sie Ihrem Feature eine passende Bezeichnung (zum Beispiel »Contoso«), indem Sie mit der rechten Maustaste auf den obersten Knoten des Features klicken; wählen Sie dort UMBENENNEN aus.

Öffnen Sie nun mit einem Doppelklick auf das Feature (<NAME DES FEATURES>.FEATURE) den *Feature Designer*. Tragen Sie innerhalb dieses Dialogs einen Titel und eine Beschreibung ein. Ändern Sie außerdem den BEREICH vom Standardwert WEB nach SITE (siehe Abbildung 3.8). Webparts werden auf Ebene der Websitesammlung bereitgestellt. Der Bereich gibt an, über welche Administrationsoberfläche das Feature aktiviert werden kann.

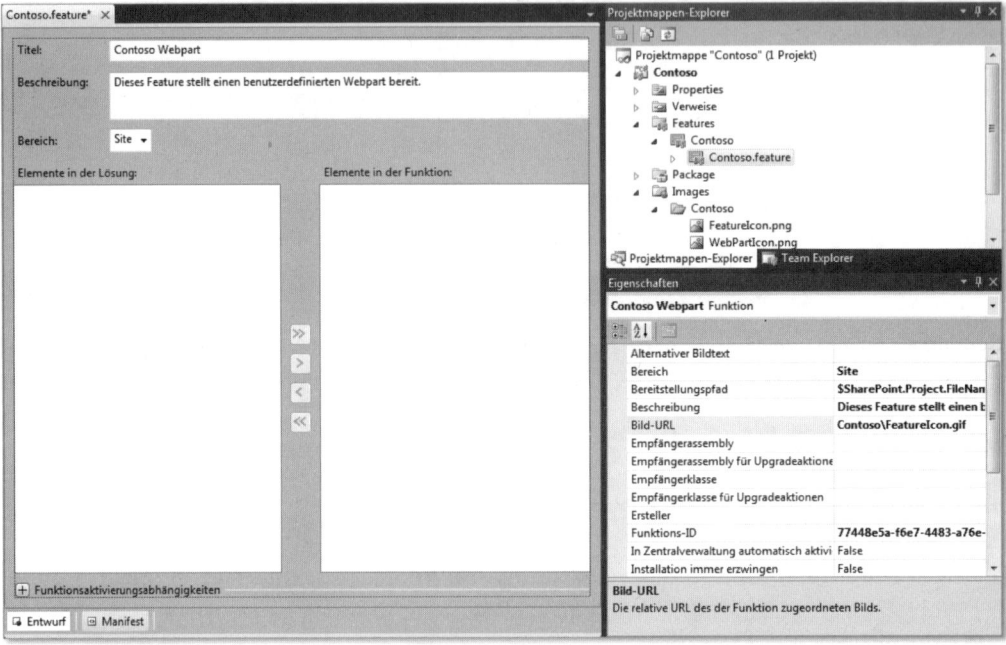

Abbildung 3.8 Der »Feature Designer« ermöglicht die komplette Verwaltung der Eigenschaften und Dateien eines SharePoint-Features.

Beachten Sie, dass zusätzlich zum grafischen Feature Designer auch das Eigenschaftsfenster geöffnet ist. Über diese Administrationsoberfläche können Sie sämtliche Eigenschaften eines Features steuern. Neben den zuvor definierten Eigenschaften spielt die *ID* des Features (FUNKTIONS-ID) noch eine wesentliche Rolle, weil es über diese Funktion von SharePoint identifiziert wird. Sie brauchen diese ID nicht extra angeben, da Visual Studio bei der Erstellung des Features diesem automatisch eine zufällig generierte GUID zugewiesen hat.

Im Eigenschaftenfenster ist zu erkennen, dass dem Feature noch weitere Einstellungen zugewiesen werden können. Tabelle 3.4 beschreibt die wichtigsten Eigenschaften eines Features (in Klammern finden Sie die jeweiligen englischen Bezeichnungen des Feature Manifests).

Eine Auflistung sämtlicher Eigenschaften finden Sie im SharePoint-SDK unter folgender URL:

http://msdn.microsoft.com/en-us/library/ms436075.aspx

Eigenschaft	Beschreibung
Bereich (*Scope*)	Definiert den Geltungsbereich des Features. Mögliche Werte sind WEB, SITE, WEBAPPLICATION und FARM.
Beschreibung (*Description*)	Beschreibungstext des Features. Dieser Text wird innerhalb der Administrationswebseiten unterhalb des Titels dargestellt.
Bild-URL (*ImageUrl*)	Relativer Pfad des Feature-Icons unterhalb des *_Layouts/Images*-Verzeichnisses.
Empfängerassembly (*ReceiverAssembly*)	Definiert die Assembly-Referenz des Empfängers, der für das Feature genutzt werden soll.
Empfängerklasse (*ReceiverClass*)	Definiert die Klasse des Assembly-Empfängers.
Funktions-ID (*ID*)	eindeutige ID des Features
Ist Hidden (*Hidden*)	Legt fest, ob das Feature über die Websiteadministration sichtbar ist. Der Wert kann auf TRUE oder FALSE gesetzt werden.
Standardmäßig aktivieren (*ActivateOnDefault*)	Definiert, ob das Feature mit der Bereitstellung einer Webanwendung automatisch aktiviert werden soll. Diese Eigenschaft hat in den Bereichen WEB und SITE keine Auswirkung.
Titel (*Title*)	Titel des Features

Tabelle 3.4 Wichtige Eigenschaften eines SharePoint-Features

Um die Grundeinstellungen des Features zu komplettieren, tragen Sie jetzt noch einen Pfad zu einem benutzerdefinierten Feature-Icon ein. Als Bildquelle dient die zuvor dem Projekt hinzugefügte *FeatureIcon.png*-Datei. Ändern Sie dazu die Eigenschaft Bild-URL, und tragen Sie den relativen Pfad zu Ihrem Bild ein (zum Beispiel *Contoso/FeatureIcon.png*).

Nachdem Sie diese Einstellungen gespeichert haben, können Sie im Feature Designer über das Register MANIFEST nachvollziehen, welche Eigenschaften durch den Assistenten gesetzt wurden. Das Feature Manifest ist eine XML-basierte Datei (*Feature.xml*), die zusammen mit dem Feature während des Deployment-Prozesses im Verzeichnis *%CommonProgramFiles%\Microsoft Shared\web server extensions\14\TEMPLATE\FEATURES* bereitgestellt wird.

3.5 Feature Receiver erstellen

Im vorangegangenen Abschnitt haben Sie gelernt, wie Sie mithilfe einer Visual Studio-Vorlage ein SharePoint-Feature konfigurieren können. Jetzt soll es darum gehen, das Feature um Programmcode zu erweitern. Features liefern die Möglichkeit, über sogenannte *Feature Receiver* den Programmcode bei bestimmten Ereignissen auszuführen. Diese Ereignisse sind zum Beispiel die Installation, die Deinstallation, die Aktivierung oder die Deaktivierung. Sie können diese Technologie dazu einsetzen, bestimmte Anpassungen oder Erweiterungen vorzunehmen, die über den deklarativen Weg nicht möglich sind.

Ein Feature Receiver ist im Grunde genommen nichts anderes als eine Klasse, die sich von der Basisklasse `SPFeatureReceiver` ableitet. Die Klasse implementiert unterschiedliche Methoden, die dazu dienen, auf bestimmte Ereignisse zu reagieren. Die Receiver-Assembly und die Klasse werden über die Eigenschaften des Features referenziert. Über den Programmcode des Feature Receivers können Sie auf das gesamte SharePoint-Objektmodell zugreifen. In diesem Anwendungsbeispiel sollen über den Feature Receiver zwei allgemeine Einstellungen der Website geändert werden: der Titel und die Beschreibung. Über diese beiden Attribute können tiefer greifende Änderungen vorgenommen werden. In der realen Welt wäre es beispielsweise denkbar, komplette Webseiten mit Webparts zu füllen, die Einstellungen einer Webseite anzupassen oder Erweiterungen an der Taxonomie vorzunehmen. In diesem Beispiel soll es lediglich darum gehen, die Funktionsweise des Feature Receivers vorzustellen.

Um Ihrem Projekt eine Feature-Receiver-Klasse hinzuzufügen, gehen Sie wie folgt vor: Klicken Sie mit der rechten Maustaste auf den Wurzelknoten Ihres Features und dann auf den Menüeintrag EREIGNISEMPFÄNGER HINZUFÜGEN (siehe Abbildung 3.9).

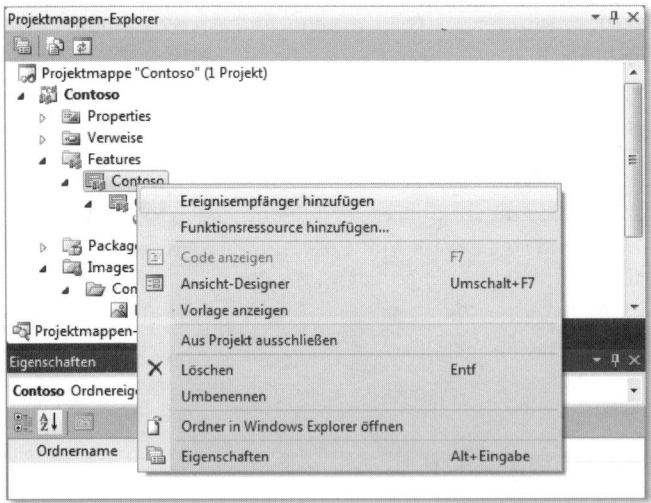

Abbildung 3.9 Über die Projektstruktur fügen Sie einem SharePoint-Feature einen benutzerdefinierten Ereignisempfänger hinzu.

Durch diese Funktion wird unterhalb des Features eine Klasse erzeugt, die von der abstrakten Klasse SPFeatureReceiver abgeleitet ist. In der Datei finden Sie fünf auskommentierte Methoden. Entfernen Sie sämtliche Methoden und Kommentare bis auf die Methode FeatureActivated. Die Klasse sollte jetzt folgende Struktur aufweisen.

```
using System.Runtime.InteropServices;
using Microsoft.SharePoint;

namespace Contoso.Features.Contoso
{
    [Guid("81389a36-a320-4818-8407-df482e59cb42")]
    public class ContosoEventReceiver : SPFeatureReceiver
    {
        public override void FeatureActivated(
            SPFeatureReceiverProperties properties)
        {
        }
    }
}
```

Listing 3.1 Standardstruktur eines Ereignisempfängers mit einer Methode

Erweitern Sie jetzt die FeatureActivated-Methode um den folgenden Programmcode aus Listing 3.2:

```
SPSite site = properties.Feature.Parent as SPSite;
if (site != null)
{
    SPWeb web = site.RootWeb;
    web.Title =
        "Contoso Demowebseite";
    web.Description =
        "Angepasste Beschreibung über einen Feature Receiver";

    // Änderungen speichern
    web.Update();
}
```

Listing 3.2 Innerhalb eines Ereignisempfängers können Sie auf das SharePoint-Objektmodell zugreifen.

Der Properties-Parameter liefert die Möglichkeit, auf die Eigenschaften des Features zuzugreifen; das ist in diesem Fall die Websitesammlung. Über die SPSite.RootWeb-Eigenschaft wird ein SPWeb-Objekt geladen, das die oberste

Webseite der Websitesammlung repräsentiert. Mithilfe dieses Objekts werden der Titel und die Beschreibung der Webseite geändert. Die `Update`-Methode sorgt für die Speicherung der Änderungen in der Datenbank.

Auch bei dieser Aufgabe ist Visual Studio 2010 eine wertvolle Unterstützung. Die Assembly und die Klasse des Feature Receivers wurden durch die Entwicklungsumgebung automatisch in den Eigenschaften der Feature-Definition registriert, sodass nach der Erstellung des Ereignisempfängers keine manuellen Arbeitsschritte mehr erforderlich sind. Im Eigenschaftenfenster des Features können Sie noch einmal überprüfen, welche Eigenschaften angepasst wurden (siehe Abbildung 3.10).

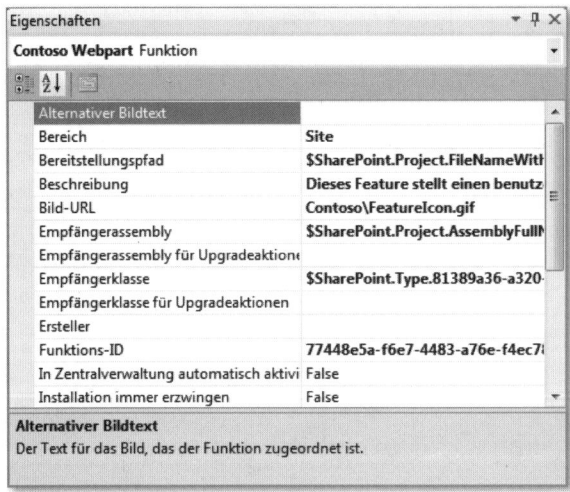

Abbildung 3.10 Visual Studio kümmert sich um die Anpassung der Eigenschaften bei Feature Receivern.

Zum Schluss erstellen Sie Ihr Projekt. Klicken Sie hierzu mit der rechten Maustaste auf das Wurzelelement des Projekts und dann auf den Menüpunkt ERSTELLEN. Sind bei diesem Prozess keine Fehler aufgetreten, ist Ihr Visual Studio-Projekt bereit für die Installation.

3.6 Projekt bereitstellen

Nun wird es Zeit, das Projekt erstmals in der SharePoint-Umgebung bereitzustellen. Die Generierung und Bereitstellung einer SharePoint-Lösung ist ein recht komplexer Prozess, der aus mehreren Teilschritten besteht: Die Elemente und Ressourcen des Projekts werden in einem Solution-Paket vereint, das Paket wird in der SharePoint-Farm installiert und danach bereitgestellt. Abgeschlossen wird dieser Prozess mit der Aktivierung des Features auf der Zielwebseite.

Wieder einmal lässt sich feststellen, dass Visual Studio 2010 ein hilfreicher Partner ist. Die Entwicklungsumgebung integriert einen Paket-Designer sowie unterschiedliche Konfigurationsmöglichkeiten, die den Prozess des Solution-Deployments unterstützen.

Sehen wir uns zuerst den Visual Studio Paket-Designer an. Das Werkzeug wird durch einen Doppelklick auf das Package-Element im Projektmappen-Explorer geöffnet. In ihm wird sichtbar, dass sowohl das Feature als auch die zuvor hinzugefügten Ressourcen automatisch dem Lösungspaket hinzugefügt wurden (siehe Abbildung 3.11).

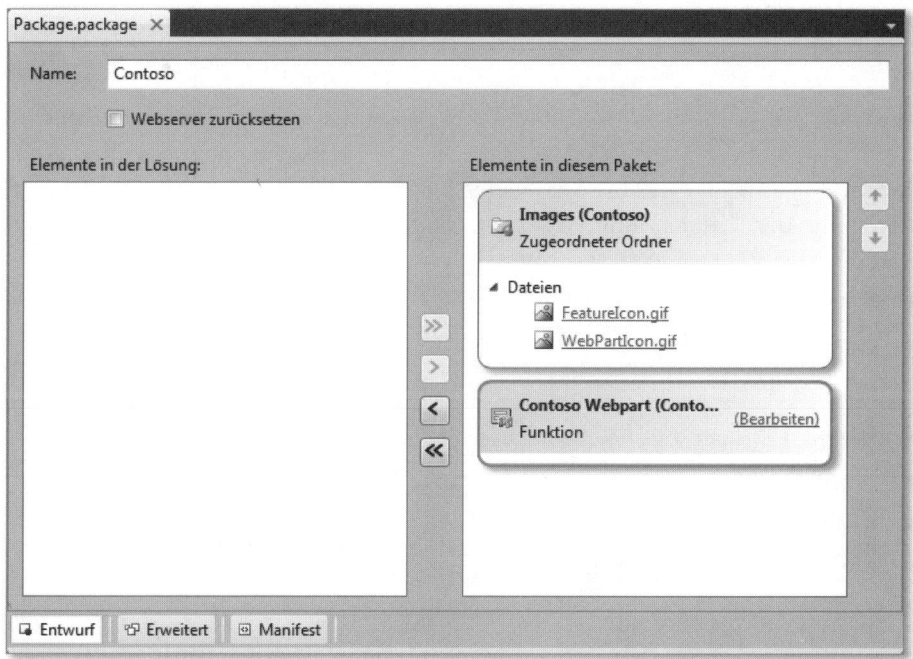

Abbildung 3.11 Der Visual Studio Paket-Designer fügt automatisch die Elemente des Projekts dem SharePoint-Lösungspaket hinzu.

Sie haben jetzt die Option, den Standardnamen der Solution anzupassen. Die Registerkarte MANIFEST erlaubt es Ihnen, das durch Visual Studio generierte Solution Manifest einzusehen. Diese XML-basierte Datei ist die wichtigste Komponente einer SharePoint-Solution. Sie spezifiziert die einzelnen Elemente des Lösungspakets und wird von der SharePoint-Runtime genutzt, um die Elemente in den vorgesehenen Zielverzeichnissen bereitzustellen.

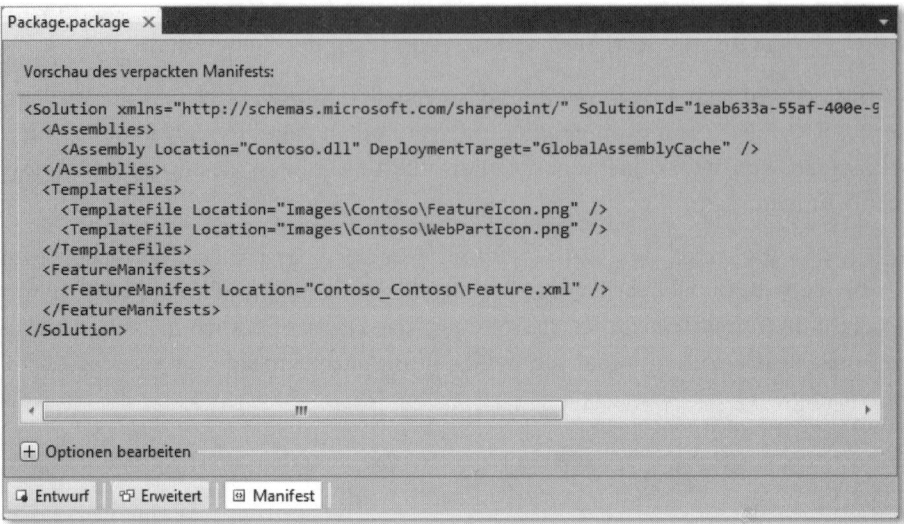

Abbildung 3.12 Das Solution Manifest wird durch Visual Studio 2010 automatisch generiert.

Technisch betrachtet ist eine SharePoint-Solution nichts weiter als eine Cabinet-Datei mit der Dateiendung *.WSP*, die sämtliche Bestandteile der SharePoint-Lösung gepackt in einer Datei bündelt. Neben dem Manifest (*.manifest*-Datei) kann ein Lösungspaket folgende Elemente enthalten:

► Sitedefinitionen

► Feature-Definitionen inklusive ihrer Element-Definitionen und Dateien

► Webpart-Dateien (*.webpart*- bzw. *.dwp*-Dateien)

► Template-, Wurzel- und Ressourcendateien

► Assemblys inklusive ihrer `SafeControl`-Einträge und Ressourcen

► Code-Access-Security-Richtlinien

Die Manifest-Datei befindet sich jeweils auf der obersten Ebene der Solution-Datei. Während des Bereitstellungsprozesses werden die Elemente dieser Datei extrahiert und in den entsprechenden Zielverzeichnissen bereitgestellt.

Für die nun folgende Bereitstellung sind keine weiteren manuellen Anpassungen am Lösungspaket erforderlich. Der Bereitstellungsprozess kann innerhalb der Projekteinstellungen konfiguriert werden. Um zu den Deployment-Optionen zu gelangen, tun Sie Folgendes:

1. Klicken Sie mit der rechten Maustaste auf das Wurzelelement Ihres Projekts und dann auf den Menüeintrag EIGENSCHAFTEN.

2. Navigieren Sie über die Registerkarte SʜᴀʀᴇPᴏɪɴᴛ zu den Bᴇʀᴇɪᴛsᴛᴇʟʟᴜɴɢs-
   ᴋᴏɴꜰɪɢᴜʀᴀᴛɪᴏɴᴇɴ.

3. Beachten Sie, dass Sie oberhalb der Bereitstellungskonfiguration benutzerdefinierte Befehle vor oder nach dem Deployment ausführen können.

4. In der Dropdown-Box unterhalb der Bᴇꜰᴇʜʟsᴏᴘᴛɪᴏɴᴇɴ finden Sie die für das
   Projekt standardmäßig aktivierte Bereitstellungskonfiguration.

5. Wählen Sie die Konfiguration Nᴏ Aᴄᴛɪᴠᴀᴛɪᴏɴ aus (siehe Abbildung 3.13).
   Diese sorgt für die Bereitstellung der gesamten Lösung, ohne das Feature automatisch in der Zielumgebung zu aktivieren.

6. Öffnen Sie nun diese Bereitstellungskonfiguration. Sie können erkennen, dass
   nun sämtliche Schritte – bis auf die Aktivierung des Features – für eine vollständige Bereitstellung selektiert sind. Die Aktivierung werden Sie gleich
   manuell durchführen.

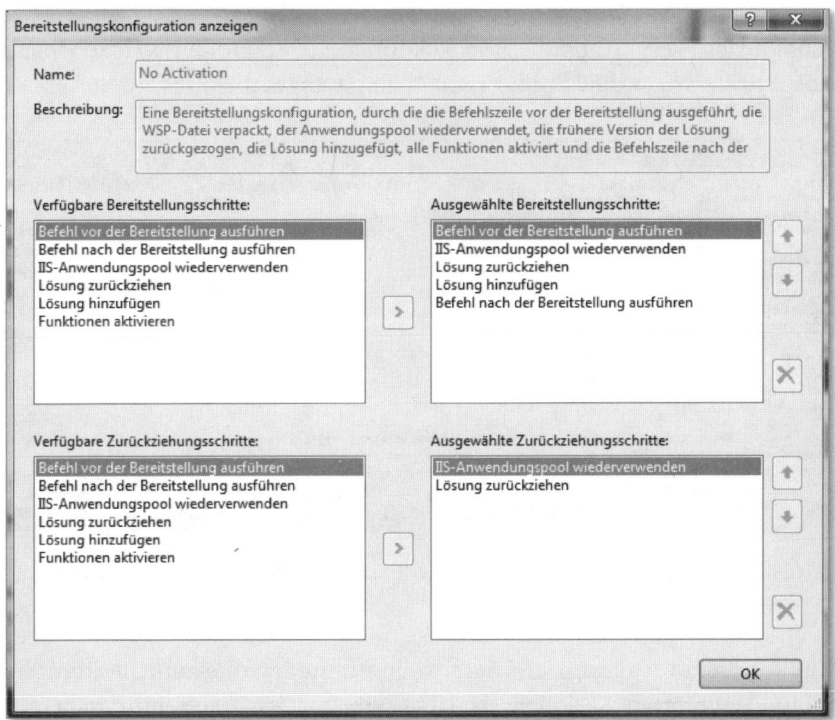

Abbildung 3.13 Die Standardkonfiguration »No Activation« sorgt für ein vollständiges Deployment ohne Aktivierung der Features.

Bei diesem Beispiel müssen Sie keine weiteren Anpassungen vornehmen, sondern können gleich die Bereitstellung der Lösung starten. Zuvor haben Sie die

Möglichkeit, das Ausgabefenster von Visual Studio zu öffnen; auf diese Weise sind die einzelnen Schritte des Solution Deployments noch einmal nachvollziehbar. Das Ausgabefenster öffnen Sie über das Menü ANSICHT. Um die Lösung bereitzustellen, müssen Sie jetzt auf die gleichnamige Schaltfläche im Kontextmenü des Projektmappen-Explorers klicken (siehe Abbildung 3.14).

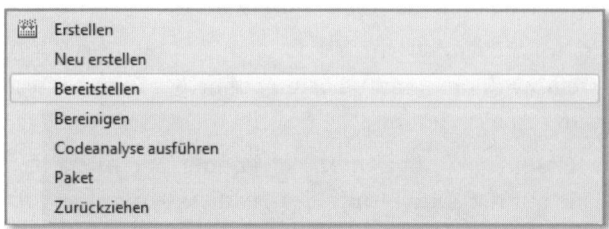

Abbildung 3.14 Visual Studio 2010 unterstützt sämtliche Prozesse des Solution-Deployment von Haus aus.

Im Ausgabefenster (siehe Abbildung 3.15) können Sie erkennen, welche einzelnen Arbeitsschritte von Visual Studio nacheinander abgearbeitet werden.

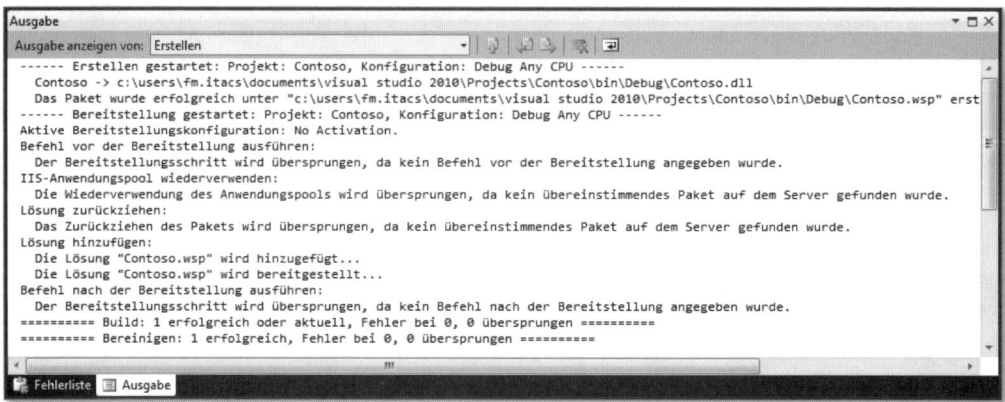

Abbildung 3.15 Das Ausgabefenster liefert detaillierte Informationen über den kompletten Bereitstellungsprozess.

Visual Studio arbeitet während des Bereitstellungsprozesses sämtliche über die Konfiguration definierten Aktionen ab. Doch was passiert während des Bereitstellungsprozesses genau? Werfen wir dazu einen Blick hinter die Kulissen.

Zunächst können Sie in der Zentraladministration überprüfen, ob das Solution-Paket erfolgreich zu den Farmlösungen hinzugefügt wurde. Öffnen Sie dazu die SharePoint-Zentraladministration; und navigieren Sie zu den Systemeinstellungen. Über den Hyperlink FARMLÖSUNGEN VERWALTEN können Sie die Liste der

Farmlösungen öffnen. Hier sollten Sie Ihre eben bereitgestellte benutzerdefinierte Lösung finden.

Die Lösung besteht aus drei wesentlichen Bestandteilen: einem Feature, einer Assembly und zwei Grafiken. Sie können jetzt überprüfen, ob diese Dateien an ihrem vorgesehenen Speicherort bereitgestellt wurden. Navigieren Sie dazu zunächst zum SharePoint-*FEATURES*-Verzeichnis: *%CommonProgramFiles%\Microsoft Shared\Web Server Extensions\14\TEMPLATE\FEATURES*. Sortieren Sie die Ordner nach dem Änderungsdatum in absteigender Reihenfolge; Ihr Feature sollte dadurch an oberster Stelle erscheinen.

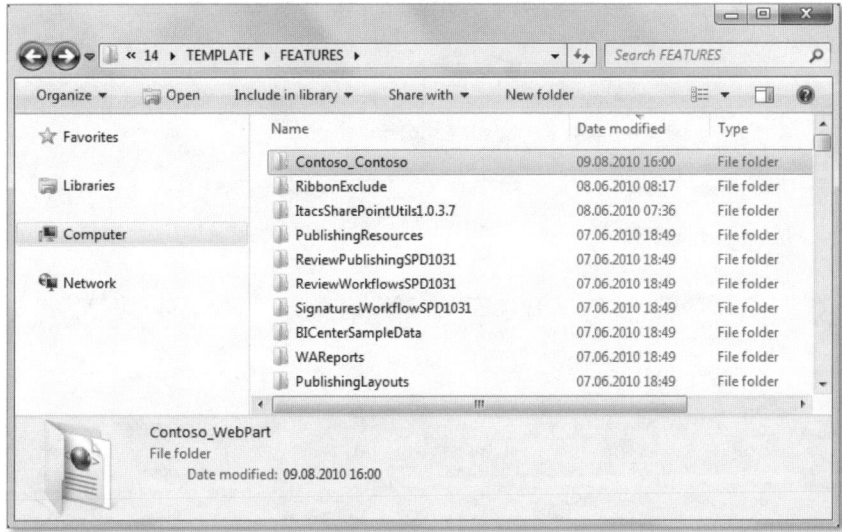

Abbildung 3.16 Das benutzerdefinierte Feature wird durch den Bereitstellungsprozess automatisch im »FEATURES«-Verzeichnis registriert.

Das Verzeichnis enthält aktuell eine einzige Datei, das Feature-Manifest (*feature.xml*). Sie können die Datei mit einem Editor öffnen, um zu überprüfen, ob hierin die Einträge des durch den Feature Designer generierten Codes enthalten sind.

Die beiden Grafiken wurden durch den Bereitstellungsprozess im *IMAGES*-Verzeichnis bereitgestellt: *%CommonProgramFiles%\Microsoft Shared\Web Server Extensions\14\TEMPLATE\IMAGES*. Die Bilder finden Sie im zuvor definierten benutzerdefinierten Unterordner (siehe Abbildung 3.17).

Zum Schluss können Sie noch überprüfen, ob die Assembly im Global Assembly Cache des Betriebssystems installiert wurde (siehe Abbildung 3.18). Den Global Assembly Cache öffnen Sie im Dateiexplorer über folgenden Pfad: *C:\Windows\assembly*.

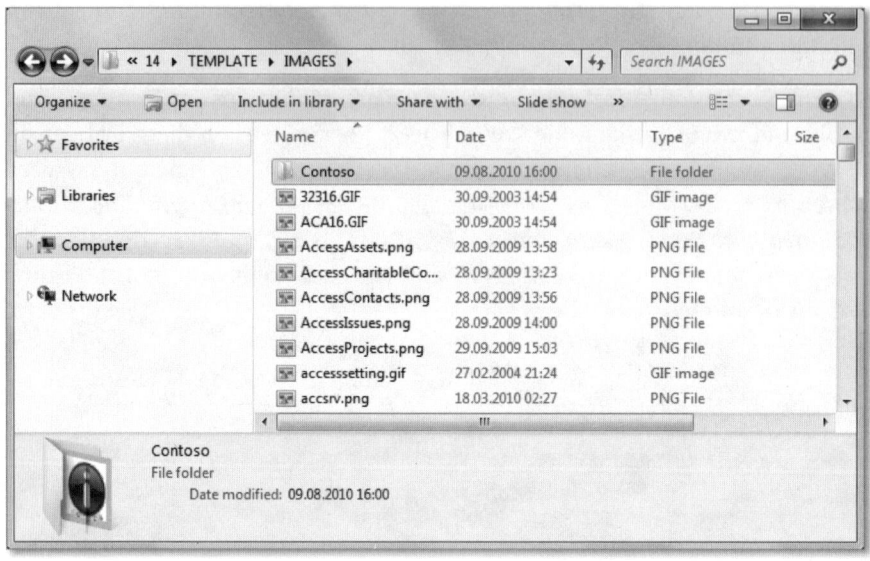

Abbildung 3.17 Die Grafiken werden im Standard-»IMAGES«-Verzeichnis bereitgestellt.

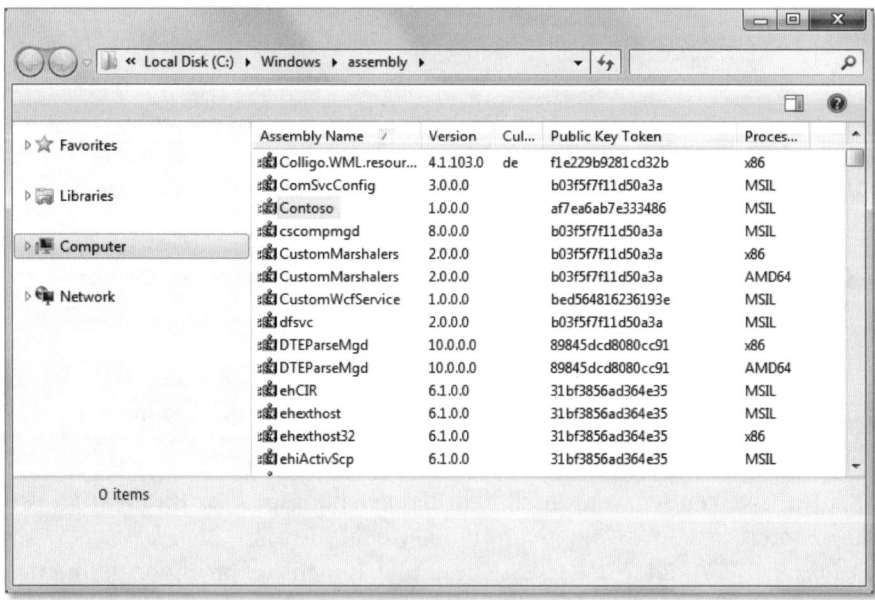

Abbildung 3.18 Die Assembly der SharePoint-Lösung wird automatisch im Global Assembly Cache installiert.

Visual Studio 2010 nimmt Ihnen eine Vielzahl von manuellen Arbeitsschritten ab. Dennoch ist es wichtig zu wissen, was hierbei im Hintergrund passiert. Das

Solution Deployment kann unter Umständen zu einem sehr komplexen Prozess werden, vor allem dann, wenn durch die Lösung mehr als nur ein einfaches Feature oder Assembly bereitgestellt wird. Egal welche SharePoint-Anwendungen Sie mit Visual Studio umsetzen, Sie sollten immer ergründen, welche Auswirkungen die Komponenten auf das SharePoint-System haben.

Um Ihren ersten Bereitstellungsprozess zu komplettieren, müssen Sie nun noch das benutzerdefinierte Feature in der Websitesammlung aktivieren. Öffnen Sie dazu die Zielwebseite, und navigieren Sie zu den Websiteeinstellungen. Unterhalb der Gruppe WEBSITESAMMLUNGSVERWALTUNG finden Sie den Hyperlink WEBSITESAMMLUNGSFEATURES. Aktivieren Sie jetzt (wie in Abbildung 3.19 gezeigt) das Feature durch die gleichnamige Schaltfläche.

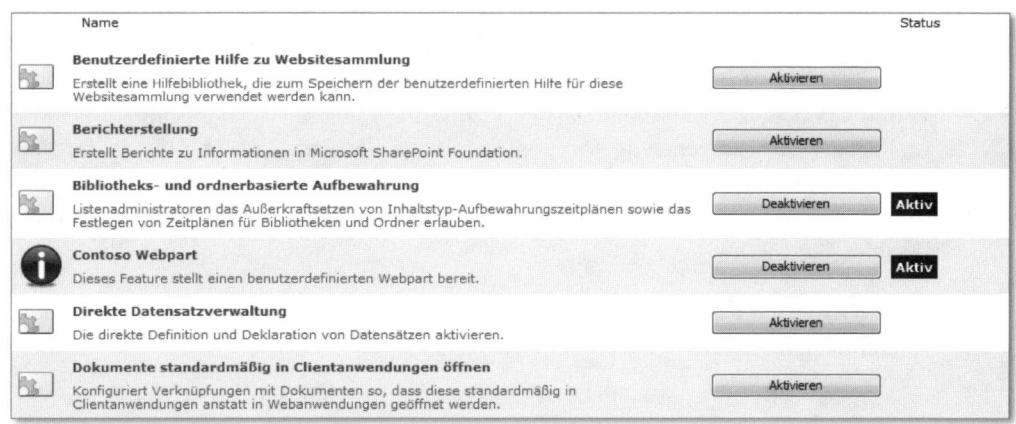

Abbildung 3.19 Das Feature wird durch das Solution Deployment automatisch unterhalb der Websitesammlungsfeatures registriert.

Navigieren Sie nun auf die Startseite Ihrer Webseite, und überprüfen Sie, ob der Titel und die Beschreibung geändert wurden. Danach können Sie das Feature wieder deaktivieren und über Visual Studio zurückziehen. Klicken Sie dazu mit der rechten Maustaste auf das Projekt und anschließend auf den Menüeintrag ZURÜCKZIEHEN. Bei der nochmaligen Überprüfung der einzelnen Zielverzeichnisse werden Sie feststellen, dass sämtliche Elemente der benutzerdefinierten SharePoint-Lösung vom System entfernt wurden.

3.7   Visuellen Webpart programmieren

Sie haben soeben Ihre erste SharePoint-Lösung erzeugt. Was jetzt noch fehlt, ist eine vollständige Anwendungskomponente. Hierzu werden Sie in diesem

Arbeitsschritt dem Projekt einen visuellen Webpart hinzufügen. Der Webpart wird in diesem Beispiel nicht mehr Funktionalität aufweisen, als eine einfache Liste der Bestellungen auszugeben. Hierbei legen wir den Schwerpunkt nicht auf die vielfältigen Möglichkeiten der Webpart-Entwicklung (dieses Thema wird in Abschnitt 5.6, »Webparts« behandelt), sondern vielmehr auf die allgemeine Technologie der visuellen Webparts und auf die Unterstützung von Visual Studio 2010.

Visuelle Webparts wurden mit SharePoint 2010 neu eingeführt. Genauer betrachtet, sind sie keine neue Erfindung, sondern die Kombination aus bewährten ASP.NET-Technologien. Sie vereinen die Funktionalität der Benutzersteuerelemente (ein ASP.NET-User-Control) mit dem Programmiermodell der Webparts. Die eigentliche Funktionalität steckt im Benutzersteuerelement. Es enthält sowohl die gesamte Programmlogik als auch die Darstellungsschicht. Der Webpart übernimmt nur noch die Aufgabe, das Benutzersteuerelement zu laden und auf der Webseite auszugeben. Dieser Programmieransatz ist für einige Entwickler nicht neu. Die Verwendung von Benutzersteuerelementen war bereits in der Vorversion von SharePoint ein geeignetes Mittel, um die Darstellung von der eigentlichen Programmlogik zu trennen. Neu in SharePoint 2010 ist die vollständige Unterstützung durch Visual Studio.

Um dem Visual Studio-Projekt einen visuellen Webpart hinzuzufügen, führen Sie folgende Schritte aus:

1. Klicken Sie mit der rechten Maustaste auf das Wurzelverzeichnis Ihres Projekts.
2. Expandieren Sie das Menü HINZUFÜGEN.
3. Klicken Sie auf den Menüpunkt NEUES ELEMENT.
4. Wählen Sie aus der Kategorie SHAREPOINT die Elementvorlage VISUELLES WEBPART aus.
5. Definieren Sie einen Namen für den Webpart (zum Beispiel »ContosoWebPart«), und klicken Sie dann auf die Schaltfläche HINZUFÜGEN.

Nachdem Sie den Assistenten beendet haben, wird der Struktur ein neues Projektelement hinzugefügt. Unterhalb des visuellen Webparts finden Sie eine Reihe neuer Dateien. Um Ihnen den Einstieg in die Entwicklung von visuellen Webparts zu erleichtern, beschreiben wir in den folgenden Abschnitten diese Dateien einzeln.

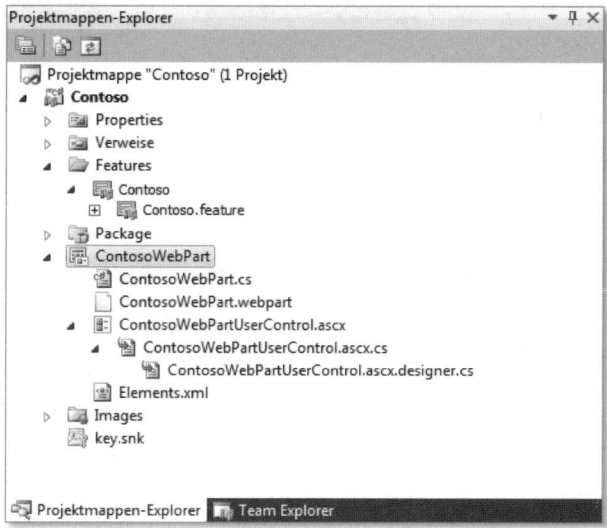

Abbildung 3.20 Der visuelle Webpart setzt sich aus mehreren einzelnen Dateien zusammen.

»<Webpart Name>.cs«

Diese Klasse stellt den Webpart-Host dar. Sie besteht nur aus einigen Codezeilen und der CreateChildControls-Methode. In dieser wird das Benutzersteuerelement über die Methode Page.LoadControl geladen und der Liste der Controls hinzugefügt.

```
[ToolboxItemAttribute(false)]
public class ContosoWebPart : WebPart
{
    private const string _ascxPath =
        @"~/_CONTROLTEMPLATES/Contoso/"+
        "ContosoWebPart/ContosoWebPartUserControl.ascx";

    protected override void CreateChildControls()
    {
        Control control = Page.LoadControl(_ascxPath);
        Controls.Add(control);
    }
}
```

Listing 3.3 Grundstruktur des visuellen Webparts

Die benutzerdefinierte Webpart-Klasse erbt von der Basisklasse WebPart aus dem Namensraum System.Web.UI.WebControls.WebParts. SharePoint nutzt für die

Umsetzung benutzerdefinierter Webparts das Webpart-Framework von ASP.NET 3.5.

> **ASP.NET vs. SharePoint-Webparts**
>
> Eine Alternative zu ASP.NET-Webparts sind SharePoint-spezifische Webparts (`Microsoft.SharePoint.WebPartPages.WebPart`). Diese Basisklasse können Sie dann verwenden, wenn Sie beispielsweise Webparts aus der Version 2.0 nach SharePoint 2010 migrieren oder auf SharePoint-spezifische Funktionen, wie websiteübergreifende Webpartverbindungen oder die Caching-Infrastruktur zurückgreifen wollen. Andernfalls sind ASP.NET-Webparts die bessere Wahl.

»<Webpart Name>.webpart«

Zu jedem SharePoint-Webpart existiert jeweils eine dazugehörige *.webpart*-Datei. Die XML-basierte Datei referenziert die Webpart-Assembly und definiert wesentliche Metadaten eines Webparts. Sie wird im Webpart-Katalog einer Websitesammlung abgespeichert, um dem Anwender die Möglichkeit zu geben, den Webpart auf einer beliebigen Seite zu platzieren.

Listing 3.4 beschreibt die grundlegende Struktur einer Webpart-Definition.

```xml
<?xml version="1.0" encoding="utf-8"?>
<webParts>
  <webPart xmlns="http://schemas.microsoft.com/WebPart/v3">
    <metaData>
      <type name="..."/>
      <importErrorMessage/>
    </metaData>
    <data>
      <properties>
        <property name="..." type="string"/>
        <property name="..." type="string"/>
        ...
      </properties>
    </data>
  </webPart>
</webParts>
```

Listing 3.4 Standardstruktur einer ».webpart«-Datei

Die zunächst wichtigste Information steckt im `type`-Element. Es referenziert die Assembly und die Klasse des Webparts. Der Typ wird in folgender Form spezifiziert: `<vollständige Klassenreferenz>, <vollständige Assembly-Referenz>`. Die Typen-Referenzierung könnte in Ihrem Visual Studio-Projekt folgenden Aufbau haben:

```
<type name="Contoso.ContosoWebPart.ContosoWebPart,
$SharePoint.Project.AssemblyFullName$" />
```

Listing 3.5 Referenzierung der Assembly mithilfe von SharePoint-Tokens

Auch hier nutzt die Entwicklungsumgebung die Technologie der SharePoint-Tokens. Durch den Übersetzungsprozess von Visual Studio wird aus dem Token folgende Assembly-Referenz erzeugt:

```
<type name="Contoso.ContosoWebPart.ContosoWebPart, Contoso,
Version=1.0.0.0, Culture=neutral, PublicKeyToken=af7ea6ab7e333486" />
```

Listing 3.6 Transformierter SharePoint-Token

Neben dem Typ wird von der Webpart-Definition noch eine Reihe von Eigenschaften definiert. Diese werden innerhalb des `properties`-Elements zusammengefasst. Eine Webpart-Eigenschaft besteht im einfachsten Fall aus dem Titel und der Beschreibung (diese beiden Eigenschaften werden auch durch Visual Studio standardmäßig vergeben). Über diesen deklarativen Weg ist der Webpart in der Lage, erweiterte Attribute zu vergeben, wie beispielsweise die Größe, den Rahmentyp oder ein Webpart-Icon. Eine vollständige Referenz der Webpart-Definitionsdatei finden Sie in folgendem MSDN-Beitrag:

http://msdn.microsoft.com/en-us/library/ms227561(VS.80).aspx

An dieser Stelle können Sie jetzt gegebenenfalls den Namen und die Beschreibung der von Visual Studio automatisch generierten Datei anpassen und bei Bedarf noch weitere Eigenschaften zuweisen. Die daraus entstandene *.webpart*-Datei sollte folgenden Aufbau haben (vgl. Listing 3.7):

```
<?xml version="1.0" encoding="utf-8"?>
<webParts>
  <webPart xmlns="http://schemas.microsoft.com/WebPart/v3">
    <metaData>
      <type name="Contoso.ContosoWebPart.ContosoWebPart,
        $SharePoint.Project.AssemblyFullName$" />
      <importErrorMessage>$Resources:core,ImportErrorMessage;
      </importErrorMessage>
    </metaData>
    <data>
      <properties>
        <property name="Title" type="string">
          Contoso Webpart</property>
        <property name="Description" type="string">
          Mein erster visueller Webpart</property>
```

```
        <property name="CatalogIconImageUrl" type="string">
          _layouts/images/Contoso/WebPartIcon.png
        </property>
      </properties>
    </data>
  </webPart>
</webParts>
```

Listing 3.7 Webpart-Definition eines einfachen visuellen Webparts

Neben den zuvor beschriebenen Standardeigenschaften wurde noch ein zusätzliches Attribut an die Webpart-Definition vergeben (CatalogIconImageUrl), das dem Webpart ein benutzerdefiniertes Icon zuweist.

»<Webpart Name>UserControl.ascx«

Wie wir bereits in der Einführung erwähnt haben, wird die eigentliche Funktionalität des visuellen Webparts durch ein ASP.NET-Benutzersteuerelement realisiert. Benutzersteuerelemente sind vergleichbar mit klassischen ASP.NET-Seiten (.*aspx*-Dateien). Sie bestehen aus zwei wesentlichen Komponenten: einer ASCX-Datei und einer Code-Behind-Datei. Innerhalb der ASCX-Datei werden sämtliche UI-Elemente eingebunden, wie beispielsweise HTML-Elemente, ASP.NET-Steuerelemente oder JavaScripts. Die Code-Behind-Datei stellt die Klasse bereit, die zum Benutzersteuerelement gehört. In ihr wird der programmatische Teil des visuellen Webparts abgebildet, zum Beispiel die Datenbindung oder die Bereitstellung von Ereignishandler für Schaltflächen.

Neben der Dateiendung gibt es bei Benutzersteuerelementen nur wenige Unterschiede zu den ASPX-Dateien:

▶ Anstelle einer @Page-Direktive enthält das Benutzersteuerelement eine @Control-Direktive, die wesentliche Eigenschaften des Steuerelements spezifiziert.

▶ Benutzersteuerelemente können nicht alleinstehend bereitgestellt werden. Sie werden stattdessen aus Teilen einer ASP.NET-Webseite eingebunden.

▶ Ein Benutzersteuerelement besitzt keine html-, body- oder *form*-Elemente. Diese HTML-Elemente werden von der darüberliegenden Webseite bereitgestellt.

Bei der genaueren Betrachtung der ASCX-Datei werden Sie feststellen, dass diese Datei sämtliche für die SharePoint-Entwicklung erforderlichen Referenzen enthält. Dazu gehören zum Beispiel der registrierte Microsoft.SharePoint-Namensraum und einige Präfixe, die Ihnen die Verwendung der SharePoint- sowie der ASP.NET-Standard-Controls ermöglichen.

Wie wir bereits gesagt haben, soll es in diesem Anwendungsbeispiel nicht um die unendliche Vielfalt der Webpart-Entwicklung gehen, sondern zunächst um Features von Visual Studio 2010 sowie um die technologischen Grundlagen. Aus diesem Grund gibt der visuelle Webpart einfach die Liste der Kunden mithilfe einer einfachen SharePoint-GridView-Ansicht aus. Fügen Sie hierzu unterhalb der @Control-Direktive folgenden Codeblock in die ASCX-Datei ein:

```
<h1>Contoso Webpart</h1>
<SharePoint:SPGridView runat="server"
            ID="gridViewCustomers"
            AutoGenerateColumns="false"/>
```

Listing 3.8 GridView zur Darstellung einer Tabelle

Das SPGridView-Control stellt die Inhalte in einem SharePoint-spezifischen Design dar. Das Attribut AutoGenerateColumns sorgt dafür, dass die Spalten aus der Datenquelle nicht dynamisch generiert werden. Die drei darzustellenden Felder werden im nächsten Arbeitsschritt über die Code-Behind-Datei dem SPGridView-Control zugewiesen.

»<Webpart Name>UserControl.ascx.cs«

Die Programmlogik des Benutzersteuerelements wird in der Code-Behind-Datei abgebildet. Bei der Erstellung eines visuellen Webparts wird diese Quellcodedatei automatisch generiert und mit einer Standardstruktur versehen:

```
using System;
using System.Web.UI;
using System.Web.UI.WebControls;
using System.Web.UI.WebControls.WebParts;

namespace Contoso.ContosoWebPartUserControl
{
    public partial class VisualWebPart1UserControl : UserControl
    {
        protected void Page_Load(object sender, EventArgs e)
        {
        }
    }
}
```

Listing 3.9 Standardaufbau des Benutzersteuerelements eines visuellen Webparts

Die Klasse erbt von der Basisklasse `UserControl` und stellt die Methode `Page_Load` bereit, die beim Aufruf des Steuerelements ausgeführt wird. Bevor die Datenbindung für das `SPGridView`-Control realisiert wird, müssen in der Codedatei drei weitere Namensräume registriert werden (siehe Listing 3.10):

```
using Microsoft.SharePoint.WebControls;
using Microsoft.SharePoint;
using System.Data;
```

Listing 3.10 Namensräume der Code-Behind-Datei

Im nächsten Arbeitsschritt füllen Sie – wie in Listing 3.11 gezeigt – die `Page_Load`-Methode mit Leben:

```
protected void Page_Load(object sender, EventArgs e)
{
    SPWeb web = SPContext.Current.Web;
    SPList list = web.Lists.TryGetList("Kunden");
    if (!Page.IsPostBack)
    {
        BindToGrid(list, gridViewCustomers);
    }
}
```

Listing 3.11 Aufbau der »Page_Load«-Methode

Mit diesem Schritt haben Sie soeben Ihren ersten Datenzugriff erzeugt. Hierzu ein paar Worte:

▶ Das `SPWeb`-Objekt liefert einen Zugriffspunkt auf die Webseite. Da ein Share-Point-Webpart auf einer Webseite eingebunden ist, nutzt dieser Programmcode das `SPContext`-Objekt, um auf das aktuelle Web zuzugreifen.

▶ Mithilfe des erhaltenen `SPWeb`-Objekts können Sie programmgesteuert auf sämtliche Inhalte einer Webseite zugreifen, so auch auf die Liste der Kunden, die über die Methode `SPList.TryGetList` abgefragt wird.

▶ Im letzten Block wird die Liste einer benutzerdefinierten Methode übergeben, die die eigentliche Datenbindung durchführt.

Fügen Sie nun die `BindToGrid`-Methode unterhalb von `Page_Load` ein, sodass die gesamte Klasse wie folgt aussieht:

```
public partial class ContosoWebPartUserControl : UserControl
{
    protected void Page_Load(object sender, EventArgs e)
    {
```

```
    SPWeb web = SPContext.Current.Web;
    SPList list = web.Lists.TryGetList("Kunden");
    if (!Page.IsPostBack)
    {
        BindToGrid(list, gridViewCustomers);
    }
}

private void BindToGrid(SPList myList, SPGridView gridView)
{
    SPListItemCollection results = myList.Items;

    DataTable table = new DataTable();
    table.Columns.Add("Kundenname", typeof(string));
    table.Columns.Add("Stadt", typeof(string));
    table.Columns.Add("Ansprechpartner ", typeof(string));


    DataRow row;
    foreach (SPListItem result in results)
    {
        row = table.Rows.Add();
        row["Kundenname"] = result["Kundenname"].ToString();
        row["Stadt"] = result["Stadt"] != null ?
            result["Stadt"].ToString() : string.Empty;
        row["Ansprechpartner"] =
          result["Ansprechpartner"] != null ?
            result["Ansprechpartner"].ToString() :
              string.Empty;
    }

    SPBoundField boundField;
    boundField = new SPBoundField();
    boundField.HeaderText = "Kunde";
    boundField.DataField = "Kundenname";
    gridView.Columns.Add(boundField);

    boundField = new SPBoundField();
    boundField.HeaderText = "Stadt";
    boundField.DataField = "Stadt";
    gridView.Columns.Add(boundField);

    boundField = new SPBoundField();
    boundField.HeaderText = "Ansprechpartner";
    boundField.DataField = "Ansprechpartner";
```

```
gridView.Columns.Add(boundField);

gridView.DataSource = table.DefaultView;
gridView.DataBind();
    }
}
```

Listing 3.12 Das »SPGridView«-Control kann dynamisch in der Code-Behind-Datei mit Daten gefüllt werden.

Auch dazu ein paar Erläuterungen:

▶ Zunächst werden die einzelnen Elemente der Liste (SPList.Items) einem Objekt vom Typ SPListItemCollection übergeben. Die Elemente könnten auch direkt in einer foreach-Schleife durchlaufen werden, jedoch führt die Zwischenspeicherung in einem SPListItemCollection-Objekt (dieses Vorgehen ist Best Practice) zu einer besseren Performance der Abarbeitung.

▶ Als Datenquelle für das SPGridView dient ein Objekt vom Typ DataTable. Die Tabelle wird mit drei benutzerdefinierten Spalten erzeugt.

▶ Im Anschluss werden mithilfe einer foreach-Schleife alle Elemente der Liste durchlaufen und jeweils in einer neuen Zeile der Tabelle abgespeichert. Der Zugriff auf die Inhalte des jeweiligen Listenelements erfolgt über einen Index, der den internen Spaltennamen referenziert.

▶ Im letzten Abschnitt der Methode werden dem GridView drei gebundene Spalten hinzugefügt und die zuvor gefüllte Tabelle wird als Datenquelle referenziert.

Nachdem Sie diesen Programmcode in die Code-Behind-Datei des Benutzersteuerelements eingebunden haben, können Sie das Gesamtprojekt einmal erstellen, um zu überprüfen, ob der Code fehlerfrei ist.

»Elements.xml«

Die letzte Datei des visuellen Webparts ist die *Elements.xml* – das sogenannte Element-Manifest. Sie ist ein wesentlicher Bestandteil des Webpart-Features und sorgt für die Bereitstellung des Webparts innerhalb der Webpart-Galerie. Verantwortlich für diesen Automatismus ist das Module-Element. Es liefert Ihnen die Möglichkeit, mithilfe eines SharePoint-Features beliebige Dateien in eine SharePoint-Webseite zu kopieren – in diesem Fall die Webpart-Definition.

Um den Zusammenhang zwischen dem Element-Manifest und dem Feature zu verstehen, möchten wir noch einmal einen genaueren Blick auf die Technologie der SharePoint-Features werfen. Wie Sie bereits erfahren haben, besteht ein

SharePoint-Feature mindestens aus der *Feature.xml*-Datei. Innerhalb dieser Datei werden die Basiseigenschaften des Features, wie zum Beispiel der Name, die ID, das Feature-Icon oder gegebenenfalls die Event Receivers, hinterlegt. Die inhaltliche Beschreibung des Features wird über das Element-Manifest gesteuert. In diesem können zum Beispiel Workflow-Vorlagen, Listeninstanzen, Inhaltstypen, benutzerdefinierte Aktionen oder eben Module spezifiziert werden. Eine Liste sämtlicher Element-Typen und weitere Anwendungsbeispiele finden Sie in Abschnitt 7.1.3, »Element-Manifest«.

Das Feature des visuellen Webparts hat ausschließlich die Aufgabe, die *.webpart*-Datei in die Webpart-Galerie der Websitesammlung zu kopieren. Das Element-Manifest sollte in Ihrem Visual Studio-Projekt folgenden Aufbau haben:

```xml
<?xml version="1.0" encoding="utf-8"?>
<Elements xmlns="http://schemas.microsoft.com/sharepoint/" >
  <Module Name="ContosoWebPart" List="113" Url="_catalogs/wp">
    <File Path="ContosoWebPart\ContosoWebPart.webpart"
          Url="ContosoWebPart.webpart"
          Type="GhostableInLibrary" >
      <Property Name="Group" Value="Custom" />
    </File>
  </Module>
</Elements>
```

Listing 3.13 Element-Manifest eines visuellen Webparts

Die Struktur dieses Dokuments lässt sich in wenigen Stichpunkten zusammenfassen:

▸ Ein Modul bildet das Hauptelement des Manifests. Es enthält drei Attribute, die den Namen des Moduls (Name), die ID der Zielliste (List) sowie den relativen Pfad zum Zielverzeichnis (URL) definieren.

▸ Innerhalb eines Moduls können beliebig viele File-Elemente integriert werden. Es beschreibt jeweils eine Datei des Moduls.

▸ Das Attribut Path spezifiziert den physischen Pfad zu Quelldaten, relativ zum Feature-Verzeichnis.

▸ Die URL definiert den virtuellen Pfad der Datei in der Zielumgebung.

▸ Der Typ (Type) definiert das Caching-Verhalten der Datei auf dem SharePoint-Frontend-Server. Der Wert GhostableInLibrary legt fest, dass die Datei als Bestandteil der Liste behandelt werden soll, in der sie gespeichert wird. Ihr stehen sämtliche Funktionen wie auch andere Dateien (Check-in, Check-out etc.) zur Verfügung. Solange an dieser Datei keine Änderungen vorgenommen werden, wird sie vollständig aus dem Cache geladen. Bei Anpassungen (die in der Datenbank gespeichert werden) wird jeweils die Differenz aus der Datenbank und dem Cache geladen.

▶ Mithilfe des `Property`-Elements werden der Datei zusätzliche, benutzerdefinierte Eigenschaften zugewiesen. In diesem Beispiel wird die Gruppe über die Group-Eigenschaft innerhalb der Webpart-Galerie definiert.

Um das benutzerdefinierte Feature des visuellen Webparts abzuschließen, ändern Sie nun noch den Wert der Group-Eigenschaft, zum Beispiel in »Meine Webparts«. Die Gruppe dient später zur vereinfachten Auswahl des Webparts innerhalb einer SharePoint-Seite.

Feature und Paket überprüfen

Nachdem Sie den visuellen Webpart fertiggestellt haben, öffnen Sie nun noch einmal das am Anfang erstellte Feature. Sie werden feststellen, dass die Dateien und das Element-Manifest des Webparts der Feature-Definition automatisch von Visual Studio 2010 hinzugefügt wurden (siehe Abbildung 3.21).

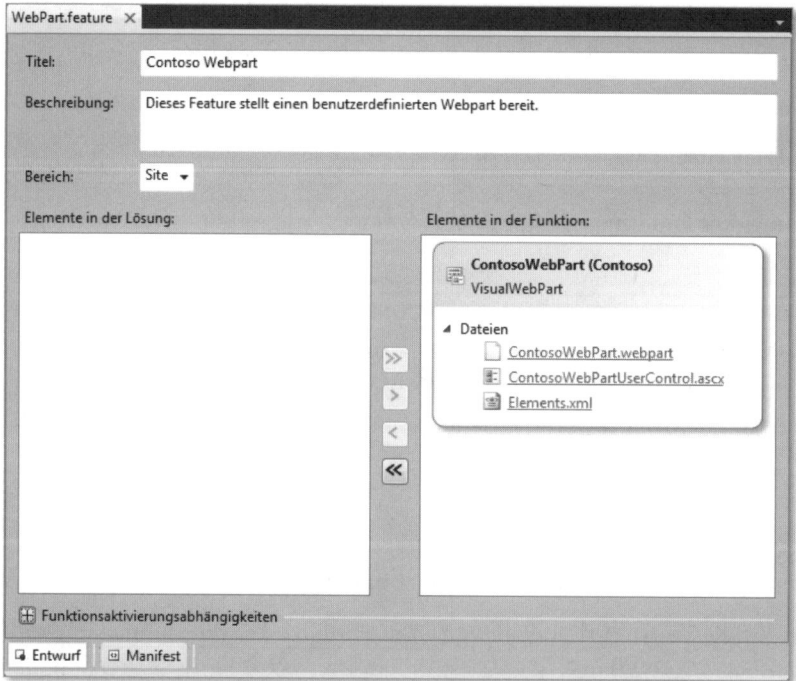

Abbildung 3.21 Visual Studio fügt dem SharePoint-Feature automatisch neue Projektelemente hinzu.

Ein weiterer Blick in den Paket-Designer verdeutlicht, dass auch das Benutzersteuerelement des visuellen Webparts dem SharePoint-Lösungspaket hinzugefügt wurde. Beim Öffnen der erweiterten Sicht des Solution Manifests erkennen Sie, dass die ASCX-Datei als benutzerdefiniertes *TemplateFile* genauso wie die Grafiken registriert wurde. Diese Einstellung sorgt dafür, dass das Benutzersteuerelement automatisch unterhalb des SharePoint-Systemverzeichnisses CONTROL-TEMPLATES bereitgestellt wird.

Wieder einmal stellt Visual Studio 2010 seine Unterstützung für die Umsetzung von SharePoint-Lösungen unter Beweis. Sie können sich also vollständig auf die Realisierung Ihrer Anwendungskomponenten konzentrieren und die Erstellung der Feature- sowie Solution-Definition der Entwicklungsumgebung überlassen.

3.8 Einen visuellen Webpart debuggen

In Abschnitt 3.6, »Projekt bereitstellen«, haben Sie bereits erfahren, wie Sie die SharePoint-Solution Ihres Visual Studio-Projekts über die integrierten Funktionen vollständig in der SharePoint-Umgebung bereitstellen können. In diesem Abschnitt werden wir Ihnen die Debugging-Fähigkeiten von Visual Studio 2010 vorstellen. Neben der gezielten Bereitstellung der Lösung haben Sie auch die Möglichkeit, Ihre Anwendung im Debug-Modus innerhalb der Zielwebseite auszuführen. Hierbei werden die einzelnen Schritte des Programmcodes durchlaufen; Sie können ihn somit analysieren und gegebenenfalls auf Fehler (Exceptions) überprüfen.

Ihre erste Aufgabe ist es, Visual Studio so zu konfigurieren, dass die Entwicklungsumgebung jeweils bei einer auftretenden Exception die Ausführung stoppt und die weitere Ausführung des Programmcodes unterbricht.

1. Öffnen Sie dazu die Einstellungen für die Ausnahmen über die Registerkarte DEBUGGEN • AUSNAHMEN.

2. Aktivieren Sie die Checkbox AUSGELÖST bei der Kategorie COMMON LANGUAGE RUNTIME EXCEPTIONS (siehe Abbildung 3.22).

3. Schließen Sie diesen Dialog über die Schaltfläche OK.

Mit dieser Einstellung wird die Suche nach Fehlern deutlich einfacher, weil Visual Studio beim Auftreten einer Ausnahme mit seinem Debugger direkt in den jeweiligen Programmcode springt.

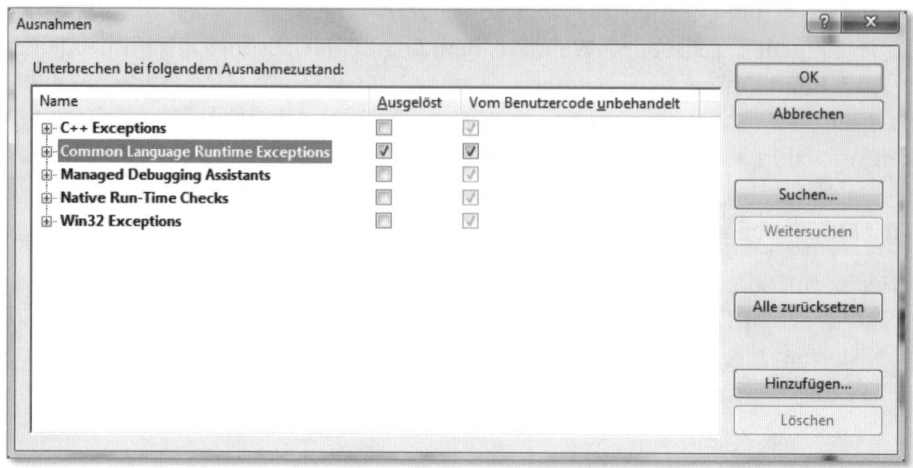

Abbildung 3.22 Mit dieser Einstellung wird bei einer Ausnahme die Ausführung des Programmcodes unterbrochen.

Im nächsten Arbeitsschritt werden Sie Ihrem Programmcode einen Haltepunkt (Breakpoint) hinzufügen und das Debugging starten. Zuvor ändern Sie noch die Bereitstellungskonfiguration von No Activation auf Default. Diese Einstellung führt dazu, dass das Webpart-Feature automatisch aktiviert wird und Sie direkt in den Debugging-Prozess springen können. Um den Haltepunkt zu setzen und den Debugging-Prozess zu starten, gehen Sie wie folgt vor:

1. Öffnen Sie die Code-Behind-Datei des Benutzersteuerelements. und setzen Sie einen Haltepunkt auf die erste Zeile der `Page_Load`-Methode.

2. Öffnen Sie das Ausgabefenster über das Menü Ansicht • Ausgabe.

3. Starten Sie das Debugging über die Registerkarte Debuggen. Alternativ können Sie auch die Taste F5 drücken.

Mit diesem Befehl werden sämtliche in der Bereitstellungskonfiguration definierten Arbeitsschritte für das Deployment durchlaufen. Zusätzlich hängt sich Visual Studio 2010 im Anschluss an den Prozess der SharePoint-Webanwendung und beginnt das Debugging. Im Ausgabefenster von Visual Studio sind diese Schritte noch einmal detailliert nachvollziehbar. Sollten Sie zuvor die Lösung nicht zurückgezogen haben, können Sie erkennen, dass sich Visual Studio auch um diese selbstständig kümmert.

Fügen Sie zunächst Ihren Webpart in die SharePoint-Seite ein (Abbildung 3.23):

1. Öffnen Sie die SharePoint-Webseite im Editierungsmodus über den Befehl Websiteaktionen • Seite bearbeiten.

2. Positionieren Sie den Mauszeiger in einen beliebigen Bereich der Webseite. Danach öffnet sich automatisch der Ribbon zur Bearbeitung dieser Seiten.

3. Navigieren Sie über den Tabulator SEITENTOOLS auf das Menü EINFÜGEN. Es öffnet sich der neue Ribbon für das Einfügen von Elementen.

4. Klicken Sie auf die Schaltfläche WEBPART. Im Anschluss öffnet sich die Webpart-Galerie. Im linken Bereich sollte die von Ihnen erstellte benutzerdefinierte Gruppe erscheinen.

5. Öffnen Sie Ihre Gruppe, und selektieren Sie den Webpart.

6. Klicken Sie auf die Schaltfläche HINZUFÜGEN.

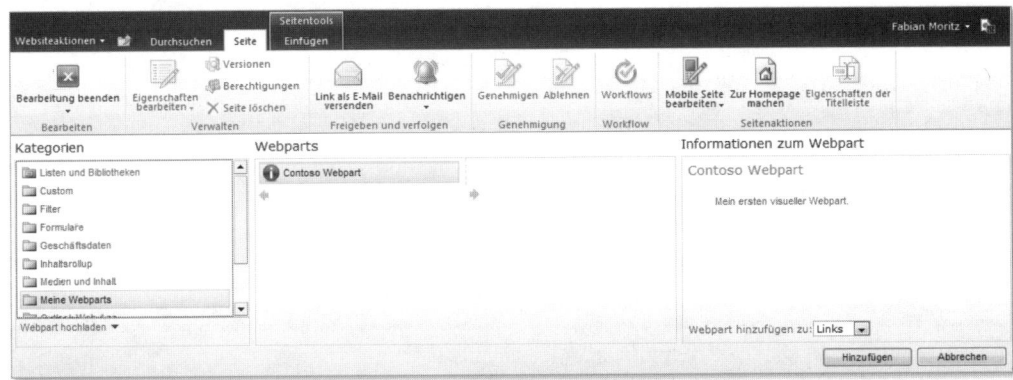

Abbildung 3.23 Der Webpart-Katalog listet sämtliche installierte Webparts in einer gruppierten Form auf.

Wenige Augenblicke danach öffnet sich der Debugger von Visual Studio und stoppt an dem von Ihnen gesetzten Haltepunkt. Überspringen Sie erst einmal das initiale Debugging, um zu überprüfen, ob der Webpart fehlerfrei auf der Webseite dargestellt wird. Drücken Sie hierzu erneut auf F5, oder gehen Sie über die Registerkarte DEBUGGEN auf das Menü WEITER. Wird der Webpart auf der SharePoint-Webseite korrekt dargestellt, können Sie die Bearbeitung beenden und die Seite erneut laden. Visual Studio springt erneut zum Haltepunkt. Mit F11 haben Sie die Möglichkeit, jetzt die einzelnen Schritte Ihres Programmcodes zu durchlaufen.

1. Navigieren Sie durch Betätigen der Taste F11 bis zum Einstiegspunkt der Methode `BindToGrid`.

2. Öffnen Sie ein Überwachungsfenster für die Befehlsreihenfolge DEBUGGEN • FENSTER • ÜBERWACHEN • ÜBERWACHEN 1. Das ÜBERWACHEN-Fenster bietet Ihnen die Möglichkeit, gezielt einzelne Objekte und deren Inhalt zu untersuchen.

3. Tragen Sie jetzt in das Feld NAME die lokale Variable `results` ein. Der Wert ist zum jetzigen Zeitpunkt noch auf null gesetzt.

4. Springen Sie mit F11 bis hinter die Zeile, in der die Variable instanziiert wird.

Nach diesem Schritt ist ersichtlich, dass die `results`-Variable mit einem Wert vom Typ `Microsoft.SharePoint.ListItemCollection` versehen ist. Expandieren Sie jetzt dieses Objekt, und betrachten Sie die einzelnen Eigenschaften und Wertezuordnungen.

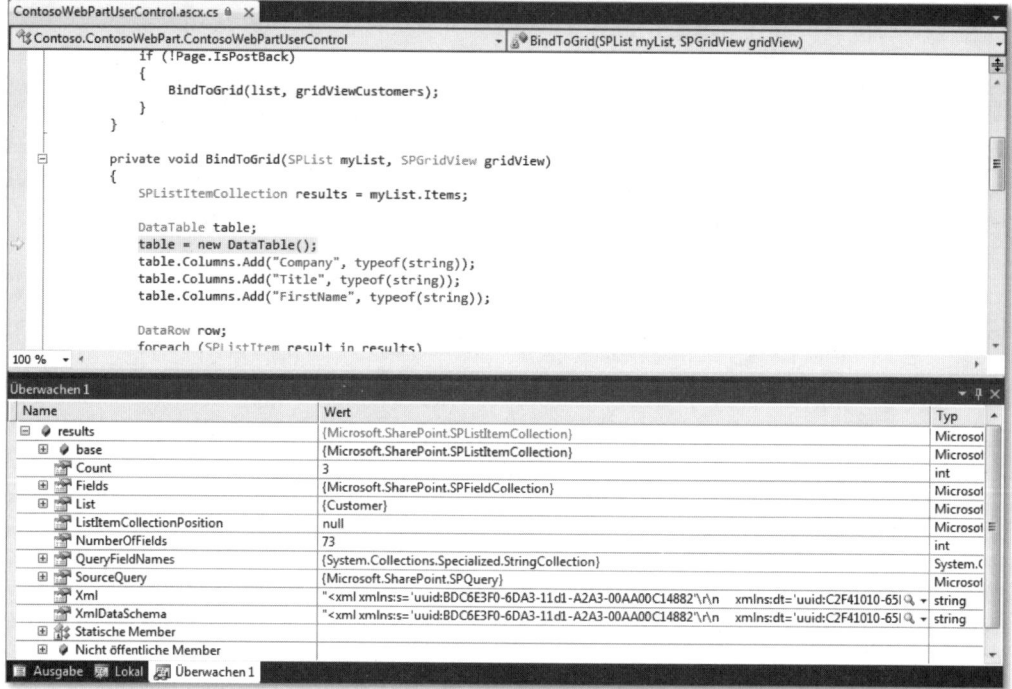

Abbildung 3.24 Das »Überwachen«-Fenster bietet die Möglichkeit zur Auswertung einzelner Objekte.

Neben der ÜBERWACHEN-Funktion liefert der Visual Studio-Debugger noch weitere nützliche Auswertungswerkzeuge. Ein Smart-Tag innerhalb der Codeansicht liefert Ihnen einen direkten Zugriff auf das jeweilige Objekt. Zusätzlich können Sie sich – zum Beispiel über das AUTO-Fenster – dynamisch die jeweils an der Programmzeile beteiligten Objekte einblenden lassen (siehe Abbildung 3.25).

Nach Abschluss Ihrer Auswertung können Sie den Debugger über die Registerkarte DEBUGGING • DEBUGGING BEENDEN stoppen oder alternativ über die Tastenkombination ⇧ + F5 schließen. Nachdem der Debugging-Prozess beendet ist, wird die Lösung vollständig von Visual Studio wieder zurückgezogen.

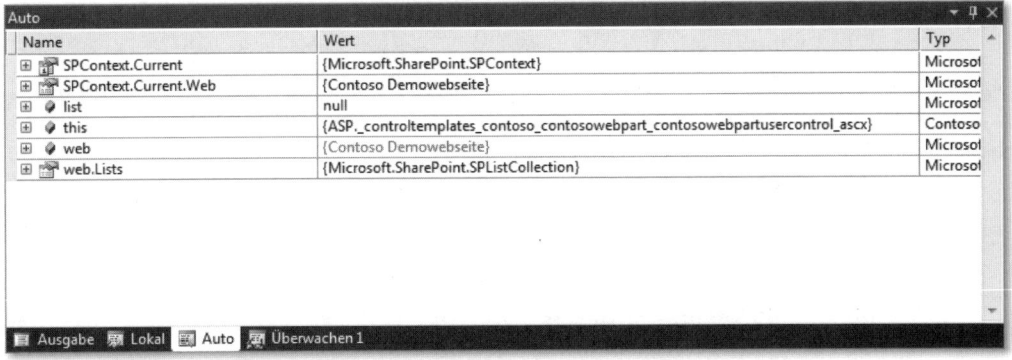

Abbildung 3.25 Das »Auto«-Fenster wertet die Objekte der jeweiligen Programmausführung dynamisch aus.

Zum Schluss können Sie noch einmal prüfen, was passiert, wenn Ihr Programmcode eine Ausnahme auslöst. Ändern Sie dazu die Zeile des Listenzugriffs (Abbildung 3.26), und tragen Sie einen nicht existenten Listennamen ein (zum Beispiel `SPList list = web.Lists.TryGetList("Kunde 123");`). Entfernen Sie danach den Haltepunkt, und starten Sie den Debugging-Prozess erneut. Nachdem sich der Browser geöffnet hat und der Webpart erneut geladen wurde, unterbricht Visual Studio an der Stelle, wo der Fehler auftritt. Ein spezielles Smart Tag liefert Ihnen eine Beschreibung der Ausnahme inklusive der Möglichkeit, weitere Details auszuwerten.

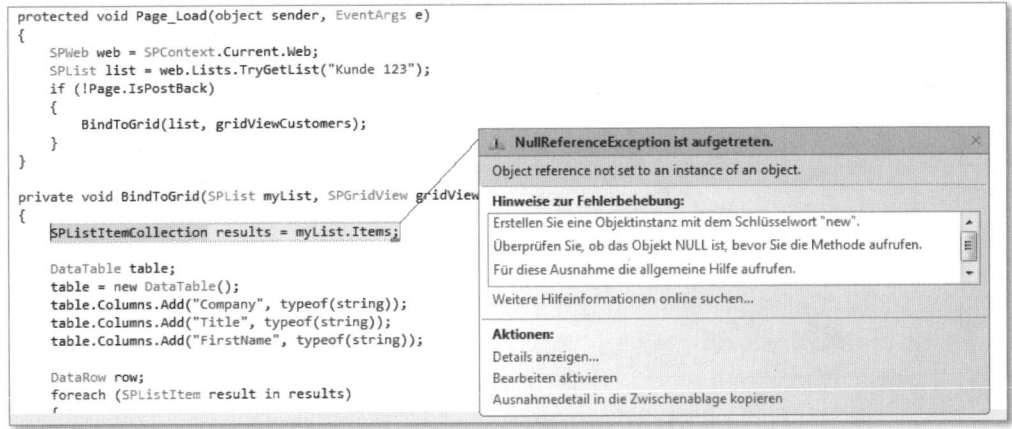

Abbildung 3.26 Visual Studio unterbricht an der Stelle, an der eine Ausnahme auftritt, und ermöglicht Ihnen eine detaillierte Fehleranalyse.

Die hier vorgestellten Werkzeuge für das Debugging dienen zunächst einmal zur ersten Orientierung. Wir empfehlen Ihnen, die Auswahl des für Sie passenden Werkzeugs von Ihren Gewohnheiten, Erfahrungen oder Vorlieben abhängig zu machen.

3.9   Fazit

Mit Visual Studio 2010 erhalten Sie weitreichende Unterstützung während des gesamten Entwicklungsprozesses – von Projekt- und Elementvorlagen, über spezielle Designer für Features und Solutions bis hin zu integrierten Werkzeugen für die Bereitstellung sowie für das Debugging. Die Entwicklungsumgebung von Visual Studio begleitet Sie während des gesamten Entwicklungsprozesses von SharePoint-Anwendungen.

Obwohl Visual Studio 2010 Ihnen viele Aufgaben abnimmt, sollten Sie sich dennoch immer die Vorgänge im Hintergrund vor Augen halten und dabei bedenken, wie die einzelnen Technologiekomponenten miteinander agieren. Visual Studio ist ein hervorragendes Werkzeug für die effiziente Umsetzung von SharePoint-Lösungen – das Erlernen der Technologie werden Ihnen die Werkzeuge jedoch nicht abnehmen.

SharePoint 2010 stellt mit dem Server- und Client-Objektmodell sowie mit seinen Webservices gleich drei Programmierschnittstellen bereit.

4   SharePoint-Objektmodelle

SharePoint Foundation 2010 stellt gleich drei Programmierschnittstellen bereit. Das SharePoint-Objektmodell – Programmierschnittstellen werden von Microsoft als *Objektmodelle* bezeichnet – liefert einen Zugang zu sämtlichen Daten und Funktionen einer SharePoint-Umgebung und die Grundlage für die Umsetzung von benutzerdefinierten Anwendungskomponenten. Je nach Anwendungstyp können Sie eine Schnittstelle aus dem serverseitigen Objektmodell, dem Client-Objektmodell oder den Standard-Webservices wählen.

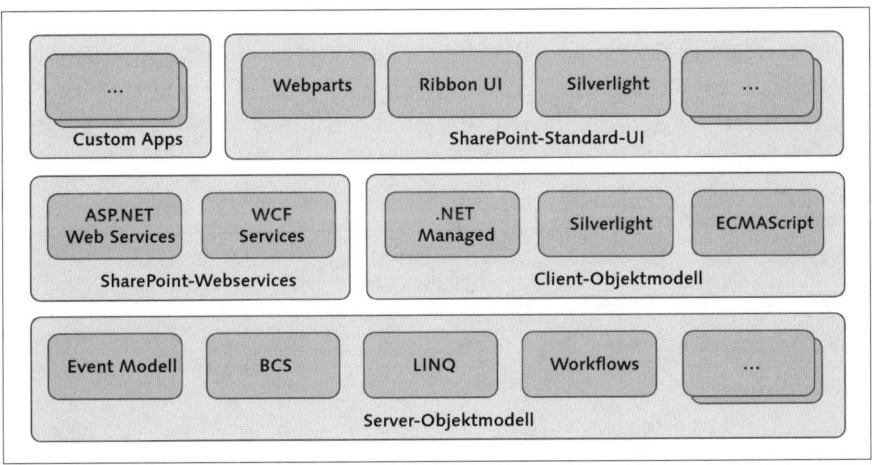

Abbildung 4.1 SharePoint Foundation 2010 stellt drei Programmierschnittstellen bereit.

Das Server-Objektmodell wurde aus den vorherigen SharePoint-Versionen übernommen und deutlich weiterentwickelt. Es dient serverseitigen Anwendungskomponenten als Schnittstelle und Zugriffspunkt zur SharePoint-Plattform.

Neu in SharePoint 2010 ist das sogenannte *clientseitige Objektmodell*. Es liefert clientbasierten Anwendungen (wie zum Beispiel JavaScript-basierten Funktionen, Silverlight-Anwendungen oder Windows-Komponenten) eine Schnittstelle zur Interaktion mit SharePoint-Objekten. Es ist im Vergleich zur serverseitigen Variante im Funktionsumfang deutlich abgespeckt, bietet aber dennoch eine reichhaltige Unterstützung für die gängigsten Anwendungsszenarien. Das Client-Objektmodell wird in drei Formen ausgeliefert: als *ECMAScript (JavaScript, JScript)*, als *.NET Managed* und als *Silverlight-API* (Application Programming Interface).

Webservices stellen die dritte Variante dar, SharePoint-integrierte Anwendungen zu implementieren. SharePoint Foundation 2010 selbst beinhaltet zahlreiche Webservice-Schnittstellen, um auf SharePoint-Elemente (Listen, Dokumente oder Berechtigungen) zuzugreifen oder um spezielle Funktionen auszuführen. Neben den Standard-Webservices gibt es die Möglichkeit, benutzerdefinierte Webservice-Schnittstellen in die SharePoint-Landschaft zu integrieren.

In diesem Kapitel stellen wir Ihnen diese drei Programmierschnittstellen vor und beschreiben anhand praxisnaher Anwendungsbeispiele, in welchen Szenarien sich das jeweilige Objektmodell am geeignetsten einsetzen lässt.

4.1 Die Auswahl des richtigen Objektmodells?

Die Wahl der Programmierschnittstelle ist sehr stark vom Typ der Anwendung abhängig. Das Server-Objektmodell nutzen Sie dann, wenn Ihre Komponente serverseitig ausgeführt wird, also als Assembly physikalisch auf dem SharePoint-Server installiert ist. Zu den möglichen serverseitigen Anwendungstypen gehören unter anderem:

► Webparts (auch visuelle Webparts)
► Workflows (Website- und Listen-Workflows)
► Ereignishandler (Event Receiver)
► Benutzersteuerelemente (User Controls)
► Anwendungsseiten
► Webservices (oder WCF-Services)

Sollte der Programmcode nicht serverseitig ausgeführt werden (zum Beispiel in einem Windows-Client oder durch JavaScript-Code), können Sie alternativ das Client-Objektmodell oder die SharePoint-Webservices verwenden. Wir empfehlen Ihnen zunächst zu prüfen, ob das Client-Objektmodell Ihre Anforderungen abdeckt. Sollte dies nicht der Fall sein, können Sie auf die Webservices zurückgreifen. Ein anderer Grund, die alten Schnittstellen weiterhin zu nutzen, ist die Abwärtskompatibilität. Möchten Sie clientbasierte SharePoint 2007-Lösungen auch unter SharePoint 2010 betreiben, muss nicht die komplette Anwendung in das Client-Objektmodell überführt werden.

4.2   Server-Objektmodell

SharePoint Foundation 2010 stellt ein komplett auf .NET basiertes Objektmodell bereit, mit dessen Hilfe eine benutzerdefinierte Anwendung mit der SharePoint-Plattform interagieren kann.

Die Programmierschnittstelle hat im Vergleich zu ihrer Vorversion die Anzahl der Klassen, Interfaces und Enumerationen mehr als verdoppelt. Darüber hinaus verfügt das Objektmodell mit LINQ, REST oder den *Business Connectivity Services* (BCS) über neue Sprachfunktionen, die in das SharePoint Framework integriert wurden und die Entwicklung von datenorientierten SharePoint-Lösungen deutlich erleichtern.

4.2.1   Assemblys und Namensräume

Das SharePoint-Objektmodell wird in mehreren Assemblys ausgeliefert, die wiederum in unterschiedliche Namensräume strukturiert sind. Die Kernfunktionen stellt die *Microsoft.SharePoint.dll* bereit. Sie wird physikalisch im Verzeichnis *%CommonProgramFiles%\Microsoft Shared\Web Server Extensions\14\ISAPI* auf dem Server installiert. Die Assembly integriert mehrere Namensräume. `Microsoft.SharePoint`, `Microsoft.SharePoint.Administration`, `Microsoft.SharePoint.Navigation` oder `Microsoft.SharePoint.Utilities` – um nur einige der unzähligen Namensräume zu nennen.

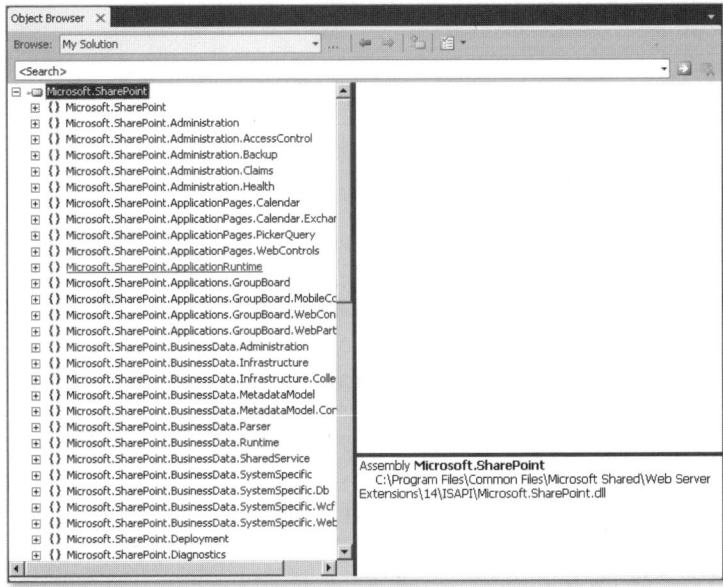

Abbildung 4.2   Der Visual Studio 2010-Objektbrowser ermöglicht die Auswertung des SharePoint-Objektmodells.

Der `Microsoft.SharePoint`-Namensraum ist für die Umsetzung von SharePoint-Anwendungen mindestens erforderlich. Um das SharePoint-Objektmodell verwenden zu können, muss dem Projekt eine Referenz auf die *Microsoft.Share-Point*-Assembly (direkt aus dem ISAPI-Verzeichnis) hinzugefügt werden. Wenn Sie die durch Visual Studio standardmäßig bereitgestellten Vorlagen für Share-Point 2010-Projekte nutzen, wird diese Assembly automatisch referenziert.

Neben der *Microsoft.SharePoint*-Assembly installiert SharePoint Foundation 2010 noch weitere DLLs. Zu den wichtigsten SharePoint-Assemblys zählen:

- *Microsoft.SharePoint.dll*
- *Microsoft.SharePoint.Client.dll*
- *Microsoft.SharePoint.Client.Runtime.dll*
- *Microsoft.SharePoint.Linq.dll*
- *Microsoft.SharePoint.Search.dll*
- *Microsoft.SharePoint.Security.dll*
- *Microsoft.SharePoint.WorkflowActions.dll*
- *Microsoft.Web.CommandUI.dll*

Nicht ausschließlich alle Assemblys werden im ISAPI-Verzeichnis des SharePoint-Servers bereitgestellt. Eine Reihe weiterer Klassenbibliotheken finden Sie auch am zentralen Speicherort des Global Assembly Caches (*%Windir%\assembly*).

4.2.2 Server-Architektur

Das Objektmodell von SharePoint Foundation 2010 ist komplett hierarchisch aufgebaut. Es teilt sich in zwei allgemeine Blöcke auf: in die Server-Architektur sowie in die Site-Architektur. In diesem Abschnitt stellen wir Ihnen den grundlegenden Aufbau der SharePoint-Server-Architektur vor und zeigen Ihnen anhand einfacher Beispiele, wie Sie mit diesem administrativen Objektmodell arbeiten können.

Abbildung 4.3 zeigt den grundlegenden Aufbau der Server-Architektur.

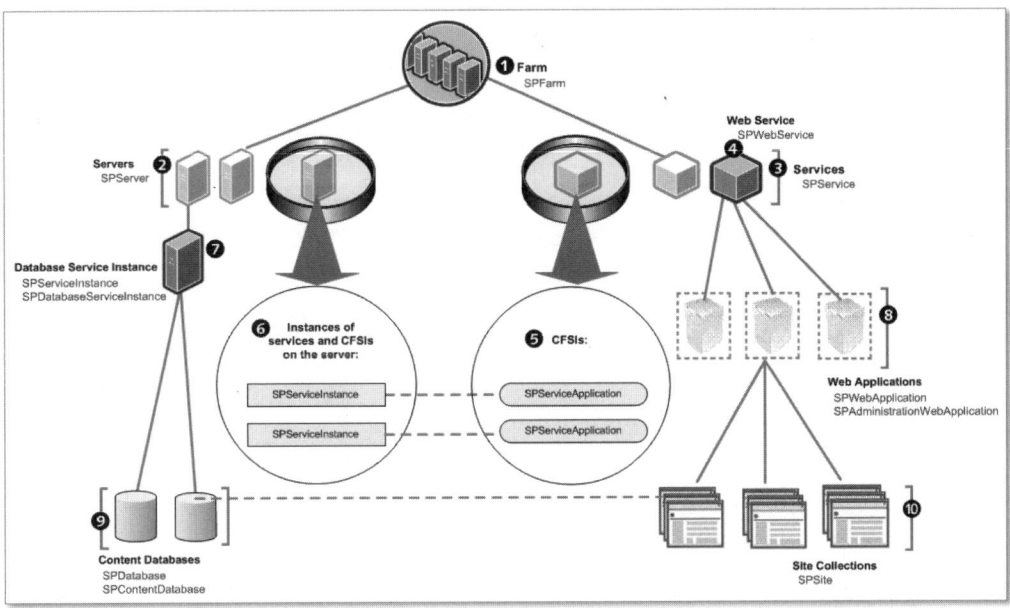

Abbildung 4.3 Die Hierarchie des SharePoint-Objektmodells von der Farm bis zur Website-sammlung (Quelle: SharePoint SDK)

Die administrativen Klassen des SharePoint-Objektmodells werden durch den Namensraum `Microsoft.SharePoint.Administration` bereitgestellt.

Die Klasse `SPFarm` ❶ ist das Wurzelobjekt der SharePoint-Architektur. Sie stellt Informationen zur kompletten SharePoint-Farm bereit, inklusive ihrer Einstellungen, Server, Dienste oder Webanwendungen. Das Farmobjekt kann zum Beispiel über die Eigenschaft `SPFarm.Local` oder auch über den Kontext einer Website-sammlung erzeugt werden.

```
SPFarm farm = SPFarm.Local;
SPFarm farm = SPContext.Current.Site.WebApplication.Farm;
```

Eine Farm besteht aus einem oder mehreren physikalischen Servern (Frontend-oder Anwendungsserver). Die Informationen zu einem Server werden von der Klasse `SPServer` ❷ bereitgestellt. Die Eigenschaft `SPFarm.Servers` liefert eine Liste sämtlicher Server einer SharePoint-Farm.

```
SPServerCollection allServers = farm.Servers;
```

Die innerhalb einer Farm bereitgestellten Dienste werden über die Auflistung `SPFarm.Services` zugänglich gemacht.

```
SPServiceCollection allServices = farm.Services;
```

Die Klasse `SPService` ❸ repräsentiert einen in der Farm registrierten SharePoint-Dienst. Die von dieser Klasse abgeleiteten Typen stellen sowohl Informationen zu SharePoint-spezifischen Windows-Diensten – zum Beispiel Zeitgeberdienst, SQL Server oder die Suche – als auch zu den SharePoint-Webservices bereit.

`SPServiceInstance` ❻ vertritt einen Dienst (`SPService`), der auf einem speziellen Anwendungsserver (`SPServer`) installiert ist. Über die Eigenschaften `TypeName` und `Status` können Sie den speziellen Typ sowie den Zustand des Dienstes abfragen. Die auf einem Server vorhandenen Dienstinstanzen lassen sich über die Eigenschaft `SPServer.ServiceInstances` ermitteln.

```
SPServiceInstanceCollection svcInst = server.ServiceInstances;
```

Ein besonderer SharePoint-Dienst wird von der Klasse `SPWebService` ❹ beschrieben. Die Klasse leitet sich von `SPService` ab und liefert Konfigurationsinformationen zu einem SharePoint Foundation-Dienst oder einer Anwendung. `SPWebService` bildet den Einstiegspunkt zu den Webanwendungen einer SharePoint-Farm. Listing 4.1 demonstriert den Zugriff auf sämtliche Webanwendungen einer SharePoint-Farm.

```
// Iteriere sämtliche Serviceinstanzen pro Server
foreach (SPServiceInstance inst in server.ServiceInstances)
{
    // Prüfe, ob der Service ein SPF-Webservice ist
    if (inst.Service is SPWebService)
    {
        // Hole die Collection der Webanwendungen
        SPWebApplicationCollection webApps =
        (inst.Service as SPWebService).WebApplications;
    }
}
```

Listing 4.1 Zugriff auf die Webanwendungen einer SharePoint-Farm

Eine besondere Rolle in der SharePoint-Architektur spielen die sogenannten Dienstanwendungen (Service Applications). Das Modell der Dienstanwendung wurde mit SharePoint 2010 neu eingeführt. Es ersetzt den *Shared Service Provider* von SharePoint Server 2007 und vereint die Vorteile der *Shared Services* mit den Anforderungen an eine unabhängige Service-Architektur. Das Framework der Dienstanwendung wurde als abstraktes Modell eines Service-»Providers« (Application Server) und -»Consumers« (Frontend-Server-Dienst) entworfen. Die Kommunikation zwischen beiden Endpunkten erfolgt über eine WCF-(Windows Communication Foundation-)Schnittstelle.

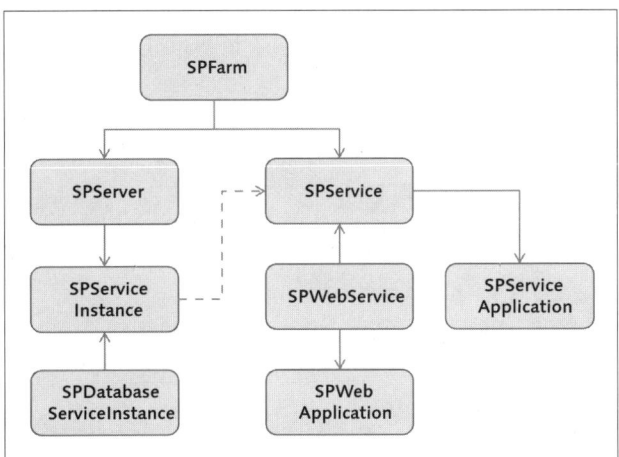

Abbildung 4.4 Die Architektur der SharePoint-Dienstanwendungen

Der logische Endpunkt zu einer Dienstanwendung wird von der Klasse SPServiceApplication (vergleiche Abbildung 4.3, ❺) bereitgestellt. »Logisch« bedeutet an dieser Stelle, dass zu einer Dienstanwendung mehrere physikalische Endpunkte existieren können, die auf unterschiedliche Anwendungsserver verteilt sind. Sie werden durch das Objekt SPServiceInstance (mit dem Status online) repräsentiert. Die Liste der Dienstanwendungen wird über die Eigenschaft SPService.Applications bereitgestellt.

SPServiceApplicationCollection svcApps = service.Applications;

Eine Dienstanwendung ist jeweils einem Service und mindestens einer Service-Instanz (SPServiceApplication.ServiceInstances) zugeordnet.

Die unterste Ebene der Server-Architektur bildet die Webanwendung. Sie ist, technisch betrachtet, nichts weiter als eine Webseite unterhalb der *Internet Information Services* (IIS) des Windows-Servers. Die um die SharePoint- Funktionen erweiterte Webanwendung wird durch ein Objekt vom Typ SPWebApplication ❽ repräsentiert. Als Container für sämtliche Anwendungen agiert die Klasse SPWebService. Das Objektmodell unterscheidet hierbei die Webanwendung der Zentraladministration vom Typ der klassischen SharePoint-Webseiten.

Pro Webanwendung existiert mindestens eine Inhaltsdatenbank, die durch spezielle Datenbankdienste gesteuert wird. Die Verwaltung der Datenbanken wird über die Klasse SPContentDatabase ermöglicht. Die einzelnen Datenbanken wiederum sind benutzerdefinierte SharePoint-Dienstinstanzen, die über die Klasse SPDatabaseServiceInstance (vergleiche Abbildung 4.3, ❼) repräsentiert werden.

Das abschließende Beispiel veranschaulicht, wie Sie mithilfe des administrativen Objektmodells die einzelnen Elemente einer SharePoint-Farm bis hin zur Webanwendung abfragen können:

```
SPFarm farm = SPFarm.Local;

//Interiere sämtliche Server der Farm
foreach (SPServer server in farm.Servers)
{
    // Iteriere sämtliche Service-Instanzen pro Server
    foreach (SPServiceInstance inst in server.ServiceInstances)
    {
        Console.WriteLine("{0} ({1})",
            inst.TypeName, inst.Status);

        // Prüfe, ob der Service ein SPF-Webservice ist
        if (inst.Service is SPWebService)
        {
            // Hole die Collection der Webanwendungen
            SPWebApplicationCollection webApps =
                    (inst.Service as SPWebService).WebApplications;

            // Interiere die Webanwendungen der Farm
            foreach (SPWebApplication app in webApps)
            {
                Console.WriteLine("\t{0} (Site Collections: {1})",
                        app.DisplayName, app.Sites.Count);
            }
        }
    }
}


// Interiere die Service Applications der Farm
foreach (SPService service in farm.Services)
{
    if (service.Applications.Count > 0)
    {
        Console.WriteLine("{0} ({1})",
            service.TypeName, service.Status);
```

```
    foreach (SPServiceApplication app
       in service.Applications)
    {
       Console.WriteLine("\t{0} ({1})",
          app.TypeName, app.DisplayName);
    }
  }
}
```

Listing 4.2 Das administrative Objektmodell ermöglicht den Zugriff auf sämtliche Ebenen der Server-Architektur.

4.2.3 Site-Architektur

Die Site-Architektur beschreibt den Aufbau der SharePoint-Farm unterhalb der SharePoint-Webanwendung.

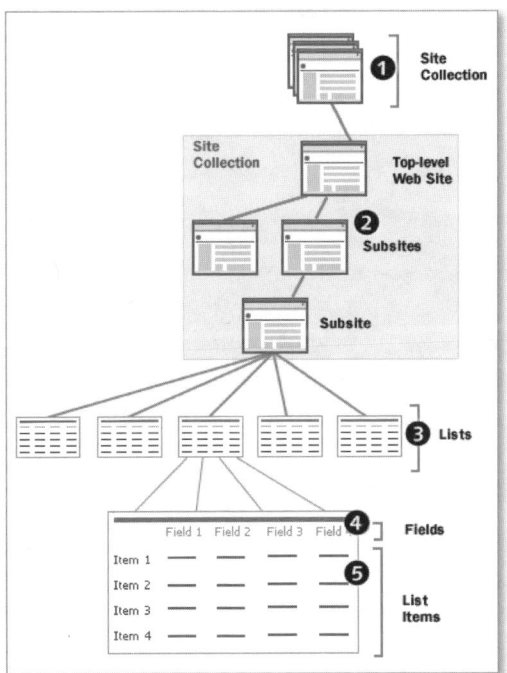

Abbildung 4.5 Die Hierarchie des SharePoint-Server-Objektmodells von der Website-sammlung bis zum Listenelement (Quelle: SharePoint SDK)

Die Komponenten der Site-Architektur werden durch den Namensraum `Microsoft.SharePoint` bereitgestellt. Die folgende Auflistung liefert Ihnen eine Übersicht der wichtigsten Klassen.

1. Die `SPSite`-Klasse ❶ repräsentiert eine SharePoint-Websitesammlung unterhalb einer Webanwendung. Eine Websitesammlung stellt eine Hierarchie von Webseiten (`SPWeb`) bereit.

2. Eine Webseite wird durch ein Objekt vom Typ `SPWeb` ❷ abgebildet. Auf der Ebene des Webs werden Listen und Dokumentbibliotheken bereitgestellt und einzelne Benutzer berechtigt.

3. `SPList` ❸ stellt eine Liste innerhalb einer SharePoint-Webseite dar. Dokumentbibliotheken werden durch ein Objekt vom Typ `SPDocumentLibrary` repräsentiert, das wiederum von `SPList` erbt.

4. Die Spalten einer Liste (Felder) werden über das `SPField`-Objekt ❹ verwaltet.

5. Einzelne Listenelemente werden durch die Klasse `SPListItem` ❺ vertreten.

Sämtliche Objekte (Listenelemente, Einstellungen oder Dokumente) einer SharePoint-Webseite werden in der Inhaltsdatenbank einer Webanwendung gespeichert. Das SharePoint-Objektmodell liefert das Bindeglied zu den Elementen der SharePoint-Datenbanken.

Um Ihnen den Einstieg in das Objektmodell zu erleichtern, werden wir Ihnen in den folgenden Abschnitten anhand von Praxisbeispielen die wichtigsten Elemente der SharePoint-Site-Architektur vorstellen.

Wo finde ich weitere Informationen?

Eine gute Anlaufstelle für zusätzliche Informationen ist das SharePoint Software Development Kit (SDK):

http://msdn.microsoft.com/en-us/library/ff462061(v=office.14).aspx

Das SDK steht auch als Download-Version zur Verfügung:

http://www.microsoft.com/downloads/details.aspx?FamilyID=f0c9daf3-4c54-45ed-9bde-7b4d83a8f26f

4.2.4 Websitesammlungen und Webseiten

Websitesammlungen (*Site Collections*) spielen in der Architektur von SharePoint eine sehr wesentliche Rolle. Sie stellen eine Hierarchie von Webseiten bereit und bilden eine Sicherheitsgrenze zu anderen Site Collections. Folgende Einstellungen und Funktionen werden unter anderem auf Ebene einer Websitesammlung abgebildet:

▸ Definition von SharePoint-Gruppen und Berechtigungsleveln

▸ implizite oder explizite Berechtigung von Benutzern

▸ Zuweisung von Speicherplatz

- Aktivierung zentraler Features für die gesamte Webseite
- vollständige Sicherung und Wiederherstellung
- Bereitstellung von Sandboxed Solutions und Webparts
- Verwaltung von Listenvorlagen und benutzerdefinierten Themes

Die eigentlichen Inhalte wie Seiten, Listen oder Bibliotheken werden innerhalb einer Webseite verwaltet. Bei der Erstellung einer Site Collection wird mindestens eine Webseite – die Top-Level-Site (oder RootWeb) – erzeugt.

Zugriff auf eine bestehende Websitesammlung

Möchten Sie eine Liste sämtlicher Websitesammlungen erzeugen, können Sie die Eigenschaft Sites eines SPWebApplication-Objekts wie folgt abfragen:

```
SPWebApplication webApp = SPWebApplication.Lookup(
    new Uri("http://contoso.de"));
SPSiteCollection allSites = webApp.Sites;
```

Listing 4.3 Abfrage sämtlicher Websitesammlungen

Die einzelnen Elemente der zurückgelieferten Listen können mithilfe einer einfachen foreach-Schleife durchlaufen werden:

```
foreach (SPSite site in allSites)
{
    Console.WriteLine(site.Url);
}
```

Listing 4.4 Iteration der Websitesammlungen

SPSite vs. SPSiteCollection

Die Nomenklatur des SharePoint-Objektmodells kann besonders bei Einsteigern zur Verwirrung führen. Eine Websitesammlung wird durch ein Objekt vom Typ SPSite repräsentiert, wohingegen SPSiteCollection eine *Liste* von Websitesammlungen darstellt. Dieser Umstand ist der Historie von SharePoint geschuldet und wurde von Microsoft aufgrund der Abwärtskompatibilität nicht geändert.

Für den Fall, dass Sie explizit auf eine Websitesammlung zugreifen wollen, stehen Ihnen unterschiedliche Optionen zur Auswahl.

Sollte Ihre Anwendung im Kontext einer SharePoint-Webseite ausgeführt werden (zum Beispiel als Webpart oder Workflow), können Sie von den Hilfsklassen SPContext oder SPControl Gebrauch machen:

```
SPSite siteSPContext = SPContext.Current.Site;
SPSite siteSPControl = SPControl.GetContextSite(HttpContext);
```

Listing 4.5 Verwendung von Kontext-Objekten zur Abfrage der Websitesammlung

Wird Ihr Programmcode außerhalb der SharePoint-Umgebung – zum Beispiel in einer Konsolenanwendung – ausgeführt, ist es erforderlich, ein neues `SPSite`-Objekt zu erzeugen. Am einfachsten ist es, dem Konstruktor der Klasse als Parameter die URL der Websitesammlung zu übergeben. Das folgende Beispiel demonstriert den grundlegenden Aufbau des Zugriffs auf eine Websitesammlung.

```
using (SPSite site = new SPSite("http://contoso.de"))
{
    // Führen Sie hier weitere Aktionen aus
}
```

Listing 4.6 Erzeugung eines neuen SPSite-Objekts

Wenn Sie diesen Programmcode in einer einfachen Konsolenanwendung ausführen wollen, müssen Sie dem Projekt zuvor eine Referenz auf die *Microsoft.Share-Point*-Assembly (*%CommonProgramFiles%\Microsoft Shared\Web Server Extensions\14\ISAPI*) hinzufügen.

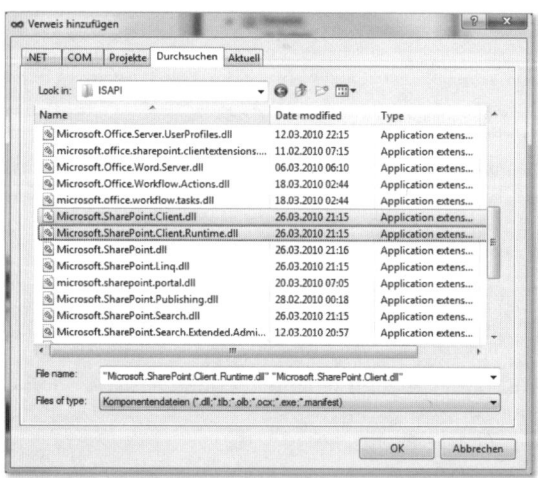

Abbildung 4.6 Verwenden Sie keine SharePoint-Standardvorlage, müssen Sie die Referenz auf die »Microsoft.SharePoint.dll« manuell registrieren.

Alternativ zur URL kann der `SPSite`-Klasse auch die ID einer Websitesammlung sowie ein optionales `SPUserToken`-Objekt übergeben werden. Beide Varianten kommen dann zum Einsatz, wenn eine Websitesammlung mit heraufgestuftem oder impersonifiziertem Programmcode geöffnet werden soll (weitere Informationen hierzu finden Sie in Abschnitt 4.2.7, »Heraufstufung und Impersonifizierung«).

Bei neu erzeugten SPSite-Objekten ist es wichtig, das Objekt nach der Verwendung zu zerstören. Ansonsten wird der reservierte Arbeitsspeicher nicht direkt freigegeben. Die einfachste Variante ist die Verwendung des using-Statements (analog zum oberen Beispiel). Objekte, die das IDisposable-Interface implementieren, werden hierüber automatisch nach der Nutzung zerstört. Alternativ haben Sie die Möglichkeit, die Dispose-Methode auch direkt aufzurufen.

```
SPSite site = null;
try
{
   site = new SPSite("http://contoso.de");
}
finally
{
   if (site != null) site.Dispose();
}
```

Listing 4.7 Bestimmte SharePoint-Objekte müssen explizit zerstört werden.

Warum Dispose?

Einige Objekte der SharePoint Foundation-API werden zwar als managed Objekte bereitgestellt, rufen aber im Hintergrund *unmanaged* Code auf. Dieser Umstand führt dazu, dass der verwaltete Teil des Objekts den Garbage Collector nicht instruieren kann, das Objekt wieder freizugeben. Aus diesem Grund müssen Objekte, die das IDisposable-Interface implementieren, nach ihrer Verwendung manuell zerstört werden.

Eine Besonderheit gibt es bei den Kontext-Objekten. Da sie vollständig von der SharePoint Foundation-Runtime verwaltet werden, ist hier keine explizite Zerstörung nötig. Im Gegenteil! Die Zerstörung des Kontextes eines Webparts wird dazu führen, dass andere SharePoint-Komponenten oder weitere Webparts auf der Webseite nicht mehr korrekt ausgeführt werden.

```
// Machen Sie das bitte nicht!
SPSite site = SPContext.Current.Site;
site.Dispose();
```

Listing 4.8 Kontext-Objekte sollten nicht explizit zerstört werden!

Das SPSite-Objekt enthält eine Fülle an Eigenschaften. Ein Blick auf die Debug-Ansicht in Visual Studio 2010 (siehe Abbildung 4.7) macht deutlich, welche Informationen dieses Objekt offenbart.

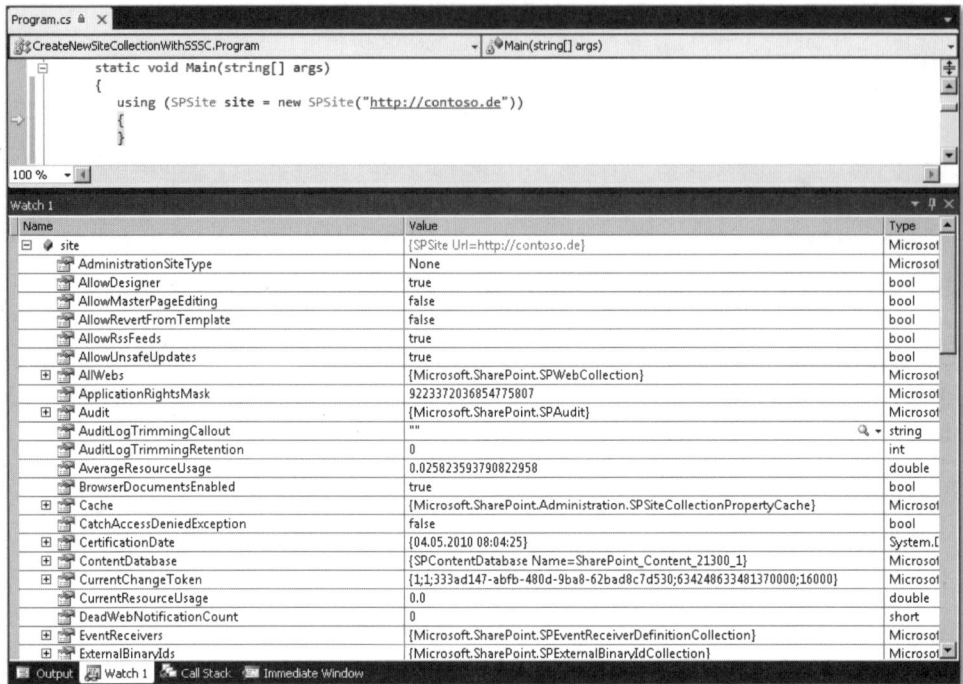

Abbildung 4.7 Zugriff auf ein »SPSite«-Objekt im Debug-Modus

Die SPSite-Klasse integriert insgesamt 70 Eigenschaften und circa 39 Methoden (die PowerShell-Erweiterungen abgezogen). Eine Liste sämtlicher Eigenschaften und Methoden dieser Klasse liefert das SharePoint Foundation SDK unter folgender URL:

http://msdn.microsoft.com/en-us/library/microsoft.sharepoint.spsite(v=office.14).aspx

Eine neue Websitesammlung erstellen

Eine neue Websitesammlung erstellen Sie am besten über die Methode SPSiteCollection.Add. Die Liste der Websitesammlungen kann über die Eigenschaft SPWebApplication.Sites erzeugt werden. Wie das funktioniert, veranschaulicht das folgende Anwendungsbeispiel:

```
SPWebApplication webApp =
    SPWebApplication.Lookup(new Uri("http://contoso.de/"));
SPSiteCollection sites = webApp.Sites;
SPSite newSite = sites.Add(
    "sites/newSite",            //server-relative URL
    "Neue Site Collection",     //Titel der Site-Collection
    String.Empty,               //Beschreibung
```

```
(uint)1033,                //Sprachcode
"STS#0",                   //Web-Template
"itacs\\fm",               //Besitzer-Login
"Fabian Moritz",           //Besitzer-Name
"fm@itacs.de");            //Besitzer-E-Mail

Console.WriteLine("Site Collection wurde erfolgreich erstellt: {0}",
newSite.Url);
```

Listing 4.9 Erstellung einer neuen Websitesammlung, ausgehend von einer Webanwendung

Die meisten dieser Parameter erklären sich von selbst. Zwei Parameter wollen wir jedoch genauer betrachten – die Sprache und das Web-Template. Mithilfe des Sprachparameters wird der Ländercode (LCID) der zu verwendenden Sprache definiert. An dieser Stelle sollte allerdings nur eine Sprache referenziert werden, die als Sprachpaket auf dem SharePoint-Server installiert ist. In Tabelle 4.1 finden Sie einen Ausschnitt der gängigsten Ländercodes.

Sprache	LCID
Deutsch	1033
Englisch	1031
Französisch	1036
Polnisch	1045
Russisch	1049
Spanisch	1034
Schwedisch	1053
Türkisch	1055

Tabelle 4.1 Wichtige Ländercodes zur Definition der Sprache

Der Web-Template-Parameter legt die für die neue Websitesammlung anzuwendende Websitevorlage fest. Er erwartet als Wert den Code der Sitedefinition. In Tabelle 4.2 finden Sie eine Übersicht über sämtliche Vorlagen von SharePoint Foundation 2010.

Web-Template	Vorlage
GLOBAL#0	globale Vorlage (dient zur Initialisierung einer neuen Website)
STS#0	Standard-Teamsite
STS#1	leere Website

Tabelle 4.2 Web-Templates und IDs von SharePoint Foundation 2010

Web-Template	Vorlage
STS#2	Dokumentarbeitsbereich
MPS#0	Standard-Besprechungsarbeitsbereich
MPS#1	leerer Besprechungsarbeitsbereich
MPS#2	Entscheidung-Besprechungsarbeitsbereich
MPS#3	sozialer Besprechungsarbeitsbereich
MPS#4	mehrseitiger Besprechungsarbeitsbereich
CENTRALADMIN#0	Zentraladministration
WIKI#0	Wiki-Website
BLOG#0	Blog

Tabelle 4.2 Web-Templates und IDs von SharePoint Foundation 2010 (Forts.)

Falls Sie mit der Produktversion *SharePoint Server 2010* arbeiten, sieht diese Liste deutlich länger aus. Die von SharePoint bereitgestellten Vorlagen können Sie am einfachsten über die *WEBTEMP.XML*-Dateien auf dem Server recherchieren. Die Datei befindet sich in folgendem Verzeichnis:

%CommonProgramFiles%\Microsoft Shared\Web Server Extensions\14\TEMPLATE\ <LCID>\XML.

Wie setzen sich die Wertecodes einer Sitedefinition zusammen?

Der Code einer Sitedefinition setzt sich jeweils aus dem Namen (zum Beispiel STS) und der ID des Web-Templates (Configuration ID) zusammen. Beide Werte werden durch eine Raute getrennt, sodass sich für die Referenzierung eines Templates folgendes Muster ergibt:
`<Site-Definition>#<Configuration ID>`
Eine Sitedefinition bündelt jeweils eine thematisch zusammenhängende Liste von Web-Templates. Die jeweilige Vorlage wird über eine eindeutige ID indiziert.

Eine weitere Möglichkeit, eine neue Websitesammlung zu erzeugen, ist die Verwendung der sogenannten *Self-Service Site Creation*-Funktion (SSSC).

In der Regel benötigt man für die Erstellung einer neuen Websitesammlung administrative Rechte innerhalb der SharePoint-Farm. In manchen Konstellationen ist es jedoch nicht ratsam, bestimmten Anwendern diese Privilegien zu geben – zum Beispiel bei der Erstellung der persönlichen Webseite (My Site). Für diesen Anwendungsfall stellt das SharePoint-Objektmodell die SSSC-Funktion bereit. Sie liefert dem Anwender eine Schnittstelle zur Erzeugung einer neuen Websitesammlung, ohne ihm jedoch die Rechte eines Administrators zu gewähren (siehe Listing 4.10).

```
using(SPSite site = new SPSite("http://contoso.de"))
{
    SPSite newSite = site.SelfServiceCreateSite(
                        "http://contoso.de/sites/wiki",
                        "Wiki",
                        String.Empty,
                        (uint)1031,
                        "Wiki#0",
                        "itacs\\fm",
                        "Fabian Moritz",
                        "fm@itacs.de",
                        "itacs\\fm",
                        "Fabian Moritz",
                        "fm@itacs.de");

    Console.WriteLine(
        "Site Collection wurde erfolgreich erstellt: {0}",
        newSite.Url);
}
```

Listing 4.10   Erzeugung einer neuen Websitesammlung über Self-Service Site Creation

Der Einsatz der *Self-Service Site Creation*-Technologie erfordert die explizite Aktivierung für die jeweilige Webanwendung. Die Einstellungen finden Sie in der Zentraladministration unterhalb des Bereichs ANWENDUNGSVERWALTUNG (siehe Abbildung 4.8).

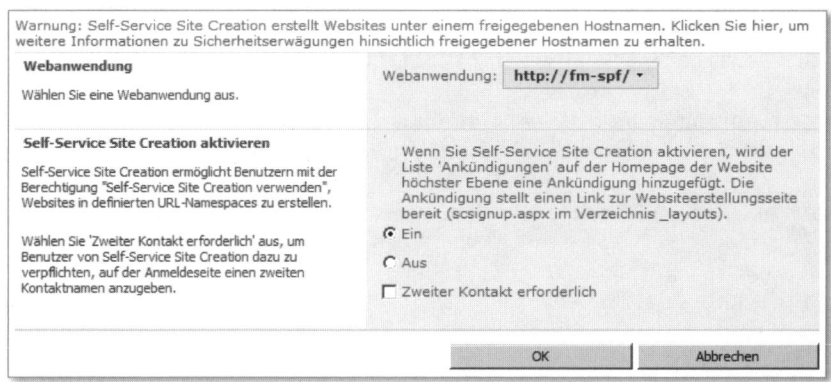

Abbildung 4.8   Die »Self-Service Site Creation«-Funktion muss explizit aktiviert werden.

Alternativ können Sie diese Funktion auch über das SharePoint-Objektmodell aktivieren.

```
using(SPSite site = new SPSite("http://contoso.de"))
{
    SPWebApplication webApp = site.WebApplication;
    webApp.SelfServiceSiteCreationEnabled = true;
    webApp.Update();
}
```

Listing 4.11 Aktivierung der »Self-Service Site Creation«-Methode

Arbeit mit Webseiten

Der Website (SPWeb) kommt im Objektmodell von SharePoint Foundation 2010 eine elementare Bedeutung zu, weil sie das Tor zu den Listen und Dokumentbibliotheken bereitstellt. Sie können auf der Ebene des Webs zum Beispiel folgende Aktivitäten durchführen:

- Verwaltung von Listen und Bibliotheken
- Zuweisung von Rechten
- Bereitstellung von Website-Workflows
- Zuweisung von Listenworkflows und Ereignishandlern
- Änderung des Website-Designs (Theme)

Das SharePoint Foundation 2010-Objektmodell stellt unterschiedliche Möglichkeiten bereit, programmgesteuert auf eine Website zuzugreifen. Sollten Sie eine Liste sämtlicher Webseiten einer Websitesammlung (inklusive der Top-Level-Website) abfragen wollen, können Sie von der Eigenschaft SPSite.AllWebs (siehe Listing 4.12) Gebrauch machen.

```
using (SPSite site = new SPSite("http://contoso.de"))
{
    SPWebCollection webs = site.AllWebs;
    Console.WriteLine("Anzahl Webs: {0}", webs.Count);

    foreach (SPWeb web in webs)
    {
        Console.WriteLine("{0} ({1})", web.Title, web.Url);
        web.Dispose();
    }
}
```

Listing 4.12 Iteration sämtlicher Websites einer Websitesammlung

Für das SPWeb-Objekt gelten die gleichen Regeln, wie für SPSite – es muss explizit freigegeben werden. In diesem Beispiel erfolgt die Freigabe des Objekts über den direkten Aufruf der Dispose-Methode.

Der Zugriff auf eine spezielle Webseite wird zum Beispiel über die Methode `SPSite.OpenWeb` ermöglicht. Die server-relative URL oder die GUID der angeforderten Website kann als Parameter mitgegeben werden.

```
using (SPSite site = new SPSite("http://contoso.de"))
{
    using (SPWeb web = site.OpenWeb("blog"))
    {
        // Führen Sie hier Ihren Code aus
    }
}
```

Listing 4.13 Zugriff auf eine spezielle Website

Sollten Sie keinen Parameter übergeben, wird das Web die über das `SPSite`-Objekt assoziierte URL zurückgeben. Möchten Sie auf die Top-Level-Website zugreifen, können Sie auch die Eigenschaft `SPSite.RootWeb` zu Hilfe nehmen. Ebenso wie die Websitesammlung stellt die `SPWeb`-Klasse zahlreiche Eigenschaften und Methoden bereit. Genauer betrachtet sind es sogar deutlich mehr als bei der `SPSite`-Klasse!

Besonders interessant sind die zahlreichen Auflistungen. Das `SPWeb`-Objekt enthält zum Beispiel eine Auflistung der berechtigten Benutzer, der Listen und Bibliotheken, der Workflows, der Inhaltstypen oder der registrierten Ereignishandler (siehe Abbildung 4.9).

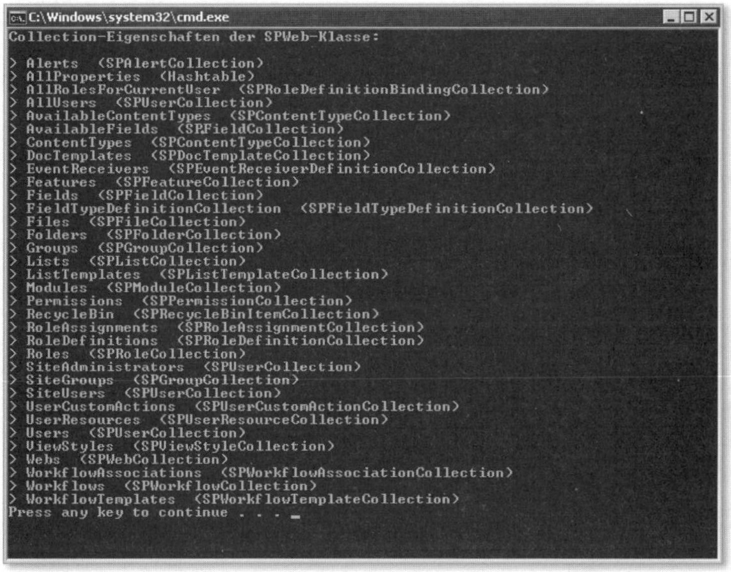

Abbildung 4.9 Das SPWeb-Objekt enthält zahlreiche Auflistungen.

Weitere Details zu den Eigenschaften und Methoden der SPWeb-Klasse finden Sie im SharePoint Foundation SDK:

http://msdn.microsoft.com/en-us/library/ms473942(v=office.14).aspx

Neue Website erzeugen

Die Erstellung einer neuen Website wird über die SPWebCollection.Add-Methode gesteuert. Als Ausgangspunkt agiert eine Websitesammlung, die über die Webs-Eigenschaft ein Objekt vom Typ SPWebCollection zurückgibt. Das folgende Beispiel veranschaulicht die Erstellung einer neuen Blog-Website.

```
using (SPSite site = new SPSite("http://contoso.de"))
{
    // Hole die Collection der verfügbaren Templates
    SPWebTemplateCollection webTemplates =
        site.GetWebTemplates(1031);

    // Hole das Template des Blogs
    SPWebTemplate blogTemplate = webTemplates["BLOG#0"];

    SPWebCollection allWebs = site.AllWebs;
    SPWeb newWeb = allWebs.Add(
        "Blog",          // URL relativ zur Root-Website
        "Mein Blog",     // Titel der Website
        String.Empty,    // Beschreibung
        (uint)1033,      // Sprachcode
        blogTemplate,    // Websitevorlage
        false,           // Vererbung der Berechtigungen
        false);          // bestehende Seite nicht konvertieren

    Console.WriteLine("Website erfolgreich erstellt: {0}, {1}",
        newWeb.Url, newWeb.Created);
}
```

Listing 4.14 Erstellung einer neuen Blog-Website unterhalb der Wurzelwebsite

Gleich der erste Parameter (URL der Website) bedarf besonderer Aufmerksamkeit. Die Methode erwartet hier die server-relative URL, ausgehend von der Wurzelwebsite. Möchten Sie beispielsweise eine neue Website programmgesteuert unter der Adresse *http://contoso/sites/MeineSiteCollection/MeineNeueWebsite* erstellen, dann muss der Parameter MeineNeueWebsite lauten. Möchten Sie unterhalb dieser Seite eine Untersite erzeugen, muss der Parameter wie folgt spezifiziert werden: MeineNeueWebsite/Unterseite.

Ein weiterer interessanter Parameter ist der des Web-Templates. Anders als bei der Erstellung einer neuen Websitesammlung wird in diesem Programmbeispiel ein Objekt vom Typ `SPWebTemplate` übergeben. Die Liste der verfügbaren Website-vorlagen können Sie über die Methode `SPSite.GetWebTemplates` abrufen. Als vor-letzter Parameter folgt ein boolescher Wert, der die Vererbung der Berechtigungen steuert (`false` = Berechtigungen übernehmen, `true` = Vererbung aufbrechen).

Nachdem Sie eine neue Website erzeugt haben, besteht die Möglichkeit, bestimmte Eigenschaften der Website zu editieren.

```
using (SPSite site = new SPSite("http://contoso.de"))
{
    using (SPWeb web = site.OpenWeb("blog"))
    {
        web.Title = "Mein SharePoint Blog";
        web.Description = "Das ist mein persönlicher Blog";
        web.SiteLogoUrl = String.Format(web.Url,
            "/_layouts/images/myLogo.png");

        // Änderungen übernehmen
        web.Update();
    }
}
```

Listing 4.15 Änderung von Eigenschaften der Website

Beachten Sie, dass die Änderungen erst mit der Ausführung der `Update`-Methode in der Datenbank gespeichert werden. Eine vollständige Liste der editierbaren Eigenschaften finden Sie im SharePoint-SDK unter folgender URL:

http://msdn.microsoft.com/en-us/library/microsoft.sharepoint.spweb_properties (v=office.14).aspx

> **Die Bedeutung der »AllowUnsafeUpdates«-Eigenschaft**
>
> Die Eigenschaft `SPWeb.AllowUnsafeUpdates` gewinnt an Bedeutung, wenn Ihr Pro-grammcode im Kontext einer Webanwendung ausgeführt wird. Die Eigenschaft defi-niert, ob Änderungen an einem `SPWeb`-Objekt während der `GET`-Anfrage durchgeführt werden dürfen. Der Standardwert ist `false`. Diese Einstellung soll Ihre Umgebung vor Cross-Site-Scripting-Angriffen schützen.
>
> In einigen Konstellationen kann es jedoch erforderlich sein, diesen Wert in `true` zu ändern – zum Beispiel dann, wenn Sie ein neues `SPWeb`-Objekt erzeugen und anschlie-ßend Änderungen an den Eigenschaften des Objekts vornehmen wollen.
>
> Im Standardverhalten würde Ihr Programmablauf mit einer Ausnahme vom Typ `Micro-soft.SharePoint.SPException` und folgendem Warnhinweis abbrechen: »Die Sicher-heitsüberprüfung für diese Seite ist ungültig. Klicken Sie auf Zurück in Ihrem Webbrow-ser, aktualisieren Sie die Seite, und wiederholen Sie den Vorgang.«

Um diesen Fehler zu vermeiden, müssen Sie vor dem Update die AllowUnsafeUpdate-Eigenschaft des darüberliegenden SPWeb-Objekts auf den Wert true ändern. Dieses Verfahren kann auch auf Objekte vom Typ SPSite angewandt werden; wir empfehlen jedoch, mit dieser Funktion sparsam umzugehen.

4.2.5 Listen und Dokumentbibliotheken

Bei der Arbeit mit dem SharePoint-Objektmodell werden Sie sehr schnell auf Listen und Bibliotheken stoßen. Sie repräsentieren eines der Kernelemente der SharePoint-Technologie, weil sie einen Container für die eigentlichen Inhalte (Aufgaben, Termine, Dokumente etc.) bereitstellen.

Jeder Datenspeicher lässt sich prinzipiell als SharePoint-Liste bezeichnen. So ist auch die Dokumentbibliothek im Kern eine Liste, nur mit dem Unterschied, dass sie zusätzlich die Speicherung von Dateien ermöglicht.

Eine Liste können Sie sich als eine Art Datenbanktabelle vorstellen, die sich aus Spalten (in SharePoint als *Felder* bezeichnet), Datentypen, Zeilen und referenzierten Elementen (Lookups) zusammensetzt.

Eine SharePoint-Liste wird durch die Klasse SPList repräsentiert, eine Dokumentbibliothek durch SPDocumentLibrary. Abbildung 4.10 veranschaulicht die wichtigsten Eigenschaften und verwandten Typen der SPList-Klasse.

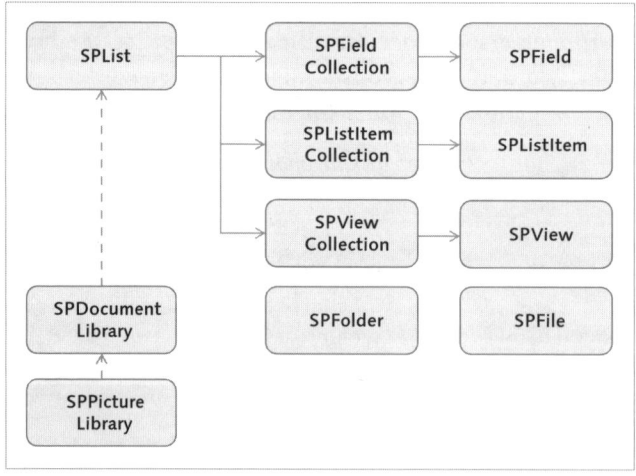

Abbildung 4.10 Die »SPList«-Klasse stellt ein Kernelement der SharePoint-Architektur dar und ist mit zahlreichen weiteren Klassen verbunden.

Die SPList-Klasse liefert Ihnen etliche Möglichkeiten der Interaktion mit SharePoint-Informationen. Dazu gehören zum Beispiel folgende Aufgaben:

- ▶ Iteration und Anfrage von Listenelementen und Dokumenten
- ▶ Filterung von Abfragen via CAML oder LINQ
- ▶ Bereitstellung neuer Elemente und Dateien
- ▶ Zuweisung von Ereignishandlern und Workflows
- ▶ Abbildung spezifischer Metadatenmodelle durch Inhaltstypen
- ▶ Definition von benutzerdefinierten Ansichten

Eine Liste basiert jeweils auf einem speziellen Typ (`BaseType`). Er wird durch die Eigenschaft `SPList.BaseType` repräsentiert. Die unterschiedlichen Typen werden durch die Enumeration `SPBaseTypes` spezifiziert.

- ▶ `GenericList`: generische Liste (dient benutzerdefinierten Listen)
- ▶ `DocumentLibrary`: Dokumentbibliothek
- ▶ `DiscussionBoard`: Diskussionsrunde
- ▶ `Survey`: Umfrage
- ▶ `Issue`: Problemverwaltung
- ▶ `UnspecifiedBaseType`: unspezifiziert (für alle weiteren Listen)

Die Basistypen von SharePoint Foundation 2010 werden in der globalen *Onet.xml*-Datei spezifiziert. Diese Datei befindet sich auf dem Server im Verzeichnis *%CommonProgramFiles%\Microsoft Shared\web server extensions\14\TEMPLATE\ GLOBAL\XML*.

Außer auf dem Typ basiert eine Liste jeweils auf einer dedizierten Listenvorlage (`SPList.BaseTemplate`) und ist wie die Sitedefinitionen deklarativ via CAML (*schema.xml*) strukturiert. Die `SPListTemplateType`-Enumeration repräsentiert die Konfigurations-ID der jeweiligen Listendefinition. In Tabelle 4.3 finden Sie eine Übersicht über die gängigsten Listenvorlagen.

Typ	ID	Beschreibung
`GenericList`	100	benutzerdefinierte Liste
`DocumentLibrary`	101	Dokumentbibliothek
`Survey`	102	Umfrage
`Links`	103	Hyperlinkliste
`Announcements`	104	Ankündigungen (Nachrichten)
`Contacts`	105	Kontakte
`Events Calendar`	106	Kalender

Tabelle 4.3 Werte der »SPListTemplateType«-Enumeration

Typ	ID	Beschreibung
Tasks	107	Aufgaben
DiscussionBoard	108	Diskussionsrunde
PictureLibrary	109	Bildbibliothek
DataSources	110	Datenquellenbibliothek
WebTemplateCatalog	111	Seitenvorlagen-Galerie
UserInformation	112	Benutzerinformationsliste
WebPartCatalog	113	Webpart-Galerie
ListTemplateCatalog	114	Listenvorlagen-Galerie
XMLForm	115	Formularvorlagen (InfoPath)
MasterPageCatalog	116	Masterseitenvorlagen-Galerie
NoCodeWorkflows	117	No-Code-Workflows
WorkflowProcess	118	Benutzerdefinierte Workflows
WebPageLibrary	119	Wiki-Seiten-Bibliothek
CustomGrid	120	benutzerdefiniertes Grid
DataConnectionLibrary	130	Datenverbindungsbibliothek
WorkflowHistory	140	Workflowverlauf
GanttTasks	150	Projektaufgaben
Meetings	200	Meeting
Agenda	201	Meeting-Agenda
MeetingUser	202	Meeting-Teilnehmer
Decision	203	Meeting-Entscheidungen
MeetingObjective	207	Meeting-Ziele
TextBox	210	Meeting-Textbox-Container
ThingsToBring	211	Meeting: erforderliche Dinge
HomePageLibrary	212	Meeting-Seitenbibliothek
Posts	301	Blog-Einträge
Comments	302	Blog-Kommentare
Categories	303	Blog-Kategorien
IssueTracking	1100	Problemverfolgung
AdminTasks	1200	Aufgaben der Zentraladministration

Tabelle 4.3 Werte der »SPListTemplateType«-Enumeration (Forts.)

Das folgende Beispiel veranschaulicht, wie sämtliche Listen und Bibliotheken einer SharePoint-Website abgefragt werden können.

```
using(SPSite site = new SPSite("http://contoso.de"))
{
   using(SPWeb web = site.OpenWeb("blog"))
   {
      Console.WriteLine("{0} | Anzahl Listen: {1}\n",
         web.ServerRelativeUrl,
         web.Lists.Count);

      // Hole die Collection aller Listen
      SPListCollection allLists = web.Lists;

      // Iteriere sämtliche Listen
      foreach (SPList list in allLists)
      {
         Console.WriteLine("{0} (Anzahl Elemente: {1}) ",
            list.Title,
            list.ItemCount.ToString());
         Console.WriteLine("> BaseType: {0}",
            list.BaseType);
         Console.WriteLine("> BaseTemplate: {0}\n",
            list.BaseTemplate);
      }
   }
}
```

Listing 4.16 Iteration sämtlicher Listen einer Website

Eine ausführliche Übersicht über alle Eigenschaften und Methoden der SPList-Klasse liefert das SharePoint Foundation Software Development Kit:

http://msdn.microsoft.com/en-us/library/microsoft.sharepoint.splist (v=office.14).aspx

In den folgenden Abschnitten finden Sie eine Reihe von Beispielen, die Ihnen die Arbeit mit Listen und Dokumentbibliotheken erläutern.

Listenelemente abfragen

Die SharePoint-Plattform liefert sehr vielseitige Möglichkeiten zur Abfrage von Listenelementen. Die einfachste (aber nicht unbedingt die beste) Variante ist die direkte Iteration über die Collection der Listenelemente (SPList.Items). Darüber hinaus stellt SharePoint Foundation 2010 noch weitere Optionen zur Datenabfrage bereit:

▶ CAML (*Collaboration Application Markup Language*)

▶ LINQ to SharePoint

- ▸ Client-Objektmodell

- ▸ SharePoint-Webservices

In diesem Abschnitt werden wir Ihnen die einfachsten Datenabfragen über das SharePoint-Server-Objektmodell und via CAML demonstrieren. Ein Listenelement wird durch ein Objekt vom Typ SPListItem repräsentiert: So lassen sich sämtliche Elemente einer SharePoint-Liste abfragen.

```
using (SPSite site = new SPSite("http://contoso.de"))
{
   using (SPWeb web = site.OpenWeb())
   {
      SPList listOrders = web.Lists.TryGetList("Bestellungen");

      // Collection der Listenelemente einlesen
      SPListItemCollection items = listOrders.Items;

      // Collection iterieren
      foreach (SPListItem item in items)
      {
         // Zugriff auf Standardeigenschaften
         string title = item.Title;
         int id = item.ID;

         Console.WriteLine("{0} ({1})", title, id);
      }
   }
}
```

Listing 4.17 Einfache Iteration der Elemente einer SharePoint-Liste

Die SPListItem-Klasse integriert eine Reihe von Standardeigenschaften, mit deren Hilfe Sie allgemeine Informationen eines Listenelements abfragen können.

Der Zugriff auf eine benutzerdefinierte Spalte erfolgt über den Index des SPListItem-Objekts. Als Parameter kann der Name, der Index oder die GUID der betreffenden Spalte genutzt werden. Je nach Spaltentyp muss der Wert des Elements in passende .NET-Datentypen konvertiert werden. Das folgende Beispiel veranschaulicht exemplarisch den Zugriff auf benutzerdefinierte Spalten einer SharePoint-Liste.

```
using (SPSite site = new SPSite("http://contoso.de"))
{
   using (SPWeb web = site.OpenWeb())
   {
```

```
SPList listOrders = web.Lists.TryGetList("Bestellungen");

// Collection der Listenelemente einlesen
SPListItemCollection items = listOrders.Items;

// Collection iterieren
foreach (SPListItem item in items)
{
    // benutzerdefinierte Spalten auslesen
    string article = item["Artikel"] != null ?
        item["Artikel"].ToString() : String.Empty;

    string customer = item["Kunde"] != null ?
        item["Kunde"].ToString() :  String.Empty;

    int amount = item["Anzahl"] != null ?
        int.Parse(item["Anzahl"].ToString()) : 0;

    // Erzeugung der "SPFieldLookupValue"-Objekte
    SPFieldLookupValue customerLookup =
        new SPFieldLookupValue(customer);

    SPFieldLookupValue articleLookup =
        new SPFieldLookupValue(article);

    // Ausgabe der Daten
    Console.WriteLine("Bestellung {0} ({1})",
        item.Title, item.ID);
    Console.WriteLine("> Kunde: {0}",
        customerLookup.LookupValue);
    Console.WriteLine("> Artikel: {0}",
        articleLookup.LookupValue);
    Console.WriteLine("> Anzahl: {0}\n",
        amount);
    }
}
}
```

Listing 4.18 Zugriff auf spezielle Spalten einer Liste

Falls Sie den Namen der Spalte als Parameter für den Indexer verwenden, können Sie entweder den Anzeigenamen oder auch die interne Feldbezeichnung übergeben. Wir empfehlen Ihnen jedoch, den internen Spaltennamen zu verwenden, weil die Änderung des Anzeigenamens zu einem Fehler innerhalb des Programms führen würde.

Wie kann ich den internen Spaltennamen identifizieren?

Die interne Bezeichnung eines Felds wird innerhalb der Listeneinstellungen zur Änderung einer Spalte nicht direkt deutlich. Sie können sich jedoch damit behelfen, die Feldbezeichnung aus dem Adressfeld des Browsers zu entnehmen: *http://meinServer/_layouts/FldEdit.aspx?List={8F686CF1-4FBF-432A-929F-2E5A67C8D22D}&Field=Article.* Der Wert des Field-Parameters entspricht dem internen Spaltennamen.

Alternativ können Sie auch über den U2U CAML Query Editor oder den SharePoint Manager 2010 diese Informationen identifizieren.

Listen via CAML abfragen

Zugegeben, das erste Beispiel ist aus Sicht der SharePoint-Best-Practices nicht unbedingt optimal, besonders dann, wenn Sie mit großen Listen arbeiten. Für den Fall, dass Sie große Datenmengen abfragen, empfiehlt sich die Verwendung der SPList.GetItems-Methode. Diese Methode nutzt als Parameter eine CAML-Abfrage (SPQuery) oder -Ansicht (SPView), um die Elemente der Liste gefiltert oder sortiert abzufragen.

Zunächst ein paar wichtige Aspekte zu CAML:

▸ CAML steht für *Collaboration Application Markup Language*. Es handelt sich hierbei um eine XML-basierte Sprache, die in der SharePoint-Plattform eine signifikante Rolle spielt.

▸ Über CAML können SharePoint-Daten gefiltert oder sortiert von einer Share-Point-Liste abgefragt werden.

▸ Neben der Datenabfrage werden mithilfe CAML auch Listen oder Sitedefinitionen spezifiziert.

▸ CAML-Abfragen werden über das SPQuery-Objekt spezifiziert. Die eigentliche Abfragezeichenfolge wird in der Eigenschaft SPQuery.Query hinterlegt.

Im folgenden Beispiel wird die Abfrage aus Listing 1.18 in eine optimierte Form umgewandelt. Dazu werden mithilfe CAML eine Filterung sowie eine Sortierung der Listenelemente durchgeführt (nur die Einträge, bei denen die Bestellmenge größer oder gleich dem Wert 10 ist, werden absteigend nach dem Änderungsdatum sortiert). Außerdem wird durch die Eigenschaft ViewFields genau definiert, welche Spalten in der Anfrage berücksichtigt werden sollen. Die RowLimit-Eigenschaft spezifiziert die Anzahl der maximal zurückgegebenen Elemente.

```
using (SPSite site = new SPSite("http://contoso.de"))
{
    using (SPWeb web = site.OpenWeb())
    {
        SPList listOrders = web.Lists.TryGetList("Bestellungen");
```

```csharp
SPQuery query = new SPQuery();

query.Query = String.Concat(
   "<OrderBy>",
   " <FieldRef Name='Created' />",
   "</OrderBy>",
   "<Where>",
   " <Geq>",
   "  <FieldRef Name='Anzahl'/>",
   "  <Value Type='Number'>10</Value>",
   " </Geq>",
   "</Where>");

query.ViewFields = String.Concat(
   "<FieldRef Name=\"Title\" Type=\"Text\"/>",
   "<FieldRef Name=\"Modified\" Type=\"DateTime\"/>",
   "<FieldRef Name=\"Kunde\" Type=\"Lookup\"/>",
   "<FieldRef Name=\"Artikel\" Type=\"Lookup\"/>",
   "<FieldRef Name=\"Anzahl\" Type=\"Number\"/>");

// Definiere weitere Einstellungen der Anfrage
query.ViewFieldsOnly = true;
query.RowLimit = 500;

// Hole die Liste der Elemente über die CAML-Abfrage
SPListItemCollection items = listOrders.GetItems(query);

foreach (SPListItem item in items)
{
   // Benutzerdefinierte Spalten auslesen
   string articleRef = item["Artikel"] != null ?
     item["Artikel"].ToString() : String.Empty;

   string customerRef = item["Kunde"] != null ?
      item["Artikel"].ToString() : String.Empty;

   int amount = item["Menge"] != null ?
      int.Parse(item["Anzahl"].ToString()) : 0;

   // Erzeugung eines neuen "SPFieldLookupValue"-Objekts
   SPFieldLookupValue art =
      new SPFieldLookupValue(articleRef);
   SPFieldLookupValue customer =
      new SPFieldLookupValue(customerRef);
```

```
        // Daten ausgeben
        Console.WriteLine("Bestellung (Nummer {0})", item.Title);
        Console.WriteLine("> Kunde: {0}", customer.LookupValue);
        Console.WriteLine("> Artikel: {0}", art.LookupValue);
        Console.WriteLine("> Anzahl: {0}\n", amount);
    }
  }
}
```

Listing 4.19 Listenelemente mithilfe von CAML abfragen

Die CAML-Abfrage muss nicht manuell erzeugt werden. Das bereits vorgestellte Werkzeug *U2U CAML Query Builder* unterstützt Sie bei der Generierung solcher Abfragen. Der durch das Tool generierte XML-Code kann direkt in den Programmcode übernommen werden.

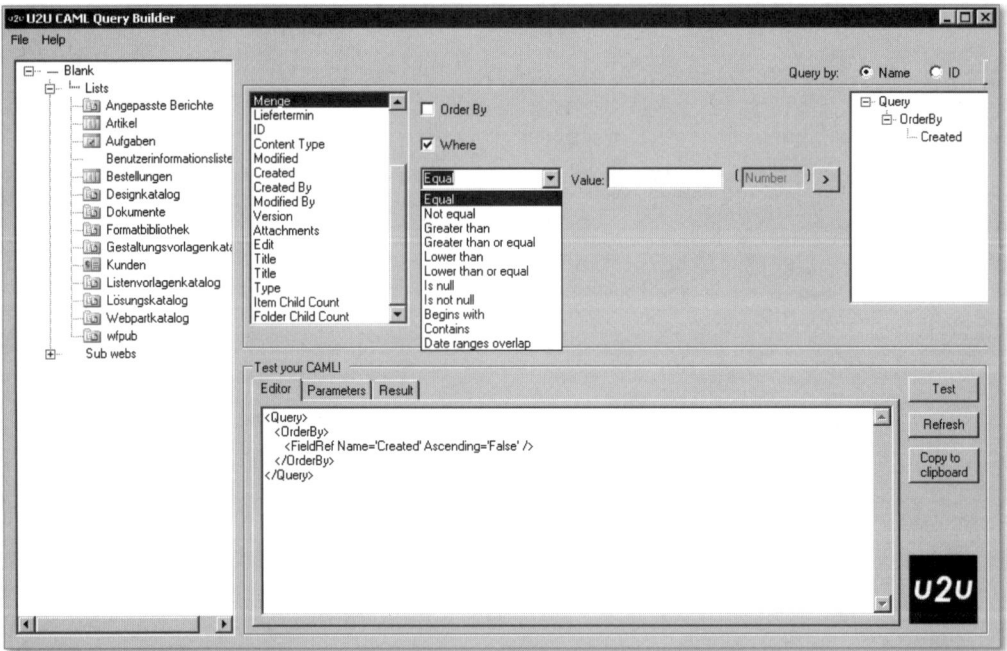

Abbildung 4.11 Der U2U CAML Query Builder erzeugt eine vollständige Abfrage.

Websiteübergreifende Anfragen

Das SharePoint-Objektmodell liefert auch die Möglichkeit, Daten über Website-grenzen hinweg abzufragen. Die websiteübergreifende Abfrage von Listenelementen wird durch die Klasse `SPSiteDataQuery` ermöglicht. Als Parameter kann der Methode der abzufragende Listentyp (ID oder Listenvorlage), der Bereich (zum Beispiel `SiteCollection`) sowie eine benutzerdefinierte CAML-Abfrage übergeben werden.

```
using (SPSite site = new SPSite("http://contoso.de"))
{
   using (SPWeb web = site.OpenWeb())
   {
      SPSiteDataQuery query = new SPSiteDataQuery();

      // Setze den Bereich
      query.Webs = "<Webs Scope=\"SiteCollection\" />";

      // Setze den Listentyp (101=Dokumentbibliothek)
      query.Lists = "<Lists ServerTemplate=\"101\" />";

      // Hole den Titel und das Änderungsdatum
      query.ViewFields = String.Concat(
         "<FieldRef Name=\"FileLeafRef\" Type=\"File\"/>",
         "<FieldRef Name=\"Modified\" Type=\"DateTime\"/>");

      // Definiere die Sortierreihenfolge via CAML
      query.Query = String.Concat(
         "<OrderBy>",
         "   <FieldRef Name=\"Modified\" Ascending=\"FALSE\" />",
         "</OrderBy>");

      // Hole die Ergebnistabelle
      System.Data.DataTable allItems = web.GetSiteData(query);

      // Iteriere sämtliche Spalten der Tabelle,
      // und gib den Dateinamen
      // und das Feld des Änderungsdatums aus
      foreach (System.Data.DataRow row in allItems.Rows)
      {
         SPFieldLookupValue lookupFile =
            new SPFieldLookupValue(row["FileLeafRef"]
               .ToString());

         Console.WriteLine("{0} (Geändert: {1})",
            lookupFile.LookupValue,
            row["Modified"]);
      }
   }
}
```

Listing 4.20   Daten websiteübergreifend abfragen

Das Ergebnis dieser Methode ist ein Objekt vom Typ `DataTable`, das einem Grid-Objekt als Datenquelle zugewiesen oder auch direkt durchsucht werden kann.

Umgang mit großen Listen

Bei der Arbeit mit einer hohen Anzahl an Listenelementen ist es ratsam, nicht sämtliche Daten uneingeschränkt abzufragen. Stattdessen sollten Sie die Anzahl der zurückzugebenden Elemente (`SPQuery.RowLimit`) einschränken. Zusätzlich haben Sie die Möglichkeit, die Ergebnisse in einzelne Blöcke aufzuteilen, wozu Sie die `SPListItemCollectionPosition`-Klasse verwenden. Weitere Informationen zum Umgang mit großen Listen liefert das SharePoint Foundation SDK:

http://msdn.microsoft.com/en-us/library/ee557257(v=office.14).aspx

Listenelemente hinzufügen und manipulieren

Die Manipulation von Listenelementen ist vergleichsweise einfach. Die Erzeugung neuer Listenelemente wird über die Methode `SPList.AddItem` oder `SPListItem.Add` ermöglicht. Am leichtesten ist es, diese Methode parameterlos aufzurufen. Der Rückgabewert der Methode entspricht einem Objekt vom Typ `SPListItem`. Mithilfe des neu generierten Objekts können Sie danach die einzelnen Felder mit Werten versehen.

```
using (SPSite site = new SPSite("http://contoso.de"))
{
   using (SPWeb web = site.OpenWeb())
   {
      // Hole die Kundenreferenz
      SPList listCustomer = web.Lists.TryGetList("Kunden");
      SPListItem anyCustomer = listCustomer.GetItemById(1);

      // Hole die Artikelreferenz
      SPList listArticle = web.Lists.TryGetList("Artikel");
      SPListItem anyArticle = listArticle.GetItemById(1);

      // Hole eine Referenz der Bestellliste
      SPList listOrders = web.Lists.TryGetList("Bestellungen");

      // Erstelle ein neues Element
      SPListItem newItem = listOrders.AddItem();
      newItem["Title"] = Guid.NewGuid();
      newItem["Kunde"] = anyCustomer.ID;
      newItem["Artikel"] = anyArticle.ID;
      newItem["Anzahl"] = 1;

      newItem.Update();
```

```
        Console.WriteLine("Element erstellt: {0} ({1})",
            newItem.Title, newItem["Created"]);
    }
}
```

Listing 4.21 Erzeugung eines neuen Listenelements

Beachten Sie, dass das neue Element erst mit der Ausführung der Update-Methode in der Datenbank gespeichert wird. Die einzelnen Werte werden über entsprechende .NET-Datentypen zugewiesen. Über die Konvertierung in Share-Point-spezifische Typen müssen Sie sich keine Gedanken machen, da diese Aufgabe von der SharePoint-API übernommen wird.

Möchten Sie einen Datums- oder Zeitwert zuweisen, nutzen Sie die Methode SPUtility.CreateISO8601DateTimeFromSystemDateTime. Sie konvertiert einen .NET-DateTime-Datentyp in einen SharePoint-spezifischen String im ISO8601-Format yyyy-mm-ddThh:mm:ssZ. Aus dem Datumswert »12.06.2010 18:12:55« wird beispielsweise durch diese Methode der Rückgabewert »2010-06-12T18:12:55Z« erzeugt.

Über den hier beschriebenen Weg lassen sich auch bestehende Elemente modifizieren. das folgende Beispiel illustriert die Aktualisierung eines Elements unter Verwendung der CAML-Technologie.

```
using (SPSite site = new SPSite("http://contoso.de"))
{
    using (SPWeb web = site.OpenWeb())
    {
        // Hole die Artikelreferenz
        SPList listArticle = web.Lists.TryGetList("Artikel");
        SPListItem anyArticle = listArticle.GetItemById(1);

        // Hole eine Referenz der Bestellliste
        SPList listOrders = web.Lists.TryGetList("Bestellungen");

        // Hole eine bestimmte Bestellung
        SPQuery query = new SPQuery();
        query.Query = String.Concat(
            "<Where>",
            "<Eq>",
            "<FieldRef Name='Title'/>",
            "<Value Type='Text'>",
            "ead49f69-452d-4915-abc9-22c866c7c19e",
            "</Value>",
            "</Eq>",
```

```
        "</Where>");

    query.RowLimit = 1;

    SPListItemCollection allItems = listOrders.GetItems(query);
    SPListItem item = null;

    if (allItems != null && allItems.Count > 0)
    {
        item = allItems[0];

        // Ändere den Artikel und die Menge der Bestellung
        item["Artikel"] = anyArticle.ID;
        item["Anzahl"] = 5;

        item.Update();

        Console.WriteLine("Element aktualisiert: {0} ({1})",
        item.Title, item["Modified"]);
    }
  }
}
```

Listing 4.22 Aktualisierung von Listenelementen

Neben der Erstellung oder Manipulierung von Listenelementen bietet das Share-
Point-Objektmodell noch weitere Möglichkeiten. Die nachfolgende Tabelle zeigt
eine Übersicht über die wichtigsten Methoden der SPListItem-Klasse.

Methode	Beschreibung
CopyTo	Kopiert ein Listenelement an einen anderen Speicherort.
Delete	Führt eine vollständige Löschung des Elements durch.
SystemUpdate	Aktualisiert das Element in der Datenbank, ohne die Felder GEÄNDERT und GEÄNDERT VON zu überschreiben.
Recycle	Verschiebt das Element in den Papierkorb.
Update	Aktualisiert das Listenelement in der Datenbank und erstellt gegebenenfalls eine neue Version.
UpdateOverwriteVersion	Aktualisiert das Element, indem die aktuelle Version überschrieben wird.

Tabelle 4.4 Wichtige Methoden der »SPListItem«-Klasse

Nachschlagefelder und Relationen

SharePoint Foundation 2010 bietet Ihnen die Möglichkeit, Datenrelationen abzubilden. Die Umsetzung von Relationen erfolgt auf Basis sogenannter Nachschlagefelder (*Lookup Fields*), die ihre Quellinformationen aus einer separaten Liste (*Nachschlageliste*) beziehen. Dieses Verfahren ist für SharePoint prinzipiell nicht neu – neu ist jedoch die Möglichkeit, eine referenzielle Integrität abzubilden. Lookup-Felder in SharePoint Foundation 2010 können Abhängigkeiten für die Löschung eines Elements aus der Quell-Liste definieren.

Dazu ein kleines Beispiel: Stellen Sie sich vor, Sie haben in Ihrer SharePoint-Umgebung zwei Listen: eine mit Kundeninformationen und eine mit Bestellungen der Kunden. Die zweite Liste referenziert den Kunden über eine Nachschlagespalte. Mithilfe der Datenrelationen definieren Sie, was bei einem Löschvorgang innerhalb der nachgeschlagenen Liste mit den Datensätzen der verbundenen Liste geschehen soll. SharePoint stellt hierfür zwei Optionen bereit:

▸ **Löschbeschränkung:** Das Element der Nachschlageliste kann erst gelöscht werden, wenn keine referenzierenden Elemente mehr existieren. In unserem Beispiel kann ein Kundendatensatz nur gelöscht werden, wenn es keine Bestellungen zu diesem Kunden gibt.

▸ **Löschweitergabe:** In diesem Fall werden bei dem Löschen eines Elements aus der Referenzliste sämtliche verwandten Elemente automatisch eliminiert. Auf das Beispiel bezogen, bedeutet das, dass bei Löschung eines Kundenelements alle Bestellungen dieses Kunden mit gelöscht werden. Dieses Verfahren wird auch als *kaskadierendes Löschen* bezeichnet.

Das Beziehungsverhalten muss in den Einstellungen der jeweiligen Spalte explizit aktiviert werden (siehe Abbildung 4.12).

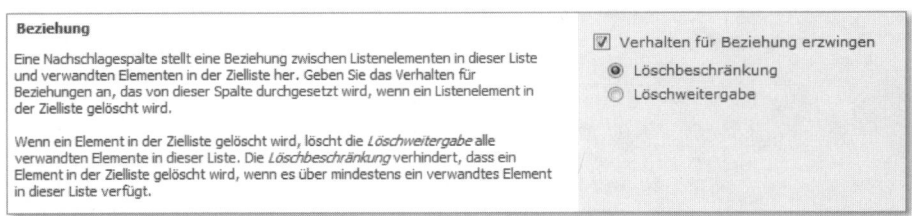

Abbildung 4.12 In den Spalteneinstellungen können Sie die Beziehung zwischen der Spalte und der Nachschlageliste definieren.

Mithilfe der Methode `SPList.GetRelatedFields` lassen sich sämtliche Felder identifizieren, die von anderen Listen innerhalb der Websitesammlung referenziert werden. Die Methode gibt eine Auflistung von `SPRelatedField`-Objekten zurück, die zusätzliche Informationen zur verbundenen Spalte (WebId, ListId, FieldId) und zum definierten Löschverhalten (RelationshipDeleteBehavior) bereitstellt. Das folgende Beispiel demonstriert, wie Spalten einer Liste identifiziert werden, die anderen Listen als Quelle für eine Nachschlagespalte dienen.

```
using (SPSite site = new SPSite("http://contoso.de"))
{
    using (SPWeb web = site.OpenWeb())
    {
        // Hole die Quellliste
        SPList sourceList = web.Lists.TryGetList("Kunden");

        // Hole die Collection der verbundenen Felder
        SPRelatedFieldCollection relatedFields =
            sourceList.GetRelatedFields();

        foreach (SPRelatedField field in relatedFields)
        {
            // Hole die Website und die Liste der verbundenen Spalte
            SPWeb relatedWeb = site.AllWebs[field.WebId];
            SPList relatedList = relatedWeb.Lists[field.ListId];

            // Hole die Lookup-Spalte aus der verbundenen Liste
            SPFieldLookup relatedField =
                relatedList.Fields[field.FieldId] as SPFieldLookup;

            Console.WriteLine("Quellliste: {0} ({1})\n",
                sourceList.Title, sourceList.ParentWeb.Url);

            Console.WriteLine("> Verbundene Liste: {0} ({1})",
                relatedList.Title, relatedWeb.Url);

            Console.WriteLine("> Primäre Spalte: {0} ({1})",
                relatedField.StaticName, relatedField.Title);

            Console.WriteLine("> Löschverhalten: {0}",
                relatedField.RelationshipDeleteBehavior);

            // Hole die Liste der sekundären Spalten
            List<string> depends =
                relatedField.GetDependentLookupInternalNames();

            Console.WriteLine("> Sekundäre Spalten:");

            // Iteriere die Liste der Spalte,
            // und hole das passende Lookup-Feld
```

```
        for (int i = 0; i < depends.Count; i++)
        {
            SPFieldLookup secundaryField =
                relatedList.Fields.GetFieldByInternalName(
                depends[i]) as SPFieldLookup;

            Console.WriteLine("  > {0} ({1})",
                secundaryField.Title,
                secundaryField.InternalName);
        }
        Console.WriteLine();

        relatedWeb.Dispose();
    }
    }
}
```

Listing 4.23 Anzeigen von Relationen in Listen

Dieses Beispiel veranschaulicht ein weiteres, neues Konzept von SharePoint Foundation 2010. Zu einem Lookup-Feld können neben der primären nachgeschlagenen Spalte auch sekundäre Felder definiert werden. Hierüber lassen sich innerhalb einer Listenansicht zusätzliche Informationen des nachgeschlagenen Elements darstellen. Die Auflistung der sekundären Felder kann über die Methode SPField.GetDependentLookupInternalNames abgefragt werden.

In der Zielliste einer Datenrelation wird die Lookup-Spalte über eine Objektinstanz vom Typ SPFieldLookup repräsentiert. Der Wert dieser Spalte kann durch ein Objekt vom Typ SPFieldLookupValue verarbeitet werden. Der Wert (System.String) der nachgeschlagenen Spalte muss dem Konstruktor der Klasse als Parameter übergeben werden. Die ID und der Wert des Lookup-Feldes werden durch die Eigenschaften Id und LookupValue abgebildet. Sollte das Nachschlagefeld als Mehrfachauswahl definiert worden sein, müssen die Daten in ein SPFieldLookupValueCollection-Objekt konvertiert werden. Das folgende Beispiel in Listing 4.24 verschafft Ihnen einen Eindruck davon, wie Sie mit solchen Objekten arbeiten können:

```
using (SPSite site = new SPSite("http://contoso.de"))
{
    using (SPWeb web = site.OpenWeb())
    {
        List<Guid> lookupFieldsGuids = new List<Guid>();
        SPList listOrders = web.Lists.TryGetList("Bestellungen");

        // Hole die Liste sämtlicher Felder
```

```csharp
SPFieldCollection fields = listOrders.Fields;

// Durchlaufe alle Felder, und prüfe,
// ob es ein Lookup-Feld ist
foreach (SPField ordersField in listOrders.Fields)
{
    // Prüfe, ob die Spalte ein Lookup-Feld ist
    if (ordersField is SPFieldLookup)
    {
        SPFieldLookup lookupField =
            ordersField as SPFieldLookup;

        // Prüfe, ob die Lookup-Spalte ein
        // Mehrfachauswahl-Feld ist und ob
        // es sich nicht um eine versteckte Spalte handelt
        if (!lookupField.AllowMultipleValues && !
                ordersField.Hidden)
            lookupFieldsGuids.Add(ordersField.Id);
    }
}

SPListItemCollection allItems = listOrders.Items;

foreach (SPListItem item in allItems)
{
    Console.WriteLine("{0} ({1})", item.Title, item.ID);
    foreach (Guid id in lookupFieldsGuids)
    {
        string lookupValueAsString = item[id] != null ?
            item[id].ToString() : String.Empty;

        SPFieldLookupValue lookupValue =
            new SPFieldLookupValue(lookupValueAsString);

        Console.WriteLine("> {0}: {1}",
            listOrders.Fields[id].InternalName.PadRight(20),
            lookupValue.LookupValue != null ?
            lookupValue.LookupValue : String.Empty);
    }
    Console.WriteLine();
}
```

Listing 4.24 Arbeiten mit Nachschlagewerten

Sie werden feststellen, dass auch bestimmte Standardfelder (ERSTELLT VON oder GEÄNDERT) über den Typ einer Lookup-Spalte abgebildet werden. Außerdem sollten Sie beachten, dass in SharePoint Foundation 2010 die Werte der sekundären Spalten über `SPFieldLookupValue`-Objekte abgefragt werden können.

Arbeit mit Dokumenten

In den meisten SharePoint-Umgebungen wird die Arbeit mit Dateien eine der häufigsten Anwendungsfälle darstellen. Im Wesentlichen ist eine Datei einer Dokumentbibliothek nichts weiter als ein Listenelement, dem ein Dokument zugeordnet ist.

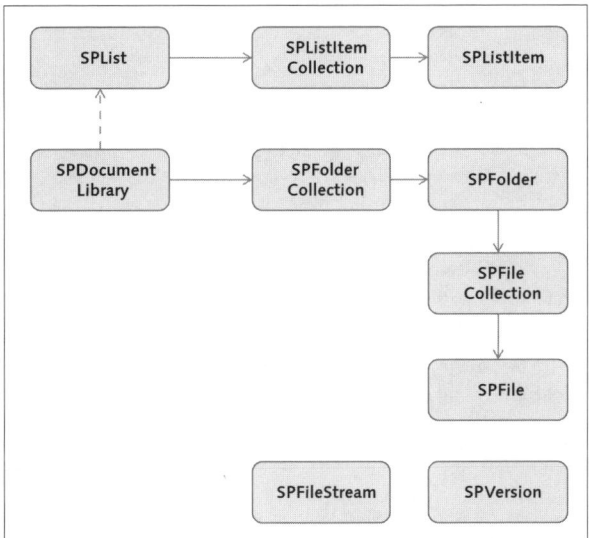

Abbildung 4.13 Struktur der »SPDocumentLibrary« und der »SPFile«-Klasse

Sie können über unterschiedliche Wege auf die Dateien einer Dokumentbibliothek zugreifen. Am einfachsten funktioniert dies über die `RootFolder`-Eigenschaft der Dokumentbibliothek. Sie liefert Ihnen einen Einstiegspunkt in den obersten Ordner einer Dokumentbibliothek – und somit die Möglichkeit, die darin enthaltenen Dateien bzw. Unterordner zu iterieren.

```
static void Main(string[] args)
{
    using (SPSite site = new SPSite("http://contoso.de"))
    {
        using (SPWeb web = site.OpenWeb())
        {
            SPList listDocuments =
```

```
            web.Lists.TryGetList("Dokumente");
         SPDocumentLibrary docLib =
            listDocuments as SPDocumentLibrary;

         TraverseFolder(docLib.RootFolder, 0);
      }
   }
}

public static void TraverseFolder(SPFolder folder, int level)
{
   Console.WriteLine("{0}{1} ({2})",
      String.Empty.PadLeft(level),
      folder.Name,
      folder.Files.Count);

   // Hole die Collection sämtlicher Dateien
   SPFileCollection allFilesInFolder = folder.Files;

   // Iteriere die Dateien
   foreach (SPFile file in allFilesInFolder)
   {
      Console.WriteLine("{0}{1} ({2})",
         String.Empty.PadLeft(level+2),
         file.Name,      // Dateiname
         file.Length);   // Dateigröße
   }

   Console.WriteLine();

   // Hole die Liste der Unterordner
   SPFolderCollection subfolders = folder.SubFolders;

   // Wenn Unterordner vorhanden, Methode erneut ausführen

   if (subfolders.Count > 0)
   {
      level++;
      foreach (SPFolder subfolder in folder.SubFolders)
      {
         TraverseFolder(subfolder, level);
      }
   }
}
```

Listing 4.25 Rekursive Iteration der Ordner und Dateien einer Dokumentbibliothek

Alternativ können Sie auch die `File`-Eigenschaft eines `SPListItem`-Objekts verwenden, um die Dateien einer Dokumentbibliothek auszuwerten. Sie liefert als Rückgabewert eine Objektinstanz vom Typ `SPFile`. Diese Klasse stellt dokumentspezifische Informationen bereit. Tabelle 4.5 gibt Ihnen einen Einblick in die wichtigsten Eigenschaften der `SPFile`-Klasse.

Eigenschaft	Beschreibung
`Author`	Benutzer (`SPUser`), der das Dokument in die Bibliothek hochgeladen hat
`CheckOutByUser`	Benutzer, der das Dokument ausgecheckt hat
`CheckOutDate`	Datum und Uhrzeit des Check-out-Vorgangs
`CheckInComment`	Check-in-Kommentar der aktuellsten Dokumentversion
`IconUrl`	URL des Icons des Dokumententyps
`Length`	Dateigröße als long Integer
`MajorVersion`	Integer-Wert der Hauptversion
`MinorVersion`	Wert der Nebenversion
`ParentFolder`	Ordner (`SPFolder`), in dem das Dokument gespeichert ist
`Version`	Liste der Versionen des Dokuments als Objekt vom Typ `SPFileVersionCollection`

Tabelle 4.5 Standardeigenschaften der »SPFile«-Klasse

Eine vollständige Liste der Eigenschaften der `SPFile`-Klasse ist im SharePoint Software Development Kit enthalten:

http://msdn.microsoft.com/en-us/library/microsoft.sharepoint.spfile_properties (v=office.14).aspx

Dokumentbibliotheken unterstützen auch die Erstellung von Ordnern (`SPFolder`). Die Eigenschaft `SPFolder.Files` liefert eine Auflistung aller Dateien eines Ordners als Objekt vom Typ `SPFileCollection`. Sie sollten beachten, dass ein Ordner auch als Listenelement verwaltet wird. Möchten Sie beispielsweise die Dateien einer Dokumentbibliothek zählen, müssen Sie die Anzahl der Ordner abziehen. Um diese von den Dateien einer Dokumentbibliothek zu differenzieren, können Sie die Eigenschaft `FileSystemObjectType` auswerten.

Ein Dokument hoch- beziehungsweise herunterzuladen ist verhältnismäßig einfach. Über die Methode `SPFile.OpenBinary` wird eine Datei aus einer Dokumentbibliothek in ein Byte-Array geladen und kann somit gegebenenfalls auf der lokalen Festplatte abgespeichert werden.

```
using (SPSite site = new SPSite("http://contoso.de"))
{
   using (SPWeb web = site.OpenWeb())
   {
      // Hole eine Referenz auf die Dokumentbibliothek
      SPList listDocs = web.Lists.TryGetList("Dokumente");

      // Hole ein Listenelement
      SPListItem anyItem = listDocs.GetItemById(1);

      // Hole die Datei des Elements
      SPFile anyFile = anyItem.File;

      // Öffne die Datei, und speichere sie in einem Byte-Array
      byte[] buffer = anyFile.OpenBinary();

      string path = String.Concat(@"C:\" + anyFile.Name);

      // Speichere die Datei auf der Festplatte
      using (FileStream stream = new FileStream(path,
         FileMode.CreateNew))
      {
         stream.Write(buffer, 0, buffer.Length);
      }
   }
}
```

Listing 4.26 Dokument aus einer SharePoint-Bibliothek herunterladen

Das Hochladen von neuen Dokumenten wird von der Add-Methode der SPFileCollection- oder der SPFolder-Klasse ermöglicht. Der folgende Codeblock veranschaulicht den Upload-Prozess.

```
using (SPSite site = new SPSite("http://contoso.de"))
{
   using (SPWeb web = site.OpenWeb())
   {
      // Hole eine Referenz auf die Dokumentbibliothek
      SPList listDocs = web.Lists.TryGetList("Dokumente");

      // Quelldatei
      FileInfo fileInfo = new FileInfo(@"C:\temp.txt");

      byte[] buffer = new byte[fileInfo.Length];
```

```
    // Lies die Datei von der Festplatte
    using (FileStream stream = new FileStream(
        fileInfo.FullName,
        FileMode.Open))
    {
        stream.Read(buffer, 0, buffer.Length);
    }

    // Speichere die Datei im Root-Folder ab
    SPFile newFile = listDocs.RootFolder.Files.Add(
        fileInfo.Name,      // Dateiname
        buffer,             // Byte-Array
        true);              // Überschreiben

    Console.WriteLine("Datei hochgeladen: {0} ({1})",
        newFile.Name,
        newFile.TimeCreated);
    }
}
```

Listing 4.27 Dateien in eine Dokumentbibliothek hochladen

Das SPFile-Objekt stellt für die Umsetzung von dokumentengesteuerten Anwendungen weitere nützliche Methoden bereit. Tabelle 4.6 zeigt eine Liste der wichtigsten.

Methode	Beschreibung
CheckIn	Checkt eine Datei in einer Dokumentbibliothek ein.
CheckOut	Checkt eine dedizierte Datei aus.
CopyTo	Kopiert eine Datei an einen anderen Speicherort.
Delete	Löscht eine Datei vollständig.
MoveTo	Verschiebt eine Datei an einen anderen Speicherort.
OpenBinary	Öffnet das Byte-Array einer Datei.
OpenBinaryStream	Öffnet den Stream der Datei.
Recycle	Verschiebt die Datei in den Papierkorb der Websitesammlung.
SaveBinary	Speichert die Datei in einem binären Format.
TakeOffline	Nimmt die zuletzt veröffentlichte Version der Datei offline.
Update	Aktualisiert die am Objekt vorgenommenen Änderungen in der Datenbank.

Tabelle 4.6 Wichtige Methoden der »SPFile«-Klasse

Listen erstellen

Die Erstellung neuer Listen und Bibliotheken innerhalb einer SharePoint-Website ist mit der Erzeugung einer neuen Website vergleichbar. Den Anlaufpunkt liefert die Methode `SPListCollection.Add`. Im einfachsten Fall können Sie ihr als Parameter den Titel, eine Beschreibung sowie das zu verwendende Template übergeben. Die Vorlage kann über ein Objekt vom Typ `SPListTemplateType` spezifiziert werden. Der folgende einfache Codeblock (Listing 4.28) veranschaulicht die Erstellung einer Standard-Aufgabenliste:

```
using (SPSite site = new SPSite("http://contoso.de"))
{
   using (SPWeb web = site.OpenWeb())
   {
      // Hole die Collection sämtlicher Listen
      SPListCollection allLists = web.Lists;

      // Erzeuge eine neue Aufgabenliste
      Guid newTasksListId = allLists.Add(
         "Meine Aufgaben",            // Titel
         "...",                       // Beschreibung
         SPListTemplateType.Tasks);   // Template

      SPList newList = allLists[newTasksListId];

      Console.WriteLine("Liste erstellt: {0} ({1})",
         newList.Title,
         newList.Created);
   }
}
```

Listing 4.28 Erstellung einer Standardliste

Neue Spalten erzeugen Sie über die Methode `SPFieldCollection.Add`:

```
using (SPSite site = new SPSite("http://contoso.de"))
{
   using (SPWeb web = site.OpenWeb())
   {
      SPListCollection allLists = web.Lists;

      // Erzeuge eine neue benutzerdefinierte Liste
      Guid listGuid = allLists.Add(
         "Bestellungen",
         String.Empty,
         SPListTemplateType.GenericList); //Type: 100
```

```
    SPList newList = allLists[listGuid];
    newList.OnQuickLaunch = true;
    newList.Update();

    // Hole die Collection sämtlicher Listenfelder
    SPFieldCollection fields = newList.Fields;

    // Füge ein Beschreibungsfeld hinzu
    string descriptionField = fields.Add(
        "Bemerkung",              // Anzeigename
        SPFieldType.Note,        // Typ
        false);                  // Erforderlich

    // Füge ein Lookup-Feld zum Kunden hinzu
    SPList listCustomer = web.Lists.TryGetList("Kunden");
    string customerField = fields.AddLookup(
        "Kunde",
        listCustomer.ID,
        true);

    // Füge eine weitere Lookup-Spalte hinzu
    SPList listArticle = web.Lists.TryGetList("Artikel");
    string articleField = fields.AddLookup(
        "Artikel",
        listArticle.ID,
        false);

    // Füge eine Mengenspalte hinzu
    string amountFild = fields.Add(
        "Anzahl",
        SPFieldType.Integer,
        true);
    }
}
```

Listing 4.29 Erstellung einer Liste mit benutzerdefinierten Spalten

In diesem Anwendungsbeispiel werden der Methode der Anzeigename, der Datentyp sowie ein boolescher Wert als Parameter zur Spezifizierung eines Pflichtfelds übergeben. Die Definition des Datentyps wird durch die Enumeration SPFieldType vereinfacht. Sie liefert eine Referenz auf sämtliche Standard-Datentypen von SharePoint Foundation 2010:

http://msdn.microsoft.com/en-us/library/microsoft.sharepoint.spfieldtype (v=office.14).aspx

Neben der Add-Methode veranschaulicht das Beispiel auch die Verwendung der SPFieldCollection.AddLookup. Diese erhält den Anzeigenamen und die ID (System.Guid) der Quell-Liste als Parameter.

4.2.6 Benutzer, Gruppen und Berechtigungen

SharePoint Foundation 2010 unterstützt die Abbildung unterschiedlicher Berechtigungsmodelle. Hierbei liefert die Plattform keine eigenständige Benutzerdatenbank, sondern die Möglichkeit, Benutzer aus externen Datenbanken zu berechtigen. Im einfachsten Fall steht »extern« für einen Active Directory-Verzeichnisdienst oder eine lokale Windows-Benutzerdatenbank (SAM-Datenbank). Neben der Windows-basierten Benutzerauthentifizierung unterstützt SharePoint Foundation zusätzlich die formularbasierte Authentifizierung gegen eine Datenbank (zum Beispiel SQL Server) oder einen LDAP-basierenden Verzeichnisdienst. Bei dieser Funktion kommt der *Pluggable ASP.NET Membership Provider* zum Einsatz.

In den nächsten Abschnitten stellen wir Ihnen die Konzepte zur Abbildung von individuellen Sicherheitskonzepten sowie die Möglichkeiten zur impliziten und expliziten Berechtigung von Benutzern vor.

Zugriff auf Benutzerobjekte

Ein Benutzer wird innerhalb von SharePoint über das SPUser-Objekt repräsentiert. Es stellt Informationen zum Benutzerkonto und zu den Gruppen- oder Rollenzugehörigkeiten bereit. Möchten Sie das zugehörige Objekt zum aktuell angemeldeten Benutzer abfragen, können Sie die Eigenschaft CurrentUser der SPWeb-Klasse verwenden. Diese liefert eine Objektinstanz vom Typ SPUser.

```
using (SPSite site = new SPSite("http://contoso.de"))
{
   using (SPWeb web = site.OpenWeb())
   {
      SPUser currentUser = web.CurrentUser;

      Console.WriteLine("Name: {0}",
         currentUser.Name);
      Console.WriteLine("Login: {0}",
         currentUser.LoginName);
      Console.WriteLine("E-Mail: {0}",
         currentUser.Email);
   }
}
```

Listing 4.30 Informationen des aktuell angemeldeten Benutzers auslesen

Verwirrend ist der Umstand, dass sich hinter diesem Objekt nicht unbedingt eine Benutzeridentität verbirgt. Das `SPUser`-Objekt kann auch eine Active Directory-Gruppe oder Datenbankrolle repräsentieren.

SharePoint Foundation 2010 verwaltet seine Informationen zu den Benutzern und Gruppen in einer speziellen Benutzerdatenbank, der *Benutzerinformations-liste*. Die Informationen dieser Liste werden über das `SPWeb`-Objekt zur Verfügung gestellt. Dieses Objekt enthält gleich drei verschiedene Benutzerlisten:

▸ `SPWeb.Users`

▸ `SPWeb.AllUsers`

▸ `SPWeb.SiteUsers`

Alle drei Auflistungen liefern ein Objekt vom Typ `SPUserCollection`, das wiederum `SPUser`-Objekte enthält.

Die kleinste Einheit der Benutzerobjekte wird durch die `Users`-Collection bereitgestellt. Sie enthält alle Benutzerkonten und Gruppen, die eine explizite Berechtigung innerhalb der Website besitzen, also direkt und nicht über den Umweg einer SharePoint-Gruppe berechtigt wurden.

Die Auflistung `AllUsers` repräsentiert zusätzlich alle Benutzer, die Mitglieder einer SharePoint-Gruppe sind oder die sich aufgrund der Mitgliedschaft in einer berechtigten Active Directory-Gruppe einmal an der Website angemeldet haben. Im zweiten Fall wird der Eintrag in der Benutzerinformationsliste erst dann erzeugt, wenn der Benutzer sich zum ersten Mal an der Website anmeldet. Diese Fakten sollten insbesondere für die Entwicklung von SharePoint-Anwendungen berücksichtigt werden.

Eine dritte Liste wird durch die Eigenschaft `SiteUsers` bereitgestellt. Sie enthält Informationen zu allen innerhalb der Websitesammlung registrierten Benutzer-objekten.

Benutzer explizit berechtigen

Wie können nun diese Benutzer innerhalb einer Website berechtigt werden? Zunächst möchten wir die Berechtigung vom tatsächlichen Recht entkoppeln. SharePoint Foundation kennt insgesamt 33 unterschiedliche Rechte auf Listen-, Website- oder persönlicher Ebene, wie zum Beispiel Elemente hinzufügen, Berechtigungen verwalten oder Persönliche Ansichten verwalten. Diese Rechte werden in sogenannten Berechtigungsstufen zusammengefasst. Eine einfache SharePoint Foundation-Website enthält fünf Standardberechtigungsstufen.

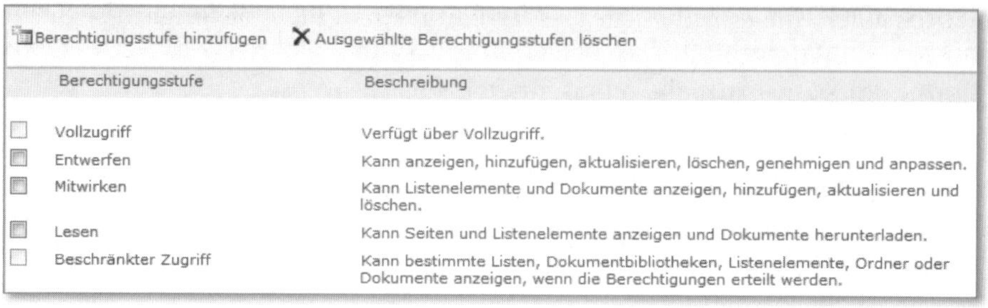

Berechtigungsstufe hinzufügen	✕ Ausgewählte Berechtigungsstufen löschen
Berechtigungsstufe	**Beschreibung**
☐ Vollzugriff	Verfügt über Vollzugriff.
☑ Entwerfen	Kann anzeigen, hinzufügen, aktualisieren, löschen, genehmigen und anpassen.
☑ Mitwirken	Kann Listenelemente und Dokumente anzeigen, hinzufügen, aktualisieren und löschen.
☑ Lesen	Kann Seiten und Listenelemente anzeigen und Dokumente herunterladen.
☐ Beschränkter Zugriff	Kann bestimmte Listen, Dokumentbibliotheken, Listenelemente, Ordner oder Dokumente anzeigen, wenn die Berechtigungen erteilt werden.

Abbildung 4.14 Rechte werden in Berechtigungsstufen zusammengefasst.

Jede Berechtigungsstufe gruppiert einen definierten Satz an Standardrechten. Die geringste Stufe ist das Recht LESEN. Hiermit erhält der Benutzer einen lesenden Zugriff auf Listen, Bibliotheken sowie auf die einzelnen Versionsstände eines Dokuments oder Listenelements. Mit dem MITWIRKEN-Recht erlangt der Anwender die Privilegien, neue Elemente hinzuzufügen, zu bearbeiten oder zu löschen. TEILNEHMEN bedeutet, dass er zusätzlich auch Listen und Bibliotheken verwalten kann. Die Berechtigungsstufe VOLLZUGRIFF liefert dem Nutzer administrative Rechte auf Websiteebenen.

Eine besondere Rolle nimmt die Berechtigungsstufe BESCHRÄNKTER ZUGRIFF ein. Sie wird dann verwendet, wenn der Anwender Rechte nicht auf Websiteebene erhält, sondern ausschließlich für eine einzelne Bibliothek bzw. ein einzelnes Elemente. Erlangt der Benutzer zum Beispiel auf Elementebene das Leserecht, wird ihm auf Websiteebene automatisch die Berechtigungsstufe BESCHRÄNKTER ZUGRIFF zugewiesen. Mithilfe dieses Verfahrens erhalten die Anwender einen lesenden Zugriff auf die darüber liegende Webseite, um dann zum Beispiel zum einzelnen Element navigieren zu können.

> **Die Rolle des Websitesammlungsadministrators**
>
> Berechtigungsstufen und Rechte werden zur Absicherung von SharePoint-Objekten genutzt. Das oberste SharePoint-Objekt ist die Website, darunter folgen Listen und Bibliotheken, Ordner und auch einzelne Elemente. Die Websitesammlung hat in diesem Gebilde eine besondere Bedeutung. Die Verwaltung der administrativen Rechte auf dieser Ebene erfolgt nicht über Gruppen und Berechtigungslevel, sondern über die Rolle der Websitesammlungsadministratoren, die auf der Ebene der Websiteeinstellung verwaltet werden. Verwenden Sie die Eigenschaft SPUser.IsSiteAdmin, um einem Benutzer die Rolle eines Websitesammlungsadministrators zuzuweisen.

Eine Berechtigungsstufe wird über eine Objektinstanz vom Typ SPRoleDefinition abgebildet. Eine weitere wichtige Klasse in diesem Zusammenhang ist SPRoleAssignment. Sie repräsentiert einen Benutzer bzw. eine Gruppe und dient zur Vergabe von Berechtigungen für ein SharePoint-Objekt. Das folgende Beispiel veranschaulicht die erforderlichen Schritte, um einen Benutzer explizit auf Websiteebene zu berechtigen. »Explizit« bedeutet, dass dieser direkt einem Berechtigungslevel hinzugefügt wird.

```
using (SPSite site = new SPSite("http://contoso.de"))
{
    using (SPWeb web = site.OpenWeb())
    {
        // Rollendefinition für "Lesen" erzeugen
        SPRoleDefinition roleDefRead =
            web.RoleDefinitions["Lesen"];

        // Erstellung eines neuen SPRoleAssignment-Objekts
        SPRoleAssignment roleAss =
            new SPRoleAssignment(
                "CONTOSO\\MargaS",               // Login-Name
                "marga.schilling@contoso.de",    // E-Mail-Adresse
                "Marga Schilling",               // Name
                "Projektleiter");                // Beschreibung

        // Dem RoleAssignment eine Berechtigungsstufe zuweisen
        roleAss.RoleDefinitionBindings.Add(roleDefRead);

        // Das RoleAssignment der Website explizit hinzufügen
        web.RoleAssignments.Add(roleAss);
    }
}
```

Listing 4.31 SharePoint-Benutzer explizit berechtigen

Als Ergebnis dieses Programmcodes wird der neue Benutzer der Benutzerinformationsliste hinzugefügt. Da er explizit berechtigt wurde, kann das dazugehörige Objekt mithilfe der SPWeb.Users-Collection abgefragt werden.

Wollen Sie ein bestimmtes Recht auf ein SharePoint-Objekt an eine Gruppe vergeben, müssen Sie bei der Erstellung des SPRoleAssignment-Objekts anstelle des Benutzers eine Gruppe (SPGroup) als Parameter übermitteln.

Benutzer implizit berechtigen

Alternativ zur expliziten Berechtigung können Sie Benutzern auch implizit über die Zuweisung zu einer SharePoint-Gruppe Rechte zuweisen. Mit SharePoint-Gruppen lassen sich Rollen und Rechtemodelle abbilden. Eine einfache SharePoint Foundation-Website integriert drei Gruppen, die jeweils einer Standard-Berechtigungsstufe zugewiesen sind:

- ▶ Besitzer (Vollzugriff)
- ▶ Mitglieder (Mitwirken)
- ▶ Besucher (Lesen)

Um einen Benutzer einer SharePoint-Gruppe hinzuzufügen, können Sie von der Methode `SPGroup.AddUser` Gebrauch machen. Im nächsten Codebeispiel sehen Sie, wie eine neue SharePoint-Gruppe erzeugt und innerhalb der Webseite berechtigt wird.

```
using (SPSite site = new SPSite("http://contoso.de"))
{
   using (SPWeb web = site.OpenWeb())
   {
      // Neue SharePoint-Gruppe erstellen
      web.SiteGroups.Add(
         "Meine Gruppe",      // Name
         web.CurrentUser,     // Standard-Benutzer
         web.CurrentUser,     // Besitzer der Gruppen
         "Generiert per Code");

      // SPGroup-Objekt der Gruppe beschaffen
      SPGroup newGroup = web.SiteGroups["Meine Gruppe"];

      // Erzeugung eines neuen SPUser-Objekts
      string userLogin = @"contoso\margas";

      // Benutzer registrieren
      web.EnsureUser(userLogin);

      // Benutzer referenzieren
      SPUser userB = web.AllUsers[userLogin];

      // Benutzer der Gruppe hinzufügen
      newGroup.AddUser(userB);

      // Neues RoleAssignment erstellen
      SPRoleAssignment roleAssign =
         new SPRoleAssignment(newGroup);

      // Rollendefinition für Teilnehmer erzeugen
      SPRoleDefinition roleDefContribute =
         web.RoleDefinitions["Mitwirken"];

      // Der Rolle das Recht "Mitwirken" hinzufügen
      roleAssign.RoleDefinitionBindings.Add(roleDefContribute);
```

```
    // Die Rolle der Website hinzufügen
    web.RoleAssignments.Add(roleAssign);
  }
}
```

Listing 4.32 Erstellung und Berechtigung von SharePoint-Gruppen

Wenn Sie mit Benutzerobjekten arbeiten, kann es häufig vorkommen, dass der Nutzer noch nicht in der Benutzerinformationsliste vorhanden ist. Das geschieht zum Beispiel dann, wenn Sie einem Anwender eine Aufgabe zuweisen, der jedoch keine Rolle innerhalb der Websitesammlung zugewiesen wurde. In diesem Fall können Sie nicht mit dem SPUser-Objekt des betreffenden Anwenders arbeiten.

Um dieses Problem zu beherrschen, stellt das SharePoint-Objektmodell die Methode SPWeb.EnsureUser bereit. Sie überprüft anhand des Login-Namens, ob der Benutzer bereits innerhalb der Website bekannt ist, und fügt ihn gegebenenfalls zur Benutzerinformationsliste hinzu. Dieses Verfahren macht eine weitere Besonderheit von SharePoint deutlich – es besteht kein direkter Zusammenhang zwischen der Benutzerinformationsliste und den Rechten innerhalb einer Website. Ein Benutzer kann jeweils in diese Liste aufgenommen werden, ohne jedoch eine Berechtigung für ein Objekt der SharePoint-Website besitzen zu müssen.

Berechtigungsvererbung aufbrechen

Prinzipiell werden die Berechtigungen innerhalb einer Websitesammlung von der obersten Website bis hin zum einzelnen Element vererbt. Die Absicherung eines SharePoint-Objekts erfolgt über sogenannte *Access Control Lists* (ACL). Über diese werden die Rechte des Benutzers zur Laufzeit geprüft. Sollten die Berechtigungen für ein SharePoint-Objekt vererbt worden sein, verwendet dieses jeweils die ACL des übergeordneten Elements.

Dieses Verfahren macht die Vergabe von Berechtigungen zunächst sehr einfach, da nur die oberste Ebene berücksichtigt werden muss. In einigen Umgebungen kann es jedoch erforderlich sein, ein Objekt einer Websitesammlung (Website, Bibliothek oder Listenelement) granularer zu berechtigen. Hierfür stellt SharePoint die Option bereit, die Berechtigungsvererbung aufzubrechen. Der Programmcode aus Listing 4.33 zeigt, wie die Berechtigungsvererbung einer Dokumentbibliothek aufgebrochen wird. Im nächsten Schritt erhält eine SharePoint-Gruppe explizit für diese Bibliothek ein neues Recht.

```
using (SPSite site = new SPSite("http://contoso.de"))
{
```

```
using (SPWeb web = site.OpenWeb())
{
    // Zugriff auf die Dokumentbibliothek
    SPDocumentLibrary docLib =
        web.Lists.TryGetList("Dokumente")
        as SPDocumentLibrary;

    // Hole die Gruppe "Leser", und erstelle ein Role
    // Assignment hierzu
    SPGroup groupReader = web.Groups["Besucher von Contoso"];
    SPRoleAssignment roleAssignmentReader =
        new SPRoleAssignment(groupReader);

    // Rollendefinition für das Lesen-Recht erzeugen
    SPRoleDefinition roleDefRead =
        web.RoleDefinitions["Lesen"];
    roleAssignmentReader.RoleDefinitionBindings
        .Add(roleDefRead);

    // Berechtigungsvererbung aufbrechen,
    // Rollenzuweisungen nicht kopieren
    docLib.BreakRoleInheritance(false);

    // Rollenzuweisung für die SharePoint-Gruppe hinzufügen
    docLib.RoleAssignments.Add(roleAssignmentReader);
    docLib.Update();
}
}
```

Listing 4.33 Berechtigungsvererbung aufbrechen und Einzelberechtigungen vergeben

Über die Methode BreakRoleInheritance wird die Berechtigungsvererbung vom übergeordneten Element – in diesem Fall von der Website – aufgebrochen. Der Methodenparameter legt fest, ob die Access Control List des übergeordneten Elements auf das aktuelle Objekt kopiert werden soll (also die Rollenzuweisungen übernimmt) oder ob eine neue leere ACL erstellt werden soll. Im vorliegenden Beispiel wird eine neue ACL erzeugt, wodurch die namentlich zugewiesene Gruppe BESUCHER VON CONTOSO für die Dokumentbibliothek das Leserecht erhält.

Möchten Sie den Urzustand der Vererbung wiederherstellen, nehmen Sie die Methode RESETROLEINHERITANCE zu Hilfe.

Berechtigungen prüfen

Die Methode DoesUserHavePermissions ermöglicht die Überprüfung von bestimmten Berechtigungen für ein SharePoint-Objekt, wobei die abzuprüfenden

Rechte bit-weise verknüpft werden können. Sie wird von der abstrakten Klasse SPSecurableObjekt bereitgestellt, kann also gleichermaßen sowohl auf ein SPWeb-Objekt als auch auf ein SPList- oder ein SPListItem-Objekt angewandt werden. Die Methode erwartet einen Parameter vom Typ SPBasePermission, womit die Berechtigungsüberprüfung sehr granular auf der Ebene eines speziellen Rechts durchgeführt werden kann. Das nachstehende kurze Beispiel soll Ihnen einen Eindruck davon verschaffen, wie Sie die Rechte auf Objektebene überprüfen können.

```
using (SPSite site = new SPSite("http://contoso.de"))
{
    SPWeb web = site.RootWeb;
    SPListCollection lists = web.Lists;

    foreach (SPList list in lists)
    {
        try
        {
            // Prüfung, ob der Benutzer Berechtigungen überpüfen
            // kann
            if (list.DoesUserHavePermissions
                (SPBasePermissions.EnumeratePermissions))
            {
                Console.WriteLine("Liste: {0}", list.Title);

                // Prüfung, ob der Benutzer Elemente löschen darf
                if (list.DoesUserHavePermissions
                    (SPBasePermissions.DeleteListItems))
                {
                    Console.WriteLine("User kann Elemente löschen");
                }
                else
                {
                    Console.WriteLine("Kann Elemente NICHT löschen");
                }
            }
        }
        catch (UnauthorizedAccessException)
        {
            Console.WriteLine("User kann Rechte nicht abfragen");
        }
    }
}
```

Listing 4.34 Überprüfung auf bestimmte Berechtigungen

4.2.7 Heraufstufung und Impersonifizierung

Eine SharePoint-Anwendung wird standardmäßig im Kontext des angemeldeten Benutzers ausgeführt. Die Anwendung kann nur die Aktionen ausführen, zu denen der jeweilige Benutzer berechtigt ist. In einigen Szenarien wird es jedoch erforderlich, die Anwendung mit anderen Privilegien auszuführen. Für diese Anwendungsfälle stellt das SharePoint-Objektmodell die Möglichkeit bereit, den Programmcode mit erhöhten Privilegien oder im Kontext eines anderen Benutzers auszuführen.

Welche SharePoint-Identitäten gibt es?

Um uns diesem Thema zu nähern, möchten wir zunächst einen Blick auf die unterschiedlichen Identitäten einer SharePoint-Webseite werfen.

Der Kern jeder SharePoint-Website ist die Benutzeridentität. Über sie wird der aktuelle Anwender identifiziert und berechtigt. Um eine Benutzeridentität zu erhalten, muss der Anwender sich auf der SharePoint-Webseite authentifizieren. Neben der Windows-Authentifizierung unterstützt SharePoint zusätzlich die formularbasierte Authentifizierung, zum Beispiel gegen eine Datenbank oder einen LDAP-basierten Verzeichnisdienst.

Je nach Typ des Authentifizierungsanbieters existieren unterschiedliche Verfahren, um auf die Identität des jeweils angemeldeten Benutzers programmgesteuert zuzugreifen, zum Beispiel über die Klasse WindowsIdentity aus dem Namensraum System.Security.

Die Identität eines ASP.NET-Benutzers (formularbasierte Authentifizierung) können Sie über die Eigenschaft HttpContext.Current.User aus dem Namensraum System.Web ermitteln. Sie gibt ein Objekt vom Typ System.Security.Principal. IPrincipal zurück, das wiederum eine Identity-Eigenschaft bereitstellt.

```
// Windows-Identität des aktuell angemeldeten Benutzers
WindowsIdentity currentWindowsIdentity =
WindowsIdentity.GetCurrent();
string userLoginName = currentWindowsIdentity.Name;

// Windows-Identität: CONTOSO\UserA

// Windows-Principal mit Informationen zu den Gruppenzugehörigkeiten
WindowsPrincipal currentPrincipal =
    new WindowsPrincipal(currentWindowsIdentity);

// Überprüfung, ob der Benutzer Mitglied in der Windows-Gruppe der
// Administratoren ist
```

```
if (currentPrincipal.IsInRole("Administrators"))
{
   // Aktionen, die nur für Administratoren erlaubt sind
}

// Bei Verwendung der formularbasierten Authentifizierung kann
// die Benutzeridentität aus dem HttpContext ausgelesen werden
IPrincipal currentHttpUser = HttpContext.Current.User;
string httpUserLoginName = currentHttpUser.Identity.Name;

// HTTP-Identität: CONTOSO\UserA

// SharePoint-Benutzeridentität mit zusätzlichen Informationen
SPUser currentUser = SPContext.Current.Web.CurrentUser;
string loginName = currentUser.LoginName;
string displayName = currentUser.Name;
string mailAddress = currentUser.Email;
bool isSiteAdmin = currentUser.IsSiteAdmin;

// SharePoint-Identität: CONTOSO\UserA
```

Listing 4.35 Auswertung von Benutzeridentitäten

Neben der Identität eines Benutzers nimmt die des Anwendungspools einer SharePoint-Webanwendung noch eine besondere Rolle ein. Der Anwendungspool steuert den Prozess (Worker-Prozess) einer Webanwendung (IIS-Website) und gibt der Anwendung eigene Prozessor- sowie Speicherressourcen. Der Worker Prozess besitzt jeweils eine eigenständige Identität, die über einen Built-in-Account (Local System, Local Service oder Network Service) oder über ein Windows-Benutzerkonto zugewiesen werden kann.

Die Identität des Anwendungspools sorgt zum Beispiel dafür, dass der Zugriff auf SharePoint-Systemdateien oder die SharePoint-Inhaltsdatenbank realisiert wird; zudem werden alle durch das SharePoint-System ausgeführten Aktivitäten, wie zum Beispiel Workflows oder Timer Jobs, im Kontext der Anwendungspoolidentität ausgeführt.

In diesem Zusammenhang liefert SharePoint ein wichtiges Konzept – die SharePoint-Systemidentität. Dieser innerhalb der SharePoint-Runtime kontrollierte Account hat die Aufgabe, die höherprivilegierte Identität des Anwendungspools zu verschleiern. Die Systemidentität wird über das interne Benutzerkonto SHAREPOINT\SYSTEM (SID S-1-0-0) repräsentiert, wodurch die Anwender einer SharePoint-Website keine Informationen zur ursprünglichen Identität des Anwendungspools erhalten.

Wird der Programmcode im heraufgestuften Modus ausgeführt, geschieht der serverseitige Objektzugriff über den Kontext der Systemidentität.

Code heraufstufen

Stellen Sie sich vor, Ihre Anwendung greift auf Konfigurationseinstellungen einer zentralen Liste zu. Sie möchten jedoch vermeiden, dass die Anwender über die Standard-Listenansichten auf diese Informationen lesend zugreifen können. Für diesen Anwendungsfall liefert das SharePoint Foundation-Objektmodell die Funktion der Heraufstufung (*Elevation*) von Programmcode. Heraufstufen bedeutet, dass der Objektzugriff nicht mehr im Kontext des angemeldeten Benutzers, sondern in dem der SharePoint-Systemidentität durchgeführt wird.

Sie können Programmcode mit heraufgestuften Rechten ausführen, indem Sie die Methode RunWithElevatedPrivileges der SPSecurity-Klasse ausführen. Der folgende Codeblock veranschaulicht dieses Verfahren.

```
// Windows-Identität: CONTOSO\UserA
// SharePoint-Identität: CONTOSO\UserA

// Kontext der aktuellen Site Collection beschaffen
SPSite currentSite = SPContext.Current.Site;

// Code mit heraufgestuften Privilegien ausführen
SPSecurity.RunWithElevatedPrivileges(delegate()
{
    // Es muss (!!!) ein neues SPSite-Objekt erzeugt werden
    using (SPSite elevatedSite = new SPSite(currentSite.ID))
    {
        using (SPWeb elevatedWeb = elevatedSite.OpenWeb())
        {
            // Windows-Identität: CONTOSO\sp_app_teamsite
            // SharePoint-Identität: SHAREPOINT\system

            // !!!! Dieser Aufruf wird im Kontext des
            // aktuellen Benutzers ausgeführt !!!
            SPUser user = currentSite.RootWeb.CurrentUser;
        }
    }
});
```

Listing 4.36 Programmcode mit heraufgestuften Rechten ausführen

In diesem Beispiel führt `RunWithElevatedPrivileges` eine anonyme Methode aus, die im Kontext des SharePoint-Systems agiert und somit volle Berechtigungen innerhalb der Website besitzt.

Bei der Verwendung der `RunWithElevatedPrivileges`-Methode gibt es eine wichtige Voraussetzung: Die Identität des Anwendungspools wird nur dann erfolgreich angenommen, wenn der Zugriff auf das SharePoint-Element über ein neu instanziiertes `SPSite`-Objekt erfolgt.

Die Verwendung der Methode `SPContext.Current.Site` würde nicht zu dem gewünschten Ergebnis führen, da das zurückgegebene `SPSite`-Objekt vor dem Aufruf von `RunWithElevatedPrivileges` initiiert und somit im Kontext des angemeldeten Benutzers erzeugt wird.

Programmcode impersonifizieren

Im letzten Teil dieses Abschnitts soll auf die *Impersonifizierung* einer SharePoint-Benutzeridentität eingegangen werden. »Impersonifizieren« bedeutet, dass der Programmcode im Kontext eines anderen Benutzers ausgeführt wird.

Klassische Anwendungsfälle ergeben sich durch die Verwendung von Workflows, die standardmäßig im Kontext des Systemkontos ausgeführt werden. Sollte dieser Programmbaustein einen Eintrag innerhalb einer SharePoint-Liste oder Dokumentbibliothek hinzufügen, ist der Ersteller des Elements jeweils der Benutzer SHAREPOINT\SYSTEM. Dieses Verhalten kann durch die Impersonifizierung von Programmcode umgangen werden, wie der folgende Code veranschaulicht.

```
// Windows-Identität: CONTOSO\UserA
// SharePoint-Identität: CONTOSO\UserA

// Kontext der aktuellen Site Collection beschaffen
SPSite currentSite = SPContext.Current.Site;

// Code mit heraufgestuften Privilegien ausführen
SPSecurity.RunWithElevatedPrivileges(delegate()
{
    // Es muss (!!!) ein neues SPSite-Objekt erzeugt werden
    using (SPSite elevatedSite = new SPSite(currentSite.ID))
    {
        using (SPWeb elevatedWeb = elevatedSite.OpenWeb())
        {
            // Windows-Identität: CONTOSO\sp_app_teamsite
            // SharePoint-Identität: SHAREPOINT\system

            // Benutzer impersonifizieren
```

```
string impersonatedUserName = "CONTOSO\\UserB";
SPUser impersonatedUser =
    elevatedWeb.EnsureUser(impersonatedUserName);

// Token des Benutzers auslesen
SPUserToken impersonatedUserToken =
    impersonatedUser.UserToken;

// Erzeugung eines neuen SPSite-Objekts
// für den impersonifizierten Benutzer
using (SPSite impSite =
    new SPSite(elevatedSite.ID, impersonatedUserToken))
{
    using (SPWeb impersonatedWeb = impSite.RootWeb)
    {
        // Identität des impersonifizierten Benutzers
        SPUser impersonatedUserIdentity =
            impersonatedWeb.CurrentUser;

        // Windows-Identität: CONTOSO\UserB
        // SharePoint-Identität: SHAREPOINT\UserB
    }
}
    }
  }
});
```

Listing 4.37 Objektaufrufe impersonifizieren

Dem Konstruktor der SPSite-Klasse wird als Parameter ein SPUserToken-Objekt übergeben, das die Identität des Benutzerkontexts für das neu generierte SPSite-Objekt festlegt. Zuvor muss der Code durch die Verwendung der Methode RunWithElevatedPrivileges heraufgestuft werden, um die Rechte zur Impersonifizierung zu erhalten.

4.3   Client-Objektmodell

Das *Managed Client Object Model* (MCOM) wurde mit SharePoint 2010 neu eingeführt. Mit dieser neuen Programmierschnittstelle lassen sich Anwendungen implementieren, die clientseitig auf bestimmte SharePoint-Funktionen zugreifen, wie etwa Silverlight oder JavaScript-basierte Webseiten.

Was in den Vorgängerversionen nur durch die Verwendung der SharePoint-Webservices möglich war, wird nun durch ein eigenständiges Objektmodell unterstützt. Das Client-Objektmodell ist in drei Varianten verfügbar:

▸ .NET Managed

▸ ECMAScript

▸ Silverlight Managed Objektmodell

Alle drei Programmierschnittstellen haben eines gemeinsam – sie stellen jeweils einen Teil der Funktionalität des serverseitigen Objektmodells aus dem Namensraum `Microsoft.SharePoint` bereit. Warum stellt SharePoint Foundation nicht den kompletten Funktionsumfang bereit? Das hat vor allem mit dem Thema Sicherheit sowie einer vernünftigen Performance zu tun.

4.3.1 Struktur des Client-Objektmodells

Die Struktur und die Notation des Client-Objektmodells sind mit der serverseitigen Variante vergleichbar – dies vereinfacht den Einstieg für den erfahrenen SharePoint-Entwickler deutlich. Tabelle 4.7 listet Ihnen zu den bereits bekannten Klassen des serverseitigen Objektmodells die Pendants des Client-Objektmodells auf. Zuvor sei noch erwähnt, dass das Managed Client- und Silverlight-Objektmodell seine Klassen über den Namensraum `Microsoft.SharePoint.Client` und die ECMAScripte über `SP` ausliefert.

Server	Client
SPContext	ClientContext
SPSite	Site
SPWeb	Web
SPList	List
SPListItem	ListItem
SPField	Field
SPView	View
SPUser	User
SPRoleAssignment	RoleAssignment
SPRoleDefinition	RoleDefinition

Tabelle 4.7 Klassen des Server- und Client-Objektmodells im Vergleich

Die `Site`-Klasse stellt die höchste Ebene der Hierarchie des Client-Objektmodells dar. Sie haben über diese Klasse keine Möglichkeit, auf Informationen der Webanwendung oder etwaiger Dienste zuzugreifen.

Das SharePoint-Foundation-Client-Objektmodell ist so konzipiert, dass der serverseitige Aufruf erst mit der Ausführung der Methode ExecuteQuery vollzogen wird. Hiermit lassen sich die Abfragen von verschiedenen Objekten in einem serverseitigen »Round-Trip« bündeln und somit beispielsweise auch komplexere Anfragen umsetzen, ohne eine große Last auf dem Server zu verursachen. Dieses Verfahren beschreibt eines der deutlichsten Unterschiede zum Server-Objektmodell. Auch sollten Sie wissen, dass Sie auf ein und demselben Objekt mehrere Operationen ausführen können, ohne hierbei die Objektidentität zu verlieren.

Im ersten Beispiel zeigen wir den grundlegenden Aufbau eines SharePoint Client-Programms:

```
// Neues ClientContext-Objekt erzeugen
ClientContext ctx = new ClientContext("http://contoso.de");
// Web- und List-Objekt erzeugen
Web web = ctx.Web;
// Objekte laden
ctx.Load(web);
// Anfrage zum Server senden
ctx.ExecuteQuery();
// Daten ausgeben
Console.WriteLine("Website: {0} (URL: {1})",
    web.Title, web.ServerRelativeUrl);
```

Listing 4.38 Allgemeiner Aufbau eines Client-Objektmodell-Programms

Ein paar Worte zu diesem Beispiel: Die Klasse ClientContext liefert den Zugriffspunkt zur SharePoint-Website bzw. Websitesammlung. Über den Konstruktor wird die URL der Webseite übergeben. Mithilfe der Load-Methode werden die zu verarbeitenden Objekte definiert. Die ExecuteQuery-Methode instruiert das Client-Objektmodell, die Anfrage an den Server zu senden. Danach können die Eigenschaften der Objekte weiterverarbeitet werden.

4.3.2 Die Funktionsweise des Client-Objektmodells

Die Kommunikation einer Client-Anwendung mit der SharePoint-Webseite erfolgt auf Basis eines *Windows Communication Foundation*-(WCF-)Dienstes (*http://<anwendung>/_vti_bin/client.svc*). Die Client-Anwendung wandelt die Anfrage in einen XML-String um und sendet diesen an den WCF-Service. Der Service verarbeitet die Anfrage serverseitig und sendet die Ergebnisse als JSON-Paket zurück an den Client. Die JSON-Rückgabe wird anschließend im Client-Objektmodell ausgewertet und an die Objekte der Applikation zurückgegeben.

Das ECMAScript-basierte Client-Objektmodell verarbeitet die Anfragen an den Server, analog zur Managed API.

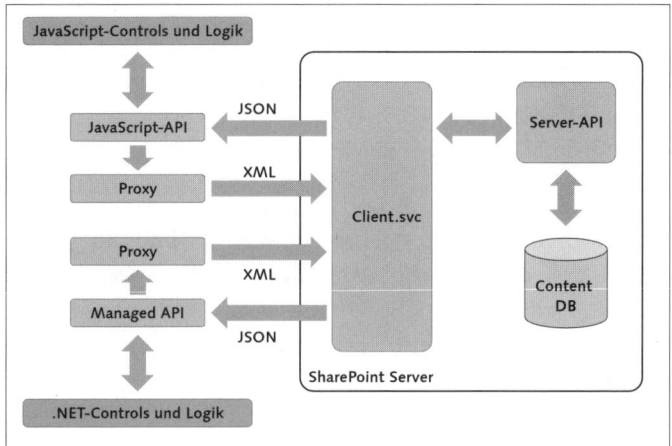

Abbildung 4.15 Datenflüsse und Komponenten des Client-Objektmodells

Nutzen wir die Gelegenheit, die beiden Datenpakete für das oben aufgeführte Beispiel etwas genauer zu betrachten. Listing 4.39 beschreibt den XML-String einer einfachen Anfrage eines Web-Objekts.

```
<Request AddExpandoFieldTypeSuffix="true"
         SchemaVersion="14.0.0.0"
         LibraryVersion="14.0.4536.1000"
         ApplicationName=".NET Library"
         xmlns="http://schemas.microsoft.com/ sharepoint/
clientquery/2009">
   <Actions>
      <ObjectPath Id="2" ObjectPathId="1" />
      <ObjectPath Id="4" ObjectPathId="3" />
      <Query Id="5" ObjectPathId="3">
         <Query SelectAllProperties="true">
            <Properties />
         </Query>
      </Query>
   </Actions>
   <ObjectPaths>
      <StaticProperty Id="1"
               TypeId="{3747adcd-a3c3-41b9-bfab-4a64dd2f1e0a}"
               Name="Current" />
      <Property Id="3" ParentId="1" Name="Web" />
   </ObjectPaths>
</Request>
```

Listing 4.39 XML-Datenpaket einer Anfrage über das Client-Objektmodell

Das Query-Element formuliert die eigentliche Anfrage. In ihm werden zum Bei-spiel die abgefragten Eigenschaften des Client-Objekts spezifiziert. Da in diesem Beispiel alle Eigenschaften des Web-Objekts in der Abfrage berücksichtigt werden sollen, wird durch das Client-Objektmodell das Attribut `SelectAllProperties` auf den Wert `true` gesetzt. Andernfalls würden Sie innerhalb des `Properties`-Ele-ments die spezifizierten Eigenschaften finden.

»Alle Eigenschaften« bedeutet jedoch lange noch nicht »alle«! Ohne die genaue Definition der gewünschten Eigenschaften gibt das Client-Objektmodell einen Satz von Standardeigenschaften zurück. Ein Blick auf das vom Server zurückgelie-ferte JSON-Paket in Listing 4.40 verdeutlicht dieses Verhalten:

```
[
{
"SchemaVersion":"14.0.0.0",
"LibraryVersion":"14.0.4762.1000",
"ErrorInfo":null
},2,{
"IsNull":false
},4,{
"IsNull":false
},5,{
"_ObjectType_":"SP.Web",
"_ObjectIdentity_":"740c6a0b-85e2-48a0-a494-e0f1759d4aa7:
web:a3ea12d0-7e61-4b7d-8783-77beb1339254",
"Description":"","Created":"\/Date(1272960265000)\/",
"LastItemModifiedDate":"\/Date(1274870554000)\/",
"RecycleBinEnabled":true,"Title":"Blank","ServerRelativeUrl":"\u002f",
"Id":"\/Guid(a3ea12d0-7e61-4b7d-8783-77beb1339254)\/",
"SyndicationEnabled":true,"AllowRssFeeds":true,
"QuickLaunchEnabled":true,"TreeViewEnabled":false,
"Language":1031,
"UIVersion":4,
"UIVersionConfigurationEnabled":false,
"AllowRevertFromTemplateForCurrentUser":true,
"AllowMasterPageEditingForCurrentUser":true,
"ShowUrlStructureForCurrentUser":true
}
```

Listing 4.40 JJSON-Paket einer Client-Anfrage

Bei der genaueren Betrachtung dieses Pakets werden Sie feststellen, dass in ihm nicht alle Eigenschaften des Web-Objekts enthalten sind. Diese Arbeitsweise beschreibt einen weiteren wichtigen Unterschied zum Server-Objektmodell. Sie müssen exakt spezifizieren, welche Eigenschaften in der Client-Anwendung verarbeitet werden sollen. Wenn die Client-Anwendung auf eine nicht spezifizierte Eigenschaft zugreift, wird eine Ausnahme vom Typ `Microsoft.SharePoint.Client.PropertyOrFieldNotInitializedException` ausgelöst.

Tabelle 4.8 beschreibt die Eigenschaften der wichtigsten Client-Objekte, die standardmäßig nicht geladen werden.

Klasse	Eigenschaft
Site	Usage
SecurableObject	HasUniqueRoleAssignments, RoleAssignments
Web	EffectiveBasePermissions, HasUniqueRoleAssignments, RoleAssignments
List	BrowserFileHandling, DataSource, EffectiveBasePermissions, HasUniqueRoleAssignments, IsSiteAssetsLibrary, OnQuickLaunch, RoleAssignments, SchemaXml, ValidationFormula, ValidationMessage
Folder	ContentTypeOrder, UniqueContentTypeOrder
ListItem	DisplayName, EffectiveBasePermissions, HasUniqueRoleAssignments, RoleAssignments

Tabelle 4.8 Nicht geladene Eigenschaften für Standard-Client-Objekte

Zusätzlich zu den hier aufgeführten Eigenschaften müssen auch die Eltern- bzw. Kind-Objekte einer Eigenschaft explizit geladen werden. Demzufolge wird zum Beispiel für die Eigenschaft `List.ListItem.Count` nicht der korrekte Wert ausgegeben, ohne dass sie zuvor explizit definiert wurde.

Möchten Sie die Verfügbarkeit einer Eigenschaft überprüfen, können Sie die Methode `Web.IsPropertyAvailable` aufrufen. Sie wird von der Basisklasse `ClientObject` bereitgestellt und steht damit sämtlichen Client-Objekten zur Verfügung.

Für den Fall, dass Sie für Ihre Abfrage die Eigenschaften des zu ladenden Client-Objekts definieren wollen, können Sie von der Technik der Lambda-Ausdrücke Gebrauch machen:

```
clientContext.Load(web,
        w => w.Title,
        w => w.ServerRelativeUrl);
```

Listing 4.41 Definition der zu ladenden Eigenschaften eines Client-Objekts

Bitte lassen Sie sich von der Form dieser Abfrage nicht abschrecken. In den folgenden Abschnitten werden wir Ihnen die unterschiedlichen Abfragetechniken ausführlich vorstellen.

4.3.3 Eine Client-Anwendung – Schritt für Schritt

Zur Erstellung von clientbasierten SharePoint-Anwendungen sind folgende Zutaten nötig: SharePoint 2010, Visual Studio 2010 und die Assemblys des Client-Objektmodells, wobei SharePoint natürlich nicht auf dem Client installiert werden muss. Die Assemblys *Microsoft.SharePoint.Client.dll* und *Microsoft.SharePoint.Client.Runtime.dll* werden durch die Installation von SharePoint 2010 in folgendem Verzeichnis bereitgestellt: *%CommonProgramFiles%\Microsoft Shared\web server extensions\14\ISAPI*. Diese müssen zunächst auf den Client-PC kopiert werden. Danach kann das Visual Studio-Projekt erzeugt werden. Im folgenden Beispiel werden wir eine einfache Konsolenanwendung programmieren, und das geht so:

▸ Starten Sie Visual Studio 2010.

▸ Erzeugen Sie ein neues Projekt.

▸ Wählen Sie die Vorlage einer WINDOWS KONSOLENANWENDUNG.

▸ Überprüfen Sie, ob die Anwendung auf Basis des .NET Framework 3.5 erzeugt wird.

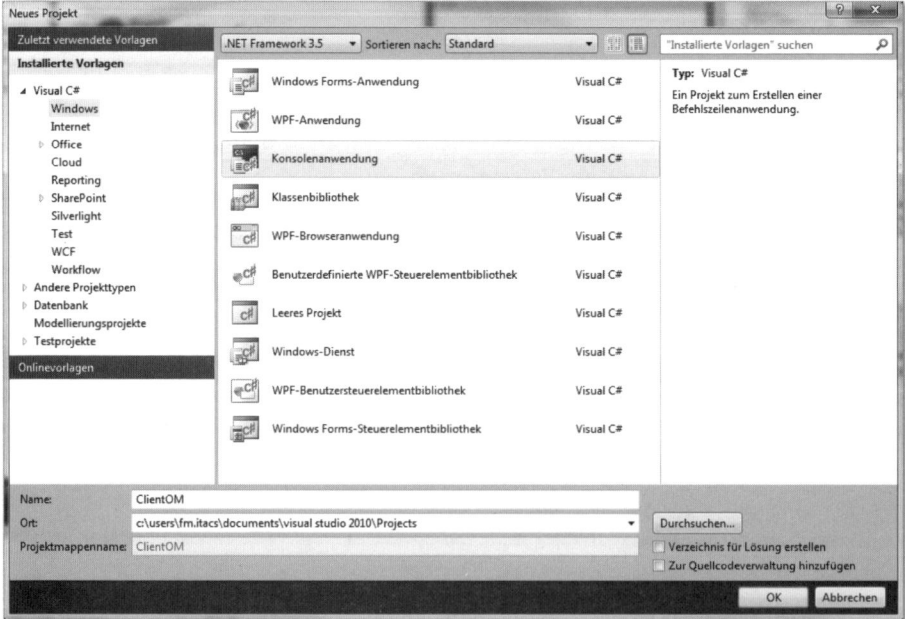

Abbildung 4.16 Erzeugung eines neuen Visual Studio 2010-Projekts

Im letzten Schritt geben Sie dem Projekt noch einen Namen und weisen ihm einen Speicherort zu (siehe Abbildung 4.16).

Nachdem Sie das Projekt erstellt haben, fügen Sie die Referenzen zu den Assemblys des Client-Objektmodells hinzu:

▶ Klicken Sie im Projektmappen-Explorer mit der rechten Maustaste auf den Eintrag REFERENZEN.

▶ Wählen Sie die Assemblys *Microsoft.SharePoint.Client.dll* sowie *Microsoft.Share-Point.Client.Runtime.dll* aus.

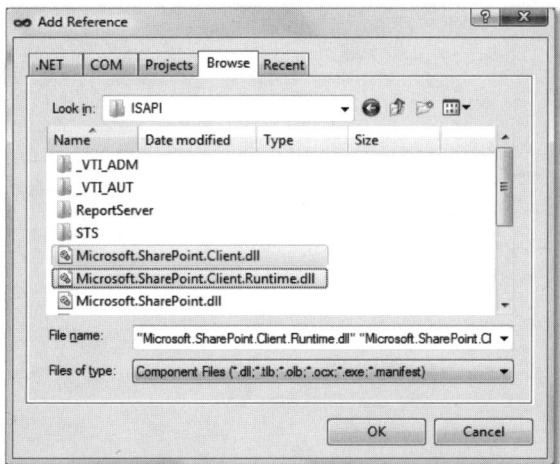

Abbildung 4.17 Die Referenzen auf die Assemblys des Client-Objektmodells müssen Sie manuell hinzufügen.

Nachdem Sie für Ihre Klasse den Namensraum `Microsoft.SharePoint.Client` registriert haben, können Sie mit der Umsetzung beginnen. Fügen Sie dazu der Klasse folgenden Programmcode hinzu:

```
using System;
using Microsoft.SharePoint.Client;

class Program
{
    static void Main(string[] args)
    {
        // Neues ClientContext-Objekt erzeugen
        ClientContext ctx = new ClientContext("http://contoso.de");

        // Client-Objekte erzeugen
        Web web = ctx.Web;
```

```
ListCollection allLists = web.Lists;

// Objekte laden,
    // Eigenschaften einschränken
ctx.Load(web,
    w => w.Title,
    w => w.ServerRelativeUrl);

ctx.Load(allLists,
    lists => lists.Include(
        l => l.Title,
        l => l.BaseType));

// Anfrage zum Server senden
ctx.ExecuteQuery();

// Daten ausgeben
Console.WriteLine("Website: {0} (URL: {1})",
    web.Title,
    web.ServerRelativeUrl);

foreach (List list in allLists)
{
    Console.WriteLine("Liste: {0} (Typ: {1})",
        list.Title,
        list.BaseType);
}
    }
}
```

Listing 4.42 Vollständige Client-Objektmodell-Konsolenanwendung

Dieses Beispiel verschafft Ihnen einen Eindruck davon, wie ein optimiertes Client-Programm strukturiert werden kann. Mithilfe eines Lambda-Ausdrucks werden in diesem Aufruf die von dem JSON-Packet zurückzuliefernden Eigenschaften eingegrenzt. Durch dieses Verfahren ist der clientseitige Zugriff deutlich schneller, da nur die verwendeten Eigenschaften im Paket übermittelt werden.

In den folgenden Abschnitten werden wir Ihnen die verschiedenen Möglichkeiten des Managed Client-Objektmodells inklusive der Funktionsweise von Lambda-Ausdrücken detailliert vorstellen.

4.3.4 Die Struktur des Client-Objektmodells

Die Basisfunktionen des Client-Objektmodells werden durch den Namensraum `Microsoft.SharePoint.Client` bereitgestellt. Zusätzlich integriert die *Micro-*

soft.SharePoint.Client-Assembly noch die Namensräume `Microsoft.Share-Point.Client.Utilities`, `Microsoft.SharePoint.Client.Webparts` sowie `Microsoft.SharePoint.Client.Workflows`.

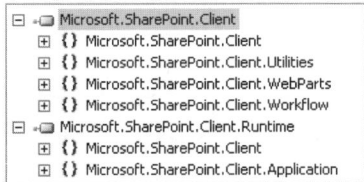

Abbildung 4.18 Namensräume des SharePoint-Client-Objektmodells

Die oberste vom SharePoint Client-Objektmodell unterstützte Ebene ist die Websitesammlung. Sie wird durch eine Objektinstanz vom Typ `Site` repräsentiert. Die Liste der Webseiten wird durch ein Objekt vom Typ `WebCollection` zugänglich gemacht. Eine einzelne Website kann über die `Web`-Klasse verwaltet werden. Alle genannten Objekte verfügen über die Basisklasse `ClientObject` (siehe Abbildung 4.19).

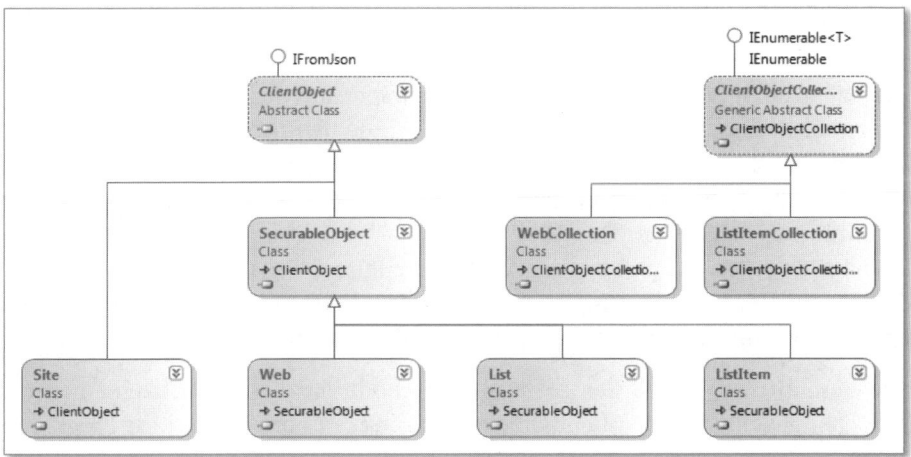

Abbildung 4.19 Die Struktur der wichtigsten Klassen des Client-Objektmodells

Die Verwaltung von Listen und Listenelementen wird durch die Klassen `ListCollection`, `List` sowie `ListItem` ermöglicht. Auch die Arbeit mit Dokumenten ist in clientbasierten Anwendungen möglich. Unterstützt wird dieser Prozess durch die `File`-Klasse.

Neben den hier vorgestellten Standardklassen stellt das Client-Objektmodell noch zahlreiche weitere Möglichkeiten bereit. Das SharePoint Foundation SDK liefert eine Liste der Klassen, Interfaces und Delegates des `Microsoft.Share-Point.Client`-Namensraums:

http://msdn.microsoft.com/en-us/library/microsoft.sharepoint.client(v=office.14).aspx

4.3.5 Daten abfragen

Mithilfe des Client-Objektmodells lassen sich Eigenschaften und Werte für spezielle Client-Objekte (`ClientObject`) einlesen. Das Schema für die Datenabfrage ist stets identisch:

1. Bauen Sie eine Verbindung zur SharePoint-Webseite auf, indem Sie ein `ClientContext`-Objekt definieren.
2. Definieren Sie die Client-Objekte, die Sie anfragen wollen.
3. Laden Sie die gewünschten Daten in das Client-Objekt, entweder über die Load-Methode (füllt das Objekt als eingebetteten Parameter) oder über LoadQuery (gibt ein neues Objekt vom Typ `IQueryable<T>` zurück).
4. Führen Sie die Abfrage durch die Verwendung der `ExecuteQuery`-Methode aus. Im Managed Objektmodell wird diese Methode synchron ausgeführt. Im ECMAScript-basierten Objektmodell können die Abfragen auch asynchron über die Methode `ExecuteQueryAsync` ausgeführt werden.

Die wichtigsten Methoden bei der Datenabfrage sind Load und LoadQuery. Der Funktionsumfang beider Methoden ist im Grunde identisch. Sie liefern die Möglichkeit zur parametrisierten Abfrage von Client-Objekten, wobei die Parameter eine Verkettung von Lamba-Ausdrücken zur Einschränkung oder Filterung der Ergebnissätze darstellen. Der Unterschied beider Varianten liegt einzig in der Verarbeitung der Client-Objekte. An der Stelle, an der bei der Load-Methode direkt das Client-Objekt mit Daten gefüllt wird, liefert LoadQuery eine komplett neue Auflistung vom Typ `IQueryable<T>` zurück.

Ein wesentlicher Vorteil der LoadQuery-Methode ist die Möglichkeit, mehrere Abfragen gegen dasselbe Client-Objekt ausführen zu können. Soll Ihr Programm mit einer Abfrage für ein Client-Objekt auskommen, reicht es aus, von der Load-Methode Gebrauch zu machen.

Um Ihnen die Arbeitsweise beider Varianten zu verdeutlichen, verwenden die folgenden, einfachen Programmbeispiele jeweils die Load-Methode oder die komplexeren Abfragen LoadQuery.

Eigenschaften einschränken

Besonders bei der Verarbeitung großer Datenmengen ist es ratsam, den Datenverkehr auf ein Minimum zu reduzieren. Das Client-Objektmodell liefert die

Option, mithilfe eines Lambda-Ausdrucks die von einer Abfrage zurückgegebenen Objekte einzugrenzen. Hierdurch werden nur die im Ausdruck definierten Eigenschaften vom JSON-Paket zurückgegeben. Das folgende Beispiel demonstriert die Anwendung dieses Verfahrens:

```
ClientContext ctx = new ClientContext("http://contoso.de");
Web web = ctx.Web;
List customer = web.Lists.GetByTitle("Kunden");

// Daten laden und Eigenschaften einschränken
ctx.Load(customer,
    c => c.Title,
    c => c.BaseType,
    c => c.ItemCount);

ctx.ExecuteQuery();

Console.WriteLine("Listentitel: {0}",
    customer.Title);
Console.WriteLine("Basistyp: {0}",
    customer.BaseType);
Console.WriteLine("Anzahl Elemente: {0}",
    customer.ItemCount);
```

Listing 4.43 Eigenschaften eines Client-Objekts einschränken

Der Load-Methode wird ein Lambda-Ausdruck als Parameter übergeben, der die von der Abfrage zurückgegebenen Spalten definiert. In diesem Anwendungsfall werden von der abgefragten Liste ausschließlich der Titel, der Listentyp und die Anzahl der Elemente zurückgegeben.

Ein genauerer Blick auf das vom Server zurückgegebene JSON-Paket macht die Auswirkung der Einschränkung deutlich:

```
"_ObjectType_":"SP.List","_ObjectIdentity_":"740c6a0b-85e2-48a0-
a494-e0f1759d4aa7:web:8b8b379a-90f7-42f6-9f72-
6e9fca3d434f:list:cf9bef19-1480-45c4-a2b7-ab8a08ea1dd2","_
ObjectVersion_":"2","Title":"Customers", "ItemCount":2
```

Ohne die Einschränkung der Eigenschaften sähe das Paket wie folgt aus:

```
"_ObjectType_":"SP.List","_ObjectIdentity_":"740c6a0b-85e2-48a0-
a494-e0f1759d4aa7:web:8b8b379a-90f7-42f6-9f72-
6e9fca3d434f:list:cf9bef19-1480-45c4-a2b7-ab8a08ea1dd2","_
ObjectVersion_":"2","ParentWebUrl":"\
u002f","HasExternalDataSource":false,"Created":"\/
```

```
Date(1259488496000)\/","LastItemModifiedDate":"\/
Date(1266682195000)\/","LastItemDeletedDate":"\/Date(1259488496000)\
/","Id":"\/Guid(cf9bef19-1480-45c4-a2b7-ab8a08ea1dd2)\/
","Description":"","Title":"Customers","Direction":"none","BaseType"
:0,"ImageUrl":"\u002f_layouts\u002fimages\
u002fitcontct.png","ItemCount":2,"BaseTemplate":105,"DefaultContentA
pprovalWorkflowId":"\/Guid(00000000-0000-0000-0000-000000000000)\/
","TemplateFeatureId":"\/Guid(00bfea71-7e6d-4186-9ba8-c047ac750105)\
/","DefaultViewUrl":"\u002fLists\u002fCustomer\
u002fAllItems.aspx","DefaultEditFormUrl":"\u002fLists\u002fCustomer\
u002fEditForm.aspx","DefaultNewFormUrl":"\u002fLists\u002fCustomer\
u002fNewForm.aspx","DefaultDisplayFormUrl":"\u002fLists\
u002fCustomer\
u002fDispForm.aspx","EnableAttachments":true,"ServerTemplateCanCreat
eFolders":true,"EnableFolderCreation":false,"EnableModeration":false
,"EnableVersioning":false,"ForceCheckout":false,"EnableMinorVersions
":false,"DraftVersionVisibility":0,"Hidden":false,"IsApplicationList
":false,"IsCatalog":false,"AllowContentTypes":true,"DocumentTemplate
Url":null,"ContentTypesEnabled":false,"MultipleDataList":false,"NoCr
awl":false
```

Dieser Vergleich veranschaulicht sehr deutlich die Unterschiede beider Abfrage-varianten. Stellen Sie sich vor, Sie fragen nicht nur fünf Datensätze, sondern eine Liste mit Hunderten von Elementen ab. Es ist in jedem Fall ratsam, sich genau zu überlegen, welche Eigenschaften von der clientbasierten Anwendung verarbeitet werden sollen.

Was sind Lambda-Ausdrücke?

Lambda-Ausdrücke sind vereinfachte, anonyme Funktionsdefinitionen, die Ausdrücke oder Anweisungen enthalten. Sie haben keinen Namen und werden für die Erstellung von Delegates oder Ausdrucksbaumstrukturen verwendet. Besonders bei der Abbildung von LINQ-Abfragen sind Lambda-Ausdrücke sehr hilfreich, da sie mit sehr wenig Code auskommen.

Verschachtelte Abfragen

Neben der einfachen Filterung können die Eigenschaftseinschränkungen auch auf mehreren Ebenen abgebildet werden. Diese Funktion benötigen Sie dann, wenn Sie nicht nur die Eigenschaften des Client-Objekts selbst, sondern zusätz-lich die der Unterobjekte einschränken wollen.

Das Client-Objektmodell stellt für diesen Anwendungsfall die erweiterte Methode Include bereit. Mit ihrer Hilfe können die von einem Lambda-Aus-druck zurückgegebenen Objekte zusätzlich verfeinert werden. Das folgende Beispiel demonstriert, wie nicht nur die Eigenschaften des List-Objekts, sondern auch die der Listenelemente eingeschränkt werden können:

```
ClientContext ctx = new ClientContext("http://contoso.de");
Web web = ctx.Web;
List customer = web.Lists.GetByTitle("Kunden");

// Collection aller Listenelemente
ListItemCollection items = customer.GetItems(
   new CamlQuery() { ViewXml = "<View/>" });

// Daten laden und Eigenschaften einschränken
ctx.Load(customer,
   c => c.Title,
   c => c.ItemCount);

// Eigenschaften des Listenelements einschränken
ctx.Load(items,
   item => item.Include(
      i => i["Title"],
      i => i["Stadt"],
      i => i["Ansprechpartner"]
      ));

ctx.ExecuteQuery();

Console.WriteLine("Liste:{0} (Anzahl Elemente: {1})\n",
   customer.Title, customer.ItemCount);

// Listenelemente iterieren
foreach (ListItem item in items)
{
   Console.WriteLine("Unternehmen: {0}",
     item["Title"]);
   Console.WriteLine("Stadt: {0}",
      item["Stadt"]);
   Console.WriteLine("Ansprechpartner: {0}",
      item["Ansprechpartner"]);
}
```

Listing 4.44 Einschränkung der Abfrage durch die Include-Methode

Der erste Parameter dieses Ausdrucks ist vom Typ ListItemCollection und bietet demnach nicht die Möglichkeit, die einzelnen Elemente der Auflistung zu filtern. Dazu muss die Include-Methode auf das zurückgegebene Objekt angewandt werden. Sie erwartet als Parameter einen Lambda-Ausdruck vom Typ `ListItem` – dem Datentyp der einzelnen Elemente der Auflistung. Hierüber lassen sich die einzelnen Eigenschaften der Listenelemente einschränken. Der Rückgabewert der Methode ist vom Typ `IQeryable<ListItem>`.

Neben dieser Methode kann zur Einschränkung der Unterelemente einer Auflistung auch die Methode `IncludeWithDefaultProperties` genutzt werden. Zusätzlich zu den dedizierten Eigenschaften werden hiermit auch die Standardelemente eines Client-Objekts geladen.

Datenabfragen via LINQ

Das Client-Objektmodell von SharePoint Foundation 2010 liefert auch die Möglichkeit der Datenfilterung über LINQ, worüber sich Datensätze, ähnlich der Filterung durch CAML, nach bestimmten Kriterien abfragen lassen.

Die technische Grundlage für die Datenfilterung liefert die erweiterte Methode `IQueryable<T>.Where`. Über diesen Weg lassen sich sämtliche Elemente mithilfe eines LINQ-Ausdrucks gefiltert abfragen. Nehmen wir dazu das vorherige Beispiel: Das von der `Include`-Methode zurückgelieferte Objekt ist vom Typ `IQueryable<ListItem>`. Demnach kann es durch eine `Where`-Methode zusätzlich gefiltert werden. Auch hier kommen Lambda-Ausdrücke zum Einsatz:

```
ClientContext ctx = new ClientContext("http://contoso.de");

Web web = ctx.Web;
List orders = web.Lists.GetByTitle("Bestellungen");

ListItemCollection items = orders.GetItems(
    new CamlQuery() { ViewXml = "<View/>" });

// Eigenschaften des Listenelements einschränken
// und Daten filtern
ctx.Load(items,
    item => item.Include(
        i => i["Kunde"],
        i => i["Artikel"],
        i => i["Anzahl"]
    ).Where(
        i => (int)i["Anzahl"] >= 5.0));

ctx.ExecuteQuery();

// Gefilterte Daten ausgeben
foreach (ListItem item in items)
{
```

```
Console.WriteLine("Kunde: {0}",
   ((FieldLookupValue)item["Kunde"]).LookupValue);
Console.WriteLine("Artikel: {0}",
   ((FieldLookupValue)item["Artikel"]).LookupValue);
Console.WriteLine("Anzahl: {0}\n",
   item["Anzahl"]);
}
```

Listing 4.45 Client-Objekte via LINQ filtern

Als Parameter erwartet die Where-Methode einen LINQ-Ausdruck, der die genaue Abfrage formuliert. In diesem Beispiel werden sämtliche Elemente abgefragt, bei denen die Menge größer ist oder dem Wert 5 entspricht.

Zugegeben, dieses Anwendungsbeispiel ist nicht unbedingt praxistauglich, weil die Filterung von Objekten des Typs ListItem über LINQ nicht nativ unterstützt wird. Bei der Verarbeitung dieser Abfrage wird serverseitig zunächst eine einfache CAML-Abfrage ausgeführt, via LINQ verarbeitet und im Anschluss als JSON-Paket zurück an den Client gesendet. Dieses Verhalten hat keinen Einfluss auf die reine Netzwerklast, sehr wohl aber auf die serverseitige Verarbeitung. Die Filterung von Listenelementen sollte daher niemals über LINQ erfolgen! Andere Client-Objekte hingegen können ohne Bedenken über diese Technologie gefiltert abgefragt werden.

Datenabfragen via CAML

Das eben vorgestellte, jedoch nicht optimale Beispiel soll nun korrekt umgesetzt werden. Der effizienteste Weg der Datenabfrage von Listenelementen ist die Verwendung von CAML. CAML-Abfragen werden über einen Parameter der Methode GetItems eines ListItemCollection-Objekts verarbeitet. Die Abfrage selbst wird über eine Objektinstanz vom Typ CamlQuery spezifiziert. Der folgende Programmcode macht deutlich, wie die ineffiziente Abfrage des vorherigen Beispiels in eine effiziente CAML-Abfrage umgewandelt werden kann:

```
ClientContext ctx = new ClientContext("http://contoso.de");
Web web = ctx.Web;
List orders = web.Lists.GetByTitle("Bestellungen");

// CAML-Query definieren
ListItemCollection items = orders.GetItems(
   new CamlQuery()
   { ViewXml = @" <View>
                     <Query>
                        <Where>
                           <Geq>
```

```
                              <FieldRef Name='Anzahl'/>
                              <Value Type='Integer'>5</Value>
                          </Geq>
                      </Where>
                  </Query>
                  <RowLimit>100</RowLimit>
              </View>"
    });

IEnumerable<ListItem> allItems = ctx.LoadQuery(
    items.Include(
        i => i["Kunde"],
        i => i["Artikel"],
        i => i["Anzahl"]
        ));

ctx.ExecuteQuery();

foreach (ListItem item in allItems)
{
    Console.WriteLine("Kunde: {0}",
      ((FieldLookupValue)item["Kunde"]).LookupValue);
    Console.WriteLine("Artikel: {0}",
      ((FieldLookupValue)item["Artikel"]).LookupValue);
    Console.WriteLine("Anzahl: {0}\n",
      item["Anzahl"]);
}
```

Listing 4.46 Client-Objekte via CAML abfragen

Anders als in den vorherigen Beispielen wird in dieser Abfrage die Methode LoadQuery angewandt. Sie werden feststellen, dass dieses Verfahren sich kaum von der Load-Methode unterscheidet. Der Unterschied liegt in der Verarbeitung des Client-Objekts. In diesem Anwendungsbeispiel wird ein komplett neues Objekt vom Typ IEnumerable<ListItem> zurückgegeben und im Anschluss iteriert. Das eigentliche Client-Objekt wird lediglich als Parameter für den Lambda-Ausdruck verwendet.

4.3.6 Daten manipulieren

Das Client-Objektmodell besitzt die Fähigkeit zur Manipulation von Daten. Über diese Programmierschnittstellen lassen sich Listenelemente erstellen oder editieren, gegebenenfalls auch löschen.

Die Basis für die Erstellung neuer SharePoint-Elemente liefern sogenannte CreationInformation-Objekte. Sie definieren die Datenstruktur des zu generierenden Client-Objekts. Das SharePoint 2010-Client-Objektmodell integriert für die Erstellung neuer Elemente die CreationInformation-Klassen aus Tabelle 4.9.

Klasse	Eigenschaft
ContentTypeCreationInformation	Erstellt einen neuen Inhaltstyp.
FieldLinkCreationInformation	Weist Spalten einem Inhaltstyp zu.
FileCreationInformation	Definiert den Inhalt und die Metadaten einer Datei.
GroupCreationInformation	Erstellt neue Gruppen innerhalb einer Share-Point-Site.
ListCreationInformation	Fügt eine neue Liste hinzu.
ListItemCreationInformation	Erzeugt neue Listenelemente.
NavigationNodeCreationInformation	Erstellt einen neuen Eintrag in der Navigation.
RoleDefinitionCreationInformation	Dient zur Spezifizierung einer Rollendefinition.
UserCreationInformation	Wird genutzt, um einen neuen Benutzer innerhalb einer SharePoint-Site zu berechtigen.
ViewCreationInformation	Erstellt eine neue Ansicht.
WebCreationInformation	Erzeugt neue Webseiten.

Tabelle 4.9 Klassen zur Erzeugung von neuen SharePoint-Objekten

Listenelemente erstellen

Ein neues Listenelement zu erstellen ist vergleichsweise einfach. Unterstützt werden Sie hierbei von der Methode AddItem des List-Objekts. Die Methode erwartet als Parameter ein ListItemCreationInformation-Objekt, das die übergeordneten Attribute des Listenelements spezifiziert. Die Vergabe der Eigenschaften des neuen Elements erfolgt analog zum Server-Objektmodell. Im nächsten Beispiel sehen Sie, wie eine neue Bestellung über das Client-Objektmodell erzeugt werden kann.

```
ClientContext ctx = new ClientContext("http://contoso.de");
Web web = ctx.Web;
List listCustomers = web.Lists.GetByTitle("Kunden");
// Neues ListItemCreationInformation-Objekt erzeugen
ListItemCreationInformation customerItemCreationInformation =
    new ListItemCreationInformation();

// Neues Kundenelement erzeugen
```

```
ListItem customerItem =
listCustomers.AddItem(customerItemCreationInformation);
customerItem["Title"] = "Helfrecht, Fritz";
customerItem["Adresse"] = "Am Bach 1";
customerItem["Stadt"] = "Neustadt";
customerItem["PLZ"] = "12345";
customerItem["Ansprechpartner"] = "Hr. Schmidt";
customerItem.Update();

ctx.ExecuteQuery();

Console.WriteLine("Neuer Kunde wurde erfolgreich erstellt: {0}
({1})",customerItem.Id, customerItem["Title"]);

// Referenz auf den Artikel erzeugen
List listArticle = web.Lists.GetByTitle("Artikel");
ListItem anyArticleItem = listArticle.GetItemById(1);

// Artikel-ID laden
ctx.Load(anyArticleItem,
    item => item.Id);

ctx.ExecuteQuery();

// Neue Bestellung erzeugen
List listOrders = web.Lists.GetByTitle("Bestellungen");
ListItemCreationInformation orderItemCreationInformation =
    new ListItemCreationInformation();

ListItem orderItem =
listOrders.AddItem(orderItemCreationInformation);
orderItem["Title"] = Guid.NewGuid();
orderItem["Artikel"] = anyArticleItem.Id;
orderItem["Kunde"] = customerItem.Id;
orderItem["Anzahl"] = 1.0;
orderItem.Update();

ctx.ExecuteQuery();

Console.WriteLine("Neue Bestellung wurde erfolgreich erstellt: {0}
({1})",
    orderItem.Id,
    orderItem["Title"].ToString());
```

Listing 4.47 Erstellung von neuen Listenelementen

Auch beim Client-Objektmodell wird die Aktualisierung eines neuen Elements durch den Aufruf der Update-Methode erzwungen. Ohne diese Methode werden ausschließlich die Objekte selbst, aber nicht die Datenbank aktualisiert. Beachten Sie, dass auch hier die Verbindung zum SharePoint-Server erst mit dem Aufruf der Methode ExecuteQuery erfolgt. Demnach haben Sie die Möglichkeit, die Aktualisierung mehrerer Listenelemente in einem Server-Roundtrip zu bündeln.

Listenelemente editieren und löschen

Die Aktualisierung bestehender Listenelemente ist ähnlich unkompliziert. Nachdem Sie das ListItem-Objekt für ein bestehendes Listenelement erzeugt haben, können Sie die Werte der einzelnen Felder anpassen und durch den Aufruf der Update-Methode in der Datenbank aktualisieren. Folgender Code verdeutlicht den Ablauf:

```
ClientContext ctx = new ClientContext("http://contoso.de");

Web web = ctx.Web;
List list = web.Lists.GetByTitle("Bestellungen");

// Spezielles Listenelement via CAML abfragen
ListItemCollection allItems = list.GetItems(new CamlQuery()
{
  ViewXml = @"
   <View>
    <Query>
     <Where>
      <Eq>
        <FieldRef Name='Title'/>
        <Value Type='Text'>7f5da58e-03da-4951-b746...</Value>
      </Eq>
     </Where>
    </Query>
    <RowLimit>100</RowLimit>
   </View>"
});

// Daten laden und Spalten spezifizieren
ctx.Load(allItems,
    items => items.Include(
       i => i["Title"],
       i => i["Anzahl"])
       );

ctx.ExecuteQuery();
```

```
// Überprüfen, ob ein Listenelement zurückgegeben wurde
if (allItems != null && allItems.Count > 0)
{
    // Element aktualisieren
    ListItem item = allItems[0];
    item["Anzahl"] = 5.0;
    item.Update();

    ctx.ExecuteQuery();

    Console.WriteLine("Bestellung wurde erfolgreich aktualisiert: {0}↵
({1})",
        item["Title"], item["Anzahl"]);
}
```

Listing 4.48 Listenelemente aktualisieren

In diesem Beispiel wird zunächst ein spezielles Listenelement mithilfe einer CAML-Abfrage referenziert. Danach wird der Wert des Anzahlfelds verändert und durch den sequenziellen Aufruf der Update- und ExecuteQuery-Methode in der Datenbank aktualisiert.

Um ein Listenelement vollständig zu löschen, muss anstelle von Update die Methode ListItem.DeleteObject ausgeführt werden. Soll das Element in den Papierkorb verschoben werden, nutzen Sie die Methode Recycle.

Weiterführende Informationen zur ListItem-Klasse finden Sie im SharePoint Foundation SDK und unter folgender URL:

http://msdn.microsoft.com/en-us/library/ee539951(v=office.14).aspx

4.3.7 Webseiten und Listen erstellen

Das Client-Objektmodell ermöglicht auch die Erzeugung neuer Listen bzw. Webseiten. Im vorherigen Abschnitt haben Sie bereits die hierfür erforderlichen CreationInformation-Klassen kennengelernt. Die Anwendung dieser Klassen wird in diesem Abschnitt noch einmal genauer beschrieben.

Web erstellen

Die Webseite ist das oberste zu erzeugende Element in der Struktur des Client-Objektmodells (Websitesammlungen lassen sich nur über serverseitigen Programmcode erzeugen). Eine Website wird von der Klasse Web repräsentiert. Objekte dieses Typs stellen zwar nicht so viele Eigenschaften wie das serverseitige Gegenstück bereit, jedoch ist die Summe der Informationen für die Umsetzung von Client-Anwendungen absolut ausreichend. Eine Liste der Eigenschaften des Web-Objekts liefert auch in diesem Fall das SDK:

http://msdn.microsoft.com/en-us/library/microsoft.sharepoint.client.web_properties (v=office.14).aspx

Die Erzeugung einer neuen Website wird über die Methode WebCollection.Add ermöglicht. Sie erwartet als Parameter ein Objekt vom Typ WebCreation-Information. Es definiert die wesentlichen Eigenschaften des zu erzeugenden Objekts, wie das folgende Beispiel veranschaulicht:

```
ClientContext ctx = new ClientContext("http://contoso.de");
WebCollection webs = ctx.Web.Webs;

// Definition der Eigenschaften der Website
Web newWeb = webs.Add(new WebCreationInformation()
{
    Title = "Mein Blog",
    Url = "Blog2",
    UseSamePermissionsAsParentSite = true,
    Language = 1033,
    WebTemplate = "BLOG#0",
});

// Definition der zu ladenen Eigenschaften der neuen Website
ctx.Load(newWeb,
    w => w.ServerRelativeUrl,
    w => w.Created);

// Paket zum Server senden
ctx.ExecuteQuery();

Console.WriteLine("Neue Website erfolgreich erstellt: {0} ({1})",
    newWeb.ServerRelativeUrl, newWeb.Created);
```

Listing 4.49 Erzeugung einer neuen Website

Zu den vom WebCreationInformation-Objekt bereitgestellten Eigenschaften gehören der Titel, die URL, der Sprachcode, die Vorlage sowie die Vererbungseinstellungen. Die für die neu erzeugte Website zurückgegebenen Eigenschaften müssen explizit über die Load-Methode spezifiziert werden.

Obiges Beispiel veranschaulicht die Bündelung von mehreren Datenbankaufrufen in einem Datenpaket. Mit der Ausführung der ExecuteQuery-Methode wird nicht nur die Webseite erzeugt, sondern werden auch die Eigenschaften des neuen Objekts zurück an den Client gesendet.

Das `Web`-Objekt liefert neben den hier vorgestellten Funktionen noch weitere Möglichkeiten. Tabelle Tabelle 4.10 listet Ihnen die wichtigsten Methoden der `Web`-Klasse auf:

Methode	Beschreibung
BreakRoleInheritance	Bricht die Berechtigungsvererbung des übergeordneten Elements auf.
DeleteObject	Löscht die Website.
DoesUserHavePermissions	Prüft, ob der angemeldete Benutzer bestimmte Rechte auf der Website besitzt.
EnsureUser	Stellt sicher, dass ein spezifischer Benutzer in der Benutzerinformationsliste registriert ist, und fügt ihn gegebenenfalls hinzu.
GetAvailableWebTemplates	Liefert eine Liste der verfügbaren Vorlagen.
GetFileByServerRelativeUrl	Liefert eine Datei (`File`-Klasse) auf Basis ihrer URL.
GetFolderByServerRelativeUrl	Liefert einen Ordner auf Basis seiner URL.
GetSubwebsForCurrentUser	Gibt eine Liste der berechtigten Unterwebseiten des angemeldeten Benutzers zurück.
MapToIcon	Liefert den Namen eines Bildes oder Icons für einen speziellen Dokumententyp.
Update	Aktualisiert die Änderungen an einem Web-Objekt in der Datenbank.

Tabelle 4.10 Methoden der »Web«-Klasse

Weiterführende Informationen zu dieser Klasse finden Sie im SDK:

http://msdn.microsoft.com/en-us/library/ee537040(v=office.14).aspx

Listen erstellen

Das Verfahren bei der Erzeugung neuer Listen ist vergleichbar mit dem zur Erstellung einer neuen Website. Auch hier kommt ein `CreationInformation`-Objekt zum Einsatz. In diesem Fall ist es ein Objekt vom Typ `ListCreationInformation`, worüber die Basiseigenschaften der Liste spezifiziert werden. Die Generierung der neuen Liste erfolgt über die Methode `ListCollection.Add`. Den folgenden Code werden Sie vermutlich ohne weitere Erklärungen verstehen:

```
ClientContext ctx = new ClientContext("http://contoso.de");
// Collection sämtlicher Listen erzeugen
ListCollection lists = ctx.Web.Lists;

// Neue Liste erzeugen
ListCreationInformation listCreationInfo = new
ListCreationInformation()
{
   Url = "Lists/Bestellungen",
   Title = "Bestellungen",
   Description = "In dieser Liste werden Bestellungen verwaltet",
   TemplateType = (int)ListTemplateType.GenericList,
   QuickLaunchOption = QuickLaunchOptions.On,
};

List newList = lists.Add(listCreationInfo);

ctx.Load(newList,
   list => list.Title,
   list => list.Created);

ctx.ExecuteQuery();

Console.WriteLine("Liste erfolgreich erstellt: {0} ({1})",
   newList.Title, newList.Created);
```

Listing 4.50   Erzeugung einer neuen Liste

Interessant wird es bei der Erstellung neuer Spalten. Die Erzeugung eines neuen Felds für eine Liste erfolgt auf Basis der Schemadefinition des jeweiligen Datentyps. Folgendes Beispiel veranschaulicht die Erstellung benutzerdefinierter Spalten.

```
ClientContext ctx = new ClientContext("http://contoso.de");
// Collection sämtlicher Listen erzeugen
ListCollection lists = ctx.Web.Lists;

// Neue Liste erzeugen
ListCreationInformation listCreationInfo = new
ListCreationInformation()
{
   Url = "Lists/Bestellungen",
   Title = "Bestellungen",
   Description = "In dieser Liste werden Bestellungen verwaltet",
   TemplateType = (int)ListTemplateType.GenericList,
```

```
    QuickLaunchOption = QuickLaunchOptions.On
};

List newList = lists.Add(listCreationInfo);

ctx.Load(newList,
    list => list.Title,
    list => list.Created);

ctx.ExecuteQuery();

Console.WriteLine("Liste erfolgreich erstellt: {0} ({1})",
    newList.Title, newList.Created);

// Listen für Nachschlagefelder laden
List customerList = ctx.Web.Lists.GetByTitle("Kunden");
List articleList = ctx.Web.Lists.GetByTitle("Artikel");

// Nur die IDs der Listen berücksichtigen
ctx.Load(customerList, l => l.Id);
ctx.Load(articleList, l => l.Id);

ctx.ExecuteQuery();

// Schema für Kunden-Lookup definieren
string customerLookupSchema = String.Format(
    @"<Field
        Type='Lookup'
        Name='Kunde'
        DisplayName='Kunde'
        Required='FALSE'
        EnforceUniqueValues='FALSE'
        List='{0}'
        ShowField='Title'
        UnlimitedLengthInDocumentLibrary='FALSE'
        Indexed='TRUE'
        RelationshipDeleteBehavior='Restrict'  />",
    customerList.Id);

// Kundenspalte erstellen
Field fieldCustomerLookup = newList.Fields.AddFieldAsXml(
    customerLookupSchema,
    true,
    AddFieldOptions.DefaultValue);
```

```
// Schema für die Artikel-Lookup-Spalte definieren
string articleLookupSchema = String.Format(
    @"<Field
        Type='Lookup'
        Name='Artikel'
        DisplayName='Artikel'
        Required='FALSE'
        EnforceUniqueValues='FALSE'
        List='{0}'
        ShowField='Title'
        UnlimitedLengthInDocumentLibrary='FALSE'
        Indexed='TRUE'
        RelationshipDeleteBehavior='Restrict'  />",
    articleList.Id);

// Artikelspalte erstellen
Field fieldArticleLookup = newList.Fields.AddFieldAsXml(
    articleLookupSchema,
    true,
    AddFieldOptions.DefaultValue);

ctx.ExecuteQuery();

// Spalte "Lieferdatum" definieren
Field fieldDate = newList.Fields.AddFieldAsXml(
    @"<Field
        Name='Lieferdatum'
        DisplayName='Liefertermin'
        Type='DateTime'
        Format='DateTime'/>",
    true, AddFieldOptions.DefaultValue);

// Spalte "Anzahl" definieren
Field fieldAmount = newList.Fields.AddFieldAsXml(
    @"<Field
        Name='Anzahl'
        DisplayName='Anzahl'
        Type='Number'/>",
    true, AddFieldOptions.DefaultValue);

ctx.Load(fieldCustomerLookup);
ctx.Load(fieldArticleLookup);
ctx.Load(fieldDate);
ctx.Load(fieldAmount);
```

```
ctx.ExecuteQuery();

Console.WriteLine("Spalten erfolgreich erstellt!");
Console.WriteLine("> {0} ({1})",
    fieldCustomerLookup.InternalName,
fieldCustomerLookup.TypeAsString);
Console.WriteLine("> {0} ({1})",
    fieldArticleLookup.InternalName,
fieldArticleLookup.TypeAsString);
Console.WriteLine("> {0} ({1})",
    fieldDate.InternalName, fieldDate.TypeAsString);
Console.WriteLine("> {0} ({1})",
    fieldAmount.InternalName, fieldAmount.TypeAsString);
```

Listing 4.51 Erstellung einer Liste inklusive neuer Spalten

Über die Methoden AddFieldAsXml der FieldCollection-Klasse können Sie einer Liste eine neue Spalte hinzufügen. Als Parameter übergeben Sie der Methode das Schema des zu erstellenden Felds.

Diese Methode ist nicht unbedingt der trivialste Weg zur Erzeugung einer neuen Spalte, denn leider gibt das Client-Objektmodell keine anderen Möglichkeiten her. Im einfachsten Fall erzeugen Sie zunächst die von Ihnen benötigten Spalten über die Websiteoberfläche. Danach können Sie über das Client-Objektmodell das Schema der Listenspalten identifizieren. Dieser Lösungsansatz wird im folgenden Beispiel demonstriert.

```
ClientContext ctx = new ClientContext("http://contoso.de");
List orders = ctx.Web.Lists.GetByTitle("Bestellungen");
FieldCollection fields = orders.Fields;

ctx.Load(fields);
ctx.ExecuteQuery();

// Alle Spalten iterieren
foreach (Field field in fields)
{
    XElement e = XElement.Parse(field.SchemaXml);
    string name = (string)e.Attribute("Name");

    e.Attributes("ID").Remove();
    e.Attributes("SourceID").Remove();
    e.Attributes("ColName").Remove();
    e.Attributes("RowOrdinal").Remove();
    e.Attributes("StaticName").Remove();
```

```
    Console.WriteLine(e + Environment.NewLine);
}
```

Listing 4.52 Schema der Listenspalte auslesen

Haben Sie dieses Beispiel auf diese Art und Weise ausgeführt, wird die Schema-definition der einzelnen Spalten in einem XML-basierten Format zurückgegeben. Das Ergebnis können Sie dann für die Erstellung von neuen Feldern weiterverarbeiten.

4.3.8 Arbeit mit Benutzern und Gruppen

Der Ablauf zur Verwaltung von Benutzern und Gruppen ist vergleichbar mit dem Ablauf beim serverseitigen Objektmodell. Die Klassen User, Group, RoleAssignment und RoleDefinition unterstützen Sie bei diesem Prozess.

In den nächsten Abschnitten stellen wir Ihnen einige Anwendungsbeispiele vor, die Ihnen die Arbeit mit sicherheitsrelevanten Objekten näherbringen.

Zugriff auf Benutzer und Gruppen

Der Zugriff auf Benutzer und Gruppeninformationen erfolgt in derselben Logik wie der auf Websites oder Listen. Die Gruppen einer Websitesammlung werden durch die SiteGroups-Eigenschaft des Web-Objekts zugänglich gemacht. Die zurückgegebene Liste der Gruppen wird über eine Objektinstanz vom Typ GroupCollection repräsentiert. Das folgende Beispiel stellt dar, wie Gruppen sowie die darin enthaltenen Benutzer abgefragt werden können.

```
ClientContext ctx = new ClientContext("http://contoso.de");
// Liste der Gruppen der Websitesammlung
GroupCollection siteGroups = ctx.Web.SiteGroups;

// Gruppen- und Benutzer-Eigenschaften laden
ctx.Load(siteGroups,
    group => group.Include(
        g => g.Title,
        g => g.Users.Include(
            u => u.Title,
            u => u.Email,
            u => u.LoginName)));

ctx.ExecuteQuery();

// Sämtliche Gruppen iterieren
foreach (Group group in siteGroups)
```

```
{
   Console.WriteLine("{0}", group.Title);

   // Benutzer einer Gruppe auslesen
   foreach (User user in group.Users)
   {
      Console.WriteLine("> {0} ({1}, {2})",
         user.Title, user.LoginName, user.Email);
   }
   Console.WriteLine();
}
```

Listing 4.53 Gruppen- und Benutzerinformationen auslesen

Mithilfe eines verschachtelten Lambda-Ausdrucks werden in diesem Programm-beispiel der Titel der Gruppe sowie drei Eigenschaften (Titel, E-Mail und Anmel-dename) der in der Gruppe enthaltenen Benutzer gefiltert. Das Ergebnis der Abfrage wird in zwei ineinander verschachtelten foreach-Schleifen durchlaufen.

Die User-Klasse stellt, ähnlich wie SPUser, allgemeine Informationen zum Share-Point-Benutzer bereit. Zu den wichtigsten Eigenschaften gehören der Name (Title), der Anmeldename (Login) sowie die E-Mail-Adresse (Email).

Ein Group-Objekt liefert Informationen zum Titel (Name), zur Beschreibung (Description), zum Besitzer (Owner) sowie zu den registrierten Benutzern (Users). Beide Klassen erben von der Basisklasse Principal.

Benutzer einer Gruppe hinzufügen

Möchten Sie einer SharePoint-Gruppe einen neuen Benutzer hinzufügen, können Sie die Methode Add der UserCollection-Klasse verwenden. Zur Definition des neuen Benutzerobjekts wird der Methode ein Parameter vom Typ UserCreationInformation übergeben.

```
ClientContext ctx = new ClientContext("http://contoso.de");
// Liste der Gruppen der Websitesammlung
GroupCollection siteGroups = ctx.Web.SiteGroups;

ctx.Load(siteGroups,
   group => group.Include(
      g => g.Title));

ctx.ExecuteQuery();

Group members = null;
```

```
// Members-Gruppe identifizieren
foreach (Group group in siteGroups)
{
    if(group.Title.Contains("Mitglieder"))
    {
        members = group;
        break;
    }
}

// Benutzer den Mitgliedern hinzufügen
UserCreationInformation userCreationInformation =
    new UserCreationInformation();
userCreationInformation.Title = "Marga Schilling";
userCreationInformation.LoginName = @"contoso\margas";
userCreationInformation.Email = "marga.schilling@contoso.de";

User newUser = members.Users.Add(userCreationInformation);

ctx.ExecuteQuery();
```

Listing 4.54 Benutzer einer SharePoint-Gruppe hinzufügen

Sollte der Benutzer bereits innerhalb der Websitesammlung berechtigt worden sein, verwenden Sie alternativ einfach die AddUser-Methode eines Group-Objekts.

SharePoint-Objekte absichern

Das Client-Objektmodell ermöglicht auch die Berechtigung von Benutzern, wie dieses Programmbeispiel zeigt:

```
ClientContext ctx = new ClientContext("http://contoso.de");
Web web = ctx.Web;
List orders = web.Lists.GetByTitle("Bestellungen");

// Berechtigungsvererbung aufbrechen und keine ACLs kopieren
orders.BreakRoleInheritance(false, true);

// Auf ein bestehendes Benutzerobjekt zugreifen
User user = web.EnsureUser(@"contoso\margas");

// Collection von Rollendefinitionen erzeugen
RoleDefinitionBindingCollection roleDefinitions =
    new RoleDefinitionBindingCollection(ctx);

// Rolle "Lesen" der Collection hinzufügen
```

```
roleDefinitions.Add(web.RoleDefinitions.GetByType(RoleType.Reader));

// Benutzern Rechte an dieser Liste geben
orders.RoleAssignments.Add(user, roleDefinitions);

ctx.ExecuteQuery();
```

Listing 4.55 SharePoint-Objekte explizit mit Rechten versehen

Beim Durchlesen dieses Beispiels haben Sie vielleicht bemerkt, dass die Absicherung von SharePoint-Objekten in Client-Anwendungen analog zum serverseitigen Objektmodell erfolgt ist.

Über die Methode BreakRoleInheritance eines Objekts, das von der abstrakten Klasse SecurableObjekt erbt, kann die Vererbung der Berechtigungen aufgebrochen werden. Die Parameter der Methode dienen demselben Zweck wie beim Server-Objektmodell.

Mithilfe der Objekte RoleDefinition und RoleAssignment wird im zweiten Teil dieses Programmcodes der neue Benutzer explizit für die Liste berechtigt. Der Zugriff auf das Benutzerobjekt kann über die Methode EnsureUser des Web-Objekts erfolgen. Diese liefert in jedem Fall ein gültiges Benutzerkonto zurück, das dann zusammen mit der Rollendefinition des Leserechts zu den Rollenzuweisungen der Liste hinzugefügt wird.

4.3.9 Arbeit mit Dokumenten

Dieser Abschnitt befasst sich mit dem Thema des Dokumentenmanagements über das Client-Objektmodell. Zu den wichtigsten Aufgaben gehören der Dokumenten-Up- bzw. -Download, das Ein- und Auschecken von Dateien sowie die Arbeit mit Versionen.

Dokumente herunterladen

Das Client-Objektmodell ermöglicht den direkten Download von Dateien einer Dokumentbibliothek. Hierzu können Sie die statische Methode OpenBinaryDirect der Klasse Microsoft.SharePoint.Client.File einsetzen. Das nun folgende Beispiel veranschaulicht den Zugriff auf das Listenelement eines Dokuments inklusive des direkten Downloads der Datei.

```
ClientContext ctx = new ClientContext("http://contoso.de");
List documentsList = ctx.Web.Lists.GetByTitle("Dokumente");

CamlQuery camlQuery = new CamlQuery()
```

```
{
    ViewXml =
    @"<View>
        <Query>
          <Where>
            <Eq>
              <FieldRef Name='FileLeafRef'/>
              <Value Type='Text'>temp.txt</Value>
            </Eq>
          </Where>
          <RowLimit>1</RowLimit>
        </Query>
      </View>"
};

ListItemCollection items = documentsList.GetItems(camlQuery);
ctx.Load(documentsList);
ctx.Load(items);
ctx.ExecuteQuery();

if (items.Count == 1)
{
    ListItem item = items[0];

    Console.WriteLine("Dateiname: {0}", item["FileLeafRef"]);
    Console.WriteLine("Pfad: {0}", item["FileDirRef"]);
    Console.WriteLine("Pfad vollständig: {0}", item["FileRef"]);
    Console.WriteLine("Dateityp: {0}\n", item["File_x0020_Type"]);

    FileInformation fileInfo =
        Microsoft.SharePoint.Client.File.OpenBinaryDirect(
        ctx, item["FileRef"].ToString());

    // Neuen Stream aufbauen und Datei lokal abspeichern
    using (FileStream stream = new FileStream(@"C:\temp.txt",
        FileMode.Create, FileAccess.Write))
    {
        byte[] buffer = new byte[51200];
        int bytesRead;
        do
        {
            bytesRead = fileInfo.Stream.Read(buffer, 0, buffer.Length);
            stream.Write(buffer, 0, bytesRead);
        } while (bytesRead != 0);
```

```
        Console.WriteLine("Dokument heruntergeladen!");
    }
}
else
    Console.WriteLine("Kein Dokument gefunden!");
```

Listing 4.56 Dokumente aus einer Bibliothek herunterladen

Die Methode erwartet als Parameter den server-relativen Pfad zum Dokument und liefert ein Objekt vom Typ `FileInformation`. Über dieses Objekt können Sie auf den Datenstrom (`Stream`) der Datei zugreifen und ihn über ein weiteres `FileStream`-Objekt lokal abspeichern.

Dokumente hochladen

Der Upload eines Dokuments in eine bestehende Bibliothek ist ähnlich. Die Methode `Microsoft.SharePoint.Client.File.SaveBinaryDirect` liefert für diesen Prozess die passende Schnittstelle. Sie erwartet als Parameter das Kontextobjekt, den server-relativen Pfad zum Dokument, den Datenstrom sowie eine Information darüber, ob die Datei gegebenenfalls überschrieben werden soll.

```
ClientContext ctx = new ClientContext("http://contoso.de");

using (FileStream stream = new FileStream(@"C:\temp.txt",
    FileMode.Open))
{
    Microsoft.SharePoint.Client.File.SaveBinaryDirect(
    ctx,                        // Context
    "/Dokumente/temp.txt",      // server-relativer Pfad
    stream,                     // Datenstrom
    true);                      // überschreiben

    Console.WriteLine("Dokument erfolgreich hochgeladen!");
}
```

Listing 4.57 Dokument hochladen

Für den Fall, dass das Dokument mit zusätzlichen Metadaten versehen werden soll, können Sie nach dem Upload an das dazugehörige Listenelement abfragen und die Attribute über die hier vorgestellten Wege mit Werten versehen.

Die `File`-Klasse des SharePoint-Foundation-Client-Objektmodells stellt neben dem Up- bzw. Download noch weitere Möglichkeiten bereit. Tabelle 4.11 listet Ihnen die wichtigsten Methoden für die Arbeit mit Dokumenten auf.

Methode	Beschreibung
CheckIn	Checkt die Datei ein. Über einen Parameter kann definiert werden, ob die Haupt- bzw. Nebenversion eingecheckt oder ob die aktuelle Version überschrieben werden soll.
CheckOut	Checkt die Datei aus einer Bibliothek aus.
CopyTo	Kopiert die Datei in ein anderes Verzeichnis.
MoveTo	Verschiebt die Datei an einen anderen Speicherort.
Publish	Veröffentlicht die Hauptversion eines Dokuments.
Recycle	Verschiebt das Dokument in den Papierkorb.
SaveBinary	Speichert die Datei in einer Dokumentbibliothek.
UndoCheckOut	Verwirft ein ausgechecktes Dokument.
UnPublish	Zieht die Veröffentlichung eines Dokuments zurück.

Tabelle 4.11 Methoden der »File«-Klasse

Weiter Informationen zur File-Klasse finden Sie im SharePoint Foundation Software Development Kit:

http://msdn.microsoft.com/en-us/library/ee539248(v=office.14).aspx

4.3.10 Umsetzung von ECMAScript-Client-Anwendungen

Bis jetzt haben Sie ausschließlich Beispiele für das Managed Objektmodell kennengelernt. Die Umsetzung von ECMAScript-basierten Anwendungen soll jedoch nicht außen vor bleiben. SharePoint 2010 verfügt über zahlreiche Anwendungsfälle, bei denen Sie auf diese Technologie zurückgreifen müssen. Zu den bekanntesten Anwendungskomponenten gehören die Ribbon-Programmierung, das Notification Framework oder SharePoint-Dialoge. In diesem Abschnitt stellen wir Ihnen die Herangehensweise bei der Umsetzung von ECMAScript-basierten Anwendungen vor und vergleichen sie mit der beim Managed Objektmodell.

Die SharePoint-Skriptbibliotheken werden auf dem Server im Verzeichnis *%CommonProgramFiles%\Microsoft Shared\Web Server Extensions\14\TEMPLATE\LAYOUTS* abgelegt. Sie beginnen jeweils mit dem Kürzel SP und können über die URL */_layouts* (z. B. */_layouts/SP.JS*) aufgerufen werden.

Die Inhalte dieser Dateien sind aus Performance-Gründen stark komprimiert und daher nur schwer lesbar. SharePoint Foundation stellt jedoch für die Entwicklung von ECMAScript-Anwendungen jeweils eine **.debug.js*-Datei bereit, die im gleichen Verzeichnis zu finden ist.

Die Skriptbibliotheken werden durch unterschiedliche Dateien ausgeliefert, die sich wiederum in verschiedene Namensräume strukturieren. Die ECMAScript-Variante des Client-Objektmodells gliedert sich in die Namensräume, die Tabelle 4.12 aufführt.

Methode	Dateiname
SP	*SP.Core.js*, *SP.js*, *SP.Ribbon.js*, *SP.Runtime.js*
SP.ListOperation	*SP.Core.js*
SP.Ribbon	*SP.Ribbon.js*
SP.Ribbon.PageState	*SP.Ribbon.js*
SP.UI	*SP.Core.js*, *SP.js*, *SP.UI.Dialog.js*
SP.Utilities	*SP.Core.js*, *SP.js*, *SP.Exp.js*
SP.WebParts	*SP.js*
SP.Workflow	*SP.js*

Tabelle 4.12 Namensräume und JavaScript-Dateien des ECMAScript-Objektmodells

IntelliSense in Visual Studio bekommen

Um in Visual Studio 2010 für den SP-Namensraum IntelliSense zu erhalten, fügen Sie der benutzerdefinierten Anwendung ein `<script>`-Tag hinzu, das die Debug-Version der jeweiligen JS-Dateien referenziert (z. B. *Core.Debug.js*, *SP.Debug.js* oder *SP.Runtime.Debug.js*).

ECMAScript-basierte Anwendungen werden jeweils im Kontext der SharePoint-Website ausgeführt. Prinzipiell ist es möglich, die ECMAScript-Bibliotheken in sämtliche webbasierte Anwendungstypen zu integrieren – so zum Beispiel in Webparts, in Dialoge, in Ribbons oder in Anwendungsseiten. Letztere dienen in diesem Abschnitt als Grundlage.

Anwendungsseiten sind global gültige ASP.NET-Dateien, die direkt auf dem SharePoint-Server bereitgestellt werden (*%CommonProgramFiles%\Microsoft Shared\Web Server Extensions\14\TEMPLATE\LAYOUTS*). Sie werden über die *_layouts*-URL adressiert und stehen im Großen und Ganzen sämtlichen Webseiten zur Verfügung.

Um eine neue Anwendungsseite mit Visual Studio 2010 zu erstellen, gehen Sie wie folgt vor:

▸ Erstellen Sie ein leeres SharePoint 2010-Projekt.

▸ Fügen Sie dem Projekt ein neues Element vom Typ Anwendungsseite hinzu.

Hierdurch werden dem Projekt eine ASPX-Datei mit einer Initialstruktur und die hierfür erforderlichen Features, Elemente und Paketinformationen hinzugefügt.

Fügen Sie im nächsten Schritt der Anwendungsseite eine Referenz zur *SP.JS*-Datei im `PlaceHolderAdditionalPageHead`-Bereich hinzu.

```
<SharePoint:ScriptLink ID="scriptLink" runat="server"
   Name="SP.JS" OnDemand="true" Localizable="false" />
```

Sie können die Referenz auf die Skriptbibliotheken über das Standard-HTML-Tag `<script>` hinzufügen oder alternativ das `SharePoint:ScriptLink`-Control verwenden, das Ihnen mehr Komfort bei der Konfiguration liefert. Mit der `OnDemand`-Eigenschaft wird das Steuerelement instruiert, die Bibliotheken erst dann zu laden, wenn sie erforderlich sind und nicht mit dem ersten Aufruf. Über das `Localizable`-Attribut wird definiert, ob das Script aus einem Unterverzeichnis (*LCID*) oder direkt aus dem *Layout*-Verzeichnis geladen werden soll. Fügen Sie jetzt der Anwendungsdatei ein `FormDigest`-Steuerelement unterhalb des `ScriptLinks`-Tags hinzu.

```
<SharePoint:FormDigest ID="FormDigest1" runat="server" />
```

Wenn Ihr Programmcode Datenbankänderungen durchführt, muss in der Anwendungsseite das `FormDigest`-Control registriert werden. Es generiert für die jeweilige Seite ein Sicherheitstoken, um die Integrität der Funktionsaufrufe sicherzustellen. Durch dieses Token wird Ihre Anwendung vor möglichen Angriffen geschützt. Weitere Informationen finden Sie auf folgenden MSDN-Webseiten:

http://msdn.microsoft.com/en-us/library/microsoft.sharepoint.webcontrols.formdigest(office.14).aspx

http://msdn.microsoft.com/en-us/library/ms472879(office.14).aspx

Danach können Sie der Anwendungsseite folgende *ECMAScript*-Methode im Bereich `PlaceHolderAdditionalPageHead` hinzufügen:

```
<script language="ecmascript" type="text/ecmascript">
   function GetWebsiteInfo() {
      // ClientContext holen
      var clientContext = new SP.ClientContext.get_current();

      // Web-Objekt abfragen
      this.web = clientContext.get_web();
      clientContext.load(this.web);

      // Listen laden
      this.lists = web.get_lists();
```

```
            clientContext.load(this.lists);

            // Abfrage asynchron ausführen
            clientContext.executeQueryAsync(
                Function.createDelegate(this, this.onQuerySucceeded),
                Function.createDelegate(this, this.onQueryFailed));
    }
</script>
```

Listing 4.58 Aufbau einer einfachen ECMAScript-Methode

Über die Methode `SP.ClientContext.get_current` wird zunächst ein neues
`ClientContext`-Objekt erzeugt. An dieser Stelle wird einer der wesentlichsten
Unterschiede zum Managed Objektmodell deutlich: Das ECMAScript kann
jeweils nur im Kontext der aktuellen Websitesammlung ausgeführt werden; der
Zugriff auf eine externe Webseite ist nicht möglich. Achten Sie auch auf die spezielle Form des Eigenschaftsaufrufs, denn je nach Zugriffsform wird vor die
jeweilige Eigenschaft das Kürzel `get` oder `set` gesetzt.

Mit dem `ClientContext`-Objekt werden in diesem Anwendungsbeispiel ein neues
`web`-Objekt sowie ein neues `lists`-Objekt erzeugt. Das Client-Objektmodell liefert
ebenfalls die Möglichkeit, die abgefragten Eigenschaften einzuschränken. Leicht
modifiziert, könnte die `Load`-Methode auch folgendermaßen aussehen:

```
clientContext.load(this.web, 'Title', 'Description');
```

Eine weitere interessante Änderung im Vergleich zum .NET-Client-Objektmodell
steckt in der Abfrage. Das ECMAScript-Objektmodell unterstützt die asynchrone
Abhandlung von Client-Aufrufen. Der Methode `executeQueryAsync` werden als
Parameter zwei Methodensignaturen übergeben, wobei eine Methode für den
erfolgreichen Aufruf, die andere für die Fehlerbehandlung zuständig ist. Fügen
Sie die beiden Methoden unter der zuvor erstellten Methode hinzu:

```
function onQuerySucceeded(sender, args) {
    // Hole den Titel und die Beschreibung
    var tite = this.web.get_title();
    var description = this.web.get_description();

    // Hole die Collection der Listen
    var listEnumerator = this.lists.getEnumerator();
    var lists;

    // Listen iterieren
    while (listEnumerator.moveNext()) {
        var listItem = listEnumerator.get_current();
```

```
    var listTitle = listItem.get_title();
    lists = lists + '> ' + listTitle.toString() + '\n';
  }

  // Daten ausgeben
  alert('Titel: ' + tite + '\n' +
  'Beschreibung: ' + description + '\n' +
  'Listen: ' + '\n' + lists);
}

function onQueryFailed(sender, args) {
  alert('Aufruf fehlgeschlagen ' +
  args.get_message() + '\n' +
  args.get_stackTrace());
}
```

Listing 4.59 Methoden zur Verarbeitung der Serverantwort

Der wichtigste Teil ist in der Methode onQuerySucceeded zu finden. Dieser Programmcode wird dann ausgeführt, wenn die Abfrage an den Server erfolgreich war. In diesem Beispiel werden der Titel und die Beschreibung der Webseite sowie die darin enthaltenen Listen ausgegeben.

In einigen Szenarien werden Sie das Client-Objektmodell eventuell mit dem Aufruf der Seite ausführen. In diesem Fall ist es wichtig, dass an erster Stelle die Share-Point-Scriptbibliotheken und erst anschließend die benutzerdefinierten Scripts geladen werden. Um diese Reihenfolge sicherzustellen, führen Sie an erster Stelle Ihres Programmcodes folgende Methode aus. Diese Zeile lädt die benötigte Java-Script-Datei, bevor die Methode GetWebsiteInfo automatisch aufgerufen wird:

```
ExecuteOrDelayUntilScriptLoaded(GetWebsiteInfo, "sp.js");
```

Mit diesen Zutaten sind Sie in der Lage, vollständige ECMAScript-basierte Anwendungen umzusetzen. In einigen anderen Kapiteln dieses Buches werden Ihnen noch weitere Anwendungsmöglichkeiten der ECMAScript-Bibliotheken vorgestellt.

In diesem Beispiel hat der PlaceHolderAdditionalPageHead folgenden Aufbau:

```
<asp:Content ID="PageHead"
ContentPlaceHolderID="PlaceHolderAdditionalPageHead" runat="server">
  <SharePoint:ScriptLink ID="scriptLink" runat="server"
    Name="SP.JS" OnDemand="true" Localizable="false" />
  <SharePoint:FormDigest ID="FormDigest1" runat="server" />
  <script language="ecmascript" type="text/ecmascript">
```

```
ExecuteOrDelayUntilScriptLoaded(GetWebsiteInfo, "sp.js");
function GetWebsiteInfo() {
...
```

Listing 4.60 Aufruf der ExecuteOrDelayUntilScriptLoaded-Methode

Eine komplette Referenz der ECMAScript-Bibliothek finden Sie im SharePoint SDK:

http://msdn.microsoft.com/en-us/library/ee538253(v=office.14).aspx

4.4 Webservices

SharePoint 2010 stellt zusätzlich zum Server- und Client-Objektmodell eine Webservice-Schnittstelle bereit. Die Webservices unterstützen den entfernten Zugriff auf die Inhalte und Funktionen einer SharePoint-Webseite sowie die Ausführung administrativer Aufgaben.

Bevor Sie sich für den Einsatz der Webservice-Technologie entscheiden, sollten Sie prüfen, ob Ihr Anwendungsfall auch mit dem Client-Objektmodell realisiert werden kann. Speziell bei Clientanwendungen, die auf der Ebene der Websitesammlung mit der SharePoint-Umgebung interagieren, werden Sie feststellen, dass der Weg mit dem Managed Client-Objektmodell der effizientere ist.

Sollten sowohl die Standard-SharePoint-Webservices als auch das Client-Objektmodell Ihre Anforderung nicht abdecken, besteht die Option, benutzerdefinierte Webservices zu programmieren. Hierbei haben Sie die Wahl zwischen ASP.NET-Webservices und WCF-Services.

Im nächsten Abschnitt stellen wir Ihnen die Standard-SharePoint-Webservices sowie beide Varianten der Umsetzung benutzerdefinierter Webservice-Schnittstellen vor.

4.4.1 Standard-SharePoint-Webservices

Die meisten SharePoint-Webservices werden über den Pfad */_vti_bin* unterhalb des virtuellen Verzeichnisses der SharePoint-Webanwendung bereitgestellt (z. B. *http://contoso.de/_vti_bin/<Webservice>*). Der Pfad ist mit dem serverseitigen Verzeichnis *%CommonProgramFiles%\Microsoft Shared\Web Server Extensions\14\ISAPI* gekoppelt.

Die administrativen Webservices werden über den Pfad */_vti_adm* veröffentlicht und sind nur über die URL der Zentraladministration zugänglich.

SharePoint Foundation 2010 stellt insgesamt 25 Webservices bereit. Hinzu kommen noch neun von SharePoint intern genutzte Webservices, zu denen unter anderem der *Client.svc*-Service gehört. Tabelle 4.13 listet Ihnen die wichtigsten SharePoint-Foundation-Webservices auf.

Webservice	Beschreibung
Admin.asmx	Stellt Methoden für die Administration von SharePoint Foundation-Farmkomponenten zur Verfügung.
Authentication.asmx	Ermöglicht die Authentifizierung von Benutzern bei einer formularbasierten Anmeldung.
BdcAdminService.svc	Webservice der Business-Data-Connectivity-Komponente. Der Service stellt Methoden zum Import oder Export von BDC-Modellen bereit.
Copy.asmx	Unterstützt die Kopie von Dokumenten innerhalb einer SharePoint-Foundation-Website.
DWS.asmx	Liefert Methoden zur Interaktion mit SharePoint-Foundation-Dokumentenarbeitsbereichen.
Imaging.asmx	Ermöglicht die Verwaltung von Bildern und SharePoint-Bildbibliotheken.
ListData.svc	Liefert einen REST-fähigen Service zur Abfrage von SharePoint-Listenelementen.
Lists.asmx	Liefert die Schnittstelle zur Interaktion mit SharePoint-Listen und -Listenelementen.
People.asmx	Stellt Methoden zur Verwaltung von Benutzerkonten bereit.
Permissions.asmx	Ermöglicht die Verwaltung von Berechtigungen einer SharePoint-Website.
SiteData.asmx	Ermöglicht die Abfrage von Listeninformationen und Metadaten einer SharePoint-Foundation-Website.
Sites.asmx	Stellt Methoden zur Erstellung und Verwaltung von SharePoint-Websites bereit.
SPSearch.asmx	Stellt Methoden zur Ausführung von Suchabfragen bereit.
UserGroup.asmx	Stellt Methoden zur Verwaltung von Benutzern und Gruppen bereit.
Versions.aspx	Ermöglicht die Verwaltung von Dateiversionen.
WebPartPages.asmx	Ermöglicht die Abfrage von Webpart-Informationen von einer SharePoint-Seite.
Webs.asmx	Liefert Methoden zur Interaktion mit einer SharePoint-Website und deren Inhalten.

Tabelle 4.13 Standard-Webservices von SharePoint Foundation

Wollen Sie einen der Standard-Webservices in Ihrem Visual Studio-Projekt referenzieren, müssen Sie jeweils den Pfad unterhalb der Ziel-Websitesammlung verwenden. Wenn die URL Ihrer Websitesammlung beispielsweise *http://contoso.de/blog* lautet, muss der Pfad zum Webservice folgendes Format aufweisen: *http://contoso.de/blog/_vti_bin/<service>*.

4.4.2 Standard-Webservices verwenden

Zur Referenzierung eines Standard-SharePoint-Webservice stehen Ihnen unterschiedliche Optionen bereit. Sie können die Webservices entweder über eine Service-Referenz oder als Web-Referenz mit Ihrem Visual Studio-Projekt verbinden.

Was sind die Unterschiede? Eine Web-Referenz ist ein Wrapper zur *WSDL.EXE*. Diese Art der Referenzierung ist die klassische Variante für Clients auf Basis des .NET Framework 1.1 und 2.0. Mit der Einführung des .NET Framework 3.0 – und damit auch der *Windows Communication Foundation* (WCF) – wurde in Visual Studio eine weitere Möglichkeit integriert: die Service-Referenz. Sie generiert eine Proxyklasse über das Werkzeug *svcutil.exe*.

Sie können durchaus beide Verfahren nutzen. Möchten Sie die Webservices über einen WCF-Client ansprechen, sind in der Client-Konfiguration noch zusätzliche manuelle Schritte erforderlich. Die herkömmliche Webservice-Referenz erfordert keine manuellen Konfigurationen.

Proxy manuell erzeugen

Sie können die Proxyklassen auch manuell erzeugen. Die Generierung wird über die Kommandozeilenwerkzeuge *wsdl.exe* bzw. *svcutil.exe* unterstützt. Die Erzeugung einer Service-Proxy-Klasse für einen SharePoint-Webservice wird über folgende Befehlszeile realisiert:

```
svcutil.exe /t:code http://contoso.de/_vti_bin/CellStorage.svc /out:
CellStorageProxy.cs /config:CellStorage.config.xml
```

Der Befehl zur Generierung einer Webservice-Referenz hat einen ähnlichen Aufbau:

```
wsdl.exe /language:CS /out:ListProxy.vb http://contoso.de/_vti_bin/
Lists.asmx?WSDL
```

ASP.NET-Webdienst-Referenz erstellen

Die einfachere Variante der Referenzierung eines SharePoint-Webservice ist die Verwendung der Standard-Webservice-Referenz. Über diese erzeugt Visual Studio 2010 automatisch die für den Client erforderliche Proxyklasse, sodass manuelle Arbeitsschritte nicht erforderlich sind. Um in Visual Studio 2010 einen Verweis auf einen Webservice hinzuzufügen, gehen Sie wie folgt vor:

1. Erstellen Sie ein neues Visual-Studio-Projekt vom Typ Windows Konsolenanwendung, und achten Sie darauf, dass das Projekt mindestens auf dem .NET Framework 3.0 basiert.

2. Klicken Sie im Solution Explorer mit der rechten Maustaste auf den Menüpunkt Verweise und dann auf Dienstverweis hinzufügen.

3. Über diesen Dialog haben Sie die Möglichkeit, eine WCF-Servicereferenz hinzuzufügen. Dieser Weg wird Ihnen im nächsten Abschnitt vorgestellt.

4. Klicken Sie auf die Schaltfläche Erweitert und dann auf Webverweis hinzufügen.

5. Tragen im URL-Feld die Adresse zum Webdienst in folgendem Format ein: *http://<servername>/_vti_bin/Lists.asmx*.

6. Tragen Sie im Feld Webverweisname eine Bezeichnung für den Verweis ein (siehe Abbildung 4.20). Dieser Name dient gleichzeitig als Namensraum für die Proxyklasse.

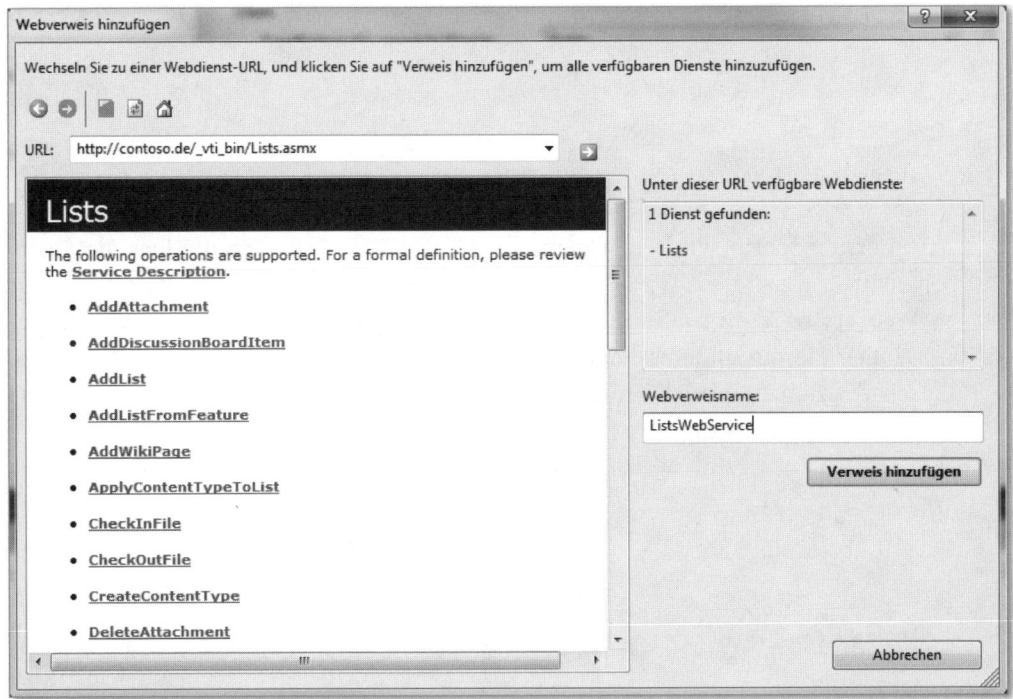

Abbildung 4.20 Visual Studio 2010 unterstützt Sie bei der Erstellung eines Verweises auf einen Webdienst.

Wenn Sie sich im Solutions Explorer befinden, werden Sie feststellen, dass dem Projekt der Ordner *Web References* hinzugefügt wurde. Hierunter finden Sie den neuen Verweis. Jetzt ist der Zeitpunkt gekommen, den Client zu implementieren. Fügen Sie dazu folgenden Programmcode der Klasse hinzu:

```
static void Main(string[] args)
{
    // Webservice instanziieren
    ListsWebService.Lists proxy = new ListsWebService.Lists();
    // Aktuellen Benutzer für den Aufruf verwenden
    proxy.Credentials = CredentialCache.DefaultCredentials;
    // Methode aufrufen
    System.Xml.XmlNode response = proxy.GetListCollection();

    // Ergebnisse ausgeben
    foreach (System.Xml.XmlNode n in response)
    {
        string title = n.Attributes["Title"].Value;
        string description = n.Attributes["Description"].Value;
        Console.WriteLine("{0} \n{1}\n", title, description);
    }
}
```

Listing 4.61 Aufruf des Standard-SharePoint-Listenwebdienstes

Im ersten Schritt wird ein Objekt der Lists-Klasse instanziiert. Über die Eigenschaft Credentials (Typ ICredentials) wird definiert, dass der Zugriff auf die Webservice-Schnittstelle im Kontext des aufrufenden Benutzers erfolgen soll. Wollen Sie ein anderes Benutzerkonto spezifizieren, übergeben Sie der Eigenschaft zum Beispiel eine Variable vom Typ NetworkCredential oder CredentialCache aus dem Namensraum System.Net:

```
proxy.Credentials = new NetworkCredential(
    "Administrator",
    "pass@word1",
    "contoso.de");
```

Listing 4.62 Zuweisung eines dedizierten Benutzerkontos für den Webdienst-Zugriff

Im nächsten Schritt wird die Methode GetListCollection des Lists-Webdiensts aufgerufen. Sie sollten beachten, dass die Webservice-Methoden jeweils ein Objekt vom Typ XmlNode zurückgeben. Aus diesem Grund muss das Ergebnis im Anschluss manuell ausgewertet werden.

Es spielt keine Rolle, welche Methode Sie aus den Standard-Webdiensten aufrufen – das Verfahren, wie die Daten ausgewertet werden, ist stets identisch. Weitere Informationen zu den SharePoint-Webdiensten finden Sie im SharePoint Foundation Software Development Kit:

http://msdn.microsoft.com/en-us/library/aa979690.aspx

WCF-Serviceverweis erstellen

Für den Fall, dass Sie anstelle der Webreferenz eine WCF-Servicereferenz erzeugen wollen, sind einige manuelle Arbeitsschritte erforderlich. Das von Visual Studio 2010 automatisch generierte Servicemodell ist für die Konsumierung der SharePoint-Webservices nicht ausreichend. Anders als bei der Webreferenz generiert diese Anwendung den Proxy nicht über die *wsdl.exe*, sondern über *svcutil.exe*. Die Servicereferenz liefert weitaus mehr Konfigurationsmöglichkeiten am Client.

Um das vorherige Beispiel als WCF-Client umzusetzen, führen Sie bitte folgende Schritte durch:

1. Erstellen Sie ein neues Visual-Studio-Projekt vom Typ WINDOWS KONSOLENANWENDUNG.
2. Klicken Sie im Projektmappen-Explorer mit der rechten Maustaste auf VERWEISE und dann auf DIENSTVERWEIS HINZUFÜGEN.
3. Tragen Sie im Adressfeld die URL des Webservice ein.
4. Klicken Sie auf den Menüpunkt GEHE ZU.
5. Im linken Bereich des Dialogs werden Ihnen dann die identifizierten Dienste aufgelistet. Im rechten Fenster finden Sie die vom Service bereitgestellten Operationen (siehe Abbildung 4.21).

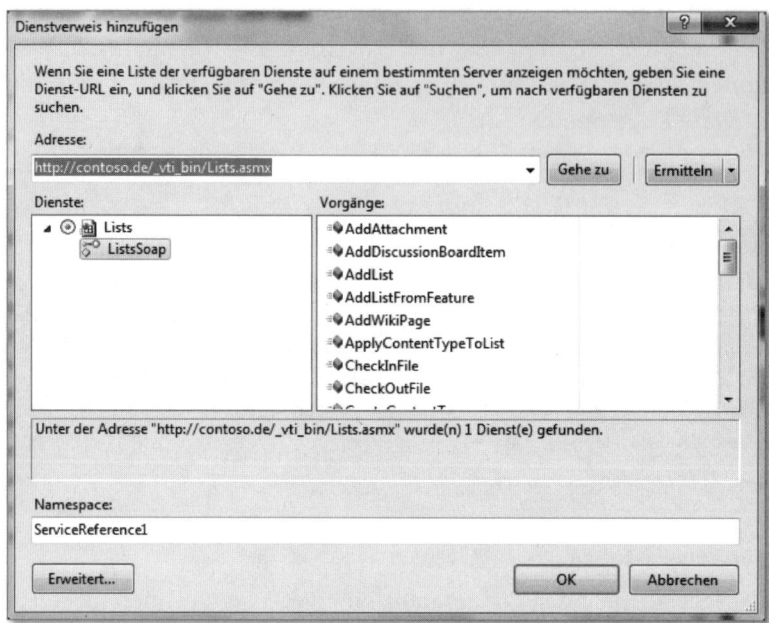

Abbildung 4.21 SharePoint-ASP.NET-Webdienste lassen sich in Visual Studio auch als WCF-Dienstverweis referenzieren.

Im nächsten Schritt implementieren Sie die Clientfunktionalität. Fügen Sie hierzu folgenden Programmcode in die Main-Methode der Konsolenanwendung ein:

```
static void Main(string[] args)
{
    var client = new ListsSoapClient.ListsSoapClient();

    try
    {
        client.Open();

        Console.WriteLine("Verbindung erfolgreich aufgebaut!");

        // Service-Methode aufrufen
        XElement response = client.GetListCollection();
    }
    catch (Exception ex)
    {
        Console.ForegroundColor = ConsoleColor.Red;
        Console.WriteLine("\nFehler beim Service-Aufruf! \n\n{0}",
            ex.Message);
```

```
    }
}
```

Listing 4.63 Grundgerüst des Aufrufs eines SharePoint-Webservice

Wenn Sie den Programmcode auszuführen, ohne eine eventuell notwendige Anpassung an die Client-Konfiguration vorzunehmen, erhalten Sie die Fehlermeldung aus Abbildung 4.22.

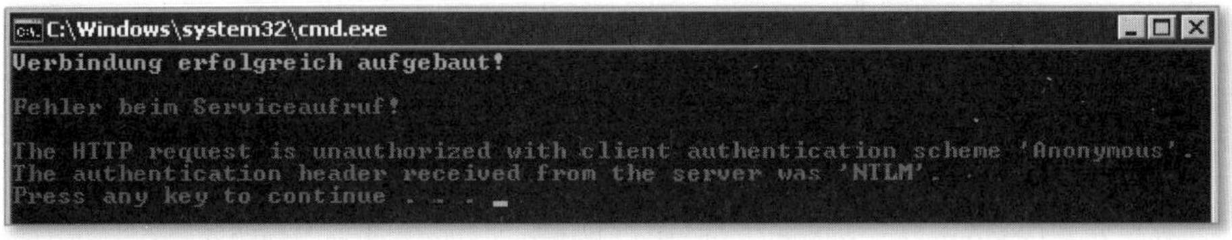

Abbildung 4.22 Die Ausführung von WCF-Clients erfordert noch zusätzliche Einstellungen.

Die fehlerfreie Ausführung dieses WCF-Clients erfordert einige Anpassungen in der von Visual Studio automatisch generierten *app.config*-Datei.

Innerhalb der binding-Einstellungen befindet sich das Security-Element. Ändern Sie dieses wie folgt:

```
<security mode="TransportCredentialOnly">
    <transport clientCredentialType="Ntlm"
               proxyCredentialType="Ntlm" realm="" />
</security>
```

Listing 4.64 Einstellungen des security-Elements

Die Änderung bewirkt, dass der Serviceaufruf über das NTLM-Protokoll authentifiziert wird. Das Standardelement message kann entfernt werden.

Im nächsten Schritt definieren Sie das Serviceverhalten. Standardmäßig werden hierfür keine Einträge generiert. Fügen Sie dem Servicemodell folgenden Codeblock auf der Ebene des clients-Elements hinzu:

```
<behaviors>
    <endpointBehaviors>
        <behavior name="ListServiceBehavior">
            <clientCredentials>
                <windows allowedImpersonationLevel="Impersonation"/>
            </clientCredentials>
        </behavior>
```

```
        </endpointBehaviors>
</behaviors>
```

Listing 4.65 Definition der Impersonifizierung

Mit diesen Erweiterungen legen Sie ein Impersonifizierungsverhalten fest; dies bedeutet, dass der Service im Kontext des aktuellen Benutzers aufgerufen wird.

Das neue Serviceverhalten muss anschließend im Endpunkt (`endpoint`-Element) über das Attribut `behaviorConfiguration` referenziert werden:

```
<client>
    <endpoint
        address="http://contoso.de/_vti_bin/lists.asmx"
        binding="basicHttpBinding"
        bindingConfiguration="ListsSoap"
        contract="ListsSoapClient.ListsSoap"
        name="ListsSoap"
        behaviorConfiguration="ListServiceBehavior" />
</client>
```

Listing 4.66 Endpunkt-Konfigurationen

Diese Änderungen bewirken, dass der Webservice-Client ohne Fehler ausgeführt wird.

Auf eine Sache möchten wir Sie noch aufmerksam machen: Bereits in der ersten Zeile wird deutlich, dass die Notation eines Serviceaufrufs von der Notation der klassischen Variante abweicht. Der Assistent hängt das Kürzel `SoapClient` an die Proxyklasse an, die einen Hinweis auf das verwendete Kommunikationsprotokoll enthält. Im Unterschied zu ASP.NET-Webservices unterstützt WCF neben dem HTTP-Protokoll auch die Kommunikation via TCP oder UDP.

Die Ergebnisse des Methodenaufrufs werden jeweils in einem XML-Format zurückgegeben. Der Rückgabewert ist vom Typ `XElement` aus dem Namensraum `System.Xml.Linq`. Es ist daher erforderlich, die Ergebnisse in ein zu verarbeiten-des Format zu konvertieren. Die einfachste Variante ist die Erzeugung eines `XmlNode`-Objekts. Dieses ermöglicht die Iteration durch die einzelnen Knoten des XML-Baums oder alternativ auch die Datenabfrage via XPath. Um aus dem `XElement` ein `XmlNode`-Objekt zu erzeugen, müssen die Daten transformiert wer-den. Eine Möglichkeit ist die Programmierung einer Extension-Methode für die `XElement`-Klasse. Die folgende erweiterte Methode überführt das `XElement` in ein Objekt vom Typ `XmlDokument` und gibt den gesamten Baum als `XmlNode` zurück.

```
public static class Extension
{
```

```
public static XmlNode GetXmlNode(this XElement element)
{
    using (XmlReader xmlReader = element.CreateReader())
    {
        XmlDocument xmlDoc = new XmlDocument();
        xmlDoc.Load(xmlReader);
        return xmlDoc;
    }
}
}
```

Listing 4.67 Extension-Methode zur Transformation eines »Xelement«-Objekts in ein »XmlNode«-Objekt

Wenn Sie diese Klasse in Ihren Programmcode integrieren, können Sie den Rückgabewert nach folgendem Schema auswerten:

```
// Service-Methode aufrufen
var response = client.GetListCollection();

// Extension-Methode aufrufen und Daten transformieren
XmlNode node = response.GetXmlNode();

// Daten iterieren (<Lists><List> ... </List></Lists>)
foreach (XmlNode n in node.ChildNodes[0])
{
    string title = n.Attributes["Title"].Value;
    string description = n.Attributes["Description"].Value;
    Console.WriteLine("{0} \n{1}\n", title, description);
}
```

Listing 4.68 Iteration der Elemente eines »XmlNode«-Objekts

Alternativ zur Verwendung der XmlNode-Klasse lassen sich die Daten auch über XPath abfragen. Hierzu können Sie das XmlNode-Objekt unter Verwendung der Methode CreateNavigation in ein Objekt vom Typ XPathNavigator überführen. Diese Klasse stellt zahlreiche Methoden zur Datenabfrage bereit.

4.4.3 Benutzerdefinierte WCF-Services bereitstellen

Sollten die Schnittstellen des Client-Objektmodells oder der Standard-Webservices Ihre Anforderungen nicht abdecken, können Sie auch benutzerdefinierte Webservices in die SharePoint-Umgebung integrieren. Sie können die Schnittstelle entweder als ASP.NET-Webservice oder als WCF-Service implementieren.

Bei der Umsetzung von benutzerdefinierten ASMX-Services gibt es einige Falltüren. Da SharePoint dynamische Service-Endpunkte erfordert (das ist die Fähigkeit, die Webservices über einen site-relativen Pfad unterhalb des _vti_bin-Verzeichnisses aufzurufen), muss die Webservice-Beschreibung (WSDL-Datei) manuell bereitgestellt werden. Das hat den Nachteil, dass mit jeder Änderung der Webservice-Signatur auch die WSDL-Datei modifiziert werden muss.

SharePoint 2010 basiert auf dem .NET Framework 3.5. Damit unterstützt die Plattform die Bereitstellung von benutzerdefinierten WCF-Services inklusive SOAP, REST oder WCF-Datendiensten. Aus diesem Grund ist die Erzeugung eines WCF-Service die bessere Variante. Ein weiterer Vorteil dieser Technologie besteht in der vereinfachten Bereitstellung. Die Installation von benutzerdefinierten WCF-Diensten erfordert keine Anpassung in der *web.config*-Datei. Sie können den Service direkt in der SharePoint-Infrastruktur bereitstellen, ohne aufwendige Änderungen an Konfigurationseinstellungen vornehmen zu müssen.

Zur Programmierung eines WCF-Service sind folgende Arbeitsschritte notwendig:

1. Starten Sie Visual Studio 2010.

2. Erzeugen Sie ein neues Visual Studio-Projekt vom Typ LEERES SHAREPOINT-PROJEKT.

3. Definieren Sie Ihr Projekt als FARMLÖSUNG. Durch die Verwendung dieser Standardvorlage werden die SharePoint-Assemblys automatisch referenziert.

4. Fügen Sie dem Visual Studio-Projekt eine Referenz auf die Assembly *Microsoft.SharePoint.Client.Runtime* hinzu. Sie enthält die später benötigten Attribute sowie die Factory-Klassen. Die Datei ist im Global Assembly Cache im Verzeichnis *C:\Windows\assembly\GAC_MSIL* zu finden.

5. Registrieren Sie anschließend den Namensraum `System.ServiceModel`. Er ist unterhalb des Reiters .NET aufgelistet. Diese Assembly ist für den WCF-Dienst erforderlich.

6. Klicken Sie mit der rechten Maustaste auf das Wurzelverzeichnis des Projekts, danach auf das Menü HINZUFÜGEN und dann auf den Link ZUGEORDNETER SHAREPOINT-ORDNER.

7. Wählen Sie den Ordner *ISAPI* aus.

8. Fügen Sie unterhalb des *ISAPI*-Verzeichnisses eine leere Textdatei mit der Endung *.svc* hinzu.

Im nächsten Schritt ist die Erzeugung des WCF-Service an der Reihe. Um diesen Prozess zu vereinfachen, erstellen Sie zunächst ein temporäres Projekt:

1. Navigieren Sie zum obersten Zweig im Solution Explorer.

2. Klicken Sie auf den Menüeintrag HINZUFÜGEN und dann auf NEUES PROJEKT.

3. Wählen Sie aus der Gruppe WCF ein Projekt vom Typ WCF-DIENSTBIBLIOTHEK aus.

Diese Projektvorlage generiert zwei Codedateien – den *Service Contract* und die *Implementierung*. Diese beiden Dateien können Sie in das zuvor erzeugte Share-Point-Projekt kopieren. Wir empfehlen, diese Dateien in einem separaten Ordner abzulegen.

Der WCF-Service-Contract

Der Service Contract ist einer von drei wesentlichen Bestandteilen eines WCF-Dienstes. Er spezifiziert den Endpunkt und die bereitgestellten Operationen. Der Service Contract ist sozusagen die API des WCF-Service. Weitere Elemente sind die *Bindung* (Art der Erreichbarkeit) sowie die *Adresse* (URL des Diensts).

Das temporäre Projekt können Sie nun wieder aus der Visual-Studio-Solution entfernen. In den nächsten Arbeitsschritten passen Sie das Interface und die Implementierung an. Öffnen Sie dazu zunächst die *IService1.cs*-Datei, und ersetzen Sie den Contract durch folgenden Programmcode:

```
using System;
using System.ServiceModel;
using System.Collections.Generic;

namespace CustomWcfService
{
    [ServiceContract]
    public interface IService1
    {
        [OperationContract]
        List<string> GetLists();
    }
}
```

Listing 4.69 Interface des WCF-Dienstes

Der Codeblock definiert den Contract (ServiceContract) sowie die Signatur der Operation (ServiceOperation). Der hier veranschaulichte WCF-Dienst liefert eine einfache Auflistung der in der Webseite bereitgestellten Listen zurück.

Im Anschluss muss die Methode implementiert werden. Öffnen Sie dazu die automatisch generierte *Service1.cs*-Datei, und tauschen Sie den Programmcode gegen den aus Listing 4.70 aus:

263

```
using System;
using System.Collections;
using System.Collections.Generic;
using System.ServiceModel;
using System.ServiceModel.Activation;
using Microsoft.SharePoint;
using Microsoft.SharePoint.Client.Services;

namespace CustomWcfService
{
   [BasicHttpBindingServiceMetadataExchangeEndpointAttribute]
   [AspNetCompatibilityRequirements(
      RequirementsMode =
      AspNetCompatibilityRequirementsMode.Required)]
   public class CustomWcfService : IService1
   {
      public List<string> GetLists()
      {
         List<string> lists = new List<string>();
         SPListCollection allLists = SPContext.Current.Web.Lists;
         foreach (SPList list in allLists)
            lists.Add(list.Title);

         return lists;
      }
   }
}
```

Listing 4.70 Struktur der WCF-Klasse

Die wichtigste Information steckt in den beiden Attributen. Das Attribut
BasicHttpBindingServiceMetadataExchangeEndpointAttribute instruiert Share-
Point, die Endpunkte des Dienstes (Metadata Exchange Endpoint = MEX) auto-
matisch zu generieren. Übersetzt bedeutet das, dass der Service in der SharePoint-
Infrastruktur bereitgestellt werden kann, ohne ihn in der *web.config*-Datei konfi-
gurieren zu müssen.

Das zweite Attribut (AspNetCompatibilityRequirements) definiert, dass der Service in einer ASP.NET-kompatiblen Anwendungsdomäne ausgeführt werden muss.

Damit ist die Umsetzung des eigentlichen WCF-Service abgeschlossen. Nun benötigt das Visual Studio-Projekt noch einige deklarative Bausteine. Der erste Baustein
ist die Service-Deklaration. WCF-Dienste, die unterhalb der *Internet Information
Services* (IIS) bereitgestellt werden, besitzen eine spezielle Deklarationsdatei mit

der Dateiendung *SVC*. Sie enthält spezielle Prozessinstruktionen, die es der WCF-Infrastruktur ermöglichen, den Dienst für eingehende Anfragen zu aktivieren. Außerdem werden die innerhalb einer SharePoint-Umgebung bereitgestellten WCF-Services über die URL der SVC-Datei adressiert. Die bereits vorbereitete SVC-Datei muss nun um folgende Direktive erweitert werden:

```
<%@ServiceHost Language="C#" Debug="true"
Service="CustomWcfService.CustomWcfService,
$SharePoint.Project.AssemblyFullName$"
Factory="Microsoft.SharePoint.Client.Services.MultipleBaseAddressBas
icHttpBindingServiceHostFactory,
Microsoft.SharePoint.Client.ServerRuntime, Version=14.0.0.0,
Culture=neutral, PublicKeyToken=71e9bce111e9429c" %>
```

Listing 4.71 Die »ServiceHost«-Direktive

Das `Service`-Attribut der `ServiceHost`-Direktive definiert den Typ und die Assembly-Referenz. Das `Factory`-Attribut spezifiziert die *Service Host Factory* und dient zur Instanziierung des Service-Hosts. Für SharePoint-basierte Dienste können die Factory-Klassen des `Microsoft.SharePoint.Client.ServerRuntime`-Namensraums verwendet werden. Er stellt drei mögliche Factory-Klassen bereit.

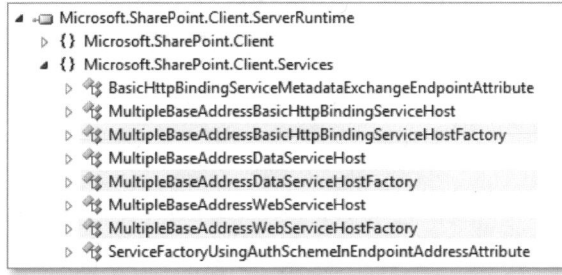

Abbildung 4.23 Der »Microsoft.SharePoint.Client.ServerRuntime«-Namensraum

In Abhängigkeit vom zu implementierenden Diensttyp verwenden Sie die Factory-Klassen aus Tabelle 4.14.

Servicetyp	Factory-Klasse
SOAP Service	`MultipleBaseAddressBasicHttpBindingServiceHostFactory`
REST Service	`MultipleBaseAddressWebServiceHostFactory`
Data Service	`MultipleBaseAddressDataServiceHostFactory`

Tabelle 4.14 Factory-Klassen aus dem »Microsoft.SharePoint.Client.ServerRuntime«-Namensraum

SharePoint benötigt eine dieser Factory-Klassen, um den Service-Endpunkt dynamisch zu generieren.

Die Umsetzung der WCF-Servicekomponenten ist nun abgeschlossen. Im nächsten Arbeitsschritt stellen Sie den Dienst in der SharePoint-Umgebung bereit, nehmen jedoch vorher noch eine wichtige Einstellung vor. Anstelle der vollqualifizierten Assembly-Referenz wird der Assembly-Name über das Token `$SharePoint.Project.AssemblyFullName$` referenziert. Da Visual Studio 2010 standardmäßig die Tokens von SVC-Dateien nicht transformiert, muss diese Erweiterung in der Projektdatei manuell registriert werden. Dazu muss das Projekt in Visual Studio geschlossen und das `TokenReplacementFileExtensions`-Element für die Dateiendung *SVC* registriert werden. Fügen Sie nun folgenden XML-Block unterhalb des Elements `SandboxedSolution` ein:

```
<TokenReplacementFileExtensions>svc</TokenReplacementFileExtensions>
```

Nachdem Sie diese Änderung vorgenommen haben, können Sie das Visual-Studio-Projekt wieder öffnen und dann das Solution-Paket installieren. Klicken Sie dazu mit der rechten Maustaste auf Ihr Projekt und danach auf das Menü BEREIT-STELLEN.

Nach der Installation des Solution-Pakets wird der benutzerdefinierte WCF-Service im *ISAPI*-Verzeichnis des SharePoint-Servers bereitgestellt und kann über den virtuellen *_vti_bin*-Pfad aufgerufen werden. Geben Sie in Ihrem Browser folgende URL ein:

http://<server>/_vti_bin/<service>.svc/MEX

Diese Erweiterung *MEX* ist erforderlich, da Ihr Service als Metadata-Exchange-Endpunkt bereitgestellt wurde. Als Ergebnis sollte Ihr Browser die vollständige Definition des Dienstes ausgeben.

Abschließend können Sie den benutzerdefinierten Webservice in einer Client-Anwendung aufrufen und verarbeiten. Erstellen Sie dazu eine Konsolenanwendung nach dem vorgestellten Verfahren, und erzeugen Sie eine Referenz auf den Dienst.

Im nächsten Arbeitsschritt programmieren Sie den clientseitigen Aufruf. Im vorherigen Abschnitt haben Sie bereits die deklarative Konfiguration des WCF-Clients kennengelernt. Wahlweise lässt sich der Client auch programmgesteuert konfigurieren:

```
static void Main(string[] args)
{
    // HTTP-Binding-Objekt erstellen und Eigenschaften definieren
```

```
BasicHttpBinding binding = new BasicHttpBinding();

// Einfache HTTP-basierte Authentifizierung anwenden
binding.Security.Mode =
    BasicHttpSecurityMode.TransportCredentialOnly;

// NTLM als Authentifizierungsprotokoll verwenden
binding.Security.Transport.ClientCredentialType =
    HttpClientCredentialType.Ntlm;

// Zieladresse definieren (passen Sie den Dienstnamen an!)
string address = "http://contoso.de/_vti_bin/MyService.svc";
EndpointAddress endpoint = new EndpointAddress(address);

// WCF-Service-Proxy mit dem Binding und dem
// Endpunkt instanziieren
CustomWcfService.Service1Client proxy =
    new CustomWcfService.Service1Client(binding, endpoint);

// Aktuellen Benutzer impersonifizieren
proxy.ClientCredentials.Windows.AllowedImpersonationLevel =
    TokenImpersonationLevel.Impersonation;

// Service-Methode aufrufen
string[] response = proxy.GetLists();

foreach (string s in response)
{
    Console.WriteLine(s);
}
}
```

Listing 4.72 WCF-Client des benutzerdefinierten Diensts

Im ersten Schritt wird eine Objektinstanz vom Typ BasicHttpBinding erzeugt, deren Sicherheitseinstellungen im Anschluss konfiguriert werden. In diesem Beispiel authentifiziert sich der Client via NTLM direkt mit der Anmeldekennung des aktuell angemeldeten Benutzers. Danach wird der WCF-Client mit den Parametern der Bindung sowie eines zuvor erzeugten Endpunkts instanziiert. Der Endpunkt wird über ein Objekt vom Typ EndpointAddress spezifiziert. Über die Eigenschaft ClientCredentials.Windows.AllowedImpersonationLevel des Proxys wird definiert, dass der Client die Anmeldung des aktuellen Benutzers verwenden soll. Diese Einstellungen beschreiben das Grundgerüst eines clientseitigen Aufrufs eines WCF-Diensts.

Die SharePoint 2010-Plattform stellt für die Umsetzung von clientbasierten Anwendungen unterschiedliche Möglichkeiten bereit. In erster Linie sollten Sie versuchen, Ihre Anforderung mit dem Client-Objektmodell zu realisieren. Sollte diese Programmierschnittstelle hierfür nicht geeignet sein, haben Sie die Option, die Standard-SharePoint-Webservices anzusprechen oder benutzerdefinierte Services bereitzustellen. Im letzten Fall sollten Sie auf WCF-Services zurückgreifen, weil diese deutlich einfacher in die SharePoint-Umgebung zu integrieren sind und mehr Flexibilität als klassische Webservices bieten.

4.5   Fazit

Die SharePoint-Objektmodelle verschaffen Ihnen einen Zugriff auf die Daten und Funktionen einer SharePoint-Umgebung. Je nachdem, welchen Anwendungstyp Sie implementieren, können Sie aus einer von drei möglichen Programmierschnittstellen auswählen: dem Server-Objektmodell, dem Client-Objektmodell sowie den SharePoint-Webservices. Den größten Funktionsumfang liefert das Server-Objektmodell. Die anderen Programmierschnittstellen sind im Vergleich zur serverseitigen Variante deutlich abgespeckt, ermöglichen aber dennoch die Abbildung der gängigsten Szenarien. Besonders für die Umsetzung von clientbasierten Anwendungen ist das neue Client-Objektmodell eine wichtige Neuerung von SharePoint 2010. Im Zusammenspiel mit den neuen UI-Technologien – wie beispielsweise der Ribbon-Programmierung, dem Dialog-Framework oder der Unterstützung von Silverlight – liefern die Client-Bibliotheken eine deutliche Arbeitserleichterung. Falls der Funktionsumfang der clientbasierten Schnittstellen nicht ausreicht, können Sie die Standard-APIs um benutzerdefinierte Methoden erweitern. Hierbei ist es ratsam, auf die Möglichkeiten von WCF-Diensten zurückzugreifen.

Die Umsetzung von User-Interface-(UI-)Anwendungen ist eines der Haupttätigkeitsfelder für den SharePoint-Programmierer.

5 Benutzeroberflächen umsetzen

Die SharePoint-Benutzeroberfläche wurde für die neue Version einmal komplett überarbeitet. Neu ist nicht nur ein durchgängig integrierter Ribbon, auch die Technologie der visuellen Webparts, XSLT-Ansichten oder die Unterstützung von Silverlight liefern dem Programmierer umfangreiche Optionen zur Anpassung und Erweiterung der Benutzeroberfläche.

Die SharePoint 2010-UI verwendet in unterschiedlichen Bereichen bewährte Webtechnologien, ASP.NET-Standards oder das Nutzererlebnis von Office 2010. Ein Großteil dieser Komponenten basiert im Kern auf ASP.NET 3.5. Beispielsweise werden sämtliche SharePoint-Webseiten auf Basis von ASP.NET-Master- und Inhaltsseiten realisiert. Auch spielen Script-Technologien bei der SharePoint-UI eine wesentliche Rolle.

Dieses Kapitel setzt seinen Schwerpunkt auf folgende Themen:

▶ Anpassung und Erstellung von Masterseiten

▶ Erweiterung und Anpassung des SharePoint-Ribbons

▶ Verwendung der Statusleiste und Benachrichtigungsfunktion

▶ Realisierung von SharePoint-Dialogen

▶ Entwicklung von visuellen Webparts

▶ Programmierung von Silverlight-Benutzeroberflächen

Die Umsetzung von webbasierten Anwendungen ist eines der Haupttätigkeitsfelder eines SharePoint-Programmierers. Von der einfachen Webpart-Entwicklung bis hin zur Erweiterung des Ribbons – die Facetten der UI-Programmierung sind sehr vielseitig. Nachdem Sie dieses Kapitel gelesen haben, werden Sie einerseits in der Lage sein, die geeignete Technologie für Ihren konkreten Anwendungsfall auszuwählen; andererseits werden Sie die wichtigsten Aspekte bei der Bereitstellung einer benutzerdefinierten UI-Komponente mithilfe der SharePoint Solutions kennenlernen.

5.1 Verbesserungen in der SharePoint-Benutzeroberfläche

Wenn Sie zum ersten Mal auf einer SharePoint 2010-Webseite navigieren, wird Ihnen sogleich eine der wesentlichsten Neuerungen auffallen: Der mit Office 2007 eingeführte Ribbon ist nun auch hier ein integraler Bestandteil der Share-Point 2010-Benutzeroberfläche (siehe Abbildung 5.1). Der Ribbon ist komplett kontextuell und unterstützt den Nutzer ganzheitlich bei der Bedienung einer SharePoint-Webseite. Der Anwender erhält über ihn einerseits einen Zugriff auf inhaltsbezogene Funktionen, wie beispielsweise die Erstellung eines neuen Listenelements oder den Upload eines Dokuments. Auf der anderen Seite werden auch die administrativen Aufgaben über den Ribbon zugänglich gemacht, wie zum Beispiel die Verwaltung von Listenspalten oder Ansichten.

Abbildung 5.1 Der Ribbon ist ein integraler Bestandteil der SharePoint-Benutzeroberfläche.

Der Ribbon bündelt sämtliche Interaktionsmöglichkeiten einer Webseite innerhalb einer konsistenten Bedienoberfläche. Dabei werden dem Anwender nur jene Funktionen bereitgestellt, für die er berechtigt ist. Der Ribbon wurde in SharePoint 2010 nicht nur in die Oberfläche der Standardwebseiten integriert, auch die Zentraladministration nutzt diese Technologie ausgiebig.

Im Hintergrund des Ribbons nutzt SharePoint die AJAX- und JavaScript-Technologie, die die Ausführung von Funktionen ohne lästige Postbacks (komplettes »Reload« einer Seite) möglich machen. Selektiert ein Anwender beispielsweise ein oder mehrere Elemente einer Dokumentbibliothek, bekommt er oberflächlich nicht mit, dass von der Webseite im Hintergrund eine Anfrage an den Server gesendet wird.

Im Zusammenspiel mit einem neuen Status- und Dialog-Framework wird die Arbeit mit den SharePoint-Funktionen für den Anwender spürbar schneller von der Hand gehen.

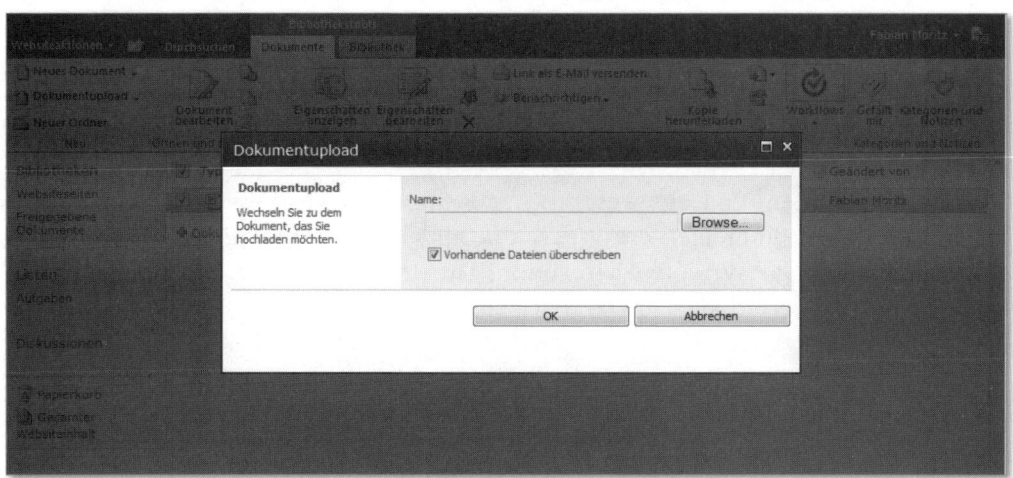

Abbildung 5.2 SharePoint-Dialoge werden als Modalfenster oberhalb der eigentlichen Webseite eingeblendet.

Statusleisten dienen zur Bereitstellung kleiner Informationen an den Nutzer. Sie werden unterhalb des Ribbons dynamisch eingeblendet. Dialoge sind ein neues Darstellungsmittel für sämtliche Formulare einer SharePoint-Webseite, die das Laden einer komplett neuen Anwendungsseite überflüssig machen. Dialoge und Statusleisten eignen sich besonders gut als Basis für die Programmierung benutzerdefinierter SharePoint-Anwendungen.

Neben den neuen sichtbaren UI-Funktionen wurde SharePoint 2010 vor allem im Backend optimiert. Beispielsweise wurden sämtliche CSS-Dateien und JavaScripts deutlich verbessert und in einer komprimierten Form bereitgestellt. Außerdem gilt es zu beachten, dass Style Sheets zukünftig in mehrere Dateien aufgeteilt und dynamisch nach Bedarf geladen werden. Dieses Verfahren wird auch bei den für die SharePoint-UI erforderlichen JavaScripts angewandt.

Neben den komprimierten Scriptdateien stellt SharePoint 2010 jeweils eine Debug-Version der Bibliothek auf dem Server bereit. Beispielsweise existiert zu den Scriptdateien *SP.js* und *SP.CORE.js* je noch eine Debug-Version (*SP.debug.js* bzw. *SP.CORE.debug.js*). Diese Dateien können bei der Programmierung oder bei Troubleshooting-Aufgaben benutzt werden.

Über diese Neuerungen hinaus sind auch die Masterseiten in SharePoint 2010 noch einmal deutlich verbessert worden. In Kombination mit visuellen Webparts und dem Support von Silverlight liefern diese zahlreichen UI-Funktionen eine hervorragende technische Grundlage für die Umsetzung benutzerdefinierter Oberflächenanwendungen.

5.2 Masterseiten

Masterseiten sind ein wesentlicher Bestandteil der SharePoint-Architektur. Sie dienen über mehrere Webseiten hinweg zur Abbildung eines einheitlichen Vorlagensystems. SharePoint 2010 stellt eine Reihe von Standard-Masterseiten bereit, die – im Vergleich zur Vorversion – noch einmal grundlegend überarbeitet wurden. Beispielsweise werden nun sämtliche Webseiten nicht mehr auf Basis eines Tabellenlayouts, das die Anpassung teilweise sehr schwierig und komplex machte, sondern über ein pixel-genaues DIV-Layout realisiert. Eine weitere Verbesserung ist in der Konsistenz der Masterseiten zu finden. In Kombination mit einem einheitlichen Referenzierungsmodell können sowohl Inhaltsseiten als auch Anwendungsseiten von einer benutzerdefinierten Masterseite abgeleitet werden. Damit sind Ihnen bei der durchgängigen Gestaltung eines benutzerdefinierten Portals keine Grenzen mehr gesetzt.

5.2.1 Einführung in die Technologie

Die Technologie der Masterseiten stammt von ASP.NET. Eine Masterseite ist im Grunde genommen nichts weiter als eine Vorlage für SharePoint-Webseiten. Sie definiert das Grundgerüst einer Webseite und die Bereiche, die von den ableitenden Inhaltsseiten überschrieben werden können. Das ASP.NET-Framework führt während des Generierungsprozesses einer Webseite beide Elemente zu einer konsistenten HTML-Seite zusammen (siehe Abbildung 5.3).

Eine Masterseite unterscheidet sich nur unwesentlich von einer reinen ASP.NET-Seite. Die Unterschiede lassen sich in drei Punkten zusammenfassen:

1. Die Datei endet auf *.master* (anstelle von *.aspx*).

2. Die Masterseite beginnt mit der `@Master`-Direktive (anstelle von `@Page`).

3. Eine Masterseite integriert mehrere `ContentPlaceHolder`-Controls, die von den ableitenden Inhaltsseiten mit dem `Content`-Steuerelement überschrieben werden.

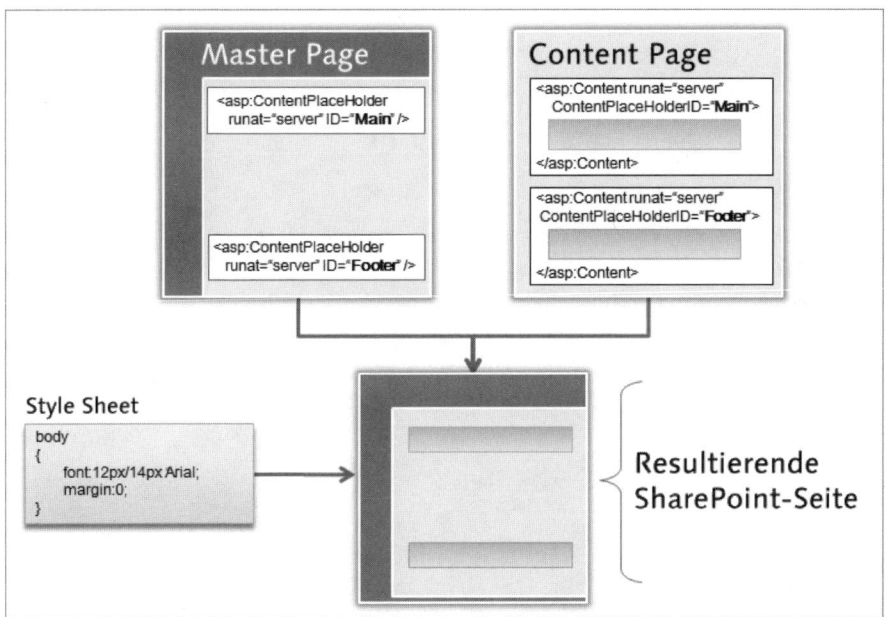

Abbildung 5.3 Master- und Inhaltsseiten werden zur Laufzeit von der ASP.NET-Runtime zusammengeführt.

Das Konzept der Masterseiten liefert die Grundlage für den Aufbau eines einheitlichen Vorlagenmodells. Klassische Elemente einer Vorlage sind der Kopfbereich, die Navigation, ein übergeordnetes Suchfeld oder eine Fußzeile. Mithilfe des Steuerelements ContentPlaceHolder werden die Bereiche definiert, die von den Inhaltsseiten optional überschrieben werden können. Die Platzierung des Inhalts innerhalb der ASPX-Seite erfolgt über das verwandte Content-Steuerelement. Listing 5.1 skizziert den Aufbau einer einfachen ASP.NET-Masterseite.

```
<%@ Master Language="C#" AutoEventWireup="true"
CodeFile="MasterPage.master.cs" Inherits="MasterPage" %>
<!DOCTYPE html PUBLIC "-//W3C//DTD XHTML 1.0 Transitional//EN"
"http://www.w3.org/TR/xhtml1/DTD/xhtml1-transitional.dtd">
<html xmlns="http://www.w3.org/1999/xhtml">
<head runat="server">
   <title>
      <asp:ContentPlaceHolder ID="Title" runat="server" />
   </title>
   <asp:ContentPlaceHolder ID="Head" runat="server">
   </asp:ContentPlaceHolder>
</head>
<body>
```

```
<form id="form1" runat="server">
<table>
  <tr>
    <td>
      <asp:ContentPlaceHolder ID="Main" runat="server" />
    </td>
    <td>
      <asp:ContentPlaceHolder ID="Footer" runat="server" />
    </td>
  </tr>
</table>
</form>
</body>
</html>
```

Listing 5.1 Aufbau einer einfachen Masterseite

Die dazugehörige Inhaltsseite könnte folgende Struktur aufweisen:

```
<%@ Page Title="" Language="C#" MasterPageFile="~/MasterPage.master"
AutoEventWireup="true"
  CodeFile="Default.aspx.cs" Inherits="Default" %>
<asp:Content ID="Content1" ContentPlaceHolderID="Title"
runat="Server">
  Meine Inhaltsseite
</asp:Content>
<asp:Content ID="Content3" ContentPlaceHolderID="Main"
runat="Server">
  <h1>Hallo SharePoint-Welt</h1>
</asp:Content>
```

Listing 5.2 Aufbau einer einfachen abgeleiteten Inhaltsseite

Von der Inhaltsseite werden nur zwei Inhalt-Controls bereitgestellt, die den Titel bzw. den Inhalt des Hauptbereichs überschreiben. Dieses grundlegende Modell findet sich auch in der Umsetzung der SharePoint-spezifischen Master- und Inhaltsseiten wieder.

5.2.2 Masterseitentypen

Eine SharePoint-Websitesammlung unterscheidet prinzipiell zwischen zwei Masterseitentypen: der Website-Masterseite (*Custom Master Page*) und der System-Masterseite (*Default Master Page*, siehe Abbildung 5.4). Die System-Masterseite wird von nahezu allen SharePoint-Standardseiten verwendet. Dazu zählen zum Beispiel Listenansichten oder Anwendungsformulare.

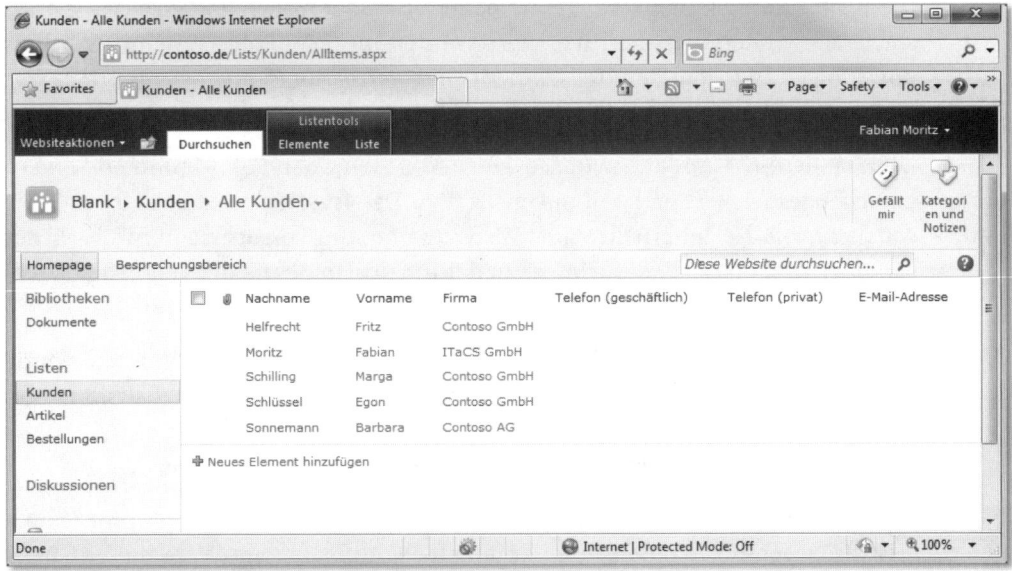

Abbildung 5.4 Die System-Masterseite dient sämtlichen SharePoint-Standardseiten als einheitliche Vorlage.

Die abgeleiteten Inhaltsseiten referenzieren eine System-Masterseite (*Default*) über das dynamische SharePoint-Token `~masterurl/default.master`.

Die Custom Master Page dient sämtlichen Webseiten, die eine von der System-Masterseite abweichende Struktur aufweisen. Der Verweis erfolgt über das Token `~masterurl/custom.master`. Die Bedeutung der dynamischen Masterseiten-Token wird in Abschnitt 5.2.4, »Masterseiten-Token«, noch einmal detailliert beschrieben.

Die Zuweisung einer benutzerdefinierten Masterseite kann über unterschiedliche Wege erfolgen – zum Beispiel über den SharePoint Designer 2010, mithilfe Programmcode oder über PowerShell. Die Anpassung der Masterseite wird in SharePoint-Server-Veröffentlichungsportalen über die Websiteeinstellungen unterstützt.

5.2.3 Standard-Masterseiten

Das Konzept der Masterseiten wird in der SharePoint-Architektur intensiv genutzt. Eine Masterseite liefert den Zugriffspunkt für die konsistente Anpassung sämtlicher Seiten einer Websitesammlung. SharePoint stellt eine Reihe von Standard-Masterseiten bereit, die Ihnen in diesem Abschnitt vorgestellt werden.

Die zunächst wichtigste Vorlage ist die *v4.master*. Sie dient allen SharePoint-Standardwebseiten als primäre Masterseite und unterstützt die vollständige Ribbon-

UI sowie sämtliche neue Designelemente von SharePoint 2010. Die *v4.master* sowie alle weiteren Standardvorlagen werden im SharePoint-Systemverzeichnis unter folgendem Pfad bereitgestellt: *%CommonProgramFiles%\Microsoft Shared\ Web Server Extensions\14\TEMPLATE\GLOBAL*.

Die Standard-Masterdatei wird so lange von den SharePoint-Frontend-Servern zwischengespeichert (d. h. einmalig aus dem Dateisystem geladen und im Cache gehalten), bis sie innerhalb einer Websitesammlung angepasst wird. Nach der Modifizierung dieser Datei wird sie in der Inhaltsdatenbank der SharePoint-Webanwendung abgespeichert.

Die *default.master*-Datei befindet sich im *GLOBAL*-Systemverzeichnis. Sie wurde aus Kompatibilitätsgründen zu SharePoint 2007 in die neue Produktversion überführt und wird zum Beispiel dann angewandt, wenn eine Webseite über das Visual Upgrade von SharePoint 2007 nach SharePoint 2010 migriert wird.

Neu in SharePoint 2010 ist auch die *minimal.master*. Sie kann von Programmierern dazu genutzt werden, eine komplett leere SharePoint-Webseite auf Basis einer gültigen Masterseite zu erzeugen. Die minimale Vorlage integriert ausschließlich die für eine Webseite erforderlichen Steuerelemente in einer Art Grundgerüst. Besonders beim Aufbau eines komplett angepassten Portals kann diese Masterseite als Basis für die Umsetzung genutzt werden.

> **Starter Master Page**
>
> Abweichend von der *minimal.master* kann auch die auf Codeplex veröffentlichte Starter-Masterseite verwendet werden. Sie liefert eine gute Alternative zur Standard-Masterseite und kann unter folgender URL heruntergeladen werden:
>
> *http://startermasterpages.codeplex.com*

Ein weiterer Speicherort für Standard-SharePoint-Masterseiten ist das *Layouts*-Systemverzeichnis (*%CommonProgramFiles%\Microsoft Shared\Web Server Extensions\14\TEMPLATE\LAYOUTS*). Hierin befinden sich eine Reihe weiterer Vorlagen, die von SharePoint-Anwendungsseiten referenziert werden.

Einige der hier enthaltenen Masterseiten wurden aus Kompatibilitätsgründen zur 2007er-Version von SharePoint übernommen (zum Beispiel die *application.master*), während andere Masterseiten wiederum von der 2010er-Version neu eingeführt wurden (zum Beispiel *dialog.master*). Die hier hinterlegten Masterseiten können im Großen und Ganzen nicht angepasst werden. Eine Architekturänderung der Anwendungsseiten in SharePoint 2010 ermöglicht es jedoch, benutzerdefinierte Masterseiten auch zentralen Anwendungsseiten zuzuordnen. Mehr dazu erfahren Sie in Abschnitt 5.2.5, »Unterstützung von dynamischen Token für Anwendungsseiten«.

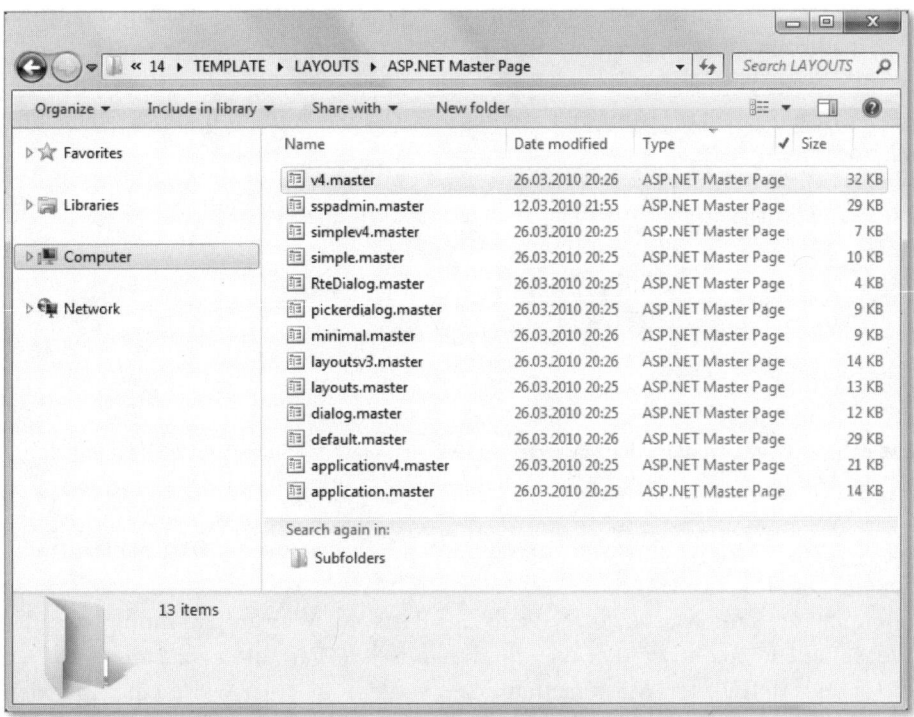

Abbildung 5.5 Im Layouts-Verzeichnis werden eine Reihe weiterer Standard-Masterseiten bereitgestellt.

SharePoint-Anwendungsseiten

Anwendungsseiten spielen in der SharePoint-Architektur eine wesentliche Rolle. Sie werden zentral im *Layouts*-Verzeichnis bereitgestellt und dienen zur Abbildung allgemeingültiger Seiten. Die bekannteste Webseite ist die Anwendungsseite der Websiteeinstellungen (*settings.aspx*). Sie können Anwendungsseiten daran erkennen, dass sie im Browser über den Pfad */_layouts* aufgerufen werden (*http://contoso.de/_layouts/ settings.aspx*). Anwendungsseiten können von jeder Websitesammlung aufgerufen werden. Beachten sollten Sie, dass diese Dateien nicht über den SharePoint Designer angepasst werden können.

5.2.4   Masterseiten-Token

SharePoint Foundation 2010 stellt insgesamt zwei dynamische sowie zwei statische Token für die Referenzierung einer Masterseite bereit. Sie werden innerhalb der abgeleiteten ASP.NET-Seite über die `@Page`-Direktive referenziert. Die beiden dynamischen Token (`~masterurl/default.master` und `~masterurl/custom.master`) werden zur Laufzeit durch die in den Websiteeinstellungen referenzierten Masterseiten ersetzt. Vor dem Generierungsprozess einer Inhaltsseite werden die Token durch die in den Eigenschaften `SPWeb.CustomMasterPageUrl` (~masterurl/ custom.master) bzw. `SPWeb.MasterUrl` (~masterurl/default.master) hinterlegten Vorlagen ersetzt. Listing 5.3 veranschaulicht die Änderung der System- und Website-Masterseite.

```
using (SPSite siteCollection = new SPSite("http://contoso.de"))
{
    var SPWeb web = siteCollection.RootWeb;
    web.MasterUrl = "/_catalogs/masterpage/custom.master";
    web.CustomMasterUrl = "/_catalogs/masterpage/custom.master";
    web.Update();
}
```

Listing 5.3 Die Zuordnung der Masterseiten lässt sich über das SharePoint-Objektmodell steuern.

Zusätzlich zu den dynamischen Token unterstützt SharePoint 2010 zwei statische Token. Die Token ~sitecollection/custom.master bzw. ~site/custom.master referenzieren eine Masterseite jeweils auf Basis der Websitesammlung bzw. der Webseite. Die Token werden wie die dynamischen Varianten zur Laufzeit durch die jeweils definierten Masterseiten ersetzt. Wenn beispielsweise eine über den Pfad *http://contoso.de/unterwebseite/default.aspx* adressierte Inhaltsseite die Masterseiten über das Token ~sitecollection/custom.master referenziert, nutzt sie die Masterseite der Websitesammlung (*http://contoso.de/custom.master*). Die Verwendung des ~site/custom.master-Tokens führt dazu, dass die Masterseite unterhalb der URL *http://contoso.de/unterwebseite/custom.master* referenziert wird. Der Pfad zur Masterseite wird jeweils relativ zur URL der Webseite bzw. Websitesammlung angegeben.

5.2.5   Unterstützung von dynamischen Token für Anwendungsseiten

Eine wesentliche Verbesserung in SharePoint 2010 ist die konsistente Referenzierung der Masterseite. Dazu muss man wissen, dass in der Vorversion die Anwendungsseiten mit der jeweiligen Masterseite (*application.master*) fest verdrahtet waren. In SharePoint 2007 wurde also die Vorlage wie folgt referenziert:

```
<%@ Page Language="C#"
Inherits="Microsoft.SharePoint.ApplicationPages.VersionsPage"
MasterPageFile="~/_layouts/application.master" %>
```

Listing 5.4 Referenzierung einer Masterseite unter SharePoint 2007

Es gibt in SharePoint 2007 keinen offiziell unterstützten Weg, diese Logik zu umgehen. Somit war der Anpassung bestimmter SharePoint-Webseiten durch die SharePoint-Architektur eine Grenze gesetzt.

Bis auf wenige Ausnahmen (siehe Abschnitt 5.2.6) unterstützen nahezu alle Anwendungsseiten von SharePoint 2010 die Referenzierung der Masterseite über die Technologie der dynamischen Token. Die zuvor beschriebene Anwendungsseite hat in SharePoint 2010 folgenden Aufbau:

```
<%@ Page Language="C#"
DynamicMasterPageFile="~masterurl/default.master"
Inherits="Microsoft.SharePoint.ApplicationPages.VersionsPage"%>
```

Listing 5.5 Referenzierung einer Masterseite unter SharePoint 2010

Sie können erkennen, dass das statische Attribut `MasterPageFile` durch das dynamische `DynamicMasterPageFile` ersetzt wurde. Diese Änderung bewirkt, dass sich benutzerdefinierte Masterseiten auch einer Anwendungsseite zuweisen lassen.

5.2.6 Feste Anwendungsseiten

Nicht alle SharePoint-Anwendungsseiten unterstützten die Referenzierung der Masterseite über das `DynamicMasterPageFile`-Attribut. Davon ausgenommen sind folgende Dateien:

- *Login.aspx*
- *SignOut.aspx*
- *Error.aspx*
- *ReqAcc.aspx*
- *Confirmation.aspx*
- *WebDeleted.aspx*
- *AccessDenied.aspx*

Aus Gründen der Architektur referenzieren diese Dateien ihre Masterseite über das feste Attribut `MasterPageFile`. Diese Seiten können zwar nicht modifiziert, aber über den Weg des SharePoint-Objektmodells gegen angepasste Anwendungsseiten ausgetauscht werden. Der Codeblock aus Listing 5.6 veranschaulicht, wie eine Anwendungsseite durch eine benutzerdefinierte administrative Seite ersetzt wird:

```
SPContext.Current.Site.WebApplication.UpdateMappedPage(
SPWebApplication.SPCustomPage.Login, "/_LAYOUTS/CustomLogin.aspx");
```

Listing 5.6 Änderung der Standard-Anwendungsseiten über das SharePoint-Objektmodell

Die Methode `UpdateMappedPage` erwartet als Parameter einen Wert der Enumeration `SPWebApplication.SPCustomPage` sowie den Pfad zur benutzerdefinierten Anwendungsseite. Die Enumeration stellt folgende Werte bereit: `AccessDenied`, `Confirmation`, `Error`, `Login`, `None`, `RequestAccess`, `Signout` und `WebDeleted`. Wichtig ist, dass die neue Anwendungsseite unterhalb des *LAYOUTS*-Verzeichnisses bereitgestellt wird.

5.2.7 Geschützte Anwendungsseiten

SharePoint 2010 ist so konzipiert, dass es bestimmte Anwendungsseiten vor möglichen Fehlern schützt und diese in einer Art »Fallback«-Modus auf die Standard-SharePoint-Masterseiten zurückspringen. Zu den vom System abgesicherten Dateien gehören:

- *AccessDenied.aspx* (Fehlerwebseite bei Zugriff verweigert)
- *MngSiteAdmin.aspx* (Websitesammlungsadministratoren)
- *People.aspx* (Liste der registrierten Personen)
- *RecycleBin.aspx* (Papierkorb)
- *ReGhost.aspx* (Webseite auf ihre Sitedefinition zurücksetzen)
- *ReqAcc.aspx* (Zugriff beantragen)
- *Settings.aspx* (Websiteeinstellungen)
- *UserDisp.aspx* (Benutzerinformation anzeigen)
- *ViewLsts.aspx* (Websiteinhalte auflisten)

Diese Implementierung ermöglicht den weiteren Betrieb wesentlicher administrativer Webseiten auch dann, wenn innerhalb einer angepassten Masterseite ein Fehler auftritt.

5.2.8 Allgemeiner Aufbau einer SharePoint-Masterseite

Eine SharePoint-Masterseite besteht hauptsächlich aus einer Ansammlung von Platzhalter-Controls (`ContentPlaceHolder`), mehreren SharePoint-spezifischen Webserver-Steuerelementen, ASP.NET-Controls und dem HTML-Konstrukt zur Strukturierung der Seitenelemente. Die Platzhalter werden von den abgeleiteten Inhaltsseiten dazu genutzt, seitenspezifischen Inhalt in die dafür vorgesehenen Bereiche zu platzieren.

In dem Fall, dass Sie eine benutzerdefinierte Masterseite erzeugen, müssen Sie darauf achten, dass sämtliche für SharePoint erforderlichen Platzhalter in der Masterseite integriert sind.

Tabelle 5.1 listet Ihnen alle erforderlichen Platzhalter der Standard-*v4.master*-Datei auf.

Platzhalter-Steuerelement	Beschreibung
PlaceHolderPageTitle	Titel der Webseite im Kopfbereich der Seite
PlaceHolderAdditionalPageHead	Platzhalter zur Bereitstellung zusätzlicher Elemente (zum Beispiel spezielle JavaScripts oder CSS-Referenzen) im Kopfbereich der Inhaltsseite
PlaceHolderBodyAreaClass	Klasse des Body-Bereichs
PlaceHolderTitleAreaClass	Klasse des Titel-Bereichs
PlaceHolderGlobalNavigation	Breadcrumb-Steuerelement
PlaceHolderTitleBreadcrumb	Text des Seiten-Breadcrumbs
PlaceHolderGlobalNavigationSiteMap	Liste der Unter- und gleichrangigen Webseiten innerhalb der globalen Navigation
SPNavigation	Bereich zur Bereitstellung zusätzlicher Editierungs-Controls
PlaceHolderSiteName	Name der Webseite
PlaceHolderPageTitleInTitleArea	Name der aktuellen Seite. Er wird im Titelfeld der Seite dargestellt.
PlaceHolderPageDescription	Beschreibung der Seite
PlaceHolderSearchArea	Bereich für das Suchfeld
PlaceHolderTopNavBar	Abschnitt der oberen horizontalen Navigation
PlaceHolderHorizontalNav	Navigationsmenü innerhalb der oberen Navigation
PlaceHolderLeftNavBarDataSource	Platzhalter zur Bereitstellung der Datenquelle der linken Navigation
PlaceHolderCalendarNavigator	Bereich zur Positionierung der Kalendernavigation
PlaceHolderLeftActions	optionales Element oberhalb der linken Navigation
PlaceHolderLeftNavBarTop	Bereich oberhalb der linken Navigation
PlaceHolderLeftNavBar	Abschnitt der linken Schnellstartleiste
PlaceHolderQuickLaunchTop	oberer Teil des Schnellstart-Menüs (neu in SharePoint 2010)
PlaceHolderQuickLaunchBottom	unterer Teil des Schnellstart-Menüs (neu in SharePoint 2010)
WSSDesignConsole	Editierungskonsole
PlaceHolderMain	Hauptinhalt der Seite
PlaceHolderUtilityContent	Bereich zur Bereitstellung zusätzlicher HTML-Inhalte. Der Platzhalter befindet sich unterhalb des Form-Elements.

Tabelle 5.1 »ContentPlaceHolder« der Standard-»v4«-Masterseite

Um die Kompatibilität zu SharePoint 2007 zu gewährleisten, wurden – zusätzlich zu diesen Standardplatzhaltern – noch einige Platzhalter aus der 2007er-Version in die *v4.master* überführt:

► PlaceHolderPageImage

► PlaceHolderTitleLeftBorder

► PlaceHolderMiniConsole

► PlaceHolderTitleRightMargin

► PlaceHolderTitleAreaSeparator

► PlaceHolderNavSpacer

► PlaceHolderLeftNavBarBorder

► PlaceHolderBodyLeftBorder

► PlaceHolderBodyRightMargin

► PlaceHolderFormDigest

Abbildung 5.6 veranschaulicht den strukturellen Aufbau der in der *v4*-Masterseite verwendeten Platzhalter.

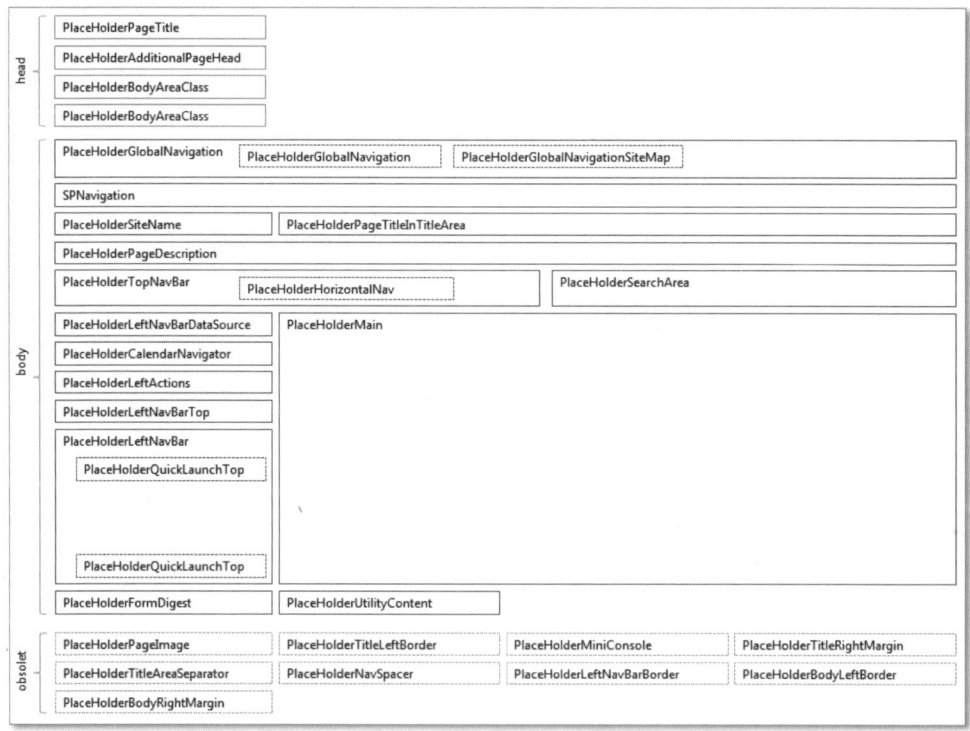

Abbildung 5.6 Aufbau der Standard-Platzhalter der »v4«-Masterseite

Wenn Sie auf Basis dieser Struktur eine benutzerdefinierte Masterseite erzeugen, ist es wichtig, dass die aus Kompatibilitätsgründen überführten Platzhalter in die Masterseite integriert werden. Diese können Sie zum Beispiel unterhalb des Form-Elements platzieren und auf unsichtbar (`Visible=false`) setzen.

5.2.9 Benutzerdefinierte Masterseite bereitstellen

SharePoint-Projekte stellen Sie oftmals vor die Herausforderung, Masterseiten und weitere Designelemente mithilfe eines deployment-fähigen Pakets in der Zielumgebung bereitzustellen. Es ist natürlich auch möglich, eine Masterseite direkt über den SharePoint Designer anzupassen oder mithilfe eines einfachen Kopiervorgangs zu überführen. Mit diesem Vorgehen lassen sich jedoch keine professionellen Test-Szenarien abbilden, in denen der fehlerfreie Betrieb einer SharePoint-Anwendung zunächst sichergestellt wird, bevor die Lösung in den Produktivbetrieb geht. Außerdem kann die manuelle Bereitstellung einer Masterseite sehr schnell ein zeitaufwendiger Prozess werden. Dies ist zum Beispiel dann der Fall, wenn die angepasste Vorlage nicht nur einer Websitesammlung, sondern stattdessen einer hohen Anzahl von Webseiten bereitgestellt werden soll. Kurzum: Masterseiten und weitere Designelemente sollten mithilfe eines Solutions- und Feature-Deployments in der Zielwebseite bereitgestellt werden. Die vollautomatisierte Bereitstellung einer benutzerdefinierten Masterseite stellen wir Ihnen im nächsten Abschnitt vor.

Masterseite anpassen

Beginnen werden wir mit der Erstellung einer einfachen benutzerdefinierten Masterseite. Der unkomplizierteste Weg ist die Verwendung des SharePoint Designers 2010. Das Webdesign- und Administrationswerkzeug ermöglicht die Anpassung und Erstellung von Master- und Inhaltsseiten über eine visuelle, intuitive Benutzeroberfläche.

Ein möglicher Einstieg in dieses Thema ist die Verwendung der Standard-*v4*-Masterseite. Sie können diese Masterseite direkt über den SharePoint Designer öffnen und bearbeiten, um sich auf diese Weise mit dem allgemeinen Aufbau, den unterschiedlichen Platzhaltern und den Standard-Steuerelementen vertraut zu machen.

Haben Sie bereits Erfahrungen mit HTML, ASP.NET oder Masterseiten gesammelt, empfiehlt sich die Umsetzung einer benutzerdefinierten Masterseite auf Basis der *minimal.master* bzw. der Vorlagen der Starter Master Pages von Codeplex. Letztere sollen in diesem Beispiel als Grundlage für die Umsetzung dieses Anwendungsbeispiels dienen.

Zur Vorbereitung erzeugen Sie zwei einfache SharePoint-Teamsites in Ihrer Entwicklungsumgebung, in der noch keinerlei Anpassungen vorgenommen wurden. Die eine Websitesammlung dient zur Erstellung der benutzerdefinierten Masterseite, die danach über ein Feature in der zweiten Websitesammlung automatisch bereitgestellt und aktiviert werden soll.

Bevor Sie beginnen, müssen Sie sich noch die Vorlagen des Starter-Master-Page-Projekts von Codeplex herunterladen. Sie finden das Community-Projekt unter folgender URL:

http://startermasterpages.codeplex.com

In der entpackten ZIP-Datei befinden sich drei Masterseiten:

- ▶ *_foundation_starter.master* (SharePoint Foundation 2010)
- ▶ *_meetingworkspace_starter.master* (Besprechungsarbeitsbereich)
- ▶ *_starter.master* (SharePoint Server 2010)

In den folgenden Schritten werden Sie mit der SharePoint-Foundation-Masterseite arbeiten.

Beginnen wir mit der Erstellung der benutzerdefinierten Masterseite:

1. Starten Sie den SharePoint Designer 2010, und öffnen Sie eine der zuvor erzeugten Websitesammlungen über die Schaltfläche WEBSITE ÖFFNEN.

2. Öffnen Sie die GESTALTUNGSVORLAGEN über die linke Navigationsleiste. Im mittleren Bereich finden Sie eine Liste aller Dateien des Masterseiten-Katalogs, darunter auch die *default.master*, die *minimal.master* und die *v4.master*.

3. Erstellen Sie eine leere Gestaltungsvorlage über die gleichnamige Schaltfläche im Ribbon des SharePoint Designers.

4. Geben Sie der Masterseite einen passenden Namen, und öffnen Sie diese Datei im erweiterten Bearbeitungsmodus.

5. Kopieren Sie nun den Inhalt der *_foundation_starter.master*-Datei in den Quellcode der neuen Masterseite.

Über die ANSICHT-Registerkarte können Sie die Masterseite wahlweise im Entwurfsmodus, in der Codeansicht oder in einer geteilten Ansicht betrachten.

Bevor Sie Ihre Anpassungen vornehmen, sollten Sie überprüfen, ob die Starter-Masterseite funktionsfähig ist. Dazu müssen Sie diese Datei als Standard-Masterseite festlegen. Navigieren Sie dazu in die Detailsicht der Gestaltungsvorlagen, und klicken Sie mit der rechten Maustaste auf Ihre Masterseite, um sie anschließend als STANDARDGESTALTUNGSVORLAGE zu aktivieren. Aktualisieren Sie die Webseite im Browser, und überprüfen Sie, ob sämtliche Elemente korrekt dargestellt werden.

Die minimierte Masterseite referenziert bereits die für den Ribbon und für die Standardelemente erforderlichen CSS-Klassen, sodass Sie sich auf die Anpassung der Struktur, der Navigation und der anderen übergeordneten Elemente konzentrieren können.

Abbildung 5.7 Die Starter-Masterseite stellt sämtliche für eine gültige SharePoint-Seite erforderlichen Elemente bereit.

Lassen Sie jetzt Ihrer Kreativität freien Lauf. Für die Anpassung der Masterseite stehen Ihnen unterschiedliche Optionen bereit. So können Sie die Struktur der HTML-Elemente ändern, benutzerdefinierte Style Sheets erzeugen und referenzieren, JavaScripts integrieren oder benutzerdefinierte ASP.NET-Controls in die Seite einbetten. Möchten Sie Ihrer Masterseite individuelle CSS-Klassen hinzufügen, sollten Sie diese Dateien innerhalb der integrierten Style Library abspeichern. Die Bibliothek erreichen Sie über das Menü ALLE DATEIEN. Die Referenzierung erfolgt über das in die Masterseite integrierte CssRegistration-Steuerelement (siehe Listing 5.7):

```
<SharePoint:CssRegistration name="<%$SPUrl:~sitecollection/Style
Library/custom.css%>" After="corev4.css" runat="server"/>
```

Listing 5.7 Die Registrierung von Style Sheets erfolgt über ein spezielles Steuerelement.

Die Registrierung von Style Sheets und JavaScripts wird durch spezielle Share-Point-Steuerelemente unterstützt.

Das Steuerelement aus Listing 5.7 wurde sinnvollerweise gleich in die Starter-Masterseite integriert, sodass Sie nur noch den Dateinamen anpassen müssen. Das Attribut After steuert die Reihenfolge der referenzierten Dateien. Um unerwünschte Wechselwirkungen mit den Standard-CSS-Dateien von SharePoint zu vermeiden, sollten Ihre Styles nach der *corev4.css* registriert werden.

Weiterhin sollten Sie Folgendes beachten: Innerhalb des `head`-Elements befindet sich das SharePoint-Steuerelement `SharePoint:SPShortcutIcon`. Es ermöglicht die Registrierung eines individuellen *Favicons*. Möchten Sie ein solches benutzerdefiniertes Browser-Icon nicht bereitstellen, müssen Sie diese Zeile auskommentieren oder entfernen. Andernfalls verursacht dieses Steuerelement einen Fehler beim Generierungsprozess der Seite.

Die fertige Masterseite werden Sie in den nächsten Arbeitsschritten in ein SharePoint-Feature überführen, um sie danach mithilfe einer SharePoint Solution in der Zielumgebung bereitzustellen.

Masterseiten von Websitedefinitionen lösen

Wenn Sie eine bestehende Masterseite (oder auch Inhaltsseite) über den SharePoint Designer anpassen, erhalten Sie bei der Speicherung der Änderungen einen Warnhinweis, dass die Seite danach nicht mehr auf ihrer Websitedefinition basiert. Technisch bedeutet diese Meldung, dass die Masterseite danach direkt in der Inhaltsdatenbank gespeichert und zukünftig nicht mehr vom SharePoint-Server gecacht wird. Sollte die angepasste Webseite fehlerhaft sein oder sollten Sie die Änderungen rückgängig machen wollen, können Sie die Datei über das Kontextmenü im SharePoint Designer auf die Websitedefinition zurücksetzen und damit den Ursprungszustand wiederherstellen.

Feature erstellen

Die im vorherigen Arbeitsschritt erstellte benutzerdefinierte Masterseite wird nun samt ihrer referenzierten Style Sheets in ein Visual-Studio-Projekt überführt. Öffnen Sie dazu die Entwicklungsumgebung von Visual Studio 2010, und erzeugen Sie ein leeres SharePoint-Projekt. Geben Sie Ihrem Projekt einen passenden Namen, und tragen Sie als Ziel die Adresse der zweiten Websitesammlung ein. Setzen Sie dann die Vertrauensebene auf die einer Farmlösung. Abweichend könnten Sie für diesen Anwendungsfall auch eine Sandkastenlösung (Sandboxed Solution) erzeugen. Diesen Bereitstellungtyp sollten Sie dann wählen, wenn die Erweiterungen nur für eine bestimmte Webseite bereitgestellt werden sollen. Da dieses Beispiel eine Masterseite für eine große Anzahl von Websitesammlungen bereitstellen wird, empfiehlt sich die Verwendung einer globalen Farmlösung.

Die Masterseite sowie die benutzerdefinierten Style Sheets werden in der Zielumgebung mithilfe eines Features bereitgestellt. Das Feature besteht aus einem Modul, das die Quelldateien in die Zielverzeichnisse der Websitesammlung kopiert, sowie aus einem Feature Receiver, der dafür sorgt, dass die Masterseite für die jeweilige Webseite automatisch nach Aktivierung des Features angewandt wird. Um das Feature sowie das Modul zu erstellen, folgen Sie dieser Anleitung:

1. Fügen Sie dem Projekt zwei Module auf der Basis der gleichnamigen Share-Point-Elementvorlagen hinzu. Eines dient zur Bereitstellung der Masterseite, das andere zur Aktivierung der Style Sheets.

2. Geben Sie den Modulen einen entsprechenden Namen (zum Beispiel `CustomMasterPageModule` bzw. `CustomMasterPageStylesModule`).

3. Benennen Sie das erstellte Feature um, geben Sie ihm über den Weg des Feature Designers einen passenden Titel sowie eine Beschreibung, und konfigurieren Sie den Bereich als WEB.

4. Mit dem Generierungsprozesses eines Moduls wird diesem Element automatisch eine Beispieldatei hinzugefügt. Diese können Sie entfernen.

5. Kopieren Sie nun die benutzerdefinierte Datei der Masterseite sowie die der Style Sheets direkt in die Ordner der Module.

Mit dem Kopiervorgang werden von Visual Studio automatisch die für die Dateien erforderlichen Einträge im Element-Manifest erzeugt. Der generierte Standardcode muss so modifiziert werden, dass beide Dateien inklusive ihrer Eigenschaften in die dafür vorgesehenen Zielverzeichnisse kopiert werden. Das Element-Manifest der Masterdatei ändern Sie wie in Listing 5.8 beschrieben:

```xml
<?xml version="1.0" encoding="utf-8"?>
<Elements xmlns="http://schemas.microsoft.com/sharepoint/">
  <Module Name="CustomMasterPageModule"
          Url="_catalogs/masterpage"
          RootWebOnly="FALSE">
    <File Path="CustomMasterPageModule\custom.master"
          Url="custom.master"
          Type="GhostableInLibrary"
          IgnoreIfAlreadyExists="TRUE">
      <Property Name="ContentType"
       Value="$Resources:cmscore,contenttype_masterpage_name;" />
      <Property Name="MasterPageDescription"
       Value="Benutzerdefinierte Masterseite" />
    </File>
  </Module>
</Elements>
```

Listing 5.8 Element Manifest des Moduls der benutzerdefinierten Masterseite

Im Vergleich zum Initialaufbau enthält diese XML-Datei einige Erweiterungen. Das `URL`-Attribut des `Module`-Elements definiert die URL der Zielbibliothek, in diesem Fall den Pfad zum Standard-Masterseiten-Katalog. Die `Property`-Elemente `ContentType` und `MasterPageDescription` weisen der Masterseite die Eigenschaften des Inhaltstyps für die Zielbibliothek sowie eine Beschreibung zu.

Das XML-Manifest der Style Sheets sollte folgenden Aufbau haben:

```xml
<?xml version="1.0" encoding="utf-8"?>
<Elements xmlns="http://schemas.microsoft.com/sharepoint/">
  <Module Name="CustomMasterPageStylesModule"
          Url="Style Library"
          RootWebOnly="TRUE">
    <File Path="CustomMasterPageStylesModule\custom.css"
          Url="custom.css"
          IgnoreIfAlreadyExists="TRUE"
          Type="GhostableInLibrary" />
  </Module>
</Elements>
```

Listing 5.9 Element Manifest des Moduls der benutzerdefinierten Style Sheets

Sie können erkennen, dass die CSS-Datei durch dieses Modul in das Standard-Style-Library-Verzeichnis kopiert wird.

Damit ist das benutzerdefinierte Feature vollständig. Wenn Sie den Feature Designer erneut öffnen, werden Sie feststellen, dass beide Module bereits als Bestandteil des Features registriert wurden.

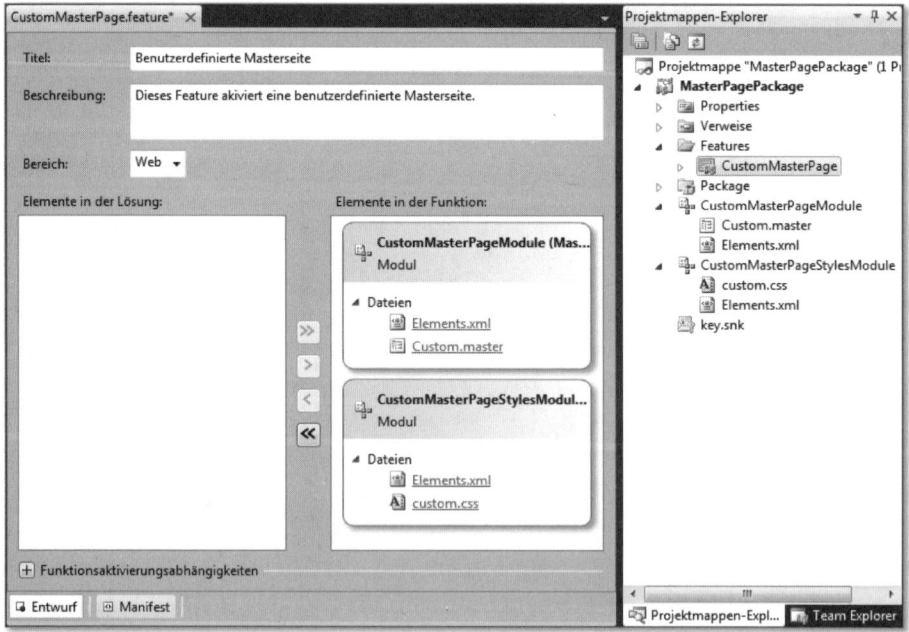

Abbildung 5.8 Die Erstellung der Feature-Definition beider Module wird von Visual Studio übernommen.

Eigentlich ist das Projekt hiermit abgeschlossen. Jetzt können Sie die SharePoint Solution erzeugen und die Masterseite sowie die Style Sheets in der Zielumgebung bereitstellen. Ein kleiner Schritt fehlt jedoch noch – die automatische Aktivierung der benutzerdefinierten Masterseite.

Feature Receiver umsetzen

Da das deklarative Feature-Modell keine Möglichkeiten kennt, Einstellungen an einer Webseite anzupassen, muss für die Änderung der Masterseite das SharePoint-Objektmodell herangezogen werden.

Im nächsten Arbeitsschritt werden Sie dem Feature einen Ereignishandler hinzufügen, der für die automatische Registrierung der Masterseite auf Ebene einer Webseite sorgt. Klicken Sie dazu mit der rechten Maustaste auf das Feature, um danach einen Ereignishandler hinzuzufügen.

Der durch Visual Studio generierte Code enthält vier auskommentierte Methoden. Entfernen Sie die Kommentierung von den beiden Methoden Feature-Activated sowie FeatureDeactivating. Fügen Sie anschließend in der Aktivierungsmethode folgenden Codeblock (vgl. Listing 5.10) ein:

```
SPWeb web = properties.Feature.Parent as SPWeb;
try
{
    // URI zur benutzerdefinierten Masterseite erzeugen
    Uri masterUri = new
        Uri(web.Url + "/_catalogs/masterpage/Custom.master");

    // Masterseite als Standard und Systemmasterseite setzen
    web.MasterUrl = masterUri.AbsolutePath;
    web.CustomMasterUrl = masterUri.AbsolutePath;

    // Änderungen speichern
    web.Update();
}
catch (Exception ex)
{
    Trace.WriteLine("Fehler bei Änderung der Masterseite: "
                    + ex.Message);
}
```

Listing 5.10 Ereignishandler zur Aktivierung einer benutzerdefinierten Masterseite

Diese wenigen Codezeilen sorgen für die Zuweisung der neuen Masterseite auf Ebene einer Website. Hierzu werden die Eigenschaften MasterUrl sowie Custom-

MasterUrl überschrieben, um die benutzerdefinierte Vorlage sowohl als System- als auch als Standard-Masterseite festzulegen.

Fügen Sie nun noch folgenden Programmcode der FeatureDeactivating-Methode hinzu. Er ändert die Masterseiteneinstellungen auf ihre Standardwerte und setzt dazu die *v4.master* als Default und Custom Master Page.

```
SPWeb web = properties.Feature.Parent as SPWeb;
try
{
   // URI zur Standard-Masterseite erzeugen
   Uri masterUri = new
      Uri(web.Url + "/_catalogs/masterpage/v4.master");

   // Masterseite als Standard- und Systemmasterseite setzen
   web.MasterUrl = masterUri.AbsolutePath;
   web.CustomMasterUrl = masterUri.AbsolutePath;

   // Änderungen speichern
   web.Update();
}
catch (Exception ex)
{
   Trace.WriteLine("Fehler bei Änderung der Masterseite: "
                  + ex.Message);
}
```

Listing 5.11 Ereignishandler zur Aktivierung der Standard-SharePoint-Masterseite

Damit ist der Programmierungsteil für das Projekt abgeschlossen. Sie haben nun alle Zutaten, um eine benutzerdefinierte Masterseite für eine Webseite zu aktivieren bzw. zurückzuziehen.

Lösung bereitstellen

Abschließend können Sie die SharePoint-Lösung über den gewohnten Weg des [F5]-Deployments in der Zielumgebung bereitstellen. Zuvor sollten Sie die Bereitstellungskonfiguration auf den Wert No Activation ändern. Damit können Sie das Feature manuell aktivieren und anschließend den Programmcode des Feature Receivers debuggen. Setzen Sie nun jeweils auf den Einstiegsbereich der beiden Ereignismethoden noch zwei Haltepunkte und starten Sie dann das Debugging über die Taste [F5]. Im Ergebnis sollte das Feature die von Ihnen erzeugte Masterseite für die gesamte Webseite aktiviert haben. Über den SharePoint Designer können Sie noch einmal überprüfen, ob die Dateien des Projekts korrekt in den Zielverzeichnissen bereitgestellt wurden.

5.3 Ribbon

Den beachtenswertesten Fortschritt hat SharePoint auf seiner Benutzeroberfläche erzielt. Die Standardfunktionen von SharePoint 2010 sind durch kontextsensitive Funktionen und die Integration von AJAX-Technologien deutlich schneller zu finden und einfacher zu bedienen. Einen großen Anteil an dieser Verbesserung hat der SharePoint-Ribbon. Die mit Office 2007 eingeführte und mittlerweile von vielen Anwendern geschätzte Navigations- und Interaktionskomponente wurde durchgängig in SharePoint 2010 integriert und macht die Arbeit und Interaktion mit SharePoint-Funktionen deutlich einfacher. Der Ribbon ist so konzipiert, dass er die für ein Element zur Verfügung stehenden Aktivitäten dynamisch einblendet. Beispielsweise stellt der Ribbon innerhalb einer Dokumentbibliothek die Funktionen für das Dokumentenmanagement (hochladen, ein- und auschecken oder Download) bereit, wohingegen im Ribbon auf der Startseite die Funktionen zur Editierung und Formatierung von Textinhalten zu finden sind.

Das Ribbon-Modell basiert vollständig auf einem deklarativen Ansatz. Die Elemente und Controls des Ribbons werden mithilfe einer XML-basierten Struktur beschrieben. Die XML-Definition des SharePoint-Standard-Ribbons befindet sich direkt auf dem SharePoint-Server in folgender Datei: *%CommonProgramFiles%\ Microsoft Shared\Web Server Extensions\14\TEMPLATE\GLOBAL\XML\CMDUI .XML*. Um sich mit der Technologie der Ribbons vertraut zu machen, empfiehlt sich ein initialer Blick in diese Datei.

Es könnte sein, dass die hohe Anzahl der Elemente und Attribute sehr schnell unübersichtlich wird. Um besser nachvollziehen zu können, wie die unterschiedlichen Typen miteinander interagieren, sollten Sie die dazugehörigen Schema-Dateien aufsuchen. Für den Ribbon sind die beiden Dateien *cui.xsd* und *wss.xsd* zuständig, die innerhalb des Verzeichnisses *%CommonProgramFiles%\Microsoft Shared\Web Server Extensions\14* zu finden sind.

Die Architektur des Ribbons erlaubt die Anpassung und Erweiterung durch die Erstellung benutzerdefinierter XML-Definitionen. Hierüber erhalten Sie die Möglichkeit, den Standard-Ribbon um benutzerdefinierte Schaltflächen, Gruppen oder komplette Tabs zu erweitern, zu ergänzen oder zu entfernen. Im nächsten Abschnitt stellen wir Ihnen sowohl die Architektur der Ribbons als auch die unterschiedlichen Anpassungsmöglichkeiten vor.

5.3.1 Standardelemente des Ribbons

Die Reihenfolge der Elemente des Ribbons hat eine klare Anordnung: RIBBON • TAB • GROUP • CONTROL. Innerhalb des Control-Elements können beliebig viele

Steuerelemente platziert werden. Tabelle 5.2 listet Ihnen die von SharePoint unterstützten Steuerelemente auf.

Steuerelement	Beschreibung
Button	einfache Schaltfläche
Checkbox	Checkbox mit einem optionalen Label
ColorPicker	Steuerelement zur Auswahl von Farben
ComboBox	Auswahlliste, die eine Eingabe oder Selektion unterstützt
DropDown	Auswahlliste, die eine Selektion durch Klicken unterstützt
FlyoutAnchor	Schaltfläche mit beliebig vielen Unterelementen als Ausklapp-funktion
InsertTable	Steuerelement zum Einfügen einer Tabelle inklusive Zeilen- und Spaltenauswahl
Label	einfache Textzeile
Menu	Container zur Darstellung von Popup-Menüs
MenuSelection	Auswahl von Menüs
MRUSplitButton	Steuerelement, das eine Schaltfläche und eine Auswahlliste kombiniert, um die zuletzt verwendete Aktion innerhalb des Buttons darzustellen
Spinner	Navigationsfunktion zur Eingabe und Auswahl von Werten
SplitButton	Steuerelement mit einer Schaltfläche und einem Menü
TextBox	einfaches Eingabefeld
ToggleButton	Schaltfläche mit einem An/Aus-Status

Tabelle 5.2 Standard-Ribbon-Steuerelemente

Die Kombination dieser Elemente präsentiert Ihnen vielseitige Möglichkeiten des Aufbaus individueller Ribbon-Oberflächen. Wenn Sie sich etwas genauer mit der Architektur der Ribbons befassen, werden Sie feststellen, dass SharePoint von Technologien wie AJAX, JavaScript, Caching und CSS Gebrauch macht. Sie werden auch herausfinden, dass der Ribbon keinerlei Tabellen-Layouts verwendet, sondern stattdessen die Elemente durchgängig über CSS-Style-Sheets strukturiert. Möchten Sie das Design des Ribbons anpassen, sollten Sie Ihr Hauptaugenmerk auf die *corev4.css*-Datei legen. Sämtliche mit der Signatur `ms-cui` beginnenden Klassen sorgen für die Darstellung der Ribbon-Elemente.

5.3.2 Standard-Ribbon erweitern

Zunächst betrachten wir die einfache Erweiterung des Standard-SharePoint-Ribbons. Benutzerdefinierte XML-Definitionen werden von SharePoint zur Laufzeit mit der *cmdui.xml* zusammengeführt. Der einfachste Weg, eine Ribbon-Erweiterung zu schreiben, ist die Verwendung von SharePoint-Features. Als Einstieg sollten Sie mit Visual Studio 2010 ein Projekt auf Basis eines leeren SharePoint-Projekts erzeugen. Sie können die Ribbon-Erweiterungen entweder als Farm- oder als Sandbox Solution bereitstellen.

Fügen Sie anschließend dem Projekt ein neues Feature hinzu. Geben Sie diesem einen passenden Namen, Titel sowie eine Beschreibung. Anders als in den vorherigen Anwendungsbeispielen stellt Visual Studio für die Ribbon-Erweiterung keine Elementvorlage bereit. Daher muss die Umsetzung auf der Basis eines leeren Elements erfolgen. Fügen Sie zu Ihrem Projekt ein gleichnamiges Element hinzu. Geben Sie ihm einen entsprechenden Namen (zum Beispiel »CustomRibbonActions«), und öffnen Sie danach die *Elements.xml*-Datei. Fügen Sie im Anschluss folgenden XML-Code aus Listing 5.12 innerhalb des Wurzelelements `Elements` ein:

```xml
<CustomAction
   Id="Contoso.Ribbon.CustomExportButton"
   RegistrationId="101"
   RegistrationType="List"
   Location="CommandUI.Ribbon"
   Sequence="5"
   Title="Dokument exportieren">

   <CommandUIExtension>
     <CommandUIDefinitions>
       <CommandUIDefinition
         Location="Ribbon.Documents.Manage.Controls._children">
         <Button
             Id="Ribbon.Documents.New.Export"
             Alt="Exportieren"
             Sequence="5"
             Command="ExportDocument"
             Image16by16="/_layouts/images/SolutionUpgrade_16x16.png"
             Image32by32="/_layouts/images/SolutionUpgrade_32x32.png"
             LabelText="Exportieren"
             TemplateAlias="o1" />
       </CommandUIDefinition>
     </CommandUIDefinitions>

   <CommandUIHandlers>
     <CommandUIHandler
       Command="ExportDocument"
```

```
        CommandAction="javascript:alert('Exportfunktion!');" />
    </CommandUIHandlers>

  </CommandUIExtension>
</CustomAction>
```

Listing 5.12 Registrierung einer zusätzlichen Schaltfläche im Ribbon einer Dokumentbibliothek

Das `CustomAction`-Element bildet jeweils den Einstiegspunkt für die Ribbon-Erweiterung. Es signalisiert der SharePoint-Umgebung, dass über dieses Element eine Anpassung an der Benutzeroberfläche durchgeführt wird. Die ID können Sie frei wählen. Sie sollten jedoch darauf achten, dass Sie keine Standard-ID verwenden. Das Attribut `RegistrationID` definiert den Bereich, in dem die Erweiterung bereitgestellt werden soll. In Kombination mit dem `RegistrationType`-Attribut, legt dieser Wert fest, für welchen SharePoint-Typ die Ribbon-Erweiterung gedacht ist. Der Registrierungstyp kann die Werte `None`, `List`, `ContentType`, `ProgId` oder `FileType` aufnehmen. Über das `RegistrationID`-Attribut wird der zugeordnete Listen- oder Inhaltstyp spezifiziert. In diesem Anwendungsbeispiel legt der Wert »101« als Listentyp eine Dokumentbibliothek fest. Alternativ könnte eine generische Liste (100), eine Umfrage (102), eine Hyperlinkliste (103) oder eine Ankündigungsliste (104) zugeordnet werden. Eine weitere wichtige Einstellung ist das `Location`-Attribut. Es teilt der SharePoint-Umgebung mit, wo genau die Erweiterung erscheinen soll: in einer Listenansicht, in den Editierungsformularen oder überall. Die folgende Auflistung liefert Ihnen eine Übersicht der möglichen Werte für das Location-Attribut:

▶ `CommandUI.Ribbon` (überall)

▶ `CommandUI.Ribbon.ListView` (Listenansichten)

▶ `CommandUI.Ribbon.EditForm` (Editierungsformulare)

▶ `CommandUI.Ribbon.NewForm` (Erstellungsformulare)

▶ `CommandUI.Ribbon.DisplayForm` (Anzeigeformulare)

Das `Sequence`-Attribut steuert die Position der jeweiligen Aktion innerhalb des Ribbons. Hierzu muss man wissen, dass Standard-Tabs in einer Sequenz von 100er-Schritten und alle anderen Standardelemente der *cmdui.xml* in einer Sequenz von 10er-Schritten aufgeteilt werden. Für den Fall, dass Sie Ihr Steuerelement innerhalb der Gruppe an die erste Stelle positionieren wollen, muss der Wert der Sequenz kleiner als 10 sein.

Die hier beschriebenen Attribute des `CustomActions`-Elements sind für die Umsetzung einer Ribbon-Erweiterung vollkommen ausreichend. Neben Ribbons liefert dieser Elementtyp noch weitere Möglichkeiten, wie zum Beispiel die

Registrierung zusätzlicher Menüs innerhalb der SharePoint-Oberfläche. Weitere Anwendungsbeispiele für benutzerdefinierte Aktionen stellen wir Ihnen in Abschnitt 5.4 vor.

Eine Ribbon-Definition besteht im Wesentlichen aus zwei Kernelementen: `CommandUIDefinitions` und `CommandUIHandlers`. Innerhalb der Definitionen werden die einzelnen Bausteine des Ribbons spezifiziert. Die Handler definieren die Methoden, die zu den Steuerelementen gehören.

Innerhalb des `CommandUIDefinitions`-Bereichs können eine oder mehrere `CommandUIDefinition`-Elemente platziert werden. Eine einzelne Definition beschreibt jeweils den Aufbau eines zusammenhängenden Ribbon-Elements. Die Ribbon-Architektur ermöglicht hierüber die Beschreibung von Tabs, Gruppen oder benutzerdefinierten Steuerelementen. In diesem Beispiel erzeugen Sie über die XML-Definition eine einfache Schaltfläche, die innerhalb des Verwaltungsbereichs einer Dokumentbibliothek platziert wird.

Das einzige Attribut des `CommandUIDefinition`-Elements ist `Location`. Hierüber wird der Komponente ein genauer Platz innerhalb des Ribbons zugewiesen. Der Wert `Ribbon.Documents.Manage.Controls` referenziert den Bereich der Verwaltungsfunktionen einer Dokumentbibliothek. Mithilfe der `_children`-Signatur wird definiert, dass das Steuerelement den Standardelementen hinzugefügt werden soll. Alternativ könnte eine Ribbon-Definition auch vorhandene Standardelemente ersetzen. Die möglichen Werte des `Location`-Elements können Sie der *cmdui.xml* entnehmen oder auf folgender Webseite nachschlagen:

http://msdn.microsoft.com/en-us/library/ee537543.aspx

Unterhalb des `CommandUIDefinition`-Elements wird der Aufbau der Ribbon-Erweiterung beschrieben. In diesem Anwendungsbeispiel werden Sie einen einfachen Button in den Ribbon integrieren. Er besteht aus einem Label (`LabelText`), einem kleinen sowie einem großen Icon (`Image16by16` bzw. `Image32by32`), einem alternativen Text (`Alt`) sowie einer eindeutigen `ID`. Das bereits bekannte `Sequence`-Attribut legt die Reihenfolge innerhalb der Definition fest. Möchten Sie anstelle einer einzelnen Schaltfläche mehrere Controls in einer Ribbon-Definition beschreiben, können Sie hierüber die Reihenfolge der Steuerelemente festlegen.

Ein besonderes Augenmerk sollten Sie dem `Command`-Attribut schenken. Es referenziert den für das Steuerelement zuständigen Ereignishandler aus dem Bereich `CommandUIHandlers`. Hierin können Sie mithilfe des `CommandAction`-Attributs den JavaScript-Code direkt in die Definition einbetten oder eine externe Methode referenzieren. In diesem Beispiel übermittelt der Event-Handler der Schaltfläche eine simple Nachricht über die `Alert`-Methode.

Eine Komponente soll in diesem ersten Beispiel nicht unbeachtet bleiben – das `TemplateAlias`-Attribut. Es ermöglicht die Referenzierung einer Vorlage, die für die Positionierung und Größenzuordnung zuständig ist. Vorlagen werden über das dazugehörige `GroupTemplate`-Element beschrieben. Der hier abgebildete Button referenziert über den Wert `o1` eines der Standard-Templates von SharePoint. Eine komplette Referenz inklusive der Beschreibung sämtlicher Elemente des Ribbons finden Sie im SharePoint SDK unter folgender URL:

http://msdn.microsoft.com/de-de/library/ff458373.aspx

Nach der Bereitstellung der Solution sollte der neue Button im Ribbon einer Dokumentbibliothek erscheinen (siehe Abbildung 5.9).

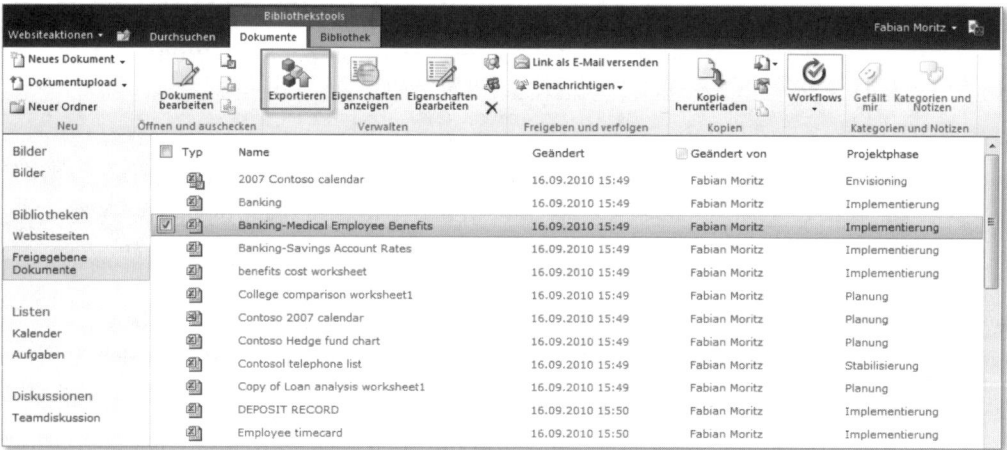

Abbildung 5.9 Standard-SharePoint-Ribbons lassen sich um benutzerdefinierte Schaltflächen erweitern.

5.3.3 Vollständige Tabs und Gruppen erzeugen

Die Ribbon-Architektur ermöglicht neben der Bereitstellung einfacher Schaltflächen innerhalb einer Standardgruppe auch die Abbildung komplett neuer Tabs (siehe Abbildung 5.10).

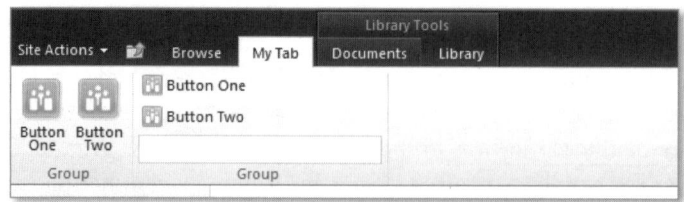

Abbildung 5.10 Der Ribbon ermöglicht auch die Abbildung kompletter Tabs.

Schauen wir uns die dazugehörige Ribbon-Definition in gestückelter Form an. Sie werden feststellen, dass der Aufbau dem des vorherigen Beispiels sehr ähnlich ist.

```
<CustomAction
  Id="Custom.Ribbon.Tab"
  Location="CommandUI.Ribbon"
  RegistrationType="List"
  RegistrationId="101">
<CommandUIExtension>
  <CommandUIDefinitions>
    <CommandUIDefinition
      Location="Ribbon.Tabs._children">
    <Tab Id="Custom.Ribbon.Tab"
         Title="My Tab"
         Sequence="101">
      <Scaling Id="Custom.Ribbon.Scaling">
        <MaxSize Id="Custom.Ribbon.MaxSize.GroupOne"
                 GroupId="Custom.Ribbon.GroupOne"
                 Size="TwoLarge"/>
        <MaxSize Id="Custom.Ribbon.MaxSize.GroupTwo"
                 GroupId="Custom.Ribbon.GroupTwo"
                 Size="ThreeMedium"/>
        <Scale Id="Custom.Ribbon.Scaling.GroupOne"
               GroupId="Custom.Ribbon.GroupOne"
               Size="ThreeMedium"/>
      </Scaling>
      …
```

Listing 5.13 Definition eines Tabs inklusive Skalierung

Die Attribute der CustomAction kennen Sie bereits. Neu sind das Tab- und das Scaling-Element. Das Tab-Element ist selbsterklärend, das Scaling-Element bedarf jedoch einer genaueren Betrachtung. Der SharePoint-Ribbon ermöglicht die automatische Skalierung seiner Elemente, je nach Browsergröße. Unter Zuhilfenahme der Attribute MaxSize sowie Scale können Sie definieren, wie die Schaltflächen in maximaler bzw. skalierter Form aufbereitet werden sollen. Das Size-Attribut referenziert jeweils eine Vorlage, die die konkrete Darstellung steuert.

Direkt nach dem Scaling folgt das Groups-Element. Ein Tab setzt sich jeweils aus einer oder mehreren Gruppen zusammen. Eine Gruppe ist ein logischer Container für eine Ansammlung von Steuerelementen. Jede Gruppe wird innerhalb des Ribbons grafisch unterteilt.

```
<Groups Id="Custom.Ribbon.Tab.Groups">
            <Group
              Id="Custom.Ribbon.GroupOne"
              Title="Group"
              Sequence="10"
              Template="Ribbon.Templates.Large">
              <Controls Id="Custom.Ribbon.GroupOne.Controls">
              ...
```

Listing 5.14 Definition einer Gruppe innerhalb eines Tabs

Die einzelnen Steuerelemente einer Gruppe werden über das `Controls`-Element gebündelt.

```
<Controls Id="Custom.Ribbon.GroupTwo.Controls">
  <Button
    Id="Custom.Ribbon.GroupTwo.ButtonOne"
    Command="CustomMessage"
    Sequence="10"
    Image16by16="/_layouts/images/siteicon_16x16.png"
    LabelText="Button One"
    TemplateAlias="c1"/>
  <Button
    Id="Custom.Ribbon.GroupTwo.ButtonTwo"
    Command="CustomMessage"
    Sequence="20"
    Image16by16="/_layouts/images/siteicon_16x16.png"
    LabelText="Button Two"
    TemplateAlias="c2"/>
  <TextBox
    Id="Custom.Ribbon.GroupTwo.TextBox"
    Sequence="30"
    Width="180"
    TemplateAlias="c3"/>
</Controls>
```

Listing 5.15 Beschreibung der Buttons innerhalb einer Gruppe

Die erste Gruppe integriert zwei Schaltflächen und eine Textbox. Anders als im vorherigen Beispiel werden für die Darstellung der Steuerelemente benutzerdefinierte Vorlagen referenziert. Die hierfür zuständigen Beschreibungen folgen nach den Tabs. Die Templates werden innerhalb eines eigenen `CommandUIDefinition`-Elements gekapselt.

```
<CommandUIDefinition Location="Ribbon.Templates._children">
  <GroupTemplate Id="Ribbon.Templates.Large">
    <Layout Title="TwoLarge" LayoutTitle="TwoLarge">
      <Section Alignment="Top" Type="OneRow">
        <Row>
          <ControlRef DisplayMode="Large" TemplateAlias="c1" />
        </Row>
      </Section>
      <Section Alignment="Top" Type="OneRow">
        <Row>
          <ControlRef DisplayMode="Large" TemplateAlias="c2" />
        </Row>
      </Section>
    </Layout>
  </GroupTemplate>
</CommandUIDefinition>
<CommandUIDefinition Location="Ribbon.Templates._children">
  <GroupTemplate Id="Ribbon.Templates.Medium">
    <Layout Title="ThreeMedium"
            LayoutTitle="ThreeMedium">
      <Section Alignment="Top" Type="ThreeRow">
        <Row>
          <ControlRef DisplayMode="Medium" TemplateAlias="c1" />
        </Row>
        <Row>
          <ControlRef DisplayMode="Medium" TemplateAlias="c2" />
        </Row>
        <Row>
          <ControlRef DisplayMode="Medium" TemplateAlias="c3" />
        </Row>
      </Section>
    </Layout>
  </GroupTemplate>
</CommandUIDefinition>
```

Listing 5.16 Definition einer benutzerdefinierten Vorlage

Das GroupTemplate-Element spezifiziert das HTML-Gerüst der jeweiligen Vorlage.
Es setzt sich aus Sektionen (Section) und Zeilen (Row) zusammen – vergleichbar
mit einer einfachen Tabelle. Pro Sektion wird die Ausrichtung (Top, Middle) sowie
der Typ (Devider, OneRow, TwoRow, ThreeRow) definiert. Auf der Ebene einer Zeile
werden die Darstellungsart (z. B. Medium, Large, Text) und der entsprechende
Aliasname (TemplateAlias) festgelegt.

Das Zusammenspiel zwischen der Skalierung und den referenzierten Vorlagen ermöglicht den Aufbau komplett dynamischer Ribbon-Oberflächen. Der einzige Wermutstropfen besteht darin, dass die Beschreibungen komplett über XML erzeugt werden müssen. Besonders bei aufwendigen Ribbons kann die Struktur sehr schnell unübersichtlich werden. Vermutlich ist es jedoch nur eine Frage der Zeit, bis von Microsoft oder innerhalb der Community entsprechende grafische Werkzeuge zur Ribbon-Erzeugung angeboten werden.

5.3.4 Standardschaltflächen ersetzen und entfernen

Ein Prozess, der Ihnen häufig in der Praxis begegnen wird, ist die Anforderung, eine Standardschaltfläche durch eine benutzerdefinierte Funktion zu ersetzen. Die Ribbon-Architektur ist so konzipiert, dass sämtliche Elemente durch benutzerdefinierte Komponenten ersetzt werden können. Dazu muss der jeweiligen XML-Definition einfach nur die Location-ID des Standard-Elements zugewiesen werden. Das folgende Beispiel veranschaulicht dieses Prinzip, bei dem die Standard-Löschfunktion einer Dokumentbibliothek durch eine benutzerdefinierte Schaltfläche ersetzt wird.

```xml
<?xml version="1.0" encoding="utf-8"?>
<Elements xmlns="http://schemas.microsoft.com/sharepoint/">
  <CustomAction
    Id="Contoso.Ribbon.CustomDeleteButton"
    RegistrationId="101"
    RegistrationType="List"
    Location="CommandUI.Ribbon"
    Sequence="5"
    Title="Dokument löschen">
    <CommandUIExtension>
      <CommandUIDefinitions>
        <CommandUIDefinition
          Location="Ribbon.Documents.Manage.Delete">
          <Button
              Id="Ribbon.Documents.Manage.CustomDelete"
              Sequence="50"
              Command="DeleteNew"
              Image16by16="/_layouts/images/DELETEGRAY.GIF"
              LabelText="Dokument löschen (angepasst)"
              TemplateAlias="o2"
          />
        </CommandUIDefinition>
      </CommandUIDefinitions>

      <CommandUIHandlers>
        <CommandUIHandler
```

```
          Command="DeleteNew"
          CommandAction="javascript:alert('Nicht möglich!');" />

      </CommandUIHandlers>

    </CommandUIExtension>
  </CustomAction>
</Elements>
```

Listing 5.17 Ribbon-Definition zur Ersetzung eines Standard-Steuerelements

Die wichtigste Information steckt im `Location`-Attribut, das exakt die gleiche ID wie die Standard-Löschschaltfläche verwendet. Hierdurch wird die SharePoint-Runtime instruiert, diese benutzerdefinierte Definition zu verwenden. Das `Button`-Element entspricht dem der *cmdui.xml*-Datei. Das `LabelText`-Attribut und die Bild-Referenzen wurden angepasst, und darüber hinaus wurde auch ein benutzerdefinierter Ereignishandler (`CommandUIHandler`) bereitgestellt.

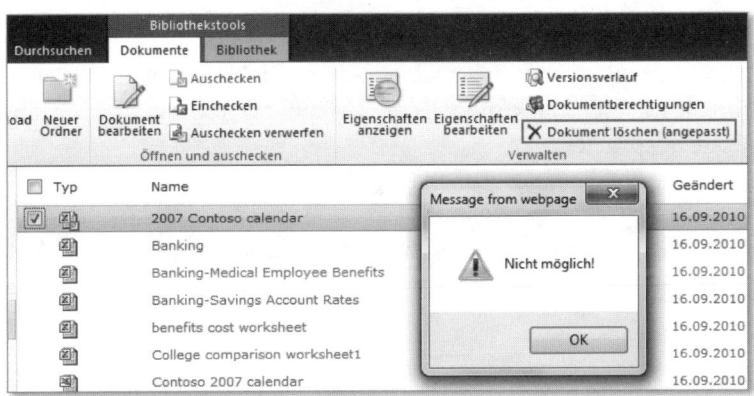

Abbildung 5.11 Die Ribbon-Architektur ermöglicht es, Standard-Ribbon-Elemente durch benutzerdefinierte Funktionen zu ersetzen.

Über dieses Verfahren ist es auch möglich, Standardschaltflächen komplett aus dem Ribbon zu entfernen. Löschen Sie jeweils die konkrete Beschreibung des Steuerelements aus der Definition, sodass das `Location`-Attribut alleinstehend bleibt.

```
<CommandUIDefinitions>
  <CommandUIDefinition
    Location="Ribbon.Documents.Manage.Delete">
  </CommandUIDefinition>
</CommandUIDefinitions>
```

Listing 5.18 Standard-Schaltflächen lassen sich auch komplett entfernen.

5.3.5 Ribbon um Code erweitern

Wie Sie bereits anhand der vorherigen Beispiele erfahren haben, lassen sich innerhalb des `CommandUIHandler`-Elements Methoden für bestimmte Steuerelemente integrieren. Der Ereignishandler kann direkt in die Definition eingebettet oder als externe Methode referenziert werden. Setzt sich die Methode aus mehreren Programmzeilen zusammen, empfiehlt sich der zweitgenannte Ansatz.

Eine weitere Funktion blieb bis dato vollkommen unbeachtet – das `EnabledScript`-Attribut. Die in ihm referenzierte Methode bestimmt den Zustand des jeweiligen Steuerelements. Dieses dient zur Kontrolle der Schaltfläche, und zwar um zu steuern, ob sie in einem aktivierten oder deaktivierten Zustand dargestellt werden soll.

Im Folgenden befassen wir uns mit dem programmiertechnischen Teil der Ribbon-Erstellung. Die Facetten der Ribbon-Programmierung sind sehr vielseitig. Zusammen mit dem SharePoint-Client-Objektmodell können Sie auf die SharePoint-API zugreifen, einen Dialog öffnen oder auf die Schnittstelle der Status- bzw. Benachrichtigungsleiste zugreifen.

Das nächste Anwendungsbeispiel skizziert, wie eine deklarative Schaltfläche unter Verwendung des Client-Objektmodells die UI-Funktionen der Nachrichten- bzw. die Statusleiste anspricht.

Abbildung 5.12 Das Client-Objektmodell ermöglicht den Zugriff auf SharePoint-UI-Funktionen direkt vom Ribbon.

Als Grundlage für dieses Programmbeispiel dient ein Ribbon, der über einen benutzerdefinierten Tab drei Schaltflächen bereitstellt. Für diese drei Steuerelemente werden folgende `CommandUIHandler`-Elemente erzeugt und über eine Element-Manifest-Datei bereitgestellt:

```
<CommandUIHandlers>
  <CommandUIHandler
    Command="ShowNotification"
```

```
      CommandAction="javascript:CallNotification();" />
    <CommandUIHandler
      Command="ShowStatusInfo"
      CommandAction="javascript:CallStatusBar(); "/>
    <CommandUIHandler
      Command="RemoveStatus"
      EnabledScript="javascript:EnableButton();"
      CommandAction="javascript:RemoveAllStatusBars();"/>
  </CommandUIHandlers>
```

Listing 5.19 Event-Handler lassen sich aus externen JavaScript-Dateien referenzieren.

In den `CommandAction`-Attributen wird jeweils eine externe JavaScript-Methode aufgerufen. Die erste Schaltfläche ruft folgende Funktion auf:

```
function CallNotification() {
    var statusId =
        SP.UI.Notify.addNotification('Nachricht vom Ribbon');
    lastStatusId = statusId;
    EnableButton();
    RefreshCommandUI();
}
```

Listing 5.20 Aufruf der Nachrichtenleisten aus dem Ribbon

Die ECMAScript-Methode `SP.UI.Notify.addNotification` gibt in der Share-Point-Nachrichtenleiste eine Meldung aus. Nachrichtenleisten werden von Share-Point dazu genutzt, kleine Informationen dynamisch auszugeben. Die anderen drei Codezeilen sorgen für die Aktualisierung der anderen Schaltflächen. Dazu später mehr.

Der Ereignishandler des zweiten Buttons hat einen ähnlichen Aufbau:

```
function CallStatusBar() {
    var statusId = SP.UI.Status.addStatus('Warnung vom Ribbon');
    SP.UI.Status.setStatusPriColor(statusId, 'yellow');
    lastStatusId = statusId;
    EnableButton();
    RefreshCommandUI();
}
```

Listing 5.21 Ausgabe einer Meldung in der Statusleiste

Mithilfe der Methode `SP.UI.Status.addStatus` wird in der SharePoint-Status-leiste eine Meldung ausgegeben. Die `SP.UI.Status.setStatusPriColor`-Methode ändert dabei die Farbe der Statusleiste. Im Gegensatz zu den Nachrichten werden

Statusleisten permanent eingeblendet. SharePoint nutzt diese Technologie zum Beispiel zur Ausgabe von Fehler- und Warnmeldungen in der Zentraladministration oder zur Darstellung des Seitenzustands innerhalb der Websiteoberfläche.

Die dritte Funktion hat die Aufgabe, die von den anderen Schaltflächen eingeblendeten Nachrichten wieder von der SharePoint-Oberfläche zu entfernen. Dies geschieht über die Methode SP.UI.Status.removeAllStatus.

```
function RemoveAllStatusBars() {
    SP.UI.Status.removeAllStatus(true);
    lastStatusId = '';
    EnableButton();
    RefreshCommandUI();
}
```

Listing 5.22 Sämtliche Elemente von der Statusleiste entfernen

EnableButton ist die Methode, die von dem dritten Button über das EnabledScript-Attribut aufgerufen wird. Dieses Attribut erwartet von seinem Ereignishandler einen booleschen Wert. Je nach Ergebnis wird die dazugehörige Schaltfläche in einem aktivierten oder deaktivierten Zustand dargestellt. In diesem Anwendungsbeispiel wird die Schaltfläche jeweils dann aktiv dargestellt, wenn zuvor einer der anderen Buttons ausgeführt wurde. Die dazugehörige Methode hat folgenden Aufbau:

```
function () {
    if (lastStatusId == '') {
        return false;
    }
    else {
        return true;
    }
}
```

Listing 5.23 Hilfsmethode für die Ribbon-Programmierung

Um die Aktualisierung der Benutzeroberfläche nach Betätigung einer der Schaltflächen zu erzwingen, wird innerhalb der benutzerdefinierten Funktionen die SharePoint-Methode RefreshCommandUI aufgerufen. Ohne diesen Aufruf würde die EnabledScript-Methode nur beim initialen Seitenaufbau ausgeführt werden, was zur Folge hätte, dass sich dadurch der Zustand nicht mehr dynamisch aktualisiert.

Die hier beschriebenen JavaScript-Methoden wurden in eine externe Datei ausgelagert. Um dieses Anwendungsbeispiel fehlerfrei zum Laufen zu bekommen, muss diese Scriptdatei in der Zielumgebung bereitgestellt und innerhalb der Webseite referenziert werden. Die Referenzierung von benutzerdefinierten Java-Scripts kann über ein `CustomAction`-Element durchgeführt werden, das als Bestandteil der Ribbon-Definition in der SharePoint-Umgebung bereitgestellt werden kann. Es hat folgenden Aufbau:

```
<CustomAction Id="Custom.Ribbon.StatusTab.Extensions"
              Location="ScriptLink"
              ScriptSrc="/_layouts/Contoso/RibbonExtensions.js"/>
```

Listing 5.24 Registrierung einer benutzerdefinierten JavaScript-Datei

Diese drei Zeilen, und im Besonderen das `ScriptSrc`-Attribut, sorgen dafür, dass das externe Script bei Aktivierung des Features automatisch in der jeweiligen Webseite registriert wird. Das Deployment der Scriptdatei können Sie über den bekannten Weg der SharePoint Solutions und verbundenen Ordner durchführen.

5.3.6 Debuggen von Ribbon-Erweiterungen

Das Debugging von Ribbon-Erweiterungen ist nicht unbedingt eine der leichtesten Übungen. Tritt innerhalb der Ribbon-Definition ein Fehler auf, wird diese Erweiterung ignoriert bzw. nicht dargestellt oder die Schaltfläche wird deaktiviert. Folgende Tipps helfen Ihnen, bei Ribbon-Erweiterungen Fehler zu vermeiden:

1. Überprüfen Sie, ob eine der von Ihnen verwendeten Sequenzen einer Share-Point-Standardsequenz entspricht.

2. Stellen Sie sicher, dass Sie keine doppelten `ID`- oder `Location`-Attribute verwenden.

3. Überprüfen Sie, welche Registrierung (`RegistrationId`, `RegistrationTyp`) Sie für Ihre Erweiterung vorgenommen haben. Eventuell ist der komplette Ribbon fehlerfrei, wird jedoch nicht an der richtigen Stelle angezeigt.

4. Vergewissern Sie sich, dass die im `CommandAction`-Attribut referenzierte Methode die gleiche Signatur in der Zieldatei aufweist.

5. Überprüfen Sie zusätzlich, ob die Scriptdateien in der SharePoint-Umgebung bereitgestellt und über das `CustomAction`-Element korrekt referenziert wurden.

6. Nutzen Sie einen JavaScript-Debugger (zum Beispiel *Mozilla Firebug*), und setzen Sie einen Haltepunkt auf die *SP.Ribbon.debug.js*-Datei. Ein Großteil des Ribbons wird mit Methoden aus dieser Scriptdatei erzeugt.

Außerdem sollten Sie beachten, dass CSS-Dateien und JavaScripts teilweise vom Browser gecacht werden. Wir empfehlen Ihnen daher, die Caching-Funktionen Ihres Browsers während der Ribbon-Programmierung vollständig zu deaktivieren.

5.3.7 Kontextuelle Webparts entwickeln

Eines der interessantesten Einsatzgebiete der Ribbon-Programmierung ist die Kombination eines Webparts mit kontextuellen Tabs. Diese Technologie ermöglicht die dynamische Bereitstellung von Funktionen innerhalb des Ribbons, wenn ein Element des Webparts ausgewählt wird. Kontextuelle Tabs werden in der SharePoint-Standard-Benutzeroberfläche sehr häufig eingesetzt. Ein bekanntes Beispiel sind die Bearbeitungstools einer Wiki-Webseite. Sie werden nur dann eingeblendet, wenn sich der Anwender im Bearbeitungsmodus einer Seite befindet.

Abbildung 5.13 Kontextuelle Tabs werden dynamisch vom Ribbon eingeblendet.

Die Umsetzung von kontextuellen Webparts ist eine der Paradedisziplinen der Webpart-Entwicklung, weil hierbei zahlreiche SharePoint-Technologien zum Einsatz kommen. Im nächsten Teil dieses Abschnitts werden Sie erfahren, welche Zutaten für die Programmierung eines kontextuellen Webparts erforderlich sind und auf welche Besonderheiten Sie dabei achten müssen.

Basis-Webpart umsetzen

Im Gegensatz zur klassischen Ribbon-Erstellung werden die Definitionen eines kontextuellen Tabs nicht deklarativ, sondern programmgesteuert durch den jeweiligen Webpart registriert. Die Umsetzung eines kontextuellen Webparts unterscheidet sich nicht besonders von der eines normalen Webparts. Einzig die Ableitung des `IWebPartPageComponentProvider`-Interfaces sowie die Implementierung der `WebPartContextualInfo`-Methode machen aus einem »normalen Webpart« einen »kontextuellen Webpart«.

Folgende Schritte sind für die Erstellung des Webpart-Gerüsts erforderlich:

1. Starten Sie Visual Studio 2010, und erzeugen Sie ein neues Projekt auf der Basis der leeren SharePoint-Projektvorlage.

2. Geben Sie dem Projekt eine entsprechende Bezeichnung, und wählen Sie den Bereitstellungstyp einer Farm-Lösung aus.

3. Fügen Sie Ihrem Projekt jetzt ein neues Webpart-Element hinzu, und geben Sie dem Webpart einen entsprechenden Namen (z. B. »ContextualWebPart«). Visual Studio erzeugt im Anschluss die Grundstruktur der Webpart-Klasse.

4. Erweitern Sie diese Klasse um das IWebPartPageComponentProvider-Interface. Ein Smart-Tag liefert Ihnen die Möglichkeit, die von der Schnittstelle bereitgestellte Eigenschaft WebPartContextualInfo zu implementieren. Machen Sie von dieser Funktion Gebrauch.

5. Fügen Sie dem Projekt jetzt noch eine Referenz zur Assembly *Microsoft.Web.CommandUI* hinzu.

Ein genauer Blick in das IWebPartPageComponentProvider-Interface macht deutlich, dass die WebPartContextualInfo-Eigenschaft die einzige Voraussetzung für die Implementierung dieser Schnittstelle ist. Das Interface übernimmt die Aufgabe, dem Ribbon mitzuteilen, welche Tabs und Gruppen bei der Selektierung des Webparts dargestellt werden sollen. Die konkrete Ausgestaltung der Eigenschaft wird im nächsten Teil beschrieben. Die Webpart-Klasse sollte nun folgenden Aufbau haben:

```
[ToolboxItemAttribute(false)]
public class ContextualWebPart : WebPart,
IWebPartPageComponentProvider
{
    protected override void CreateChildControls()
    {
    }

    public WebPartContextualInfo WebPartContextualInfo
    {
        get { throw new NotImplementedException(); }
    }
}
```

Listing 5.25 Grundstruktur eines kontextuellen SharePoint-Webparts

Jetzt kann der Webpart mit Leben gefüllt werden. Dazu wird zunächst die WebPartContextualInfo-Methode um einen zusätzlichen Programmcode erweitert. Ersetzen Sie dazu den Standardteil der get-Methode durch folgende Code-zeilen:

```
// Objekt des Rückgabewerts
WebPartContextualInfo ctxInfo = new WebPartContextualInfo();

// Erzeuge eine neue kontextuelle Gruppe
WebPartRibbonContextualGroup ctxGroup = new
    WebPartRibbonContextualGroup();
ctxGroup.Id = "Ribbon.CustomContextualTabGroup";
ctxGroup.Command = "CustomContextualTab.EnableContextualGroup";
ctxGroup.VisibilityContext =
    "CustomContextualTab.CustomVisibilityContext";

// Erzeuge einen kontextuellen Tab
WebPartRibbonTab tab = new WebPartRibbonTab();
tab.Id = "Ribbon.CustomTabExample";
tab.VisibilityContext =
    "CustomContextualTab.CustomVisibilityContext";

// Fügt dem WebPartContextualInfo den Tab sowie die Gruppe hinzu
ctxInfo.Tabs.Add(tab);
ctxInfo.ContextualGroups.Add(ctxGroup);

return ctxInfo;
```

Listing 5.26 Die »Get«-Methode des »IwebPartPageComponentProvider«-Interfaces

Es lohnt sich, diesen Programmcode etwas genauer zu betrachten. Die hier enthaltenen Klassen WebPartContextualInfo, WebPartRibbonTab sowie WebPart-RibbonContextualGroup sorgen im Kern für die Bereitstellung des kontextuellen Tabs und die Interaktion zwischen Webpart und Ribbon. Sowohl für den Tab als auch für die Gruppe werden die beiden Eigenschaften Id und VisibilityContext zugewiesen. Die hier enthaltenen Werte müssen exakt mit der XML-Definition des kontextuellen Tabs übereinstimmen. Die WebPartRibbon-ContextualGroup-Klasse definiert die Command-Eigenschaft, die ebenfalls der Definition entsprechen muss.

Der Tab und die Gruppen werden über die dazugehörigen Eigenschaften dem WebPartContextualInfo-Objekt zugewiesen, das anschließend als Rückgabewert agiert. Die PageComponentId hat bei der Entwicklung von kontextuellen Webparts eine besondere Bedeutung.

XML-Definition erzeugen

Betrachten wir nun die XML-Definition des kontextuellen Ribbons. Wie wir bereits erwähnt haben, wird die Struktur des kontextuellen Ribbon-Elements komplett programmgesteuert erzeugt. Hierzu werden zwei globale String-Variablen in die Webpart-Klasse integriert, die die kontextuelle Gruppe (ctxGroup) sowie das dazugehörige Template (ctxTemplate) beschreiben:

```
private string ctxGroup = @"
<ContextualGroup
  Color=""Orange""
  Command=""CtxTab.EnableCtxGroup""
  Id=""Ribbon.CtxGroup""
  Title=""Kontextuelle Gruppe""
  Sequence=""501""
  ContextualGroupId=""CtxTabGroup"">
  <Tab
    Id=""Ribbon.CtxTab""
    Title=""Kontextueller Tab""
    Sequence=""501"">
    <Scaling
      Id=""Ribbon.CtxTab.Scaling"">
      <MaxSize
        Id=""Ribbon.CtxTab.MaxSize""
        GroupId=""Ribbon.CtxTab.Group""
        Size=""TwoLarge""/>
    </Scaling>
    <Groups Id=""Ribbon.CtxTab.Groups"">
     <Group
        Id=""Ribbon.CtxTab.Group""
        Title=""Gruppe im Ribbon""
        Sequence=""5""
        Template=""Ribbon.Templates.CustomTemplate"">
        <Controls
          Id=""Ribbon.CtxTab.Controls"">
          <Button
            Id=""Ribbon.CtxTab.ButtonOne""
            Command=""CtxTab.Alert""
            Sequence=""5""
            LabelText=""Button Eins""
            Image32by32=""/_layouts/images/ctoa32.png""
            TemplateAlias=""c1""/>
          <Button
            Id=""Ribbon.CtxTab.ButtonTwo""
            Command=""CtxTab.Alert""
```

```
            Sequence=""15""
            LabelText=""Button Zwei""
            Image32by32=""/_layouts/images/searchlogo.png""
            TemplateAlias=""c2""/>
        </Controls>
      </Group>
    </Groups>
  </Tab>
</ContextualGroup>";

private string ctxTemplate = @"
<GroupTemplate Id=""Ribbon.Templates.CustomTemplate"">
  <Layout Title=""TwoLarge"" LayoutTitle=""TwoLarge"">
    <Section Alignment=""Top"" Type=""OneRow"">
        <Row>
            <ControlRef DisplayMode=""Large""
                        TemplateAlias=""c1"" />
        </Row>
    </Section>
    <Section Alignment=""Top"" Type=""OneRow"">
        <Row>
            <ControlRef DisplayMode=""Large""
                        TemplateAlias=""c2"" />
        </Row>
    </Section>
  </Layout>
</GroupTemplate>";
```

Listing 5.27 Ribbon-Definition des kontextuellen Webparts

Die meisten dieser Elemente der einzelnen Codezeilen sollten Ihnen bereits bekannt vorkommen. Neu ist eigentlich nur das GroupTemplate-Element, das die Beschreibung der kontextuellen Gruppe übernimmt. Die hier integrierten Attribute sind wenig spektakulär. Das Color-Attribut definiert die Farbe der Gruppe. Mögliche Werte sind None, DarkBlue, LightBlue, Teal, Orange, Green, Magenta, Yellow sowie Purple. Die Attribute ID und ContextualGroupId weisen der kontextuellen Gruppe einen eindeutigen Bezeichner zu. Wichtig ist, dass der Wert der ContextualGroupId mit der ID der im Webpart definierten Eigenschaft WebPartRibbonContextualGroup übereinstimmt.

Die kontextuelle Gruppe besteht im Wesentlichen aus einem Tab, einer Gruppe sowie zwei benutzerdefinierten Buttons. Die Buttons greifen jeweils auf denselben Ereignishandler zu. Die Registrierung der Ereignismethoden wird in einem späteren Teil dieses Abschnitts beschrieben.

Ribbon-Definition registrieren

Die XML-Definitionen der beiden globalen Variablen müssen nun dem Ribbon bekannt gemacht werden. Die Registrierung wird innerhalb der `OnPreRender`-Methode durchgeführt. Sie können den hierfür erforderlichen Programmcode in folgende Methode auslagern und anschließend innerhalb von `OnPreRender` aufrufen:

```
private void RegisterRibbonExtension()
{
    // Aktuellen Ribbon holen
    Ribbon ribbon = SPRibbon.GetCurrent(this.Page);

    // XmlDocument erzeugen
    XmlDocument ribbonExtensions = new XmlDocument();

    // Ribbon-Definition der kontextuelle Gruppe laden
    ribbonExtensions.LoadXml(ctxGroup);

    // Ribbon-Definition zur Gruppe der
    // kontextuellen Tabs hinzufügen
    ribbon.RegisterDataExtension(
        ribbonExtensions.FirstChild,
        "Ribbon.ContextualTabs._children");

    // Ribbon-Definition des Template registrieren
    ribbonExtensions.LoadXml(this.ctxTemplate);
    ribbon.RegisterDataExtension(
        ribbonExtensions.FirstChild,
        "Ribbon.Templates._children");
}
```

Listing 5.28 Registrierung der Ribbon-Erweiterungen

Der Programmcode demonstriert die Registrierung einer benutzerdefinierten Ribbon-Definition über den Weg des SharePoint-Objektmodells. Die erste Zeile veranschaulicht die Abfrage des Ribbons (`SPRibbon`) der aktuellen Seite über die Methode `SPRibbon.GetCurrent`. Die eigentliche Registrierung erfolgt über die Funktion `RegisterDataExtension`. Ihr werden als Parameter zwei Informationen übergeben: der zu registrierende XML-Block als `XmlNode`-Objekt (die Zeichenkette wurde zuvor in ein `XmlDocment` überführt) sowie das Ziel. Die Erweiterungen werden über die Elemente `Ribbon.ContextualTabs` sowie `Ribbon.Templates` registriert.

Die OnPreRender-Methode sollte zu diesem Zeitpunkt folgenden Aufbau (Listing 5.29) haben:

```
protected override void OnPreRender(EventArgs e)
{
    base.OnPreRender(e);
    RegisterRibbonExtension();
}
```

Listing 5.29 Aufruf der Ribbon-Registrierungen

Diese Methode wird vor der Ausgabe der Seite aufgerufen und liefert damit eine gute Möglichkeit, zusätzliche Scripts zu registrieren oder – wie in diesem Fall – Erweiterungen an den SharePoint-UI-Komponenten vorzunehmen.

Damit ist die Grundstruktur des Webparts abgeschlossen. Der Webpart ist jetzt in der Lage, einen kontextuellen Tab innerhalb des Ribbons dynamisch einzublenden. Zusammengefasst waren dazu folgende Schritte erforderlich:

- Implementierung des IWebPartPageComponentProvider-Interfaces
- Ausgestaltung der get-Methode der vom Interface implementierten Eigenschaft WebPartContextualInfo. Dem Rückgabeobjekt wurden die kontextuelle Gruppe (WebPartRibbonContextualGroup) sowie der dazugehörige Tab (WebPartRibbonTab) zugewiesen.
- Generierung der kontextuellen Gruppe (ContextualGroup) sowie des angewandten Templates (GroupTemplate)
- Registrierung der Erweiterungen innerhalb der OnPreRender-Methode

Wenn Sie jetzt einen Bereitstellungs-Job ausführen, werden Sie feststellen, dass der kontextuelle Tab nach der Selektierung des Webparts automatisch eingeblendet wird. Sie werden aber auch bemerken, dass die beiden benutzerdefinierten Schaltflächen noch inaktiv sind. Verantwortlich hierfür sind die fehlenden Kommandos für die Schaltflächen.

Blicken Sie ein wenig zurück, werden Sie sich daran erinnern, dass wir ein Thema bei der WebPartContextualInfo-Eigenschaft sanft übersprungen haben: die Zuweisung der PageComponentId-Eigenschaft. Es handelt sich um folgende Code-zeile:

```
ctxInfo.PageComponentId = SPRibbon.GetWebPartPageComponentId(this);
```

Listing 5.30 Abfrage der »Page«-Komponente

Fügen Sie diesen Code als letzte Zeile in die `Get`-Methode unterhalb der `WebPartContextualInfo`-Methode ein.

Ohne diesen winzigen Teil wäre der kontextuelle Webpart nicht lauffähig. Er weist dem Webpart die Page-Komponente des Ribbons zu.

Page-Komponente erzeugen

Bisher haben Sie unterschiedliche Wege kennengelernt, einen Ribbon via XML zu strukturieren und einfache Ereignishandler für die darin enthaltenen Steuerelemente umzusetzen.

Das Ribbon-Framework liefert noch weitaus mehr Möglichkeiten der Interaktion mit der SharePoint-Benutzeroberfläche. Die Realisierung dieser erweiterten Methoden erfolgt auf der Basis sogenannter Page-Komponenten.

Eine Page-Komponente ist eine Ansammlung von JavaScript-Methoden, die die Interaktion zwischen einem Webpart und dem Ribbon ermöglicht. Sie besteht aus einer Anpassung mehrerer JavaScript-Methoden, die idealerweise in eine externe Datei ausgelagert werden. Um den kontextuellen Webpart um eine Page-Komponente zu erweitern, müssen Sie wie folgt vorgehen:

1. Fügen Sie dem Visual-Studio-Projekt einen verbundenen Ordner zum *Layouts*-Verzeichnis hinzu.

2. Erstellen Sie in diesem Ordner einen Unterordner mit dem Namen *Context-WebPart*.

3. Fügen Sie diesem Verzeichnis eine neue JavaScript-Datei hinzu, und geben Sie ihr den Namen *CtxWebPartExtensions.js*.

Bei diesem Beispiel ist es wichtig, dass Sie die hier vorgeschlagenen Bezeichnungen verwenden, weil diese im Verlauf der weiteren Entwicklungstätigkeiten mehrfach referenziert werden.

Im nächsten Schritt werden Sie die benutzerdefinierte Page-Komponente umsetzen.

Die Komponente muss vom Basistyp `CUI.Page.PageComponent` abgeleitet werden und eine Reihe von Funktionen innerhalb der Prototyp-Definition implementieren. Sie besteht im Allgemeinen aus globalen und fokussierten Kommandos. Fokussierte Kommandos werden von der Page-Komponente nur aufgerufen, wenn sie als handelbar deklariert sind. Diese Eigenschaft wird von der `canHandleCommand`-Funktion gesteuert. Dieses Verfahren ermöglicht die Steuerung des Zustands einer Ribbon-Komponente. Letztlich werden von der Page-

Komponente auch die Ereignismethoden der jeweiligen Buttons abgearbeitet. Kommen wir nun zum Code der JavaScript-Datei:

```
Type.registerNamespace('CtxWebPart');
var _webPartPageComponentId;

CtxWebPart.CustomPageComponent = function CtxWebPart_
CustomPageComponent(webPartPcId) {
    this._webPartPageComponentId = webPartPcId;
    CtxWebPart.CustomPageComponent.initializeBase(this);
}

CtxWebPart.CustomPageComponent.prototype =
{
    // Page-Komponente initialisieren
    init: function CtxWebPart_CustomPageComponent$init() { },

    // Liefert eine Liste der fokussierten Kommandos
    // Die Page-Komponente wird nur für diese Kommandos ausgeführt
    getFocusedCommands: function CtxWebPart_
    CustomPageComponent$getFocusedCommands() {
        return ['CtxTab.Alert'];
    },

    // Liefert eine Liste der globalen Kommandos
    getGlobalCommands: function CtxWebPart_
    CustomPageComponent$getGlobalCommands() {
        return [];
    },

    // Legt fest, ob die Page-Komponente einen Fokus empfangen darf
    isFocusable: function CtxWebPart_
    CustomPageComponent$isFocusable() {
        return true;
    },

    // Legt die Kommandos fest, die von der
    // Page-Komponente abgearbeitet werden
    canHandleCommand: function CtxWebPart_
    CustomPageComponent$canHandleCommand(commandId) {
        if (commandId === 'CtxTab.Alert') {
            return true;
        }
    },
```

```
    // Arbeitet die Kommandos der Page-Komponente ab
    handleCommand: function CtxWebPart_CustomPageComponent$handle- ⮑
    Command(commandId, properties, sequence) {
        if (commandId === 'CtxTab.Alert') {
            alert(' Nachricht vom kontextuellen Tab!');
        }
    },

    // Gibt die ID der Page-Komponente zurück
    getId: function CtxWebPart_CustomPageComponent$getId() {
        return this._webPartPageComponentId;
    }
}

CtxWebPart.CustomPageComponent.registerClass(
    'CtxWebPart.CustomPageComponent', CUI.Page.PageComponent);
SP.SOD.notifyScriptLoadedAndExecuteWaitingJobs(
    "CtxWebPartExtensions.js");
```

Listing 5.31 Aufbau der Page-Komponente

Der Kernfunktionalität wird innerhalb der Prototyp-Definition abgebildet. In ihr finden sich die von einer Page-Komponente erforderlichen Methoden:

▸ Die `init`-Funktion initiiert die Page-Komponente. Mit dieser können zum Beispiel die verwendeten Variablen initiiert werden.

▸ Die `GetFocusedCommands`-Methode liefert eine Liste der fokussierten Kommandos. Die Page-Komponente reagiert nur auf Kommandos, die einen Fokus besitzen.

▸ Die Funktion `getFocusedCommands` liefert ein String-Array der fokussierten Kommandos. In diesem Fall enthält das Array nur eine Methodensignatur, die ebenso als fokussiert deklariert wird.

▸ Die Liste der globalen Kommandos wird von der `getGlobalCommands`-Funktion zurückgegeben. In diesem Beispiel finden globale Kommandos keine Anwendung.

▸ Die `isFocusable`-Methode gibt einen booleschen Wert zurück, der vorgibt, ob die Page-Komponente einen Fokus empfangen darf.

▸ Die Funktion `CanHandleCommand` definiert, ob die Komponente benutzerdefinierte Kommandos abarbeiten darf. Mithilfe des übergebenen Parameters wird geprüft, ob die Methodensignatur mit der Signatur des Kommandos des kontextuellen Ribbons übereinstimmt.

▸ Die `handleCommand`-Methode übernimmt die Verarbeitung der jeweiligen Kommandos. In diesem Anwendungsbeispiel wird ein einziges Kommando abgearbeitet.

▸ Die Funktion `getId` gibt die ID der Page-Komponente zurück und dient zur Assoziation mit dem Webpart.

Das Grundgerüst einer Page-Komponente folgt jeweils diesem Schema. Sie können hierin die komplette Vielfalt des SharePoint-Client-Objektmodells verwenden, um mit Daten und Funktionen der SharePoint-Umgebung zu interagieren.

Page-Komponente registrieren

Um den kontextuellen Webpart abzurunden, müssen das JavaScript und die Page-Komponente noch auf der SharePoint-Seite registriert werden. Dazu erzeugt man innerhalb der Webpart-Klasse eine String-Eigenschaft mit der Bezeichnung `PageComponentScript`. Sie enthält die für die Registrierung der Page-Komponente nötigen JavaScript-Methoden:

```
public string PageComponentScript
{
    get
    {
        string webPartPageComponentId =
            SPRibbon.GetWebPartPageComponentId(this);
        return @"
<script type=""text/javascript"">
//<![CDATA[

function _addPageComponent()
{
    var component = new CtxWebPart.PageComponent('" +
      webPartPageComponentId + @"');
        SP.Ribbon.PageManager.get_ ⮐
        instance().addPageComponent(component);
}

function _registerPageComponent()
{
    SP.SOD.registerSod(""CtxWebPartExtensions.js"", ""\/_
        layouts\/ContextWebPart\/CtxWebPartExtensions.js"");
    SP.SOD.executeFunc(""CtxWebPartExtensions.js"",
        ""ContextualWebPart.PageComponent"", _addPageComponent);
}
SP.SOD.executeOrDelayUntilScriptLoaded(
```

```
        _registerPageComponent, ""sp.ribbon.js"");
      //]]>
      </script>";
    }
}
```

Listing 5.32 Erzeugung der Page-Komponente

Die Eigenschaft kapselt zwei Methoden. Die Funktion `_addPageComponent` erzeugt ein neues `PageComponent`-Objekt und fügt es über die Client-Objektmodell-Methode `addPageComponent` dem Ribbon-Manager der aktuellen Seite hinzu. Die zweite Methode übernimmt die Registrierung der Script-Bibliothek und der Klasse der Page-Komponente. Die Methode `SP.SOD.executeOrDelayUntil-ScriptLoaded` sorgt dafür, dass die Scripts erst nach den Client-Bibliotheken des Ribbons geladen werden.

Es ist fast vollbracht. Um den kontextuellen Webpart abzuschließen, muss jetzt noch der Inhalt der `PageComponentScript`-Eigenschaft als Script-Block innerhalb der SharePoint-Seite registriert werden. Dazu betten Sie folgende Codezeilen am Ende der `OnPreRender` ein:

```
ClientScriptManager clientScript =
    this.Page.ClientScript;
clientScript.RegisterClientScriptBlock(
    this.GetType(), "CtxWebPart", this.PageComponentScript);
```

Listing 5.33 Registrierung der Page-Komponente

Die Registrierung der zusätzlichen Client-Scripts wird unter Zuhilfenahme der Methode `RegisterClientScriptBlock` durchgeführt. Damit wäre auch der letzte Arbeitsschritt abgeschlossen. Sie können nun den kontextuellen Webpart über den Weg des Solutions-Deployments in der SharePoint-Umgebung bereitstellen. Nachdem Sie Ihren kontextuellen Webpart auf der SharePoint-Seite positioniert haben, sollte bei Auswahl des Webparts der kontextuelle Ribbon eingeblendet werden.

In diesem Abschnitt haben Sie einen ersten Eindruck davon erhalten, welche Möglichkeiten die Ribbon-Technologie im Zusammenspiel mit weiteren Share-Point-UI-Funktionen, dem Client-Objektmodell und der Webpart-Entwicklung bietet. Das Zusammenspiel dieser Technologien liefert Ihnen die Basis für die Umsetzung dynamischer, intuitiver Benutzeroberflächen.

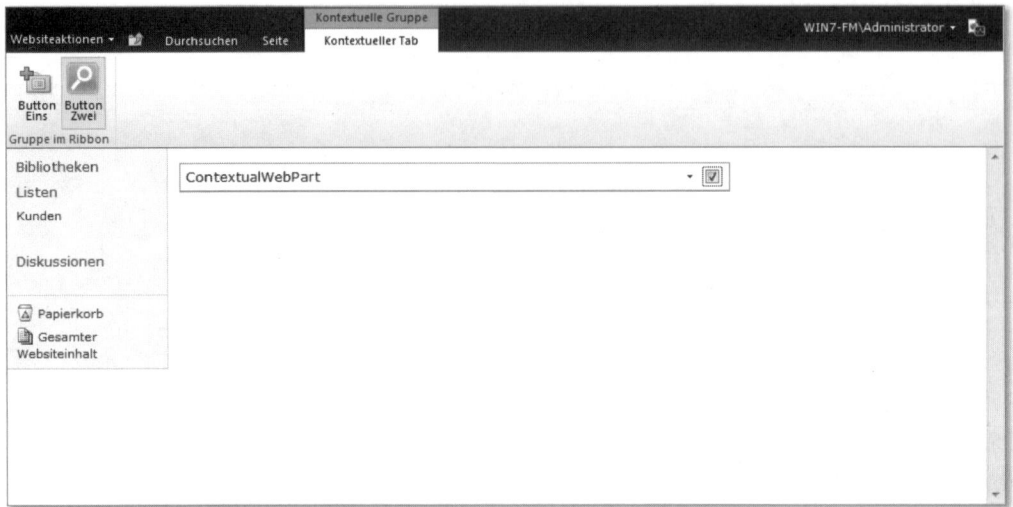

Abbildung 5.14 Kontextuelle Webparts ermöglichen die Umsetzung vollkommen dynamischer Ribbon-Anwendungen.

5.4   Benutzerdefinierte Aktionen

Mit dem Ribbon haben Sie bereits eine SharePoint-Komponente kennengelernt, die über benutzerdefinierte Aktionen (CustomActions) angepasst und erweitert werden kann. Benutzerdefinierte Aktionen sind jedoch zu weitaus mehr im Stande: Das deklarative Feature-Modell liefert Erweiterungsmöglichkeiten in nahezu allen Bereichen der SharePoint-Benutzeroberfläche. Dazu gehören individuelle Menüs, Toolbars oder Links innerhalb der Standard-UI-Funktionen. Darüber hinaus lassen sich mit dem verwandten Element HideCustomActions Standard-Funktionen von der SharePoint-Oberfläche entfernen und gegebenenfalls durch benutzerdefinierte Elemente ersetzen. Beide Module liefern Ihnen zum Beispiel folgende Möglichkeiten:

▸ Erweiterung der Websiteaktionen um neue Haupt- und Untermenüs

▸ Registrierung neuer Gruppen und Links in den Websiteeinstellungen

▸ Erweiterung der Kontextmenüs von Listen und Dokumentbibliotheken

▸ Erweiterung des Menüs für persönliche Aktionen

▸ Registrierung zusätzlicher Links in den Einstellungen der Website oder einer Liste

▸ Bereitstellung kompletter Blöcke oder individueller Links in der Benutzeroberfläche der Zentraladministration.

Die Steuerelemente `FeatureMenuTemplate` und `FeatureLinkSection` geben Ihnen die Möglichkeit, individuelle Aktionen zu registrieren. Diese Controls liefern den Platzhalter für zusätzliche Elemente innerhalb einer SharePoint-Funktion. Sie sind in etlichen SharePoint-Komponenten zu finden, zum Beispiel im Benutzersteuerelement der persönlichen Aktionen (siehe Abbildung 5.15).

Abbildung 5.15 Die persönlichen Aktionen lassen sich mithilfe benutzerdefinierter Aktionen um zusätzliche Links erweitern.

Ein Blick in die hierfür zuständige Datei *Welcome.ascx* (unterhalb des *CONTROL-TEMPLATES*-Verzeichnisses) verdeutlicht den Aufbau dieser SharePoint-Standardanwendung. Vor den einzelnen Menüeinträgen (`MenuItemTemplate`) befindet sich das `FeatureMenuTemplate`-Control:

```
<SharePoint:FeatureMenuTemplate runat="server"
            FeatureScope="Site"
            Location="Microsoft.SharePoint.StandardMenu"
            GroupId="PersonalActions"
            id="ID_PersonalActionMenu"
            UseShortId="true">
```

Listing 5.34 Die Steuerung der UI-Erweiterungen erfolgt über das »FeatureMenuTemplate«-Control.

Die wichtigste Information steckt im `GroupId`-Attribut. Über dieses Attribut identifiziert die SharePoint-Runtime die für diesen Bereich bereitgestellten benutzerdefinierten Aktionen.

Diese werden über das deklarative Feature-Modell realisiert, das in der Regel aus zwei Dateien – der *Feature.xml* (Feature-Manifest) sowie der *Elements.xml* (Element-Manifest) – besteht. Betrachten wir zunächst eine einfache Feature-Definition:

```
<Feature xmlns="http://schemas.microsoft.com/sharepoint/"
         Title="Benutzerdefinierte Aktion in persönlichen Links"
         Description="Stellt einen  persönlichen Link bereit."
         Id="a796e49b-c789-4b42-9583-d36150c9e013"
         Scope="Web">
  <ElementManifests>
    <ElementManifest
        Location="CustomActionPersonalLinks\Elements.xml" />
  </ElementManifests>
</Feature>
```

Listing 5.35 Das Element-Manifest der benutzerdefinierten Aktion

Das in ihm referenzierte Element-Manifest hat folgenden Aufbau:

```
<Elements xmlns="http://schemas.microsoft.com/sharepoint/">
  <CustomAction
  Id="customPersonalAction"
  GroupId="PersonalActions"
  Location="Microsoft.SharePoint.StandardMenu"
  Sequence="1000"
  Title="Benutzerdefinierte Seite öffnen"
  Description="Öffnet eine benutzerdefinierte Anwendungsseite"
  ImageUrl="_layouts/images/SITEICON.PNG">
    <UrlAction Url="~site/_layouts/IrgendEineSeite.aspx"/>
  </CustomAction>
</Elements>
```

Listing 5.36 Das Element-Manifest der benutzerdefinierten Aktion

Die wichtigste Aufgabe übernimmt das `GroupId`-Attribut. Es stimmt exakt mit dem Wert des `FeatureMenuTemplate`-Steuerelements überein. Dadurch ist Share-Point in der Lage, den in der Aktion definierten benutzerdefinierten Link dem Standardmenü hinzuzufügen.

Neben dem `GroupId`-Attribut wird auch dem Attribut des Bereichs (`Location`) eine wichtige Rolle zuteil. Es dient zur Identifizierung eines SharePoint-Standardmenüs. SharePoint strukturiert seine Aktionen in Bereiche und Gruppen. Das `GroupId`-Attribut referenziert dabei ein Element aus einem der Standardbereiche. Eine komplette Referenz sämtlicher Bereiche und Gruppen finden Sie im Share-Point-SDK:

http://msdn.microsoft.com/de-de/library/ms460194.aspx

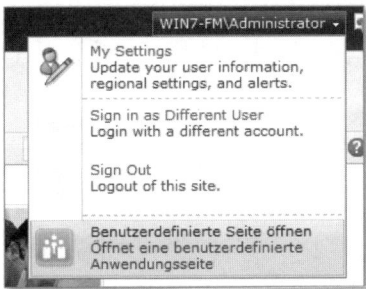

Abbildung 5.16 Neuer Eintrag unterhalb der persönlichen Aktionen

Die Zieladresse der benutzerdefinierten Aktion wird über das `UrlAction`-Element definiert. SharePoint unterstützt für die Abbildung der URL eine Reihe von Tokens. Hierüber können Sie der Ziel-URL einen Wert aus dem jeweiligen Kontext mitgeben. Tabelle 5.3 liefert Ihnen eine Übersicht der von SharePoint unterstützten Tokens.

Token	Beschreibung
~site	server-relative URL des aktuellen Webs
~sitecollection	server-relative URL der Websitesammlung
{ItemId}	ID des Listenelements
{ItemUrl}	URL des Elements
{ListId}	GUID der Liste
{SiteUrl}	absolute URL der Webseite

Tabelle 5.3 SharePoint-Tokens für benutzerdefinierte Aktionen

In den folgenden Beispielen werden Sie erfahren, in welchen Szenarien diese Tokens sinnvoll eingesetzt werden können.

Was Sie bei Anpassungen von Menüs unterlassen sollten

Technisch wäre es auch möglich, die statischen Menüelemente direkt in den Master- oder Anwendungsdateien zu modifizieren. Nehmen Sie hiervon lieber Abstand, und verwenden Sie stattdessen das flexiblere Feature-Modell. Dieser Ansatz ist sehr viel flexibler und nachvollziehbarer.

5.4.1 Element-Kontextmenüs erweitern

Das erste Anwendungsbeispiel demonstriert, wie das Kontextmenü von Listenelementen erweitert werden kann. Um dem Beispiel noch ein wenig mehr Pepp zu verleihen, wird durch das neue Kontextmenü nicht nur einfach eine Anwendungsseite angesteuert, sondern mit Unterstützung des ECMAScript-Client-Objektmodells ein Dialog geöffnet. Der neue Eintrag des Kontextmenüs wird an oberster Stelle integriert.

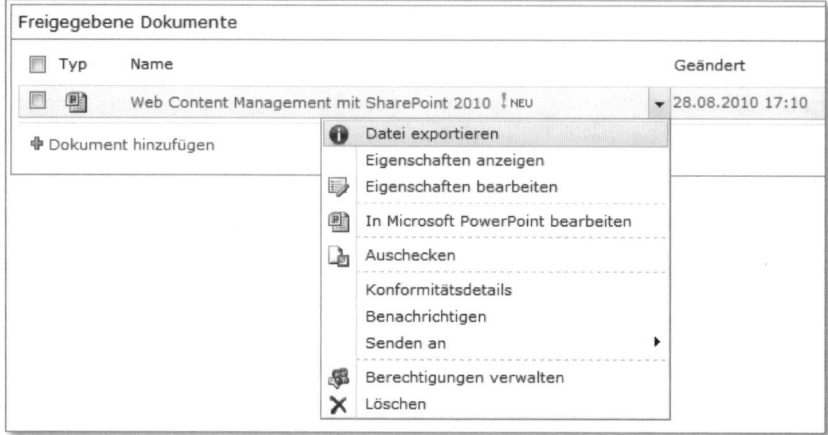

Abbildung 5.17 Das Kontextmenü einer SharePoint-Liste kann mithilfe von benutzerdefinierten Aktionen um neue Elemente erweitert werden.

Das hierfür verantwortliche `CustomAction`-Element hat folgenden Aufbau:

```
<CustomAction Id="CustomEditControlBlock"
    RegistrationType="List"
    RegistrationId="101"
    Location="EditControlBlock"
    Sequence="107"
    ImageUrl="_layouts/images/CustomActions/IconSmall.png"
    Title="Datei exportieren" >
  <UrlAction Url="javascript:
    function CallDETCustomDialog(dialogResult, returnValue)
    {
      SP.UI.ModalDialog.RefreshPage(SP.UI.DialogResult.OK);
    }
    var options = {
      url: '{SiteUrl}' +
      '/_layouts/Export.aspx?List={ListId}&amp;ID={ItemId}',
      title: 'Datei exportieren',
      allowMaximize: false,
      showClose: true,
      width: 600,
      height: 400,
      dialogReturnValueCallback: CallDETCustomDialog
```

```
    };
    SP.UI.ModalDialog.showModalDialog(options);" />
</CustomAction>
```

Listing 5.37 Erweiterung des Kontextmenüs

Neben statischen Links lassen sich innerhalb des `UrlAction`-Elements komplette JavaScript-Methoden einbetten. In diesem Beispiel führt der Script-Code dazu, dass ein Dialogfenster geöffnet wird. Der Zieladresse werden über die Tokens `ListId` sowie `ItemId` die Bezeichner der Liste und des jeweiligen Elements übergeben.

Auch der deklarative Teil erfordert Ihr Augenmerk. Das Ziel der Aktion wird über das Location-Attribut `EditControlBlock` definiert. Unter Verwendung der Attribute `RegistrationTyp` sowie `RegistrationId` wird spezifiziert, für welche Zieltypen die Erweiterung bereitgestellt werden soll. In diesem Fall wird der neue Eintrag im Kontextmenü für sämtliche Dokumentbibliotheken registriert. Möchten Sie die Bereitstellung der Erweiterung noch granularer steuern, können Sie den Wert des Typs auf `ContentType` ändern und dem Attribut `RegistrationId` die ID des betreffenden Inhaltstyps übergeben.

5.4.2 Websiteeinstellungen um neue Gruppen erweitern

Möchten Sie mit Ihrer SharePoint-Anwendung auch einen administrativen Bereich ausliefern, dann ist es keine schlechte Idee, zu diesem Zweck die Oberfläche der Websiteeinstellungen zu verwenden. Benutzerdefinierte Aktionen eignen sich ebenso für diesen Anwendungsfall. Durch diese werden die Gruppen der Websiteeinstellungen um neue Links erweitert, vorhandene Funktionen werden entfernt, oder es werden komplett neue Abschnitte bereitgestellt.

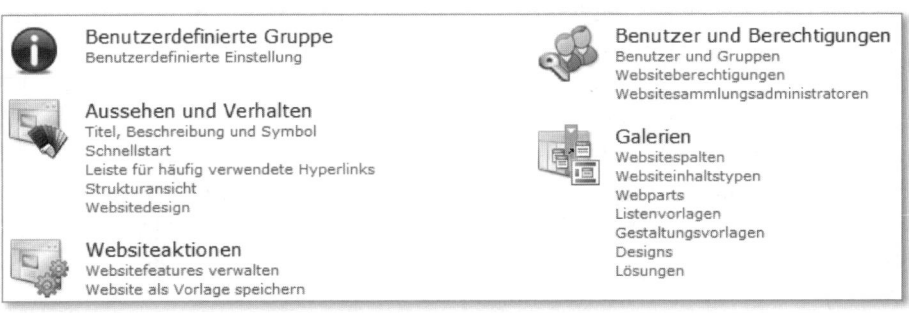

Abbildung 5.18 Der Bereich der Websiteeinstellungen lässt sich um benutzerdefinierte Gruppen und Funktionen erweitern.

323

Die Aktion zu Abbildung 5.18 weist folgende Struktur auf (vgl. Listing 5.38):

```
<CustomActionGroup
  Id="CustomAdminGroup"
  Title="Benutzerdefinierte Gruppe"
  ImageUrl="_layouts/images/CustomActions/Icon.png"
  Location="Microsoft.SharePoint.SiteSettings"
  RequiredAdmin="Delegated"
  Sequence="1" />
<CustomAction
  Id="CustomAdminAction"
  Title="Benutzerdefinierte Einstellung"
  Description="Benutzerdefinierter Admin-Link"
  Location="Microsoft.SharePoint.SiteSettings"
  GroupId="CustomAdminGroup"
  Sequence="100" >
  <UrlAction Url="~site/_layouts/IrgendeineSeite.aspx" />
</CustomAction>
```

Listing 5.38 Definition einer neuen Gruppe innerhalb der Websiteeinstellungen

Hier erkennen Sie, dass eine weitere Funktion zum Einsatz kommt – das `CustomActionGroup`-Element. Es liefert einen Einstiegspunkt in die Bereiche der Websiteeinstellungen (oder auch der Zentraladministration) und bündelt eine beliebige Anzahl an `CustomAction`-Elementen. Die jeweiligen Unterelemente müssen über das `GroupId`-Attribut die ID der übergeordneten Gruppe referenzieren. Dieses Verfahren ermöglicht auch die Erweiterung der Standardgruppen. Ein weiteres wichtiges Attribut ist `RequiredAdmin`, das die Notwendigkeit von administrativen Rechten für eine Aktion steuert.

Alternativ können die Berechtigungen über das `Rights`-Attribut festgelegt werden. Insbesondere dann, wenn die vom Feature bereitgestellten Aktionen nicht für jedermann gedacht sind, sollten Sie von dieser Technik Gebrauch machen. Als Wert kann dieses Attribut eine beliebige Anzahl von Rechten der `SPBasePermissions`-Enumeration enthalten. Ein Satz von mehreren Rechten wird durch ein Komma getrennt und logisch mit UND verknüpft. Wenn der jeweils aktuell angemeldete Benutzer nicht die von der benutzerdefinierten Aktion vorgegebenen Rechte besitzt, wird der Link oder das Menü in der Oberfläche dargestellt. Eine Liste sämtlicher Rechte ist im SharePoint-SDK verzeichnet:

http://msdn.microsoft.com/de-de/library/microsoft.sharepoint.spbasepermissions.aspx

5.4.3   Standardfunktionen entfernen

Ein eng mit den benutzerdefinierten Aktionen verwandtes Element ist HideCustomActions. Es bietet die Möglichkeit, Standard-Funktionen von der SharePoint-Benutzeroberfläche komplett zu entfernen oder durch benutzerdefinierte Menüs zu ersetzen. Das folgende Codebeispiel aus Listing 5.39 demonstriert, wie der Standard-Link zur Verwaltung des Webdesigns entfernt wird.

```
<HideCustomAction
  Id="HideThemeLink"
  GroupId="Customization"
  HideActionId="Theme"
  Location="Microsoft.SharePoint.SiteSettings">
</HideCustomAction>
```

Listing 5.39   Standard-Schaltflächen entfernen

Der Aufbau dieses Elements ist nicht sonderlich komplex. Die Funktion der Attribute GroupId sowie Location ist identisch der des CustomAction-Elements. Neu ist lediglich das HideActionId-Attribut, das die eindeutige ID der zu entfernenden Aktion referenziert. Eine Liste der von SharePoint Foundation 2010 unterstützen Werte des HideActionId-Attributs können Sie in folgendem Artikel nachlesen:

http://msdn.microsoft.com/de-de/library/bb802730.aspx

5.4.4   Benutzerdefinierte Web-Controls

Benutzerdefinierte Aktionen lassen sich über Code steuern. Versetzen Sie sich einmal gedanklich in das Szenario, ein geschachteltes Menü unterhalb der Websiteaktionen zur Laufzeit mit Daten der SharePoint-Umgebung zu versehen. Dies sähe ungefähr so aus wie in Abbildung 5.19.

Eine Alternative zum deklarativen Modell der benutzerdefinierten Aktionen ist die Erzeugung eines Web-Controls, das die Aktion via Code erzeugt. Die Anbindung des Controls erfolgt über die Attribute ControlAssembly und ControlClass. Schauen Sie sich zunächst folgenden XML-Code an:

```
<CustomAction
  Id="CustomWebControl"
  Location="Microsoft.SharePoint.StandardMenu"
  GroupId="SiteActions"
  ControlAssembly="$SharePoint.Project.AssemblyFullName$"
  ControlClass="SharePointCustomActions.ListSettingsMenu">
</CustomAction>
```

Listing 5.40   Referenzierung einer Assembly für eine benutzerdefinierte Aktion

Abbildung 5.19 Geschachtelte Menüs können über das SharePoint-Objektmodell erzeugt werden.

Anstelle der ausformulierten Aktion referenziert diese XML-Struktur eine Klasse, die den Inhalt der benutzerdefinierten Aktion programmgesteuert erzeugt. Der folgende Codeblock veranschaulicht die Erstellung eines hierarchischen Menüs unterhalb der Websiteaktionen.

```
public class ListSettingsMenu : System.Web.UI.WebControls.WebControl
{
    protected override void CreateChildControls()
    {
        SubMenuTemplate subMenu = new SubMenuTemplate();
        subMenu.Text = "Alle Listen";
        subMenu.Description = "Direkter Zugriff auf alle Listen.";
        subMenu.ImageUrl = "/_layouts/images/allcontent32.png";

        foreach (SPList list in SPContext.Current.Web.Lists)
        {
            if (!list.Hidden)
            {
                MenuItemTemplate itemTemplate =
                    new MenuItemTemplate();
                itemTemplate.Text = list.Title;
                itemTemplate.Description = list.Description;
```

```
            itemTemplate.ImageUrl = list.ImageUrl;
            itemTemplate.ClientOnClickNavigateUrl =
                list.DefaultViewUrl;

            subMenu.Controls.Add(itemTemplate);
        }
    }
    this.Controls.Add(subMenu);
    }
}
```

Listing 5.41 Aufbau des Web-Controls

Die Klasse leitet sich von der Basisklasse `WebControl` ab und überschreibt die `CreateChildControls`-Methode. In ihr instanziiert sie ein Objekt vom Typ `SubMenuItemTemplate`, das ein Element unterhalb eines Standard-SharePoint-Menüs repräsentiert. In der `foreach`-Schleife werden sämtliche Listen des Webs durchlaufen und mithilfe eines `MenuItemTemplate`-Objekts als Unterelement an das Hauptmenü gehängt. Das `SubMenuItemTemplate`-Objekt wird der `Controls`-Collection der Klasse des Web-Steuerelements hinzugefügt, wodurch es automatisch generiert wird.

Um dieses Anwendungsbeispiel in der SharePoint-Zielumgebung lauffähig zu bekommen, muss die Assembly sowohl im *BIN*-Verzeichnis der Webanwendung bereitgestellt als auch in der *web.config*-Datei als `SafeControl` registriert werden.

5.5   Statusliste, Benachrichtigungen und Dialoge

SharePoint Foundation 2010 integriert in seiner Benutzeroberfläche drei prägnante Funktionen, die eine deutlich effizientere Arbeit mit SharePoint-Anwendungskomponenten ermöglichen. Dazu zählen die Statusleiste, eine dynamische Benachrichtigungsfunktion sowie die SharePoint-Dialoge.

Die Statusleiste wird als permanente Komponente unterhalb des Ribbons eingeblendet und liefert dem Anwender relevante Informationen zur aktuellen Seite. Beispielsweise wird über sie der Bearbeitungszustand einer Seite ausgegeben, wenn sie ausgecheckt wurde (siehe Abbildung 5.20).

Benachrichtigungen hingegen werden nur für eine kurze Zeit im rechten Bereich unterhalb des Ribbons eingeblendet. Sie stellen eine Art Prozessleiste dar und werden dazu genutzt, den Benutzer auf Anwendungsaktivitäten hinzuweisen (siehe Abbildung 5.21). Die Einführung von Benachrichtigungen geschah vor allem aus einem Grund: SharePoint 2010 arbeitet größtenteils mit partiellen Seitenaufrufen, die das vollständige »Reload« einer Seite überflüssig machen. Demzufolge ersetzen die Benachrichtigungen quasi die Prozessleiste eines Browsers, indem sie Serveraktivitäten kenntlich machen.

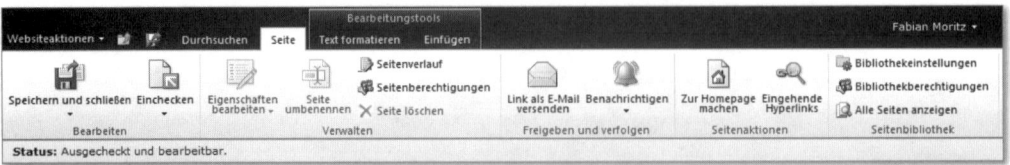

Abbildung 5.20 Statusleisten werden permanent unterhalb des Ribbons eingeblendet.

Abbildung 5.21 Nachrichten werden nur für eine kurze Dauer dargestellt.

Dialoge machen den vollständigen Aufruf einer speziellen Anwendungsseite oder eines Formulars über ein neues Browserfenster obsolet. Stattdessen werden alle Arten von Formularen als Modalfenster vor der eigentlichen Seite eingeblendet (siehe Abbildung 5.22).

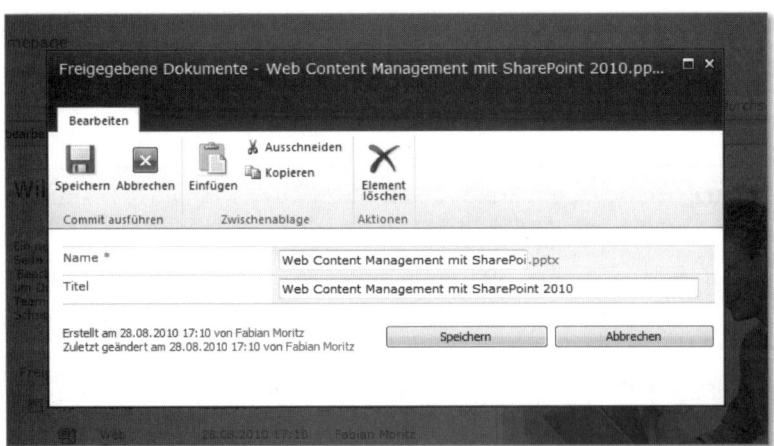

Abbildung 5.22 Dialoge blenden SharePoint-Anwendungsformulare als Schicht oberhalb der eigentlichen Seite ein.

Alle drei Komponenten basieren zu großen Teilen auf dem ECMAScript-Client-Objektmodell und können über diese Programmierschnittstelle angesprochen werden. Im nächsten Abschnitt zeigen wir Ihnen, wie Sie diese Technologien sinnvoll einsetzen können.

5.5.1 Statusleiste anpassen

Die SharePoint-Statusleiste lässt sich sowohl über das serverseitige als auch über das clientseitige Objektmodell anpassen. Die Technologie eignet sich dazu, dem Anwender permanente Statusinformationen in der SharePoint-UI darzustellen. Die Nachrichten werden als vollständiges HTML ausgegeben, daher lassen sich beispielsweise Bilder, Hyperlinks oder andere HTML-Elemente in die Statusleiste integrieren. Außerdem unterstützt die Statusleiste die Definition unterschiedlicher Farben, um die Wichtigkeit einer Nachricht entsprechend hervorzuheben.

Serverseitig wird die Statusleiste von der Klasse `SPPageStatusSetter` implementiert, die ein Teil des `Microsoft.SharePoint.WebControls`- Namensraums ist. Mithilfe der Methode `AddStatus` kann in der Statusleiste ein kompletter HTML-Code ausgegeben werden. Als Parameter erwartet die Methode einen Titel, die Nachricht sowie optional eine anzuwendende Farbe. Der Farbwert wird mithilfe der `SPPageStatusColor`-Enumeration spezifiziert. Insgesamt unterstützt die Statusleiste vier mögliche Farben: Blau, Grün, Rot und Gelb. Das folgende Codebeispiel veranschaulicht die Implementierung dieser Klasse:

```
protected void Page_Load(object sender, EventArgs e)
{
    if (!Page.IsPostBack)
    {
        SPPageStatusSetter statusBar = new SPPageStatusSetter();
        string message = String.Format("<a href='{0}'>{1}</a>",
            @"http://www.contoso.de", "Klicken Sie hier!");
        statusBar.AddStatus("Nachricht vom Statusbar. ",
            message, SPPageStatusColor.Green);
        this.Controls.Add(statusBar);
    }
}
```

Listing 5.42 Registrierung einer Statusleiste über das Server-Objektmodell

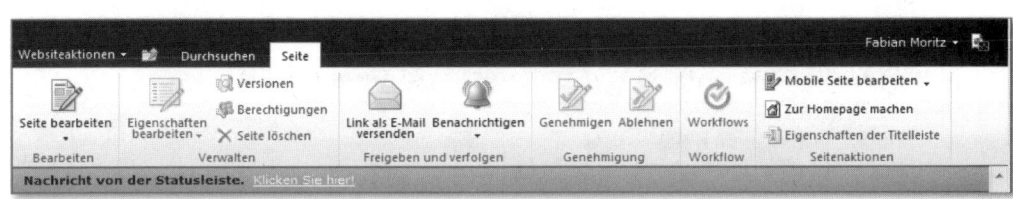

Abbildung 5.23 Die SharePoint-Statusleiste kann serverseitig angepasst werden.

Clientseitig wird die Statusleiste von der Klasse `SP.UI.Status` repräsentiert. Sie stellt sechs Methoden zur Steuerung der Statusleiste bereit, die innerhalb der *SP.debug.js* definiert werden (siehe Tabelle 5.4)

Methode	Beschreibung
addStatus	Analog der serverseitigen Variante stellt diese Methode eine Nachricht in der Statusleiste dar.
appendStatus	Fügt einer bestehenden Statusleiste eine weitere Nachricht hinzu. Die Methode erwartet als Parameter neben dem Titel und der Nachricht die ID der übergeordneten Statusleiste.
updateStatus	Aktualisiert eine Statusnachricht. Die Zuweisung erfolgt auf Basis der ID.
setStatusPriColor	Weist der Statusleiste eine Farbe zu.
removeStatus	Entfernt eine Statusnachricht.
removeAllStatus	Entfernt sämtliche Nachrichten aus der Statusleiste.

Tabelle 5.4 Parameter der »SP.UI.Status«-Klasse

Die programmgesteuerte Anpassung der Statusleiste mithilfe des Client-Objektmodells ist relativ einfach. Im Folgenden finden Sie eine Reihe von Methoden, die den Zugriff auf die SharePoint-Statusleiste demonstrieren. Sie können den Code in eine SharePoint-UI-Komponente (zum Beispiel einen Webpart) integrieren oder einfach unter Zuhilfenahme eines Inhaltseditor-Webparts auf einer Seite platzieren.

```
<script type="text/javascript">
var sid;
function CreateStatus(input) {
    sid = SP.UI.Status.addStatus("Mein Status", input, true);
}
function AppendStatus(input) {
    sid = SP.UI.Status.appendStatus(sid, "", input);
}
function UpdateStatus(input) {
    SP.UI.Status.updateStatus(sid, input);
}
function SetStatusColor(color) {
    SP.UI.Status.setStatusPriColor(sid, color);
}
function RemoveStatus() {
    SP.UI.Status.removeStatus(sid);
}
function RemoveAllStatus() {
    SP.UI.Status.removeAllStatus(true);
```

```
}
function DisplayStatusId() {
    alert(sid);
}
</script>
<input type="text" name="input" />
<input onclick="CreateStatus(input.value)" type="button"
       value="Status erzeugen" />
<input onclick="AppendStatus(input.value)" type="button"
       value="Status anhängen" />
<input onclick="UpdateStatus(input.value)" type="button"
       value="Status aktualisieren" />
<br />
<select name="color">
    <option value="blue">blau</option>
    <option value="yellow">gelb</option>
    <option value="green">grün</option>
    <option value="red">rot</option>
</select>
<input onclick="SetStatusColor(color.value)" type="button"
       value="Farbe ändern" />
<br />
<input onclick="RemoveStatus()" type="button"
       value="Letzten Status entfernen" />
<input onclick="RemoveAllStatus()" type="button"
       value="Alle Statusleisten entfernen" />
<br />
<input onclick="DisplayStatusId()" type="button"
       value="Status-ID ausgeben" />
```

Listing 5.43 HTML-Code und JavaScript-Methoden zur Programmierung der Statusleiste

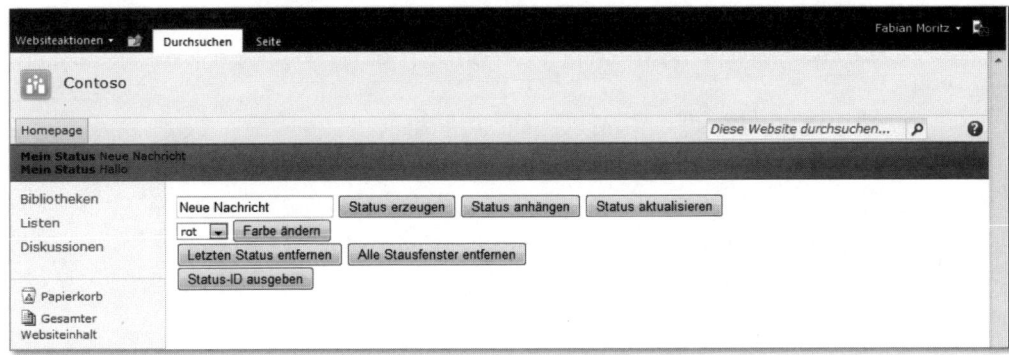

Abbildung 5.24 Die Statusleiste lässt sich vollständig über das SharePoint-Client-Objektmodell ansteuern.

5.5.2 Nachrichtenleiste anpassen

Neben den persistenten Statusleisten können auch kleine Textnachrichten über die Nachrichtenleiste im rechten Bereich unterhalb des Ribbons ausgegeben werden. Die Funktion dient zum Einblenden kurzer Statusmeldungen, wenn bestimmte AJAX-basierte Funktionen auf einer SharePoint-Seite ausgeführt werden. Die Nachrichtenleiste kann über das Client-Objektmodell angepasst werden. Um eine Nachricht in diesem Bereich auszugeben, muss ein Objekt vom Typ SP.UI.Notify instanziiert werden. Die Klasse stellt zwei Methoden bereit (siehe Tabelle 5.5).

Methode	Beschreibung
addNotification	Stellt einen Textblock innerhalb der Nachrichtenleiste dar. Als Parameter wird der Methode der HTML-Code der darzustellenden Information übergeben. Der zweite Parameter definiert, ob die Nachricht permanent (true) oder nur für einen Zeitraum von fünf Sekunden dargestellt werden soll. Der von der Methode zurückgegebene Wert kann dazu genutzt werden, die Nachricht wieder auszublenden.
removeNotification	Entfernt die Meldung aus dem Nachrichtenbereich der Seite.

Tabelle 5.5 Methoden der »SP.UI.Notify«-Klasse

Der folgende Script-Block veranschaulicht die Anwendung dieser Klasse:

```
<script type="text/javascript">
var notifyid;
function AddNotification(input)
{
   notifyid = SP.UI.Notify.addNotification(input, false);
}
function RemoveNotification()
{
   SP.UI.Notify.removeNotification(notifyid);
}
</script>
<input type="text" name="input" />
<input onclick="AddNotification(input.value)" type="button"
      value="Nachricht erzeugen"/>
<input onclick="RemoveNotification()" type="button"
      value="Nachricht entfernen"/>
```

Listing 5.44 HTML-Code und JavaScript-Methoden zur Programmierung der Nachrichtenleiste

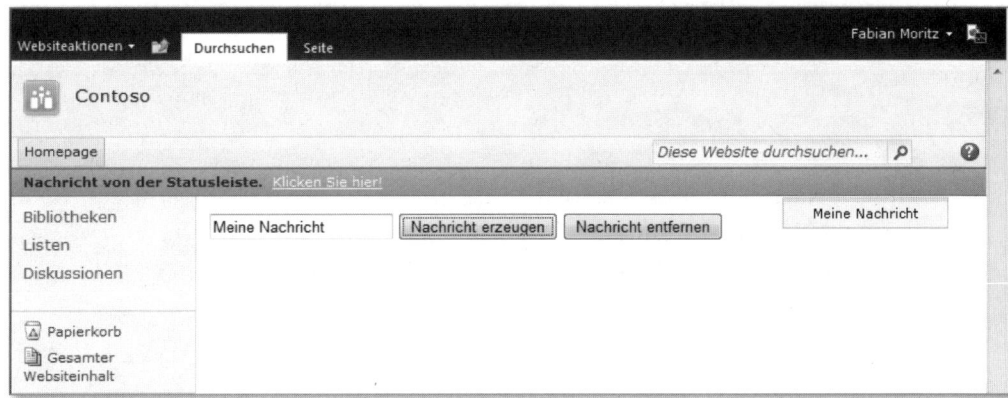

Abbildung 5.25 Das Notification-Framework ermöglicht die dynamische Darstellung kleiner Textnachrichten.

5.5.3 SharePoint-Dialoge verwenden

Über diese beiden Technologien hinaus verfügt SharePoint 2010 zusätzlich über ein neues programmierbares Dialog-Framework. Dialoge machen die Ausführung von kompletten Seitenaufrufen überflüssig, indem sie die jeweilige Anwendungsseite als Schicht oberhalb der eigentlichen Seite einblenden. Damit bleibt der Anwender im Kontext der eigentlichen Webseite, die mithilfe einer leicht transparenten grauen Farbe in den Hintergrund rückt. Technisch betrachtet, ist ein Dialog nichts weiter als eine Seite, die als *iframe* eingebunden wird.

Das Dialog Framework wird innerhalb der JavaScipt-Datei *SP.UI.Dialog.debug.js* definiert. Der Aufruf eines benutzerdefinierten Dialogs erfolgt unter Verwendung der `SP.UI.showModalDialog`-Methode. Ein Dialogfenster kann parametrisiert aufgerufen werden. Die Parameter werden über ein Objekt vom Typ `SP.UI.DialogOptions` definiert. Tabelle 5.6 liefert Ihnen eine Übersicht über die möglichen Parameter der `showModalDialog`-Methode.

Parameter	Beschreibung
Width	Breite des Dialog-Fensters
Height	Höhe des Dialogs
autoSize	Steuert die automatische Größe des Fensters.
X	X-Koordinate
Y	Y-Koordinate
allowMaximize	Legt fest, ob das Fenster maximiert werden kann.

Tabelle 5.6 Mögliche Parameter der »SP.UI.showModalDialog«-Methode

Parameter	Beschreibung
showMaximized	Steuert die Öffnung des Dialogs in minimierter Form.
showClose	Legt fest, ob der Schließen-Button dargestellt werden soll.
url	Zieladresse der durch den Dialog zu öffnenden Anwendungsseite
Html	Definiert ein HTML-Element (DOMElement), das anstelle einer physikalischen Datei als Bestandteil des Dialogs geladen werden kann.
Title	Titel des Dialogs
dialogReturnValueCallback	Referenziert die Funktion, die aufgerufen wird, nachdem das Dialogfenster geschlossen wurde.

Tabelle 5.6 Mögliche Parameter der »SP.UI.showModalDialog«-Methode (Forts.)

Für den Aufruf der showModalDialog-Methode ist mindestens das URL-Attribut erforderlich. Alle anderen Parameter sind optional. Die Realisierung benutzerdefinierter Dialoge erfordert eigentlich nur zwei Zutaten: eine Anwendungsseite, die den Inhalt des Dialogs bereitstellt, sowie eine Schaltfläche, die clientseitig das Dialogfenster öffnet. Als Dialog kann im einfachen Fall eine HTML-Datei erzeugt werden, die innerhalb des Layout-Verzeichnisses bereitgestellt wird. Der folgende Codeblock zeigt den Inhalt einer einfachen Dialogseite:

```
<h2>Benutzerdefinierter Dialog</h2>
<input type="text" name="input"/>
<br/>
<input type="button" name="OK" value="OK"
       onclick="window.frameElement.commitPopup(input.value);"/>
<input type="button" name="Cancel" value="Abbrechen"
       onclick="window.frameElement.cancelPopUp();"/>
```

Listing 5.45 Innerer Aufbau eines einfachen Dialogs

Innerhalb des onclick-Events beider Schaltflächen werden bestimmte Methoden des window.frameElement-Objekts aufgerufen. Dieses Objekt dient zur Interaktion zwischen dem *iframe* und der aufgerufenen Seite. In diesem Anwendungsbeispiel wird vom OK-Button, unter Verwendung der commitPopup-Funktion, der Wert der darüberliegenden Textbox an die Callback-Methode übergeben. Die cancelPopUp-Methode schließt das Dialogfenster. Neben diesen Methoden bietet das window.frameElement-Objekt noch die Möglichkeiten, die in Tabelle 5.7 aufgeführt sind.

Methode	Beschreibung
commitPopup	Schließt das Dialogfenster mit dem Resultat SP.UI.DialogResult.OK. Zusätzlich kann dieser Methode ein Rückgabe-Parameter übergeben werden.
cancelPopUp	Schließt das Dialogfenster mit dem Resultat SP.UI.DialogResult.cancel.
commitPopupAndRedirect	Schließt das Dialogfenster mit dem Cancel-Resultat und leitet den Anwender auf die im Parameter übergebene Zieladresse.
commonModalDialogClose	Generische Methode, die als Parameter den Resultattyp und den Rückgabewert übergeben kann
navigateParent	Navigiert zur übergeordneten Seite.

Tabelle 5.7 Methoden des »window.frameElement«-Objekts

Betrachten wir den Codeblock, der dieses Dialogfenster öffnet:

```
<input onclick="OpenDialog()" type="button"
       value="Dialog öffnen"/>

<script type="text/javascript">
  var nId;

  function OpenDialog() {
    nId = SP.UI.Notify.addNotification("Öffne Dialog", true);
    var options = {
      url: SP.Utilities.Utility.getLayoutsPageUrl('dialog.htm'),
      width: 300,
      height: 300,
      title: "Mein Dialog",
      dialogReturnValueCallback: onDialogClose
    };
    SP.UI.ModalDialog.showModalDialog(options);
  }

  function onDialogClose(result, returnValue) {
    SP.UI.Notify.removeNotification(nId);

    if (result == SP.UI.DialogResult.OK) {
      SP.UI.Notify.addNotification("OK" + returnValue, false);
    }
    else if (result == SP.UI.DialogResult.cancel) {
      SP.UI.Notify.addNotification("Cancel" + result, false);
```

```
      }
    }
</script>
```

Listing 5.46 Aufruf- und Callback-Methoden des Dialogs

Der eigentliche Aufruf des Dialogs wird von der Methode `OpenDialog` durchgeführt. Ihr wird als Parameter ein `SP.UI.DialogOptions`-Objekt übergeben, das die Eigenschaften des Zieldialogs beschreibt.

Mithilfe der Methode `SP.Utilities.Utility.getLayoutsPage` wird die Ziel-URL dem URL-Attribut des Layouts-Verzeichnisses übergeben. Dieser Weg spart Ihnen die lästige Arbeit, die Information aus der URL der eigentlichen Seite zu transformieren. Der `SP.Utilities.Utility`-Namensraum stellt darüber hinaus noch mehrere nützliche Methoden bereit.

Eine weitere wichtige Eigenschaft ist `dialogReturnValueCallback`. Sie dient zur Referenzierung der Rückrufmethode und wird aufgerufen, nachdem das Dialogfenster geschlossen wurde.

Die Callback-Methode erwartet zwei Parameter. Der erste spezifiziert das Resultat, der zweite den möglichen Rückgabewert. Im weiteren Verlauf der Methode werden die Rückgabewerte ausgewertet, und es wird – je nach Resultat – eine Meldung in der SharePoint-Nachrichtenleiste ausgegeben.

Mit diesem Grundgerüst lassen sich Dialoge in nahezu allen SharePoint-UI-Komponenten abbilden. Sie können von Ribbons, von benutzerdefinierten Menüs oder speziellen Anwendungskomponenten aufgerufen werden. Der Dialog selbst kann die komplette Vielfalt der SharePoint-Technologie ausnutzen. Sie können serverseitige Controls, einen Ribbon oder auch clientseitige Funktionen innerhalb eines Dialogs integrieren.

5.6   Webparts

Webparts sind eine der Erfindungen von SharePoint und eine der ältesten Disziplinen der SharePoint-Programmierung. Sie wurden bereits mit der ersten Version eingeführt und sind mittlerweile ein fester Bestandteil von ASP.NET.

Webparts sind die flexiblen Bausteine einer SharePoint-Webseite. Sie stellen zum einen Informationen von Listen oder Bibliotheken bereit, zum anderen liefern sie einem Benutzer spezielle Funktionen. Sie lassen sich sehr einfach über Drag & Drop in einer SharePoint-Seite einbinden, anpassen oder personalisieren. Die

Technologie kann darüber hinaus zur Aufbereitung von externen Daten dienen. War es mit SharePoint 2007 nur möglich, Webparts in vordefinierte Zonen zu integrieren, verfügt SharePoint 2010 über die Möglichkeit, diese in einen beliebigen Bereich einer Seite einzubetten.

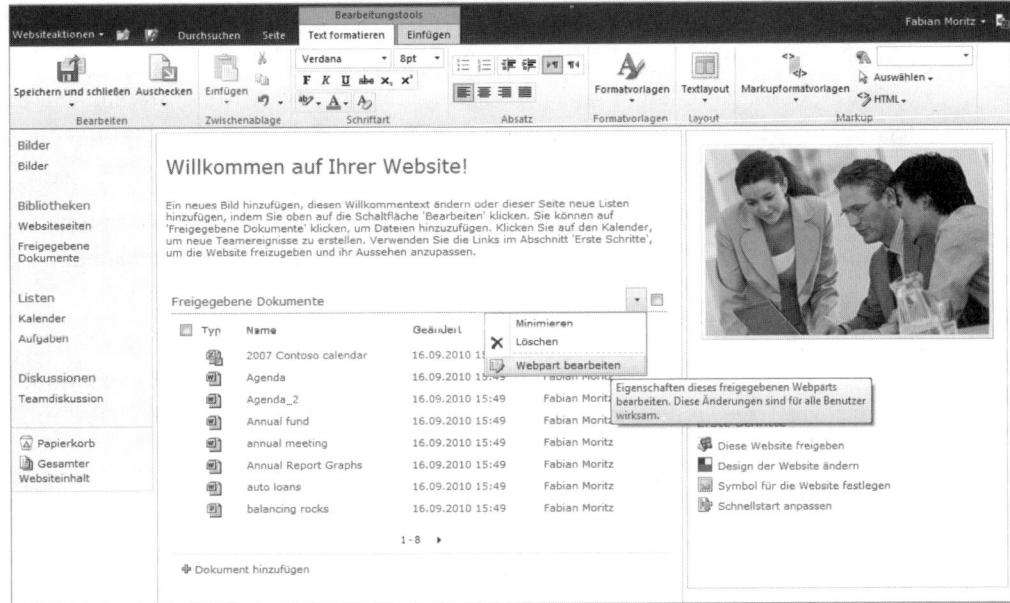

Abbildung 5.26 Webparts können in einen beliebigen Bereich einer Seite eingebettet werden.

Darüber hinaus liefert SharePoint Foundation 2010 zahlreiche Standard-Webparts aus, die auf der Ebene der Websitesammlung in einem zentralen Katalog – dem Webpartkatalog – verwaltet werden.

Webparts basieren vollständig auf dem ASP.NET-Webpart-Framework. Die Architektur stellt unterschiedliche Funktionen bereit, die es zum Beispiel ermöglichen, Webparts in Bereiche zu strukturieren, mit speziellen Einstellungsmöglichkeiten auszustatten oder sie zu personalisieren.

Die Implementierung von Webparts ist eines der Haupttätigkeitsfelder eines SharePoint-Entwicklers. Die Programmierung und das Deployment werden zudem vollständig von Visual Studio 2010 unterstützt.

5.6.1 ASP.NET- oder SharePoint-Webparts?

Technisch betrachtet, ist ein Webpart nichts weiter als ein Webserver-Steuerelement – mit dem Unterschied, dass ein Webpart von einer speziellen Basisklasse erbt, die die erforderlichen Grundeinstellungen bereitstellt. Webparts können von zwei Basisklassen erben:

▸ `System.Web.UI.WebControls.WebParts.WebPart` (ASP.NET)

▸ `Microsoft.SharePoint.WebPartPages.WebPart` (SharePoint)

Warum gibt es diese beiden Varianten? ASP.NET liefert ein komplett eigenständiges Webpart-Framework, was es ermöglicht, Webparts auf einer reinen ASP.NET-Webseite bereitzustellen. SharePoint Foundation macht sich die Stärken dieser Technologie zunutze und basiert zu großen Teilen auf diesem Framework.

Natürlich lassen sich nach wie vor auch klassische SharePoint-Webparts realisieren. Für diejenigen, die auf SharePoint-spezifische Funktionen (wie zum Beispiel websiteübergreifende Verbindungen oder Caching in der Inhaltsdatenbank) zurückgreifen möchten, ist diese Variante unabdingbar. Ansonsten empfehlen wir die Programmierung auf Basis der ASP.NET-Webparts.

Die Webpart-Infrastruktur wird durch die `SPWebPartManager`-Klasse bereitgestellt. Das dazugehörige Steuerelement ist zum Beispiel in der *v4.master*-Datei fest integriert.

5.6.2 Webpart-Definition

Ein Webpart besteht im Wesentlichen aus zwei Komponenten: der Assembly sowie der Webpart-Definition. Die Assembly wird in der SharePoint-Zielumgebung im *BIN*-Verzeichnis der Webanwendung oder im *Global Assembly Cache* (GAC) bereitgestellt. Die Verwaltung und die Einbettung auf eine SharePoint-Seite erfolgt über die Webpart-Definition.

Die Webpart-Definition ist eine auf XML-basierende Datei, die die Referenz zur Webpart-Klasse sowie einige Eigenschaften enthält. Die XML-Datei für ASP.NET-Webparts hat die Dateiendung *.webpart* – ältere SharePoint-Webparts enden auf *.dwp*. Das Codebeispiel in Listing 5.47 beschreibt die Grundstruktur einer Standard-Webpart-Definition:

```
<?xml version="1.0" encoding="utf-8" ?>
<webParts>
   <webPart xmlns="http://schemas.microsoft.com/WebPart/v3">
      <metaData>
         <type name="TypName, Version=VersionsNummer,
            Culture=neutral, PublicKeyToken=PublicKeyToken" />
         <importErrorMessage>
            Der Webpart kann nicht importiert werden.
         </importErrorMessage>
      </metaData>
      <data>
```

```
        <properties>
          <property name="Title" type="string">
            Webpart-Titel
          </property>
          <property name="Description" type="string">
            Beschreibung des Webparts
          </property>
        </properties>
      </data>
    </webPart>
</webParts>
```

Listing 5.47 Aufbau einer einfachen Webpart-Definition

Neben den von SharePoint unterstützten Standardwerten kann die Webpart-Definition auch benutzerdefinierte Eigenschaften enthalten. Dieser Umstand bietet Ihnen die Möglichkeit, bestimmte Vorstellungen bereits mit der Installation mitzugeben. Eine Liste sämtlicher Standardeigenschaften der Webpart-Definition finden Sie im SharePoint Foundation SDK:

http://msdn.microsoft.com/en-us/library/ms227561(VS.80).aspx

5.6.3   Webpart-Zonen

Webpart-Zonen sind Container, die verschiedene Webparts aufnehmen können. Aufgrund dieser Technologie lassen sich Webparts innerhalb einer Seite klar strukturieren. Außerdem können bestimmte Einstellungen auf Ebene der Zone festgelegt werden – beispielsweise die Möglichkeit der Personalisierung. Die Definition der Zonen erfolgt über das WebPartZone-Steuerelement (Microsoft. SharePoint.WebPartPages.WebPartZone). Am Einfachsten ist es, dieses direkt in der Inhaltsseite (ASPX-Datei) zu platzieren.

```
<WebPartPages:WebPartZone runat="server" Title="z1" ID="z1">
</WebPartPages:WebPartZone>
```

Listing 5.48 Die Webpart-Zone basiert auf einem speziellen Webserver-Steuerelement.

Die Verknüpfung mit denen in der Zone enthaltenen Webparts erfolgt über die Eigenschaften WebPartZone.ID bzw. WebPart.ZoneID.

5.6.4   Personalisierung

Mit SharePoint Foundation 2010 kann man die Darstellung und die Einstellungen eines Webparts personalisieren (siehe Abbildung 5.27).

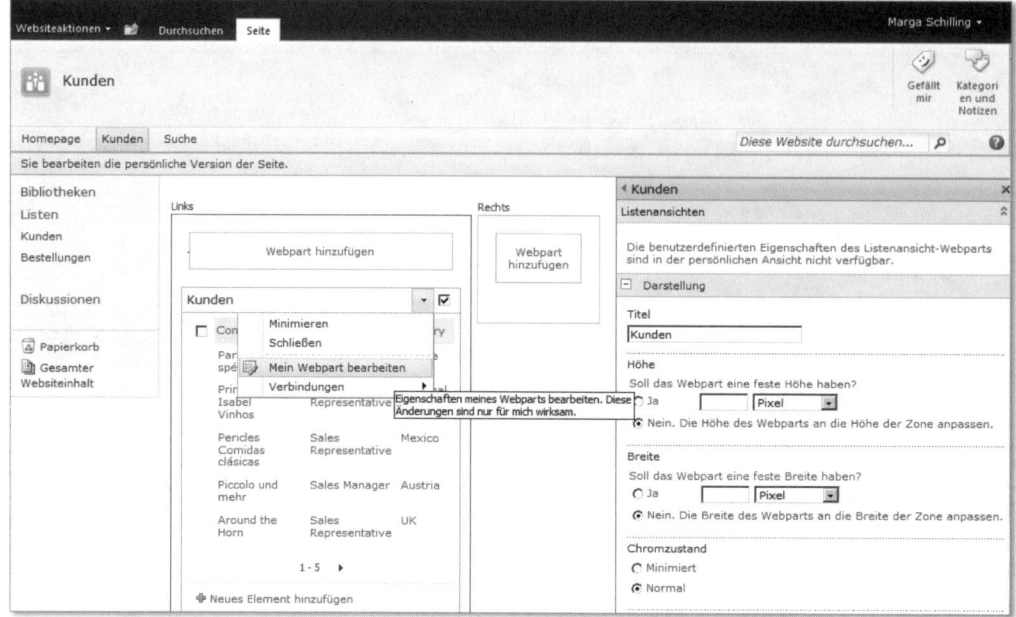

Abbildung 5.27 SharePoint Foundation unterstützt eine Personalisierungsfunktion bei Webparts.

Die Personalisierung wird auf der Ebene der Webpart-Eigenschaften gesteuert. Hierüber kann definiert werden, welche Eigenschaft von einem Benutzer angepasst werden kann. Die Steuerung der Personalisierung erfolgt über die PersonalizationScope-Enumeration. Sie liefert die Möglichkeit, eine Eigenschaft für den Bereich User (persönliche Einstellungen) oder Shared (für sämtliche Nutzer) zu klassifizieren. Eine öffentliche Eigenschaft (public) wird nur dann personalisierbar, wenn der PersonalizationScope auf den Wert User gesetzt wurde.

Zur Personalisierung von Einstellungen sind bestimmte Berechtigungen nötig, die über die Berechtigungsstufe auf der Ebene einer Websitesammlung gesteuert werden (siehe Abbildung 5.28).

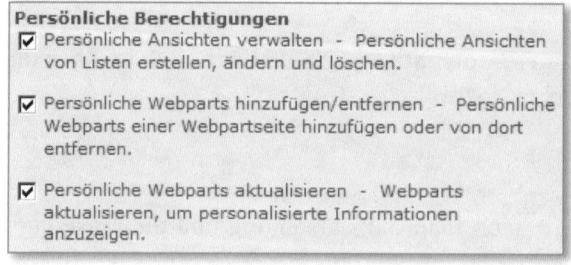

Abbildung 5.28 Die Personalisierungsfunktion wird über die Berechtigungsstufen gesteuert.

Webpart-Verbindungen

Webpart-Verbindungen dienen dazu, Werte von einem Webpart an einen anderen weiterzugeben. Beispielweise lassen sich hierüber gefilterte Ansichten erzeugen, die ihre Filterwerte von einem anderen Webpart beziehen. Stellen Sie sich vor, Sie nutzen zwei Webparts auf einer SharePoint-Seite – einen zur Auflistung der Kunden, einen anderen zur Aufbereitung der Bestellungen. Die Technologie der Webpart-Verbindungen ermöglicht es, einen Wert der Kundenliste zu selektieren, um danach die Bestellungen dieses Kunden aufzulisten.

Jede Verbindung muss explizit über ein Interface implementiert werden. Dabei kann auf unterschiedliche Typen zurückgegriffen werden. Nur wenn die Verbindungsimplementierungen übereinstimmen, können zwei Webparts miteinander kommunizieren. Prinzipiell ist jeweils ein Verbindungspaar miteinander kompatibel. Die Webpart-Infrastruktur stellt die Interfaces bereit, die Sie in Tabelle 5.8 sehen.

Verbindungspaar	Beschreibung
`ICellProvider`, `ICellConsumer`	Verbindet zwei Werte miteinander (zum Beispiel eine Zelle).
`IRowProvider`, `IRowConsumer`	Verbindung einer oder mehrerer Zeilen
`IListProvider`, `IListConsumer`	Dient zum Austausch kompletter Listen.
`IFilterProvider`, `IFilterConsumer`	Schnittstellen zur Abbildung von Webpart-Filtern
`IParametersInProvider`, `IParametersInConsumer`, `IParametersOutProvider`, `IParametersOutConsumer`	Schnittstellen zur Realisierung parametrisierter Webpart-Verbindungen

Tabelle 5.8 Interfaces zur Implementierung von Webpart-Verbindungen

Webpart-Verbindungen können entweder über die Webpart-Oberfläche oder über den SharePoint Designer konfiguriert werden. Dabei unterstützen die Interfaces `IParametersOutProvider` und `IRowProvider` ausschließlich den SharePoint Designer.

5.6.5   Der »SafeControl«-Eintrag

Jede Webpart-Assembly erfordert einen `SafeControl`-Eintrag in der *web.config*-Datei einer SharePoint-Webanwendung. Die Safe-Controls sind dazu da, einzelne Namensräume und deren Assemblys als sicher zu registrieren. Ohne diesen Eintrag wäre ein Webpart innerhalb der SharePoint-Umgebung nicht funktionsfähig. Was aber steckt dahinter?

Aufgrund der hohen Flexibilität von SharePoint ist es Benutzern möglich, Webparts und Webpart-Definitionen in eine Webseite hochzuladen. Die Safe-Controls wurden eingeführt, um eine zusätzliche Sicherheitshürde in das SharePoint-System zu integrieren. Nur wenn eine Webpart-Assembly über diesen Weg quasi freigeschaltet wird, kann sie innerhalb einer Webseite genutzt werden. Ein SafeControl-Element hat folgenden Aufbau:

```
<SafeControl Assembly="Microsoft.SharePoint, Version=14.0.0.0,
Culture=neutral, PublicKeyToken=71e9bce111e9429c"
Namespace="Microsoft.SharePoint" TypeName="*" Safe="True"
AllowRemoteDesigner="True" />
```

Listing 5.49 Jeder Webpart erfordert einen SafeControl-Eintrag

Der Paket-Designer von Visual Studio 2010 erzeugt für einen Webpart einen SafeControl-Eintrag, der während der Installation automatisch in der Zielumgebung registriert wird. Eine manuelle Anpassung dieser Konfiguration sollten Sie in jedem Fall vermeiden.

5.6.6 Der Lebenszyklus von Webparts

Der Lebenszyklus (*Life Cycle*) von Webparts ähnelt dem von ASP.NET-Steuerelementen. Er beschreibt die Reihenfolge, in der die unterschiedlichen Webpart-Methoden abgearbeitet werden.

Bei der Webpart-Programmierung ist es wichtig, den Lebenszyklus genau zu verstehen, da die Reihenfolge der Controls oder der Zeitpunkt der Wertzuweisung einen Einfluss auf die Funktionsweise eines Webparts haben (siehe Abbildung 5.29).

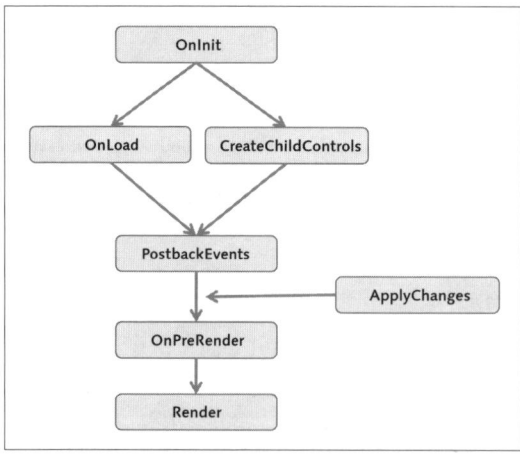

Abbildung 5.29 Der Lebenszyklus eines Webparts besteht aus mehreren Stufen.

Der Lebenszyklus eines Webparts beginnt nach der Erstellung des Page-Kontexts von ASP.NET. Danach setzt er sich aus folgenden Schritten zusammen:

1. Der Konstruktor erstellt eine neue Instanz der Webpart-Klasse. Kommt ein Standard-Konstruktor zum Einsatz, ist dieser Schritt nicht weiter relevant.

2. Die Initialisierung des Webparts wird durch die OnInit-Methode durchgeführt. Zu diesem Zeitpunkt kann noch nicht auf andere Steuerelemente oder den ViewState zugegriffen werden.

3. Die OnLoad-Methode wird nach der Initialisierung aufgerufen. Im Falle eines Postbacks wird zunächst die CreateChildControls-Methode ausgeführt, damit OnLoad bestimmte Werte aus dem ViewState bzw. ControlsState an die erzeugten Controls übergeben kann.

4. Innerhalb der CreateChildControls-Methode werden die Steuerelemente erstellt und anschließend der Controls-Collection hinzugefügt.

5. Wurde innerhalb des Lebenszyklus ein Postback durchgeführt, werden jetzt die entsprechenden Ereignisse abgearbeitet.

6. Für den Fall, dass das Webpart einen Eigenschaftenbereich besitzt, werden danach die geänderten Werte verarbeitet.

7. OnPreRender ist die letzte Möglichkeit, Daten in den ViewState zu schreiben. Deshalb ist diese Methode ein idealer Zeitpunkt, die Steuerelemente mit Daten zu füllen.

8. Die Render-Methode sorgt für die Ausgabe der HTML-Elemente. Sind die Steuerelemente zuvor der Controls-Collection hinzugefügt worden, werden sie automatisch auf der Seite ausgegeben.

In vielen Anwendungsfällen ist es vollkommen ausreichend, drei der hier beschriebenen Schritte zu berücksichtigen. Hierfür gilt folgende Faustformel:

Methode	Beschreibung
CreateChildControls	Steuerelemente erstellen und der Controls-Collection hinzufügen
Ereignishandler	Ereignisse abarbeiten
OnPreRender	den Controls Werte zuweisen

Tabelle 5.9 Gängige Methoden bei der Webpart-Programmierung

Die korrekte Anwendung dieser drei Stufen des Lebenszyklus möchten wir exemplarisch in einem ersten Webpart-Projekt vorstellen. Der Webpart zeigt – abhängig vom gewählten RadioButton – entweder die aktuelle Zeit oder das aktuelle Datum an.

```
public class ShowTime : System.Web.UI.WebControls.WebParts.WebPart
{
    private Label _CurrentTime;
    private bool _ShowTimeOnly;

    protected override void CreateChildControls()
    {
        base.CreateChildControls();
        // Erstellung der Controls
        Controls.Add(new LiteralControl("Bitte wählen: "));
        var radioButtons =
            new RadioButtonList {AutoPostBack = true};
        radioButtons.Items.Add("Datum");
        radioButtons.Items.Add("Zeit");
        radioButtons.SelectedIndexChanged += RadioButtonClick;
        _CurrentTime = new Label();

        // Hinzufügen zu den Controls der Page
        Controls.Add(radioButtons);
        Controls.Add(_CurrentTime);
    }

    void RadioButtonClick(object sender, EventArgs e)
    {
        // Auf eine Auswahl reagieren
        bool timeOnly =
            ((RadioButtonList)sender).SelectedValue == "Zeit";
        _ShowTimeOnly = timeOnly;
    }

    protected override void OnPreRender(EventArgs e)
    {
        base.OnPreRender(e);
        // Anzeigen der aktuellen Zeit oder des Datums
        if (_ShowTimeOnly)
        {
            _CurrentTime.Text = DateTime.Now.ToShortTimeString();
        }
        else
        {
            _CurrentTime.Text = DateTime.Now.ToShortDateString();
        }
    }
}
```

Listing 5.50 Der Lebenszyklus eines einfachen Webparts

Kompiliert und einer Webseite hinzugefügt, sieht das Beispiel dann so aus wie in Abbildung 5.30.

ShowTime [1]	ShowTime [2]
Bitte wählen:	Bitte wählen:
⊙ Datum	○ Datum
○ Zeit	⊙ Zeit
02.06.2010	19:19

Abbildung 5.30 Es ist wichtig, den Webpart-Lebenszyklus genau zu kennen.

5.6.7 Webparts und Code Access Security

Wie wir bereits erwähnt haben, kann die Assembly eines Webparts in zwei unterschiedlichen Zielen bereitgestellt werden: im *BIN*-Verzeichnis der Webanwendung oder im Global Assembly Cache (GAC) des Servers (siehe Abbildung 5.31).

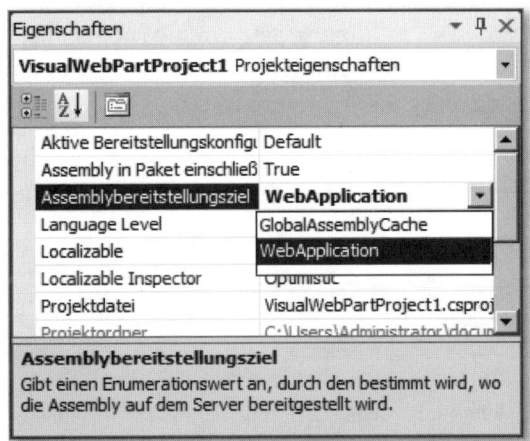

Abbildung 5.31 Das Bereitstellungsziel kann in den Projekteinstellungen von Visual Studio festgelegt werden.

Der GAC ist sicherlich die einfachste Möglichkeit, einen Webpart bereitzustellen, jedoch aus Sicherheitsgründen nicht immer die beste Variante. Assemblys im Global Assembly Cache besitzen im gesamten System vollständige Rechte – das ist oftmals mehr, als der Webpart überhaupt benötigt. Sollte die Assembly durch eine Sicherheitslücke kompromittiert werden, könnten die Folgen unter Umständen größere Auswirkungen haben, als Sie es sich wünschen.

Aus diesem Grund empfehlen wir Webparts im *BIN*-Verzeichnis zu installieren. Die hierin bereitgestellten Assemblys unterliegen den Sicherheitsrichtlinien

(*Code Access Security Policies*) der jeweiligen Webanwendungen. Die Richtlinien analysieren den Webpart und steuern exakt die Funktionen, die er im System ausführen darf.

SharePoint Foundation 2010 basiert vollständig auf der Code-Access-Security-Technologie von ASP.NET. SharePoint integriert zwei Standard-Sicherheitsrichtlinien: WSS_Minimal und WSS_Medium. Sie sind Erweiterungen der Standard-ASP.NET-Sicherheitslevel Minimal und Medium. Eine neue SharePoint-Webanwendung wird standardmäßig mit dem Trust Level WSS_Minimal versehen. Diese Einstellung sollten Sie in der Produktivumgebung auf keinen Fall manuell ändern!

Die Konfigurationsdateien der SharePoint-Sicherheitslevel befinden sich im Verzeichnis *%CommonProgramFiles%\Microsoft Shared\web server extensions\14\ CONFIG*. Alle unterhalb des *BIN*-Verzeichnisses vorhandenen Assemblys unterliegen dem Sicherheitslevel der darüber liegenden Webanwendung.

WSS_Minimal gibt den Komponenten einer SharePoint-Anwendung minimale Ausführungsrechte, wie zum Beispiel die Nutzung von Webpart-Verbindungen. Das Trust Level WSS_Medium erweitert den Berechtigungssatz um die Möglichkeit, auf das SharePoint-Objektmodell zuzugreifen. Die Konfigurationsdateien werden in der *web.config*-Datei (im Bereich securityPolicy) referenziert.

Sollte Ihr Webpart mehr Rechte erfordern, als in der jeweiligen Sicherheitsrichtlinie erlaubt ist, mündet die Ausführung des Webparts in einer Fehlermeldung (siehe Abbildung 5.32).

```
DateiSystemZugriff
Request for the permission of type 'System.Security.Permissions.EnvironmentPermission, mscorlib,
Version=2.0.0.0, Culture=neutral, PublicKeyToken=b77a5c561934e089' failed.
```

Abbildung 5.32 Webparts im »BIN«-Verzeichnis unterliegen den Code-Access-Security-Richtlinien der Webanwendung.

Möchten Sie in diesem Fall Ihren Webpart trotzdem im *BIN*-Verzeichnis bereitstellen – was im Übrigen eine sehr gute Idee ist –, müssen Sie die benutzerdefinierten Sicherheitsrichtlinien mit der Installation des Webparts bereitstellen. Das Deployment von CAS-Policys wird vollständig von der Technologie der SharePoint Solutions unterstützt. Zur Identifizierung der erforderlichen Rechte und Bereitstellung von Sicherheitsrichtlinien können Sie nach folgendem Muster verfahren:

1. Erforderliche Rechte identifizieren

Die Webpart-Klasse der eben angeführten Fehlermeldung hat folgenden Aufbau:

```
var directoryInfo = new DirectoryInfo(Path.GetTempPath());
foreach (FileInfo fileInfo in directoryInfo.GetFiles())
{
    Controls.Add(new LiteralControl(fileInfo.Name + "<br/>"));
}
```

Listing 5.51 Der Zugriff auf das Dateisystem erfordert erweiterte Berechtigungen.

Bei diesem Beispiel wird der Pfad aus den Umgebungsvariablen zum *Temp*-Verzeichnis geholt. Dieser iteriert danach sämtliche Dateien dieses Ordners.

Aus der MSDN-Beschreibung geht hervor, dass die `Path.GetTempPath`- Methode das Recht `EnvironmentPermission` erfordert. Die Methode `DirectoryInfo.GetFiles` bedingt ein Dateizugriffsrecht (`FileIOPermission`).

2. Berechtigungslevel spezifizieren

Die von Ihnen identifizierten Berechtigungen werden mithilfe einer XML-Notation spezifiziert. Eine Sicherheitsrichtlinie (`PermissionSet`) besteht jeweils aus einem Satz von Rechten (`IPermission`), wobei ein Recht jeweils durch eine Klasse spezifiziert wird (zum Beispiel `AspNetHostingPermission`), die wiederum gegebenenfalls benutzerdefinierte Attribute bereitstellt (`Level="Minimal"`). Die CAS-Richtlinie für dieses Anwendungsbeispiel hat folgenden Aufbau:

```
<CodeAccessSecurity>
    <PolicyItem>
        <PermissionSet class="NamedPermissionSet" version="1"
            Description="Datei System Zugriff Webpart">
            <IPermission class="SecurityPermission" version="1"
                Flags="Execution" />
            <IPermission class="AspNetHostingPermission" version="1"
                Level="Minimal" />
            <IPermission class="System.Security.Permissions.Environment- ⏎
                Permission, mscorlib, Version=2.0.0.0, Culture= ⏎
                neutral, PublicKeyToken=b77a5c561934e089" version="1"
                Unrestricted="true" />
            <IPermission class="System.Security.Permissions.FileIOPer- ⏎
                mission, mscorlib, Version=2.0.0.0, Culture=neutral, ⏎
                PublicKeyToken=b77a5c561934e089" version="1"
                Unrestricted="true" />
        </PermissionSet>
        <Assemblies>
            <Assembly Name="$SharePoint.Project.AssemblyName$"
                Version="$SharePoint.Project.AssemblyVersion$"
                PublicKeyBlob="$SharePoint.Project. ⏎
                AssemblyPublicKeyBlob$"/>
        </Assemblies>
```

```
        </PolicyItem>
    </CodeAccessSecurity>
```

Listing 5.52 CAS-Richtlinien für den Zugriff auf das Dateisystem und die Umgebungsvariablen

Die Richtlinie beinhaltet insgesamt vier Berechtigungen: `SecurityPermission`, `AspNet-HostingPermission`, `EnvironmentPermission` und `FileIOPermission`.

Die ersten beiden Rechte sind für Webparts generell erforderlich, während die anderen beiden den Zugriff auf die Umgebungsvariablen sowie auf das Dateisystem ermöglichen.

Das Assembly-Element referenziert den Public Key Blob der Assembly, für die diese Sicherheitseinstellung gelten soll. Auch an dieser Stelle unterstützt Sie Visual Studio 2010 durch die Bereitstellung von Tokens.

3. Solution-Manifest erweitern

Der Codeblock zur Beschreibung der Code-Access-Security-Policy muss in die erweiterten Einstellungen des Paket-Designers von Visual Studio integriert werden (siehe Abbildung 5.33).

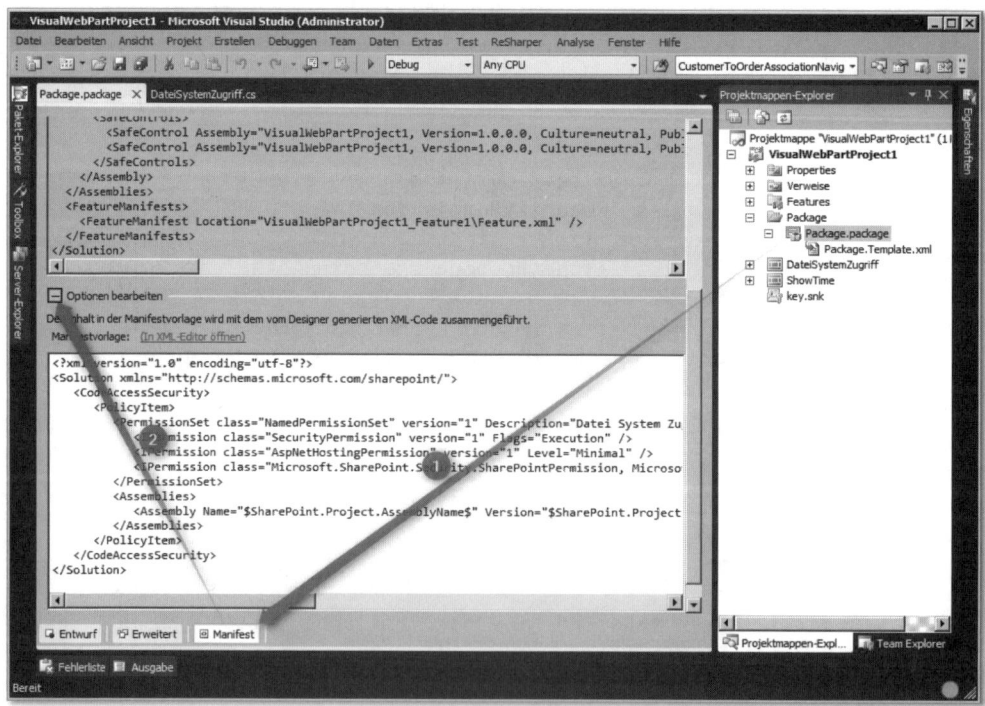

Abbildung 5.33 CAS-Richtlinien definieren Sie über die erweiterten Einstellungen des Paket-Designers.

Mit der Installation dieser Solution wird in der Zielumgebung eine neue *Config*-Datei erzeugt und über den benutzerdefinierten Pfad `WSS_Custom` innerhalb der *web.config* referenziert. Sollten Sie mehrere Webparts mit unterschiedlichen CAS-Richtlinien in der Zielumgebung bereitstellen, werden durch diesen Prozess die Konfigurationen zusammengeführt.

CAS-Richtlinien für das SharePoint-Objektmodell

Der Zugriff auf das SharePoint-Objektmodell wird durch diese benutzerdefinierte Richtlinie ermöglicht:

```
<IPermission class="Microsoft.SharePoint.Security.SharePointPermission,
Microsoft.SharePoint.Security, Version=14.0.0.0, Culture=neutral,
PublicKeyToken=71e9bce111e9429c" version="1" ObjectModel="True" />
```

5.6.8 Einen vollständigen Webpart programmieren

In diesem Anwendungsbeispiel möchten wir Ihnen das Zusammenspiel der eben vorgestellten technologischen Komponenten der Webpart-Architektur vorstellen. Im Ergebnis erhalten wir einen Webpart, der sämtliche Listen einer Webseite darstellt und die Funktion anbietet, über das Kontextmenü zu den Einstellungen der Liste zu gelangen.

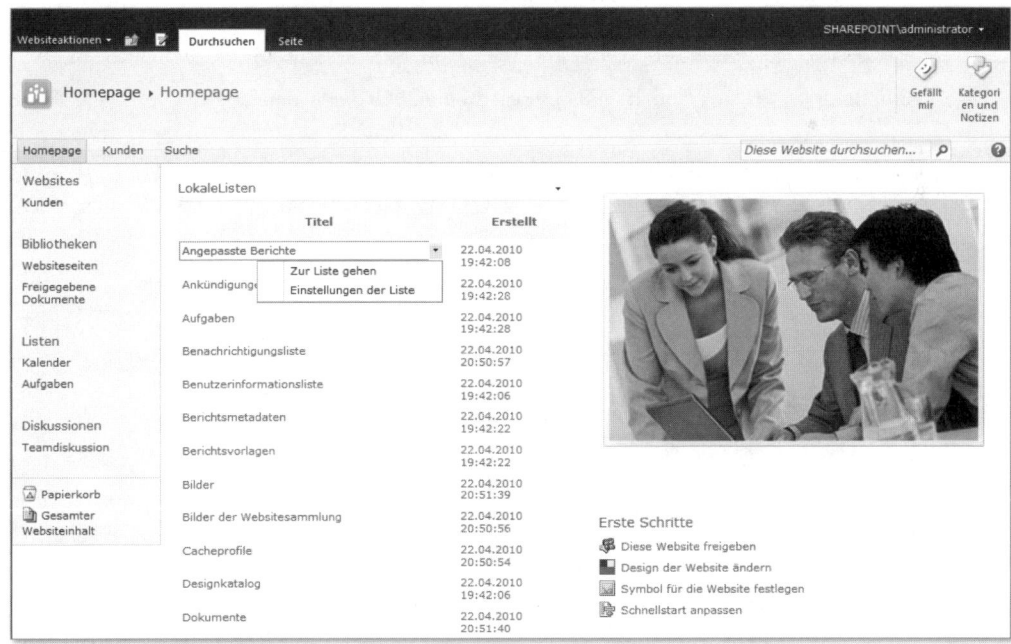

Abbildung 5.34 Das erwartete Ergebnis des Anwendungsbeispiels

Beginnen Sie mit der Erstellung eines neuen Visual-Studio-Projekts auf der Basis einer leeren SharePoint-Projektvorlage. Geben Sie dem Projekt eine passende Bezeichnung, und wählen Sie den Bereitstellungstyp einer Farmlösung aus.

Fügen Sie danach dem Projekt ein neues Webpart-Element hinzu (siehe Abbildung 5.35).

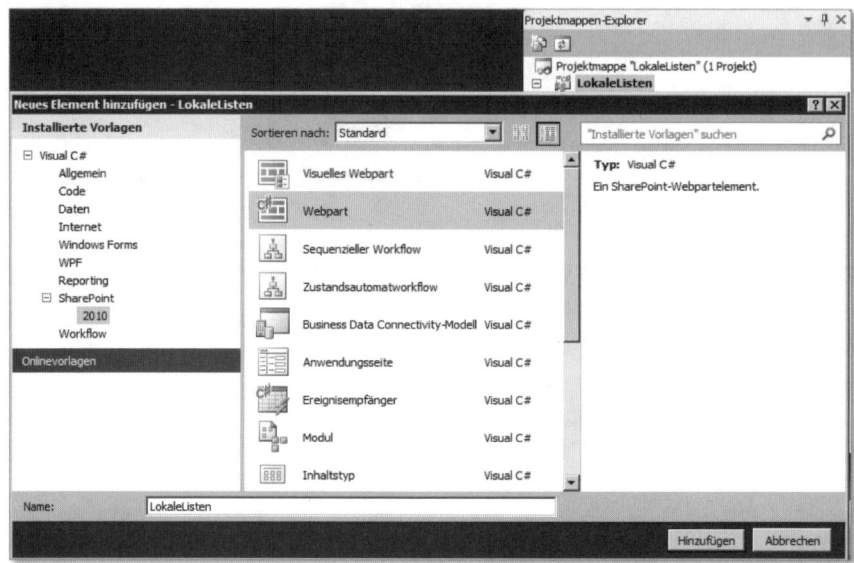

Abbildung 5.35 Der Webpart wird in Visual Studio 2010 durch eine spezielle Vorlage realisiert.

Ändern Sie im nächsten Arbeitsschritt das Bereitstellungsziel des Webparts, und zwar von der Standardeinstellung GLOBALASSEMBLYCACHE in WEBAPPLICATION (siehe Abbildung 5.36).

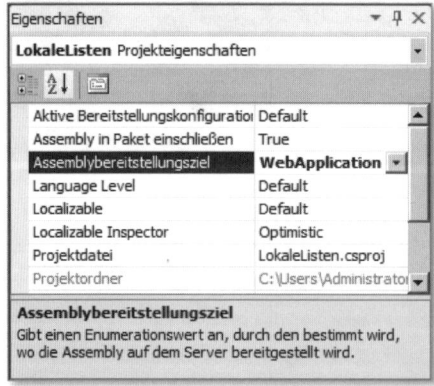

Abbildung 5.36 Die Bereitstellungskonfiguration von Webparts sollte auf »WebApplication« geändert werden.

Damit der Webpart funktionieren kann, benötigt er ein Recht auf das SharePoint-Objektmodell. Fügen Sie dazu folgenden XML-Code aus Listing 5.53 in das erweiterte Bearbeitungsfenster des Paket-Designers ein:

```xml
<?xml version="1.0" encoding="utf-8"?>
<Solution xmlns="http://schemas.microsoft.com/sharepoint/">
   <CodeAccessSecurity>
      <PolicyItem>
         <PermissionSet class="NamedPermissionSet" version="1"
            Description="Zugriff auf das Objektmodell">
            <IPermission class="SecurityPermission" version="1"
               Flags="Execution" />
            <IPermission class="AspNetHostingPermission" version="1"
               Level="Minimal" />
            <IPermission class="Microsoft.SharePoint.Security.⏎
               SharePointPermission, Microsoft.SharePoint.Security,⏎
               Version=14.0.0.0, Culture=neutral, PublicKeyToken=⏎
               71e9bce111e9429c" version="1" ObjectModel="True" />
         </PermissionSet>
         <Assemblies>
            <Assembly Name="$SharePoint.Project.AssemblyName$"
               Version="$SharePoint.Project.AssemblyVersion$"
               PublicKeyBlob="$SharePoint.Project.⏎
               AssemblyPublicKeyBlob$"/>
         </Assemblies>
      </PolicyItem>
   </CodeAccessSecurity>
</Solution>
```

Listing 5.53 XML-Definition der Code Access Security für den Zugriff auf das SharePoint-Objektmodell

Damit ist die Deployment-Konfiguration des Webparts abgeschlossen. Er wird im *BIN*-Verzeichnis installiert und registriert eine benutzerdefinierte CAS-Richtlinie für den Zugriff auf das Objektmodell. Im nächsten Arbeitsschritt kann der eigentliche Webpart programmiert werden.

Öffnen Sie dazu die Datei der Webpart-Klasse, und ergänzen Sie zunächst folgende using-Statements:

```
using System;
using System.ComponentModel;
using System.Web.UI;
using System.Web.UI.WebControls;
using System.Web.UI.WebControls.WebParts;
using Microsoft.SharePoint.Administration;
using Microsoft.SharePoint.WebControls;
```

Listing 5.54 Einfügen der »using«-Statements

Erzeugen Sie danach folgende zwei globale Variablen:

```
private bool _Error;
private SPGridView _GridView;
```

Listing 5.55 Definition der globalen Variablen

SPGridView ist eine Standardklasse von SharePoint Foundation, die Daten in einer
SharePoint-typischen Form darstellt. Die _Error-Variable dient zur späteren Fehlerbehandlung.

Navigieren Sie jetzt zur CreateChildControls-Methode, und betten Sie den Code
zur Spezifizierung der Datenquelle ein:

```
var dataSource = new SPDataSource();
dataSource.DataSourceMode = SPDataSourceMode.ListOfLists;
Controls.Add(dataSource);
```

Listing 5.56 Instanziierung der Datenquelle

Nach Generierung des Steuerelements der Datenquelle wird dieses der Controls-
Collection hinzugefügt. Die SPDataSource-Klasse liefert dem SPGridView die
Quelldaten zu den Listen.

Erzeugen Sie, ebenfalls in der CreateChildControls-Methode, das Template für
das Kontextmenü:

```
var menu = new MenuTemplate {ID = "ListMenu", CompactMode = true};
ControlCollection menuItems = menu.Controls;
menuItems.Add(new MenuItemTemplate {Text = "Zur Liste gehen ",
  ClientOnClickNavigateUrl = "%URL%"});
menuItems.Add(new MenuItemTemplate {
  Text = "Einstellungen der Liste",
  ClientOnClickNavigateUrl =
    "%WEBURL%/_layouts/listedit.aspx?List=%ID%"});
Controls.Add(menu);
```

Listing 5.57 Aufbau des Kontextmenü-Templates

Dieses Template dient dazu, das Kontextmenü innerhalb des Grids zu realisieren.
Es stellt zwei Links bereit – einer leitet den Anwender zur Standardansicht der
Liste, der andere zu den Einstellungen.

Im nächsten Schritt erzeugen Sie das SPGridView-Objekt und weisen diesem die
Datenquelle zu. Auch dieses Steuerelement muss der Controls-Collection hinzugefügt werden:

```
_GridView = new SPGridView
            {
                DataSource = dataSource,
                AutoGenerateColumns = false
            };
Controls.Add(_GridView);
```

Listing 5.58 Zuweisung der Datenquelle

Die Eigenschaft AutoGenerateColumns definiert, ob die Spalten auf Grundlage der Datenquelle automatisch oder manuell erzeugt werden sollen. In diesem Anwendungsbeispiel werden die Spalten manuell definiert.

```
var titleField = new SPMenuField
    {
        MenuTemplateId = menu.ID,
        HeaderText = "Titel",
        TextFields = "__spTitle",
        NavigateUrlFields = "__spRootFolderUrl",
        NavigateUrlFormat = "{0}",
        TokenNameAndValueFields =
        "WEBURL=__spParentWebUrl, URL=__spRootFolderUrl,ID=__spID"
    };
_GridView.Columns.Add(titleField);
var createdField = new SPBoundField
    {
        HeaderText = "Erstellt",
        DataField = "__spCreated"
    };
_GridView.Columns.Add(createdField);
```

Listing 5.59 Spezifizierung der Felder des Grids

Die wichtigste Einstellung ist direkt in der ersten Zeile zu finden. Die Eigenschaft MenuTemplateId weist der Spalte das zuvor erzeugte Template des Kontextmenüs zu.

Im Ergebnis sollte die CreateChildControls-Methode zu diesem Zeitpunkt folgende Struktur aufweisen:

```
protected override void CreateChildControls()
{
    try
    {
        // Datenquelle hinzufügen
        ...
        // Menü-Template erzeugen
        ...
```

```
    // SPGridView erstellen
    ...
    // Spalten zum Grid hinzufügen
    ...
  }
  catch (Exception ex)
  {
    HandleException(ex);
  }
}
```

Listing 5.60 Grundlegender Aufbau des Webparts

Die Fehlerbehandlung wird durch einen `try/catch`-Block gesteuert. Die Ausnahme wird von der `HandleException`-Methode verarbeitet. Sie hat folgenden Aufbau:

```
private void HandleException(Exception ex)
{
  _Error = true;
  Controls.Clear();
  Controls.Add(new Label
  {
    CssClass = "ms-error",
    Text = ex.Message
  });
  var category = new SPDiagnosticsCategory("Webpart Name",
    TraceSeverity.High, EventSeverity.Error);
  SPDiagnosticsService.Local.WriteTrace(0,
                                        category,
                                        TraceSeverity.High,
                                        "{0}", ex.Message);

  #if DEBUG
  // Zeige StackTrace nur im Debug-Modus
  Controls.Add(new Label
  {
    CssClass = "ms-error",
    Text = ex.StackTrace
  });
  SPDiagnosticsService.Local.WriteTrace(0,
                                        category,
                                        TraceSeverity.High,
                                        "{0}", ex.StackTrace);

  #endif
}
```

Listing 5.61 Methode zur Fehlerbehandlung

Die Fehlerbehandlung ist in der SharePoint-Programmierung eine wichtige Aufgabe. Trotz der Beachtung aller Eventualitäten und trotz der Durchführung zahlreicher Testläufe kann es dennoch zu einem Fehler im Produktivbetrieb kommen. Die Ursache muss nicht unbedingt ein Programmierfehler sein. Auch ganz banale Dinge können die Funktion eines Webparts beeinflussen – zum Beispiel eine gelöschte Quell-Liste. Die hier abgebildete Methode veranschaulicht exemplarisch die Fehlerbehandlung bei der Webpart-Programmierung.

Falls ein Fehler auftritt, werden sämtliche zuvor hinzugefügten Steuerelemente aus der Controls-Collection entfernt, und stattdessen wird die Fehlermeldung über ein Label-Control ausgegeben. Außerdem wird in den SharePoint-Protokolldateien ein Eintrag erzeugt. Die Protokollierung wird im SharePoint 2010-Objektmodell durch die Klasse SPDiagnosticsService aus dem Microsoft.SharePoint.Administration-Namensraum unterstützt. Sollte der Webpart im Debug-Modus ausgeführt werden, wird zusätzlich der StackTrace ausgegeben und protokolliert.

Innerhalb der OnPreRender-Methode wird die _Error-Variable überprüft, und nur im Erfolgsfall wird eine Datenbindung durchgeführt:

```
protected override void OnPreRender(EventArgs e)
{
    base.OnPreRender(e);
    try
    {
        if (_Error) return;
        _GridView.DataBind();
    }
    catch (Exception ex)
    {
        HandleException(ex);
    }
}
```

Listing 5.62 Aufbau der »OnPreRender«-Methode

Damit ist der Webpart vollständig. Sie können die Lösung jetzt über ein [F5]-Deployment bereitstellen. Zuvor sollten Sie mindestens in der CreateChildControls-Methode einen Haltepunkt setzen.

5.7 Silverlight

Die Umsetzung von HTML-basierten SharePoint-Lösungen kann unter Umständen an Grenzen stoßen – vor allem dann, wenn es um erweiterte Visualisierungen und Interaktionsmöglichkeiten geht. Werden diese Grenzen erreicht, haben

Sie die Option, eine *RIA-(Rich Internet Application-)Anwendung* auf Basis von Silverlight oder Flash zu programmieren.

Silverlight ist ein Webpräsentationstechnologie – vergleichbar mit Adobe Flash –, die komplett auf dem .NET Framework basiert. Dieser Umstand macht den Einstieg für den erfahrenen ASP.NET-Programmierer deutlich einfacher.

Silverlight basiert im Kern auf der mit dem .NET Framework 3.0 eingeführten *Windows Presentation Foundation* (WPF). Eine wesentliche Charakteristik von WPF-Anwendungen ist eine klare Trennung von der Darstellung und dem Programmcode. Die Präsentationsebene wird via XML realisiert, und der Programmcode basiert vollständig auf .NET.

Silverlight steht aktuell in der Version 4.0 bereit; der Entwicklungszyklus ist jedoch so rasant schnell, dass bei Erscheinen dieses Buches eventuell schon die nächste Version zur Verfügung steht.

SharePoint 2010 liefert erstmals einen nativen Support für die Umsetzung von Silverlight-Anwendungen. Zwar war es auch in der Vorversion von SharePoint möglich, Silverlight-Anwendungen zu realisieren, jedoch nur unter erheblichem Mehraufwand. SharePoint selbst nutzt diese Technologie in zahlreichen Bereichen – beispielsweise in der Anwendungsoberfläche zur Erstellung einer neuen Liste oder Bibliothek.

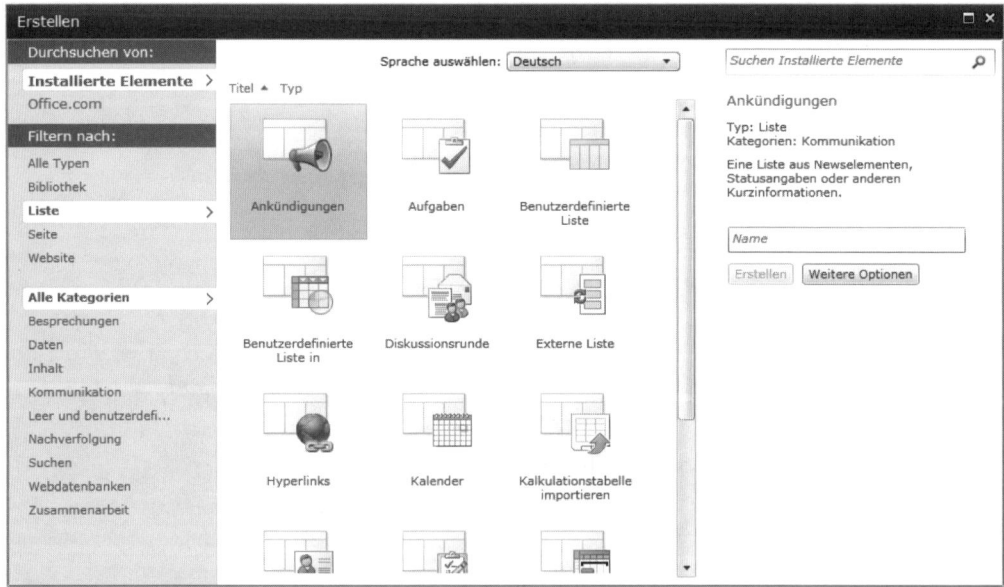

Abbildung 5.37 Das Erstellen neuer Listen wird in SharePoint 2010 durch eine Silverlight-Anwendung unterstützt.

Die Realisierung SharePoint-integrierter Silverlight-Anwendungen wird vollständig durch Visual Studio 2010 unterstützt. Was Sie bei der Programmierung beachten müssen und wie sich vollständige UI-Anwendungen für SharePoint realisieren lassen, werden wir in diesem Abschnitt zeigen.

5.7.1 Architektur

Silverlight-Programme werden vollständig im Client ausgeführt – das ist eines der wichtigsten Paradigmen diese Technologie. JavaScript bildet dabei die Hauptprogrammierschnittstelle. Die JavaScript-DOM-(Document Object Model-)API kann auf Ereignisse reagieren, die innerhalb der Silverlight-Anwendung auftreten. Solche Events sind zum Beispiel eine abgeschlossene Animation, ein vollständig geladener Inhalt oder das Betätigen einer Schaltfläche.

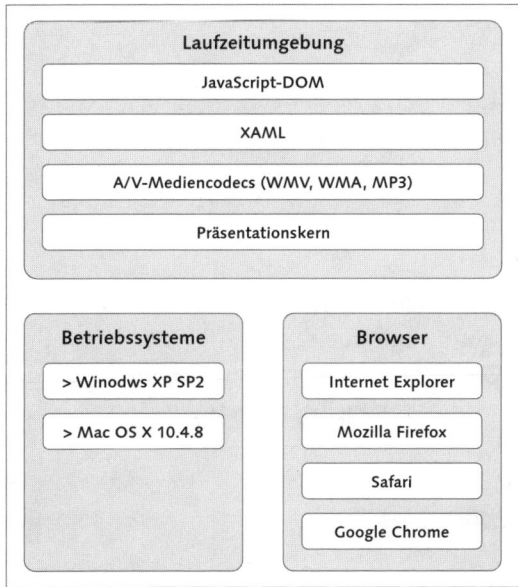

Abbildung 5.38 Die Architektur von Silverlight

Unterhalb der JavaScript-Schicht befindet sich die XAML-Ebene. Mithilfe dieser Beschreibungssprache werden sämtliche UI-Elemente der Silverlight-Anwendung beschrieben. Ein spezielles Analysemodul stellt ein XAML-DOM bereit, das im Speicher gehalten wird und dem Präsentationskern – einem Browser-Plug-in – zur Verfügung steht. Das Plug-in verarbeitet die im XAML-Code beschriebenen Grafiken und visualisiert diese innerhalb seiner Anwendungsoberfläche. Im Code eingebettete Video- oder Audio-Elemente werden durch spezielle A/V-Codecs wiedergegeben.

Eine Silverlight-Anwendung integriert eine automatisch generierte App-Klasse. Sie baut die Verbindung zur Benutzeroberfläche auf und wird über die *App.xaml* bzw. *App.xaml.cs* implementiert. Innerhalb dieser Klasse wird im Application_ Startup-Ereignis die RootVisual-Eigenschaft mit einer Instanz der MainPage-Klasse versehen. Sie realisiert die eigentliche Anwendungsoberfläche. Wird diese Eigenschaft nicht zugeordnet, verharrt die Silverlight-Anwendung in einem permanenten Ladezustand (siehe Abbildung 5.39).

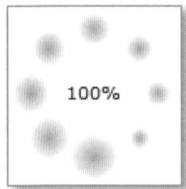

Abbildung 5.39 Die Lade-Animation einer Silverlight-Anwendung

Die MainPage-Klasse leitet sich von einem Benutzersteuerelement (UserControl) ab und wird durch die *MainPage.xaml* und eine *MainPage.xaml.cs*-Datei implementiert.

5.7.2 Aufbau einer XAP-Datei

Eine kompilierte Silverlight-Anwendung erkennen Sie an der Dateiendung XAP. Die Datei ist – vergleichbar mit den komprimierten Office-2007/2010-Dateiformaten – im eigentlichen Sinne ein ZIP-Container, der sämtliche Elemente der Anwendung bündelt. Die XAP-Datei wird daher auch als *Silverlight-Anwendungspaket* bezeichnet.

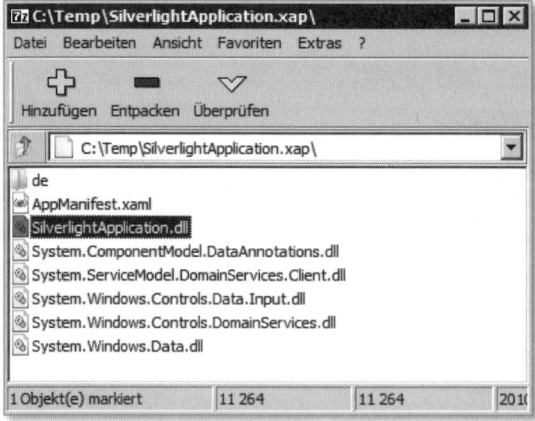

Abbildung 5.40 Eine XAP-Datei bündelt sämtliche Komponenten einer Silverlight-Anwendung.

Der kompilierte Programmcode wird von der in Abbildung 5.40 markierten Assembly (*SilverlightApplication.dll*) bereitgestellt. Daneben enthält die XAP-Datei ein Manifest (*AppManifest.xaml*) sowie die benötigten Ressourcen und Abhängigkeiten in Form weiterer Assemblys. Die Beschreibung der Komponenten des XAP-Pakets erfolgt im Manifest:

```
<Deployment xmlns="http://schemas.microsoft.com/client/2007/
deployment" xmlns:x="http://schemas.microsoft.com/winfx/2006/xaml"
EntryPointAssembly="SilverlightApplication"
EntryPointType="SilverlightApplication.App"
RuntimeVersion="4.0.50401.0">
    <Deployment.Parts>
        <AssemblyPart x:Name="SilverlightApplication"
          Source="SilverlightApplication.dll" />
        <AssemblyPart
          x:Name="System.ServiceModel.DomainServices.Client"
          Source="System.ServiceModel.DomainServices.Client.dll" />
        <AssemblyPart x:Name="System.Windows.Controls.Data.Input"
          Source="System.Windows.Controls.Data.Input.dll" />
        <AssemblyPart x:Name="System.Windows.Controls.DomainServices"
          Source="System.Windows.Controls.DomainServices.dll" />
        <AssemblyPart x:Name="System.Windows.Data"
          Source="System.Windows.Data.dll" />
        <AssemblyPart x:Name="System.ComponentModel.DataAnnotations"
          Source="System.ComponentModel.DataAnnotations.dll" />
        <AssemblyPart Source="de/
          System.Windows.Controls.Data.Input.resources.dll" />
        <AssemblyPart Source="de/System.Windows.Data.resources.dll" />
        <AssemblyPart Source="de/
          System.ComponentModel.DataAnnotations.resources.dll" />
    </Deployment.Parts>
</Deployment>
```

Listing 5.63 Die Manifest-Datei beschreibt die Elemente einer Silverlight-Anwendung.

Zusätzlich zur eigentlichen Logik (*SilverlightApplication.dll*) beinhaltet die XAP-Datei diverse weitere Assemblys, die zur fehlerfreien Ausführung der Anwendung erforderlich sind:

▸ *mscorlib.dll*

▸ *System.dll*

▸ *System.Core.dll*

▸ *System.Net.dll*

- *System.Windows.dll*
- *System.Windows.Browser.dll*
- *System.Xml.dll*

Die Silverlight-Assembly enthält neben der Programmlogik auch den Code der XAML-Datei. Dieser wird in Form einer eingebetteten Ressource referenziert.

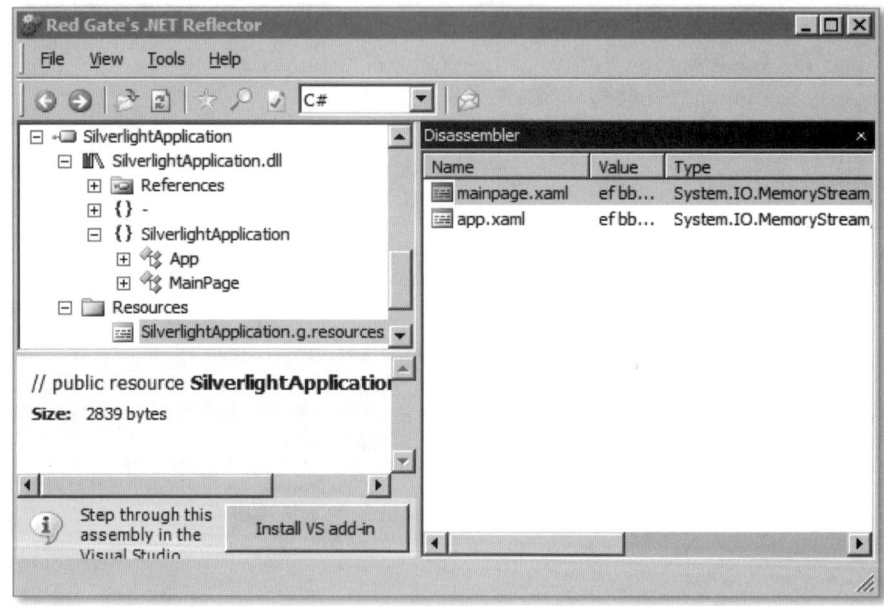

Abbildung 5.41 Die XAML-Dateien befinden sich innerhalb der Silverlight-Assembly.

Gut zu erkennen sind die zuvor beschriebenen Namensräume `App` und `MainPage` sowie die als Ressourcen eingebetteten XAML-Dateien.

5.7.3 Asynchrone Datenabfrage

Silverlight-Anwendungen werden auf einem Client ausgeführt. Diese Tatsache sollten Sie in der Planung einer benutzerdefinierten Anwendung berücksichtigen. Die Kommunikation vom Client zum Server kann unter Umständen sehr zeitaufwendig sein. In diesem Fall sollte der Datenaustauch über einen asynchronen Kommunikationsweg erfolgen. Damit vermeiden Sie es, dass die Anwendung während der Anfrage an den Server blockiert ist. Wenn Sie das Silverlight-Objektmodell von SharePoint 2010 nutzen, zwingt es Sie genau zu dieser Vorgehensweise.

SharePoint Foundation 2010 stellt für die Umsetzung von clientbasierten Anwendungen ein eigenständiges Silverlight-Objektmodell bereit. Diese Programmierschnittstelle arbeitet im Kern mit WCF-Services und asynchronen Operationen (siehe Abbildung 5.42).

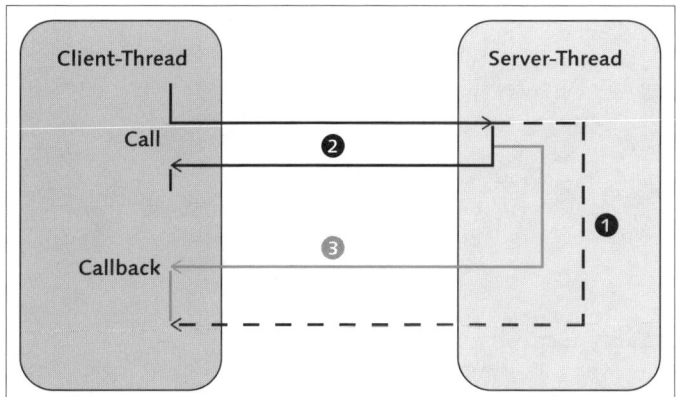

Abbildung 5.42 Der Ablauf von asynchronen Operationen

Erfolgt die Serveranfrage nicht nach einem asynchronen Schema, sähe der Ablauf ungefähr so aus: Die Kommunikation basiert auf sogenannten Threads. Ein Thread kann zum Beispiel das Laden von Daten nach einem Mausklick sein. Bis zum Erhalt der Rückmeldung kann einige Zeit vergehen. Während dieses Zeitraums kann der Thread nicht mehr reagieren, da er mit der Datenabfrage beschäftigt ist. Dieses Verhalten wird in Abbildung 5.42 durch die gestrichelte Linie (❶) veranschaulicht.

Wird dieselbe Abfrage asynchron ausgeführt, wartet der Client-Thread nach seiner Anfrage (❷) nicht auf die Antwort des Servers – er blockiert also nicht die gesamte Anwendung. Erst mit dem Eintreffen der Antwort (was zu einem späteren Zeitpunkt stattfinden kann) wird der Client-Thread darüber informiert (❸) und kann die Daten verarbeiten. Währenddessen kann der Thread gegebenenfalls auf weitere Eingaben reagieren.

Listing 5.64 veranschaulicht die Implementierung von asynchronen Operatoren über das Silverlight-Client-Objektmodell.

```
private IEnumerable<List> _Lists;
private delegate void UpdateUiMethod();

public MainPage()
{
    InitializeComponent();
```

```
      this.Loaded += UserControlLoaded;
}

private void UserControlLoaded(object sender, RoutedEventArgs e)
{
   ClientContext clientContext = ClientContext.Current;
   Web web = clientContext.Web;
   ListCollection lists = web.Lists;
   clientContext.Load(web, website => website.Title);

   _Lists = clientContext.LoadQuery(
      lists.Include(list => list.Title));
   clientContext.ExecuteQueryAsync(OnQuerySucceeded,
      OnQueryFailed);
}

private void OnQuerySucceeded(object sender,
ClientRequestSucceededEventArgs args)
{
   UpdateUiMethod updateUi = DisplayInfo;
   Dispatcher.BeginInvoke(updateUi);
}

private void DisplayInfo()
{
   foreach (List list in _Lists)
   {
      textBlock.Text += list.Title + Environment.NewLine;
   }
}

private void OnQueryFailed(object sender,
ClientRequestFailedEventArgs args)
{
   textBlock.Text =
     string.Format("Request fehlgeschlagen. {0}\n{1}",
     args.Message, args.StackTrace);
}
```

Listing 5.64 Asynchrone Operation mit dem Silverlight-Client-Objektmodell

Wie beim ECMAScript-Objektmodell werden der ausführenden Methode
(ExecuteQueryAsync) zwei Parameter übergeben: das Delegate der Erfolgsme-
thode (OnQuerySucceeded) sowie die Methodensignatur zur Fehlerbehandlung
(OnQueryFailed).

5.7.4 Unterschiede zu WPF

Silverlight und WPF haben viele Gemeinsamkeiten, obwohl sie auf unterschiedlichen Laufzeitumgebungen ausgeführt werden. Beiden Plattformen dient XAML als Beschreibungssprache. Diese deklarative Sprache ermöglicht die Definition von UI-Elementen und vektorbasierten Grafiken mithilfe von XML. Vektor-Grafiken haben die Eigenschaft, dass sie sehr gut skalierbar sind und von der Hardwareunterstützung des Clients Gebrauch machen können.

Der Hauptunterschied liegt im primären Einsatz einer Lösung. Silverlight-Anwendungen werden klassischerweise im Browser ausgeführt, während eine WPF-Anwendung meist als eigenständiges Programm auf dem Client-PC installiert ist. In beiden Fällen ist es jedoch möglich, die Anwendung außerhalb dieser Container auszuführen – so kann beispielsweise eine Silverlight-Anwendung auch direkt auf dem Client bereitgestellt werden.

Tabelle 5.10 listet die wichtigsten Unterschiede zwischen Silverlight und WPF auf.

	Silverlight	**WPF**
Einsatzzweck	Browserbasierte Internetanwendungen	Desktop-Anwendungen
Plattform	Wird im Browser über ein Plug-in ausgeführt	Läuft als Applikation auf dem Desktop oder im Internet Explorer
Sicherheit	Sandkasten-Applikation in den meisten Browsern	Sandkasten-Applikation im Internet Explorer
Grafik	2D	3D mit DirectX
Basis Control	`UserControl`	`Window`
Kommunikation	keine synchronen Netzwerkabfragen	synchrone Netzwerkabfragen möglich
Laufzeitumgebung	Silverlight-Plug-in	.NET 3.0 und höher

Tabelle 5.10 Vergleich zwischen Silverlight und WPF

Silverlight installiert eine abgespeckte .NET-Laufzeitumgebung, die durch das Browser-Plug-in ausgeliefert wird.

Prinzipiell ist es möglich, Code zu schreiben, der von beiden Plattformen unterstützt wird. Diese Vorgehensweise wird als *Multi-Targeting* bezeichnet und in folgendem Artikel ausführlich beschrieben:

http://msdn.microsoft.com/en-us/library/ff647310.aspx

Eine Auflistung der von Silverlight nicht unterstützten WPF-Controls können Sie in folgendem Artikel nachschlagen:

http://msdn.microsoft.com/en-us/library/cc903925(VS.95).aspx

5.7.5 XAML

XAML steht für *Extensible Application Markup Language*. XAML wurde mit der WPF-Erweiterung des .NET Frameworks 3.0 eingeführt und liefert eine Art Bindeglied zwischen dem Designer und Programmierer. Da beide Akteure mit derselben Codebasis arbeiten, ermöglicht die Technologie eine klare Trennung der Präsentations- von der Logikschicht. XAML ist ein offener Standard und kann daher durch unterschiedliche Tools generiert werden. Als Designwerkzeug stellt Microsoft die Suite des *Expression Studios* und als Entwicklungsumgebung *Visual Studio* bereit.

Die Beschreibungssprache ermöglicht die Deklaration von UI-Elementen komplett via XML. Hierüber lassen sich vollständige Benutzeroberflächen inklusive Grafiken, Animationen oder Audio erzeugen. Sämtliche Bestandteile der XAML-Anwendung werden in einem überordneten `Canvas`-Element zusammengefasst. Diese »Leinwand« ist das oberste Objekt einer Silverlight-Anwendung.

```
<Canvas xmlns="http://schemas.microsoft.com/winfx/2006/xaml/
presentation" xmlns:x="http://schemas.microsoft.com/winfx/2006/
xaml">
</Canvas>
```

Listing 5.65 Das Wurzelelement einer XAML-Datei

Ab der Silverlight-Version 2.0 können auch andere Typen an oberster Stelle stehen. Visual Studio 2010-Projekte nutzen beispielsweise ein `UserControl` als Wurzelelement. Unterhalb dieses Controls befindet sich ein `Grid`.

Eine XAML-Datei kann nahezu beliebig komplex werden. Ein wesentlicher Vorteil dieser Technologie ist die einfache Umsetzung von Designelementen und Effekten. Der Code aus Listing 5.66 beschreibt den Aufbau eines Rechtecks mit einem einfachen Farbverlauf, das Sie in Abbildung 5.43 sehen:

```
<Rectangle Width="200" Height="20" >
  <Rectangle.Fill>
    <LinearGradientBrush StartPoint="0,0" EndPoint="0.4,0">
      <LinearGradientBrush.GradientStops>
        <GradientStop Color="Red" Offset="0" />
        <GradientStop Color="White" Offset="1" />
      </LinearGradientBrush.GradientStops>
```

```
    </LinearGradientBrush>
  </Rectangle.Fill>
</Rectangle>
```

Listing 5.66   Rechteck mit Farbverlauf

Diese zehn Zeilen XAML-Code veranschaulichen die Beschreibung eines Design-
elements. Der Code kann als einfach, aber auch als komplex betrachtet werden –
einfach, weil es nur wenige Codezeilen erforderlich sind; komplex, weil der
XML-Block mit zahlreichen Attributen arbeitet.

Die Attribute `StartPoint` und `EndPoint` des `LinearGradientBrush`-Elements
geben exakt vor, an welcher Stelle der Farbverlauf beginnen bzw. enden soll.

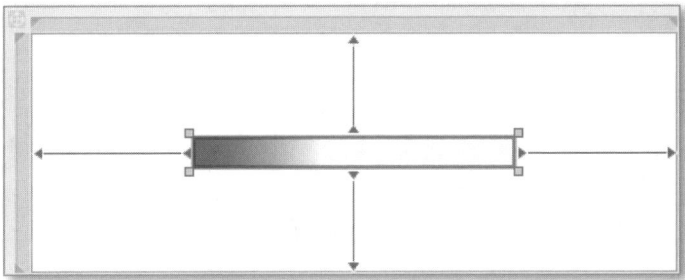

Abbildung 5.43   Ein Rechteck mit einem Farbverlauf lässt sich mit wenigen Zeilen Code
beschreiben.

Neben der reinen Darstellung von Grafiken ermöglicht Silverlight auch die Abbildung von Animationen. Die Realisierung solcher Animationen erfolgt auf Basis
des `Storyboard`-Elements. Anhand eines konkreten Ablaufs lassen sich Objekt-
eigenschaften ändern, um beispielsweise einen Effekt zu realisieren.

```
<Grid x:Name="LayoutRoot" Background="White">
  <Grid.Triggers>
    <EventTrigger RoutedEvent="Grid.Loaded">
      <BeginStoryboard>
        <Storyboard>
          <DoubleAnimation Storyboard.TargetName="rectangle"
            Storyboard.TargetProperty="Width" From="0" To="200"
            BeginTime="0:0:0" Duration="0:0:2" />
          <ObjectAnimationUsingKeyFrames
            Storyboard.TargetProperty="(UIElement.Visibility)"
            Storyboard.TargetName="rectangle">
            <DiscreteObjectKeyFrame KeyTime="0:0:2">
              <DiscreteObjectKeyFrame.Value>
```

```
                    <Visibility>Collapsed</Visibility>
                </DiscreteObjectKeyFrame.Value>
            </DiscreteObjectKeyFrame>
        </ObjectAnimationUsingKeyFrames>
    </Storyboard>
  </BeginStoryboard>
 </EventTrigger>
</Grid.Triggers>

<Rectangle Width="200" Height="20" Name="rectangle" >
  <Rectangle.Fill>
    <LinearGradientBrush StartPoint="0,0" EndPoint="1,0">
      <LinearGradientBrush.GradientStops>
        <GradientStop Color="LightGreen" Offset="0" />
        <GradientStop Color="DarkGreen" Offset="0.5" />
        <GradientStop Color="LightGreen" Offset="1" />
      </LinearGradientBrush.GradientStops>
    </LinearGradientBrush>
  </Rectangle.Fill>
</Rectangle>
</Grid>
```

Listing 5.67 Animationen werden durch ein Storyboard definiert.

Unterhalb des Wurzelelements (Grid) wird ein Rechteck (Rectangle) beschrieben. Dem Rechteck wird eine genaue Höhe und Breite sowie ein eindeutiger Name zugewiesen. Gefüllt wird es mit einem linearen Pinsel (LinearGradientBrush). Die Koordinaten des Start- und des Endpunktes sind so gewählt, dass die x-Achse von 0 bis 1 (also 0 bis 100 Prozent) durchlaufen wird. In der y-Achse bleiben die Werte konstant. Die Gradienten für den Farbverlauf sind so konfiguriert, dass ein Farbverlauf von Hellgrün über Dunkelgrün wieder nach Hellgrün entsteht (vgl. Abbildung 5.44).

Abbildung 5.44 Farbverlauf eines Rechtecks

Das Storyboard wird an einen Trigger (EventTrigger) gebunden, der ausgelöst wird, nachdem das Grid vollständig geladen wurde (Grid.Loaded). An dieser Stelle können natürlich auch andere Ereignisse genutzt werden.

Ein Aufblenden-Effekt wird durch die Veränderung der Breite des Rechtecks erzeugt. Innerhalb von 2 Sekunden wird die Breite von 0 auf 200 Pixel geändert. Diese Änderung erfolgt fließend, sodass eine Animation entsteht.

Neben solchen einfachen Animationen lassen sich in Silverlight durchaus komplexere Visualisierungen erzeugen.

5.7.6 Cross-Domain-Datenzugriff

Silverlight-Anwendungen werden von einem speziellen Speicherort bereitgestellt – zum Beispiel einem Fileserver, einer Webseite oder auch einer SharePoint-Webanwendung.

Eine wichtige Sache ist bei Silverlight-Anwendungen zu beachten: Sie können nur auf Daten ihrer jeweiligen Domäne zugreifen. Das Sicherheitsmodell von Silverlight unterbindet den Zugriff auf Informationen einer anderen Domäne (siehe Abbildung 5.45).

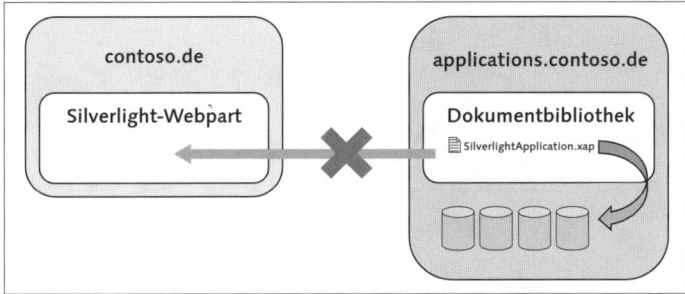

Abbildung 5.45 Der Datenzugriff zwischen zwei Domänen wird vom Silverlight-Sicherheitssystem unterbunden.

Möchten Sie dennoch einen Datenzugriff zwischen zwei unterschiedlichen Umgebungen realisieren, stehen Ihnen zwei Ansätze zur Auswahl: Sie können einen sogenannten *HTTP Request Forwarder* oder einen *External Application Provider* programmieren.

Der *Forwarder* agiert als eine Art Proxy und stellt die Anfrage stellvertretend an die externe Domäne. Dieser Anwendungsproxy muss explizit entwickelt werden. Eine Beschreibung finden Sie in folgendem MSDN-Artikel:

http://msdn.microsoft.com/en-us/library/ee534987.aspx

Eine weitere Option ist die Programmierung eines *External Application Providers*. Er ist eine Art Konfigurations- und Bereitstellungs-Engine für Webparts, die außerhalb der SharePoint-Umgebung gehostet werden. Die Konfiguration erfolgt auf Basis einer XML-Datei. Auch zu diesem Thema finden Sie einen Artikel auf den MSDN-Seiten von Microsoft:

http://msdn.microsoft.com/en-us/library/ee535474.aspx

5.7.7 SharePoint-Silverlight-Webpart

Neben den Standard-Silverlight-Funktionen stellt SharePoint 2010 zusätzlich einen eigenständigen Webpart bereit, mit dessen Hilfe Sie Silverlight-Anwendungen in eine SharePoint-Umgebung integrieren können (siehe Abbildung 5.46).

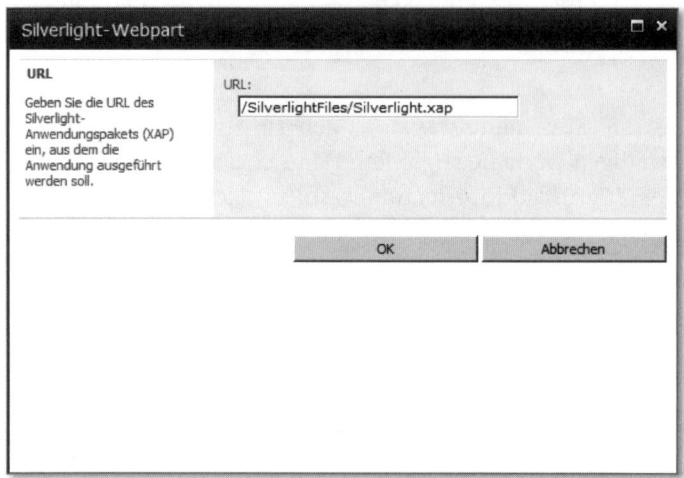

Abbildung 5.46 SharePoint 2010 integriert einen Standard-Silverlight-Webpart.

Der Webpart ermöglicht die einfache Einbindung einer XAP-Datei. Diese kann im einfachsten Fall innerhalb einer SharePoint-Bibliothek bereitgestellt werden. In den Einstellungen des Webparts können Sie gegebenenfalls Startparameter definieren (siehe Abbildung 5.47).

Abbildung 5.47 Der Silverlight-Webpart bietet unterschiedliche Konfigurationsmöglichkeiten an.

Die innerhalb des Webparts hinterlegten Parameter können von der benutzerdefinierten Silverlight-Anwendung ausgewertet werden. Dies erfolgt innerhalb der
App.xaml.cs-Datei durch die `Application_Startup`-Methode. Das folgende Codebeispiel veranschaulicht die Auswertung der Parameter und die Übergabe an
lokale Ressourcen.

```
private void Application_Startup(object sender, StartupEventArgs e)
{
    foreach (var item in e.InitParams)
    {
        this.Resources.Add(item.Key,
          Uri.UnescapeDataString(item.Value));
    }
    this.RootVisual = new MainPage();
}
```

Listing 5.68 Aufrufparameter werden zu Ressourcen hinzugefügt.

Auf die Ressourcen kann innerhalb der `MainPage`-Methode zugegriffen werden:

```
public MainPage()
{
    InitializeComponent();
    this.Loaded += UserControl_Loaded;
}

private void UserControl_Loaded(object sender, RoutedEventArgs e)
{
    const string parameterName = "KundenNr";
    ResourceDictionary resources = App.Current.Resources;
    if (resources.Contains(parameterName))
    {
        label1.Content = string.Format("{0}={1}", parameterName,
          resources[parameterName]);
    }
}
```

Listing 5.69 Auswerten von Parameterwerten mithilfe von Ressourcen

In den meisten Anwendungsfällen ist der von SharePoint Foundation 2010
bereitgestellte Webpart vollkommen ausreichend. Alternativ können Sie auch
einen benutzerdefinierten Webpart programmieren, der das Silverlight-Control
bereitstellt.

5.7.8 Entwicklungsumgebung

Die Programmierung von Silverlight-Anwendungen erfordert in der Entwicklungsumgebung einige vorbereitende Schritte. Zusätzlich zu Visual Studio 2010 müssen Sie die Laufzeitumgebung sowie das Silverlight SDK installieren, wobei die Runtime im SDK enthalten ist (siehe Abbildung 5.48).

Abbildung 5.48 Die Programmierung von Silverlight-Anwendungen erfordert die Installation der Silverlight-Developer-Laufzeitumgebung.

Der Dialog aus Abbildung 5.48 öffnet sich bei dem Versuch, ein Silverlight-Projekt über Visual Studio zu erzeugen. Bitte beachten Sie, dass der Link die Version 3 des SDKs installiert. Möchten Sie Silverlight 4-Anwendungen realisieren, benötigen Sie die *Silverlight 4 Tools für Visual Studio 2010*. Diese können Sie unter folgender URL herunterladen:

http://www.microsoft.com/downloads/details.aspx?displaylang=de&FamilyID=40ef0f31-cb95-426d-9ce0-00dcfabf3df5

Das SDK installiert eine Reihe erforderlicher Erweiterungen für Visual Studio 2010 (siehe Abbildung 5.49).

Außerdem sind für die Realisierung von Silverlight-Anwendungen folgende Werkzeuge nützlich:

▸ Silverlight 4 Offline-Dokumentation

   http://www.microsoft.com/downloads/details.aspx?familyid=B6127B9B-68C-46C2-8CB6-D228E017AD74

▸ Silverlight Toolkit (Es liefert einige Steuerelemente, die standardmäßig nicht in Silverlight verfügbar sind.)

   http://www.microsoft.com/downloads/details.aspx?familyid=B6127B9B-68C-46C2-8CB6-D228E017AD74

▸ Expression Blend for .NET 4

   http://www.microsoft.com/downloads/details.aspx?FamilyID=88484825-b3c-4e8c-8b14-b05d025e1541

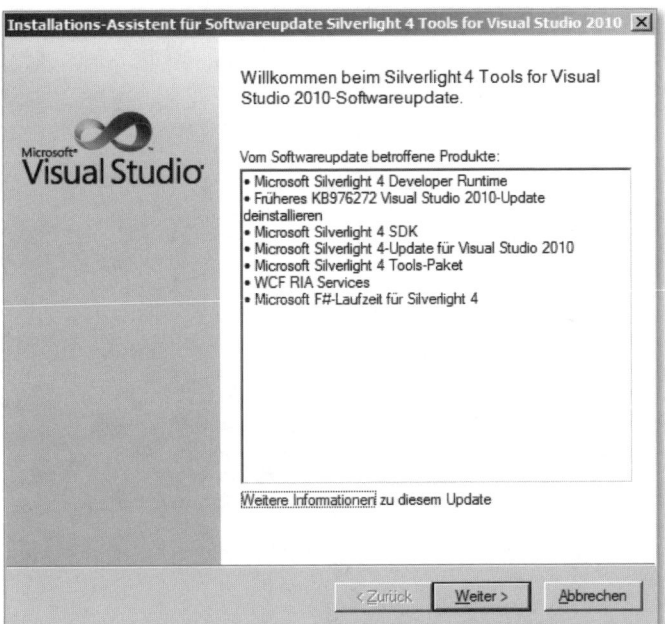

Abbildung 5.49 Das Silverlight-SDK installiert die für die Programmierung erforderlichen Erweiterungen in Visual Studio 2010.

Nachdem die Entwicklungsumgebung durch die Installation der benötigten Komponenten präpariert ist, stehen Ihnen für die Umsetzung von Silverlight-Anwendungen unterschiedliche Möglichkeiten zur Verfügung. Designelemente können Sie beispielsweise in Expression Blend realisieren und danach in Visual Studio 2010 weiterverarbeiten. Die Projektdateien sind mit beiden Umgebungen kompatibel.

Die Koexistenz dieser beiden Produkte ermöglicht eine klare Trennung der Rollen des Webdesigners und des Entwicklers.

Visual Studio 2010

Nach der Installation der Systemvoraussetzungen können Sie ein neues Silverlight-Projekt mit Visual Studio 2010 erstellen.

Die Vorlage SILVERLIGHT-ANWENDUNG (siehe Abbildung 5.50) erzeugt die für die Umsetzung erforderlichen Dateien inklusive der `MainPage`-Klasse. Wenn Sie diese Datei öffnen, können Sie über die Toolbox des Designers diverse Controls auf dem Fenster der Arbeitsumgebung platzieren. In der Codeansicht können Sie den durch den Designer erzeugten XML-Code gegebenenfalls modifizieren (siehe Abbildung 5.51).

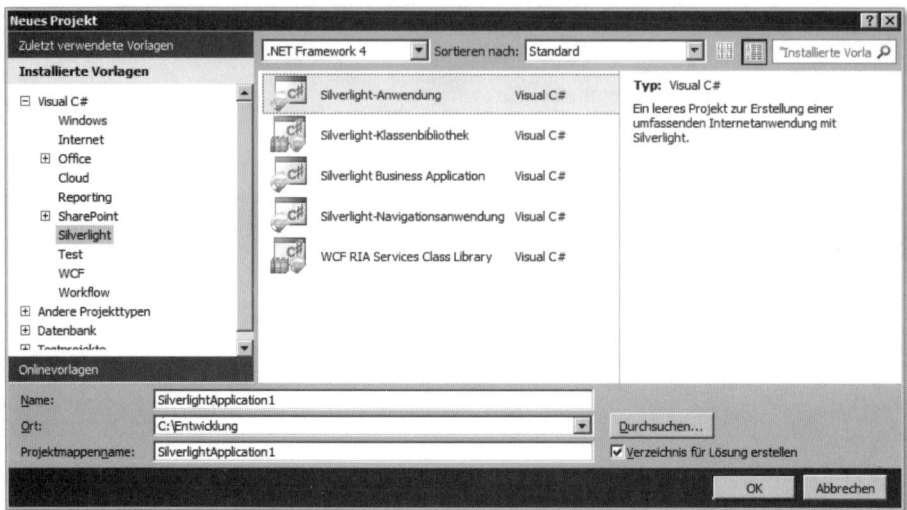

Abbildung 5.50 Visual Studio 2010 integriert Projektvorlagen für Silverlight-Anwendungen.

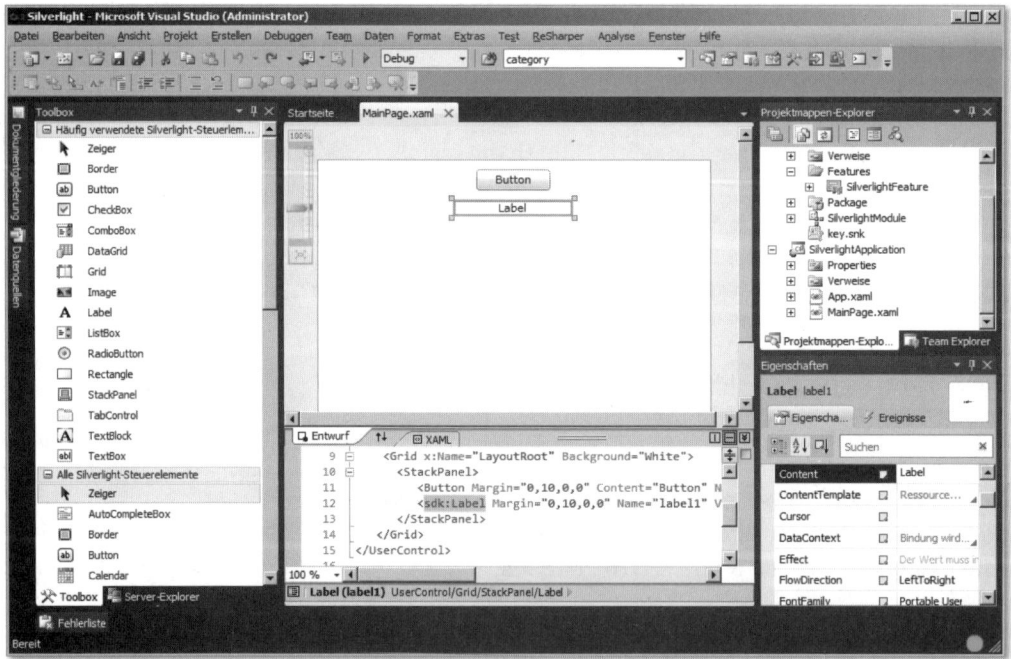

Abbildung 5.51 Visual Studio 2010 integriert einen visuellen Designer zur Erstellung von Silverlight-Anwendungen.

Die Projektvorlage erzeugt ebenfalls eine Test-Webseite, mit der die Anwendung sehr einfach und schnell getestet werden kann. Starten Sie den Debugger, ruft

Visual Studio eine *SilverlightApplicationTestPage.html*-Datei auf, in der die Silver-light-Anwendung – also die XAP-Datei – eingebettet ist.

> **Verwendung des Silverlight-Client-Objektmodells**
>
> Wenn Sie das Silverlight-Client-Objektmodell nutzen, ist der `ClientContext` nicht immer vorhanden. Dieser ist nur dann verfügbar, wenn der Standard-Silverlight-Web-part als Host dient.
>
> Damit das `ClientContext`-Objekt aufgerufen werden kann, muss der `initParam`-Para-meter des `object`-Tags auf den Wert `MS.SP.url` gesetzt sein. Er enthält die Adresse der Webseite.
>
> ```
> <object width="300" height="300"
>    data="data:application/x-silverlight-2,"
>    type="application/x-silverlight-2">
>    <param name="source" value="SilverlightApplication.xap" />
>    <param name="InitParams" value="MS.SP.url=http://siteurl" />
> </object>
> ```

Expression Blend 4

Alternativ zur Nutzung von Visual Studio 2010 lassen sich Designelemente auch mit Expression Blend umsetzen. Wenn Sie das Silverlight-Projekt mit diesem Designwerkzeug öffnen, können Sie sämtliche UI-Elemente vollständig grafisch bearbeiten.

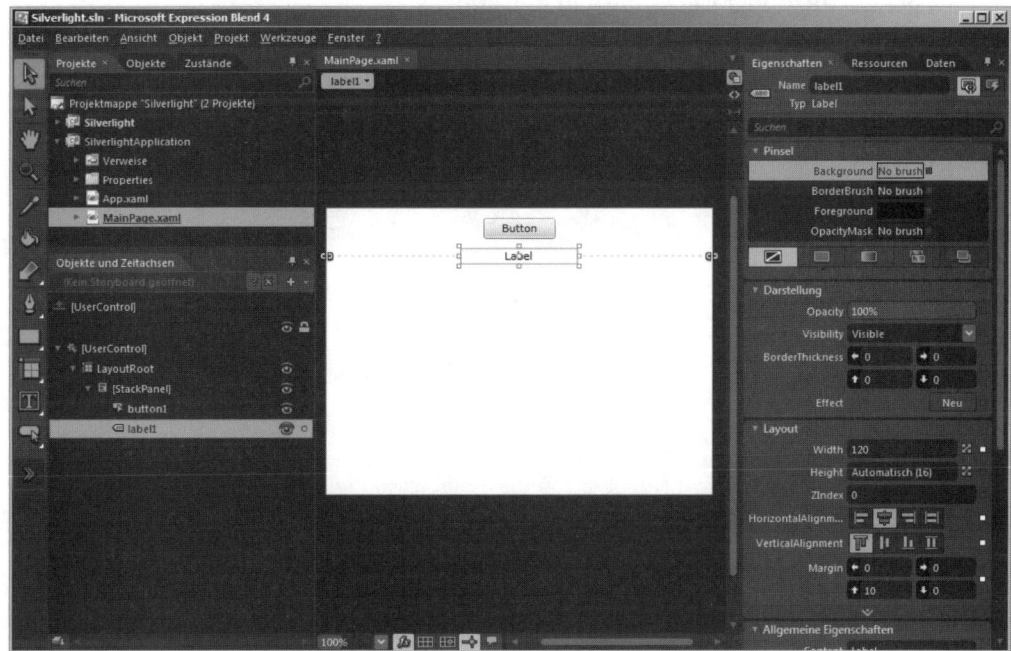

Abbildung 5.52 Silverlight-Projekte können auch in Expression Blend 4 bearbeitet werden.

In Abbildung 5.52 kann man gut erkennen, dass dieses Programm eher für den Designer ausgelegt ist. Animationen und das Layout lassen sich hiermit deutlich einfacher erstellen.

5.7.9 Eine vollständige Silverlight-Anwendung programmieren

Komplettieren möchten wir dieses Thema mit einem vollständigen Anwendungs-beispiel. Sie werden jetzt eine Silverlight-Anwendung erzeugen, die über den Weg des Solution- und Feature-Deployments in der Zielumgebung bereitgestellt wird.

SharePoint-Projekt erzeugen

Beginnen Sie mit der Erstellung eines einfachen SharePoint-Projekts auf Basis einer leeren Projektvorlage. Geben Sie diesem Projekt einen passenden Namen. Der Bereitstellungstyp kann für dieses Beispiel frei gewählt werden.

Die Silverlight-Anwendung wird durch eine SharePoint Solution in die Zielumge-bung transportiert. Hierzu wird die XAP-Datei in eine Dokumentbibliothek kopiert. Die Erstellung dieser Bibliothek sowie der Kopiervorgang werden voll-ständig über das Feature gesteuert.

Silverlight-Projekt der Solution hinzufügen

Fügen Sie der Visual Studio-Solution jetzt ein neues Silverlight-Projekt hinzu. Wäh-len Sie hierzu die Vorlage der SILVERLIGHT-ANWENDUNG (siehe Abbildung 5.53).

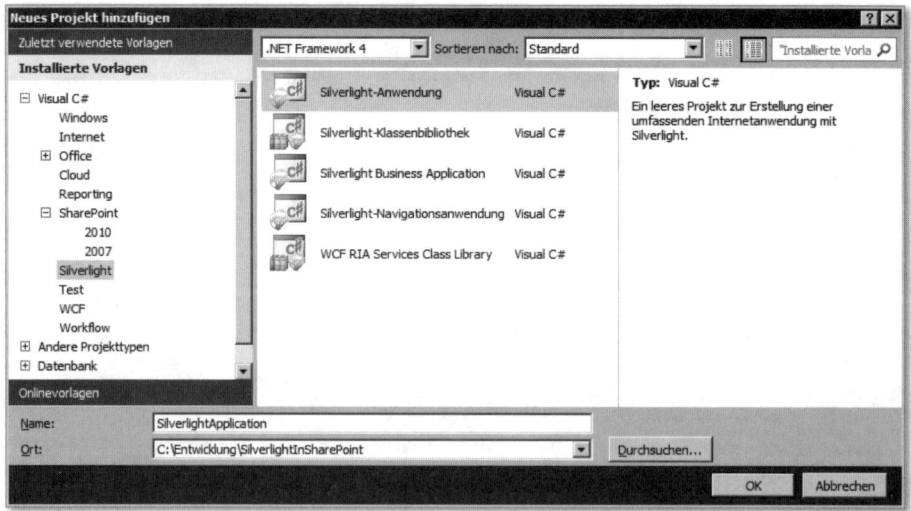

Abbildung 5.53 Die Silverlight-Anwendung wird der bestehenden Solution hinzugefügt.

Gestalten Sie nun das Silverlight-Control nach Belieben. Die Ausgabe dieses Projekts wird später als Quelle der SharePoint-Lösung dienen.

Listeninstanz erzeugen

Navigieren Sie zum SharePoint-Projekt zurück. Fügen Sie danach dem Projekt ein neues Element vom Typ LISTENINSTANZ hinzu (siehe Abbildung 5.54), und ändern Sie den Namen des erstellten Features.

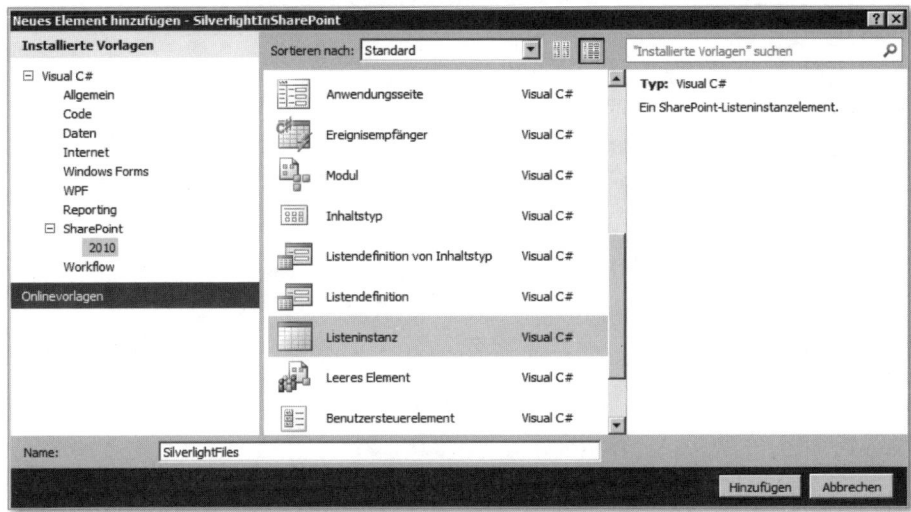

Abbildung 5.54 Die Dokumentbibliothek wird auf Basis der Vorlage einer Listeninstanz erzeugt.

Danach öffnet sich ein Assistent (siehe Abbildung 5.55). Tragen Sie hier den Namen, die URL und eine optionale Beschreibung ein, und wählen Sie den Typ der DOKUMENTBIBLIOTHEK aus.

Öffnen Sie die durch den Assistenten erstellte *Elements.xml*-Datei, und überprüfen Sie die in ihr enthaltenen Parameter:

```
<?xml version="1.0" encoding="utf-8"?>
<Elements xmlns="http://schemas.microsoft.com/sharepoint/">
    <ListInstance Title="SilverlightFiles"
                  OnQuickLaunch="FALSE"
                  TemplateType="101"
                  FeatureId="00bfea71-e717-4e80-aa17-d0c71b360101"
                  Url="SilverlightFiles"
                  Description="Silverlight Anwendungen">
    </ListInstance>
</Elements>
```

Listing 5.70 Parameter der Listeninstanz für eine Dokumentbibliothek

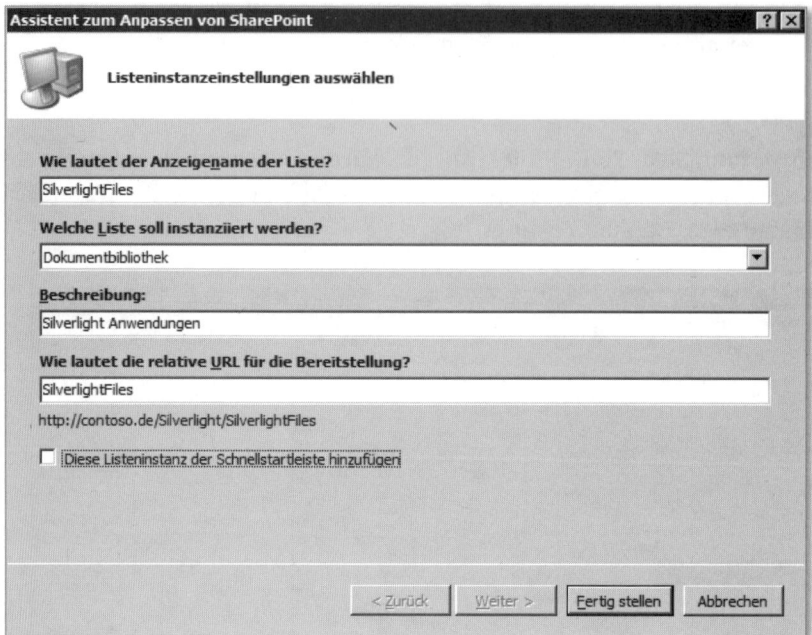

Abbildung 5.55 Ein Assistent unterstützt die Konfiguration der Listeninstanz.

Modul erzeugen

Fügen Sie jetzt dem Projekt ein neues Modul-Element hinzu. Ihm wird die wichtigste Aufgabe zuteil: Es kopiert die XAP-Datei in die erzeugte Dokumentbibliothek. Im nächsten Arbeitsschritt werden Sie die Ausgabe des Silverlight-Projekts (die XAP-Datei) als Quelle für das Modul festlegen (siehe Abbildung 5.56).

Öffnen Sie dazu die Eigenschaften des Moduls, und navigieren Sie zur Einstellung des PROJEKTAUSGABEVERWEISES ❶. Fügen Sie als Referenz das Silverlight-Projekt hinzu ❷, und ändern Sie den Bereitstellungstyp auf den Wert ELEMENTFILE ❹. Der Projektname ❸ wird automatisch übernommen. Danach hat das Element-Manifest den in Listing 5.71 gezeigten Aufbau:

```xml
<?xml version="1.0" encoding="utf-8"?>
<Elements xmlns="http://schemas.microsoft.com/sharepoint/">
   <Module Name="SilverlightModule">
      <File Path="SilverlightModule\SilverlightApplication.xap"
       Url="SilverlightFiles/SilverlightApplication.xap" />
   </Module>
</Elements>
```

Listing 5.71 Die »Elements.xml« des Moduls

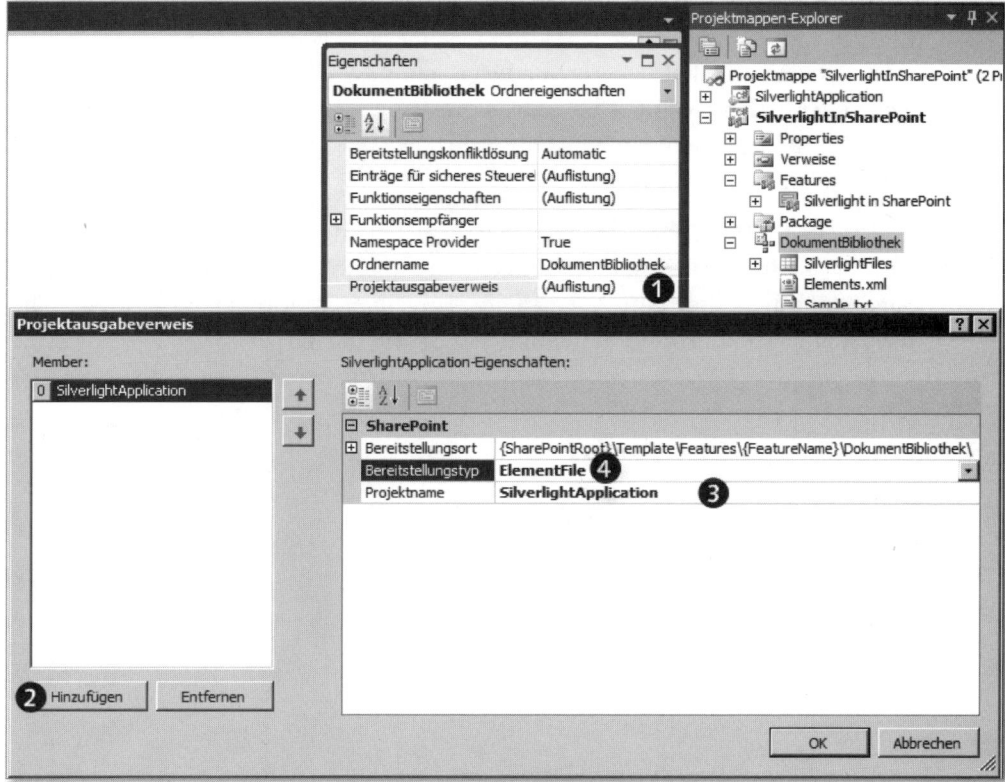

Abbildung 5.56   Die Ausgabe der Silverlight-Anwendung wird dynamisch dem Modul hinzu-gefügt.

Stellen Sie jetzt die Solution in gewohnter Weise in der Zielumgebung bereit. Die XAP-Datei sollte in der erzeugten Dokumentbibliothek zu finden sein. Fügen Sie abschließend den Silverlight-Webpart in einen beliebigen Bereich der Seite ein, und wählen Sie die Silverlight-Anwendung als Quelle aus.

5.8   Fazit

Die Programmierung von Anwendungsoberflächen ist eine der häufigsten Aufgaben des SharePoint-Entwicklers. SharePoint Foundation 2010 liefert zahlreiche Einstiegspunkte für die Realisierung solcher benutzerdefinierter UI-Anwendungen – von der Ribbon-Erweiterung über die Statusleisten und das Dialog-Framework bis hin zur Programmierung von Webparts. Visual Studio 2010 ist bei diesen Aufgaben ein guter Partner.

Zusätzlich zu Visual Studio 2010 unterstützen noch weitere Werkzeuge die Realisierung von UI-Anwendungen – dazu gehören der SharePoint Designer 2010 sowie Expression Blend. Auch wenn sich mit diesen Tools sehr schnell Änderungen an der Benutzeroberfläche realisieren lassen, empfehlen wir Ihnen, stets den Weg des Solution Deployments einzuschlagen.

Neben den hier vorgestellten Kerntechnologien liefert SharePoint 2010 noch etliche weitere Möglichkeiten, die vorzustellen den Rahmen dieses Buches gesprengt hätte. Dazu gehören zum Beispiel Anwendungsseiten, Themes oder Sitedefinitionen. Eine gute Anlaufstelle für weitere Informationen zu diesen Themen sind das SharePoint Foundation SDK sowie die MSDN.

SharePoint 2010 integriert zahlreiche Standard-Technologien, die eine effiziente und einfache Programmierung von datenorientierten Anwendungen ermöglichen.

6 Programmierkonzepte

SharePoint ist eine Entwicklungsplattform, die zahlreiche Standardfunktionen und eine ausgewogene Programmierschnittstelle bereitstellt. SharePoint basiert zu großen Teilen auf der Softwarearchitektur des .NET Frameworks und auf ASP.NET. Darüber hinaus integriert die Technologie etliche Komponenten, die einen optimierten Datenzugriff auf interne sowie externe Informationen ermöglichen. Dabei stellt SharePoint eigenständige Funktionen bereit oder nutzt bewährte Konzepte des .NET Frameworks. Drei der wichtigsten Programmierkonzepte möchten wir Ihnen in diesem Kapitel vorstellen: *CAML, LINQ to Share-Point* und *REST*.

6.1 CAML

CAML (*Collaborative Application Markup Language*) ist eine speziell für Share-Point entwickelte Beschreibungssprache. Sie basiert vollständig auf XML und ist daher einfach zu lesen und mit jedem Texteditor veränderbar.

CAML spielt in der Produktgeschichte von SharePoint eine wesentliche Rolle. Die Technologie hat in der Systemarchitektur zahlreiche Einsatzgebiete. Sie dient beispielsweise zur Beschreibung von Listen- oder Sitedefinitionen oder zur Abfrage von Informationen aus einer SharePoint-Webseite. Als SharePoint-Programmierer ist es wichtig, sich mit diesen Konzepten auseinanderzusetzen. In diesem Teil des Buches stellen wir Ihnen die wichtigsten Aspekte sowie Einsatzgebiete von CAML vor.

6.1.1 Sitedefinitionen

Sämtliche Websitevorlagen (*Sitedefinitionen*) werden auf Basis von CAML beschrieben. Dieses Verfahren liefert Ihnen die Möglichkeit, die Struktur der Standardvorlagen zu verstehen und gegebenenfalls eigene Sitedefinitionen zu erzeugen. Die Spezifikation einer Websitevorlage erfolgt in der *ONET.XML*-Datei. Sie befindet sich im Verzeichnis der jeweiligen Vorlage. Die SharePoint-Foundation-Standardvorlagen werden in folgendem Systemverzeichnis bereitgestellt: *%CommonProgramFiles%\Microsoft Shared\Web Server Extensions\14\TEMP-LATE\SiteTemplates*.

Eine Sitedefinition kann eine oder mehrere Vorlagen bündeln. Diese Technologie ermöglicht die thematische Beschreibung zusammenhängender Templates.

Schauen wir uns eines der Standard-Templates etwas genauer an: Navigieren Sie dazu zum Ordner *STS/xml* unterhalb des *SiteTemplates*-Verzeichnisses. Dort finden Sie die *ONET.XML* der SharePoint-Standardwebseiten.

```xml
<?xml version="1.0" encoding="utf-8"?>
<Project Title="$Resources:onet_TeamWebSite;" Revision="2"
ListDir="$Resources:core,lists_Folder;" xmlns:ows="Microsoft
SharePoint" UIVersion="4">
   <NavBars>
      <NavBar Name="$Resources:core,category_Top;" ... />
      <NavBar Name="$Resources:core,category_Documents;" ... />
      <NavBar Name="$Resources:core,category_Lists;" ... />
      <NavBar Name="$Resources:core,category_Discussions;" ... />
   </NavBars>
   <ListTemplates>
   </ListTemplates>
   <DocumentTemplates>
      <DocumentTemplate Path="STS" Name="" ... />
      <DocumentTemplate Path="STS"
       DisplayName="$Resources:core,doctemp_Word97;" ...>
         <DocumentTemplateFiles>
            <DocumentTemplateFile Name="doctemp\word\wdtmpl.doc" ... />
         </DocumentTemplateFiles>
      </DocumentTemplate>
      ...
   </DocumentTemplates>
   <Configurations>
      <Configuration ID="-1" Name="NewWeb"
       MasterUrl="_catalogs/masterpage/v4.master" />
      <Configuration ID="0" Name="Default"
       MasterUrl="_catalogs/masterpage/v4.master">
         <Lists>
            <List FeatureId="00BFEA71-E717-4E80-AA17-D0C71B360101" ... />
            ...
         </Lists>
         <Modules>
```

```
            <Module Name="Default" />
        </Modules>
        <SiteFeatures>
            <!-- BasicWebParts Feature -->
            <Feature ID="00BFEA71-1C5E-4A24-B310-BA51C3EB7A57" />
            <!-- Three-state Workflow Feature -->
            <Feature ID="FDE5D850-671E-4143-950A-87B473922DC7" />
        </SiteFeatures>
        <WebFeatures>
            <!-- TeamCollab Feature -->
            <Feature ID="00BFEA71-4EA5-48D4-A4AD-7EA5C011ABE5" />
            <!-- MobilityRedirect -->
            <Feature ID="F41CC668-37E5-4743-B4A8-74D1DB3FD8A4" />
            <!-- WikiPageHomePage Feature -->
            <Feature ID="00BFEA71-D8FE-4FEC-8DAD-01C19A6E4053" />
        </WebFeatures>
    </Configuration>
    ...
</Configurations>
<Modules>
    <Module Name="Default" Url="" Path="">
        <File Url="default.aspx" NavBarHome="True">
            <View List="$Resources:core,lists_Folder;/ ⮒
             $Resources:core,announce_Folder;" ... />
            ...
        </File>
    </Module>
    <Module Name="DefaultBlank" Url="" Path="">
        <File Url="default.aspx" NavBarHome="True" Type="Ghostable">
            <NavBarPage Name="$Resources:core,nav_Home;" Url="~site"
             ID="1002" Position="Start" />
            <NavBarPage Name="$Resources:core,nav_Home;" Url=""
             ID="0" Position="Start" />
        </File>
    </Module>
</Modules>
<ServerEmailFooter>
    $Resources:ServerEmailFooter;
</ServerEmailFooter>
</Project>
```

Listing 6.1 Auszug aus der »ONET.xml« einer SharePoint-Foundation-Webseite

Die Struktur der Datei besteht aus sechs Bereichen: NavBars, ListTemplates, DocumentTemplates, Configurations, Modules und ServerEmailFooter.

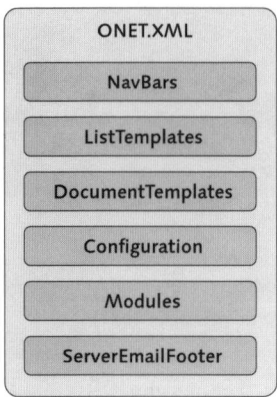

Abbildung 6.1 Der Aufbau der »ONET.XML«

Innerhalb des NavBar-Elements werden Navigationspunkte der Schnellstartleiste spezifiziert. Hier finden Sie die klassischen Navigationsgruppen einer SharePoint Foundation 2010-Webseite. Das sind beispielsweise Dokumente, Listen oder Diskussionsrunden.

Dem ListTemplates-Element kommt in der aktuellen Version von SharePoint keine Bedeutung mehr zu, da Listenvorlagen über Features referenziert werden.

Die innerhalb einer SharePoint-Webseite standardmäßig enthaltenen Dokumentvorlagen werden unterhalb des Bereichs DocumentTemplates spezifiziert.

Eines der wichtigsten Elemente einer Sitedefinition ist Configurations. Es beschreibt die Websitevorlagen, die zur Sitedefinition gehören, wobei jeweils ein Configuration-Zweig einer Vorlage zugeordnet ist. Die Vorlage wird mithilfe der ID von SharePoint identifiziert. Unterhalb des Configuration-Elements befinden sich die Referenzen der Features, die der Webseite bzw. Websitesammlung zugeordnet sind. Diese werden über die Elemente SiteFeatures bzw. WebFeatures spezifiziert. Auch das Lists-Element hat in SharePoint Foundation 2010 keine Bedeutung mehr, da Listeninstanzen über Features erzeugt werden. Umso wichtiger ist das Element Modules, das das für die Vorlage zuständige Modul referenziert.

Module werden über den gleichnamigen XML-Knoten spezifiziert. Sie beschreiben die Inhaltsseiten der jeweiligen Vorlage und verknüpfen diese mit den Webparts der Seite. In der Standard-Sitedefinition lässt sich sehr gut erkennen, in welcher Form bestimmte Ansichten (View) der *default.aspx*-Datei zugeordnet werden.

Die Technologie der Sitedefinitionen eignet sich hervorragend zur Erstellung benutzerdefinierter Websitevorlagen. Ein wesentlicher Vorteil der Verwendung dieser Architektur ist, dass die Definitionen auf dem SharePoint-Server gespeichert und gecacht werden. Erst mit der Anpassung einer Datei, die zur Sitedefinition gehört, wird die Vorlage in der Inhaltsdatenbank der Webanwendung abgespeichert.

> **Bitte beachten!**
>
> Die Anpassung der Standard-Sitedefinitionen wird von Microsoft untersagt. Modifizieren Sie eine der hier enthaltenen Dateien, verlieren Sie den Support für Ihre SharePoint-Umgebung. Stattdessen sollten Sie eine eigene Vorlage mit Visual Studio erzeugen.

6.1.2   Listendefinition

Auch Listenvorlagen werden über das deklarative CAML-Modell beschrieben. Eine Listendefinition wird über die *Schema.xml*-Datei spezifiziert. Die zu einer Liste zugehörige Schemadatei befindet sich innerhalb des jeweiligen Features. Die Aufgabenliste speichert beispielsweise ihr Schema in der Datei *%Common-ProgramFiles%\Microsoft Shared\Web Server Extensions\14\TEMPLATE\FEA-TURES\TasksList\Tasks\Schema.xml*.

Das Schema einer Liste hat folgenden grundlegenden Aufbau:

```
<List>
  <MetaData>
    <ContentTypes>
      <ContentTypeRef>
        ...
      </ContentTypeRef>
      ...
    </ContentTypes>
    <Fields>
      <Field>
        ...
      </Field>
      ...
    </Fields>
    <Views>
      <View>
        ...
      </View>
      ...
    </Views>
    <Forms>
      <Form>
        ...
```

```
        </Form>
        ...
    </Forms>
    <DefaultDescription></DefaultDescription>
  </MetaData>
</List>
```

Listing 6.2 Standardaufbau einer Listendefinition

Die einzelnen Elemente sollten Ihnen aus der Listenarchitektur bekannt vorkommen. Das `ContentTypes`-Element ist dafür zuständig, die der Liste zugeordneten Inhaltstypen zu referenzieren. Die Spalten der Liste (Felder) werden über die XML-Knoten `Fields` beschrieben. Die Elemente `Views` und `Forms` strukturieren die Ansichten sowie die zugeordneten Formulare.

Im nächsten Abschnitt werden wir Ihnen die Vorgehensweise zur Umsetzung einer benutzerdefinierten Listendefinition vorstellen.

Listendefinitionen umsetzen

Die Realisierung von individuellen Listendefinitionen wird von Visual Studio 2010 hervorragend unterstützt. Die Entwicklungsumgebung stellt Projektvorlagen und spezielle Assistenten zur Umsetzung solcher Schemadefinitionen bereit. Die Ausgangslage für dieses Beispiel ist eine bereits erzeugte Liste, die in eine Listendefinition überführt werden soll (siehe Abbildung 6.2).

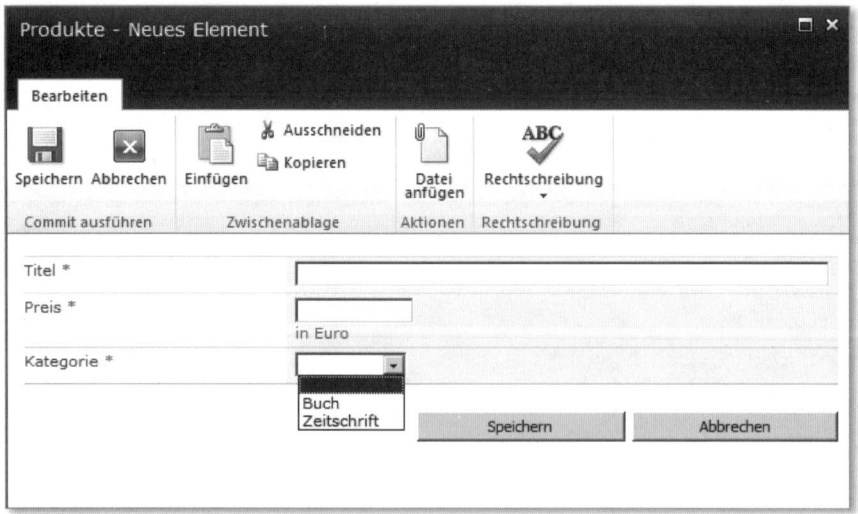

Abbildung 6.2 Bevor Sie eine Listendefinition umsetzen, sollten Sie die jeweilige Liste zunächst über die SharePoint-Benutzeroberfläche erzeugen.

Die Liste besteht aus drei Spalten: dem TITEL, dem PREIS sowie einem Auswahlfeld für die KATEGORIE. Sämtliche Attribute werden als Pflichtfeld deklariert.
Neben der Standardansicht soll eine gruppierte Ansicht über die Listendefinition
bereitgestellt werden.

Zusätzlich zur Schemadefinition werden Sie in diesem Anwendungsbeispiel eine
Listeninstanz erzeugen, die auf der benutzerdefinierten Vorlage basiert.

Beginnen Sie mit der Erstellung eines neuen Visual Studio 2010-Projekts auf der
Basis einer leeren SharePoint-Vorlage, und geben Sie ihm die Bezeichnung »Produktliste«. Den Bereitstellungstyp können Sie frei wählen.

Fügen Sie dem Projekt jetzt ein neues Element vom Typ LISTENDEFINITION hinzu,
das Sie ebenfalls »Produktliste« nennen (siehe Abbildung 6.3).

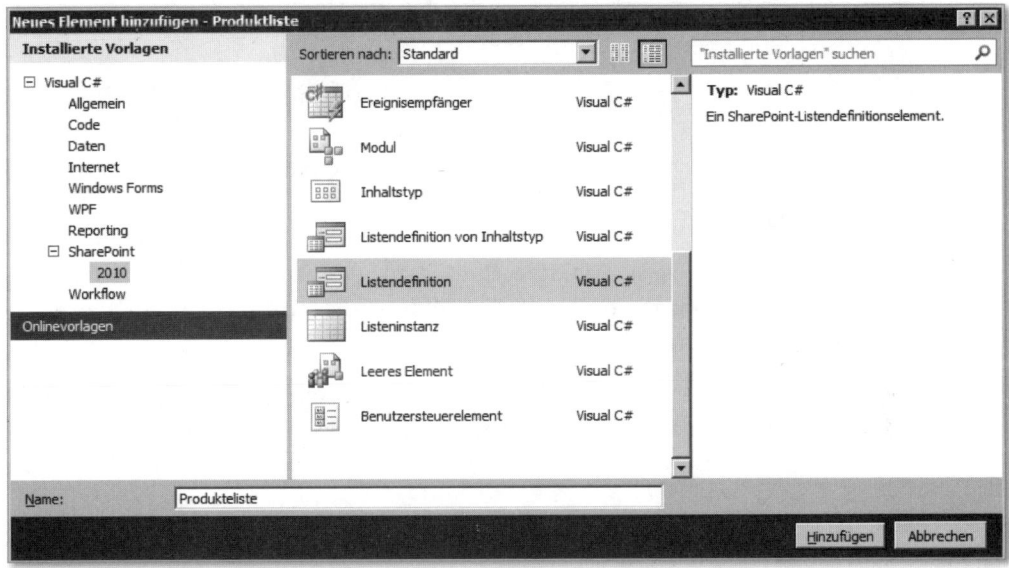

Abbildung 6.3 Visual Studio integriert eine Elementvorlage zur Realisierung von Listendefinitionen.

Im Anschluss öffnet sich ein Assistent. In ihm legen Sie den Basistyp der Liste
und einen Namen fest. Der Assistent unterstützt folgende Vorlagen:

▸ ANKÜNDIGUNGEN

▸ KALENDER

▸ KONTAKTPERSONEN

▸ BENUTZERDEFINIERTE LISTE

▸ DOKUMENTBIBLIOTHEK

- ► LINKS

- ► AUFGABEN

Wählen Sie den Typ BENUTZERDEFINIERTE LISTE aus, und geben Sie dem Element den Namen »Produktliste« (siehe Abbildung 6.4).

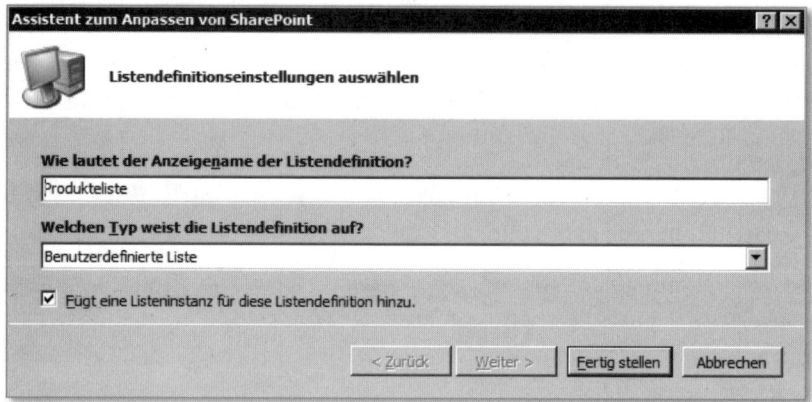

Abbildung 6.4 Die Generierung der Listeninstanzen wird von einem Assistenten unterstützt.

Die Checkbox FÜGT EINE LISTENINSTANZ FÜR DIESE LISTENDEFINITION HINZU sollten Sie aktiviert lassen. Diese Funktion führt dazu, dass automatisch eine Listeninstanz zu dieser Definition erzeugt wird. Andernfalls wird nur die Vorlage in der SharePoint-Umgebung bereitgestellt.

Das Feature können Sie gegebenenfalls umbenennen. Die Projektmappe stellt nun die Elemente bereit, die Sie in Abbildung 6.5 sehen.

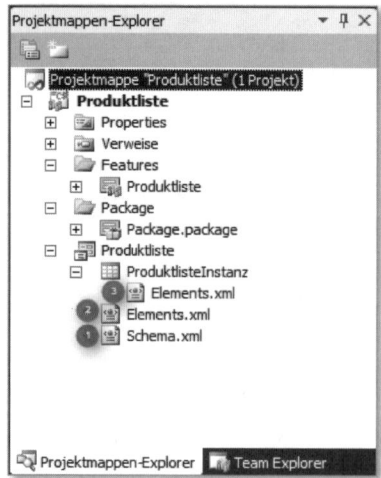

Abbildung 6.5 Die Projektstruktur einer Listendefinition inklusive Listeninstanz

Durch den Assistenten wurden drei Dateien erzeugt:

	Datei	Bedeutung
1	*Schema.xml*	komplette Definition der Liste mit Spalten, Inhalts-typen und Ansichten
2	*Elements.xml*	Basiskonfiguration der Liste mit Namen, Typ und Beschreibung
3	*<Instanz>\Elements.xml*	Element-Manifest der Listeninstanz

Tabelle 6.1 Dateien der Listendefinition und Instanz

Das Schema beschreibt die Liste in all ihren Einzelheiten. Die durch Visual Studio erzeugte Datei stellt bereits eine Standardstruktur bereit.

Eine Liste benötigt mindestens einen *Inhaltstyp* (*ContentType*), damit die Elemente ihre Werte in ihm abspeichern können. Als Inhaltstyp können Sie eine der im System vorhandenen Vorlagen nutzen. Alternativ erweitern Sie den Inhaltstyp mit der ID 0x01 um zusätzliche Felder. Von diesem Verfahren werden Sie jetzt Gebrauch machen und folgende Felder in der Schema-Datei der Listendefinition registrieren.

```
<ContentType ID="0x01">
   <Folder TargetName="Item" />
   <FieldRefs>
      <FieldRef ID="{c042a256-787d-4a6f-8a8a-cf6ab767f12d}"
      Name="ContentType" />
      <FieldRef ID="{fa564e0f-0c70-4ab9-b863-0177e6ddd247}"
      Name="Title" Required="TRUE" ShowInNewForm="TRUE"
      ShowInEditForm="TRUE" />
      <FieldRef ID="{8805F057-D93E-4A95-AFF8-78F504C51FCA}"
      Name="Preis" Required="TRUE" ShowInNewForm="TRUE"
      ShowInEditForm="TRUE" />
      <FieldRef ID="{3AC739D9-9582-44C6-BAD9-076F9FF6B880}"
      Name="Kategorie" Required="TRUE" ShowInNewForm="TRUE"
      ShowInEditForm="TRUE" />
   </FieldRefs>
   <XmlDocuments>
      <XmlDocument
      NamespaceURI="http://schemas.microsoft.com/sharepoint/v3/↵
      contenttype/forms">
         <FormTemplates
         xmlns="http://schemas.microsoft.com/sharepoint/v3/↵
         contenttype/forms">
            <Display>ListForm</Display>
            <Edit>ListForm</Edit>
            <New>ListForm</New>
```

```
        </FormTemplates>
      </XmlDocument>
   </XmlDocuments>
</ContentType>
<ContentTypeRef ID="0x0120" />
```

Listing 6.3 Inhaltstypen der Listendefinition

Der Inhaltstypreferenziert exakt drei benutzerdefinierte Spalten über das FieldRef-Element. Die Referenz auf den Inhaltstyp Ordner (Folder) ermöglicht die Erstellung von Ordnern innerhalb der Liste.

Möchten Sie einen der Standardinhaltstypen verwenden, müssen Sie das ContentTypeRef-Element nutzen. Als Wert wird diesem Element der Hexadezimalwert des Systeminhaltstyps übergeben. Tabelle 6.2 liefert Ihnen eine Auflistung der wichtigsten Inhaltstypen von SharePoint Foundation 2010.

Name		ID
System	System	0x
Item	Element	0x01
Document	Dokument	0x0101
Event	Ereignis	0x0102
Issue	Problem	0x0103
Announcement	Ankündigung	0x0104
Link	Verknüpfung	0x0105
Contact	Kontakt	0x0106
Message	Nachricht	0x0107
Task	Aufgaben	0x0108
Workflow History	Workflowverlauf	0x0109
Post	Beitrag	0x0110
Comment	Kommentar	0x0111
East Asia Contact	Kontakt Ostasien	0x0116
Folder	Ordner	0x0120

Tabelle 6.2 Basis-Inhaltstypen von SharePoint Foundation 2010

Inhaltstypen sind vollständig hierarchisch aufgebaut, beginnend mit dem Element (0x01). Der Inhaltstyp dieses Beispiels basiert auf dem des Elements.

Im nächsten Arbeitsschritt werden Sie die einzelnen Spalten definieren. Diese werden über das Field-Element beschrieben und anschließend dem Inhaltstyp zugeordnet (FieldRef). Ersetzen Sie den Fields-Zweig nun durch folgenden XML-Code:

```
<Fields>
    <Field ID="{3AC739D9-9582-44C6-BAD9-076F9FF6B880}"
            DisplayName="Kategorie" Name="category"
            Type="Choice" Required="FALSE"
            UnlimitedLengthInDocumentLibrary="FALSE"
            RowOrdinal="0">
        <CHOICES>
            <CHOICE>Buch</CHOICE>
            <CHOICE>Zeitschrift</CHOICE>
        </CHOICES>
    </Field>
    <Field ID="{8805F057-D93E-4A95-AFF8-78F504C51FCA}"
            DisplayName="Preis" Name="price"
            Type="Currency" Required="TRUE"
            UnlimitedLengthInDocumentLibrary="FALSE"
            Description="in Euro"/>
</Fields>
```

Listing 6.4 Spalten der benutzerdefinierten Liste

Ein Feld setzt sich im Kern aus der ID, der Bezeichnung (Name), dem Anzeigenamen (DisplayName), dem Typ (Type) sowie einigen individuellen Einstellungen zusammen. Das Attribut Required definiert die Spalten als Pflichtfelder.

Den Feldern folgen die Ansichten. Sie werden über das View-Element spezifiziert. Im nächsten Schritt erzeugen Sie eine nach der Kategorie gruppierte Ansicht und fügen diese unter den beiden Standardansichten hinzu.

```
<View BaseViewID="2" Type="HTML" WebPartZoneID="Main"
DisplayName="nach Kategorie" DefaultView="FALSE" MobileView="TRUE"
MobileDefaultView="FALSE" SetupPath="pages\viewpage.aspx"
ImageUrl="/_layouts/images/generic.png" Url="byCategory.aspx">
    <Toolbar Type="Standard" />
    <XslLink Default="TRUE">main.xsl</XslLink>
    <RowLimit Paged="TRUE">30</RowLimit>
    <ViewFields>
        <FieldRef Name="Attachments"></FieldRef>
        <FieldRef Name="LinkTitle"></FieldRef>
        <FieldRef Name="price" />
    </ViewFields>
    <Query>
        <GroupBy Collapse="TRUE" GroupLimit="100">
```

```
            <FieldRef Name="category" />
        </GroupBy>
    </Query>
    <ParameterBindings>
        <ParameterBinding Name="NoAnnouncements"
            Location="Resource(wss,noXinviewofY_LIST)" />
        <ParameterBinding Name="NoAnnouncementsHowTo"
            Location="Resource(wss,noXinviewofY_DEFAULT)" />
    </ParameterBindings>
</View>
```

Listing 6.5 Zusätzliche Ansicht einer benutzerdefinierten Liste

Der Ansicht werden eine URL, eine Bezeichnung sowie einige weitere Einstellungen zugeordnet. Die von der Ansicht berücksichtigten Spalten werden über das bereits bekannte FieldRef-Element referenziert.

Der Forms-Bereich wurde bereits durch die Projektvorlage ausgestaltet und muss nicht mehr angepasst werden. Er definiert die Standardformulare der Liste.

```
<Forms>
    <Form Type="DisplayForm" Url="DispForm.aspx"
     SetupPath="pages\form.aspx" WebPartZoneID="Main" />
    <Form Type="EditForm" Url="EditForm.aspx"
     SetupPath="pages\form.aspx" WebPartZoneID="Main" />
    <Form Type="NewForm" Url="NewForm.aspx"
     SetupPath="pages\form.aspx" WebPartZoneID="Main" />
</Forms>
```

Listing 6.6 Formulare der Liste

Damit ist Ihre Listendefinition vollständig. Die von Visual Studio erzeugte *Elements.xml*-Datei muss nicht weiter angepasst werden. Sie stellt bereits die für die Listendefinition erforderlichen Basisattribute bereit:

```
<?xml version="1.0" encoding="utf-8"?>
<Elements xmlns="http://schemas.microsoft.com/sharepoint/">
    <!-- Ändern Sie nicht den Wert des Namensattributs unten. Wenn
        der Name nicht mit dem Ordnernamen des Listendefinitions-
        Projektelements übereinstimmt, tritt bei der Ausführung des
        Projekts ein Fehler auf. -->
    <ListTemplate
        Name="Produktliste"
        Type="10000"
        BaseType="0"
        OnQuickLaunch="TRUE"
```

```
             SecurityBits="11"
             Sequence="410"
             DisplayName="Produktliste"
             Description="Meine Produkte"
             Image="/_layouts/images/itgen.png"/>
</Elements>
```

Listing 6.7 Element-Manifest der Listendefinition

Das Manifest einer Listendefinition wird über ein `ListTemplate`-Element spezifiziert. Über die in ihm enthaltenen Attribute können Sie beispielsweise den Namen, die Beschreibung, die Sequenz oder das Vorlagen-Icon konfigurieren.

Das Element-Manifest sorgt für die Bereitstellung des Templates in der Share-Point-Umgebung (siehe Abbildung 6.6).

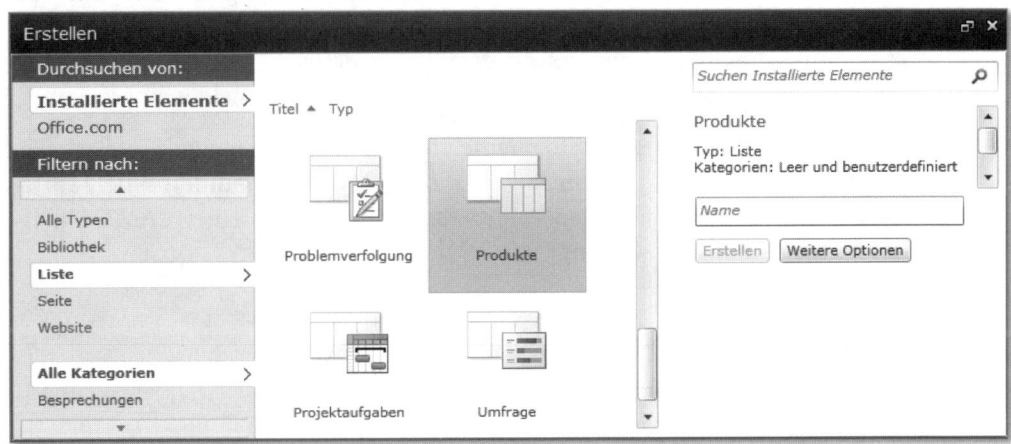

Abbildung 6.6 Die Listendefinition wird nach Aktivierung des Features innerhalb der Standardvorlagen bereitgestellt.

Schauen wir uns zum Abschluss noch das Element-Manifest der Listeninstanz an.

```
<?xml version="1.0" encoding="utf-8"?>
<Elements xmlns="http://schemas.microsoft.com/sharepoint/">
  <ListInstance Title="Produktliste"
                OnQuickLaunch="TRUE"
                TemplateType="10000"
                Url="Lists/Produktliste"
                Description="Meine Produkte">
  </ListInstance>
</Elements>
```

Listing 6.8 Das Element-Manifest der Listeninstanz

Die XML-Beschreibung kommt mit wenigen Attributen aus. Die wichtigste Information steckt im `TemplateType`-Element. Es referenziert die eindeutige ID der zuvor erzeugten Listendefinition. Die weiteren Attribute sind selbsterklärend.

Nach dem Deployment dieser Lösung und der Aktivierung des Features wird die Vorlage in der Ziel-Webseite bereitgestellt sowie eine Instanz auf Basis dieses Templates erzeugt.

6.1.3 Programmierung mit CAML

Neben den deklarativen Beschreibungen dient das CAML-Konzept auch unterschiedlichen Programmieraufgaben. Beispielsweise können Sie über diese Technologie Datenanfragen gegen eine Liste oder Dokumentbibliothek durchführen oder Informationen über mehrere Webseiten hinweg abfragen.

CAML-Abfragen dienen nicht nur zur serverseitigen Programmierung, auch das Client-Objektmodell und *LINQ to SharePoint* nutzen diese Technologie. Auch wenn diese neuen Programmierschnittstellen die native Nutzung von CAML teilweise abnehmen, ist es dennoch wichtig, die Grundfunktionalität zu kennen.

Mithilfe von CAML lassen sich Elemente von SharePoint-Listen und Bibliotheken auf eine flexible Art und Weise abfragen. Der XML-Code definiert Filter, Sortierungen und die auszugebenden Felder. Der Grundaufbau einer CAML-Abfrage besteht aus dem `Query`-Element.

```
<Query>
   <Where>
      <Eq>
         <FieldRef Name="Title" />
         <Value Type="Text">Deutschland</Value>
      </Eq>
   </Where>
   <OrderBy>
      <FieldRef Name="ID" Ascending="False" />
   </OrderBy>
</Query>
```

Listing 6.9 Einfache CAML-Abfrage

Diese einfache Abfrage gibt sämtliche Elemente einer Liste zurück, deren Titel »Deutschland« ist, und sortiert sie aufsteigend nach der »ID«. Bitte beachten Sie, dass CAML case sensitiv ist und die Spalten über den internen Namen referenziert.

Filter lassen sich mit `And` oder `Or` verknüpfen.

```
<Query>
   <Where>
      <And>
         <Eq>3</Eq>
         <Or>
            <Eq>1</Eq>
            <Eq>2</Eq>
         </Or>
      </And>
   </Where>
</Query>
```

Listing 6.10 Verschachtelte CAML-Query

Zu beachten ist, dass jeweils zwei Vergleiche in dem And- bzw. Or-Ausdruck ineinander verschachtelt sind. Das Ergebnis der inneren Abfrage wird als Bedingung an die äußere übergeben.

Für das oben genannte Beispiel bedeutet dies, dass zuerst die Bedingungen »1« und »2« ausgewertet werden, indem die Einzelbedingungen mit *ODER* verknüpft werden. Ist das Ergebnis berechnet, wird es mit der Einzelbedingung »3« UND-verknüpft.

Tabelle 6.3 beschreibt die von CAML unterstützten Operatoren:

Operator	Beschreibung
Eq	gleich
Neq	ungleich
Gt	größer
Geq	größer oder gleich
Lt	kleiner
Leq	kleiner oder gleich
Contains	enthält
IsNull	null
IsNotNull	ungleich null
BeginsWith	beginnt mit

Tabelle 6.3 CAML-Operatoren

Umgang mit Sonderzeichen

Wertelemente müssen in HTML kodiert werden, damit die Abfrage sie verarbeiten kann.

393

```
<Where>
  <Eq>
     <FieldRef Name='Title' />
     <Value Type='Text'>GmbH &amp; Co</Value>
  </Eq>
</Where>
```

Die Verarbeitung von CAML-Abfragen wird im SharePoint-Objektmodell durch die `SPQuery`-Klasse aus dem Namensraum `Microsoft.SharePoint` unterstützt. Über die Eigenschaft `Query` wird die Zeichenkette der CAML-Abfrage definiert. Die Methode `SPList.GetItems` wertet die Abfrage aus und gibt die angeforderten Elemente in Form eines `SPListItemCollection`-Objekts zurück.

```
var query = new SPQuery();
query.Query = "<Where><Eq>"+
   "<FieldRef Name='Title' /><Value Type='Text'>GmbH</Value>"+
   "</Eq></Where>";
var items = list.GetItems(query);
```

Listing 6.11 CAML-Abfragen mit dem SharePoint-Objektmodell

Ein Werkzeug, das Sie bei der Definition solcher Anfragen unterstützt, haben Sie bereits kennengelernt – den *U2U CAML Query Builder* (siehe Abbildung 6.7).

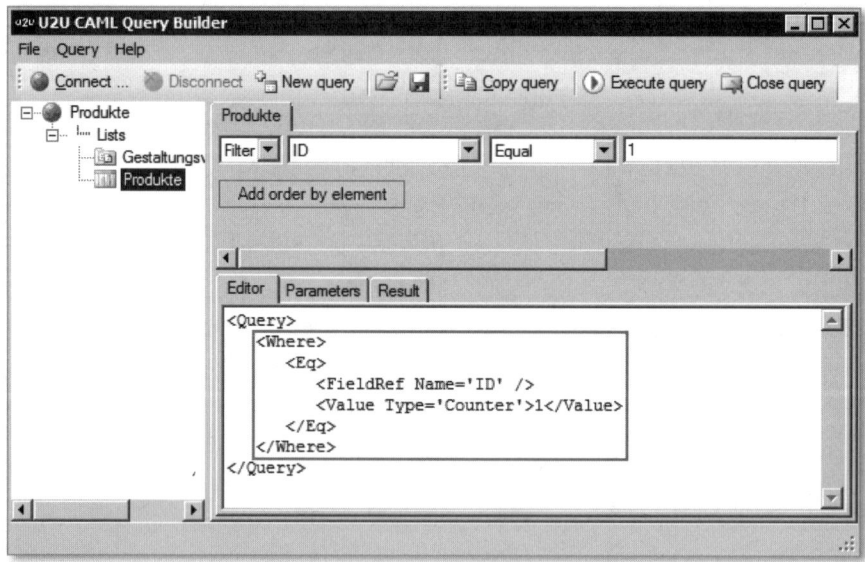

Abbildung 6.7 Der U2U CAML Query Builder ermöglicht die visuelle Erzeugung von Datenabfragen.

Datenabfrage mit SPQuery

SPQuery-Objekte sollten nicht mehrfach verwendet werden. Für den Fall, dass in einer SharePoint-Anwendung mehrere Abfragen ausgeführt werden, empfiehlt es sich, ein komplett neues SPQuery-Objekt zu erzeugen, anstatt new SPQuery auf einem bereits erzeugten Objekt zu verwenden.

6.2 LINQ to SharePoint

LINQ (*Language Integrated Query*) ist eine Spracherweiterung für C# 3.0 und *VB 9.0* (Visual Basic 9.0), mit der sich Daten aus unterschiedlichen Quellen auf Ebene des Programmcodes in einer stark typisierten Form abfragen lassen. Das neue deklarative Programmiermodell liefert Entwicklern die Grundlage für die Umsetzung von standardisierten und verständlich strukturierten Datenabfragen. Mit SharePoint Foundation 2010 wurde LINQ in die Programmierschnittstelle von SharePoint integriert, was es ermöglicht, SharePoint-Elemente mithilfe LINQ abzufragen.

6.2.1 Einführung in LINQ

LINQ ist ein neues Programmierparadigma, das die Datenabfrage in einer mit SQL (*Structured Query Language*) vergleichbaren Sprache ermöglicht. Die mit dem .NET-Framework 3.5 ausgelieferte Spracherweiterung stellt das Bindeglied zwischen dem Backend-System (Datenbanken, XML-Dokumente oder Webservices) und der objektorientierten Welt dar. Die Programmierung von LINQ-Abfragen wird ab Visual Studio 2008 durch Syntax-Hervorhebung und Intelli-Sense unterstützt. Die Erweiterungen von LINQ ermöglichen die Datenabfrage in einer stark typisierten und logisch strukturierten Syntax.

Vor LINQ war die Abfrage von SQL- oder XML-Daten auch möglich, jedoch gab es hierfür kein einheitliches Verfahren. Entwickler haben sich teilweise für diese unterschiedlichen Aufgaben eigene Tools oder Komponenten geschrieben. Hinzu kommt, dass jede Datenquelle mit einer speziellen Syntax (zum Beispiel SQL oder XPath) angesprochen werden musste. LINQ macht mit diesem Umstand Schluss, indem es für die Abfrage von Daten eine einheitliche Syntax bereitstellt.

Eine wesentliche Verbesserung in der Spracherweiterung ist die Typisierung. Der traditionelle Weg einer Datenabfrage erfolgt gewöhnlich über zusammengesetzte Zeichenketten. Der Aufbau einer einfachen SQL-Abfrage erfordert im Allgemeinen nicht viel Programmcode:

```
using (SqlConnection sqlConn = new SqlConnection("Data ⮐
Source=.;Initial Catalog=Northwind;Integrated Security=SSPI"))
{
    sqlConn.Open();
    SqlCommand cmd = new SqlCommand();
    cmd.Connection = sqlConn;
    cmd.CommandText = "SELECT CompanyName FROM Customers";
    cmd.CommandType = CommandType.Text;
    SqlDataReader reader = cmd.ExecuteReader();
    while (reader.Read())
    {
        Console.WriteLine("{0}",
            reader.GetString(reader.GetOrdinal("CompanyName")));
    }
}
```

Listing 6.12 SQL-Abfrage auf herkömmlichem Wege

Diese Art der Implementierung hat jedoch einige Nachteile. Zum einen muss der Entwickler bei der Erzeugung der Abfragezeichenfolge auf IntelliSense oder Code-Hervorhebung verzichten. Zum anderen ist die Abfrage nicht typisiert; das bedeutet, dass während der Kompilierung dieses Befehls weder die Konsistenz noch das Vorhandensein der Objekte geprüft wird. Ein möglicher Fehler (zum Beispiel ein Schreibfehler, ein falscher Indexer oder eine fehlerhafte Typenkonvertierung) kann mit diesem Verfahren erst zur Laufzeit identifiziert werden.

LINQ wurde konzipiert, um die Datenabfrage in der .NET-Welt in einer einheitlichen Syntax und standardisierten Form durchzuführen. LINQ soll die Arbeit für den Entwickler deutlich vereinfachen. Aus diesem Grund wurde LINQ als ein Gesamtkonzept entwickelt.

LINQ ist ein Gesamtkonzept

LINQ ist nicht nur eine Spracherweiterung, vielmehr ist es ein Gesamtkonzept mit vielen Erweiterungen und neuen Funktionen für C# 3.0 bzw. VB 9.0. Zu den wichtigsten Funktionen gehören *Lambda-Ausdrücke*, *Methodenerweiterungen*, *Objektinitialisierer* und *anonyme Typen*.

Der Kern von LINQ ist der Abfrageausdruck (*Query Expression*). Ein Ausdruck besteht im Allgemeinen aus definierten Schlüsselwörtern (*Standard Query Operators*). Die Standardoperatoren werden durch die System.Linq.Enumerable-Klasse definiert. Das folgende Beispiel veranschaulicht das Grundgerüst einer einfachen LINQ-Abfrage:

```
var query = from name in list
            where name.StartsWith("A")
            select name;
```

Listing 6.13 Aufbau einer einfachen LINQ-Abfrage

Der deutlichste Unterschied zwischen LINQ und SQL ist die Position des Schlüsselworts `from` (Datenquelle), das in LINQ vor dem `select`-Statement steht. In LINQ ist diese Reihenfolge für die IntelliSense-Unterstützung erforderlich. Die `where`-Klausel instruiert den Compiler, die Elemente der Liste zu filtern und nur diejenigen zu berücksichtigen, die mit dem Buchstaben »A« beginnen. Eine weitere wichtige neue Funktion ist das `var`-Schlüsselwort. Es teilt dem Compiler mit, den Typ anhand der Abfrage zu identifizieren.

Implizite Typenindizierung

Das `var`-Schlüsselwort ist ein neues Feature in C# 3.0. Es deklariert eine lokale Variable, die implizit typisiert wird. Der Typ wird durch den rechten Bereich des Ausdrucks vorgegeben. Variablen vom Typ `var` erhalten ihre Typisierung zur Kompilierungszeit.

Variablen identifizieren

In Visual Studio können Sie den Typ der Variable identifizieren, indem Sie die Maus über das `var`-Schlüsselwort ziehen (siehe Abbildung 6.8).

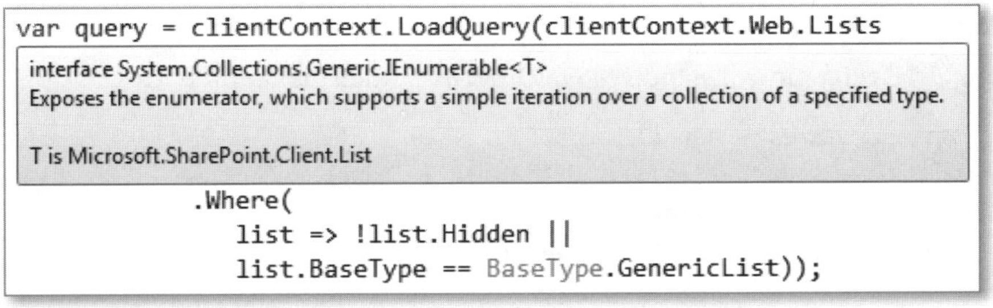

```
var query = clientContext.LoadQuery(clientContext.Web.Lists
```
```
interface System.Collections.Generic.IEnumerable<T>
Exposes the enumerator, which supports a simple iteration over a collection of a specified type.

T is Microsoft.SharePoint.Client.List
```
```
            .Where(
              list => !list.Hidden ||
              list.BaseType == BaseType.GenericList));
```

Abbildung 6.8 Implizite Typen mit Visual Studio auswerten

Eine LINQ-Abfrage gibt jeweils ein Objekt vom Typ `IEnumerable<T>` zurück. Anstelle des `var`-Schlüsselworts könnte in diesem Bespiel auf der linken Seite dieser Abfrage auch Folgendes stehen:

```
IEnumerable<string> query = from name in list
                            where name.StartsWith("A")
                            select name;
```

Listing 6.14 LINQ-Abfrage mit explizitem Rückgabewert vom Typ »IEnumerable<T>«

> **Rückgabe anonymer Typen**
>
> Sollten durch die LINQ-Abfrage anonyme Typen (siehe die Erläuterung »Anonyme Typen« in Abschnitt 6.2.3) zurückgegeben werden, müssen Sie auf der linken Seite des Ausdrucks das var-Schlüsselwort zwingend verwenden.

Mithilfe von LINQ lassen sich sämtliche Objekte abfragen, die das IEnumerable<T>-Interface implementieren. Die zurückgelieferten Objekte lassen sich im einfachsten Fall mit einer foreach-Schleife iterieren.

```
forearch (string name in query)
{
    Console.WriteLine(name);
}
```

Listing 6.15 Iteration eines LINQ-Objekts

LINQ integriert neben den hier abgebildeten Operatoren (from, where, select) noch weitere Schlüsselwörter zur Verfeinerung der Abfrage: join, on, into, let, orderby, ascending, descending, select group und by.

LINQ selbst ist ein deklaratives Programmiermodell, ähnlich wie SQL oder XPath. Im Unterschied zur imperativen Programmierung wird durch den deklarativen Weg nicht das »Wie«, sondern das »Was« beschrieben. In der Regel weisen deklarative Modelle einen kürzeren Implementierungsweg auf und sind verständlicher zu lesen.

Listing 6.16 zeigt ein vollständiges *LINQ to Object*-Beispiel:

```
List<string> names = new List<string>
    { "Hans", "Peter", "Alfred", "Fabian", "René", "Anton" };
var query = from name in names
            where name.StartsWith("A")
            orderby name descending
            select name;
foreach (string name in query)
{
    Console.WriteLine(name);
}
```

Listing 6.16 Vollständige LINQ-Abfrage

6.2.2 LINQ Provider

LINQ basiert auf einem erweiterbaren Framework, das zur Abfrage unterschiedlicher Datenquellen verwendet werden kann. Drei der prominentesten Vertreter sind *LINQ to Object*, *LINQ to XML* oder *LINQ to SQL*. Der Zugriff auf die externe Datenquelle wird mithilfe eines sogenannten *LINQ Providers* realisiert (siehe Abbildung 6.9).

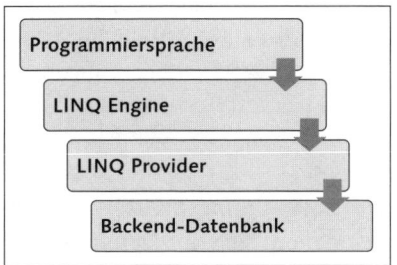

Abbildung 6.9 Die Architektur von LINQ

Der Provider übernimmt dabei die Rolle des Übersetzers, indem er die LINQ-Abfrage in die jeweilige anwendungsspezifische Abfrage transformiert und auf dem jeweiligen Backend-System zur Ausführung bringt. Listing 6.17 zeigt einen Auszug einer *LINQ to SQL*-Abfrage:

```
NorthwindDataContext context = new NorthwindDataContext();
var query = from customer in context.Customers
            where customer.Country == "Germany"
            select new { customer.CompanyName,
                         customer.ContactName };
```

Listing 6.17 »LINQ to SQL«-Beispiel

Die hier abgebildete LINQ-Abfrage führt zu folgendem parametrisierten SQL-Befehl:

```
SELECT [t0].[CompanyName],
       [t0].[ContactName]
FROM [dbo].[Customers] AS [t0]
WHERE [t0].[Country] = @p0
ORDER BY [t0].[CompanyName] DESC
```

Listing 6.18 Dynamisch durch LINQ generierte SQL-Abfrage

Der Vorteil dieses Verfahrens ist, dass sich der Entwickler über den Aufbau der eigentlichen Abfrage keine Gedanken mehr machen muss. Die Generierung der SELECT-Abfrage wird vollständig von LINQ übernommen. Die Kommunikation zwischen der LINQ-Anwendung und dem Datenbankserver übernimmt in diesem Fall der *LINQ to SQL*-Provider. Der Provider ist eine Komponente, die die

Interfaces IQueryable<T>, IOrderedQeryable<T> und IQueryProvicer<T> aus dem Namensraum System.Linq implementiert.

Das erweiterbare Provider-Modell liefert Drittanbietern die Möglichkeit, eigene LINQ-Provider für das .NET-Framework bereitzustellen. *LINQ to Amazon, LINQ to Flickr* oder *LINQ to LDAP* sind nur einige von mittlerweile zahlreichen Angeboten.

6.2.3 »LINQ to SharePoint«-Provider

Mit SharePoint Foundation 2010 integriert die Entwicklungsplattform einen eigenen LINQ-Provider und damit einen komplett neuen Weg der Datenabfrage. Mit *LINQ to SharePoint* bekommen Entwickler eine weitere Möglichkeit, um außer mit dem Objektmodell, den SharePoint-Webservices oder CAML Daten aus einer SharePoint-Umgebung abzufragen oder zu manipulieren.

Der *LINQ to SharePoint*-Provider wird über den Namensraum Microsoft.SharePoint.Linq bereitgestellt. Er übersetzt eine LINQ-Abfrage in CAML und erspart Ihnen damit den teilweise sehr aufwendigen Arbeitsschritt der manuellen CAML-Definition. Durch dieses Verfahren kommen SharePoint-Entwickler in den Genuss vollständig typisierter Abfragen mit IntelliSense-Unterstützung. Der Datenkontext wird über die Klasse Microsoft.SharePoint.Linq .DataContext bereitgestellt. Der *LINQ to SharePoint*-Provider implementiert das IQueryable<T>-Interface über die Methode GetList, die ein Objekt vom Typ EntityList<T> zurückgibt. Diese Liste von Objekten repräsentiert SharePoint-Elemente. Unter Zuhilfenahme eines anonymen Typs lassen sich die von der Abfrage zurückgegebenen Objekte direkt in einer foreach-Schleife iterieren. Listing 6.19 beschreibt den grundlegenden Aufbau einer *LINQ to SharePoint*-Abfrage:

```
SharePointSiteDataContext dc = new
  SharePointSiteDataContext(SPContext.Current.Web.Url);
EntityList<OrdersItem> orders =
  dc.GetList<OrdersItem>("Bestellungen");
var query = from o in orders
          where o.Amount > 5
          select new
          { o.Article, o.Amount };
foreach(var order in query)
{
   Console.WriteLine("{0} Bestellungen von Artikel {1}",
      order.Article, o.Amount);
}
```

Listing 6.19 Aufbau einer »LINQ to SharePoint«-Abfrage

In diesem Programmblock werden sämtliche Bestellungen aus einer Liste abgefragt, bei denen der Wert der Menge größer als 5 ist. Die zurückgegebenen Werte werden in einen anonymen Typ überführt, der die Eigenschaften *Artikel* (`Article`) und *Menge* (`Amount`) enthält. Im Anschluss werden die Daten mit einer einfachen `foreach`-Schleife iteriert.

Anonyme Typen
Mithilfe anonymer Typen lassen sich beliebige Objektstrukturen auf einen impliziten Typ projizieren. In der herkömmlichen Welt und bei der Umsetzung von SharePoint-Lösungen können Entwickler durch dieses Modell auf die aufwendige Deklaration von Klassenstrukturen verzichten und die von einer LINQ-Abfrage zurückgegebenen Typen dynamisch erzeugen und weiterverarbeiten.

6.2.4 SPMetal

Den Zugriffspunkt zur SharePoint-Umgebung liefert der sogenannte Datenkontext (`DataContext`-Klasse), der vom *LINQ to SharePoint*-Provider bereitgestellt wird. Der Datenkontext wird mithilfe des Kommandozeilenwerkzeugs *SPMetal* erzeugt. Es generiert aus den abgefragten SharePoint-Listen dazugehörige Entitäten-Klassen und agiert damit als eine Art Schnittstelle zur SharePoint-Umgebung. Das mit SharePoint Foundation 2010 ausgelieferte Programm erzeugt ausschließlich partielle Klassen. Hierdurch haben Entwickler die Möglichkeit, den Entitäten weitere Eigenschaften oder Methoden hinzuzufügen, ohne dass sie bei einer Neugenerierung überschrieben werden.

Wo finde ich SPMetal?
SPMETAL.EXE wird durch die Installationsroutine von SharePoint im Verzeichnis *%CommonProgramFiles%\Microsoft Shared\Web Server Extensions\14\BIN* bereitgestellt.

Folgender einfacher Aufruf beschreibt die Erzeugung einer Entitäten-Klasse über SPMetal:

```
SPMetal /web:http://contoso.de /code:Standorte.cs
```

Der Generierungsprozess lässt sich über verschiedene Parameter steuern (siehe Tabelle 6.4).

Parametername	Beschreibung
web	URL der SharePoint-Webseite
code	Name der zu generierenden Datei. Der Pfad kann relativ oder absolut sein.

Tabelle 6.4 Parameter von SPMetal

Parametername	Beschreibung
Language	csharp oder vb. Wenn der Parameter nicht angegeben wird, definiert sich die Sprache aus der Dateiendung.
namespace	Der Namensraum, in dem die Entitäten-Klassen erstellt werden.
useremoteapi	Dieser Parameter wird ohne Wert angegeben. Sollen Klassen für die Nutzung des Client-Objektmodells erstellt werden, muss dieser Parameter verwendet werden. *Hinweis: Der Parameter kann nur genutzt werden, wenn die Listen der Webseite keine Spalten vom Typ* Nachschlagen *enthalten. Diese werden vom Client-Objektmodell nicht unterstützt.*
user	Wenn das Programm nicht im Kontext des aktuellen Anwenders ausgeführt werden soll, kann über diesen Parameter ein anderer Benutzer angegeben werden.
password	Wird in Verbindung mit dem user-Parameter genutzt.
serialization	Der Wert kann die Ausprägungen unidirectional oder none (Standardwert) annehmen. Durch den unidirectional-Parameter werden entsprechende Attribute und Ereignis-Handler erstellt.
parameters	Übergabe einer Parameterdatei für die Erstellung der Entitäten

Tabelle 6.4 Parameter von SPMetal (Forts.)

Werden die Parameter nicht angegeben, nutzt SPMetal die jeweiligen Standardwerte. Als Ergebnis generiert das Werkzeug eine Klasse, die von DataContext erbt und sämtliche Listen der SharePoint-Webseite enthält. Die Klasse ist public und wird im Format <Dateiname>DataContext erzeugt.

Die generierten Entitäten haben keine direkte Verbindung zu den Listen und Daten der Webseite, die mithilfe des web-Parameters angegeben wurden. Das heißt, dass bei der späteren Verwendung der Entitäten jeweils die URL der Webseite angegeben werden muss.

```
SharePointSiteDataContext dataContext = new
  SharePointSiteDataContext("http://contoso");
```

Listing 6.20 Erzeugung eines neuen »DataContext«-Objekts

SPMetal erzeugt für jede Liste entsprechende Eigenschaften, über die der Zugriff erfolgen kann.

```
[Microsoft.SharePoint.Linq.ListAttribute(Name="Länder")]
public Microsoft.SharePoint.Linq.EntityList<Land> Laender {
  get {
```

```
        return this.GetList<Land>("Länder");
    }
}
```

Listing 6.21 Liste als Eigenschaft einer »DataContext«-Klasse

Die Erzeugung der Entitäten-Klassen kann über eine Parameterdatei gesteuert werden. Die XML-basierte Datei liefert die Möglichkeit, die Standardregeln von SPMetal zu überschreiben und die Erstellung der generierten Klassen zu beeinflussen. Listing 6.22 beschreibt eine einfache Parameterdatei.

```
<?xml version="1.0" encoding="utf-8"?>
<Web AccessModifier="Internal" Class="SharePointLists"
 xmlns="http://schemas.microsoft.com/SharePoint/2009/spmetal">
    <!-- Name=Display-Name der Liste -->
    <!-- Member=Name der Klasse, die die Liste repraesentiert-->
    <List Name="Länder" Member="Laender">
        <!-- Name der zu erstellenden Klasse
        Element oder Item ist der Name) -->
        <ContentType Name="Element" Class="Land" />
    </List>
    <List Name="Städte" Member="Staedte">
        <ContentType Name="Element" Class="Stadt" />
    </List>
    <!-- keine weiteren Listen in die Definition uebernehmen-->
    <ExcludeOtherLists/>
</Web>
```

Listing 6.22 Beispiel-Parameterdatei für SPMetal

Das Schema der Parameterdatei wird durch SharePoint bereitgestellt und ist im Verzeichnis *%CommonProgramFiles%\Microsoft Shared\Web Server Extensions\ 14\TEMPLATE\XML\SPMetalParameters.xsd* zu finden (siehe Abbildung 6.10).

Auf der obersten Ebene liegt das Web-Element. Es kann die Attribute Class (legt den Namen der generierten Klasse fest) und AccessModifier Internal oder Public enthalten.

IntelliSense zur Erzeugung der Parameterdatei

Um bei der Erzeugung der Parameterdatei IntelliSense-Unterstützung in Visual Studio zu erhalten, müssen Sie das Schema *%CommonProgramFiles%\Microsoft Shared\Web Server Extensions\14\TEMPLATE\XML\SPMetalParameters.xsd* nach *C:\Program Files (x86)\Microsoft Visual Studio 10.0\Xml\Schemas* kopieren.

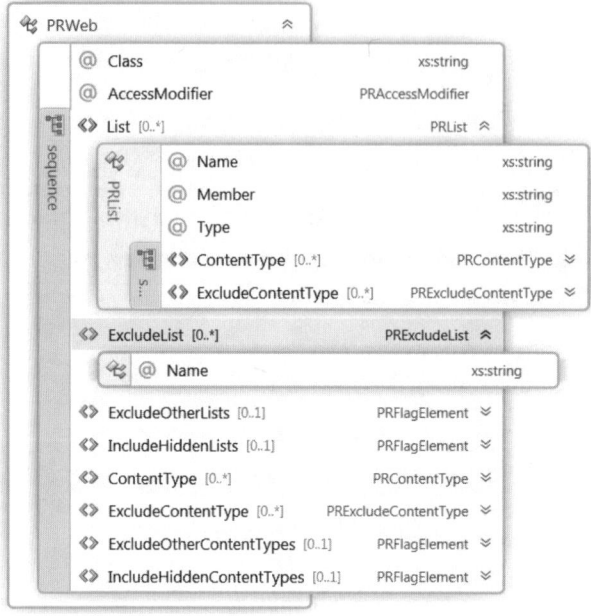

Abbildung 6.10 Auszug aus dem »SPMetalParameters«-Schema

Mithilfe von List-Elementen können auch Listen integriert werden, die sonst nicht behandelt würden, wie zum Beispiel versteckte Listen. Für jedes List-Element muss im Attribut Name der Listenname angegeben werden. Über das Member-Attribut kann die Bezeichnung der Klasse beeinflusst werden.

6.2.5 Anwendungsbeispiele für »LINQ to SharePoint«

In diesem Abschnitt wird anhand von praxisnahen Beispielen die Anwendung von *LINQ to SharePoint* beschrieben. In dem hier abgebildeten Szenario sollen Daten aus zwei einfachen Listen (Städte und Länder) abgefragt werden. Die Liste »Länder enthält einen Titel und eine Spalte zur Auswahl des jeweiligen Kontinents (siehe Abbildung 6.11).

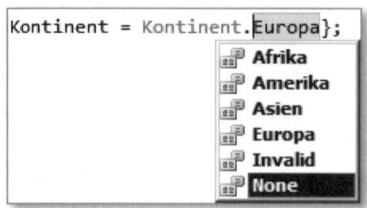

Abbildung 6.11 »Enum« einer Auswahlspalte

> **Hinweis**
>
> Auswahlspalten werden über den Datenkontext als *Enum* bereitgestellt.

In der zweiten Liste werden Informationen zu Städten abgespeichert. Sie enthält einen Titel und eine Spalte vom Typ NACHSCHLAGEN, über die das zugeordnete Land referenziert werden kann (siehe Abbildung 6.12).

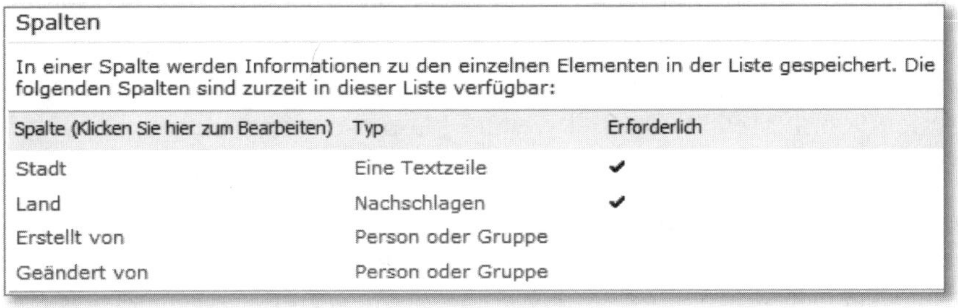

Spalten		
In einer Spalte werden Informationen zu den einzelnen Elementen in der Liste gespeichert. Die folgenden Spalten sind zurzeit in dieser Liste verfügbar:		
Spalte (Klicken Sie hier zum Bearbeiten)	Typ	Erforderlich
Stadt	Eine Textzeile	✔
Land	Nachschlagen	✔
Erstellt von	Person oder Gruppe	
Geändert von	Person oder Gruppe	

Abbildung 6.12 Spalten der Liste »Städte«

Der Zugriff auf die SharePoint-Listen wird über den Datenkontext realisiert. Er enthält Entitäten-Klassen, die die jeweiligen Listen repräsentieren. Die Datenkontextklasse (DataContext) hat folgenden grundlegenden Aufbau:

```
internal partial class ListenDataContext :
Microsoft.SharePoint.Linq.DataContext
{
   partial void OnCreated();
   public ListenDataContext(string requestUrl) :
      base(requestUrl)
   {
      this.OnCreated();
   }
   [Microsoft.SharePoint.Linq.ListAttribute(Name = "Länder")]
   public Microsoft.SharePoint.Linq.EntityList<Land> Laender
   {
      get
      {
         return this.GetList<Land>("Länder");
      }
   }
   [Microsoft.SharePoint.Linq.ListAttribute(Name = "Städte")]
   public Microsoft.SharePoint.Linq.EntityList<Stadt> Staedte
   {
      get
      {
```

```
        return this.GetList<Stadt>("Städte");
    }
  }
}
```

Listing 6.23 Datenkontextklasse, von SPMetal erstellt

Der Datenkontext integriert einen Konstruktor, der als Parameter die URL einer SharePoint-Webseite erwartet. Die beiden Listen der Zielumgebung werden als Eigenschaften mit einem Rückgabewert vom Typ `EntityList<T>` abgebildet. Die Bezeichnungen der Klassen wurden über die Parameterdatei modifiziert. Außerdem wurden von SPMetal noch drei weitere Klassen erzeugt, die den Standardinhaltstyp `Element` beschreiben, von dem die benutzerdefinierten Listen erben.

```
internal partial class Element : Microsoft.SharePoint.Linq ⮐
.ITrackEntityState, Microsoft.SharePoint.Linq.ITrackOriginalValues, ⮐
System.ComponentModel.INotifyPropertyChanged, System.ComponentModel ⮐
.INotifyPropertyChanging

{...}
internal partial class Land : Element
{...}
internal partial class Stadt : Element
{...}
```

Listing 6.24 Entitäten einer Datenkontextdatei

Einfache Abfrage

Das erste Anwendungsbeispiel beschreibt eine einfache LINQ-Abfrage von Elementen der Liste »Länder«.

```
// Erstelle einen DataContext
var listen = new ListsDataContext("http://contoso.de/Standorte");
// Hole die Laender-Liste
EntityList<Land> laender = listen.Laender;
foreach (Land land in laender)
{
    // Gib jedes Land auf die Konsole aus
    Console.WriteLine("{0}, {1}", land.Titel, land.Kontinent);
}
```

Listing 6.25 Einfache Abfragemethode mit »LINQ to SharePoint«

Im ersten Schritt wird ein Datenkontext-Objekt erzeugt. Die von der Eigenschaft `Laender` zurückgegebenen Elemente vom Typ `EntityList<T>` werden im Anschluss in einer `foreach`-Schleife iteriert. In der Ausgabe der Konsolenanwendung werden der Titel und der zugeordnete Kontinent des Listenelements ausgegeben.

Hinweis

In diesen Beispielen wird die URL der SharePoint-Webseite an den Datenkontext manuell übergeben. Sollte die LINQ-Abfrage innerhalb einer SharePoint-Anwendung (zum Beispiel in einem Webpart oder in einer Anwendungsseite) erzeugt werden, kann alternativ die URL des aktuellen Kontexts genutzt werden:
`Microsoft.SharePoint.SPContext.Current.Web.Url`.

Neue Elemente hinzufügen

Mit dem Datenkontext haben Sie neben der Abfrage auch die Möglichkeit, neue Elemente einer Liste hinzuzufügen.

```
// Erstelle ein neues Land
var land = new Land { Titel = "Spanien",
  Kontinent = Kontinent.Europa };
// Füge das Land den bestehenden Ländern hinzu
laender.InsertOnSubmit(land);
// Speichere die Änderungen
listen.SubmitChanges();
```

Listing 6.26 Erstellung eines neuen Elements in einer SharePoint-Liste

Mit dem Code in diesem Beispiel erzeugen Sie ein neues Objekt vom Typ `Land` und initialisieren es mit den Eigenschaften `Titel` und `Kontinent`.

Objektinitialisierer

Mit C# 3.0 wurden in die Programmiersprache neue Objektinitialisierer integriert. Die Instruktion der Eigenschaften kann mithilfe einer ausdrucksbasierten Sprache direkt an das neu erzeugte Objekt übergeben werden:
`var land = new Land { Titel = "Spanien", Kontinent = Kontinent.Europa };`

Die Methode `DataContext.InsertOnSubmit` fügt das neue Objekt der Collection `laender` hinzu. Die Speicherung auf Listenebene wird erst mit der Ausführung der Methode `DataContext.SubmitChanges` durchgeführt. Beachten Sie, dass die Methode sämtliche Änderungen in der SharePoint-Datenbank durchführt. Hiermit besteht die Möglichkeit, auf Objektebene mehrere Listen zu modifizieren und dann einmalig abzuspeichern.

Datensätze ändern

LINQ ermöglicht Ihnen auch die Manipulation von Datensätzen. Das nachfolgende Beispiel nutzt die Methode `DataContext.SingleOrDefault`, um ein einzelnes Objekt der Collection `laender` zu selektieren. Die erweiterte Methode erwartet als Parameter ein Objekt vom Typ `IEnumerable<T>` oder `IQueryable<T>`, das in diesem Beispiel mithilfe eines Lambda-Ausdrucks definiert wird. Sollte der gefilterte Datensatz nicht gefunden werden, wird bei Verwendung von `DataContext.SingleOrDefault` der Standardwert der Typeninstanz (in diesem Fall `null`) zurückgegeben.

```
// Hole ein spezielles Land
Land dk = laender.SingleOrDefault(l => l.Titel == "Dänemark");
// Änderung des Kontinents
dk.Kontinent = Kontinent.Asien;
try
{
    // Änderungen speichern
    listen.SubmitChanges();
}
catch (ChangeConflictException conflictException)
{
    Console.WriteLine("Konflikt beim Speichern: {0}",
        conflictException.Message);
}
```

Listing 6.27 Änderung bestehender Listenelemente

Im Anschluss wird von dem zurückgelieferten Objekt die Eigenschaft des Kontinents geändert und unter Verwendung der Methode `DataContext.SubmitChanges` der Datensatz gespeichert. Sollte während des Manipulierungsprozesses ein Element der Liste von einer anderen Stelle geändert worden sein, wird bei Ausführung des Programmcodes eine Ausnahme vom Typ `Microsoft.SharePoint.Linq.ChangeConflictException` ausgelöst.

»Single« vs. »SingleOrDefault«

Alternativ zur Verwendung von `SingleOrDefault` können Sie Elemente auch mit der Methode `Single` selektieren. Anders als bei `SingleOrDefault` würde bei dieser erweiterten Methode eine Ausnahme vom Typ `System.InvalidOperationException` ausgelöst werden. Sollte bei beiden Methoden mehr als ein Element zurückgegeben werden, wird ebenfalls eine `System.InvalidOperationException` ausgelöst. Für diese Szenarien sollten die Methoden `First` bzw. `Last` angewandt werden.

Daten löschen

Wollen Sie mithilfe LINQ einen Datensatz löschen, gibt es (identisch zum SharePoint-Objektmodell) die Möglichkeit, diesen in den Papierkorbzu verschieben oder direkt zu löschen.

```
// Hole das Land
Land it = laender.SingleOrDefault(l => l.Titel == "Italien");
// Verschiebe das Land in den Papierkorb
laender.RecycleOnSubmit(it);
// Lösche das Land
//laender.DeleteOnSubmit(it);
try
{
    // Speichere die Änderungen
    listen.SubmitChanges();
}
catch (ChangeConflictException conflictException)
{
    Console.WriteLine("Konflikt beim Löschen: {0}",
                    conflictException.Message);
}
```

Listing 6.28 LINQ ermöglicht auch das Löschen von Datensätzen

Die Methoden `DataContext.RecycleOnSubmit` und `DataContext.DeleteOnSubmit` übernehmen diese Aufgaben. Die Speicherung der Änderungen und der Prozess der Fehlerbehandlung sind identisch der Datenmanipulation.

6.2.6 Konfliktmanagement

In zahlreichen LINQ-Szenarien spielt die Manipulation oder Löschung von Elementen eine wesentliche Rolle. In diesen Fällen ist es erforderlich, auf mögliche Konflikte (siehe Abbildung 6.13) zu reagieren.

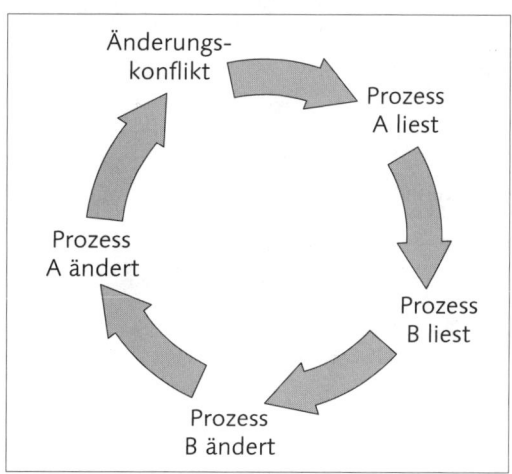

Abbildung 6.13 Änderungskonflikt

Abbildung 6.14 beschreibt eine Fehlermeldung bei einem Konflikt innerhalb einer SharePoint-Webseite.

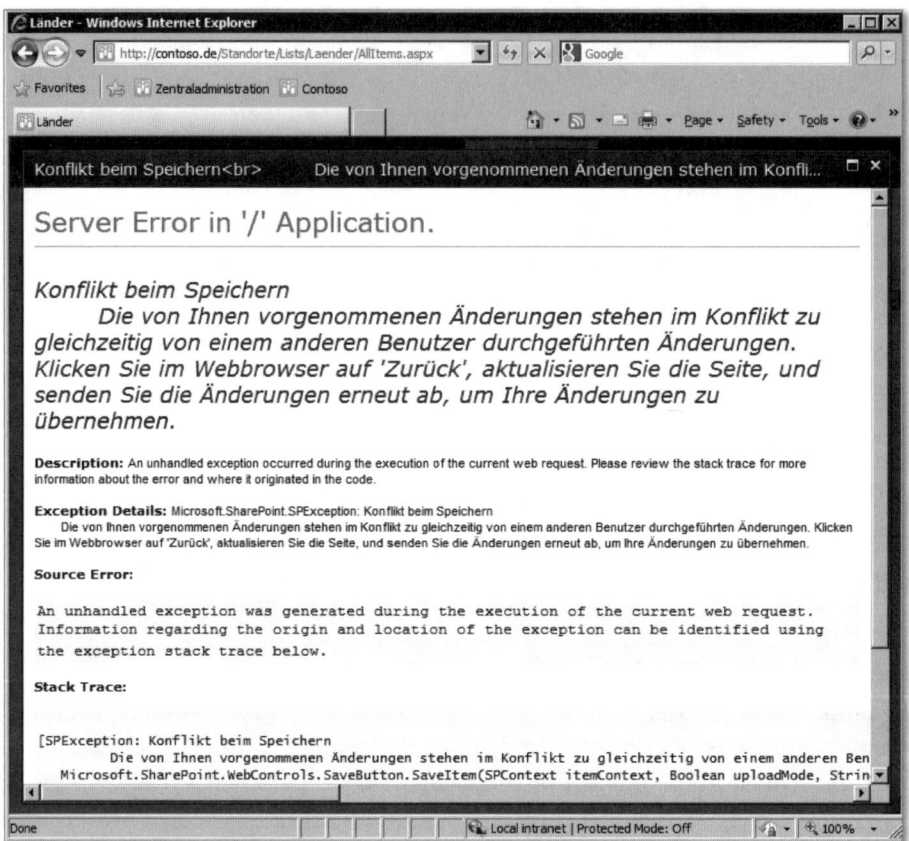

Abbildung 6.14 »ChangeConflictException« im Browser

```
laender.RecycleOnSubmit(it);
// Lösche das Land
//laender.DeleteOnSubmi
try
{
    // Speichere die Änd
    listen.SubmitChanges();
}
catch (ChangeConflict
```

(<no parameters>) : void
    Persists to the content database changes made by the
    or, if a concurrency conflict is found, populates the **Cha**
(ConflictMode failureMode):void
(ConflictMode failureMode, bool systemUpdate):void

ConflictMode.ContinueOnConflict
ConflictMode.FailOnFirstConflict

Abbildung 6.15 »ConflictMode«-Einstellung

Die Eigenschaft `ContinueOnConflict` der Enumeration `Microsoft.SharePoint`
`.Linq.ConflictMode` führt dazu, dass Konflikte aufsummiert werden und am

Ende des Prozesses an den Aufrufer zurückgegeben werden. Im Falle von `FailOnFirstConflict` bricht die Verarbeitung sofort mit einer Ausnahme vom Typ `Microsoft.SharePoint.Linq.ChangeConflictException` ab.

Die Informationen zu einem Konflikt können unter Zuhilfenahme der Collection `DataContext.ChangeConflicts` ausgewertet werden. Folgendes Beispiel beschreibt die Behandlung von Konflikten auf Elementebene.

```
// alle Konflikte auflösen
listen.ChangeConflicts.ResolveAll(RefreshMode.KeepChanges);
// behandle jeden Konflikt einzeln
foreach (ObjectChangeConflict conflict in listen.ChangeConflicts)
{
    if (conflict.IsDeleted)
    {
        // Land wurde gelöscht, Änderungen verwerfen
        conflict.Resolve(RefreshMode.KeepCurrentValues);
        throw new InvalidOperationException(
            "Das Land wurde gelöscht.");
    }
    foreach (MemberChangeConflict field in conflict.MemberConflicts)
    {
        // zeige den Konflikt
        Console.WriteLine("Eigenschaft '{0}', " +
                          "Ursprünglicher Wert '{1}', " +
                          "neuer Wert der Datenbank '{2}', " +
                          "neuer Wert '{3}'",
                          field.Member.Name,
                          field.OriginalValue,
                          field.DatabaseValue,
                          field.CurrentValue);
    }
    bool nameChanged = conflict.MemberConflicts.
                       Any(c => c.Member.Name == "Land");
    if (nameChanged)
    {
        // Name wurde geändert. Abbrechen
        conflict.Resolve(RefreshMode.KeepCurrentValues);
        throw new InvalidOperationException(
            "Der Name wurde geändert.");
    }
    // ein anderes Feld wurde geändert
    conflict.Resolve(RefreshMode.OverwriteCurrentValues);
    // Konflikte gelöst. Speichern der Änderungen
    listen.SubmitChanges();
}
```

Listing 6.29 Konfliktlösung mithilfe von »ObjectChangeConflict«

Sollte während der Bearbeitung von Elementen ein Konflikt oder auch mehrere Konflikte auftreten, können diese unter Verwendung der Collection `DataContext.ChangeConflicts` einzeln ausgewertet werden. Diese Auflistung gibt für jedes Element, bei dem ein Konflikt auftritt, ein Objekt vom Typ `Microsoft.SharePoint.Linq.ObjectChangeConflict` zurück. Dieses Objekt enthält detaillierte Informationen zu dem jeweiligen Datensatz. Der Entwickler hat über das `Microsoft.SharePoint.Linq.ObjectChangeConflict`-Objekt die Option, die betreffenden Eigenschaften auszuwerten oder die Konflikte auf Elementebene zu lösen (er kann zum Beispiel das Objekt überschreiben oder lokale Änderungen verwerfen).

Eine weitere Eigenschaft des `DataContext.ChangeConflicts`-Objekts bietet die Möglichkeit, die Daten des jeweiligen Objekts mit den aktuellen und den ursprünglichen Datenbankwerten zu vergleichen. Die `DataContext.Change-Conflicts.MemberConflicts`-Eigenschaft stellt die Informationen bereit, die Sie in Abbildung 6.16 sehen.

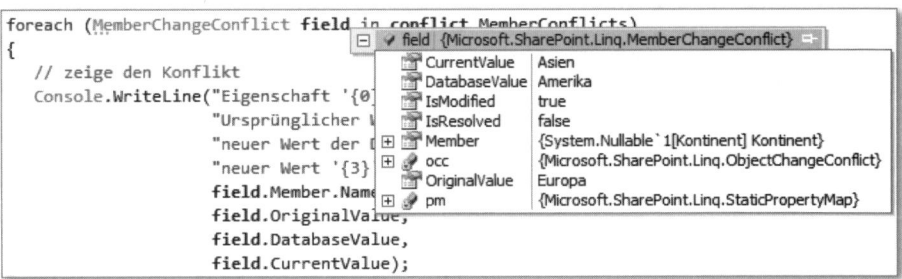

Abbildung 6.16 »MemberChangeConflict« mit Werten

Tabelle 6.5 beschreibt die Objekte zur Auswertung von Änderungskonflikten.

Objekt	Beschreibung
`DataContext.ChangeConflicts`	Enthält Objekte, die Unterschiede zwischen dem lokalen und dem aktuellen Wert aufweisen. Der Änderungskonflikt tritt pro Element auf.
`ChangeConflicts.MemberConflicts`	Enthält Objekte, die Unterschiede auf Feldebene enthalten.
`MemberConflicts.Member.Name`	Name der SharePoint-Spalte
`MemberConflicts.OriginalValue`	Wert bei Erstellung des Datenkontexts
`MemberConflicts.DatabaseValue`	aktueller Wert der Datenbank
`MemberConflicts.CurrentValue`	aktueller Wert des Objekts

Tabelle 6.5 Objekte zur Auswertung von Änderungskonflikten

Im Standardverhalten werden im `DataContext`-Objekt sämtliche Änderungen ausgewertet. Durch dieses Verfahren können Entwickler in ihren SharePoint-Anwendungen ein Konfliktmanagement integrieren. Jedoch muss beachtet werden, dass diese Nachverfolgung Speicher- und Prozessor-Ressourcen bindet. Sollte für die Anwendung feststehen, dass auf die Daten mithilfe von LINQ ausschließlich lesend zugegriffen wird, kann man in diesem Fall auf das Tracking im Datenkontext verzichten und dadurch die Performance optimieren. Hierzu ändern Sie die Eigenschaft `DataContext.ObjectTracking` auf den Wert `false` (Standardwert: `true`).

```
ListDataContext.ObjectTrackingEnabled = false;
```

Best Practice

Bei der Planung einer SharePoint-Anwendung sollten Sie unbedingt prüfen, welche Zugriffe sie auf die SharePoint-Umgebung durchführt. Wenn die Anwendung auf die Daten ausschließlich lesend zugreift, ist zu empfehlen, die Überwachung der Konflikte zu deaktivieren.

6.2.7 Effiziente und ineffiziente Abfragen

LINQ to SharePoint-Abfragen werden intern in CAML überführt und dann über die SharePoint-Programmierschnittstelle ausgeführt. Dadurch ist LINQ in Bezug auf den generierten CAML-Ausdruck zu 100% abwärtskompatibel. Diese Kompatibilität sorgt jedoch für Einschränkungen im Vergleich zu anderen LINQ-Implementierungen (z. B. *LINQ to SQL*). Es ist zwar möglich, viele Operatoren in *LINQ to SharePoint* zu nutzen, jedoch können nicht alle in eine native CAML-Anfrage transformiert werden. Nicht unterstützte Operatoren werden in der LINQ-Programmierschnittstelle intern mithilfe von *LINQ to Object* weiterverarbeitet. Bei diesem Verfahren werden mehr Daten vom Server abgefragt, als eigentlich nötig ist. Dieser Umstand kann zu einer deutlich schlechteren Performance der LINQ-Abfrage führen. Im Folgenden zeigen wir Ihnen jeweils eine effiziente (direkt in CAML überführbare Abfrage) bzw. eine ineffiziente Abfrage.

Im ersten Szenario wird aus der Liste `Länder` das Element mit der ID 1 gefiltert.

```
Land land = ListDataContext.Laender
            .Where(l => l.Id == 1).First();
```

Listing 6.30 Filterung von Ländern über die Where-Abfrage

Diese LINQ-Abfrage kann vollständig in CAML überführt werden.

```
<Query>
  <Where>
```

```xml
<And>
   <BeginsWith>
      <FieldRef Name="ContentTypeId" />
      <Value Type="ContentTypeId">0x0100</Value>
   </BeginsWith>
   <Eq>
      <FieldRef Name="ID" />
      <Value Type="Counter">1</Value>
   </Eq>
</And>
   </Where>
</Query>
```

Listing 6.31 CAML einer effizienten LINQ-Abfrage

Durch die direkte Umwandlung in CAML wird aus der LINQ-Abfrage eine Datenbankabfrage mit exakt einem Ergebnissatz erzeugt. Diese Art der Umsetzung macht die Abfrage besonders performant (effizient).

LINQ-Abfragen analysieren

Wenn während der Abfrage der SQL-Profiler eingeschaltet ist, kann man sehen, dass wirklich nur eine Zeile zurückgegeben wird.

Eine nur leicht modifizierte Abfrage kann zu einer deutlich veränderten Umsetzung der Datenbankabfrage führen.

```
Land land = ListDataContext.Laender.Single(land => land.Id == 1);
```

Das Ergebnis dieser LINQ-Abfrage ist mit dem des vorherigen Beispiels identisch – mit dem Unterschied, dass die Operation Single nicht in eine optimierte CAML-Abfrage überführt werden kann und dadurch erheblich höhere Last auf dem Server erzeugt. Die LINQ-Abfrage generiert zunächst folgenden CAML-Code, um sämtliche Elemente der Liste abzufragen:

```xml
<Query>
   <Where>
      <BeginsWith>
         <FieldRef Name="ContentTypeId" />
         <Value Type="ContentTypeId">0x0100</Value>
      </BeginsWith>
   </Where>
</Query>
```

Listing 6.32 CAML einer ineffizienten LINQ-Abfrage

Die zurückgelieferten Elemente werden dann unter Verwendung von *LINQ to Object* zur Laufzeit der Anwendung gefiltert.

Dieses Verhalten kann auch beobachtet werden, wenn in der Vorgängerversion von SharePoint Daten mithilfe von *LINQ to Object* abgefragt werden.

```
var list = SPContext.Current.Web.Lists["Länder"];
var l = list.Items.Cast<SPListItem>().Single(i => i.ID == 1);
```

Bei der Umsetzung von *LINQ to SharePoint*-Abfragen sollten Sie unbedingt darauf achten, dass sich diese in CAML überführen lassen. Ansonsten ist zu empfehlen, auf herkömmliche Wege (z. B. das SharePoint-Objektmodell) zurückzugreifen.

Die folgende Auflistung liefert eine Übersicht der ineffizienten Operatoren:

- ▶ `Aggregate()`
- ▶ `All<TSource>(IQueryable<TSource>,Expression<Func<TSource, Bool>>)`
- ▶ `Any()`
- ▶ `Average()`
- ▶ `Distinct()`
- ▶ `ElementAt<TSource>(IQueryable>TSource>, Int32)`
- ▶ `ElementAtOrDefault<TSource>(IQueryable<TSource>), Int32`
- ▶ `Except()`
- ▶ `Intersect()`
- ▶ `Join()`
- ▶ `Max()`
- ▶ `Min()`
- ▶ `Reverse<TSource>(IQueryable<TSource>)`
- ▶ `SequenceEqual()`
- ▶ `Skip<TSource>(IQueryable<TSource>, Int32)`
- ▶ `SkipWhile()`
- ▶ `Sum()`

Außerdem werden sämtliche mathematische Operatoren (z. B. `select new { i.Id * 2 }`), ausgenommen `Count` und `LongCount`, nicht vom CAML unterstützt.

6.2.8 Auswertung von LINQ-Abfragen

Das `DataContext`-Objekt bietet die Möglichkeit, die umgewandelte CAML-Abfrage auszuwerten. Hierdurch kann der Entwickler zum Beispiel überprüfen, ob die Abfrage den Effizienzkriterien entspricht. Außerdem kann die Extraktion der generierten CAML-Abfrage zu Auswertungszwecken genutzt werden.

Das folgende Beispiel veranschaulicht, wie Sie die `DataContext.Log`-Eigenschaft zur Anzeige der generierten CAML-Abfrage nutzen.

```
var writer = new StringWriter();
listen.Log = writer;
var laender = listen.Laender.Where(l => l.Id > 10);
var caml = writer.ToString();
```

Listing 6.33 Logging von CAML-Abfragen

Die `DataContext.Log`-Eigenschaft erwartet ein Objekt, das in ein `TextWriter`-Objekt konvertiert werden kann. Die Informationen, die Sie hierdurch erhalten, können Sie zum Beispiel zu Debug-Zwecken nutzen.

```
<View><Query><Where><BeginsWith><FieldRef Name="ContentTypeId" />
<Value Type="ContentTypeId">0x0100</Value></BeginsWith> </Where>
</Query><ViewFields><FieldRef Name="Kontinent" /><FieldRef Name="ID" />
<FieldRef Name="owshiddenversion" /><FieldRef Name="FileDirRef" />
<FieldRef Name="Title"/></ViewFields> <RowLimit
Paged="TRUE">2147483647</RowLimit></View>
```

Listing 6.34 Beispiel für die CAML-Abfrage einer LINQ-Operation

6.2.9 LINQ im Client-Objektmodell

Auch das SharePoint-Client-Objektmodell unterstützt die Datenabfrage mithilfe von LINQ. Dem Entwickler stehen für die Umsetzung von LINQ-Abfragen im Client-Objektmodell unterschiedliche Wege offen. Zum einen lassen sich Abfragen mithilfe von erweiterten Methoden und Lambda-Ausdrücken erzeugen. Außerdem besteht auch im Client-Objektmodell die Möglichkeit, durch *SPMetal* generierte Entitäten-Klassen zu verwenden. Da die Anwendung von Datenkontext- und Entitäten-Klassen bereits ausführlich beschrieben wurde, betrachten wir in diesem Abschnitt den Implementierungsweg über *Lambda*-Ausdrücke.

Lambda-Ausdrücke

Lambda-Ausdrücke sind kleine vereinfachte anonyme Funktionsdefinitionen, die Ausdrücke oder Anwendungen enthalten. Sie haben keinen Namen und werden für die Erstellung von Delegates oder Ausdrucksbaumstrukturen verwendet. Besonders bei der Abbildung von LINQ-Abfragen sind Lambda-Ausdrücke sehr hilfreich, da sie nur mir sehr wenig Code auskommen.

```
ClientContext clientContext =
    new ClientContext("http://contoso");
ListCollection listCollection = clientContext.Web.Lists;
clientContext.Load(listCollection,
        lists => lists
            .Include(
                list => list.Title,
                list => list.ItemCount)
            .Where(
                list => list.BaseType == BaseType.GenericList));
clientContext.ExecuteQuery();
foreach (var list in listCollection)
{
    Console.WriteLine("{0} ({1} Elemente)",
        list.Title,
        list.ItemCount);
}
```

Listing 6.35 Lambda-Ausdrücke im Client-Objektmodell

Dieses Beispiel veranschaulicht eine LINQ-Abfrage unter Verwendung der
ClientContext.Load-Methode. Nehmen wir diesen Codeblock mal ein wenig
auseinander. Der Zugriffspunkt auf die SharePoint-Umgebung wird durch das
ClientContext-Objekt bereitgestellt. Mithilfe der Load-Methode werden die
SharePoint-Daten in eine Collection geladen. Über die ClientObjectQueryable-
Extension.Include-Erweiterung wird spezifiziert, welche Eigenschaften in jedes
einzelne Objekt der Collection geladen werden sollen. Der lists-Parameter der
Lambda-Erweiterung ist vom gleichen Typ wie der Rückgabewert der Abfrage,
wodurch die Eigenschaften der Collection gefiltert werden können. Ohne die
Verwendung der Include-Erweiterung würde die Load-Methode sämtliche Felder
einlesen, was unter Umständen dazu führen könnte, dass ein ziemlich großes
JSON-Paket zum Client gesendet wird.

Da das von der Include-Erweiterung zurückgegebene Objekt vom Typ
IQueryable<T> ist, kann es von einer zweiten erweiterten Methode gefiltert werden. Das Ergebnis der Ausführung von IQueryable<T>.Where wird dann in dem
resultierenden Objekt listCollection gespeichert.

Filterung von Listenelementen mit LINQ

Die Filterung von Elementen über den Weg der Where-Methode sollte in keinem Fall auf
Objekte vom Typ ListItems durchgeführt werden. Das Client-Objektmodell wertet
zunächst das Ergebnis der CAML-Abfrage aus und übergibt es dann für die weitere Filterung
an LINQ. Dieser Umstand kann zu beachtlichen Performance-Einschnitten führen. Aus diesem Grund sollten Sie die Abfragen von Listenelementen nativ über CAML durchführen.

Neben der Load-Methode stellt das Client-Objektmodell noch eine weitere Möglichkeit der Datenabfrage mit LINQ bereit. Die LoadQuery-Methode ist vergleichbar mit der Funktion von Load – mit dem Unterschied, dass sie nicht das Client-Objekt mit Daten füllt, sondern eine komplett neue Collection zurückgibt.

```
ClientContext clientContext =
      new ClientContext("http://contoso.de");
ListCollection listCollection = clientContext.Web.Lists;

var query = clientContext.LoadQuery(clientContext.Web.Lists
                .Include(
                list => list.Title,
                list => list.ItemCount,
                list => list.Fields.Include(
                        field => field.Title))
                .Where(
                list => list.BaseType == BaseType.GenericList));
clientContext.ExecuteQuery();
foreach (var list in query)
{
      Console.WriteLine("{0} ({1} Elemente)",
      list.Title, list.ItemCount);
      foreach (var item in list.Fields)
      {
          Console.WriteLine(">" + item.Title);
      }
}
```

Listing 6.36 Datenabfragen mittels LoadQuery

Mit diesem Verfahren besteht die Möglichkeit, dieselbe Objekt-Collection mehrmals mit unterschiedlichen Parametern abzufragen. Beachten Sie, dass der Rückgabewert der LoadQuery-Methode vom Typ IEnumerable<T> ist, anders als bei der Load-Methode, die ein Objekt vom Typ ListCollection füllt.

Das Gesamtkonzept von LINQ liefert die Grundlage für die Umsetzung stark typisierter Abfragen in einer strukturierten und verständlichen Syntax. Die Spracherweiterung für C# 3.0 bzw. VB 9.0 hält mit SharePoint Foundation 2010 Einzug in die SharePoint-Welt. Mit Visual Studio 2010 und der Unterstützung von *SPMetal* können Entwickler benutzerdefinierte Abfragen gegen eine SharePoint-Liste in der Programmiersprache formulieren, in der sie auch andere Datenquellen abfragen. IntelliSense und Code-Hervorhebung machen den Prozess zur Umsetzung von Abfragen in server- oder clientbasierten SharePoint-Komponenten deutlich einfacher und effizienter.

6.3 REST

REST (*Representational State Transfer*) bietet die einfache Möglichkeit, lesend oder auch schreibend auf Elemente eines Servers zuzugreifen. REST beschreibt eine Architektur, die der von Webservices ähnelt, aber deutlich einfacher zu nutzen ist.

SharePoint 2010 integriert erstmals eine REST-Schnittstelle, mit der sich Daten aus einer SharePoint-Webseite abfragen oder manipulieren lassen. Für diese Aufgabe stellt SharePoint bestimmte REST-fähige WCF-Services bereit, die von Client-Anwendungen zur dynamischen Abfrage von Inhalten genutzt werden können.

6.3.1 Die Architektur von REST

REST nutzt das HTTP-Protokoll für eine einfache Client-Server-Kommunikation. Anders als bei *Webservices* – die ähnlich funktionieren – werden keine weiteren Protokolle wie *SOAP* oder *Cookies* für die HTTP-Kommunikation benötigt. Somit ist jede einzelne Anfrage an einen REST-Dienst unabhängig von einer vorherigen, also zustandslos und abgeschlossen.

Die Repräsentation der via REST zur Verfügung gestellten Daten kann variieren. Ein Browser kann zum Beispiel eine Navigation anhand von REST-Daten aufbauen, während ein anderer Client dieselben Daten als XML anfordert.

Ein REST-Webservice ist eine einfache Implementierung einer Standard-Webservice-Schnittstelle, die den Prinzipien von REST folgt.

Die Technologie arbeitet im Kern mit *Verben* und *Nomen*. Verben gibt es unendlich viele, daher werden sie auch als *Befehle* oder *Operationen* bezeichnet. So kann einem REST-Dienst beispielsweise das Verb »Hole« oder »GET« übergeben werden. Bekommt der Dienst diese Anforderung, weiß er automatisch, was zu tun ist.

Die Nomen beschreiben die zu berücksichtigen Werteparameter. Übergibt man dem Dienst beispielsweise das Nomen »Stöckchen«, weiß er auch hier den Befehl umzusetzen. Es sind deutlich mehr Nomen als Verben vorhanden, deshalb dienen sie als Platzhalter für eine oder mehrere Entitäten. Fragen Sie beispielsweise den Dienst nach einem »Kaffee« ab, wird er ein Ergebnis nur dann zur Verfügung stellen, wenn zu diesem Nomen eine gleichnamige Entität existiert. Die Rückgabe oder Repräsentation der Daten erfolgt auf der Grundlage einer XML-basierten Form.

Ein prominentes Beispiel für die Nutzung von REST-Webservices ist der Mikroblogging-Dienst *Twitter*. Daneben gibt es noch zahlreiche weitere Internetdienste, die ebenfalls mit REST-Schnittstellen arbeiten.

6.3.2 Operationen

Ein Client kann verschiedene Operationen (oder auch Befehle) an einen REST-Dienst schicken, um zum Beispiel Daten zu lesen oder zu manipulieren. Wie wir eingangs erwähnt haben, werden diese Operationen in Verbform übermittelt. Tabelle 6.6 listet die von REST unterstützten Operatoren auf.

Operation	Beschreibung
Get	Ressource vom Server anfordern
Post	Daten zu einer Ressource hinzufügen
Put	Ressource ändern oder neu erstellen
Delete	löschen
Head	Metadaten einer Ressource abfragen
Options	zur Verfügung stehende Methoden auflisten
PATCH	noch nicht standardisierte Methode zur Aktualisierung eines Datensatzes

Tabelle 6.6 REST-Befehle

SharePoint 2010 bietet neben den Standard-Operationen noch eine weitere an – die MERGE-Methode. Sie kann einen Datensatz aktualisieren, ohne ihn mithilfe von PUT komplett zu ersetzen.

Die Standard-Befehle lassen sich durch die jeweilige Architektur beliebig erweitern.

Operationen werden als HTTP-Anfrage an den Server übermittelt. Eine einfache Abfrage von Daten – also der Aufruf einer Webressource – kann mit wenigen Zeilen C#-Code realisiert werden:

```
// Anfrage erzeugen
var request = WebRequest.Create("http://contoso.de");
request.UseDefaultCredentials = true;
request.Method = "GET";
// Nachricht auswerten
using (var response = (HttpWebResponse)request.GetResponse())
using (Stream dataStream = response.GetResponseStream())
using (var reader = new StreamReader(dataStream))
{
```

```
    string responseFromServer = reader.ReadToEnd();
    Console.WriteLine(responseFromServer);
}
```

Listing 6.37 Einfache HTTP-GET-Anfrage

Besteht die Operation aus einer einfachen Datenanfrage, können Sie anstelle des System.Web.WebRequest-Objekts auch die Klasse System.Net.WebClient einsetzen.

Operationen, die Daten auf einem Server verändern, arbeiten mit der POST-Methode.

```
// Hole das Dokument für den Upload
byte[] data = File.ReadAllBytes(@"C:\Temp\word.docx");
// Anfrage erstellen
var request = (HttpWebRequest)WebRequest.Create(
  "http://contoso.de/word.docx");
request.UseDefaultCredentials = true;
request.Method = "PUT";
request.ContentType = "application/octet-stream";
request.ContentLength = data.Length;
// Dokument als Stream hochladen
using (Stream stream = request.GetRequestStream())
{
    stream.Write(data, 0, data.Length);
    using (var response = (HttpWebResponse) request.GetResponse())
    using (var reader = new
    StreamReader(response.GetResponseStream()))
    {
        var temp = reader.ReadToEnd();
        Console.WriteLine(temp);
    }
}
```

Listing 6.38 Upload einer Datei per »WebRequest« und »PUT«

Mithilfe des POST-Befehls können Sie Operationen abbilden, die über die anderen Befehle nicht zu realisieren sind.

6.3.3 Syntax

Die eben vorgestellten Beispiele veranschaulichen den Zugriff auf REST-Dienste mithilfe von Programmcode. Soll der Zugriff jedoch durch JavaScript oder ähnliche Script-Sprachen erfolgen, ist es wichtig zu wissen, wie die Syntax einer

Anfrage auszusehen hat. Der *Listdata*-Dienst von SharePoint wird nach folgendem Schema abgefragt:

```
http://server/_vti_bin/listdata.svc/{Entität}[({Identifier})]/
[{Eigenschaft}]
```

Diese URL setzt sich aus den Bestandteilen zusammen, die in Tabelle 6.7 erläutert werden.

Teil der URL	Beschreibung	Optional
http://server	Diese URL dient als Basis der REST-Operation. Sie definiert die Adresse der Webanwendung (in diesem Fall des SharePoint-Webs aus dem die Daten abgefragt werden sollen).	nein
_vti_bin/ListData.svc	SharePoint-Implementierung von REST	nein
Entität	der Name einer Liste oder Bibliothek	ja
Identifier	Primärschlüsselwert zur Identifizierung eines Datensatzes	ja
Eigenschaft	Dient zur Abfrage einer Teilmenge der Quelle.	ja

Tabelle 6.7 Bestandteile der REST-Abfrage an einen SharePoint-Dienst

6.3.4 Optionen

Unterstützt eine REST-Implementierung weitere Optionen der Datenrepräsentation, werden diese, mit einem $-Zeichen voneinander getrennt, an die URL angefügt. Die sortierte Anfrage an einen SharePoint-REST-Dienst hätte in diesem Fall folgenden Aufbau:

```
http://contoso.de/kunden/_vti_bin/listdata.svc/ ↵
Kundenliste?$orderby=Titel
```

Ergänzt man die Anfrage um weitere Parameter, lässt sich zum Beispiel exakt der dritte Datensatz ermitteln:

```
http://contoso.de/kunden/_vti_bin/listdata.svc/ ↵
Kundenliste?$skip=2&$top=1
```

Sie sehen, dass die übergebenen Parameter sich nach der Syntax normaler URL-Parameter richten. Der erste Parameter wird mit einem ? getrennt, jeder weitere mit einem &. Den Parameternamen ist jeweils ein $ vorangestellt.

Spaltennamen sind Anzeigenamen

Wird für eine Option der SharePoint-Spaltenname genutzt, ist hierfür der Anzeigename anzugeben.

Eine in »Kundenname« umbenannte Titelspalte erfordert die Abfrage in folgender Notation:

`http://contoso.de/_vti_bin/listdata.svc/Kundenliste?$orderby=Kundenname`

Tabelle 6.8 listet sämtliche von SharePoint unterstütze Optionen auf.

Option	Beschreibung	Beispiel
orderby	Sortiert nach einer oder mehrerer Spalten. Wenn diese Option nicht explizit angegeben ist, wird aufsteigend sortiert.	`$orderby=Title desc, ID asc`
Top	Limitiert die Anzahl der zurückzugebenden Datensätze.	`$top=15`
inlinecount	Wenn der Parameter angegeben ist, wird die Gesamtanzahl der Datensätze, unabhängig von einer gegebenenfalls vorhandenen Paging-Einstellung, zurückgegeben.	`$inlinecount=allpages`
Skip	Es können Datensätze ausgelassen werden und z. B. nur ab dem dritten zurückgegeben werden.	`$skip=2`
filter	Dient zur Filterung von Datensätzen. Filter können logisch und arithmetisch abgebildet werden.	`&filter=Titel eq 'Schmidt'`
expand	Liefert auch die zusätzlichen Felder einer Lookup-Spalte zurück	`&expand=Produkt`

Tabelle 6.8 Optionen einer REST-Abfrage an SharePoint

Alle Filteroptionen und zahlreiche Beispiele finden Sie in folgendem MSDN-Artikel:

http://msdn.microsoft.com/de-de/library/cc907912.aspx

6.3.5 REST in SharePoint 2010

SharePoint 2010 ist die erste SharePoint-Version, in die eine REST-Schnittstelle integriert wurde. Umgesetzt wurde REST mithilfe von WCF (Windows Communication Foundation).

Ein großer Vorteil des *ADO.NET Data Service Frameworks* – wie diese REST-Implementierung auch genannt wird – ist die Typisierung von Daten. Das Share-

Point-Objektmodell ermöglicht zwar auch den Zugriff auf ein Listenelement, jedoch verrät REST sofort, ob es sich bei einem Wert um einen String oder um einen Integer handelt.

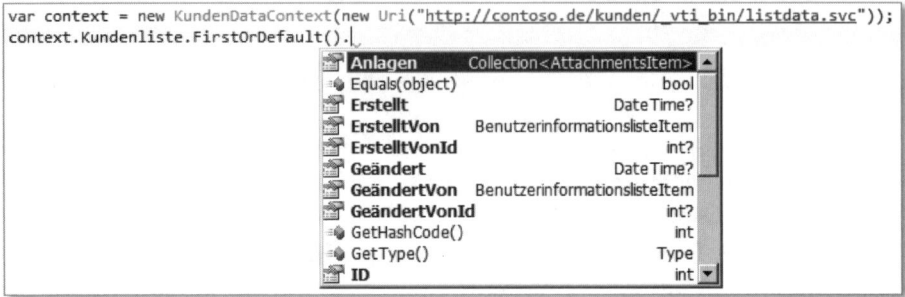

```
var context = new KundenDataContext(new Uri("http://contoso.de/kunden/_vti_bin/listdata.svc"));
context.Kundenliste.FirstOrDefault().
```

Anlagen	Collection<AttachmentsItem>
Equals(object)	bool
Erstellt	DateTime?
ErstelltVon	BenutzerinformationslisteItem
ErstelltVonId	int?
Geändert	DateTime?
GeändertVon	BenutzerinformationslisteItem
GeändertVonId	int?
GetHashCode()	int
GetType()	Type
ID	int

Abbildung 6.17 Typisierte SharePoint-Daten über REST

Die Standardoperationen (Lesen, Erstellen, Aktualisieren und Löschen) werden direkt durch die HTTP-Verben GET, POST, PUT und DELETE abgebildet. So entfällt eine aufwendige Zwischenschicht für die gängigsten Methoden.

Die *ADO.NET Data Services*-Schnittstelle ermöglicht eine sehr einfache Implementierung von REST-Clients in Visual Studio. Nach der Erstellung einer Referenz zu einer SharePoint-Webseite und dem *ListData*-WCF-Dienst stehen Ihnen unterschiedliche Optionen zur Verfügung (siehe Abbildung 6.17).

Für den Fall, dass auf dem SharePoint-Server nicht das *ADO.NET Data Services Update for .NET Framework 3.5 SP1* installiert ist, führt der Aufruf der REST-Schnittstelle zu dem Fehler aus Abbildung 6.18.

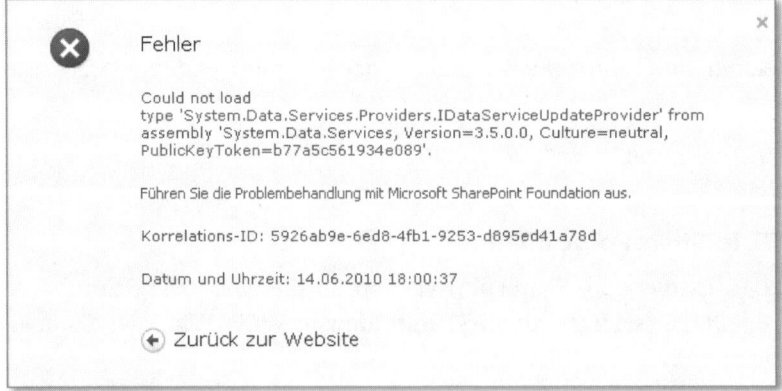

> ✕
>
> ⊗ Fehler
>
> Could not load
> type 'System.Data.Services.Providers.IDataServiceUpdateProvider' from
> assembly 'System.Data.Services, Version=3.5.0.0, Culture=neutral,
> PublicKeyToken=b77a5c561934e089'.
>
> Führen Sie die Problembehandlung mit Microsoft SharePoint Foundation aus.
>
> Korrelations-ID: 5926ab9e-6ed8-4fb1-9253-d895ed41a78d
>
> Datum und Uhrzeit: 14.06.2010 18:00:37
>
> ⊕ Zurück zur Website

Abbildung 6.18 Um REST nutzen zu können, müssen Sie unter Umständen ein Service Pack installieren.

Das Update ist im Knowledgebase-Artikel 976126 für Vista und Windows Server 2008 sowie im Artikel 976127 für Windows 7 und Windows Server 2008 R2 beschrieben.

Haben Sie das Update installiert, können Sie den SharePoint-*Listdata*-Service zum Beispiel über folgende URL abrufen:

http://contoso.de/kunden/_vti_bin/listdata.svc/Kundenliste(1)/Titel

Das Ergebnis einer solchen Anfrage ist eine Eigenschaft eines Datensatzes, die aus einer Liste zurückgeliefert wird.

```
<?xml version="1.0" encoding="utf-8" standalone="yes" ?>
<Titel xmlns="http://schemas.microsoft.com/ado/2007/08/
dataservices">neuester Kunde</Titel>
```

Listing 6.39 Rückgabewert einer REST-Abfrage

Wie es bei REST üblich ist, wird das Ergebnis der Anfrage via XML übermittelt. Alternativ lassen sich Anfragen auch so formulieren, dass die Antwort über das JSON- oder ds Atom-Protokoll erfolgt. Hierzu müssen Sie im HTTP-Header das Markup `application/atom+xml` oder `application/json` übergeben.

6.3.6 REST-Clients mit Visual Studio implementieren

In diesem abschließenden Beispiel werden wir Ihnen zeigen, wie Sie bestimmte Einträge der Ankündigungsliste abfragen und neue Datensätze erzeugen können.

Als Basis dient eine einfache Visual Studio 2010-Konsolenanwendung. Fügen Sie zunächst über den Projektmappen-Explorer einen Dienstverweis zur Liste hinzu. Tragen Sie dazu die URL in folgendem Format ein:

http://<URL der Webseite>/_vti_bin/listdata.svc

Fügen Sie der `Main`-Methode folgenden Programmcode hinzu:

```
var items = from item in ctx.Ankündigungen
            where item.LäuftAb >= DateTime.Today
            select item;
Console.WriteLine("{0} Elemente gefunden.", items.Count());
```

Listing 6.40 Abfrage der aktiven Ankündigungen über REST

Das Listing liefert alle Elemente der Ankündigungsliste, deren Eigenschaft `LäuftAb` in der Zukunft liegt.

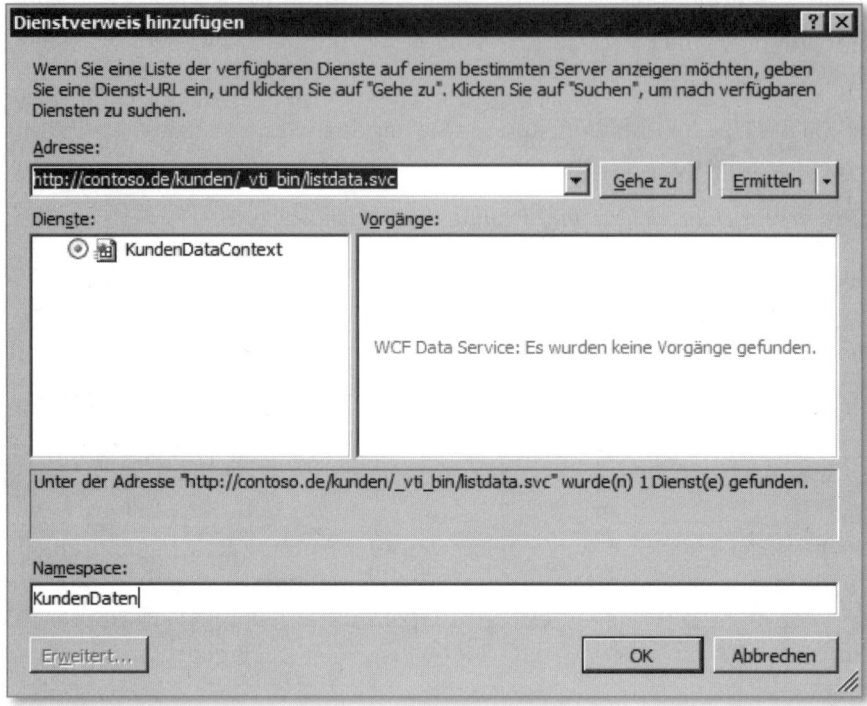

Abbildung 6.19 Die Verbindung zum REST-Dienst wird durch Visual Studio unterstützt.

Wenn Sie im Debugger die Variable `items` auswerten, können Sie die Umsetzung in die Anfrage sehr gut nachvollziehen:

http://contoso.de/kunden/_vti_bin/listdata.svc/Ankündigungen()?$filter=LäuftAbge datetime'2010-07-04T00%3A00%3A00%2B02%3A00'

Das folgende Codebeispiel veranschaulicht die Erzeugung eines neuen Datensatzes:

```
// die URL zum Dienst
var serviceUrl = new Uri(
  "http://contoso.de/kunden/_vti_bin/listdata.svc");
// Erstellung des Kontextes mit dem aktuellen Benutzer
var ctx = new KundenDaten.KundenDataContext(serviceUrl);
ctx.Credentials = CredentialCache.DefaultNetworkCredentials;

// Eine neue Ankuendigung wird erstellt
var ankuendigung = new KundenDaten.AnkündigungenItem
  {
    Titel = "Neuer Kunde",
```

```
    Textkörper = "Der Ansprechpartner ist Hr. Meyer.",
    LäuftAb = DateTime.Today.AddDays(7)
  };
// Hinzufuegen und Speichern des Elements
ctx.AddToAnkündigungen(ankuendigung);
ctx.SaveChanges();
```

Listing 6.41 Ein Element zu einer Liste hinzufügen

Im Ergebnis wird ein neuer Datensatz in der Ankündigungsliste erzeugt (siehe Abbildung 6.20).

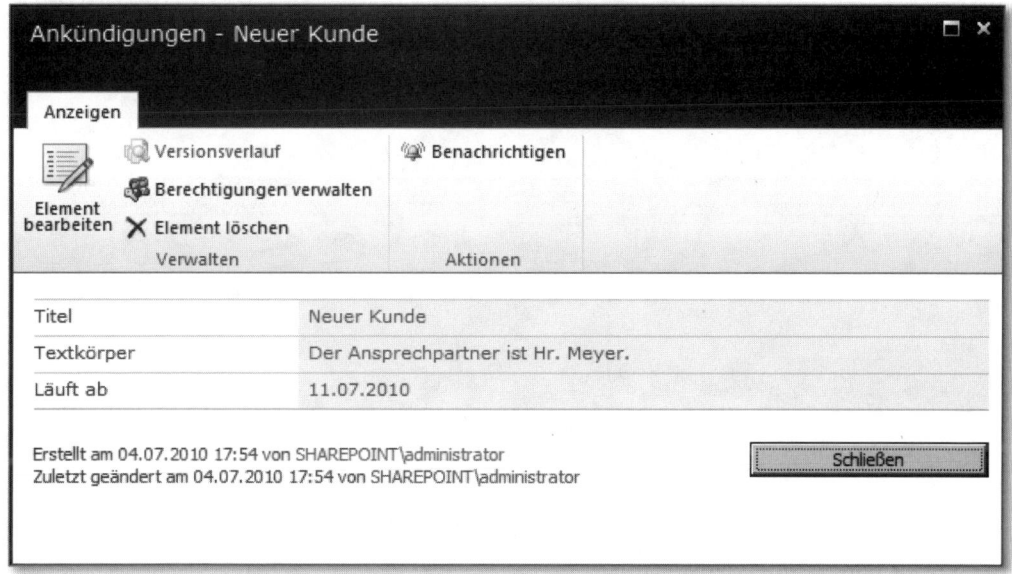

Abbildung 6.20 REST ermöglicht die Erstellung neuer Datensätze innerhalb einer Liste.

6.4   Fazit

Mit der Unterstützung von *LINQ to SharePoint* und REST ist Microsoft den Anforderungen vieler Entwickler aus der Community nachgekommen. Beide Technologien ermöglichen die dynamische Abfrage und Manipulation von Share-Point-Daten auf eine flexibele Art und Weise. Auch CAML spielt in der Share-Point-Architektur nach wie vor eine wichtige Rolle. Insbesondere bei der Umsetzung von Vorlagen für Webseiten oder Listen übernimmt diese Technologie eine wichtige Aufgabe.

Das vernünftige Deployment einer SharePoint-Lösung ist eine der wichtigsten Disziplinen bei der Realisierung benutzerdefinierter SharePoint-Anwendungen.

7 Deployment-Konzepte

Nach der Programmierung einer SharePoint-Anwendung gilt es, diese in der jeweiligen Zielumgebung bereitzustellen. Eine klassische SharePoint-Anwendung setzt sich aus unterschiedlichen Komponenten zusammen – einer Assembly, einem Feature und aus einem oder mehreren Elementen. Hinzu kommt, dass durch die Bereitstellung einer SharePoint-Lösung auch Anpassungen an den Systemeinstellungen oder der *web.config*-Datei einer Webanwendung erforderlich sind. Es gibt zwar die Möglichkeit, die einzelnen Dateien in die Zielumgebung zu kopieren und »von Hand« zu installieren – das ist jedoch die schlechteste aller Varianten.

SharePoint Foundation 2010 stellt für den Transport und die Installation einer benutzerdefinierten Anwendung (und ihrer Bestandteile) hervorragende Möglichkeiten zur Verfügung: Features, Solutions und Sandboxed Solutions. Das Zusammenspiel dieser Technologien ermöglicht eine einfache und effiziente Bereitstellung sämtlicher Komponenten einer SharePoint-Lösung über eine einzelne Datei – das WSP-Paket. In diesem Kapitel werden wir Ihnen diese drei Technologien vorstellen und die wichtigsten Aspekte von Deployment-Aufgaben erläutern.

7.1 Features

Features wurden mit SharePoint 2007 neu eingeführt. Sie liefern die Möglichkeit, eine bestimmte Komponente auf eine flexible Art und Weise in der Zielumgebung bereitzustellen. SharePoint selbst macht von dieser Technologie in etlichen Bereichen Gebrauch. So werden beispielsweise die Standardfunktionen von SharePoint Foundation 2010 oder SharePoint Server 2010 vollständig gebündelt mittels Features bereitgestellt. Ein Feature selbst ist eine Art Container für einen bestimmten SharePoint-Anwendungstyp, der wiederum über ein Element-Manifest spezifiziert wird. Ein Element beschreibt die eigentliche Funktion der Komponente. Das Feature-Modell unterstützt die Bereitstellung folgender Anwendungstypen:

- Site- und Listendefinitionen
- Websitespalten und Inhaltstypen
- Master-, Inhalts- und Anwendungsseiten
- Inhaltstypbindungen
- Listeninstanzen
- Bilder, CSS- und JavaScript-Dateien
- Ereignishandler
- Workflows
- benutzerdefinierte Aktionen
- (und viele mehr)

Nahezu jede Funktionalität von SharePoint wird mithilfe eines Features abgebildet. SharePoint speichert seine Funktionen in einem speziellen Systemverzeichnis: *%CommonProgramFiles%\Microsoft Shared\Web Server Extensions\14\TEMPLATE\FEATURES* (siehe Abbildung 7.1).

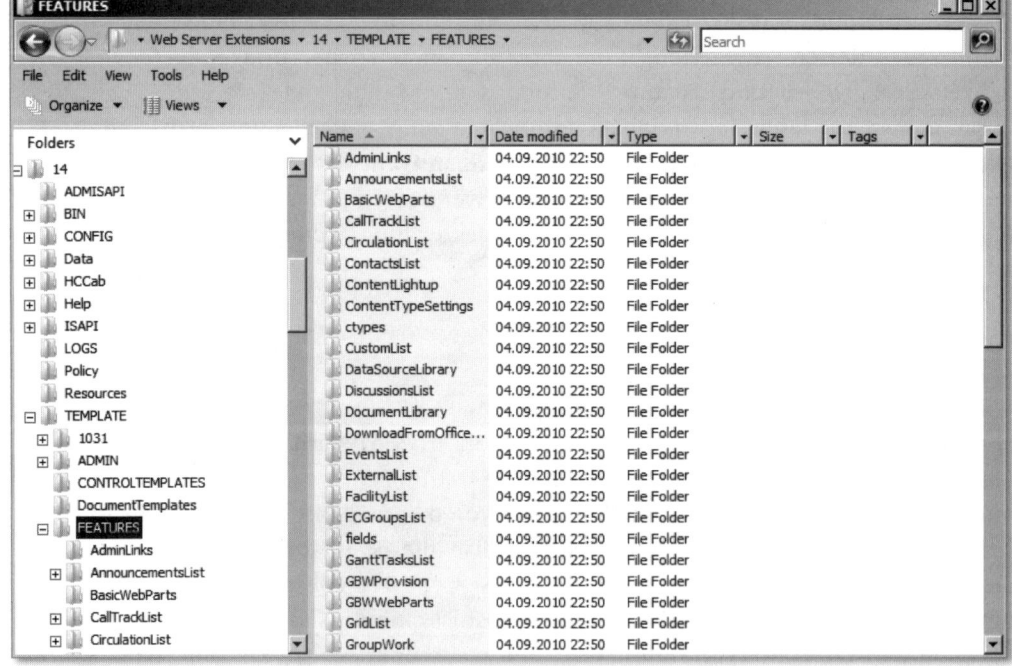

Abbildung 7.1 Sämtliche Features werden im zentralen »FEATURES«-Verzeichnis abgelegt.

Features werden in sogenannte Bereiche (Scopes) klassifiziert. Der Scope gibt an, für welche Ebene der SharePoint-Architektur das Feature gedacht ist. SharePoint strukturiert seine Architekturebenen in vier Geltungsbereiche:

▶ Farm (`Farm`)

▶ Webanwendung (`WebApplication`)

▶ Websitesammlung (`Site`)

▶ Webseite (`Web`)

Der Bereich eines Features hängt von der jeweiligen Funktionalität ab. Beispielsweise werden Listeninstanzen auf der Ebene der Webseite bereitgestellt – der Scope ist in diesem Fall `Web`. Globale Funktionen, wie zum Beispiel eine Modifizierung der *web.config*-Datei, würden über den Geltungsbereich der Webanwendung (`WebApplication`) aktiviert werden.

Mit SharePoint 2010 haben Sie die Möglichkeit, Features zu aktualisieren. Hierzu wurde die Feature-Architektur um ein spezielles Upgrade-Element erweitert, über das die zu ändernden Einstellungen spezifiziert werden können.

7.1.1 Features installieren und aktivieren

Features können über unterschiedliche Wege in einer SharePoint-Farm installiert werden – über *STSADM*, mithilfe der PowerShell oder über den Weg des Solution Deployments, wobei Sie die letztgenannte Variante bevorzugen sollten.

Möchten Sie ein Feature in der SharePoint-Umgebung manuell installieren, empfiehlt sich die Verwendung von PowerShell. Die Scripting-Umgebung stellt für die Verwaltung von Features zwei Befehle bereit:

```
Install-SPFeature <Name des Ordners>
```

```
Uninstall-SPFeature <Name des Ordners>
```

Wie Sie erkennen können, verwendet der PowerShell-Befehl zur Identifizierung den eindeutigen Ordnernamen des Features. Nach der Installation identifiziert die Farm das Feature über seine jeweilige ID, und sowohl der Ordnername als auch die ID sollten nach der Bereitstellung nicht mehr angepasst werden.

Erst nachdem das Feature in der Farm installiert wurde, kann es innerhalb eines Geltungsbereichs aktiviert werden. Am einfachsten ist es, die Aktivierung über die Websiteoberfläche vorzunehmen – vorausgesetzt, das Feature ist als sichtbar deklariert. Features lassen sich – je nach Geltungsbereich – entweder über die Websiteeinstellungen oder über den Weg der Zentraladministration aktivieren (siehe Abbildung 7.2).

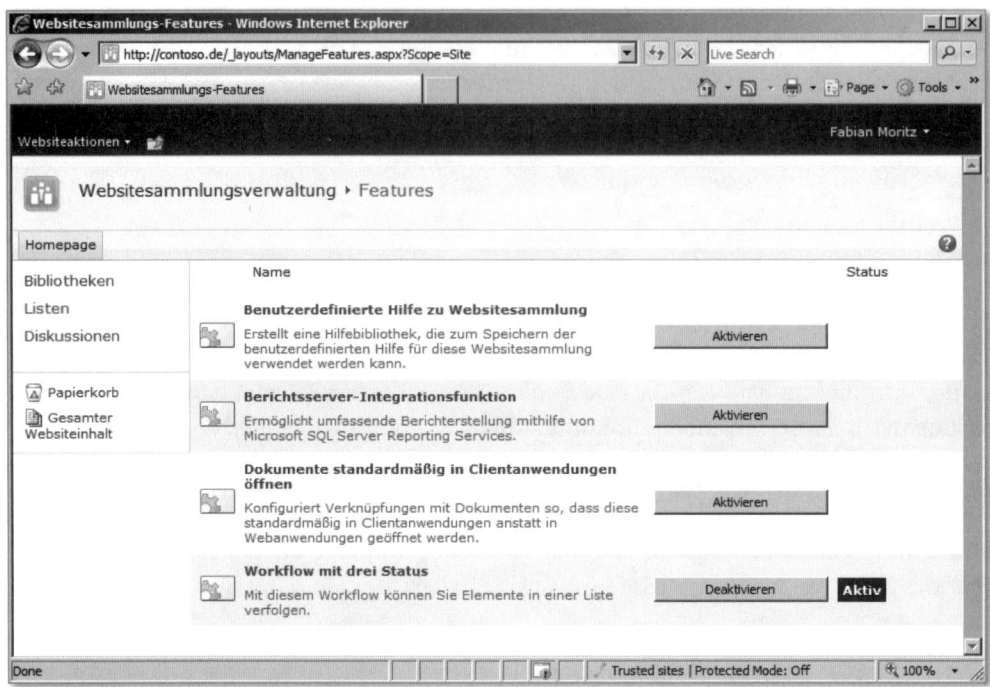

Abbildung 7.2 Die Aktivierung von Features wird über die Websiteeinstellung oder die Zentral-administration möglich.

Auch PowerShell liefert Funktionen für die Steuerung der Aktivierung:

```
Enable-SPFeature <Ordner> -Url <URL der Webseite>

Disable-SPFeature <Ordner> -Url <URL der Webseite>
```

Neben diesen beiden Möglichkeiten lassen sich Features natürlich auch über das SharePoint-Objektmodell aktivieren. Das folgende Codebeispiel veranschaulicht diesen Weg.

```
var web = SPContext.Current.Web;
// Liste der Features abfragen
var features = web.Features;
var featureId = new Guid("B0DC5DB3-A851-48EF-86AC-DD667FB373CF");
// Prüfe, ob das Feature bereits aktiviert wurde
if (features[featureId] == null)
{
    // Hinzufügen und aktivieren
    features.Add(featureId);
}
```

Listing 7.1 Aktivierung eines Features über das SharePoint-Objektmodell

Letztendlich wird erst mit dem Aktivierungsprozess die durch das Feature ausgelieferte Funktion im jeweiligen Geltungsbereich bereitgestellt.

7.1.2 »Feature.xml«

Ein Feature setzt sich aus mindestens zwei Bestandteilen zusammen – der *Feature.xml* und dem *Element-Manifest*. Die *Feature.xml*-Datei beschreibt die Metadaten des Features. Zu den hier verwalteten Eigenschaften gehören die eindeutige ID, eine Bezeichnung oder der Bereich. Die eigentliche Funktionalität wird durch das Element-Manifest beschrieben. Innerhalb dieser Datei befinden sich sämtliche Konfigurationsabschnitte des Elements. Je nach Typ können zusätzlich zu diesen beiden Dateien noch weitere Elemente in dem jeweiligen Features-Verzeichnis vorhanden sein.

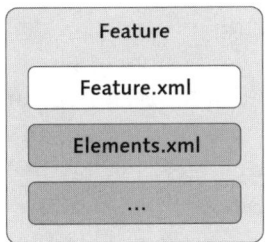

Abbildung 7.3 Ein Feature setzt sich mindestens aus der »Feature.xml« und einem Element-Manifest zusammen.

Das Element-Manifest wird innerhalb der Feature-Definition zugeordnet, wobei SharePoint auch die Referenzierung mehrerer Manifest-Dateien unterstützt. Schauen wir uns nun die *Feature.xml* etwas genauer an. Sie hat folgenden grundlegenden Aufbau:

```
<Feature
  Id="11111111-1111-1111-1111-11111111111"
  Title="Der Name des Features"
  Description="Eine Beschreibung der Funktionalität"
  Scope="Site"
  Version="1.0.0.0">
  <ActivationDependencies>
    <ActivationDependency
      FeatureId="11111111-1111-1111-1111-111111111111" />
  </ActivationDependencies>
  <ElementManifests>
    <ElementManifest Location="elements.xml"/>
    <ElementManifest Location="location\CustomerList.xml"/>
  </ElementManifests>
```

```
<Properties>
    <Property Key="Color" Value="Blue"/>
    <Property Key="SubWeb" Value="Blog"/>
</Properties>
<UpgradeActions
    ReceiverAssembly="CustomFeatureReceiver, Version=1.0.0.0,
    Culture=neutral, PublicKeyToken=3e1b35c83d6e53f4"
    ReceiverClass="CustomFeatureReceiver.CustomFeatureReceiver" />
</Feature>
```

Listing 7.2 Grundlegender Aufbau einer »Feature.xml«

Die Identifizierung eines Features erfolgt über seine ID (Typ Guid). Der Titel (Title) und die Beschreibung (Description) werden innerhalb der Websiteoberfläche in der jeweiligen Aktivierungsfunktion dargestellt. Sollte das Feature nicht über die Websiteeinstellungen sichtbar sein, muss das Attribut Hidden auf den Wert True gesetzt sein. Ist dieses Attribut nicht gesetzt, ist das Feature in sämtlichen Einstellungsbereichen sichtbar. Der Geltungsbereich wird über das Attribut Scope gesteuert. Diese vier Einstellungen sind für eine Feature-Deklaration mindestens erforderlich. Zusätzlich können Sie in dieser XML-Datei zum Beispiel noch ein *Feature-Icon*, einen *Feature Receiver* oder weitere *Ressourcen* spezifizieren. Eine Liste sämtlicher Attribute des Feature-Elements liefert das SharePoint Foundation SDK:

http://msdn.microsoft.com/en-us/library/ms436075.aspx

Die für ein Feature erforderlichen Voraussetzungen werden über das Element ActivationDependency definiert. Sollte eines der in diesem Element referenzierten Features in dem jeweiligen Geltungsbereich nicht installiert worden sein, lässt es sich nicht aktivieren.

Die abhängigen Features können aus unterschiedlichen Geltungsbereichen stammen.

Das dem Feature zugeordnete ElementManifest wird über den gleichnamigen XML-Knoten referenziert. Das Location-Attribut spezifiziert die Adresse der jeweiligen XML-Datei relativ zum Wurzelelement des Features. Einem Feature kann eine beliebige Anzahl von Elementen zugeordnet werden.

Bestimmte Eigenschaften werden über das Properties-Element strukturiert. Diese Einstellungen können zum Beispiel von einem *Feature Receiver* ausgewertet werden.

Neu in SharePoint 2010 ist die Möglichkeit des *Feature Upgrades*. Die Aktivitäten bei der Aktualisierung eines Features werden über das UpgradeActions-Element spezifiziert. Über dieses lässt sich u. a. auch eine Assembly referenzieren, die beim Upgrade-Prozess ausgeführt wird.

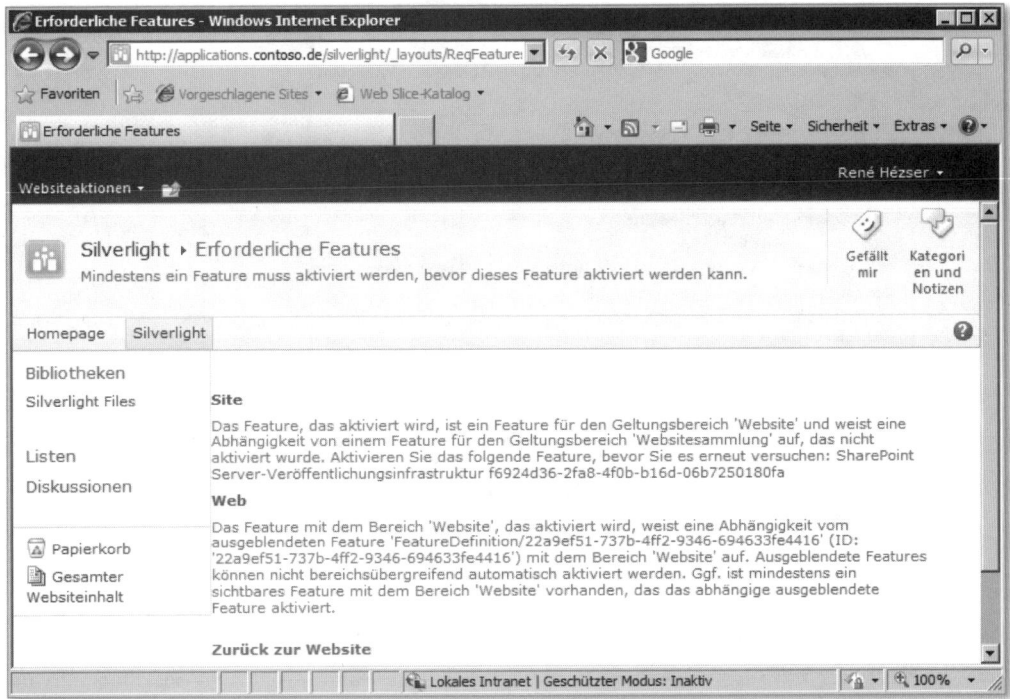

Abbildung 7.4 Die Aktivierung eines Features kann an bestimmte Voraussetzungen geknüpft sein.

Der Inhalt eines `UpgradeActions`-Elements beschreibt Aktionen, die durchgeführt werden, wenn eine neuere Version des Features bereitgestellt wird. Die *Receiver-Class* dient dazu, Programmcode zu schreiben, der bei dem Upgrade-Prozess ausgeführt wird.

Eine vollständige Referenz sämtlicher Elemente und Attribute der *Feature.xml*-Datei liefert das SDK:

http://msdn.microsoft.com/de-de/library/ms475601.aspx

Die Konfiguration des Feature-Manifests wird vollständig von Visual Studio 2010 unterstützt. Der visuelle Designer ermöglicht die Zuweisung der im Feature enthaltenen Elemente sowie die Verwaltung sämtlicher Eigenschaften (siehe Abbildung 7.5).

Eigenschaften	▼ 4 ×
Contextual WebPart Funktion	▼

Alternativer Bildtext	
Bereich	Site
Bereitstellungspfad	$SharePoint.Project.FileNameWithoutExte
Beschreibung	
Bild-URL	
Empfängerassembly	$SharePoint.Project.AssemblyFullName$
Empfängerassembly für Upgradeakti	
Empfängerklasse	$SharePoint.Type.02e880d0-3458-482d-a
Empfängerklasse für Upgradeaktione	
Ersteller	
Funktions-ID	39b163be-5cd4-49b9-a01b-8a9fdf0fdabc
In Zentralverwaltung automatisch ak	False
Installation immer erzwingen	False
Ist Hidden	False
Lösungs-ID	00000000-0000-0000-0000-000000000000
Ressourcen erforderlich	False
Standardmäßig aktivieren	True
Standardressourcendatei	
Titel	**Contextual WebPart**
UIVersion	
Version	

Bereich
Der Kontext, in dem eine Funktion aktiviert wird.

Abbildung 7.5 Die Konfiguration der Metadaten eines Features wird von Visual Studio 2010 unterstützt.

7.1.3 Element-Manifest

Die eigentliche Funktionalität eines Features wird über das dazugehörige Element-Manifest beschrieben. Das Manifest wird innerhalb der Feature-Deklaration über die Tags `ElementManifest` oder `ElementFile` referenziert. Der Dateiname des Element-Manifests ist für das Features-Modell nicht relevant – im Gegensatz zur *Feature.xml*-Datei. Der Dateiname entspricht generell dem des jeweiligen Typs (zum Beispiel *ContentTypes.xml*, *ListInstances.xml* oder *Workflows.xml*).

Das Element-Manifest ist ein deklaratives Bereitstellungsmodell, mit dem sich Anpassungen, Erweiterungen oder bestimmte Einstellungen in dem jeweiligen Geltungsbereich abbilden lassen. Diese Technologie erlaubt es, mithilfe von XML komplette SharePoint-Lösungen – bestehend aus Inhaltstypen, Spalten, Webparts, Workflows oder Ereignishandler – in einer Zielwebsite bereitzustellen, ohne hierfür eine Zeile Programmcode schreiben zu müssen.

Einige spezielle Element-Typen haben Sie bereits kennengelernt. Tabelle 7.1 liefert Ihnen eine Übersicht sämtlicher von SharePoint unterstützter Elemente.

Element	Geltungsbereich	Beschreibung
ContentType	Site	Definiert einen Inhaltstyp.
ContentTypeBinding	Site	Dient zur Zuordnung eines existierenden Inhaltstyps zu einer Liste.
Control	Farm, WebApplication, Site, Web	Mit einem Delegate-Control kann das Rendering bestehender Controls beeinflusst werden, um es zum Beispiel durch eine eigene Funktion zu ersetzen oder zu ergänzen.
CustomAction	Farm, WebApplication, Site, Web	Benutzerdefinierte Aktionen dienen zur Registrierung individueller Einträge in der Standard-UI von SharePoint.
CustomActionGroup	Farm, WebApplication, Site, Web	eine Gruppe von benutzerdefinierten Aktionen
HideCustomAction	Farm, WebApplication, Site, Web	Ausblenden eines Elements der Standard-UI
DocumentConverter	WebApplication	ein Dokumentenkonverter, der Dokumente von einem Format in ein anderes konvertiert
FeatureSiteTemplateAssociation	Farm, WebApplication, Site	Verknüpfung eines Features mit einer Seitenvorlage; auf neuen Seiten wird das Feature automatisch aktiviert.
Field	Site	Definiert einen Spaltentyp.
ListTemplate	Site, Web	Definiert das Schema einer Listenvorlage.
ListInstance	Site, Web	Ermöglicht die Erstellung einer neuen Liste basierend auf einer Vorlage.
Module	Site, Web	Dient zur Bereitstellung von Dateien.
Receiver	Web	Definiert Ereignishandler für Elemente in einer Liste.

Tabelle 7.1 Anwendungstypen einer Element-Manifest-Datei

Für einige dieser Elementtypen stellt Visual Studio 2010 Standardvorlagen bereit (zum Beispiel ListTemplate, ListInstance oder Module). Das Element-Framework erlaubt es, unterschiedliche Spezifizierungen in einer einzelnen Datei zu bündeln; aus Übersichtsgründen empfehlen wir jedoch die Erstellung separater Manifest-Dateien.

7.1.4 Feature Receiver

In einigen Szenarien ist es nötig, nach der Aktivierung eines Features bestimmte zusätzliche Aufgaben durchzuführen – zum Beispiel die Änderung von Berechtigungseinstellungen, die Anpassung von Ansichten oder die Modifizierung bestimmter Websiteeinstellungen. In diesem Fall können Sie für ein Feature einen sogenannten Funktionsempfänger (Feature Receiver) programmieren. Ein Funktionsempfänger ist eine Klasse, die auf die Bereitstellungsprozesse des Features Einfluss nehmen kann.

Ein Feature Receiver leitet sich von der Klasse `SPFeatureReciver` ab. Sie stellt insgesamt fünf Methoden bereit:

- `FeatureActivated`
- `FeatureDeactivating`
- `FeatureInstalled`
- `FeatureUninstalling`
- `FeatureUpgrading`

Den Methoden wird ein Parameter vom Typ `SPFeatureReceiverProperties` übergeben. Hierüber können Sie auf den Kontext (zum Beispiel `Site`, `Web` oder `WebApplication`) des jeweiligen Geltungsbereichs zugreifen und so die komplette Vielfalt des SharePoint-Objektmodells ausnutzen. Außerdem ermöglicht das Objekt die Auswertung der innerhalb der Feature-Deklaration enthaltenen Eigenschaften. Das folgende Codebeispiel veranschaulicht diesen Prozess.

```
public class Feature1EventReceiver : SPFeatureReceiver
{
    public override void
        FeatureActivated(SPFeatureReceiverProperties properties)
    {
        SPSite site = properties.Feature.Parent as SPSite;
        SPWeb web = site.OpenWeb();

        using (web)
        {
            string color =
                properties.Feature.Properties["Color"].Value;
            string subWeb =
                properties.Feature.Properties["SubWeb"].Value;
        }
    }
}
```

Listing 7.3 Feature-Propertys im Feature Receiver auslesen

Die Zuweisung des Receivers erfolgt innerhalb der *Feature.xml*-Datei über die Attribute `ReceiverAssembly` und `ReceiverClass`.

Best-Practice bei der Feature-Programmierung

Wenn Sie ein Feature deinstallieren, ohne es zuvor in den jeweiligen Bereichen zu deaktivieren, bleibt es weiterhin in der Liste der Features aktiv. Dieser Umstand kann beim Upgrade-Prozess zu einem Problem führen. Aus diesem Grund sollten Sie vor der Deinstallation das Feature auf sämtlichen Zielbereichen deaktivieren. Folgender Programmcode wird Ihnen bei dieser Aufgabe behilflich sein:

```
public override void FeatureUninstalling(SPFeatureReceiverProperties
properties)
{
    try
    {
        var srv = SPFarm.Local.Services.GetValue<SPWebService>("");
        Guid featureId = properties.Definition.Id;

        foreach (SPWebApplication app in srv.WebApplications)
        {
            foreach (SPSite site in app.Sites)
            {
                try
                {
                    if (site.Features[featureId] != null)
                    {
                        site.Features.Remove(featureId);
                    }
                }
                finally
                {
                    site.Dispose();
                }
            }
        }
    }
    catch (Exception ex)
    {
        throw new
            SPException("Fehler bei der Deinstallation " + ex);
    }
}
```

Dieser Programmcode deaktiviert sämtliche Features auf der Ebene einer Websitesammlung vor der Deinstallation.

7.1.5 Feature Upgrades

Eine weitere Neuheit in SharePoint 2010 ist die Möglichkeit, Features zu versionieren und anhand einer bestimmten Versionsnummer zu aktualisieren. Stellen

Sie sich vor, Ihr Feature stellt einen bestimmen Inhaltstyp bereit. Es kommt nicht selten vor, dass sich ein Inhaltstyp während eines Produktlebenszyklus ändert. Mussten sich Entwickler bei der Vorgängerversion von SharePoint 2010 in diesem Fall noch mit individuellem Programmcode behelfen, gibt es hierfür jetzt einen deklarativen Weg. Dazu wurde dem Feature-Modell ein neues Element hinzugefügt: UpgradeActions. Es ermöglicht zum Beispiel die Referenzierung einer Assembly zur Steuerung des Upgrade-Prozesses, wie folgendes Listing demonstriert:

```
<UpgradeActions
   ReceiverAssembly="CustomFeatureReceiver, Version=1.0.0.0,
      Culture=neutral, PublicKeyToken=3e1b35c83d6e53f4"
   ReceiverClass="CustomFeatureReceiver.CustomFeatureReceiver"/>
```

Listing 7.4 Über das »UpgradeActions«-Element können Sie Aktionen für Feature-Aktualisierungen spezifizieren.

Die für das Upgrade zuständige Methode wird innerhalb des Feature Receivers platziert. Dazu muss die Basismethode FeatureUpgrading der SPFeature-Receiver-Klasse überschrieben werden.

```
public override void FeatureUpgrading(SPFeatureReceiverProperties
properties, string upgradeActionName,
System.Collections.Generic.IDictionary<string, string> parameters)
{
   base.FeatureUpgrading(properties, upgradeActionName,
      parameters);
}
```

Listing 7.5 Upgrade-Aktivitäten werden von der »FeatureUpgrading«-Methode verarbeitet.

Möchten Sie die Änderungen nicht über Programmcode steuern, können Sie diese beiden Attribute auslassen.

Optional kann innerhalb des UpgradeActions-Bereichs der Versionsbereich angegeben werden, für den eine bestimmte Aktualisierung gedacht ist. Über dieses Modell können Sie den Anpassungsprozess eines Features sehr granular steuern.

```
<UpgradeActions>
   <VersionRange BeginVersion="1.0.0.0" EndVersion="1.9.9.9">
      ...
   </VersionRange>
   <VersionRange BeginVersion="2.0.0.0" EndVersion="2.9.9.9">
      ...
   </VersionRange>
</UpgradeActions>
```

Listing 7.6 Aktualisierungsfunktionen können für eine spezielle Versionsnummer definiert werden.

Innerhalb des `VersionRange`-Tags kann ein benutzerdefiniertes Element-Manifest referenziert werden, das die Aktualisierung beim Solution-Upgrade durchführt. Es wird über das `ApplyElementManifests`-Element spezifiziert.

```
<VersionRange BeginVersion="1.0.0.0" EndVersion="2.0.0.0">
  <ApplyElementManifests>
    <ElementManifest Location="v2\UpgradeManifest.xml"/>
  </ApplyElementManifests>
</VersionRange>
```

Listing 7.7 Sie können dem Upgrade-Prozess ein benutzerdefiniertes Element-Manifest zuordnen.

Auch die Umbenennung von Dateien wird durch das deklarative Feature-Modell unterstützt. Hierzu müssen die Attribute `FromPath` sowie `ToPath` des `MapFile`-Elements ausgestaltet werden.

```
<VersionRange BeginVersion="1.0.0.0" EndVersion="2.0.0.0">
  <MapFile FromPath="AlteDatei.aspx" ToPath="NeueDatei.aspx"/>
</VersionRange>
```

Listing 7.8 Der Upgrade-Prozess ermöglicht auch die Umbenennung von Dateien.

Eine besonders für die Praxis sehr wichtige Funktion ist das Hinzufügen von Spalten zu einem bestehenden Inhaltstyp. Dazu müssen Sie dem Element `AddContentTypeField` den Inhaltstyp (`ContentTypeId`) und das zu ergänzende Feld (`FieldId`) zuordnen.

```
<VersionRange BeginVersion="1.0.0.0" EndVersion="2.0.0.0">
  <AddContentTypeField
    ContentTypeId="0x01000d03010ace4a432da60778dce6161b40"
    FieldId="{d04d66be-644f-4cf8-a798-40d3dba5ebe9}"
    PushDown="TRUE" />
</VersionRange>
```

Listing 7.9 Der Upgrade-Prozess unterstützt die Erweiterung von Inhaltstypen.

Für den erweiterten Einsatz einer `FeatureUpgrading`-Methode lassen sich innerhalb der *Feature.xml*-Datei bestimme Parameter spezifizieren, die von der Methode ausgewertet werden können. Die Strukturierung dieser Parameter erfolgt über das `CustomUpgradeAction`-Element.

```
<CustomUpgradeAction Name="RemoveList">
  <Parameters>
    <Parameter Name="ListName">Farben</Parameter>
```

```
    </Parameters>
</CustomUpgradeAction>
```

Listing 7.10 Einem Upgrade-Funktionsempfänger können individuelle Parameter übergeben werden.

Die Verarbeitung der Parameter erfolgt über ein `IDictionary`-Objekt, das der `FeatureUpgrading`-Methode als Parameter übergeben wird.

Ein `FeatureUpgrading`-Ereignis wird nicht automatisch ausgelöst. Erst ein Farm-Upgrade (dieses wird zum Beispiel nach der Installation eines kumulativen Share-Point-Updates durchgeführt) oder der explizite Aufruf der Upgrade-Methode startet den Aktualisierungsvorgang.

Der Upgrade-Prozess kann auf zwei Wegen erfolgen – über PowerShell oder mithilfe des SharePoint-Objektmodells. Das folgende Listing veranschaulicht den Aktualisierungsvorgang via PowerShell:

```
$site = get-spsite http://contoso.de
$enabledfeature = $site.Features | where {$_.Definition.DisplayName
-eq "Feature Name" }
if($enabledfeature)
{
    $enabledfeature.Upgrade($false)
}
```

Listing 7.11 Feature-Upgrade über PowerShell

Auch das SharePoint-Objektmodell ermöglicht diesen Vorgang. Dazu muss eine Instanz des Features aus dem jeweiligen Geltungsbereich erzeugt werden, um über sie die Upgrade-Methode aufzurufen.

```
const string siteUrl = "http://contoso.de ";
var featureId = new Guid("Feature Id");
using (var site = new SPSite(siteUrl))
{

    using (var web = site.OpenWeb())
    {
        SPFeature feature = web.Features[featureId];
        feature.Upgrade(false);
    }
}
```

Listing 7.12 Aufruf einer Feature-Upgrade-Methode über das Objektmodell

7.2   SharePoint-Solutions

Nach der Entwicklung einer SharePoint-Anwendung zeigen wir Ihnen nun, was Sie zun müssen, um diese Lösung in der Zielumgebung bereitzustellen – und das möglichst einfach! Der Installations- und Bereitstellungsprozess von benutzerdefinierten Anwendungen wird in SharePoint durch die Technologie der *SharePoint-Solutions* ermöglicht. Ein Solution-Paket fasst sämtliche Bestandteile einer Anwendung zusammen und transportiert sie in die jeweilige Zielumgebung. Die Lösung kann sich aus einer Vielzahl unterschiedlicher Elemente zusammensetzen:

- ▶ Features (Feature-Definitionen)
- ▶ Assemblys (DLL-Dateien, `SafeControl`-Einträge und Ressourcen)
- ▶ Code-Access-Security-Richtlinien
- ▶ Dateien (Dokumente, Bilder und Ressourcen)
- ▶ Anwendungsdateien
- ▶ Site-, Listen- und Spaltendefinitionen
- ▶ und vieles mehr

Sicherlich können diese einzelnen Dateien und die Einstellungen auch manuell kopiert bzw. angepasst werden, jedoch führt dieser Weg spätestens bei der Wiederherstellung oder der Migration zu einem erheblichen Mehraufwand oder sogar zu Fehlern. Aus diesem Grund sollte die Bereitstellung einer SharePoint-Anwendung stets über den empfohlenen und gängigen Weg der SharePoint-Solutions erfolgen.

Eine Solution ist – technisch betrachtet – nichts weiter als eine *Cabinet-Datei* (WSP-Datei), die sämtliche Komponenten der Solution bündelt (siehe Abbildung 7.6).

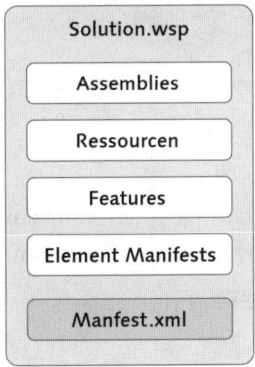

Abbildung 7.6   Eine WSP-Datei bündelt sämtliche Elemente einer Solution.

Die wichtigste Datei eines WSP-Pakets ist das Solution-Manifest (.*manifest*-Datei). Es beschreibt sämtliche in der Solution enthaltenen Elemente sowie die individuellen Konfigurationen. Das Manifest wird von der SharePoint-Runtime dazu genutzt, die einzelnen Bestandteile in die entsprechenden Zielverzeichnisse zu kopieren, und um die Einstellungen anzupassen.

Die Generierung eines Lösungspakets ist ein fester Bestandteil von Visual Studio 2010. Alle in dem jeweiligen Projekt enthaltenen Anwendungskomponenten werden automatisch dem Lösungspaket hinzugefügt. Die Konfiguration der Lösung wird durch einen visuellen Designer unterstützt (siehe Abbildung 7.7).

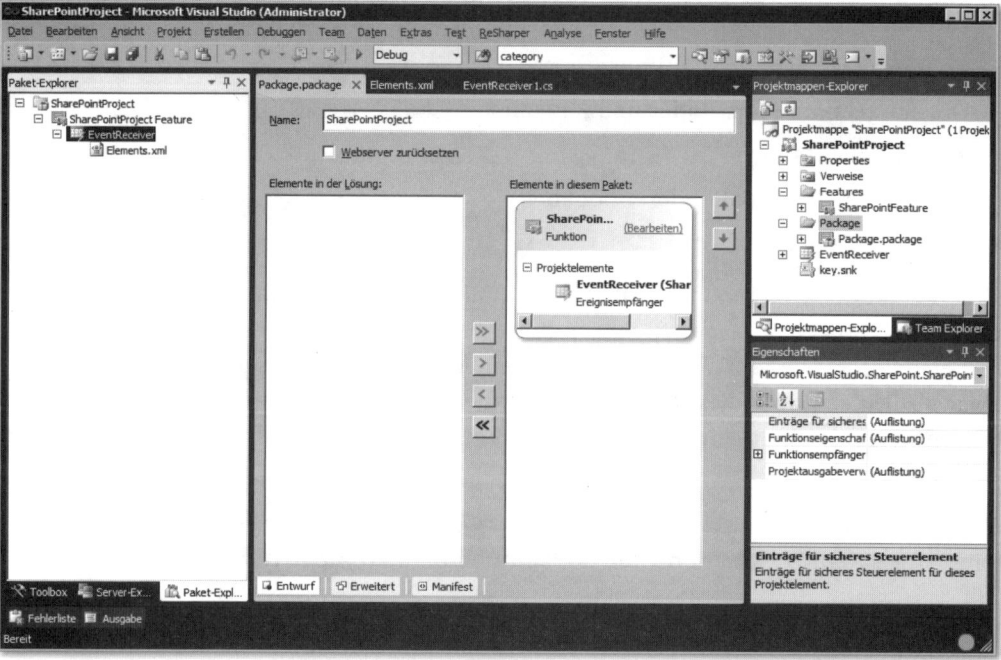

Abbildung 7.7 Ein Paket-Designer und -Explorer unterstützen die Verwaltung einer Share-Point-Solution .

Über die grafische Oberfläche des Paket-Designers lassen sich nicht nur die Elemente der Solution verwalten, das Werkzeug ermöglicht auch die Registrierung zusätzlicher Assemblys oder die Spezifizierung von Code-Access-Security-Richtlinien.

Ein Paket-Explorer verschafft Ihnen einen genauen Einblick über die in der Solution enthaltenen Elemente und deren Struktur.

Sämtliche über die SharePoint-Projektvorlagen erzeugten Anwendungen generieren automatisch ein Solution-Paket, das dann in der Zielumgebung installiert werden kann. Die lokale Bereitstellung und Zurückziehung der Lösung wird von Visual Studio 2010 unterstützt (siehe Abbildung 7.8).

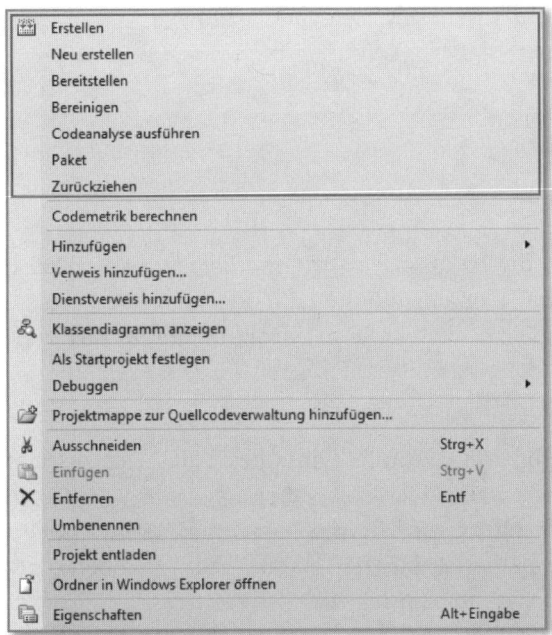

Abbildung 7.8 SharePoint-Solutions können direkt über den Projektmappen-Explorer installiert und bereitgestellt werden.

7.2.1 Solution-Manifest

Das Solution-Manifest ist die Metadatei einer SharePoint-Lösung. Die XML-basierte Datei befindet sich auf der obersten Ebene der WSP-Datei. Das Manifest beschreibt sämtliche in der Solution enthaltenen Elemente und Konfigurationen. SharePoint analysiert diese Datei während des Bereitstellungsprozesses und transportiert die darin enthaltenen Komponenten an die entsprechenden Ziele. Der folgende XML-Code beschreibt den grundlegenden Aufbau einer Manifest-Datei.

```
<Solution SolutionId="4AFC1350-F354-4439-B941-51377E845F2B"
        xmlns="http://schemas.microsoft.com/sharepoint/">
    <FeatureManifests>
        <FeatureManifest Location="FeatureLibrary\feature.xml"/>
    </FeatureManifests>
    <TemplateFiles>
        <TemplateFile Location="ControlTemplates\Form.ascx"/>
    </TemplateFiles>
```

```
<RootFiles>
  <RootFile Location="ISAPI\WebService.asmx" />
</RootFiles>
<Assemblies>
  <Assembly DeploymentTarget="GlobalAssemblyCache"
            Location="Sharepoint.Feature.dll"/>
</Assemblies>
</Solution>
```

Listing 7.13 Aufbau einer Manifest-Datei

Das Solution-Manifest wird über die ID (`SolutionId`) innerhalb der SharePoint-Farm identifiziert. Unterhalb dieses Elements können ein oder mehrere Features (`FeatureManifests`), Vorlagendateien (`TemplateFiles`), Dokumente für das Wurzelverzeichnis (`RootFiles`) oder die Assembly-Referenzen (`Assemblies`) spezifiziert werden.

Das über `FeatureManifest` referenzierte Feature wird durch das Deployment unterhalb des *FEATURES*-Systemverzeichnisses bereitgestellt. Vorlagen (`TemplateFile`) werden in den spezifizierten Unterordner des *TEMPLATES*-Verzeichnisses kopiert und Wurzelelemente (`RootFile`) auf oberster Ebene der SharePoint-Systemverzeichnisse (*%CommonProgramFiles%\Microsoft Shared\ Web Server Extensions\14*). Über dieses Verfahren lassen sich Dateien quasi in sämtlichen SharePoint-Systemverzeichnissen bereitstellen.

Als Bereitstellungsziel einer Assembly kann entweder der Global Assembly Cache (`GlobalAssemblyCache`) oder die SharePoint-Webanwendung (`WebApplication`) zugeordnet werden. Handelt es sich bei der Assembly um einen Webpart oder eine andere UI-Komponente, müssen Sie für diese Klasse einen `SafeControl`-Eintrag in der *web.config*-Datei erzeugen. `SafeControl`-Einträge werden unterhalb des jeweiligen Assembly-Elements spezifiziert.

```
<Assembly Location="MeinWebpart.dll"
DeploymentTarget="WebApplication">
  <SafeControls>
    <SafeControl Assembly="MeinWebpart, Version=1.0.0.0,
                 Culture=neutral,
                 PublicKeyToken=7c37f8596a462662"
                 Namespace="MeinNamespace.MeinWebpart"
                 TypeName="*" />
  </SafeControls>
</Assembly>
```

Listing 7.14 »SafeControl«-Eintrag innerhalb des Solution-Manifests

Die `SafeControl`-Einträge werden während des Bereitstellungsprozesses automatisch erzeugt. Die durch das Deployment installierten Elemente werden beim Zurückziehen (*Retracting*) wieder aus der Farm entfernt – inklusive ihrer `SafeControl`-Einträge.

7.2.2 Installation und Bereitstellung

Der Bereitstellungsprozess besteht aus zwei Schritten – der Installation und dem Deployment. Beide Schritte werden durch PowerShell oder das Kommandozeilenwerkzeug *STSADM.exe* unterstützt. Das Deployment kann alternativ auch über die Zentraladministration durchgeführt werden. Der Administrator kann dabei entscheiden, ob eine Bereitstellung sofort oder erst zu einem bestimmten Zeitpunkt erfolgen soll.

Die Installation über PowerShell wird durch folgendes Kommando unterstützt:

```
Add-SPSolution -LiteralPath C:\SharePointProject.wsp
```

Der STSADM-Befehl hat einen ähnlich einfachen Aufbau:

```
stsadm -o addsolution -filename C:\SharePointProject.wsp
```

Nachdem das Solution-Paket in der Farm installiert wurde, kann es über die Websiteoberfläche der Zentraladministration (siehe Abbildung 7.9), via PowerShell oder auch über *STSADM.exe* bereitgestellt werden.

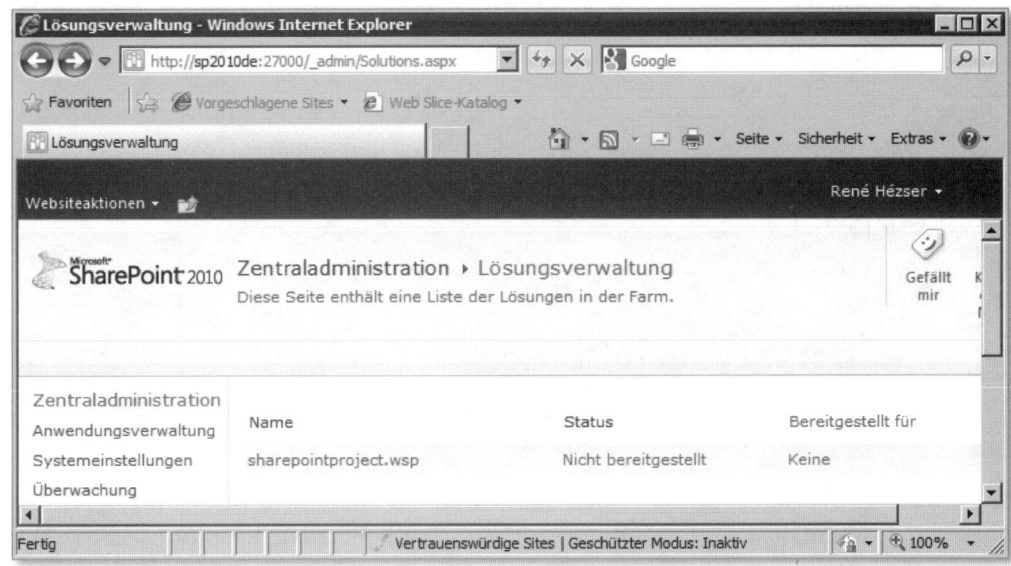

Abbildung 7.9 Installierte SharePoint-Solutions werden über die Zentraladministration verwaltet.

Das administrative SharePoint-Objektmodell ermöglicht die Installation einer SharePoint-Lösung über Programmcode.

```
var farm = Microsoft.SharePoint.Administration.SPFarm.Local;
SPSolutionCollection solutions = farm.Solutions;
string solutionPath = @"c:\SharePointProject.wsp";
SPSolution solution = solutions.Add(solutionPath);
```

Listing 7.15 Installation eines WSP-Pakets über das SharePoint-Objektmodell

Die Installation erfordert auf dem SharePoint-Server und in der Datenbank-Umgebung administrative Rechte.

> **Welche Rechte sind in der Datenbank erforderlich?**
>
> Zur Installation einer SharePoint-Lösung muss der jeweilige Benutzer die Rolle des Datenbank-Owners (*dbo*) in der Config-Datenbank, der Inhaltsdatenbank der Zentraladministration sowie in der Inhaltsdatenbank der Ziel-Webanwendung besitzen.

Nach der erfolgreichen Installation kann die Lösung schließlich in dem jeweiligen Ziel bereitgestellt werden. Erst mit dem Bereitstellungsprozess werden die im WSP-Paket enthaltenen Dateien zu ihren jeweiligen Zielen transportiert.

Auch die Bereitstellung kann über mehrere Wege erfolgen:

▸ SharePoint-Zentraladministration
▸ PowerShell
▸ *STSADM.exe*
▸ SharePoint-Objektmodell

Das Deployment via PowerShell wird durch das *cmdlet* Install-SPSolution unterstützt. Der Bereitstellungsbefehl für die zuvor installierte Solution hat folgenden Aufbau:

```
Install-SPSolution -Identity SharePointProject.wsp -WebApplication
http://contoso.de -GACDeployment
```

Auch *STSADM.exe* stellt hierfür ein Pendant bereit:

```
stsadm -o deploysolution -name SharePointProject.wsp -url http://
contoso.de -immediate -allowgacdeployment
```

Mit der Ausführung dieser Befehle wird in der SharePoint-Farm ein Job für den Zeitgeberdienst erzeugt, der dann die finale Bereitstellung durchführt. Das Deployment kann sofort oder zu einer definierten Zeit erfolgen.

Wenn Sie möchten, können Sie diese Prozesse auch über das SharePoint-Objektmodell steuern:

```
var farm = Microsoft.SharePoint.Administration.SPFarm.Local;
var webapps = new Collection<SPWebApplication>();
SPWebApplication webapp =
  SPWebApplication.Lookup(new Uri("http://contoso.de"));
webapps.Add(webapp);
SPSolutionCollection solutions = farm.Solutions;
SPSolution solution = solutions["SharePointProject.wsp"];
solution.Deploy(DateTime.Now.AddMinutes(1), true, webapps, false);
```

Listing 7.16 Bereitstellen einer SharePoint Solution über das Objektmodell

Neben der Installation und der Bereitstellung gehören auch die Aktualisierung oder das Zurückziehen und Deinstallieren zu den Aufgaben des Solution Deployments. Die Aktualisierung einer Solution wird durch den PowerShell-Befehl `Update-SPSolution`, die Deinstallation durch die Befehle `Uninstall-SPSolution` sowie `Remove-SPSolution` unterstützt. Eine Liste sämtlicher Befehle zur Verwaltung von SharePoint-Solutions liefert das SharePoint Foundation SDK:

http://technet.microsoft.com/en-us/library/ee906565.aspx

7.3 Sandboxed Solutions

Mit den Sandboxed Solutions integriert SharePoint 2010 eine signifikante Verbesserung im Bereich der dezentralen Organisation und Separation von SharePoint-Anwendungen. Sandboxed Solutions sind ein komplett neues Deployment-Modell, das es ermöglicht, SharePoint-Solutions-Pakete auf Ebene der Websitesammlung bereitstellen zu können. Insbesondere im Hosting-Umfeld bieten Sandboxed Solutions neue Perspektiven an, da Anwendungen nicht mehr durch einen administrativ gesteuerten Prozess zentral bereitgestellt werden müssen. Sandboxed Solutions sind auf einen bestimmten Funktionsumfang des Objektmodells (bezogen auf die Websitesammlung) beschränkt. Folgende Typen werden von diesem Deployment-Modell unterstützt:

▶ Inhaltstypen und Websitespalten
▶ benutzerdefinierte Aktionen
▶ SharePoint Designer Workflows
▶ Event Receiver, Features Receiver
▶ InfoPath-Formulare

- Listen- und Seitendefinitionen
- Webparts
- Inhaltsseiten

Die Sandbox ist dabei eine spezielle Umgebung, in der die Lösung ausgeführt wird. Sie unterscheidet sich von der klassischen Solution dahingehend, dass der Zugriff auf bestimmte Objekte der SharePoint-API eingeschränkt wird. Die Sandbox stellt einen Teil des `Microsoft.SharePoint`-Namensraums bereit, der den Code auf die Ausführung bestimmter Funktionen innerhalb der Websitesammlung einschränkt.

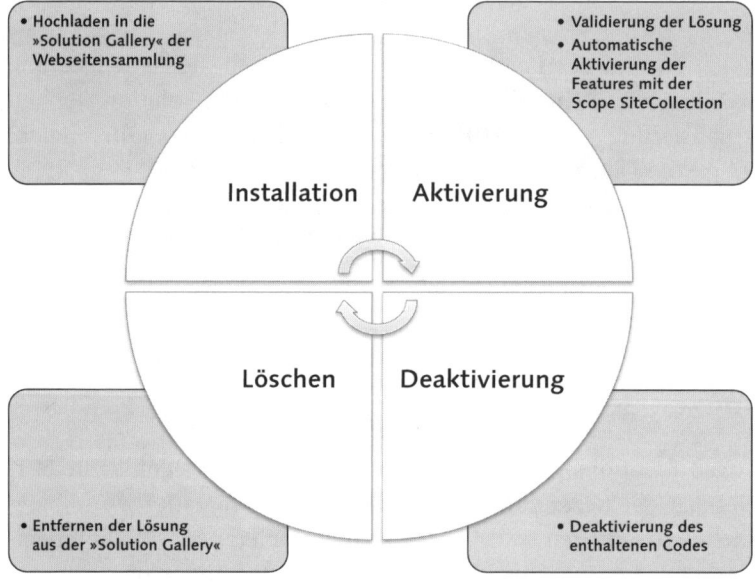

Abbildung 7.10 Der Lebenszyklus einer Sandboxed Solution

Die Installation und Verwaltung einer Sandboxed Solution obliegt dem Websitesammlungsadministrator. Farm-Administratoren haben dennoch eine Übersicht über die innerhalb der SharePoint-Umgebung installierten Lösungen. Zur Überwachung stellt die Zentraladministration unterschiedliche Möglichkeiten bereit. Außerdem kann die Anzahl der installierbaren Lösungen durch Quotas für die Ausführungszeit belegt werden, damit diese nicht zu viele Systemressourcen in Anspruch nehmen.

Die inhaltliche Struktur einer Sandboxed Solution unterscheidet sich kaum von der einer herkömmlichen Lösung. Der Hauptunterschied liegt in der Art der Bereitstellung.

7.3.1 Architektur

Die sicherere Ausführung einer Sandboxed Solution wird durch eine Kombination von Architekturmerkmalen erreicht. So steht zum Beispiel einer Sandboxed Solution nur ein gewisser Teil der SharePoint-Programmierschnittstelle zur Verfügung.

```
Microsoft.SharePoint mit Ausnahme:
    SPSite-Konstruktor
    SPSecurity-Objekt
    SPWorkItem- und SPWorkItemCollection-Objekte
    SPAlertCollection.Add-Methode
    SPAlertTemplateCollection.Add-Methode
    SPUserSolution- und SPUserSolutionCollection-Objekte
    SPTransformUtilities
Microsoft.SharePoint.Navigation
Microsoft.SharePoint.Utilities mit Ausnahme:
    SPUtility.SendEmail-Methode
    SPUtility.GetNTFullNameandEmailFromLogin-Methode
Microsoft.SharePoint.Workflow
Microsoft.SharePoint.WebPartPages mit Ausnahme:
    SPWebPartManager-Objekt
    SPWebPartConnection-Objekt
    WebPartZone-Objekt
    WebPartPage-Objekt
    ToolPane-Objekt
    ToolPart-Objekt
```

Listing 7.17 Objektmodell-Limitierungen für Sandboxed Solutions

Visual Studio 2010 nutzt auch für Sandboxed-Lösungen dieselbe API. Wenn Sie auf Klassen oder Methoden zugreifen, die nicht unterstützt werden, kommt es erst zur Laufzeit zu einer Ausnahme.

Überprüfung zur Kompilierzeit

Möchten Sie schon zum Kompilierungszeitpunkt erfahren, ob Ihr Code mit einer Sandboxed-Lösung kompatibel ist, müssen Sie Ihre Assembly gegen folgende Datei kompilieren:

%CommonProgramFiles%\Microsoft Shared\Web Server Extensions\14\UserCode\assemblies\Microsoft.SharePoint.dll

Achtung: Dieser Tausch dient nur zum Testen! Veröffentlichen Sie keinen Code, der gegen diese spezielle SharePoint-Assembly kompiliert ist!

Die Limitierung wird über eine spezielle Code-Access-Security-Richtlinie gesteuert. das folgende Listing fasst die Berechtigungen einer Sandboxed Solution zusammen:

```
SharePointPermission.ObjectModel
SecurityPermission.Execution
AspNetHostingPermission.Level = Minimal
```

Listing 7.18 CAS-Richtlinie für Sandboxed Solutions

Die Richtlinie wird von der *wss_usercode.config*-Datei beschrieben. Sie befindet sich auf dem SharePoint-Server unterhalb des *CONFIG*-Systemverzeichnisses: *%CommonProgramFiles%\Microsoft Shared\Web Server Extensions\14\CONFIG\ wss_usercode.config*

Die Einschränkungen von Sandboxed-Lösungen sind für den Programmierer durchaus spürbar, jedoch lassen sich über Sandkastenlösungen die gängigsten Aufgaben auf der Ebene der Websitesammlung realisieren.

Möchten Sie dennoch auf eingeschränkte Objekte zugreifen, steht Ihnen die Option bereit, eine Proxy-Klasse zu implementieren, die – stellvertretend für den Programmcode der Sandboxed Solutions – den Aufruf auf das höher privilegierte Objekt durchführt. Die möglichen Operationen werden von der abstrakten Klasse `Microsoft.SharePoint.UserCode.SPProxyOperation` beschrieben.

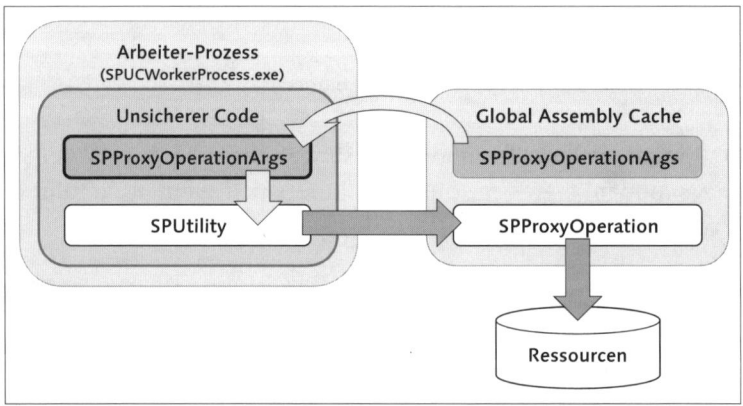

Abbildung 7.11 »SPProxyOperation« für Sandboxed Solutions

Weitere Informationen zur Programmierung einer Proxy-Klasse finden Sie in folgendem MSDN-Artikel:

http://msdn.microsoft.com/de-de/library/ff798427.aspx

Die Sandbox wird durch einen speziellen Dienst ausgeführt, der den Zugriff auf Webanwendungs- oder Farm-Ressourcen verhindert. Genau genommen sind es drei Prozesse, die an der Architektur der Sandboxed Solutions beteiligt sind (siehe Abbildung 7.12):

▸ Host-Dienst (*SPUCHostService.exe*). Dieser Windows-Dienst wird auf jedem Server der Farm ausgeführt. Er übernimmt die Kontrolle der Worker-Prozesse, in denen die Solutions ausgeführt werden.

▸ Worker-Prozess (*SPUCWorkerProcess.exe*). Dieser Prozess stellt den Kern der Sandbox dar, da über ihn die Solution ausgeführt wird.

▸ Proxy-Prozess (*SPUCWorkerProcessProxy.exe*). Sandboxed Solutions verwenden dieselbe Service-Infrastruktur, wie alle anderen Anwendungen. Die Kommunikation übernimmt dieser Proxy.

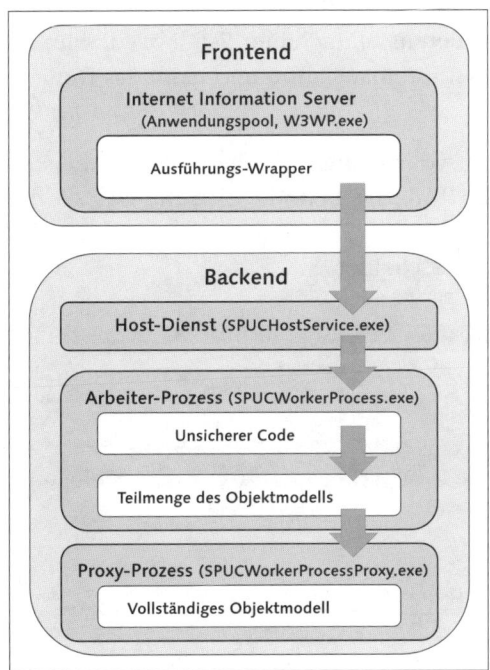

Abbildung 7.12 Die Architektur der Sandboxed Solutions

7.3.2 Webparts in Sandboxed Solutions

Webparts sind die am häufigsten genutzten Anwendungstypen in der UI-Entwicklung. Wenn Sie einen Webpart für das Framework der Sandboxed Solutions programmieren, ist es wichtig, dass Sie die Klasse von einem ASP.NET-Webpart erben (System.Web.UI.WebControls.WebParts.WebPart). SharePoint-Webparts unterstützen die Bereitstellung in einer Sandbox nicht.

Bei der Webpart-Programmierung gibt es neben den Einschränkungen durch das Objektmodell noch folgende Besonderheiten zu beachten:

▶ Webpart-Verbindungen werden nicht unterstützt.

▶ Asynchrone Postbacks sind nicht möglich.

▶ Die Assembly muss mit dem AllowPartiallyTrustedCallers-Attribut konfiguriert werden.

Ansonsten können Sie Webparts für eine Sandboxed Solution genauso implementieren wie normale Webparts.

7.3.3 Installation einer Sandboxed Solution

Wie auch bei Farmlösungen erfolgt die Bereitstellung einer Sandboxed Solution in einem zweistufigen Prozess, der zuerst die Installation und dann das Deployment vorsieht.

Die Installation und Bereitstellung kann vollständig über die Webseiteneinstellung einer Websitesammlung erfolgen. In dieser befindet sich die Galerie der Lösungen (siehe Abbildung 7.13), die sich im Grunde nur unwesentlich von einer einfachen Dokumentbibliothek unterscheidet.

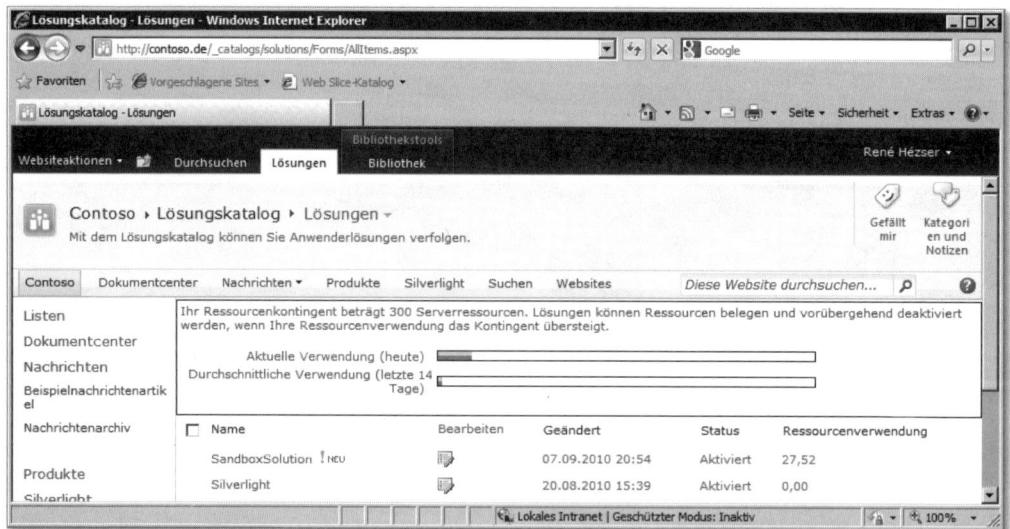

Abbildung 7.13 SharePoint verwaltet Sandboxed Solutions in einer speziellen Bibliothek innerhalb der Websitesammlung.

Nachdem Sie das Lösungspaket in diese Bibliothek hochgeladen haben, haben Sie die Möglichkeit, diese Solution bereitzustellen. Auch der Prozess des Zurückziehens wird vollständig über die Websiteoberfläche unterstützt (siehe Abbildung 7.14).

Abbildung 7.14 Eine Sandboxed Solution muss vor der Deinstallation deaktiviert werden.

Neben der Bereitstellung über die Websiteoberfläche werden die Prozesse auch von PowerShell unterstützt. Hierzu stellen die Scripting-Umgebung folgende Befehle bereit:

- Add-SPUserSolution

- Install-SPUserSolution

- Remove-SPUserSolution

- Uninstall-SPUserSolution

- Update-SPUserSolution

Aufgrund der Architektur und der Anwendung von Sandboxed Solutions werden Sie von den Möglichkeiten, die PowerShell oder das Objektmodell liefern, eher weniger Gebrauch machen.

Upgrade von Sandboxed Solutions

Wenn Sie eine bereits installierte Solution aktualisieren möchten, müssen Sie der Solution einen neuen Namen geben. Diesen können Sie beim Upload der Datei festlegen.

7.3.4 Validierung

Jede Assembly, die von einer Sandboxed Solution ausgeführt werden soll, muss eine Validierungslogik durchlaufen. Durch diesen Prozess wird sichergestellt, dass der Code nur genehmigte Aktivitäten ausführt. Die Validierung wird vor der Aktivierung bzw. dem Upgrade-Prozess durchgeführt.

Die Architektur der Sandboxed Solutions ist so konzipiert, dass Sie eigene Validatoren für Ihre Umgebung programmieren können. Beispielsweise können Sie hierdurch die Farm so einschränken, dass ausschließlich Webparts in den Websitesammlungen bereitgestellt werden können.

Ein benutzerdefinierter Validator muss von der Klasse SPSolutionValidator erben. Das folgende Listing beschreibt den grundlegenden Aufbau einer benutzerdefinierten Validator-Klasse:

```
[Guid("232f5e53-115c-457d-b74b-f4306a09f79b")]
class CustomValidator : SPSolutionValidator
{
    private const string validatorName = "Mein Validator";

    public SandboxSolutionValidator(
        SPUserCodeService userCodeService) :
        base(validatorName, userCodeService)
    {
        this.Signature = 4711;
    }

    public override void ValidateSolution(
        SPSolutionValidationProperties properties)
    {
        base.ValidateSolution(properties);
        properties.Valid = true;

        // Dateien der Solution überprüfen
        foreach (SPSolutionFile file in properties.Files)
        {
            // Dateien können an dieser Stelle analysiert werden
        }

        // Lösung ist immer ungültig
        if (true)
        {
            properties.Valid = false;
            properties.ValidationErrorMessage =
                "Die Lösung ist nicht gültig";
```

```
            properties.ValidationErrorUrl =
                "http://contoso.de/_layouts/customError.apx";
        }
    }
}
```

Listing 7.19 Aufbau eines benutzerdefinierten Validators

Innerhalb der Methode `ValidateSolution` wird die eigentliche Validierung durchgeführt. Die Eigenschaft `SPSolutionValidationProperties.Files` ermöglicht die exakte Analyse der im Solution-Paket enthaltenen Dateien. An dieser Stelle können Sie beispielsweise die Feature-Definitionen auswerten, um zu überprüfen, welche Elemente durch diese Solution bereitgestellt werden sollen.

Das Deployment des benutzerdefinierten Validators kann mithilfe PowerShell erfolgen, wir empfehlen jedoch, diese Aufgabe über ein Farm-Feature zu realisieren. Folgender Programmcode veranschaulicht die Installation des Validators über eine Feature-Receiver-Methode:

```
public override void FeatureActivated(
SPFeatureReceiverProperties properties)
{
    SPUserCodeService userCodeService =
        SPUserCodeService.Local;

    CustomValidator validator = new
        CustomValidator(userCodeService);

    userCodeService.SolutionValidators.Add(validator);
}
```

Listing 7.20 Validatoren können über das SharePoint-Objektmodell installiert werden.

Zur Auflistung der in der Farm installierten Validatoren können Sie PowerShell zu Hilfe nehmen. Führen Sie hierzu folgenden Befehl in der SharePoint-Verwaltungsshell aus:

```
[System.Reflection.Assembly]::Load(
"Microsoft.SharePoint, Version=14.0.0.0, Culture=neutral,
PublicKeyToken=71e9bce111e9429c");
$spusercodeservice =
[Microsoft.SharePoint.Administration.SPUserCodeService]::Local;
$spusercodeservice.solutionvalidators;
```

Listing 7.21 Registrierung eines benutzerdefinierten Validatoren

7.3.5 Monitoring und Ressourcenüberschreitung

Da Sandboxed Solutions auf der Ebene einer Websitesammlung installiert werden, haben Administratoren zwar keinen direkten Überblick über die in der Farm bereitgestellten Lösungen, aber dafür unterschiedliche Möglichkeiten der Überwachung und Konfiguration. Das Monitoring von Sandboxed Solutions ist bei der Farmadministration eine wichtige Aufgabe, da diese Anwendungstypen auch Server-Ressourcen bündeln. Die Bewertung der Ressourcennutzung erfolgt über ein Punktesystem (siehe Abbildung 7.15). Insgesamt werden 15 Merkmale in die Überprüfung einbezogen:

- ▶ CPU-Zeit
- ▶ prozentuale Prozessorzeit
- ▶ Anzahl der Prozessorzyklen für den Prozess
- ▶ Speicherverbrauch
- ▶ Zeit von Datenbankabfragen
- ▶ Anzahl der Datenbankabfragen
- ▶ abnormale Programmabbrüche
- ▶ kritische Ausnahmen
- ▶ unbehandelte Ausnahmen
- ▶ Data-Marshaling-Größe
- ▶ Anzahl der Prozess-Handles
- ▶ Anzahl der Prozess-Threads
- ▶ Anzahl der Prozesse, die nicht reagieren

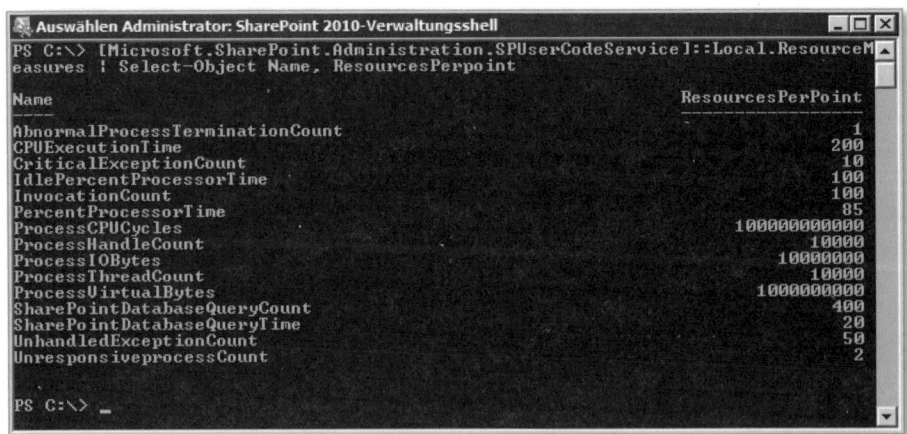

Abbildung 7.15 Die Bewertung der von einer Sandboxed Solution genutzten Systemressourcen erfolgt über ein Punktesystem.

Die genaue Verteilung dieser Punkte kann über PowerShell ermittelt werden:

```
[Microsoft.SharePoint.Administration.SPUserCodeService]::Local.Resou
rceMeasures | Select-Object Name, ResourcesPerpoint
```

Listing 7.22 Auswertung des Punktesystems

Auch die Gewichtung der einzelnen Merkmale lässt sich über PowerShell modifizieren:

```
SPUserCodeService userCodeService = SPUserCodeService.Local;
SPResourceMeasureCollection measureCollection=
userCodeService.ResourceMeasures;
SPResourceMeasure measure = measureCollection
["SharePointDatabaseQueryCount"];
measure.ResourcesPerPoint = 500;
measure.Update(true);
```

Listing 7.23 Änderung von Ressourcengewichtungen

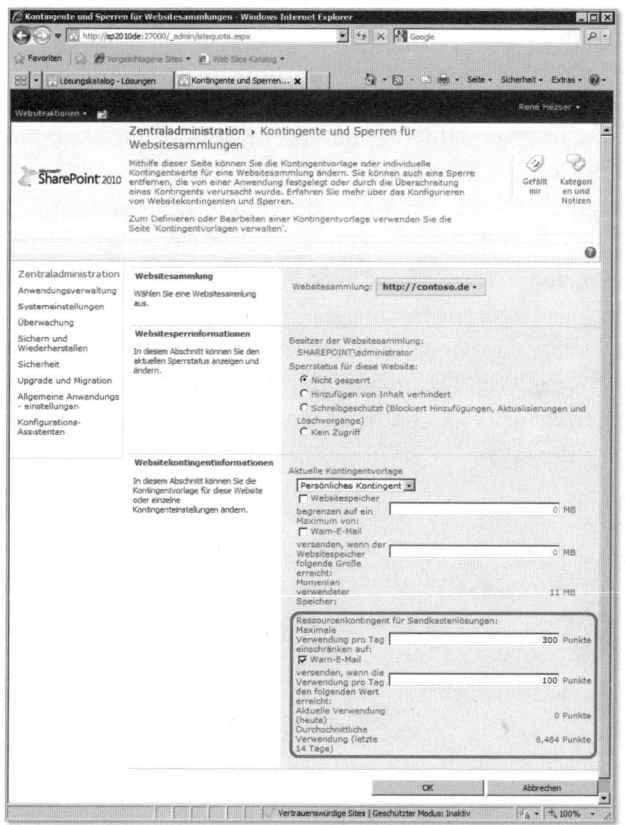

Abbildung 7.16 Das Punktesystem kann auf der Ebene der Websitesammlung konfiguriert werden.

459

Über die Zentraladministration kann der SharePoint-Administrator festlegen, wie hoch der Ressourcenverbrauch sein darf (siehe Abbildung 7.16).

In der Standardeinstellung wird ab einem Ressourcenbedarf von 100 Punkten eine Warn-E-Mail an den Webseitensammlungsadministrator versendet. Bei 300 Punkten wird die Lösung temporär deaktiviert.

Hat eine Websitesammlung die konfigurierten Ressourcen überschritten, werden sämtliche Sandboxed-Lösungen der jeweiligen Websitesammlung deaktiviert. Im Falle eines Webparts wird ein entsprechender Hinweis in der Benutzeroberfläche ausgegeben (siehe Abbildung 7.17).

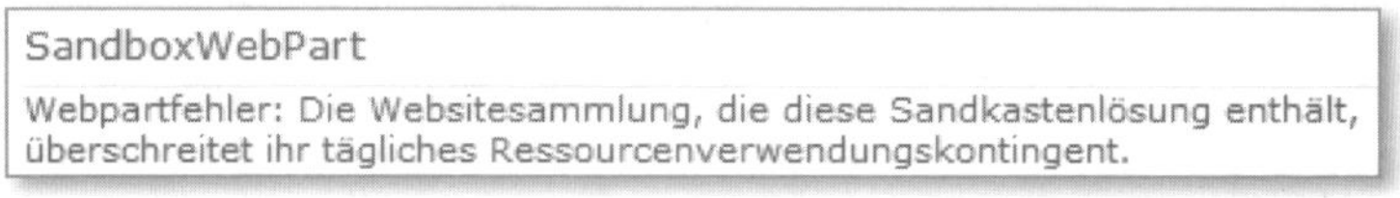

> SandboxWebPart
>
> Webpartfehler: Die Websitesammlung, die diese Sandkastenlösung enthält, überschreitet ihr tägliches Ressourcenverwendungskontingent.

Abbildung 7.17 Sollte ein Webpart die definierte Punktzahl überschritten haben, wird er deaktiviert.

7.4   Fazit

SharePoint Foundation 2010 liefert unterschiedliche Technologien für die flexible Bereitstellung von Anwendungskomponenten einer SharePoint-Lösung. Mit den SharePoint-Solutions haben Sie die Möglichkeit, Anwendungsdateien und Konfigurationen aus einem Lösungspaket in die Zielumgebung zu überführen. Features sind das deklarative Modell, mit dem diese Dateien dann in die Zielwebsite transportiert werden können. Bei der Bereitstellung von SharePoint-Anwendungen möchten wir Ihnen eine wichtige Regel ans Herz legen: Arbeiten Sie niemals ohne Solutions! Wir empfehlen Ihnen daher, bei sämtlichen Anwendungstypen zu überprüfen, ob für deren Bereitstellung ein deklaratives Feature-Modell zur Verfügung steht. Wenn Sie sich strikt an die Standardvorgaben von SharePoint halten, befinden Sie sich auf einem guten Weg.

SharePoint 2010 ist eine mächtige Workflow-Plattform, die auf der Windows Workflow Foundation basiert. Die Erweiterungen ermöglichen die Umsetzung von Workflows auf eine flexible Art und Weise.

8   Workflows

Seit es computergestützte IT-Systeme gibt, gibt es auch den Wunsch nach Automatisierung oder der technischen Unterstützung von Prozessen. Ein Workflow ist, wenn man ihn genauer betrachtet, nichts weiter als eine technische Implementierung einer Prozessunterstützung. Ein Prozess ist dabei eine Abhandlung bestimmter Aktivitäten, die wiederum an Bedingungen geknüpft sind.

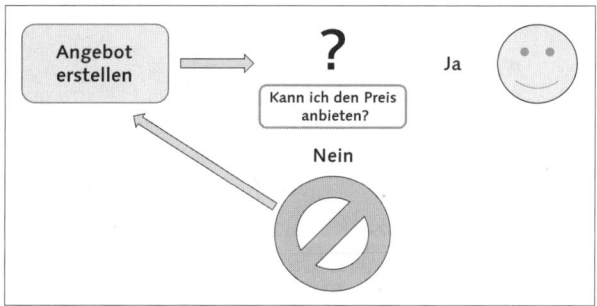

Abbildung 8.1   Ablauf eines einfachen Angebotsworkflows

Bereits ein recht einfach wirkender Angebotsprozess wie der aus Abbildung 8.1 kann nahezu beliebig komplex werden. Wie wird die Person ermittelt, die das Angebot gegenzeichnet? Was ist, wenn diese Person Urlaub hat oder aus anderen Gründen der Aufgabe nicht nachkommen kann? Wie soll der Prozess damit umgehen, wenn eine Angebotsanfrage zurückgenommen wurde?

Diese Fragen machen deutlich, wozu eine Workflow-Plattform im Stande sein muss. Sie sollte nicht nur Designoberflächen zur Modellierung von Workflow-Schritten liefern, sondern zusätzlich einfach zu bedienende Anwendungsoberflächen, eine Benachrichtigungsfunktion oder Möglichkeiten eines Reportings zur Verfügung stellen. Workflows unterscheiden sich – je nach Anforderung – deutlich in ihrem Funktionsumfang. Je komplexer ein Workflow wird, desto mehr wachsen die Anforderungen an das Entwicklungswerkzeug.

SharePoint 2010 liefert eine sehr mächtige Workflow-Plattform, mit der sich unterschiedliche Prozessanwendungen realisieren lassen. Sie basiert im Kern auf der Windows Workflow Foundation und liefert unterschiedliche Möglichkeiten, um einen Workflow technisch abzubilden (siehe Abbildung 8.2).

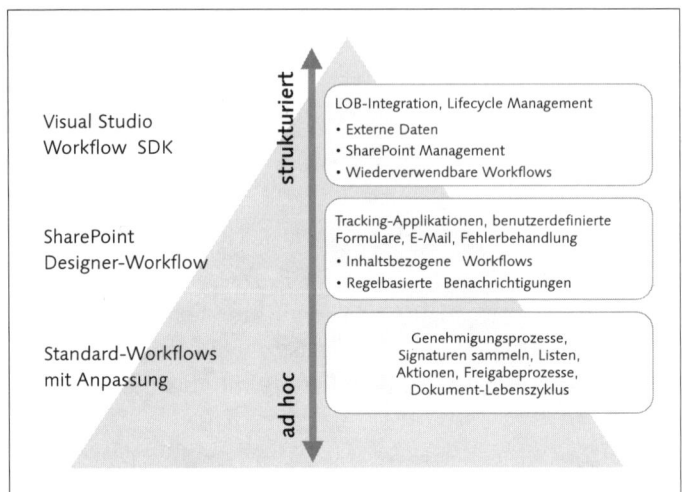

Abbildung 8.2 SharePoint liefert unterschiedliche Möglichkeiten, um einen Workflow zu realisieren.

Von einfachen Vorlagen für Standard-Workflows, über die Möglichkeit, einen Workflow mit dem SharePoint Designer 2010 zu erzeugen, bis hin zur Programmierung kompletter Prozesslösungen über Visual Studio 2010 – die Facetten von SharePoint als Workflow-Plattform sind sehr vielseitig.

8.1 Architektur

Die Workflow-Implementierung von SharePoint 2010 basiert auf dem Framework der *Windows Workflow Foundation* (WWF), deren Einführung bereits mit .NET Framework 3.0 geschah. Die Workflow Foundation stellt eine konsistente Infrastruktur zur Verfügung, die von SharePoint in zahlreichen Bereichen erweitert wurde. Beispielsweise liefert SharePoint 2010 plattformspezifische Aktivitäten oder die Möglichkeit, einen Workflow persistent in der Datenbank abzuspeichern. Beachten sollten Sie, dass SharePoint noch auf den Kern-Workflow-Funktionen des .NET Frameworks 3.0 basiert und nicht auf der neuen Version 4.0. Dieser Umstand wird dem erfahrenen SharePoint-Programmierer deutlich entgegenkommen.

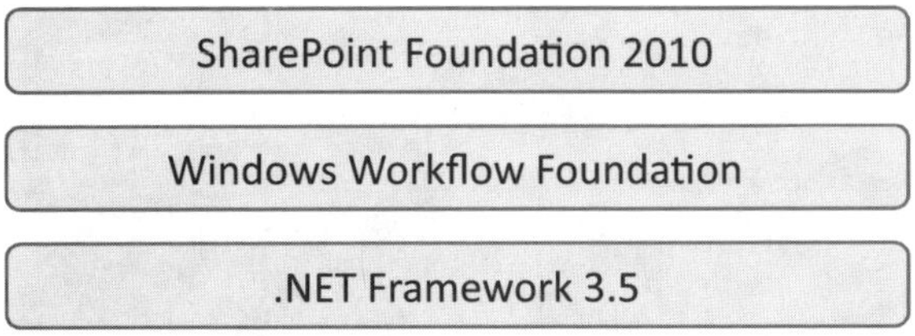

SharePoint Foundation 2010

Windows Workflow Foundation

.NET Framework 3.5

Abbildung 8.3   Die Architektur der SharePoint-Workflows

In der SharePoint-Welt sind unterschiedliche Komponenten und Werkzeuge an der Workflow-Plattform beteiligt. SharePoint stellt dabei den Host für die Workflows bereit. Sie werden in der SharePoint-Datenbank abgespeichert und liefern benutzerdefinierte Aktivitäten und Formulare für SharePoint-spezifische Aufgaben.

Die Umsetzung von Workflows kann auf zwei Wegen erfolgen: mit dem SharePoint Designer 2010 oder mit Visual Studio 2010. Der SharePoint Designer ermöglicht die Erstellung von deklarativen Workflows über einen integrierten Designer. Mit dessen Hilfe können Sie Ad-hoc-Workflows definieren und in der Zielumgebung bereitstellen. Dabei unterstützt der SharePoint Designer die gängigsten SharePoint-Aktivitäten, wie beispielsweise die Erstellung einer Aufgabe, die Modifizierung von Elementen oder den Versand von E-Mails.

Das Neue an SharePoint 2010 ist die Abbildung von Site-Workflows – diese sind nicht an eine spezielle Bibliothek oder Liste, sondern an die Webseite selbst gebunden.

Visual Studio 2010 ermöglicht die Entwicklung komplexer Workflows. Die Entwicklungsumgebung integriert einen Workflow-Designer und liefert Vorlagen für die Erstellung von sequenziellen oder Zustandsworkflows. Ebenfalls neu an SharePoint 2010 ist die Möglichkeit, einen SharePoint Designer-Workflow zu importieren. Der SharePoint Designer wurde hierfür so erweitert, dass er in der Lage ist, einen Workflow als WSP-Datei zu exportieren, die anschließend von Visual Studio 2010 weiterverarbeitet werden kann.

Auch Visio 2010 (Premium Edition) wird in der Workflow-Architektur eine wichtige Rolle zuteil. Das Designwerkzeug ermöglicht den Entwurf von Workflow-Diagrammen, die danach vom SharePoint Designer 2010 importiert und weiterverarbeitet werden können (siehe Abbildung 8.4).

Neben den Designwerkzeugen spielt auch Office 2010 in der Workflow-Plattform von SharePoint eine wichtige Rolle. Die Suite ist so konzipiert, dass sie die Bearbeitung von Workflow-Aufgaben direkt aus der Benutzeroberfläche von Word, Excel oder Outlook ermöglicht.

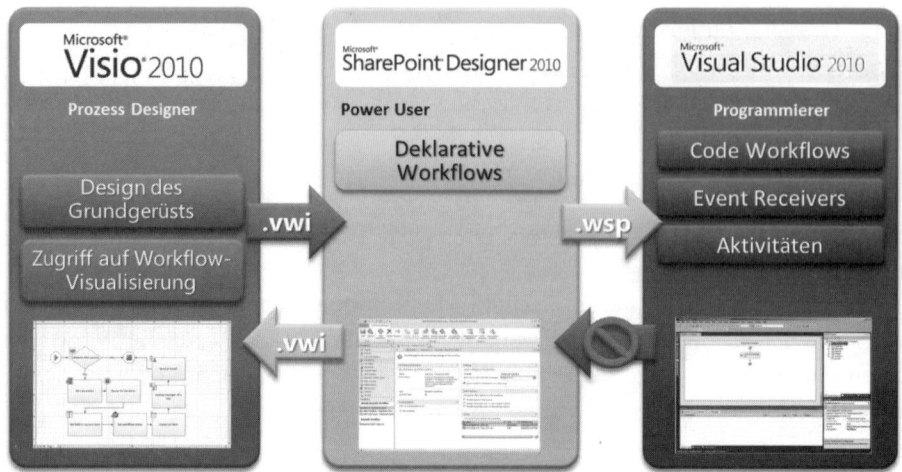

Abbildung 8.4 Die Werkzeuge zur Erstellung von SharePoint-Workflows

8.1.1 Aktivitäten

Einzelne Workflow-Schritte werden als *Aktivitäten* bezeichnet. Zusammen mit den Bedingungen bilden Aktivitäten die Basis eines Workflows. Sie stellen die Funktionalitäten bereit, um Teilaufgaben des gesamten Prozesses zu lösen, und lassen sich sequenziell oder ineinander verschachtelt anordnen. Die Reihenfolge der Aktivitäten beschreibt das genaue Verhalten eines Workflows.

Je nach Designwerkzeug stehen für die Umsetzung von Workflows unterschiedliche Aktivitäten bereit. Der SharePoint Designer 2010 stellt sämtliche für Share-Point-Workflows erforderliche Aktivitäten bereit, wohingegen Visual Studio 2010-Workflows auch die Standardaktivitäten des .NET Frameworks verwenden können. Beachten sollten Sie außerdem, dass für den SharePoint Designer zahlreiche kostenlose Aktivitäten in der Community vorhanden sind. Sollten die Standardfunktionen nicht ausreichen, haben Sie darüber hinaus die Option, eine benutzerdefinierte Aktivität mit Visual Studio zu programmieren und in der SharePoint-Umgebung bereitzustellen.

8.1.2 Workflowaufgaben

SharePoint-Workflows haben oftmals die Eigenschaft, dass sie mit dem Benutzer in irgendeiner Form interagieren – typischerweise in Form von Aufgaben, die in einer Aufgabenliste mit einem speziellen Inhaltstyp gespeichert werden. Die Aufgabeliste ist so konzipiert, dass sie dem Anwender signalisiert, dass es sich dabei um eine Workflowaufgabe handelt. Damit wird die Bearbeitung von Workflowschritten besonders intuitiv.

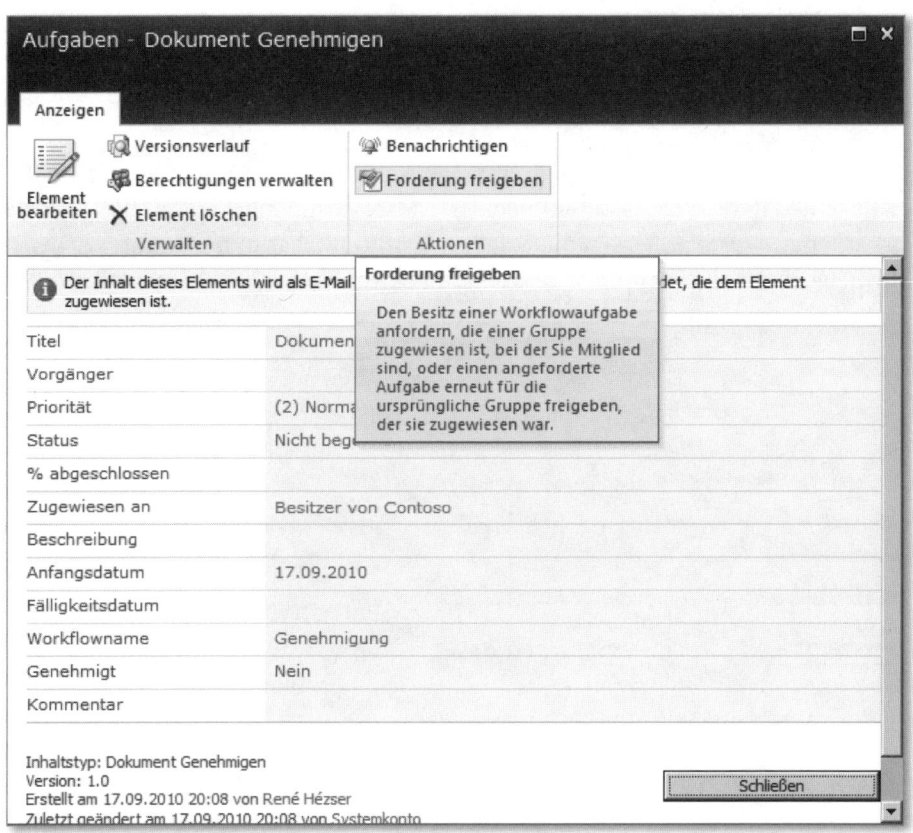

Abbildung 8.5 Workflowaufgaben werden in der SharePoint-Oberfläche deutlich kenntlich gemacht.

Aufgaben können einem einzelnen Benutzer oder einer Gruppe von Personen zugewiesen werden.

8.1.3 Correlation Token

Der *Correlation Token* ist das Bindeglied zwischen sämtlichen Aktivitäten eines Workflows. Er ist ein eindeutiger Wert, der von der Workflow-Runtime zur Identifizierung der einzelnen Aktivitäten und zur Zuordnung zu einer Workflow-Instanz genutzt wird. Der Correlation Token wird mit der Ausführung der ersten Aktion dynamisch erzeugt, und die Zuweisung der mit einer Aktivität verbundenen Schritte erfolgt über diesen Token. Er spielt zwar beim Erstellen der Workflows über den SharePoint Designer keine offensichtliche Rolle, umso mehr aber bei der Programmierung von Workflows mit Visual Studio 2010.

8.2   Workflow-Typen

Grundsätzlich existieren in SharePoint zwei Arten von Workflows: sequenzielle Workflows und Zustandsautomatenworkflows.

Ein sequenzieller Workflow beschreibt eine Abhandlung von mehreren Aktivitäten in einer definierten Reihenfolge. Er ist abgeschlossen, wenn alle Schritte abgearbeitet wurden. Ein sequenzieller Workflow kann bestimmte Arbeitsschritte auch parallelisieren (siehe Abbildung 8.6).

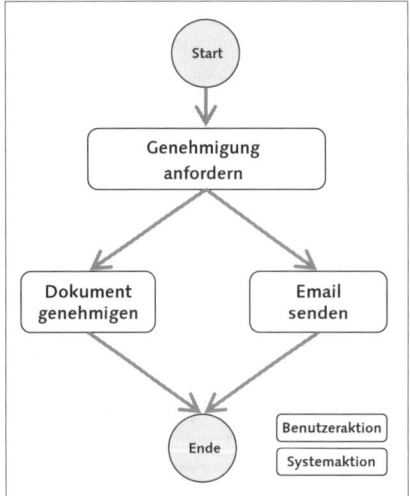

Abbildung 8.6 Abhandlung eines einfachen sequenziellen Workflows

Sequenzielle Workflows lassen sich sowohl mit dem SharePoint Designer 2010 als auch mit Visual Studio 2010 erzeugen.

Der Zustandsautomatenworkflow (*State Machine Workflow*) arbeitet nicht streng sequenziell, sondern »auf Zuruf«. Er reagiert auf Ereignisse, um abhängige Aktionen auszuführen. Die einzelnen Schritte sind Zustände eines Elements. Ändert sich einer dieser Zustände, wird eine weitere Aktion ausgeführt.

Im Unterschied zum sequenziellen Ablauf können zustandsbasierte Workflows von einem Schritt auf einen vorherigen zurückspringen. Mit diesem Workflow-Typ lassen sich auch mehrstufige Genehmigungsprozesse besonders gut abbilden, die bei einer Ablehnung sonst wieder auf eine vorherige Stufe zurückführen würden.

Zustandsautomatenworkflows können ausschließlich mit Visual Studio 2010 realisiert werden.

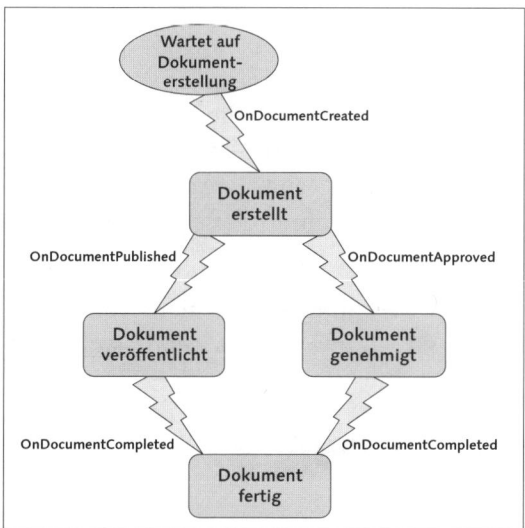

Abbildung 8.7 Ablauf eines einfachen Zustandsautomatenworkflows

In SharePoint unterscheidet man Workflows auch anhand des Typs, an den sie gekoppelt werden können. SharePoint-Workflows lassen sich auf drei Ebenen abbilden:

- ▶ als Listenworkflows
- ▶ als Site-Workflows
- ▶ als wiederverwendbare Workflows

Alle drei Typen werden vom SharePoint Designer unterstützt, wogegen Visual Studio keinen Support für wiederverwendbare Workflows liefert.

Ein Listenworkflow ist jeweils an ein Element einer Liste oder Dokumentbibliothek gebunden. Er kann auf den Kontext des betreffenden Elements zugreifen, um hierüber Daten auszuwerten oder Anpassungen vorzunehmen.

Site-Workflows wurden mit SharePoint 2010 neu eingeführt. Sie ermöglichen die Abbildung von Prozessen, die nicht an einen direkten Inhalt einer Liste oder Dokumentbibliothek gekoppelt sind.

Neu sind auch die wiederverwendbaren Workflows. Sie sind spezielle Vorlagen, die sich nach der Erstellung mehreren Listen zuordnen lassen. Die Bereitstellung dieser Workflow-Typen erfolgt über den Weg der SharePoint-Solutions. Damit wäre es zum Beispiel denkbar, Workflows von einer Umgebung in eine andere zu exportieren.

8.3 Workflowformulare

Workflows haben häufig die Aufgabe, mit dem Benutzer zu interagieren. Der Prozess erhält vom Anwender eventuell Eingangsdaten für die Initiierung eines Workflows – zum Beispiel von der genehmigenden Person – oder eine Rückmeldung während eines speziellen Workflowschrittes (zum Beispiel »genehmigt/abgelehnt«). Die Realisierung solcher Eingabemasken erfolgt auf der Basis von Workflowformularen.

Formulare (siehe Abbildung 8.8) werden in zwei unterschiedlichen Technologien realisiert: als ASP.NET-Anwendungsdatei (ASPX-Datei) oder als webbasiertes InfoPath-Formular.

Abbildung 8.8 Formulare ermöglichen die Abfrage von Benutzereingaben vor oder während des Prozesses.

SharePoint unterscheidet bei seinen Formulare die vier Ereignistypen, die Tabelle 8.1 aufführt.

Ereignis	Beschreibung
Assoziation	Eingabe bei der Zuordnung eines Workflows zu einer Liste oder Bibliothek
Initialisierung	Eingabe von Startparametern für einen Workflow
Aufgaben	Benutzereingabe in Form einer Aufgabe
Modifizierung	Anpassung von Workflow-Parametern während der Ausführung

Tabelle 8.1 Formulararten für SharePoint-Workflows

Die Erzeugung und Verwaltung dieser Formulare wird sowohl vom SharePoint Designer als auch von Visual Studio unterstützt.

8.4 Vergleich der Entwicklungswerkzeuge

SharePoint Workflows können über den SharePoint Designer 2010 oder Visual Studio 2010 realisiert werden. Die Auswahl des passenden Werkzeugs ist von unterschiedlichen Faktoren abhängig:

▸ Wie schnell soll der Workflow bereitgestellt werden?

▸ Welche Lebensdauer hat der Workflow?

▸ Welches Programmier-Know-how hat der Anwender?

▸ Welche Aktivitäten soll der Workflow abbilden?

▸ Ermöglicht die SharePoint-Umgebung die Erstellung von SharePoint Designer-Workflows?

▸ Soll der Workflow auf Backend-Informationen zurückgreifen?

▸ Ist der Workflow sequenziell oder zustandsgesteuert?

Tabelle 8.2 listet Ihnen die wichtigsten Unterschiede dieser beiden Werkzeuge auf.

Visual Studio 2010	SharePoint Designer 2010
Ermöglicht die Programmierung in einer .NET-Sprache.	Die Logik wird regelbasiert und deklarativ erstellt.
Es wird eine Vorlage für die Zuordnung zu Webseiten und Listen erstellt.	Der Workflow wird einer speziellen Liste oder Webseite direkt zugeordnet.
Der Workflow wird in eine Assembly kompiliert.	Der Workflow ist deklarativ; Regeln, Markups und sonstige Dateien werden unkompiliert in der Zielumgebung gespeichert.
Workflow-Vorlagen werden mit Listen assoziiert.	Die Assoziation wird während der Erstellungsphase durchgeführt; spätere Änderungen sind nicht möglich.
Workflow-Vorlagen können mit Inhaltstypen assoziiert werden.	Workflows lassen sich nicht an Inhaltstypen binden.
Formulare können auf Basis von InfoPath oder ASP.NET erzeugt werden.	Es werden automatisch generierte ASP.NET-Formulare genutzt.
Die Änderung von Workflows durch den Benutzer ist möglich (z. B. Zuweisung an eine andere Person).	Workflow-Parameter können nicht vom Benutzer geändert werden.
Benutzerdefinierte Aktionen können programmiert werden.	Der SharePoint Designer ist auf benutzerdefinierte Aktionen der Community angewiesen.

Tabelle 8.2 Vergleich von Workflow-Entwicklungswerkzeugen

Visual Studio 2010	SharePoint Designer 2010
Der Workflow wird als Feature bereitgestellt.	Der Workflow wird direkt für eine Liste bereitgestellt.
Das Debuggen von Workflows ist möglich.	Ein Debugging der Einzelschritte ist nicht möglich.
Es können sequenzielle und Zustandsautomatenworkflows entwickelt werden.	Nur sequenzielle Workflows werden unterstützt.

Tabelle 8.2 Vergleich von Workflow-Entwicklungswerkzeugen (Forts.)

Beide Werkzeuge haben ihren Reiz, je nachdem, was man damit vorhat. Share-Point Designer-Workflows können ad hoc erstellt werden, ohne programmieren zu müssen. Eine Einschränkung besteht in der begrenzten Anzahl der Standardaktivitäten sowie in den fehlenden Deployment-Möglichkeiten. Visual Studio-Workflows liefern deutlich mehr Flexibilität, erfordern aber auch wesentlich mehr Zeit für die Umsetzung.

8.5 Workflows in SharePoint

SharePoint 2010 nutzt die Technologie der Windows Workflow Foundation und erweitert sie in vielen Bereichen. SharePoint stellt unterschiedliche Einstellungs- und Administrationsmöglichkeiten, individuelle Aktivitäten oder eine weitreichende Integration in Office bereit.

Abbildung 8.9 Der Zugriff auf die Workflows erfolgt direkt über das Kontextmenü eines Elements.

Workflows können direkt über die Websiteoberfläche gestartet oder bedient werden. Der Anwender hat zum Beispiel die Möglichkeit, über das Kontextmenü eines Listenelements oder über die Eigenschaftsansicht einen Workflow zu starten (siehe Abbildung 8.9).

Workflows werden automatisch oder manuell gestartet. Der automatische Start ist ereignisgesteuert, während der manuelle Start über den Browser oder über den Programmcode erfolgt. Das folgende Listing veranschaulicht den Start eines Workflows über Programmcode.

```
SPContext context = SPContext.Current;
var ci = new
   CultureInfo((int)context.Web.RegionalSettings.LocaleId);
const string workflowName = "Workflow Name";
var list = context.Web.Lists["Aufgaben"];
// hole das Element, auf dem der Workflow gestartet wird
var item = list.GetItemById(1);
// hole den Workflow, der gestartet werden soll
SPWorkflowManager manager = context.Site.WorkflowManager;
SPWorkflowAssociationCollection associations =
   list.WorkflowAssociations;
SPWorkflowAssociation association =
   associations.GetAssociationByName(workflowName, ci);
if (association != null)
{
    // Daten zum Starten des Workflows
    string data = association.AssociationData;
    SPWorkflow workflow =
    manager.StartWorkflow(item, association, data);
}
```

Listing 8.1 Starten eines Workflows über das SharePoint-Objektmodell

Eine weitere Integrationsschnittstelle befindet sich im WORKFLOWVERLAUF (siehe Abbildung 8.10). Über ihn erhalten Sie detaillierte Informationen zu einem Workflow und seinen einzelnen Aktivitäten – inklusive einer Historie und einer Übersicht über sämtliche Aufgaben.

Die Verwaltung von Workflows erfolgt über die Einstellungen der Liste oder Webseite. Websiteadministratoren haben außerdem die Möglichkeit, die aktuellen Workflow-Instanzen auszuwerten und gegebenenfalls den Start neuer Workflows zu unterbinden (siehe Abbildung 8.11).

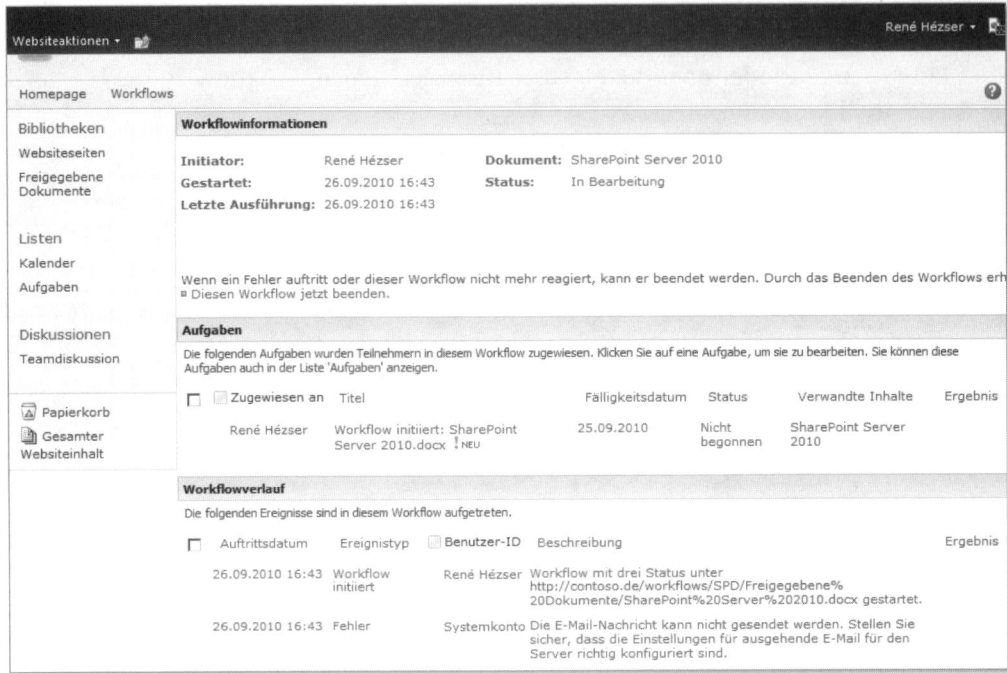

Abbildung 8.10 Eine integrierte SharePoint-Statusseite liefert detaillierte Informationen über einen Workflow.

Abbildung 8.11 Websiteadministratoren haben die Möglichkeit, einen Workflow zu löschen oder die Erzeugung neuer Instanzen zu unterbinden.

Je nach SharePoint-Version stehen in der Umgebung unterschiedliche Vorlagen bereit. Tabelle 8.3 listet Ihnen sämtliche Standardvorlagen von SharePoint auf.

Workflow	Beschreibung	Verfügbarkeit
Genehmigung	ein einfacher Genehmigungsprozess	SharePoint Server
Feedback sammeln	Ähnelt dem Genehmigungsprozess, sammelt Feedback von mehreren Personen; das gesammelte Feedback wird an den Besitzer des Dokumentes weitergegeben.	SharePoint Server

Tabelle 8.3 Standard-Workflows in SharePoint 2010

Workflow	Beschreibung	Verfügbarkeit
Signaturerfassung	Für Microsoft Office-Dokumente werden Signaturen von Benutzern angefordert.	SharePoint Server
Dispositions-genehmigung	Nach dem Ablauf eines Dokuments wird entschieden, ob es gelöscht oder behalten wird.	SharePoint Server
Drei Status	Dient zur Verfolgung von Elementen einer Liste.	SharePoint Foundation + Server
Veröffentlichungs-genehmigung	Dient zur Steuerung von Veröffentlichungsseiten.	SharePoint Server

Tabelle 8.3 Standard-Workflows in SharePoint 2010 (Forts.)

8.6   SharePoint Designer 2010

Der SharePoint Designer ermöglicht den Transport von Anwendungslogik in Form von Workflows. Der Workflowdesigner wurde in der neuen Version komplett überarbeitet. Ein spezieller Ribbon (siehe Abbildung 8.12) ermöglicht die intuitive Erstellung von unterschiedlichen Aktivitäten und Bedingungen.

Abbildung 8.12 Ein spezieller Ribbon macht es möglich, einen neuen Workflow direkt zu erstellen.

SharePoint Designer-Workflows stehen nach der Veröffentlichung direkt in der SharePoint-Umgebung zur Verfügung. Der Administrationsaufwand wird dadurch deutlich geringer.

Im Großen und Ganzen sind die mit dem SharePoint Designer erstellten Workflows weniger komplex als Visual Studio-Workflows. Sie können einen bestehenden Workflow direkt über den SharePoint Designer öffnen und die darin abgebildete Logik nachvollziehen oder gegebenenfalls anpassen.

Der SharePoint Designer 2010 unterstützt drei Workflow-Typen:

- Listenworkflows
- wiederverwendbare Workflows
- Site-Workflows

Jeder dieser Workflows wird direkt an ein Objekt (Liste, Bibliothek, Webseite) gebunden.

Die einzelnen Aktivitäten eines Workflows lassen sich in Schritte strukturieren (siehe Abbildung 8.13). Schritte sind mit den Sequenzen in Visual Studio vergleichbar.

> **Schritt 1**
>
> (Beginnen Sie mit der Eingabe, oder verwenden Sie die Gruppe "Einfügen" im Menüband.)
>
> **Identitätswechselschritt**
>
> Der Inhalt dieses Schritts wird als Worfklowautor ausgeführt:

Abbildung 8.13 Workflow-Aktivitäten lassen sich in unterschiedliche Schritte gruppieren.

Kommen wir nun zu einem Anwendungsbeispiel. In diesem Szenario werden wir einen Workflow erzeugen, der automatisch startet und vom Ersteller eines Dokuments bestimmte Informationen abfragt. Die beiden übergebenen Informationen »Kundenname« und »Angebotssumme« werden im Ergebnis in der Historie gespeichert. In der Praxis wäre es natürlich möglich, diese Daten in zusätzlichen Prozessschritten weiterzubearbeiten. Die Benutzereingabe wird vom Ersteller des jeweiligen Dokuments angefordert.

Abbildung 8.14 veranschaulicht das Ergebnis dieses Anwendungsbeispiels.

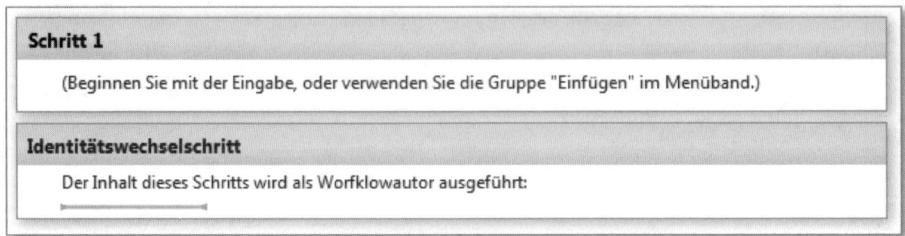

Abbildung 8.14 Der Workflow besteht aus vier Aktivitäten.

Der Workflow besteht im Wesentlichen aus folgenden Aktionen:

1. Abfragen von Daten
2. Zuweisung einer Variable mit Daten aus der Workflowaufgabe
3. Zuweisung einer Variable mit Daten aus der Workflowaufgabe
4. Variableninhalte in der Workflowhistorie festhalten

Zur Vorbereitung dieses Szenarios erzeugen Sie eine einfache Dokumentbibliothek; ein bestimmtes Metadatenmodell ist nicht erforderlich. Um diesen Workflow zu erstellen, sind nun folgende Schritte erforderlich:

1. Starten Sie den SharePoint Designer 2010, und verbinden Sie sich mit der Zielwebsite.

2. Navigieren Sie zum Bereich der WORKFLOWS unterhalb der WEBSITEOBJEKTE.

3. Erzeugen Sie einen neuen Workflow über den im Ribbon integrierten Button LISTENWORKFLOW.

4. Wählen Sie aus der Liste die Dokumentbibliothek.

5. Geben Sie dem Workflow einen Namen (z. B. »Angebotsdaten erfassen«) und optional eine Beschreibung.

Nach diesem Arbeitsschritt öffnet sich der Workflowdesigner (siehe Abbildung 8.15).

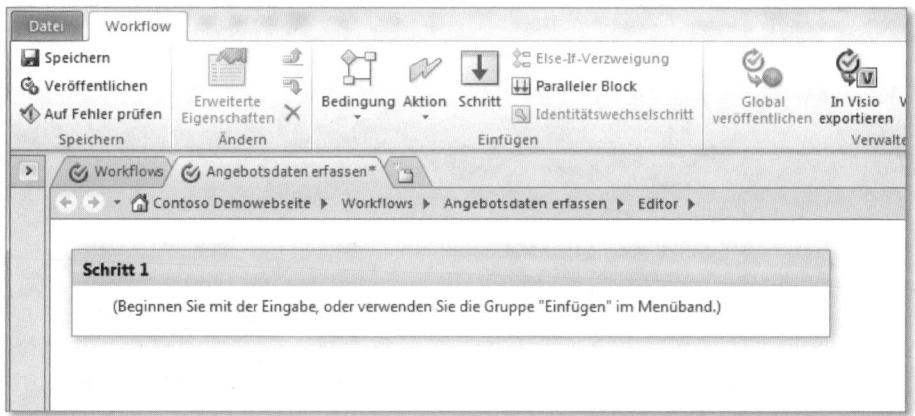

Abbildung 8.15 Die Workflowgestaltung wird komplett über den Ribbon gesteuert.

Im Ribbon oberhalb des Designers finden Sie die für die Workflowgestaltung erforderlichen Schaltflächen. Über sie können Sie Bedingungen festlegen, Aktionen definieren, neue Schritte einfügen oder den Workflow in der Zielumgebung veröffentlichen. Jetzt werden Sie den Workflow mit einzelnen Aktivitäten versehen:

1. Fügen Sie dem Workflow eine Aktion vom Typ DATEN VON EINEM BENUTZER SAMMELN hinzu. Sie finden die Aktivität unterhalb des Bereichs der AUFGABENAKTIONEN.

2. Klicken Sie auf die erste Variable dieser Aktivität. Danach öffnet sich ein Assistent.

3. Geben Sie der Aufgabe eine passende Bezeichnung. Anschließend öffnet sich ein Dialogfenster zur Konfiguration der Eingabefelder.

4. Erstellen Sie zwei Felder: KUNDENNAME (Typ: EINE TEXTZEILE) und ANGEBOTSPREIS (Typ: WÄHRUNG).

Durch diesen Prozess werden automatisch die Variablen erzeugt, die zu diesen Feldern gehören.

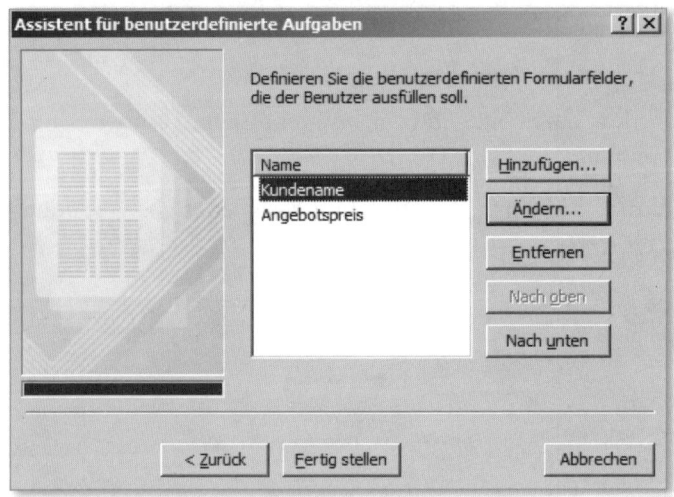

Abbildung 8.16 Der Workflow enthält zwei Felder für eine Benutzerinteraktion.

Ändern Sie den zweiten Parameter auf den Wert BENUTZER, DER DEN AKTUELLEN EINTRAG ERSTELLT HAT. Dieser Schritt bewirkt, dass die Eingabe vom Ersteller des Dokuments eingefordert wird. Der dritte Parameter erzeugt eine Workflow-Variable, in der die ID der Aufgabe abgespeichert wird. Erstellen Sie hierzu eine neue Variable vom Typ Listenelement-ID (siehe Abbildung 8.17).

Abbildung 8.17 Die ID der erzeugten Aufgabe wird in einer Variablen zwischengespeichert.

Bei der späteren Ausführung dieses Workflows wird durch die eben erstellte Aktivität eine Aufgabe in der dem Workflow zugeordneten Aufgabenliste erstellt. Das Eingabeformular wird automatisch um die definierten Eingabefelder erweitert (siehe Abbildung 8.18).

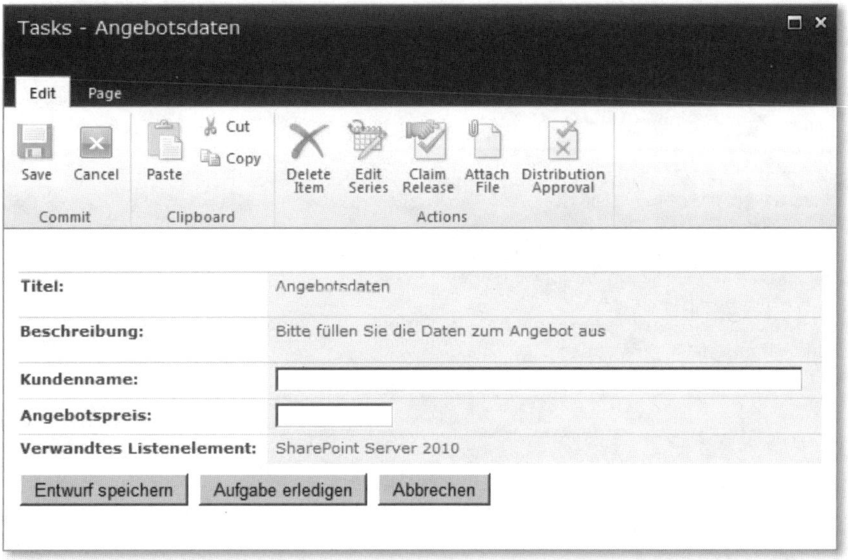

Abbildung 8.18 Benutzerdefiniertes Formular zur Datenerfassung

Die folgenden beiden Aktivitäten dienen dazu, die eingegebenen Daten des Benutzers in einer Workflowvariablen zu speichern. Dieser Zwischenschritt ist erforderlich, um die Eingabedaten durch den Workflow weiterverarbeiten zu können. Erzeugen Sie hierzu über die im Ribbon integrierte Schaltfläche zwei Variablen: Kundenname (Typ: ZEICHENFOLGE) und Angebotspreis (Typ: ZAHL).

Fügen Sie dem Workflow jetzt zwei weitere Aktivitäten vom Typ WORKFLOW-VARIABLE FESTLEGEN hinzu, um die abgefragten Werte in den erstellten Variablen abzuspeichern. Wählen Sie im ersten Parameterfeld die jeweilige lokale Variable aus. Öffnen Sie über den WERT und über die Schaltfläche FX einen weiteren Dialog, über den die jeweilige Aufgabe identifiziert wird (siehe Abbildung 8.19).

Erzeugen Sie im letzten Arbeitsschritt eine Aktion vom Typ FÜR DIE VERLAUFS-LISTE PROTOKOLLIEREN, und speichern Sie hierin die beiden Variablen ab.

Navigieren Sie nun über die Breadcrumb-Navigation des SharePoint Designers zum Einstiegsbereich dieses Workflows.

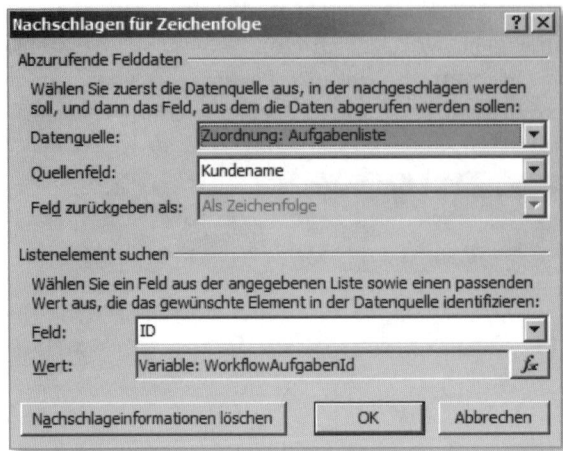

Abbildung 8.19 Die Zuweisung der Eingabefelder erfolgt über eine Nachschlageaktivität, die als Filter die Aufgaben-ID verwendet.

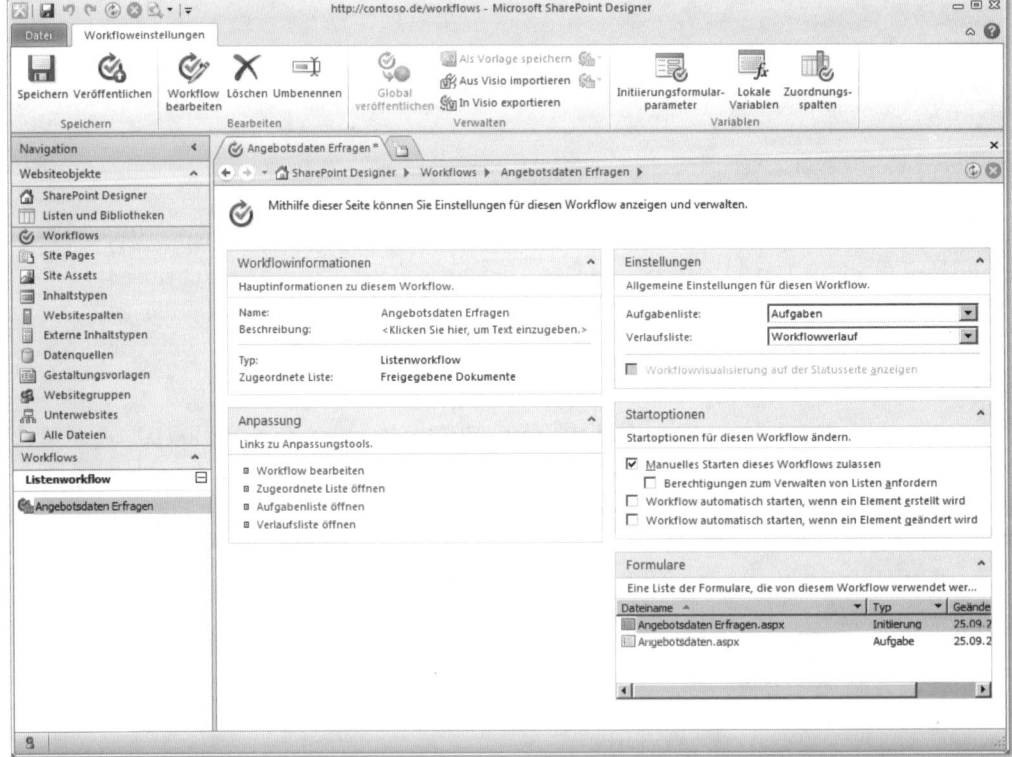

Abbildung 8.20 Auf einer Übersichtsseite können Sie die Einstellungen des Workflows verwalten.

Aktivieren Sie in der Übersichtsseite den Startparameter WORKFLOW AUTOMATISCH STARTEN, und klicken Sie dann auf die Schaltfläche VERÖFFENTLICHEN. Laden Sie ein neues Dokument in die Bibliothek, und öffnen Sie über die WORKFLOWS-Funktion im Kontextmenü des Elements den automatisch gestarteten Workflow. Wenn Sie die Aufgabe öffnen, erscheint das Eingabeformular aus Abbildung 8.20.

8.7   Workflows mit Visual Studio 2010

Stoßen Sie mit den Funktionen des SharePoint Designers an die Grenzen des Machbaren, haben Sie die Option, alternativ einen Workflow mit Visual Studio 2010 zu programmieren. Die Umsetzung von Workflow-Vorlagen über Visual Studio ist etwas aufwendiger, jedoch haben Sie mit Visual Studio weitaus flexiblere Möglichkeiten.

Visual Studio 2010 integriert für die Programmierung von Workflow-Vorlagen einen speziellen Designer, über den Sie die unterschiedlichen Aktivitäten zusammenstellen können. SharePoint-spezifische und Windows-Aktivitäten können von der Toolbox direkt auf den Designer platziert werden (siehe Abbildung 8.21). Die Programmierung und Anpassung der Eigenschaften wird durch zahlreiche in Visual Studio integrierte Tools unterstützt.

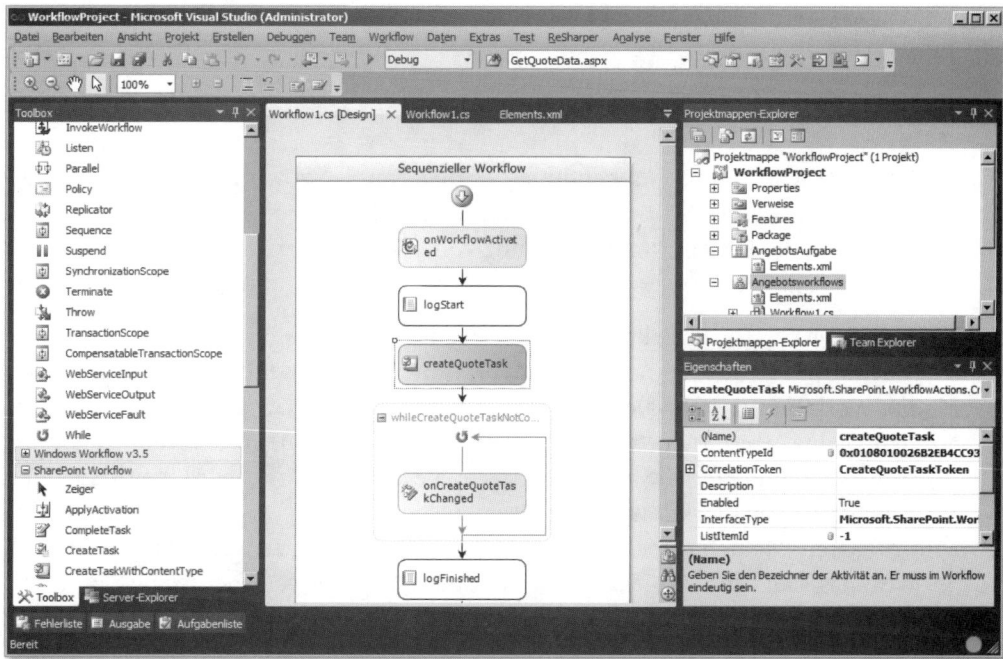

Abbildung 8.21 Der Workflow-Designer von Visual Studio 2010

Nachdem Sie einen Workflow entworfen bzw. programmiert haben, können Sie diesen über ein ⌈F5⌉-Deployment in der Zielumgebung bereitstellen und debuggen. Setzen Sie dazu entweder einen Haltepunkt auf eine Aktivität im Designer oder auf eine Funktion im Programmcode.

Bevor Sie das Anwendungsbeispiel implementieren, möchten wir noch einige Hinweise zur Fehlerbehandlung geben: Fehler treten meistens dann auf, wenn der Workflow nicht im Debug-Modus ausgeführt wird. Um auch in solchen Fällen eine vernünftige Fehleranalyse durchführen zu können, können Sie in einer Workflow-Klasse die HandleFault-Methode überschreiben. Sie wird aufgerufen, wenn ein unerwarteter Fehler auftritt. Erweitern Sie diese Methode um folgenden Programmcode, wird bei einem Fehler automatisch ein neuer Eintrag in der Workflow-Historie erzeugt.

```
protected override ActivityExecutionStatus
HandleFault(ActivityExecutionContext executionContext, Exception ex)
{
    var sharePointService =
    ((ISharePointService)executionContext.GetService(
    typeof(ISharePointService)));
    sharePointService.LogToHistoryList(WorkflowInstanceId,
    SPWorkflowHistoryEventType.WorkflowComment, 0,
    TimeSpan.MinValue, ex.Message, ex.StackTrace, string.Empty);
    return ActivityExecutionStatus.Closed;
}
```

Listing 8.2 Fehlerbehandlung von Workflows

Kommen wir nun zum Anwendungsbeispiel: Um den zuvor über den SharePoint-Designer erzeugten Workflow in einem Visual Studio-Projekt zu implementieren, öffnen Sie die Entwicklungsumgebung von Visual Studio und erzeugen ein neues Projekt vom Typ SEQUENZIELLER WORKFLOW (siehe Abbildung 8.22).

Benennen Sie Ihr Projekt. Danach öffnet sich ein Assistent zur Einrichtung des Workflows. Geben Sie nun Ihrem Workflow einen passenden Titel (z. B. »Angebot Workflow«), und wählen Sie den Typ LISTENWORKFLOW aus. Im darauf folgenden Dialog weisen Sie dem Workflow die Ziel-Dokumentbibliothek sowie die Aufgaben- und Verlaufsliste zu. Durch diese Einstellung wird beim späteren Debugging der Workflow automatisch dieser Bibliothek zugeordnet. Wählen Sie im letzten Dialogfenster den Starttyp MANUELL und AUTOMATISCH aus. Danach wird das Workflow-Projekt erzeugt und der Designer geöffnet (siehe Abbildung 8.23).

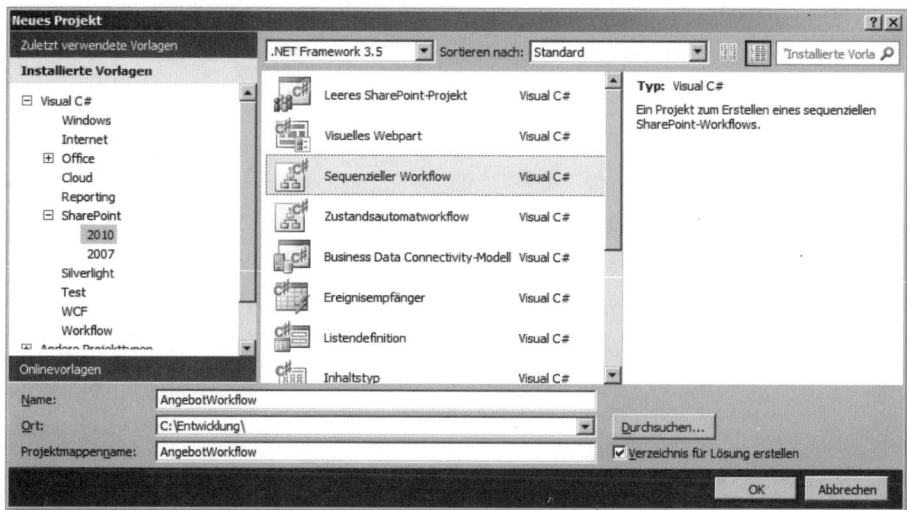

Abbildung 8.22 Visual Studio 2010 integriert eine Projektvorlage zur Programmierung von individuellen Workflows.

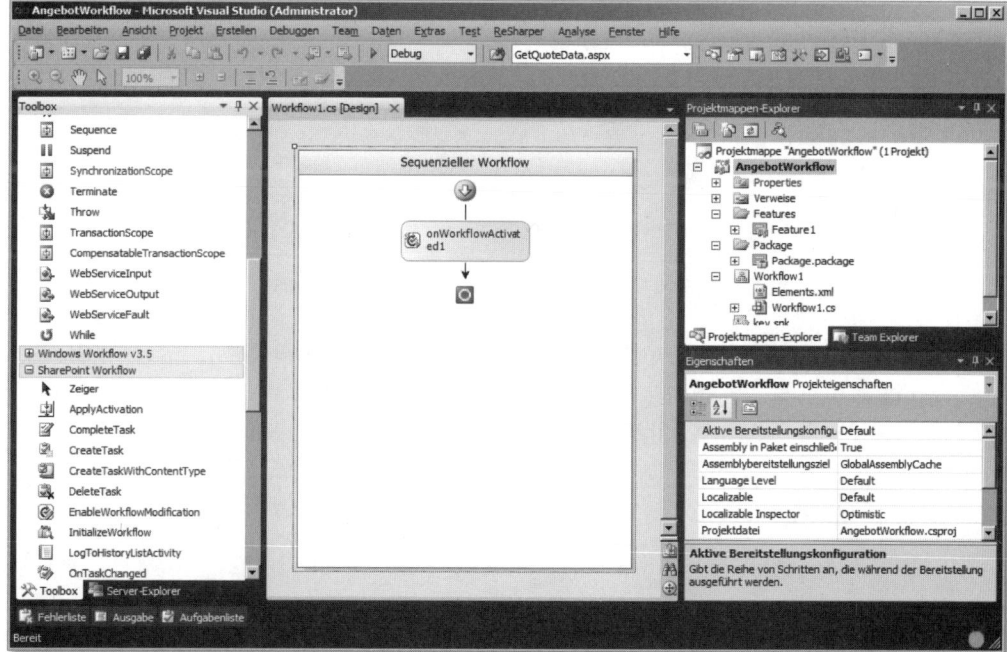

Abbildung 8.23 Der Startbildschirm eines Workflows öffnet den Workflowdesigner sowie die Toolbox.

Im Workflowdesigner können Sie erkennen, dass dem Projekt bereits eine Aktivität zugeordnet wurde. Im linken Bereich sehen Sie die Toolbox, die zahlreiche Workflowaktivitäten abbildet. Die Projektstruktur inklusive des Workflows, des Features sowie des Solution-Pakets finden Sie im rechten Bereich der Visual Studio-Entwicklungsumgebung.

Benutzerdefiniertes Formular erzeugen

Zunächst erzeugen Sie das benutzerdefinierte Formular. Fügen Sie hierzu über den Projektmappen-Explorer ein neues Element vom Typ ANWENDUNGSSEITE hinzu, und geben Sie dieser Datei folgenden Namen: *GetAngebotData.aspx*. Fügen Sie anschließend folgenden HTML-Code innerhalb des `Content-Place-Holder` namens `PlaceHolderMain` ein.

```
<strong>Bitte geben Sie weitere Daten zum Angebot an.</strong>
<br /><br />
<asp:Label ID="Label1" runat="server" Width="200px"
    Text="Kundenname"/>
<asp:TextBox runat="server" Width="300px" ID="Kundenname" />
<br /><br />
<asp:Label ID="Label2" runat="server" Width="200px"
    Text="Angebotspreis (in €)"/>
<asp:TextBox runat="server" Width="300px" ID="Angebotspreis" />
<br /><br />
<asp:Button runat="server" ID="Submit" Text="Absenden"
    OnClick="SubmitClick" />
<asp:Button runat="server" ID="Cancel" Text="Abbrechen"
    OnClick="CancelClick" />
```

Listing 8.3 Inhalt der Anwendungsseite des Aufgabenformulars

Der ASP.NET-Code ist nicht sonderlich spektakulär. Er definiert im Kern die beiden Eingabefelder für den Kundennamen und den Preis sowie zwei Schaltflächen zum Absenden oder Abbrechen.

Öffnen Sie jetzt die Code-Behind-Datei, und fügen Sie folgenden C#-Programmcode hinzu:

```
public partial class GetAngebotData : LayoutsPageBase
{
    private string _ListGuid;
    private string _ListItemId;
    private SPList _TaskList;
    private SPListItem _TaskListItem;
```

```csharp
protected override void OnLoad(EventArgs ea)
{
    base.OnLoad(ea);

    try
    {
        // Laden von SharePoint-Objekten aus URL-Parametern
        _ListGuid = Request.Params["List"];
        _ListItemId = Request.Params["ID"];
        _TaskList =
            SPContext.Current.Web.Lists[new Guid(_ListGuid)];
        _TaskListItem =
            _TaskList.GetItemById(Convert.ToInt32(_ListItemId));

        if (!Page.IsPostBack)
        {
            // Zuweisung von bereits vorhandenen Werten
            Kundenname.Text =
                _TaskListItem["Kundenname"] as string;
            Angebotspreis.Text =
                _TaskListItem["Angebotspreis"] as string;
        }
    }
    catch(ThreadAbortException)
    {
        // ein redirect führt zu diesem Fehler
    }
    catch (Exception ex)
    {
        SPUtility.TransferToErrorPage(
            string.Format(CultureInfo.CurrentCulture,
            "Fehler bei der Erstellung des Formulars. {0}",
            ex.Message));
    }
}

protected void SubmitClick(object sender, EventArgs e)
{
    try
    {
        // Speicherung von Daten an der Workflow-Aufgabe
        var hashTable = new Hashtable();
        hashTable["Kundenname"] = Kundenname.Text;
        hashTable["Angebotspreis"] = Angebotspreis.Text;
        SPWorkflowTask.AlterTask(_TaskListItem,
```

483

```
        hashTable, true);
        // Schliessen des Dialogs
        Page.Response.Clear();
        Page.Response.Write(string.Format(
            CultureInfo.InvariantCulture, "<script
                type=\"text/javascript\">
                window.frameElement.commonModalDialogClose(
                1, '{0}'); </script>", "null"));
        Page.Response.End();
    }
    catch (Exception ex)
    {
        SPUtility.TransferToErrorPage(string.Format(
        CultureInfo.CurrentCulture,
        "Fehler bei der Erstellung des Formulars. {0}",
        ex.Message));
    }
}


protected void CancelClick(object sender, EventArgs e)
{
    // Weiterleiten auf die Workflow-Einstellungen
    SPUtility.Redirect("WrkSetng.aspx",
        SPRedirectFlags.RelativeToLayoutsPage,
        HttpContext.Current, Page.ClientQueryString);
}
}
```

Listing 8.4 Die Code-Behind-Datei des Aufgabenformulars

Die Zuweisung des Workflows zu diesem Anwendungsformular erfolgt über die in der OnLoad-Methode abgefragten Parameter. Auf diese Weise erhält das Formular den Kontext zur Aufgabenliste und zu dem Listenelement, das die jeweilige Aufgabe repräsentiert. Die in den Eingabefeldern hinterlegten Werte werden in der SubmitClick-Methode in die Aufgabe zurückgeschrieben.

Das Anwendungsformular wird mithilfe eines Dialogs realisiert. Die JavaScript-Methode commonModalDialogClose sorgt dafür, dass das Fenster nach der Bearbeitung wieder geschlossen wird.

Die Anwendungsseite wird während der Installation automatisch im *Layouts*-Verzeichnis unterhalb des Ordners *AngebotWorkflow* bereitgestellt (siehe Abbildung 8.24).

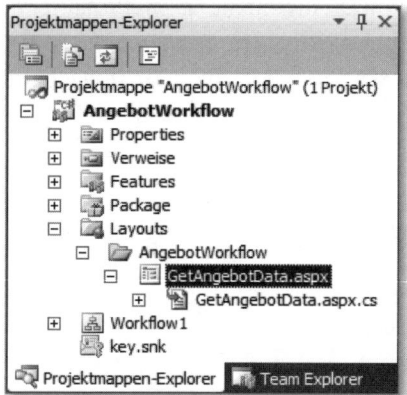

Abbildung 8.24 Die Anwendungsseite im Projektmappen-Explorer

Inhaltstyp anlegen

Um das eben erzeugte Formular an eine Liste für Workflowaufgaben zu binden, müssen Sie einen benutzerdefinierten Inhaltstyp erzeugen, der die beiden zusätzlichen Felder in der Umgebung bereitstellt (siehe Abbildung 8.25).

Inhaltstypen		
Diese Liste ist so konfiguriert, dass mehrere Inhaltstypen zulässig sind. Mithilfe von Inhaltstypen können Sie zusätzlich zu den Richtlinien, Workflows oder anderen Verhaltensweisen eines Elements weitere anzuzeigende Informationen angeben. Die folgenden Inhaltstypen sind zurzeit in dieser Liste verfügbar:		
Inhaltstyp	Auf neuer Schaltfläche sichtbar	Standardinhaltstyp
Aufgabe	✔	✔
Sammelvorgang	✔	
Workflowaufgabe	✔	
Aus vorhandenen Websiteinhaltstypen hinzufügen		
Reihenfolge der neuen Schaltflächen und Standardinhaltstyp ändern		

Abbildung 8.25 Die Aufgabenliste muss zur Verwaltung von Workflowaufgaben um einen Inhaltstyp erweitert werden.

Workflows nutzen zur Verwaltung ihrer Aufgaben einen speziellen Inhaltstyp – die *Workflowaufgaben*. Dieser Inhaltstyp versetzt die Workflow-Runtime in die Lage, mit einer Aufgabenliste zu interagieren.

Im nächsten Schritt erzeugen Sie einen benutzerdefinierten Inhaltstyp, der sich vom Standard-Inhaltstyp der Workflowaufgabe ableitet (`ContentTypeId`: `0x010801`). Diesen Inhaltstyp werden Sie um zwei benutzerdefinierte Spalten (»Kundenname« und »Angebotspreis«) erweitern. Sie dienen zur Speicherung der vom Nutzer abgefragten Werte.

Navigieren Sie zum Projektmappen-Explorer, und fügen Sie dem Projekt ein neues Element vom Typ INHALTSTYP hinzu. Geben Sie diesem den Namen »Angebotsaufgabe«, und lassen Sie das Feld BASISINHALTSTYP frei. Öffnen Sie danach die *Elements.xml*-Datei, und tragen Sie in ihr folgenden XML-Code ein.

```
<?xml version="1.0" encoding="utf-8"?>
<Elements xmlns="http://schemas.microsoft.com/sharepoint/">
    <Field ID="{1691272F-4CE4-42B4-A280-AEDA373A2F8C}"
           Name="Kundenname"
           DisplayName="Kunden Name"
           Group="Workflow Formular Spalten"
           Type="Text"
           Required="FALSE">
    </Field>
    <Field ID="{388ABED3-F985-46DE-9598-D2C656CA4041}"
           Name="Angebotspreis"
           DisplayName="Angebots Preis"
           Group="Workflow Formular Spalten"
           Type="Currency"
           Required="TRUE">
    </Field>
    <ContentType ID="0x010801003D18A8461BA146668191C7DE39C6ED7C"
                 Name="Angebot Aufgabe"
                 Group="Workflow Formular Inhaltstypen"
                 Description=""
                 Version="0">
        <FieldRefs>
            <FieldRef ID="{1691272F-4CE4-42B4-A280-AEDA373A2F8C}"
                      Name="Kundenname"/>
            <FieldRef ID="{388ABED3-F985-46DE-9598-D2C656CA4041}"
                      Name="Angebotspreis"/>
        </FieldRefs>
        <XmlDocuments>
            <XmlDocument
              NamespaceURI="http://schemas.microsoft.com/
                  sharepoint/v3/contenttype/forms/url">
                <FormUrls xmlns="http://schemas.microsoft.com/
                sharepoint/v3/contenttype/forms/url">
                  <Display>
                    _layouts/AngebotWorkflow/GetAngebotData.aspx
                  </Display>
                  <Edit>
                    _layouts/AngebotWorkflow/GetAngebotData.aspx
                  </Edit>
                  <New>
```

```
            _layouts/AngebotWorkflow/GetAngebotData.aspx
         </New>
       </FormUrls>
     </XmlDocument>
   </XmlDocuments>
  </ContentType>
</Elements>
```

Listing 8.5 Element-Manifest des Inhaltstyps für Workflowsaufgaben

Das Element-Manifest enthält sowohl die Spaltendefinition als auch die Deklaration des Inhaltstyps. Die Spalten werden über das `Field`-Element beschrieben und über das `FieldRef`-Element im benutzerdefinierten Inhaltstyp referenziert. Die ID des Inhaltstyps wird so gewählt, dass sie mit dem Wert `0x01080100` beginnt (ID der Standard-Workflowaufgabe). Dieser Aufbau signalisiert dem Element, von welchem Standardinhaltstyp es erben soll – in diesem Fall von den Workflowaufgaben.

Unterhalb der Feldreferenzen werden die Anwendungsformulare (`FormUrls`) spezifiziert. Alle Formulartypen der benutzerdefinierten Workflowaufgabe verwenden für die Darstellung und Editierung die zuvor erzeugte Anwendungsseite.

Der benutzerdefinierte Inhaltstyp wird mit der Bereitstellung der Workflowlösung automatisch in der Zielaufgabenliste aktiviert, sodass das Formular hierhin seine Werte abspeichern kann.

> **Entfernen Sie das »Inherits«-Attribut**
>
> Sie müssen das von Visual Studio erzeugte `Inherits`-Attribut löschen; andernfalls kann der Inhaltstyp keine benutzerdefinierten Formulare nutzen.

Workflow programmieren

Nun können Sie damit beginnen, den Workflow zu programmieren. Navigieren Sie hierzu in den Workflowdesigner, und fügen Sie nacheinander folgende Aktivitäten unterhalb von `onWorkflowActivated` aus der Toolbox hinzu:

- ▶ `LogToHistoryListActivity`
- ▶ `CreateTaskWithContentType`
- ▶ `While`
- ▶ `OnTaskChanged`
- ▶ `CompleteTask`
- ▶ `LogToHistoryListActivity`

Der Aufbau des Workflows sollte Abbildung 8.26 entsprechen.

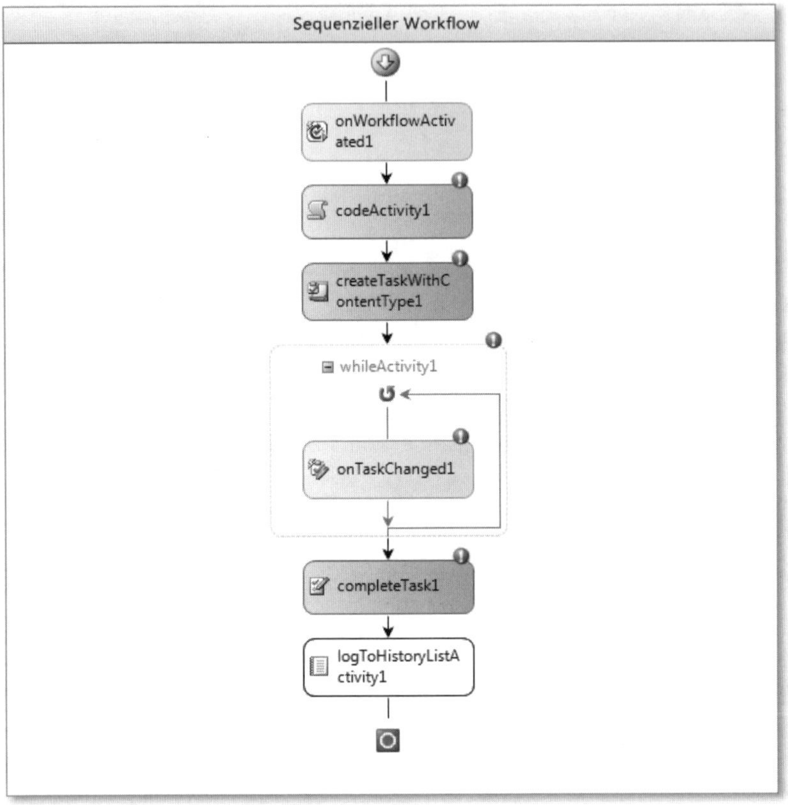

Abbildung 8.26 Der initiale Aufbau des Aufgabenworkflows sollte diese Struktur aufweisen.

Die Bezeichnungen der einzelnen Aktivitäten können Sie beliebig anpassen. Wenn Sie einen der Vorgänge markieren, öffnet sich im rechten Bereich von Visual Studio das Eigenschaftenfenster, in dem Sie zum Beispiel den Namen einer Aktivität ändern können.

Die eben erzeugten Aktivitäten werden Sie nun Schritt für Schritt konfigurieren. Markieren Sie im Designer zunächst die Aktivität CreateTaskWithContentType. Tragen Sie im rechten Eigenschaftsfenster zunächst folgenden CorrelationToken ein: CreateQuoteTaskToken (siehe Abbildung 8.27). Dadurch werden die einzelnen Aufgabenaktivitäten des Workflows miteinander verbunden. Als OwnerActivityName wählen Sie den Namen des Workflows.

Weisen Sie danach diesen Token den anderen Aufgabenaktivitäten zu.

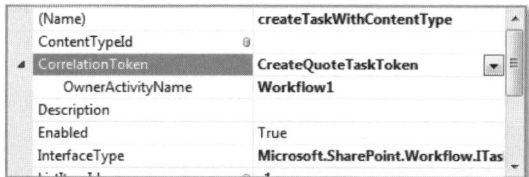

(Name)	**createTaskWithContentType**
ContentTypeId	
◢ CorrelationToken	CreateQuoteTaskToken
OwnerActivityName	**Workflow1**
Description	
Enabled	True
InterfaceType	**Microsoft.SharePoint.Workflow.ITas**

Abbildung 8.27 Der Correlation Token verbindet sämtliche Aufgabenaktivitäten miteinander

Im nächsten Schritt erzeugen Sie eine benutzerdefinierte ID für die Aufgabe. Markieren Sie hierzu die CREATETASKWITHCONTENTTYPE-Aktivität, und navigieren Sie zur Eigenschaft TASKID. Öffnen Sie daraufhin die Schaltfläche mit den drei Punkten. Es öffnet sich ein Dialogfenster, in dem Sie der Aufgabe ein Attribut oder eine Eigenschaft des Workflows zuordnen können. Öffnen Sie die Registerkarte AN NEUES MITGLIED BINDEN, und erzeugen Sie das Feld CREATETASK_TASKID (siehe Abbildung 8.28).

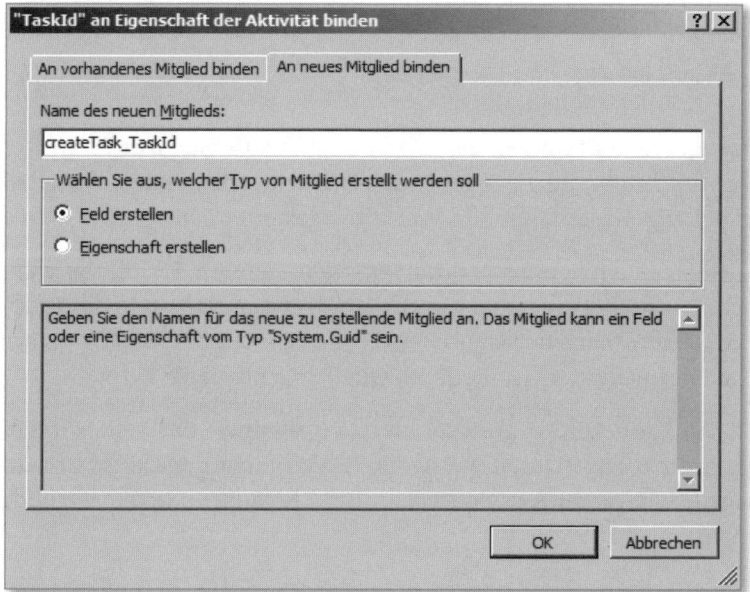

Abbildung 8.28 Die Aufgabenaktivitäten werden über eine benutzerdefinierte »TaskId« assoziiert.

Weisen Sie auch dieses Feld den anderen Aufgabenaktivitäten zu.

Führen Sie denselben Schritt mit der Eigenschaft TASKPROPERTIES durch, und referenzieren Sie dieses Feld ebenso von sämtlichen Aufgabenaktivitäten. Diese Eigenschaft ermöglicht es Ihnen, auf die Metadaten der jeweiligen Aufgabe zuzugreifen.

In der Code-Behind-Klasse des Workflows werden die entsprechenden Variablen erzeugt:

```
public Guid createTask_TaskId = default(System.Guid);
public SPWorkflowTaskProperties createTask_TaskProperties =
  new Microsoft.SharePoint.Workflow.SPWorkflowTaskProperties();
```

Listing 8.6 Workflow-Variablen für die Aufgaben

Im nächsten Schritt werden Sie die einzelnen Aktivitäten konfigurieren. Beginnen Sie mit der ersten `logToHistory`-Aktivität, und ändern Sie folgende Eigenschaften:

LogToHistoryActivity: Eigenschaften	
NAME	logWorkflowStart
HISTORYOUTCOME	Der Workflow wurde gestartet.
USERID	Activity=Workflow1, Path=workflowProperties.OriginatorUser.ID

Tabelle 8.4 Eigenschaften der »logToHistory«-Aktivität

Die Aktivität erzeugt einen Eintrag in der Workflow-Verlaufsliste. Der Parameter HISTORYOUTCOME beschreibt die auszugebende Nachricht. Als Benutzer (`UserId`) wird der Anwender zugewiesen, der den Workflow gestartet hat.

Danach muss die Code-Aktivität konfiguriert werden. Ändern Sie die Bezeichnung in »ensureTaskContentType«, und tragen Sie folgenden Namen in das EXCUTECODE-Feld ein: »ExecuteEnsureTaskContentType«. Durch das Betätigen der ⏎-Taste wird die dazugehörige Methode im Quellcode erzeugt.

Innerhalb dieser Funktion wird geprüft, ob der Aufgabenliste der benutzerdefinierte Inhaltstyp korrekt zugewiesen wurde. Sollte das nicht der Fall sein, wird dieser Arbeitsschritt von dieser Aktivität nachgeholt. Ergänzen Sie die Methode nun um folgenden Programmcode.

```
private void ExecuteEnsureTaskContentType(object sender, EventArgs e)
{
    // den Inhaltstyp zur Aufgabenliste hinzufügen,
    // wenn er nicht schon registriert ist
    SPSecurity.RunWithElevatedPrivileges (delegate()
            {
                AddContentTypeToTaskList();
            });
}
```

```
private void AddContentTypeToTaskList()
{
    // eine neue Referenz auf die Objekte herstellen
    using (var site = new SPSite(workflowProperties.Web.Url))
    using (SPWeb web = site.OpenWeb())
    {
        SPList taskList =
            web.Lists[workflowProperties.TaskListId];

        string contentType = createTask.ContentTypeId;
        var contentTypeId = new SPContentTypeId(contentType);
        taskList.ContentTypesEnabled = true;
        SPContentTypeId matchContentTypeId =
            taskList.ContentTypes.BestMatch(contentTypeId);
        if (matchContentTypeId.Parent.CompareTo(contentTypeId)!=0)
        {
            SPContentType ct = taskList.ParentWeb
                .AvailableContentTypes[contentTypeId];
            if (ct == null) return;
            taskList.ContentTypes.Add(ct);
            taskList.Update();
        }
    }
}
```

Listing 8.7 Hinzufügen des Inhaltstyps zur Aufgabenliste

Diese Methode wird mit heraufgestuften Berechtigungen ausgeführt. Andernfalls würde der Workflow Fehler auslösen, weil der ausführende Benutzer nicht unbedingt im Besitz dieser Rechte ist. Versehen Sie danach die createTaskWith-ContentType-Aktivität mit folgenden Eigenschaften:

CreateTaskWithContentType: Eigenschaften	
NAME	createTask
CONTENTTYPEID	0x010801003D18A8461BA146668191C7DE39C6ED7C
CORRELATIONTOKEN	CreateQuoteTaskToken
OWNERACTIVITYNAME	Workflow1
METHODINVOKING	ExecuteCreateTask
TASKID	Activity=Workflow1, Path=createTask_TaskId
TASKPROPERTIES	Activity=Workflow1, Path=createTask_TaskProperties

Tabelle 8.5 Eigenschaften der »createTaskWithContentType«-Aktivität

Die Aufgabe nutzt die ID (ContentTypeId) des benutzerdefinierten Inhaltstyps. Hierdurch wird sichergestellt, dass die Workflowaufgabe das zuvor erzeugte benutzerdefinierte Anwendungsformular nutzt.

Generieren Sie jetzt über den Ihnen bekannten Weg die Ausführungsmethode dieser Aktivität über die Eigenschaft MethodInvoking. Erweitern Sie danach diese Methode um folgenden Programmcode:

```
private void ExecuteCreateTask(object sender, EventArgs e)
{
   // Generierung einer Aufgaben-Id
   createTask_TaskId = Guid.NewGuid();
   // Zuweisung von einigen Eigenschaften der Aufgabe
   createTask_TaskProperties.AssignedTo =
     workflowProperties.Originator;
   createTask_TaskProperties.Title = "Neues Angebot :" +
     workflowProperties.Item.Title;
   createTask_TaskProperties.StartDate = DateTime.Today;
   createTask_TaskProperties.DueDate = DateTime.Today.AddDays(2);
}
```

Listing 8.8 Zuweisung von Aufgabeneigenschaften

Der Code erzeugt eine neue Aufgaben-ID und einige Eigenschaften. Für die Umsetzung nutzt die Methode die zuvor erzeugten Klasseneigenschaften createTask_TaskId sowie createTask_TaskProperties. Durch die Verwendung dieser globalen Variablen können sämtliche Workflowaktivitäten auf diese Information zugreifen.

Widmen wir uns nun der while-Schleife: Diese versetzt den Workflow in einen Wartezustand, bis die Aufgabe vom Anwender abgearbeitet wurde. Zur Vorbereitung fügen Sie nun der Code-Datei eine Variable und die Methode hinzu:

```
private bool isFinished = false;

private void notFinished(object sender, ConditionalEventArgs e)
{
   e.Result = !isFinished;
}
```

Listing 8.9 Bedingungsmethode der »while«-Schleife

Diese Methode wird im nächsten Schritt als Code-Bedingung der while-Aktivität zugewiesen. Ändern Sie dazu den Typ der Aktivität in eine CODEBEDINGUNG, und weisen Sie in dem Auswahlfeld die NOTFINISHED-Methode zu (siehe Abbildung 8.29).

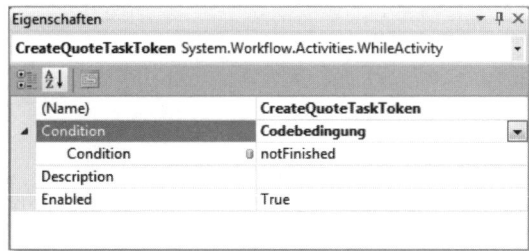

Abbildung 8.29 Die »while«-Schleife wird über die Codebedingung gesteuert.

Versehen Sie im Anschluss die OnTaskChanged-Aktivität mit folgenden Eigenschaften:

OnTaskChanged: Eigenschaften	
NAME	taskChanged
AFTERPROPERTIES	Activity=Workflow1, Path=taskChanged_AfterProperties
CORRELATIONTOKEN	TaskToken
OWNERACTIVITYNAME	Workflow1
INVOKED	ExecuteTaskChanged
TASKID	Activity=Workflow1, Path=createTask_TaskId

Tabelle 8.6 Eigenschaften der »OnTaskChanged«-Aktivität

Erzeugen Sie anschließend die Ausführungsmethode über die INVOKED-Eigenschaft. Das Ergebnis der Methode wird in der lokalen Variable workflowResult abgespeichert. Außerdem wird die isFinished-Variable auf den Wert True gesetzt; dadurch wird die while-Schleife aufgebrochen, und der Workflow geht zur nächsten Aktivität über.

```
private string workflowResult;

private void ExecuteTaskChanged(object sender, ExternalDataEventArgs e)
{
    SPFieldCollection fields = workflowProperties.TaskList.Fields;
    var kundennameId =
      fields.GetFieldByInternalName("Kundenname").Id;
    var angebotspreisId =
      fields.GetFieldByInternalName("Angebotspreis").Id;
```

```
Hashtable properties =
  taskChanged_AfterProperties.ExtendedProperties;
var kundenname = properties[kundennameId] as string;

decimal angebotspreis;
decimal.TryParse(properties[angebotspreisId] as string, out
  angebotspreis);

WorkflowResult =
  string.Format("Kunde: '{0}', Angebotssumme: {1} €",
  kundenname, angebotspreis);
}
```

Listing 8.10 Ausführungsmethode der »OnTaskChanged«-Methode

Die Werte der Aufgabe werden nach der Abspeicherung über die taskChanged_AfterProperties-Eigenschaft ausgelesen.

Komplettieren Sie nun noch die letzte Aufgabenaktivität durch die Anpassung folgender Eigenschaften:

CompleteTask: Eigenschaften	
NAME	completeTask
CORRELATIONTOKEN	TaskToken
OWNERACTIVITYNAME	Workflow1
TASKID	Activity=Workflow1, Path=createTask_TaskId

Tabelle 8.7 Eigenschaften der »CompleteTask«-Aktivität

Die letzte Aktivität wird so angepasst, dass sie den Wert der Variable WorkflowResult in den Workflow-Verlauf speichert.

LogToHistoryActivity: Eigenschaften	
NAME	logWorkflowEnd
HISTORYOUTCOME	Activity=Workflow1, Path=WorkflowResult

Tabelle 8.8 Eigenschaften der »LogToHistoryActivity«

Damit ist das Workflow-Projekt abgeschlossen. Optional können Sie noch das Feature für diesen Workflow anpassen. Das Projekt setzt sich jetzt aus einem Workflow, aus einer benutzerdefinierten Anwendungsseite und den jeweiligen Features zusammen (siehe Abbildung 8.30).

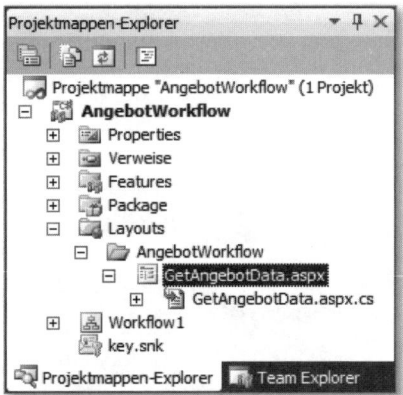

Abbildung 8.30 Projektstruktur des fertigen Workflows

Stellen Sie das Workflow-Projekt jetzt über die $\boxed{F5}$-Taste in der Zielumgebung zur Verfügung. Setzen Sie zuvor einen Haltepunkt auf die Einstiegsaktivität. Der Debugger springt danach an diesen Punkt, wodurch Sie die Möglichkeit haben, die einzelnen Schritte zu analysieren (siehe Abbildung 8.31).

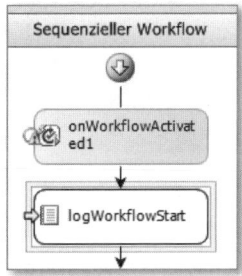

Abbildung 8.31 Haltepunkte können Sie direkt auf der Designansicht des Workflows setzen.

Überprüfen Sie anschließend die Funktionsweise des Workflows, indem Sie ihn einmal manuell starten. Die so erzeugte Aufgabe sollte sich über das benutzerdefinierte Anwendungsformular in einem Dialog öffnen (siehe Abbildung 8.32).

Die in diesem Kapitel vorgestellten Themen beschreiben das Grundgerüst der Programmierung von benutzerdefinierten Workflow-Vorlagen über Visual Studio 2010. Der Entwicklung von Workflows sind quasi keine Grenzen gesetzt. Sie haben die Möglichkeit, sequenzielle oder Zustandsautomaten-Workflows zu programmieren und diese mit einer beliebigen Logik auszustatten. Visual Studio 2010 ist so konzipiert, dass die nötigen SharePoint-Features und Solution-Pakete zu jedem Workflow automatisch erzeugt werden. Dadurch sind in der Workflow-

Programmierung keine manuellen Arbeitsschritte erforderlich, sodass Sie sich bestens auf die eigentlichen Entwicklungsarbeiten konzentrieren können. Stellen Sie das durch Visual Studio 2010 erzeugte Solution-Paket einfach über die Ihnen bekannten Verfahren in der Zielumgebung bereit, und aktivieren Sie es über das Feature in der jeweiligen Webseite.

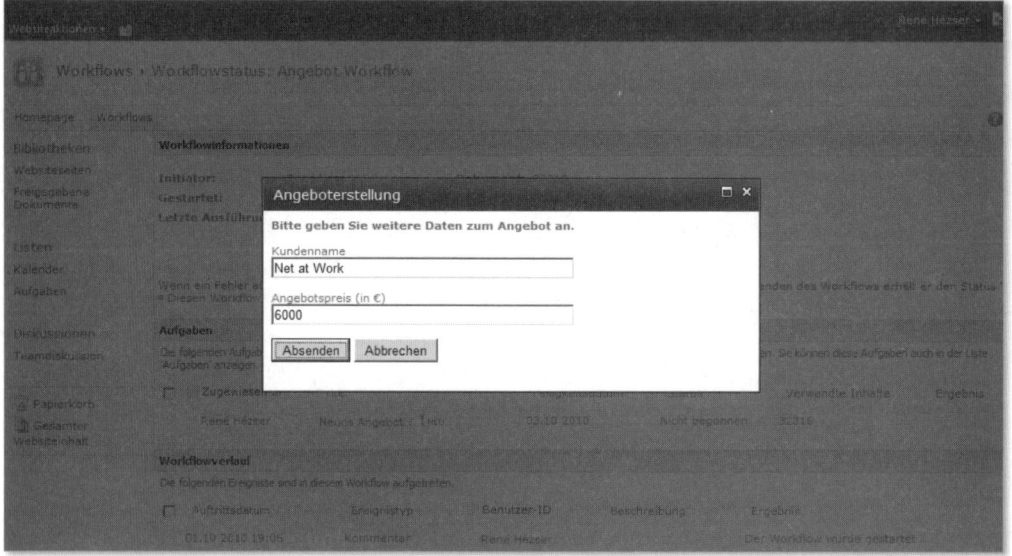

Abbildung 8.32 Die Aufgabe wird durch ein benutzerdefiniertes Formular realisiert.

*Die Business Connectivity Services sind eine Ansammlung von Diensten
und Features, die den Zugriff auf externe Datenquellen durch Share-
Point ermöglichen.*

9 Business Connectivity Services

Die *Business Connectivity Services* (BCS) sind der Nachfolger des mit SharePoint
2007 eingeführten *Business Data Catalog* (BDC). Anders als in der Vorversion ist
für die Integration von Geschäftsdaten keine Enterprise-Lizenz mehr erforderlich
– BCS ist ein integraler Bestandteil von SharePoint Foundation 2010.

Die Technologie wurde in der neuen Version geradlinig weiterentwickelt. Beispielsweise ermöglichen BCS nicht nur den lesenden, sondern auch einen schrei-
benden Zugriff auf Unternehmensdaten. Die Erstellung von Schnittstellendefini-
tionenwird unter SharePoint 2010 durch den SharePoint Designer 2010 und von
Visual Studio 2010 unterstützt. Die Darstellung und Integration der LOB-Daten
(Line of Business) erfolgt in der gleichen Art und Weise wie die Aufbereitung einfacher Listen – dies macht die Arbeit mit dieser Technologie besonders nutzerfreundlich.

Tabelle 9.1 enthält eine detaillierte Übersicht über sämtliche Neuerungen im Vergleich zur Vorversion.

Funktion	BDC	BCS
Definition eines Modells	XML	XML/SharePoint Feature
Erstellung eines Modells	BDC-Definition-Editor aus dem SDK oder externe Tools (z. B. *BDC MetaMan*)	SharePoint Designer 2010 oder Visual Studio 2010
Schreibender Zugriff?	nein	ja
Sind Daten offline verfügbar?	nein	ja
Speicherort der Modelle	in den gemeinsamen Diensten	Metadata Store (eigene Datenbank)

Tabelle 9.1 Gegenüberstellung von BDC und BCS

Funktion	BDC	BCS
Verfügbar in kostenloser SharePoint-Version?	nein	ja
Bezeichnung eines Elements	Entität	Entität/externer Inhaltstyp
verfügbares Objektemodell	Server	Client und Server

Tabelle 9.1 Gegenüberstellung von BDC und BCS (Forts.)

Eine der interessantesten Neuerungen gegenüber SharePoint 2007 ist die Möglichkeit, Daten zu verändern und an das Quellsystem zurückzuliefern. Dazu müssen Sie für die Business Connectivity Services entsprechende Methoden bereitstellen, die die Kommunikation mit dem Quellsystem realisieren. Solche Modelle lassen sich sowohl über den SharePoint Designer als auch mithilfe von Visual Studio erstellen.

Neu ist zudem die Möglichkeit, BCS-Daten in einer Client-Anwendung bereitzustellen und gegebenenfalls offline zu lesen. Diese Funktionalität wird durch den neuen SharePoint Workspace 2010 ermöglicht, der als Nachfolger von Groove 2007 gilt.

Im letzten Kapitel dieses Buches präsentieren wir Ihnen daher die wichtigsten Eckpfeiler der Business Connectivity Services, darunter auch die verschiedenen Möglichkeiten der Erzeugung von Modellen über den SharePoint Designer oder Visual Studio.

9.1   Architektur

Die Architektur der Business Connectivity Services setzt sich aus unterschiedlichen Komponenten zusammen, die wiederum durch verschiedene Produkte bereitgestellt werden (siehe Abbildung 9.1). Die Kernfunktionen werden von SharePoint Foundation 2010 bereitgestellt. SharePoint Server 2010 erweitert diese Funktionalitäten um die Möglichkeit, externe Daten mit speziellen Server-Features – wie zum Beispiel der Profildatenbank oder der Suche – zu verknüpfen. Der Browser und Office 2010 stellen die Clients für BCS-Daten bereit.

Die Dreiteilung dieser Komponenten macht die Umsetzung von datenorienteren SharePoint-Lösungen deutlich flexibler und senkt die Einstiegshürde enorm.

Beachten sollten Sie, dass die Nutzung der Client-Komponenten nur mit der Produktversion *SharePoint Server* möglich ist.

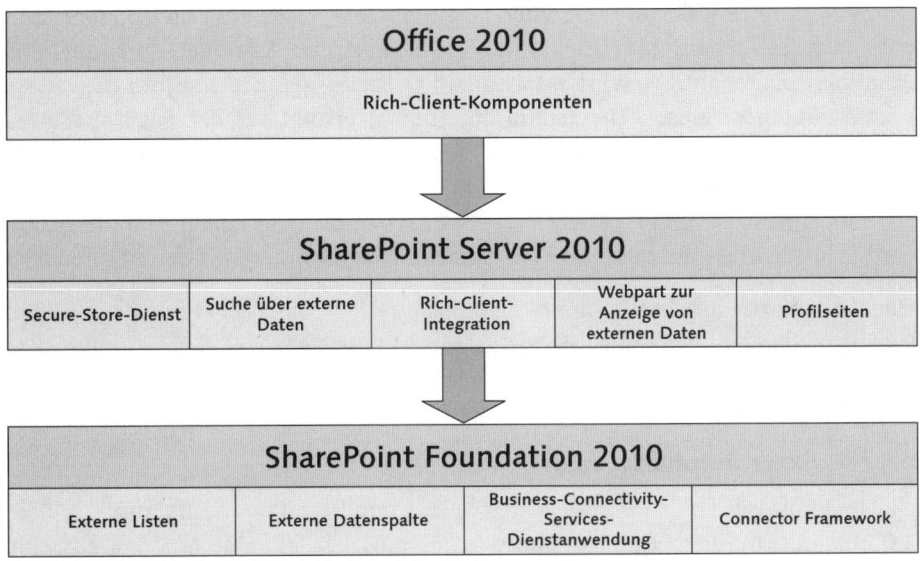

Abbildung 9.1 Die BCS-Architektur wird von unterschiedlichen Produkten ausgeliefert.

9.1.1 Server-Komponenten

Der Kern von BCS ist in der *Server Runtime* enthalten. Sie liefert die Basis für die Bereitstellung von externen Inhaltstypen und verwalteten Objekten (siehe Abbildung 9.2).

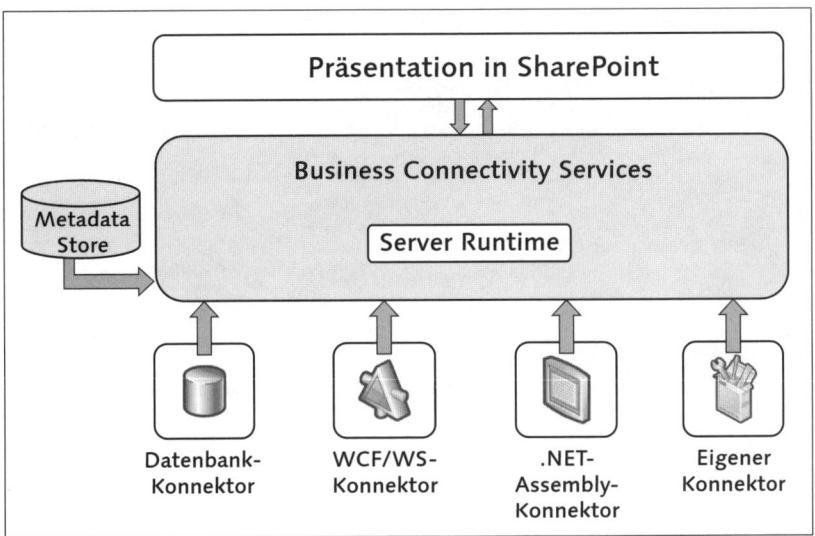

Abbildung 9.2 Die BCS-Server-Komponenten

Die Server Runtime ist auf sämtlichen Frontend-Servern einer Farm installiert und wird zur Ausführung von Operationen auf externen Systemen benötigt. Die eigentliche Datenabfrage wird jedoch nicht selbst ausgeführt, sondern an weitere Komponenten delegiert. Der technische Zugriff erfolgt auf der Basis spezieller Konnektoren. Die Business Connectivity Services liefern eine Schnittstelle für Microsoft SQL Server, anderen relationale Datenbanken sowie Web Services bereit. Darüber hinaus ist das Framework so erweiterbar, dass zusätzlich zu diesen Standard-Schnittstellen individuelle Konnektoren programmiert werden können.

Die Modelle zur Beschreibung des Schemas und der Eigenschaften der externen Inhaltsquelle werden in einer eigenen Datenbank gespeichert, die Bestandteil der BCS-Dienstanwendung ist.

9.1.2 Externe Inhaltstypen

Die Technologie der *Inhaltstypen* wurde mit den Windows SharePoint Services 3.0 eingeführt. Durch Inhaltstypen wird es möglich, ein Datenmodell auf eine inhaltsunabhängige Art und Weise zu beschreiben. *Externe Inhaltstypen* sind eine Weiterentwicklung dieser Technologie. Sie ermöglichen die Beschreibung einer externen Datenquelle und vereinen die Vorteile der SharePoint-Technologie mit den Funktionen des externen Datenzugriffs.

Diese Form der Inhaltstypen lässt sich in unterschiedlichen Szenarien einsetzen – zum Beispiel in Listen, bei der Suche oder in einer Client-Anwendung.

Die Arbeit mit externen Inhaltstypen ist identisch mit der Arbeit mit einfachen Listen (siehe Abbildung 9.3).

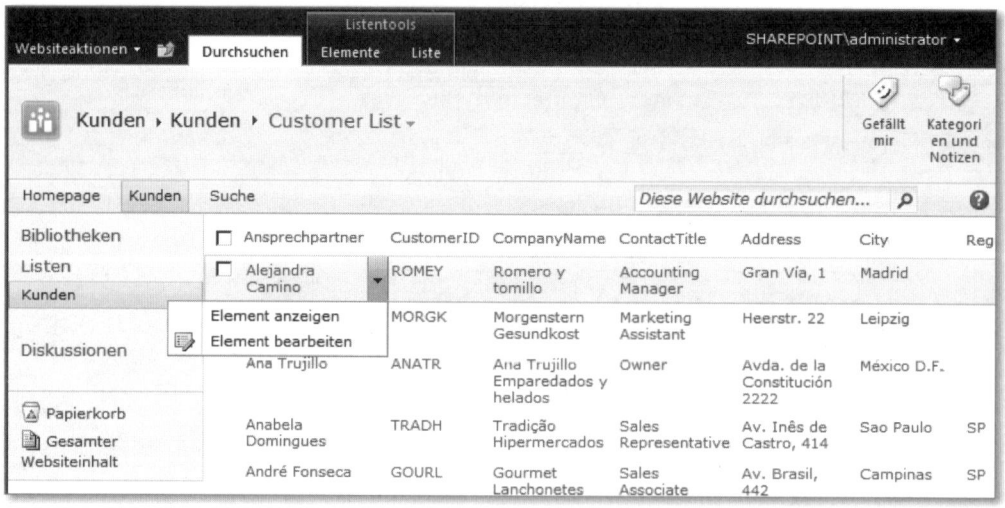

Abbildung 9.3 Businessdaten werden wie einfache Listen dargestellt.

Damit stehen den Anwendern auch bei externen Daten sämtliche listentypische Funktionen, wie die Filterung oder Sortierung, bereit. Die Repräsentation und Bearbeitung von BCS-Datei erfolgt identisch zur Darstellung von Listenformularen.

Durch das neue Konzept der externen Inhaltstypen lassen sich externe Daten auch in die Client-Anwendung in einer gewohnten Form integrieren. Somit erhalten die Nutzer eine Outlook-typische Ansicht in Form von Kalendern, Kontakten oder Aufgaben.

9.1.3   Authentifizierung gegenüber externen Daten

Das BCS-Modell verfügt über drei Authentifizierungsverfahren, um sich an einer externen Datenquelle anzumelden:

▶ über den Anwendungspool der IIS-Webanwendung: In diesem Fall werden alle Daten über den *Service Account* der Anwendung (*Application Pool Account*) abgefragt.

▶ durch ein Impersonifizierungsverfahren mit dem jeweils angemeldeten Benutzer

▶ über den Weg des Secure-Store-Dienstes, der Anmeldedaten von Benutzern sowie die Zuordnung zu weiteren Diensten verwaltet, um diese für ein Single-Sign-On zu nutzen

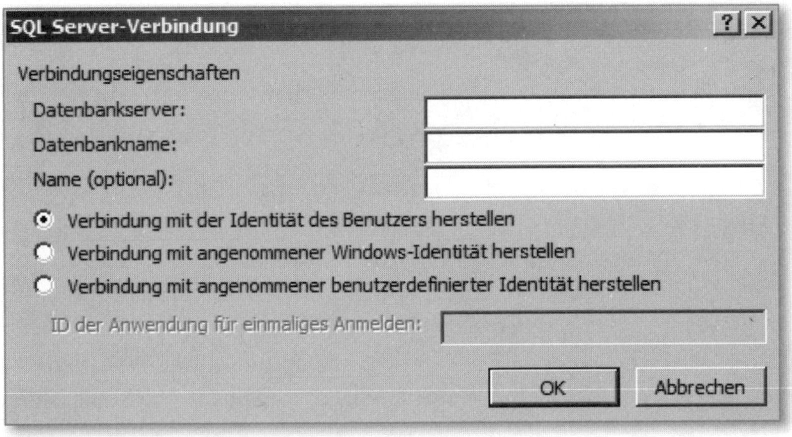

Abbildung 9.4 Bei der Authentifizierung gegen eine BCS-Quelle haben Sie drei Optionen.

Der Secure Store-Dienst kann nur bei einer SharePoint-Server-Installation genutzt werden, da diese Funktion exklusiv von der Server-Infrastruktur bereitgestellt wird.

9.1.4   Berechtigungen auf Modelle und Entitäten

Der Zugriff von Benutzern auf externe Daten wird auf mehreren Ebenen definiert. Grundsätzlich aber gilt: Ohne Berechtigungen auf die Dienstanwendung der Business Connectivity Services ist auch kein Zugriff auf externe Listen möglich.

Über die Dienstanwendung

Die Verwaltungsebene der Berechtigungen erreichen Sie über die Konfiguration der BCS-Dienstanwendung innerhalb der Zentraladministration. In diesem Administrationsbereich verwalten Sie die Zugriffsrechte für den Anwendungspool sowie für den Metadatenspeicher (siehe Abbildung 9.5).

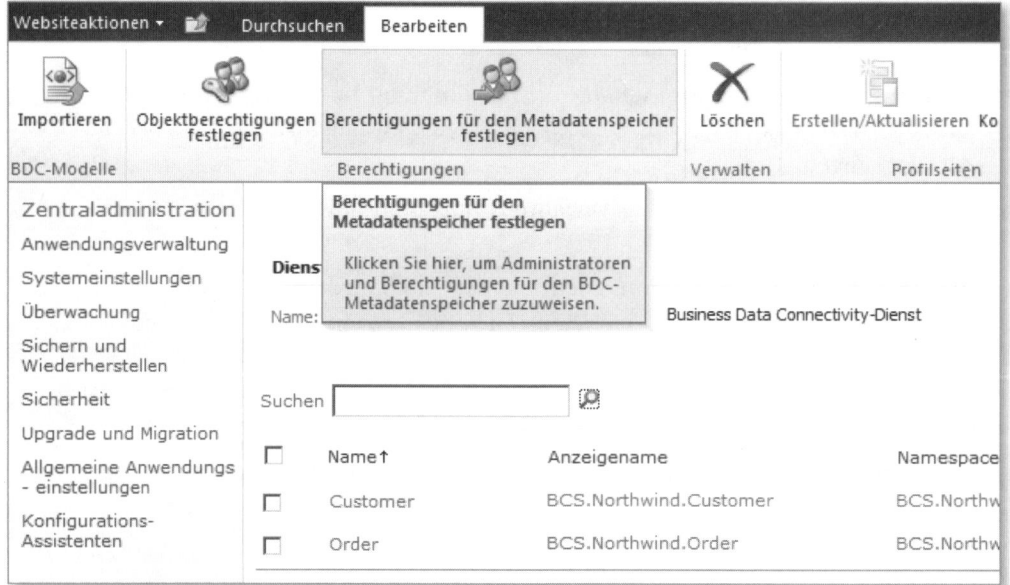

Abbildung 9.5   Die Berechtigungen werden auf der Ebene der Dienstanwendung vergeben.

Neben der globalen Berechtigungsvergabe können Rechte auch auf einzelne Entitäten vergeben werden. Besitzt der Besucher einer SharePoint-Webseite kein Leserecht auf die darunter liegende BCS-Schicht, erscheint auf der Websiteoberfläche folgende Fehlermeldung: »Der Zugriff wurde von Business Connectivity Services verweigert.«

Die Berechtigungen auf eine BCS-Quelle werden in vier Stufen unterteilt: BEARBEITEN, AUSFÜHREN, IN CLIENTS AUSWÄHLBAR und BERECHTIGUNGEN FESTLEGEN (siehe Abbildung 9.6). In den meisten Szenarien genügt das Recht »Ausführen«, das die Anzeige von externen Daten in SharePoint ermöglicht.

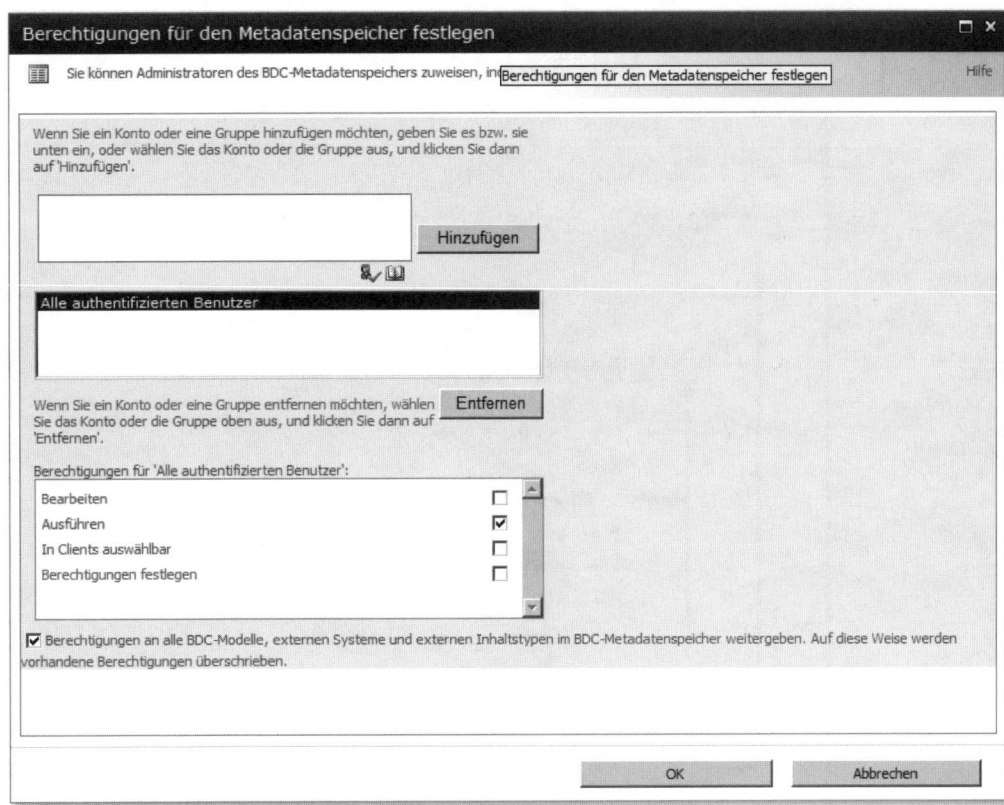

Abbildung 9.6 Die Berechtigungen auf BCS-Daten werden über die Dienstanwendung gesteuert.

Externe Inhaltstypen

Für die Nutzung von externen Inhaltstypen gelten die gleichen Regeln wie für »normale« Inhaltstypen: Die Berechtigung erfolgt auf der Ebene der Liste.

9.1.5   Metadaten-Modell

Ein Metadaten-Modell spezifiziert die externe Datenquelle für die Nutzung in den Business Connectivity Services. Metadaten-Objekte sind dabei *Entitäten* und *Methoden*, die die komplexe Struktur der Daten abstrahieren. Ein Metadaten-Modell wird vollständig via XML spezifiziert und kann über den SharePoint Designer oder Visual Studio grafisch dargestellt werden.

Jedes Objekt eines Metadaten-Modells unterstützt benutzerdefinierte Eigenschaften. Sie setzen sich aus jeweils einem Namen, dem Datentyp und dem Wert zusammen (siehe Abbildung 9.7).

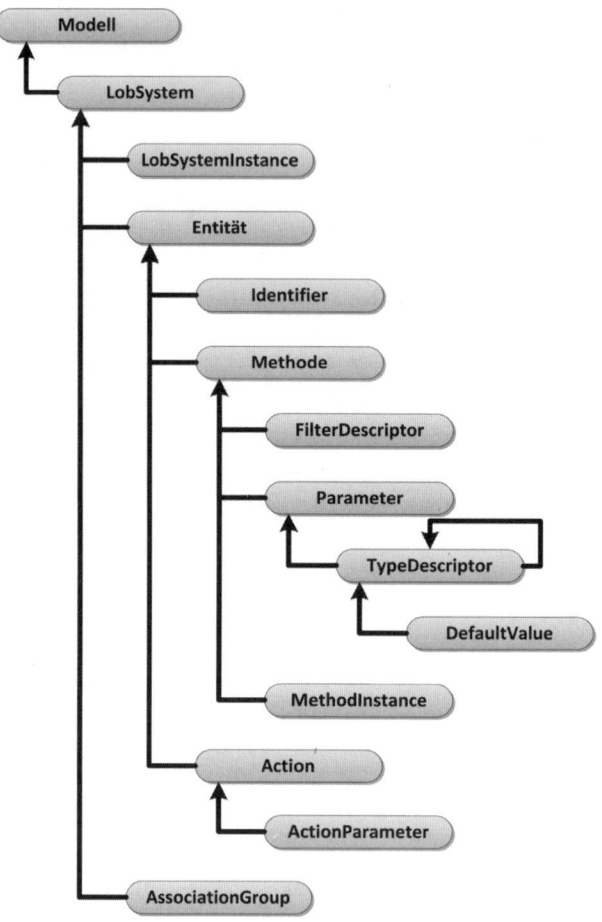

Abbildung 9.7 Die abstrakte Struktur eines Metadaten-Modells besteht aus Entitäten und Methoden.

Ein einzelnes Modell wird über mehrere XML-Dateien beschrieben, die unabhängig voneinander bearbeitet und hochgeladen werden können. Für den Fall, dass ein Modell manuell über die Zentraladministration hochgeladen und importiert wird, lassen sich die Modelle samt ihrer Metadaten – wie Berechtigungen, Eigenschaften und Lokalisierungen – oder auch komplett alleinstehend hochladen. So ist z. B. die getrennte Pflege der Lokalisierung möglich.

»LobSystem«

Das LobSystem-Element repräsentiert eine externe Datenquelle innerhalb der Modell-Definition inklusive seiner Business-Logik, den Entitäten, den Verbindungsinformationen sowie der Methodendefinition.

»LobSystemInstance«

Die Implementierung einer Instanz eines LobSystems wird durch das LobSystemInstance-Element beschrieben.

Entität

Eine *Entität* – auch unter dem Namen *externer Inhaltstyp* bekannt –bezeichnet und beschreibt die Struktur eines Datensatzes des externen Systems.

Die Kommunikation mit den Entitäten wird über Methoden realisiert, deshalb muss eine Entität mindestens eine Methode implementiert haben.

Die jeweilige Struktur einer Entität wird zur Laufzeit vom Rückgabewert einer Methode definiert. In den meisten Fällen hat eine Entität einen Primärschlüssel), der sich aus mehreren Feldern zusammensetzen kann.

Methoden und Methodeninstanzen

Methoden beschreiben die Aktionen auf Daten des Backend-Systems.

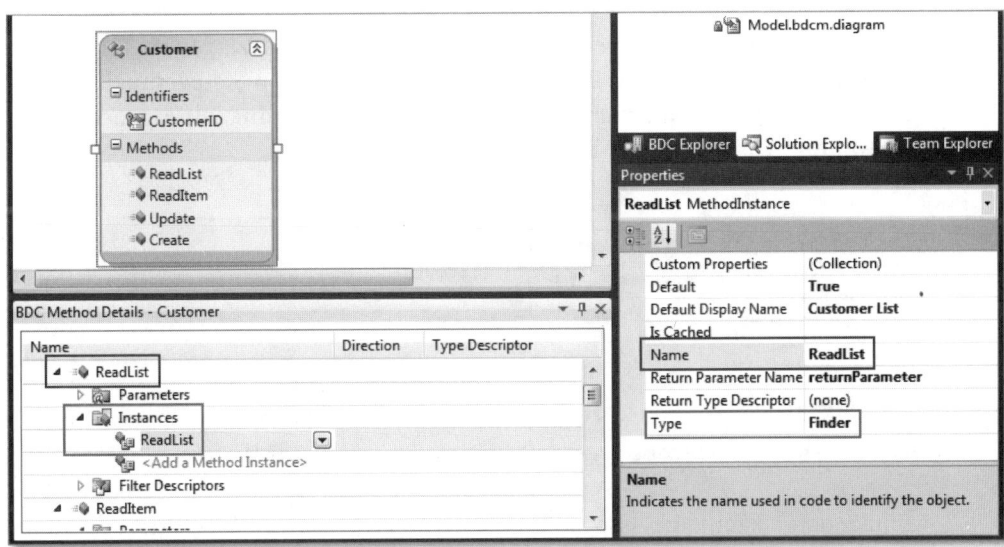

Abbildung 9.8 Das Zusammenspiel von Methoden und Methodeninstanzen

Abbildung 9.8 veranschaulicht das Zusammenspiel von Methoden und *Methodeninstanzen*. Die blau markierte Methode ReadList ist vom Typ Finder. Die Methodeninstanz ReadList legt also fest, dass die Methode als Finder für Entitäten dient und somit mehrere Datensätze zurückliefern kann.

Typdeskriptor

Ein `TypeDescriptor`-Element beschreibt ein Feld (Eigenschaft) einer Entität. Es handelt sich um einen komplexen Datentyp, der von einer oder mehreren Methoden zurückgegeben wird. Durch die Konfiguration des Typdeskriptors wird die genaue Struktur eines BCS-Objekts definiert. Ein Feld kann ein einfacher Datentyp (`string`, `int` etc.) sein oder sich aus weiteren Feldern zusammensetzen. Als Beispiel sei eine Adresse genannt, die sich aus einer Straße, der Hausnummer, der Postleitzahl und der Stadt zusammensetzt. In diesem Fall handelt es sich dabei um einen komplexen Typ.

Assoziationen

Mit Hilfe von Assoziationen lassen sich Business-Objekte miteinander in Verbindung bringen. Die Assoziationen werden innerhalb des Modells definiert. Das Backend-System nimmt Entitäten entgegen und gibt diese mit den jeweiligen Relationen zurück.

Eine referenzielle Integrität kann hierbei nicht gewährleistet werden, da die Relationen der Backend-Objekte nicht über BCS gesteuert werden.

Grundsätzlich existieren zwei verschiedene Arten von Assoziationen. Eine ist die *Fremdschlüssel-Assoziation*. Diesen Beziehungstyp kennen Sie eventuell aus der Datenbankwelt. Er ermöglicht die Bereitstellung einer Entität als Eigenschaft für ein weiteres Objekt (siehe Abbildung 9.9).

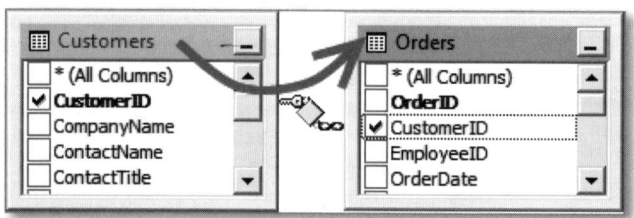

Abbildung 9.9 Fremdschlüssel-Assoziationen zwischen SQL Server-Datenbank-Tabellen

Zum anderen kann eine Assoziation über eine *Zwischentabelle* realisiert werden – also ohne die direkte Verbindung von Primärschlüsseln (siehe Abbildung 9.10). In diesem Fall muss die Assoziation jedoch mit Visual Studio umgesetzt werden, da die Zuordnung über Methoden und nicht durch Primärschlüssel erfolgt.

Die Beispiele dieses Buches verwenden *LINQ to SQL* als Basis zur Abfrage von externen Daten, aufgrund dessen ist die Beziehung über Fremdschlüssel direkt im Modell abgebildet. Die Konfiguration der Assoziation wird von Visual Studio unterstützt. Die Entwicklungsumgebung stellt einen speziellen Editor bereit, mit dem sich Assoziationen über wenige Klicks abbilden lassen (siehe Abbildung 9.11).

Customers
CustomerID
CompanyName
ContactName
ContactTitle
Address
City
Orders
OrderID
CustomerID
EmployeeID
OrderDate
RequiredDate
ShippedDate
Order Details
OrderID
ProductID
UnitPrice
Quantity
Discount

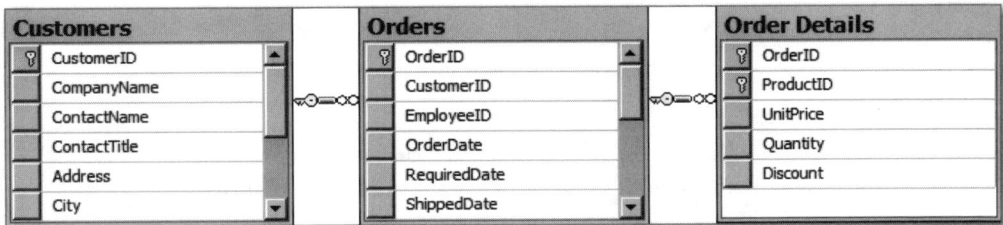

Abbildung 9.10 Assoziation über Zwischentabellen

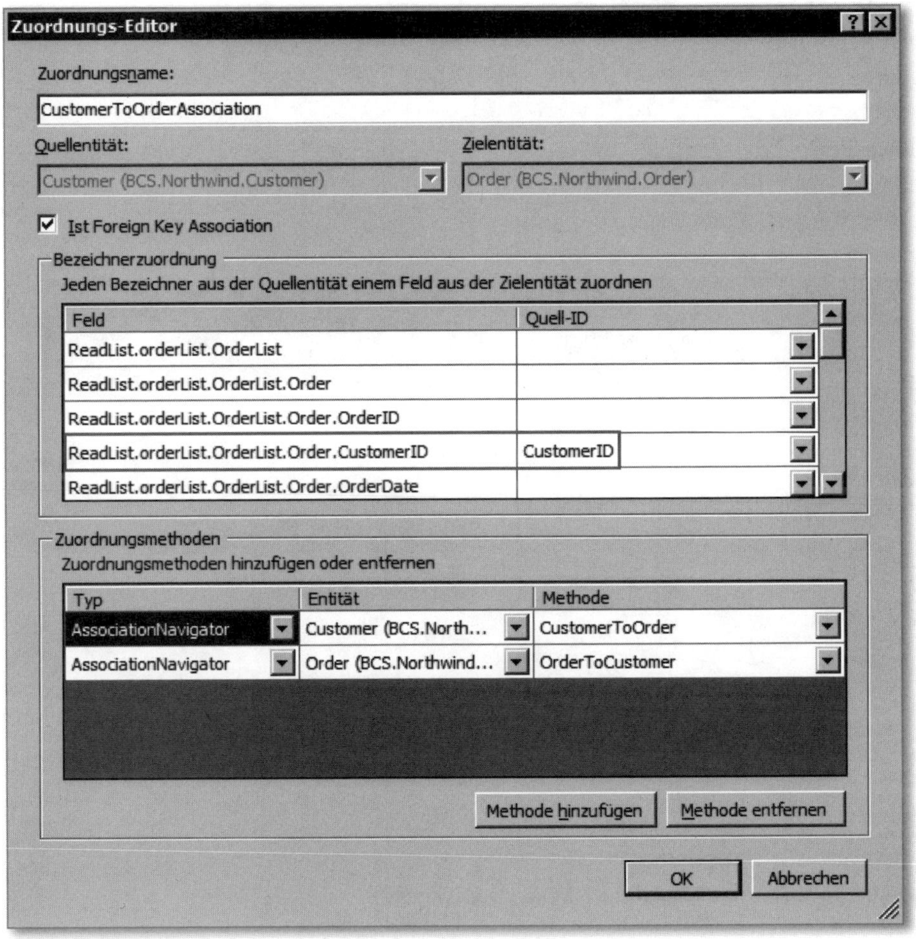

Zuordnungs-Editor
Zuordnungsname:
CustomerToOrderAssociation
Quellentität:
Customer (BCS.Northwind.Customer)
Zielentität:
Order (BCS.Northwind.Order)
Ist Foreign Key Association
Bezeichnerzuordnung
Jeden Bezeichner aus der Quellentität einem Feld aus der Zielentität zuordnen
Feld
Quell-ID
ReadList.orderList.OrderList
ReadList.orderList.OrderList.Order
ReadList.orderList.OrderList.Order.OrderID
ReadList.orderList.OrderList.Order.CustomerID
CustomerID
ReadList.orderList.OrderList.Order.OrderDate
Zuordnungsmethoden
Zuordnungsmethoden hinzufügen oder entfernen
Typ
Entität
Methode
AssociationNavigator
Customer (BCS.North...
CustomerToOrder
AssociationNavigator
Order (BCS.Northwind...
OrderToCustomer
Methode hinzufügen
Methode entfernen
OK
Abbrechen

Abbildung 9.11 Zuordnungs-Editor in Visual Studio

Durch die Definition des Standardanzeigenamens wird die Assoziation im Modell-Editor entsprechend kenntlich gemacht (siehe Abbildung 9.12).

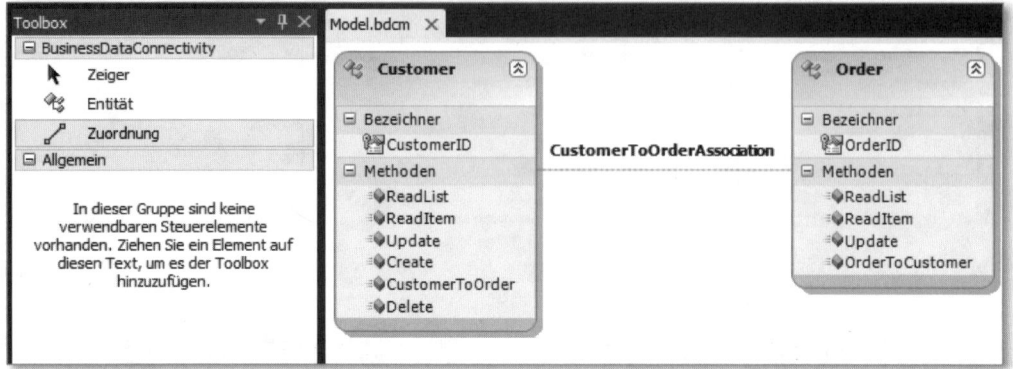

Abbildung 9.12 Assoziationen werden in der Modellierung grafisch hervorgehoben.

SharePoint 2010 ist so konzipiert, dass verbundene Entitäten innerhalb der Benutzeroberfläche grafisch hervorgehoben werden. Schauen Sie sich dazu Abbildung 9.13 etwas genauer an.

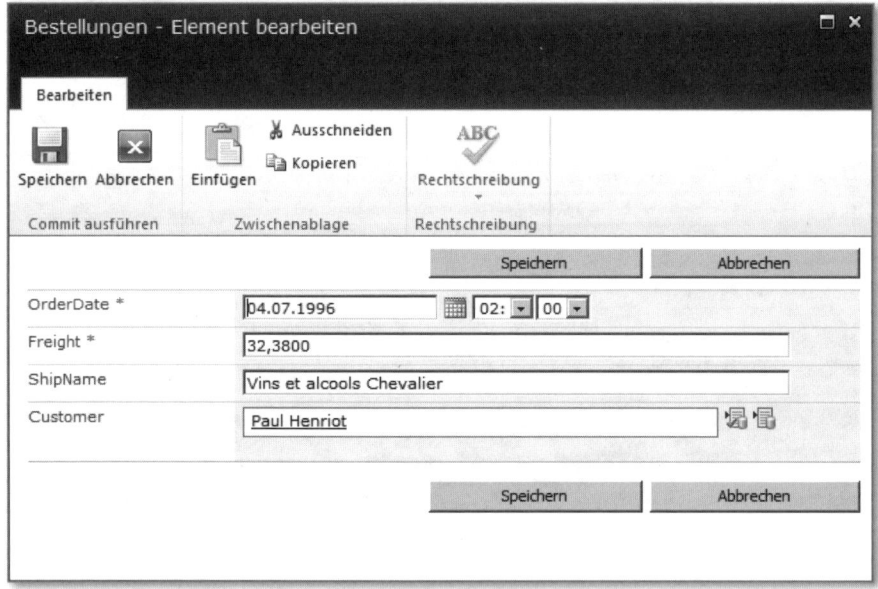

Abbildung 9.13 Datenpflege von verbundenen Entitäten

Sie können erkennen, dass durch dieses Anwendungsformular eine Verbindung zwischen den Bestellungen und den Kunden kenntlich gemacht wird. Über die SharePoint-Benutzeroberfläche lässt sich so der jeweilige Kunde einer Bestellung zuordnen.

Der zugehörige Programmcode veranschaulicht, dass Assoziationen sehr einfach über *LINQ to SQL* definiert werden können.

```
public static IEnumerable<Order> CustomerToOrder(string customerID)
{
   try
   {
      using (NorthwindDataContext context = new
         NorthwindDataContext(Constants.ConnectionString))
      {
         List<Order> orders;
         orders = (from o in context.Order
                  where o.CustomerID == customerID
                  select o).ToList();
         return orders;
      }
   }
   catch (Exception ex)
   {
      throw new RuntimeException(
         "Fehler beim Lesen der Datenquelle.", ex);
   }
}
```

Listing 9.1   Assoziationsmethode »Kunde zu Bestellung«

```
public static IEnumerable<Customer> OrderToCustomer(int orderID)
{
   Customer customer;
   try
   {
      using (NorthwindDataContext context = new
         NorthwindDataContext(Constants.ConnectionString))
      {
         Order order;
         order = (from o in context.Order
                  where o.OrderID == orderID
                  select o).SingleOrDefault();
         customer = order != null ? order.Customer : null;
      }
   }
   catch (Exception ex)
   {
      throw new RuntimeException(
```

```
                "Fehler beim Lesen der Datenquelle.", ex);
    }
    yield return customer;
}
```

Listing 9.2 Assoziationsmethode »Bestellung zu Kunde«

Mehrsprachigkeit

Wie bereits in der Vorgängerversion lassen sich Anzeigenamen von Typdeskriptor-Elementen lokalisieren.

```
<TypeDescriptor Name="ContactName" TypeName="System.String">
   <LocalizedDisplayNames>
      <LocalizedDisplayName LCID="1031">Ansprechpartner</ ⮒
LocalizedDisplayName>
      <LocalizedDisplayName LCID="1033">Contact Name</ ⮒
LocalizedDisplayName>
   </LocalizedDisplayNames>
</TypeDescriptor>
```

Listing 9.3 Lokalisierung von Typdeskriptoren

Die lokalisierten Werte werden auf Basis der Sprache der jeweiligen Webseite ausgewertet, wobei das verwendete initiale Sprachpaket relevant ist (siehe Abbildung 9.14).

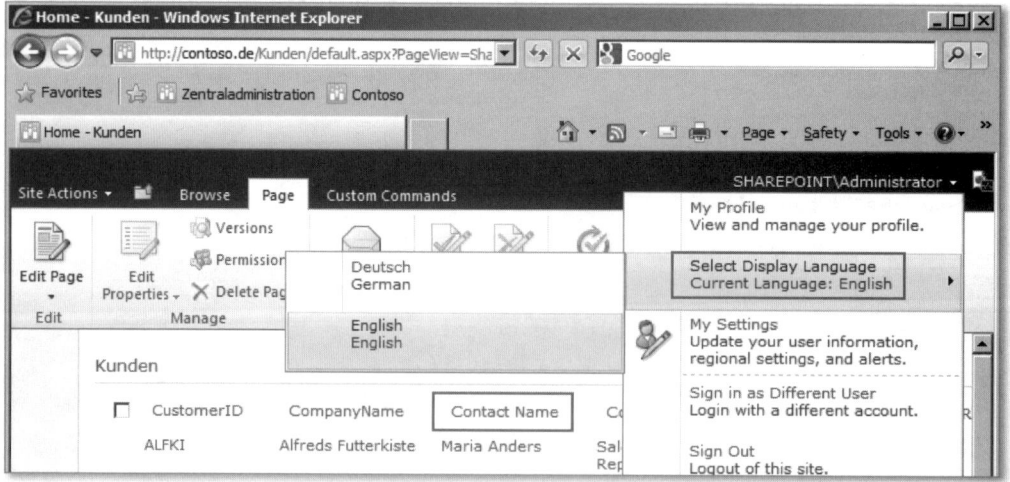

Abbildung 9.14 BCS-Objekte lassen sich über die Benutzeroberfläche lokalisieren.

Wird die SharePoint-Umgebung um zusätzliche Sprachpakete erweitert, ermöglicht die neue Funktion der Mehrsprachigkeit die benutzergesteuerte Änderung der Sprache, die auf der Benutzeroberfläche verwendet wird. BCS ist so konzipiert, dass diese Informationen ausgewertet werden und die lokalisierten Typdeskriptoren entsprechend dargestellt werden (siehe Abbildung 9.15).

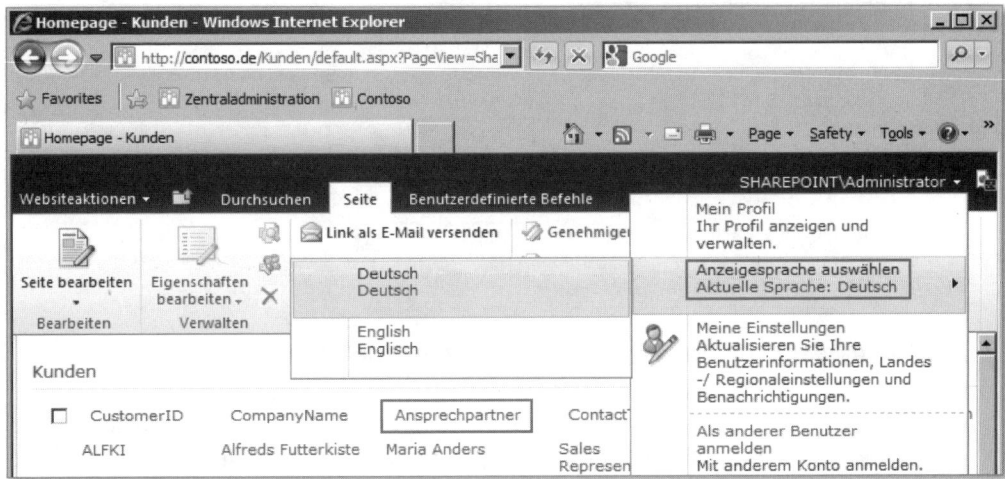

Abbildung 9.15 Der Benutzer kann entscheiden, in welcher Sprachversion die BCS-Datei aufbereitet werden soll.

SharePoint 2010 liefert mit dieser wichtigen Neuerung die Basis für die Umsetzung mehrsprachiger Unternehmensanwendungen.

Versionierung

Die Business Connectivity Services ermöglichen die Versionierung der einzelnen Modelle.

Dienstanwendungsinformationen					
Name:		Business Data Connectivity-Dienst			
Suchen					
Name↑	Anzeigename	Namespace	Version	Externes System	Standardaktion
Customer	Customer	BCS.Northwind	1.0.0.179	NorthwindLOB	

Abbildung 9.16 BCS unterstützen die Versionierung von Modellen.

Die Versionsnummer (siehe Abbildung 9.16) wird bei der Bearbeitung von Modellen durch den SharePoint Designer 2010 oder das Visual Studio 2010 automatisch erhöht, kann aber auch manuell editiert werden (siehe Abbildung 9.17).

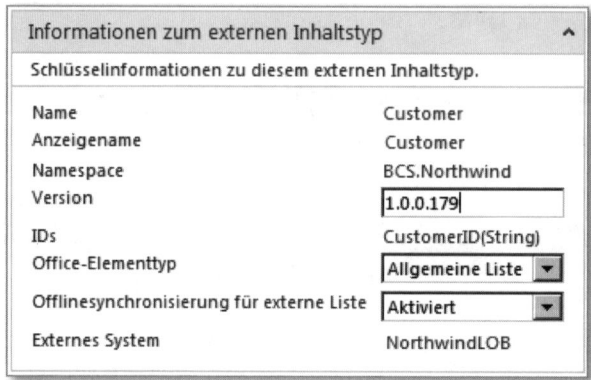

Informationen zum externen Inhaltstyp	⌃

Schlüsselinformationen zu diesem externen Inhaltstyp.

Name	Customer
Anzeigename	Customer
Namespace	BCS.Northwind
Version	1.0.0.179
IDs	CustomerID(String)
Office-Elementtyp	Allgemeine Liste ▼
Offlinesynchronisierung für externe Liste	Aktiviert ▼
Externes System	NorthwindLOB

Abbildung 9.17 Die Versionsnummer kann im SharePoint Designer modifiziert werden.

Neben der Versionierung des Modells unterstützt SharePoint 2010 auch die Versionierung auf der Ebene der Entitäten. Durch dieses Modell wird von den BSC nur die Entität aktualisiert, die sich seit der letzten Versionsnummer geändert hat.

```
<LobSystem … Type="WebService" Version="1.0.0.4" Name="NorthwindLOB" … >
<Entity Name="Customer" Namespace="…" Version="1.0.0.179">
```

Listing 9.4 Die Versionierung auf Entity-Ebene

9.1.6   Primärschlüssel

Die Identifizierung eines Datensatzes erfolgt auf Basis von Primärschlüsseln, die einen sehr individuellen Aufbau haben. So ist der Primärschlüssel beispielsweise in SharePoint die ID eines Listenelements oder der Name eines Dokuments.

Bei SQL-Daten wird meist eine ID-Spalte vom Typ Integer genutzt, deren Wert sich automatisch erhöht, wenn ein neuer Eintrag erstellt wird. Der Primärschlüssel kann sich aber auch aus anderen Datentypen oder mehreren Spalten zusammensetzen.

BCS nutzen für die Definition von Primärschlüsseln ein eigenes Verfahren, das anhand des oder der Bezeichner des externen Systems berechnet wird (siehe Abbildung 9.18). Dieser Wert – der auch als *BDC-Identität* bezeichnet wird – kann zum Beispiel über Webpart zur Darstellung externer Daten identifiziert werden.

Abbildung 9.18 Primärschlüssel werden durch das System errechnet.

Das Objektmodell liefert die Möglichkeit, Primärschlüssel zwischen den beiden Systemen zu konvertieren. Unterstützt wird dieser Prozess durch die `Microsoft.SharePoint.BusinessData.Infrastructure.EntityInstanceIdEncoder`-Klasse. Sie stellt Methoden bereit, um die Bezeichner der Entitäten zu kodieren und zu dekodieren.

Methode	Beschreibung
`DecodeEntityInstanceId`	Dekodiert einen BCS-Schlüssel in ein `object[]`, das dem Primärschlüssel des externen Systems entspricht.
`EncodeEntityInstanceId`	Kodiert die Primärschlüssel eines externen Datensatzes in einen BCS-Schlüssel.
`IsEncodedIdentifier`	Stellt fest, ob ein Wert ein kodierter Schlüssel ist.

Tabelle 9.2 Methoden der »EntityInstanceIdEncode«-Klasse

Die Kodierung und Dekodierung erfolgt nach diesem Schema:

```
string bcsId = "__bk410005001400250094003500";
object[] externalId =
  EntityInstanceIdEncoder.DecodeEntityInstanceId(bcsId);
```

Listing 9.5 Dekodierung eines BCS-Schlüssels

```
object[] externalId = new object[] {"PARIS"};
string bcsId =
  EntityInstanceIdEncoder.EncodeEntityInstanceId(externalId);
```

Listing 9.6 Kodierung von externen Primärschlüsseln

Der Zugriff auf die Spalte des Primärschlüssels des referenzierten Datensatzes erfolgt durch die Eigenschaft `RelatedField` des jeweiligen BCS-Feldes. Der Zugriff auf alle anderen Datensätze erfolgt wie bei der Abfrage einfacher Listenelemente über den Spaltenindex, wobei der Anzeigename als Indexer agiert (siehe Abbildung 9.19).

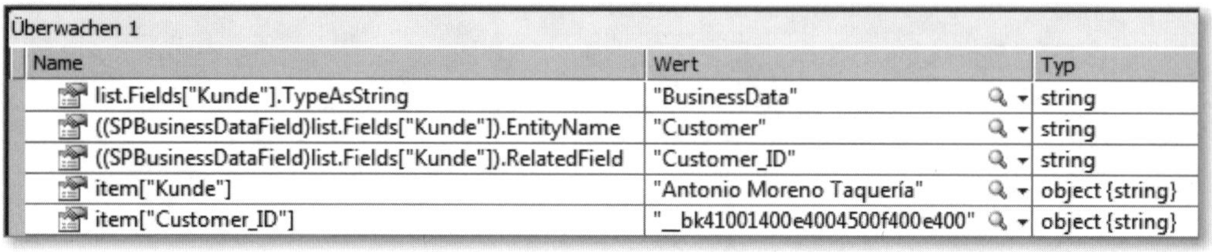

Überwachen 1		
Name	**Wert**	**Typ**
list.Fields["Kunde"].TypeAsString	"BusinessData"	string
((SPBusinessDataField)list.Fields["Kunde"]).EntityName	"Customer"	string
((SPBusinessDataField)list.Fields["Kunde"]).RelatedField	"Customer_ID"	string
item["Kunde"]	"Antonio Moreno Taquería"	object {string}
item["Customer_ID"]	"__bk41001400e4004500f400e400"	object {string}

Abbildung 9.19 Externe Spalten im »Überwachen«-Fenster von Visual Studio

9.2 Erstellung von benutzerdefinierten Modellen

Ein BCS-Modell besteht im Wesentlichen aus einer XML-Datei, die das Schema der externen Datenquelle beschreibt und somit entsprechend in der SharePoint-Umgebung repräsentiert wird.

Modelle lassen sich über unterschiedliche Wege erzeugen: mit dem SharePoint Designer 2010, über Visual Studio 2010 oder über Drittanbieter-Produkte. Die Werkzeuge aus dem Hause Microsoft wollen wir Ihnen in diesem Teil etwas genauer vorstellen.

9.2.1 SharePoint Designer

Der SharePoint Designer 2010 ermöglicht die Erstellung von BCS-Modellen über einen deklarativen Weg – also ohne Programmierung. Der Zugriff auf die externen Inhaltstypen erfolgt über den gleichnamigen Navigationspunkt innerhalb der linken Navigation.

Die Erstellung eines externen Inhaltstyps besteht aus mehreren Teilschritten:

▶ Verbindung zur Datenquelle konfigurieren

▶ Zugriffsmethoden einrichten

▶ Modell veröffentlichen

In diesem ersten Anwendungsbeispiel werden Sie eine einfache Tabelle der Northwind-Datenbank über einen externen Inhaltstyp in der SharePoint-Umgebung registrieren. Gehen Sie hierzu wie folgt vor:

1. Starten Sie den SharePoint Designer 2010, und verbinden Sie sich mit der Ziel-webseite.

2. Navigieren Sie zum Bereich EXTERNE INHALTSTYPEN, und erzeugen Sie ein neues Element über die Ribbon-Schaltfläche.

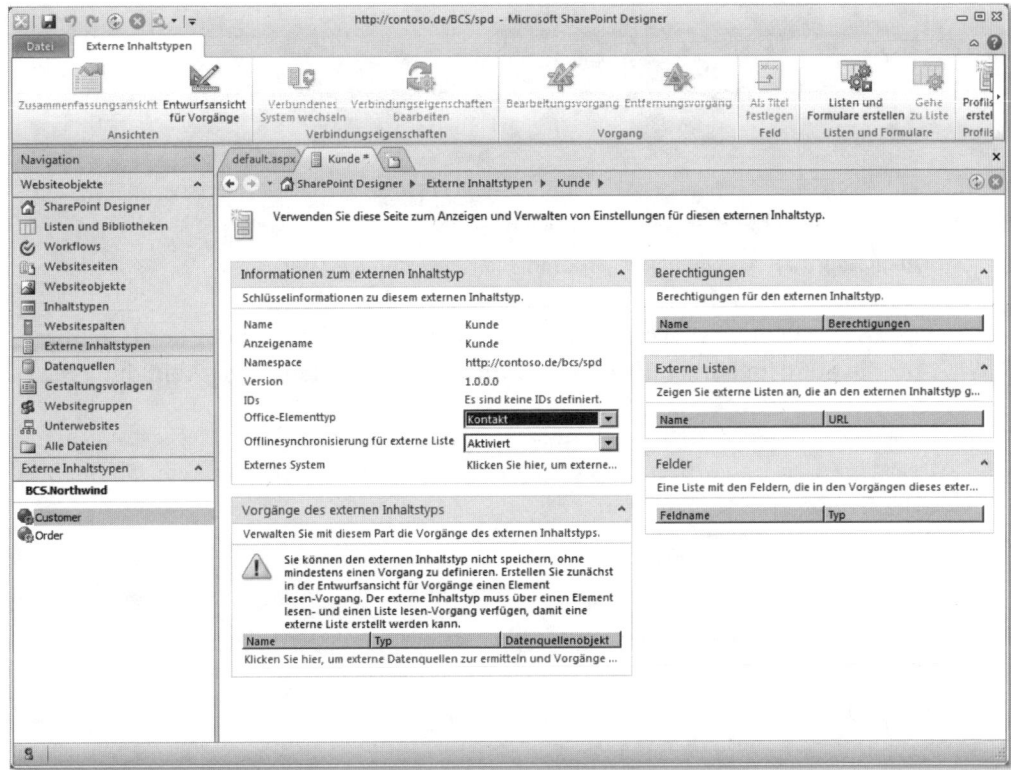

Abbildung 9.20 Neuer externer Inhaltstyp

Geben Sie »Kunde« als Namen ein, und wählen Sie KONTAKT als Office-Element-typ (siehe Abbildung 9.20). Durch diesen Schritt wird die Liste wie eine Kontakt-liste behandelt. Diese Auswahl ist für die SharePoint Foundation leider nicht rele-vant. Nutzen Sie jedoch einen SharePoint Server, können Sie die Liste nach Outlook replizieren, um sie dort als zusätzliche Kontakte zu verwenden.

Über den Punkt EXTERNES SYSTEM konfigurieren Sie die Verbindung zur SQL-Datenquelle. Wählen Sie SQL SERVER, und geben Sie im folgenden Dialog die Ver-bindungsdaten ein (siehe Abbildung 9.21).

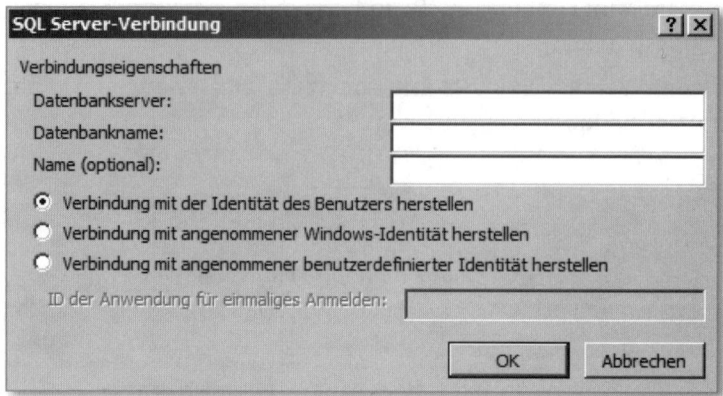

Abbildung 9.21 Verbindungseigenschaften für die externen Daten

Der SharePoint Designer lädt jetzt alle Tabellen und Ansichten der Datenbank, die Sie mit dem authentifizierten Benutzer sehen dürfen (siehe Abbildung 9.22).

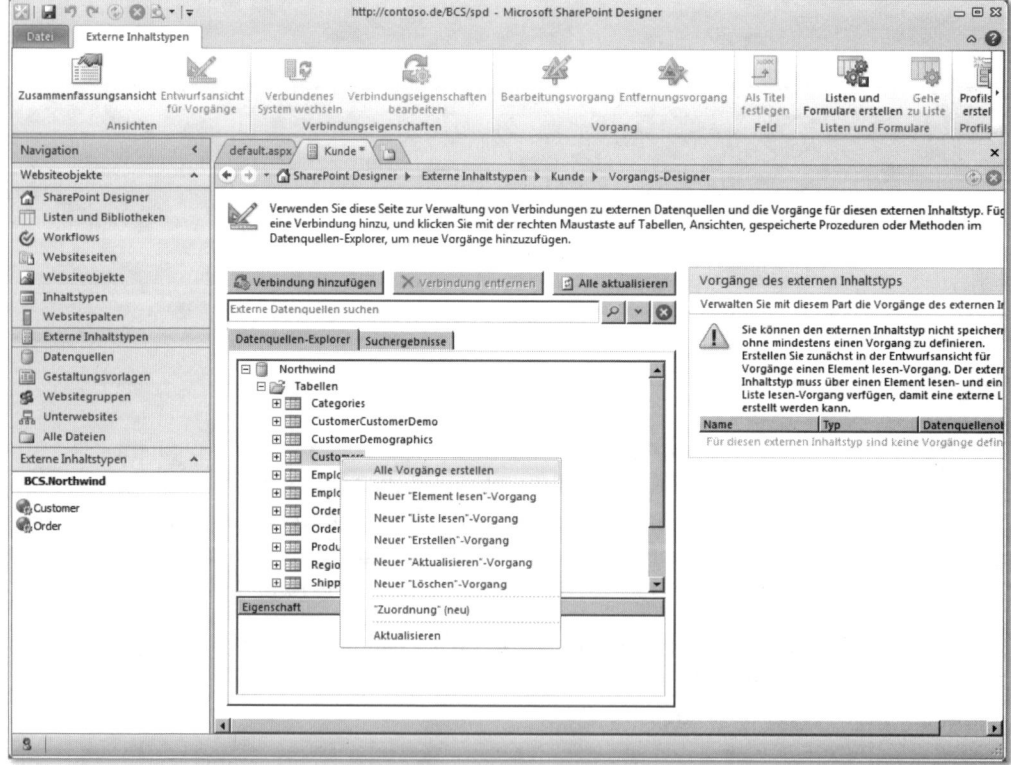

Abbildung 9.22 Vorgangserstellung auf einer Tabelle

Nachdem Sie die Verbindung zur Datenquelle hergestellt haben, können Sie über das Kontextmenü einer Tabelle oder Ansicht Vorgänge zu den Daten erstellen. Klicken Sie hier auf ALLE VORGÄNGE ERSTELLEN. Sie brauchen sich dann nicht um die Erstellung jedes einzelnen Vorgangs zu kümmern; es reicht aus, die notwendigen Konfigurationsschritte nur einmal durchzuführen.

Der folgende Dialog VORGANGSEIGENSCHAFTEN fasst kurz zusammen, was Sie als Nächstes tun werden. Klicken Sie auf WEITER, um die Spalten der Tabelle für den externen Inhaltstyp zu definieren. Standardmäßig sind alle Spalten aktiviert, sodass sie in einer externen Liste sichtbar sind (siehe Abbildung 9.23).

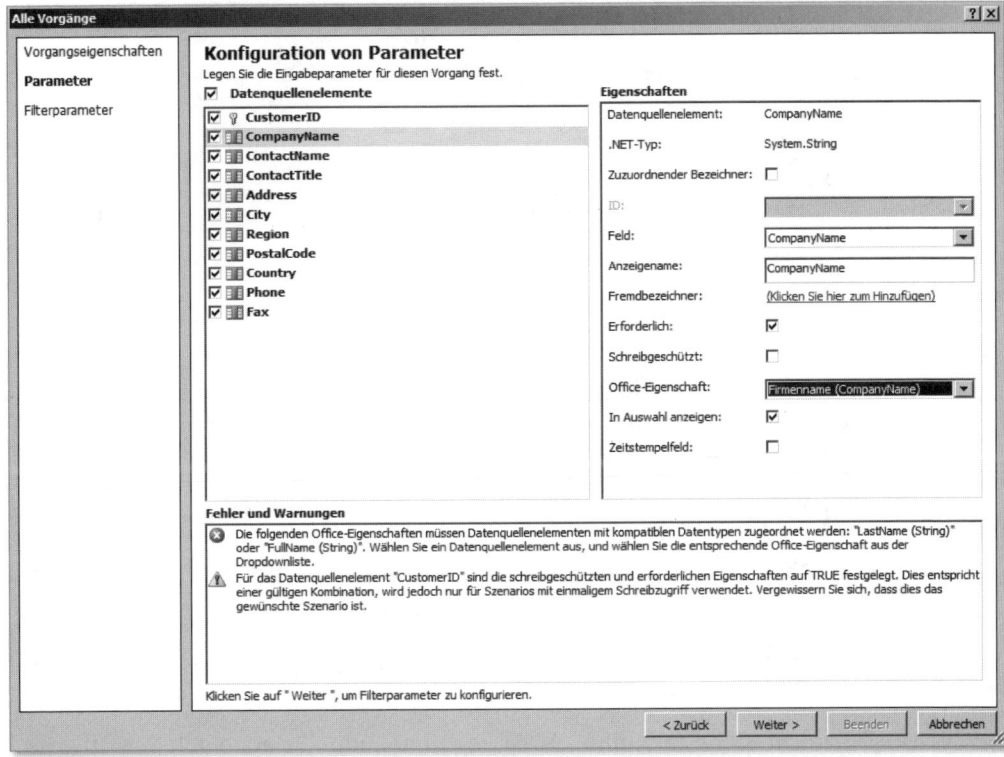

Abbildung 9.23 Konfiguration der Eigenschaften des externen Datentyps

Sie können für jedes Datenquellenelement den Anzeigenamen festlegen. Über die Auswahl einer Office-Eigenschaft entscheiden Sie gegebenenfalls, auf welches Feld eines Office-Elements die Spalte übertragen wird. Die Auswahl des Punktes IN AUSWAHL ANZEIGEN bewirkt, dass die betreffende Spalte in einem Suchdialog zu diesem externen Inhaltstyp angezeigt wird. Sie sollten sich hier die Spalten anzeigen lassen, die Ihren Benutzern zur einfachen Identifizierung eines Datensatzes dienen.

Der Dialog FILTERKONFIGURATION ermöglicht die Erstellung von Filterparametern. Über Filter können Sie Datensätze dieses Typs suchen. Damit nicht bei jedem Aufruf der Daten zu viele Datensätze zurückgeliefert werden, empfiehlt sich die Definition eines »LimitFilters«, da dieser die Anzahl der zurückgegebenen Datensätze beschränkt (siehe Abbildung 9.24).

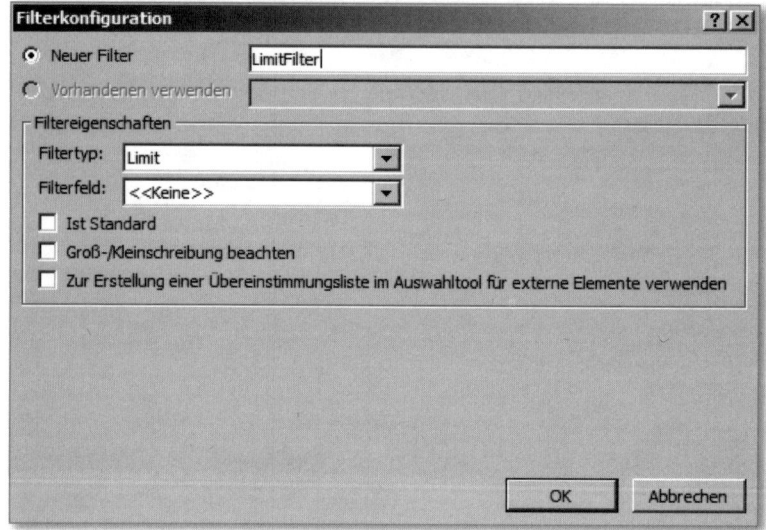

Abbildung 9.24 Erstellung eines »LimitFilters«

Erstellen Sie jetzt einen neuen »LimitFilter«. Über den Standardwert lassen sich Filterwerte vorgeben. Bei einem LimitFilter geben Sie z. B. »200« an.

Ist die Konfiguration der Filter abgeschlossen, verlassen Sie den Dialog mit einem Klick auf OK.

Die Übersicht (siehe Abbildung 9.25) zeigt Ihnen nun die erstellten Vorgänge und Felder an, die Sie durch die vorherigen Dialoge erstellt haben. Anschließend muss der externe Inhaltstyp gespeichert werden, damit er auf der SharePoint-Webseite verfügbar ist.

Um den externen Inhaltstyp in einer SharePoint-Webseite zu nutzen, können Sie mit der Schaltfläche LISTEN UND FORMULARE ERSTELLEN eine neue Liste erzeugen, die auf die externen Daten der Business-Anwendung zugreift. Tragen Sie im Erstellungsdialog die Daten aus Abbildung 9.26 ein.

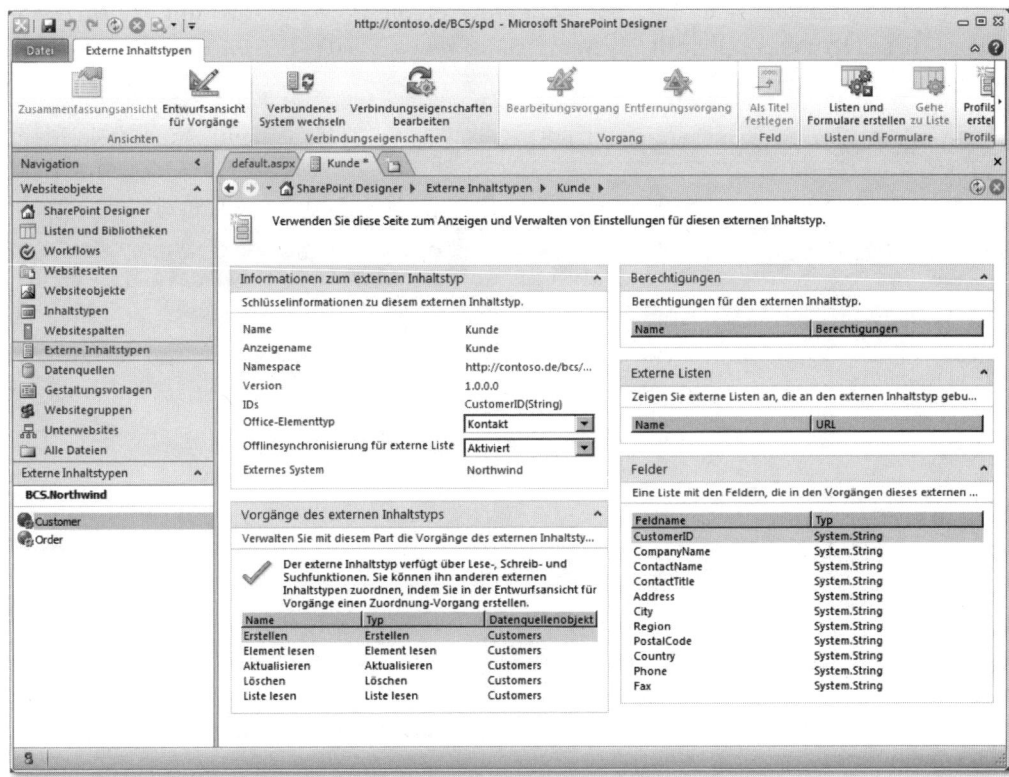

Abbildung 9.25 Übersicht des erstellten externen Inhaltstyps

Abbildung 9.26 Erzeugung einer externen Liste über den SharePoint Designer

Die Standardansicht der Liste konfigurieren Sie über die Auswahl der Methode ELEMENT LESEN. Über die Systeminstanz geben Sie das BCS-Modell der zu erstellenden Liste an.

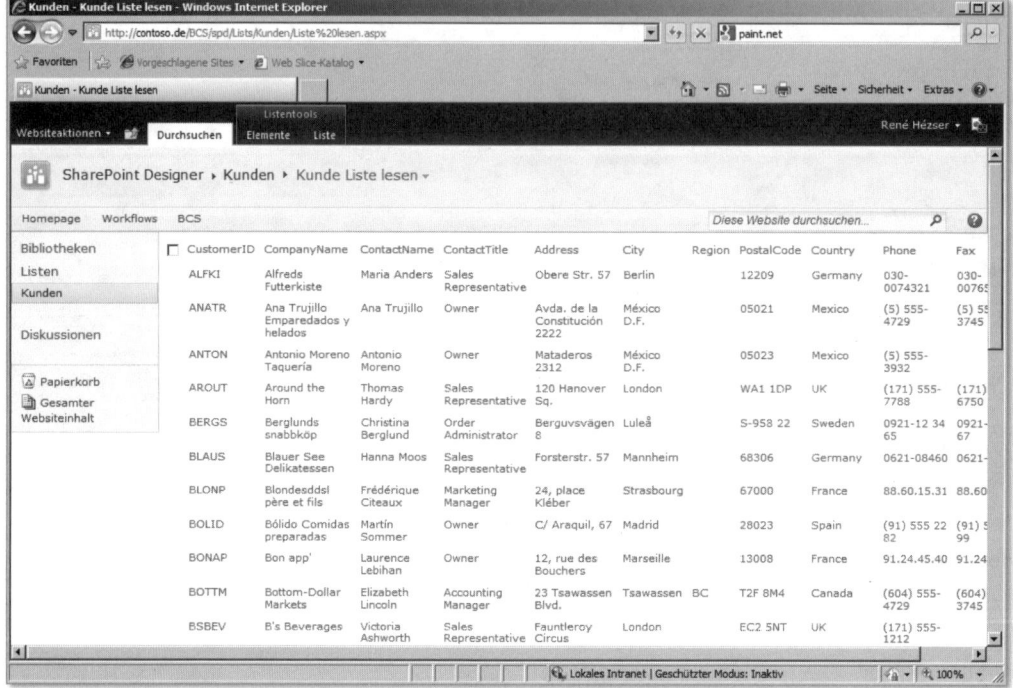

Abbildung 9.27 Externe Daten in einer Liste

Nach Erstellung der Liste können Sie auf der SharePoint-Benutzeroberfläche nachvollziehen, dass sich diese Liste nicht von den Standardfunktionen unterscheidet (siehe Abbildung 9.27).

9.2.2 Visual Studio 2010

Die Programmierung von Metadaten-Modellen wird auch durch Visual Studio 2010 unterstützt. Die Entwicklungsumgebung stellt dafür eine spezielle Projektvorlage bereit, mit deren Hilfe Sie individuelle BCS-Schnittstellen realisieren können (siehe Abbildung 9.28).

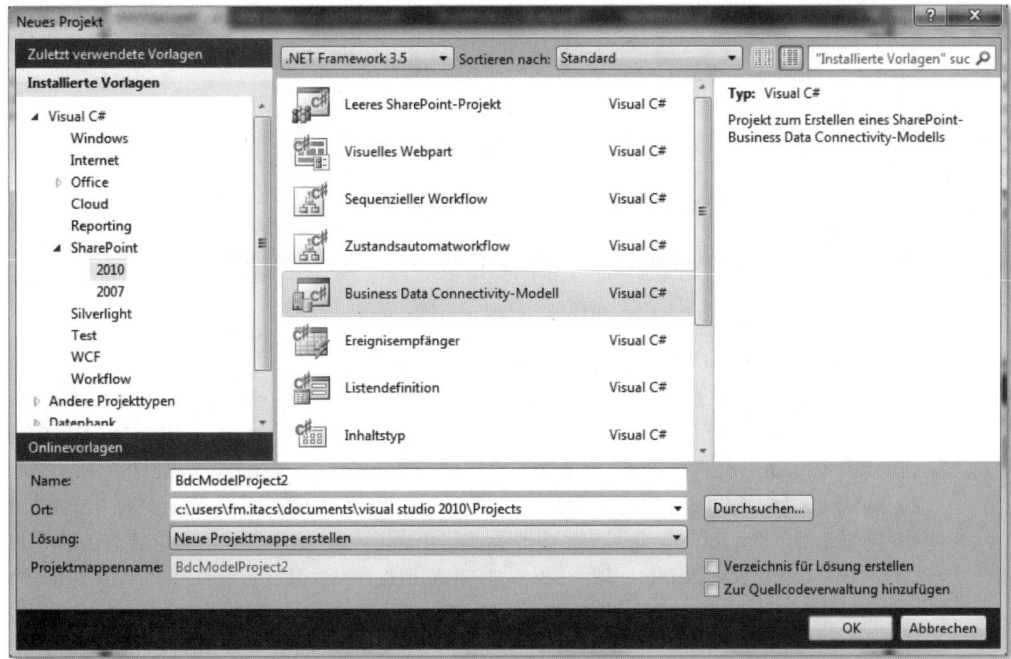

Abbildung 9.28 Visual Studio 2010 integriert eine spezielle Elementvorlage zur Erstellung von BCS-Modellen.

Ein BCS Visual Studio-Projekt setzt sich aus mehreren Komponenten zusammen:

	Name	Beschreibung
1	Feature	Das Feature enthält das BCS-Modell und die .NET-Assembly, die den Konnektor beschreibt.
2	Solution	Die Solution-Datei enthält das Feature und alle benötigten Unterstützungsdateien.
3	Model	Das BCS-Modell beschreibt die Datenquelle, welche Art von Informationen zurückgegeben werden und welche Methoden implementiert wurden.
4	Service-Klasse	Die Methoden dieser Klasse verbinden die zugrunde liegenden Daten mit den BCS und SharePoint.

Tabelle 9.3 Komponenten eines Visual-Studio-BCS-Projekts

Im nächsten Anwendungsbeispiel erstellen Sie ein Modell für den Zugriff auf die Northwind-Datenbank. Als Ergebnis werden die Kundendaten sowie deren jeweilige Bestellungen von der Schnittstelle referenziert. Die Verbindungen dieser beiden Tabellen erfolgt über eine Assoziation (siehe Abbildung 9.29).

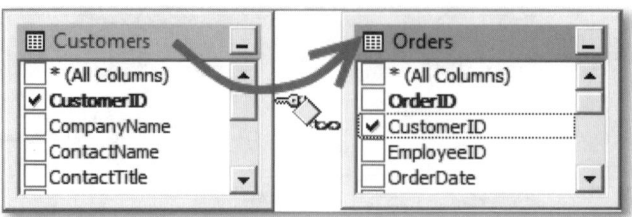

Abbildung 9.29 Das BCS-Modell soll Kunden und deren Bestellungen berücksichtigen.

Erstellen Sie zunächst ein neues Visual Studio-Projekt. Wählen Sie die Projektvorlage BUSINESS DATA CONNECTIVITY-Model aus, und geben Sie dem Projekt einen passenden Namen (zum Beispiel »BCS«). Nach der Generierung können Sie im Projektmappen-Explorer erkennen, dass zusätzlich zum Modell ein Feature erzeugt wurde, das bereits mit den nötigen Eigenschaften ausgestattet ist. Das eigentliche Modell wird von der BDCM-Datei bereitgestellt. Öffnen Sie zunächst diese Datei, und entfernen Sie die darin enthaltene Entität (Entity1). Auch die dazugehörigen .cs-Dateien können aus der Projektstruktur entfernt werden, da wir die Entität später komplett neu erstellen. Benennen Sie abschließend noch das Feature in »Northwind Daten« um, und geben Sie ihm optional eine Beschreibung mit. Ihre Projektstruktur sollte zu diesem Zeitpunkt der Struktur aus Abbildung 9.30 entsprechen.

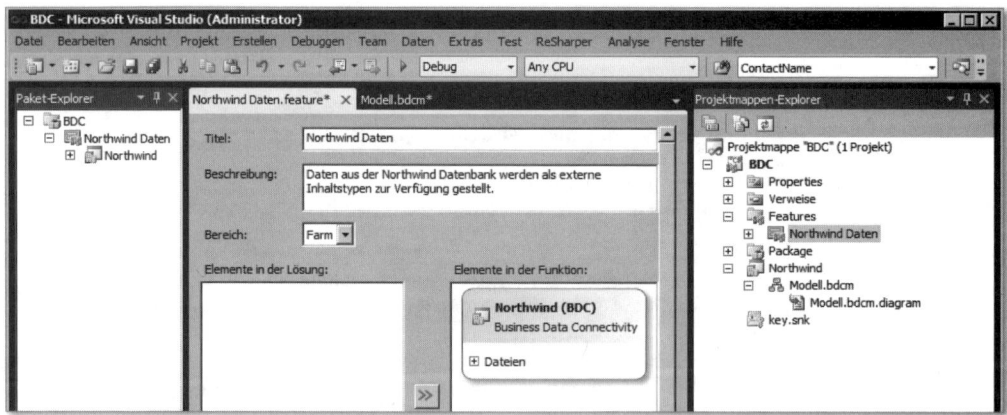

Abbildung 9.30 Die initiale Projektstruktur eines BCS-Projekts

»LINQ to SQL«-Klasse erstellen

Der Zugriff auf die Quelldaten erfolgt in diesem Beispiel mithilfe von *LINQ to SQL*. Dieser Ansatz ist besonders effizient, da hiermit die Objekte nicht manuell definiert werden müssen.

Fügen Sie dem Projekt eine neue Klasse vom Typ LINQ TO SQL hinzu – Sie finden die Vorlage in der Gruppe der Daten –, und geben Sie ihr den Namen »Northwind«.

Verbinden Sie sich im nächsten Schritt über den Server-Explorer mit der Quelldatenbank, und ziehen die Tabellen »Customer« und »Order« via Drag & Drop auf den Designer. Die Relation wird automatisch erzeugt, da diese im Datenbank-Schema definiert wurde (siehe Abbildung 9.31).

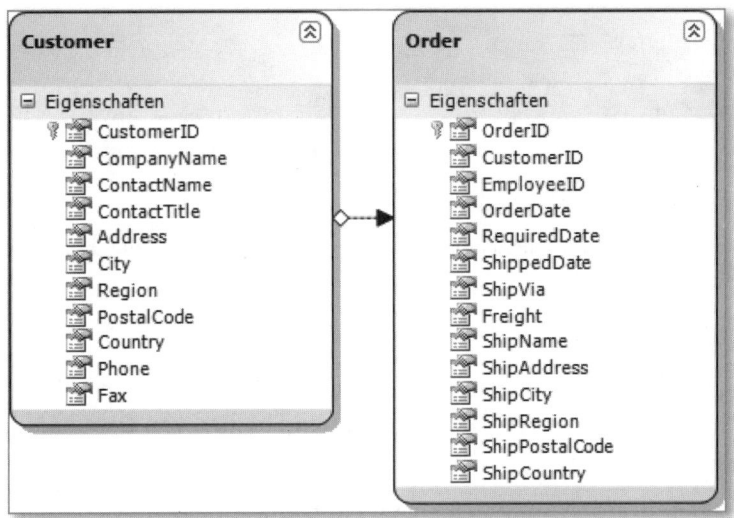

Abbildung 9.31 Die BCS-Schnittstelle betrachtet zwei Tabellen aus der Datenquelle.

Benennen Sie die Datenklassen über das jeweilige Eigenschaftenfenster in »Customer« und »Order« um. Damit ist die *LINQ to SQL*-Klasse bereits fertig.

Entitäten erstellen

Definieren Sie nun die Entitäten Ihres Modells. Visual Studio stellt für diese Aufgabe den Modell-Designer bereit, der die Generierung von Entitäten und Methoden über eine grafische Benutzeroberfläche unterstützt.

Öffnen Sie den Modell-Designer durch einen Doppelklick auf die *.bdcm*-Datei, und ziehen Sie aus der Toolbox eine Entität auf die Bühne. Ändern Sie anschließend den Namen in »Customer« und den Standardanzeigenamen in »Kunde«. Der Anzeigename wird später auf der SharePoint-Oberfläche genutzt.

Zusätzlich zur Entitäten-Klasse wurde die Klasse CustomerService von Visual Studio 2010 erzeugt. In einem späteren Arbeitsschritt werden Sie die Logik implementieren.

Für die eindeutige Identifikation eines Datensatzes benötigen die Entitäten einen oder mehrere Bezeichner (Primärschlüssel in SQL). Alle Bezeichner und Typdeskriptoren sollten so wie die Datenbankfelder benannt werden, damit diese über das LINQ-Modell korrekt zugeordnet werden können. Erstellen Sie jetzt über das Kontextmenü der Entität einen neuen Bezeichner mit dem Namen »CustomerID« (siehe Abbildung 9.32).

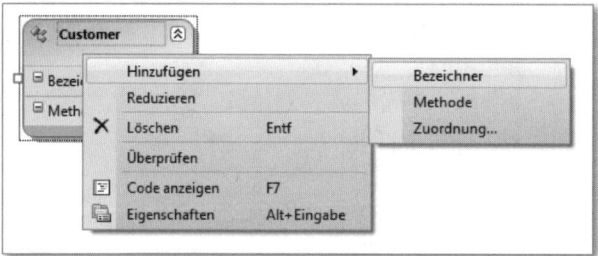

Abbildung 9.32 Neue Bezeichner, Methoden und Zuordnungen können direkt über das Kontextmenü der Entität hinzugefügt werden.

Finder-Methode erzeugen

Ihre nächste Aufgabe wird die Erzeugung der Methoden sein. In diesem Beispiel sind Methoden zum Anlegen, Lesen, Aktualisieren und Löschen von Daten nötig (*Create*, *Read*, *Update* und *Delete*).

Für diese Aufgabe liefert Visual Studio eine Unterstützung – die BDC-Methodendetails. Das Fenster können Sie sich über das Ansichtsmenü anzeigen lassen (siehe Abbildung 9.33).

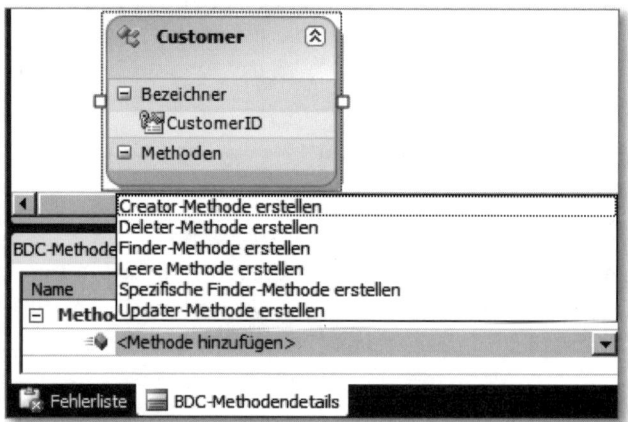

Abbildung 9.33 Die BDC-Methodendetails ermöglichen die einfache Generierung der Entity-Methoden.

Erzeugen Sie zunächst die *Finder*-Methode. Diese übernimmt die Aufgabe, mehrere Datensätze aus dem LOB-System zurückzugeben und dient zum Beispiel zur Suche nach bestimmten Datenätzen. Erzeugen Sie im Bereich der Filterdeskriptoren die Filter »Contact« sowie »Company«, und ändern Sie den jeweiligen Typ in WILDCARD (siehe Abbildung 9.34).

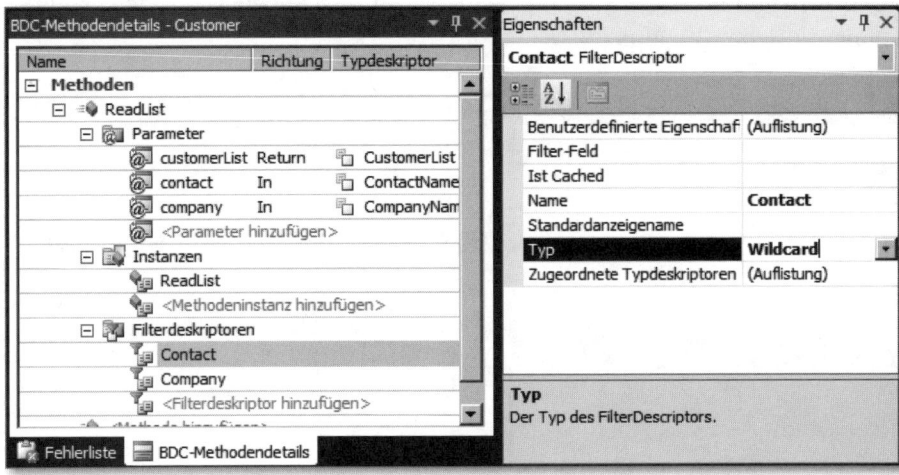

Abbildung 9.34 Konfiguration der Finder-Methode

Um die Filter nutzen zu können, werden zwei zusätzliche Parameter erstellt. Da Sie Daten annehmen, definieren Sie als RICHTUNG den Wert IN und weisen jeweils einen Filter zu (siehe Abbildung 9.35).

Abbildung 9.35 Parameter der »Finder«-Methode

Wildcard-Filter werden als String an die Filter-Methode übergeben und automatisch in die Methodensignatur eingefügt.

Auch der `Return`-Parameter dieser Methode muss im BDC-Modell modelliert werden. Ändern Sie hierzu die Typen der beiden Typdeskriptoren CUSTOMERLIST und CUSTOMER. Diese werden standardmäßig als String erzeugt. Öffnen Sie dazu den BDC-Explorer für das Ansichtsmenü. Hier finden Sie die von Ihnen erzeugen Parameter (siehe Abbildung 9.36).

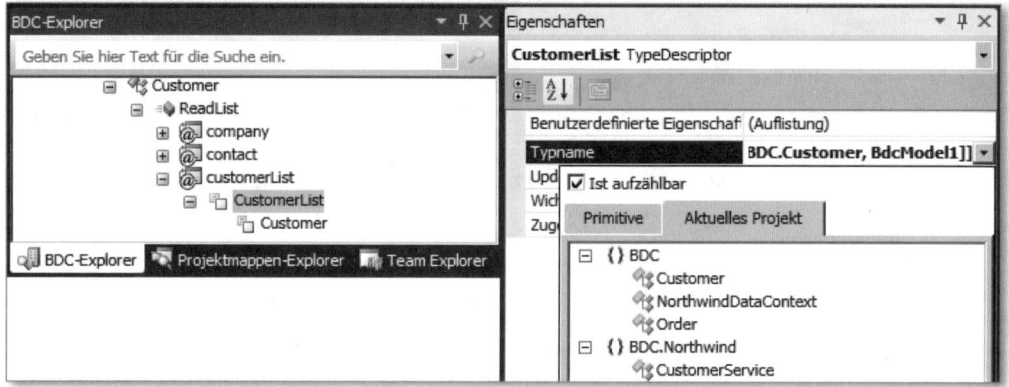

Abbildung 9.36 Zuweisung eines benutzerdefinierten Datentyps über den BDC-Explorer.

Selektieren Sie jetzt den Typdeskriptor CUSTOMERLIST, und ändern Sie im Eigenschaftsfenster den Datentyp in CUSTOMER. Aktivieren Sie außerdem die Schaltfläche IST AUFZÄHLBAR. Sie gewährleistet, dass über diesen Parameter eine Liste von Kunden zurückgegeben werden kann. Führen Sie diesen Schritt – jedoch ohne die Einstellung IST AUFZÄHLBAR – für den Typdeskriptor CUSTOMER durch.

Nachdem der Datentyp dieser Typdeskriptoren angepasst wurde, müssen Sie noch einzelne Eigenschaften (wie beispielsweise »CustomerID«, »City«, »Fax« etc.) erstellen. Die Reihenfolge ist prinzipiell egal, jedoch richtet sich die Spaltenanordnung in einer später erstellten externen Liste nach der Erstellungsreihenfolge. Sie können diese zu einem späteren Zeitpunkt noch über das XML-Modell ändern. Bitte achten Sie darauf, dass die Bezeichnungen der jeweiligen Deskriptoren mit den Eigenschaften der `Customers`-Klasse des *LINQ to SQL*-Modells übereinstimmen. Abbildung 9.37 veranschaulicht das Ergebnis dieses Arbeitsschrittes.

Jede Entität, die über einen Typdeskriptor zurückgegeben wird, muss durch einen Primärschlüssel identifizierbar sein – in diesem Fall über die »CustomerID«. Ändern Sie hierzu die Eigenschaft BEZEICHNER auf den zuvor definierten Bezeichner CUSTOMERID.

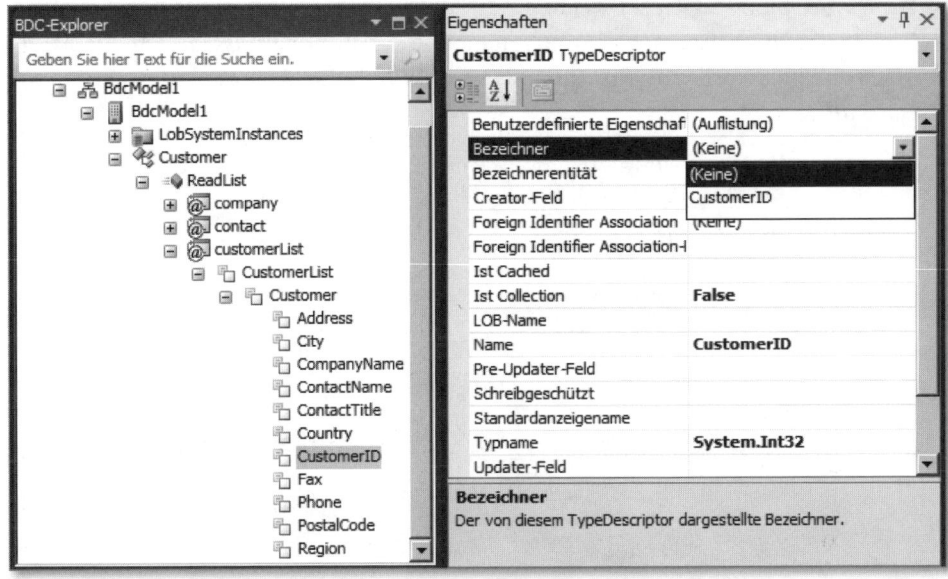

Abbildung 9.37 Fertig konfigurierter Rückgabeparameter

Korrekte Zuweisung von Primärschlüsseln

Bezeichner bzw. Primärschlüssel müssen im Modell als solche gekennzeichnet werden. Durch sie kann ein Element eindeutig identifiziert werden, um es z. B. zu ändern oder um von der Listenansicht auf die Elementansicht zu verweisen.

Der Quellcode der Finder-Methode ist aufgrund der Verwendung von *LINQ to SQL* sehr übersichtlich. Die Methoden werden automatisch von Visual Studio erzeugt. Eine Anpassung – zum Beispiel an den Parameter – wird ebenfalls automatisch auf die Methodensignatur angewendet. Den Quellcode der Methode erreichen Sie entweder über das Kontextmenü oder über einen Doppelklick auf die Methode (siehe Abbildung 9.38).

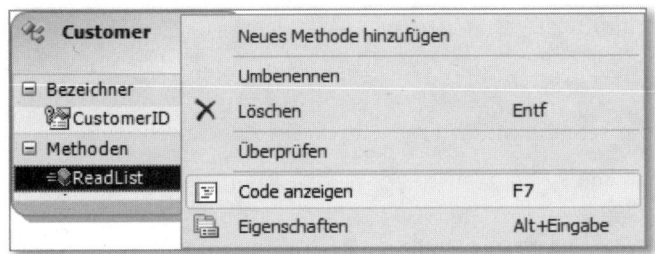

Abbildung 9.38 Der Zugriff auf den Quellcode einer Methode erfolgt über den Modell-Designer.

Dieses Beispiel verwendet Klassen des Namensraums `Microsoft.BusinessData`. Die Assembly befindet sich im Verzeichnis *C:\Windows\assembly\GAC_MSIL\Microsoft.BusinessData\14.0.0.0__71e9bce111e9429c\Microsoft.Business-Data.dll*

```
public static IEnumerable<Customer> ReadList(string contact, string company)
{
    try
    {
        using (NorthwindDataContext context = new
            NorthwindDataContext(Constants.ConnectionString))
        {
            // Liste der Kunden abfragen
            IQueryable<Customer> customers;
            customers = context.Customer.AsQueryable();
            if (!string.IsNullOrEmpty(company))
            {
                // Entfernen des Wildcard-Suchzeichens
                company = company.Trim('*');
                customers = customers.Where(
                    c => c.CompanyName.Contains(company));
            }
            if (!string.IsNullOrEmpty(contact))
            {
                // Entfernen des Wildcard-Suchzeichens
                contact = contact.Trim('*');
                customers = customers.Where(
                    c => c.ContactName.Contains(contact));
            }
            return customers.ToList();
        }
    }
    catch (Exception ex)
    {
        throw new RuntimeException(
            "Fehler beim Zugriff auf die Datenquelle: " + ex.Message
            , ex);
    }
}
```

Listing 9.7 Die »Finder«-Methode

Die Verbindungszeichenfolge zur Datenquelle wurde in diesem Fall mit anderen Konstanten zusammen in eine Klasse ausgelagert. Alternativ kann sie auch direkt in dieser Methode erzeugt werden.

Die Reihenfolge, in der die Typdeskriptoren angelegt werden, steuert die spätere Datenaufbereitung in SharePoint. Der erste Typdeskriptor dient dem Listenelement als Titelspalte inklusive Kontextmenü. Nach dieser Spalte wird die Ansicht auch standardmäßig sortiert (siehe Abbildung 9.39).

Abbildung 9.39 Externe Liste mit der »CustomerID« als erstem Typdeskriptor

Die Reihenfolge der Typdeskriptoren orientiert sich an der Reihenfolge im XML-Modell und ist daher nicht über die Struktur in Visual Studio nachvollziehbar (siehe Abbildung 9.40).

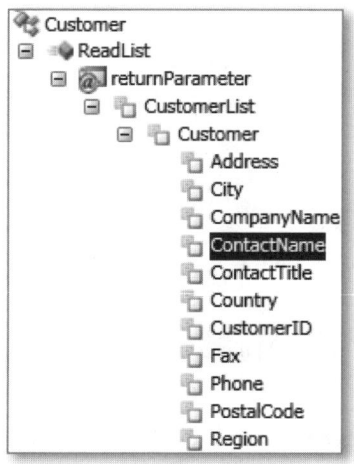

Abbildung 9.40 Die Typdeskriptoren werden in Visual Studio nach dem Namen sortiert.

Möchten Sie die Reihenfolge der Typdeskriptoren ändern, müssen Sie das Modell als XML-Datei öffnen (siehe Abbildung 9.41).

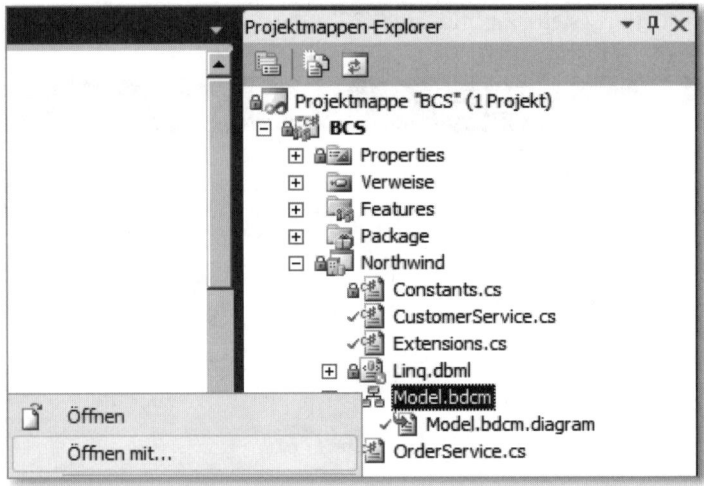

Abbildung 9.41 Das Modell kann in alternativ über einen XML-Editor geöffnet werden.

Bitte beachten Sie, dass sich nach einer Änderung im XML-Modell die Versionsnummer der Entität erhöht, in der sich die Methode befindet. Durch diese Änderung wird bei einem Deployment die Definition der Entität mit durch die aktualisierte Version ersetzt. Die Reihenfolge der Typdeskriptoren lässt sich durch die Umstrukturierung der TypeDescriptor-Elemente modifizieren.

```
<Method Name="ReadList">
   <Parameters>
      <Parameter Direction="Return" Name="returnParameter">
         <TypeDescriptor
         TypeName="System.Collections.Generic.IEnumerable`1[ ⏎
         [BCS.Northwind.Customer, NorthwindLOB]]" ⏎
         IsCollection="true" Name="CustomerList">
            <TypeDescriptors>
               <TypeDescriptor Name="Customer"
               TypeName="BCS.Northwind.Customer, NorthwindLOB" ⏎
               IsCollection="false">
                  <TypeDescriptors>
                     <TypeDescriptor Name="ContactName"
                     TypeName="System.String">
                        <LocalizedDisplayNames>
                           <LocalizedDisplayName
                           LCID="1031">Ansprechpartner ⏎
                           </LocalizedDisplayName>
                           <LocalizedDisplayName LCID="1033">Contact
```

```
                                Name</LocalizedDisplayName>
                            </LocalizedDisplayNames>
                        </TypeDescriptor>
                        <TypeDescriptor Name="CustomerID"
                        TypeName="System.String" IdentifierName= ⮯
                        "CustomerID">
                        </TypeDescriptor>
                        <TypeDescriptor Name="CompanyName"
                        TypeName="System.String">
                            <Properties>
                                <Property Name="ShowInPicker"
                                Type="System.Boolean">true</Property>
                            </Properties>
                        </TypeDescriptor>
                        <TypeDescriptor Name="ContactTitle"
                        TypeName="System.String" />
                        <TypeDescriptor Name="Address"
                        TypeName="System.String" />
                        <TypeDescriptor Name="City"
                        TypeName="System.String" />
                        <TypeDescriptor Name="Region"
                        TypeName="System.String" />
                        <TypeDescriptor Name="PostalCode"
                        TypeName="System.String" />
                        <TypeDescriptor Name="Country"
                        TypeName="System.String" />
                        <TypeDescriptor Name="Phone"
                        TypeName="System.String" />
                        <TypeDescriptor Name="Fax"
                        TypeName="System.String" />
                    </TypeDescriptors>
                </TypeDescriptor>
            </TypeDescriptors>
        </TypeDescriptor>
    </Parameter>
  </Parameters>
  <MethodInstances>
    <MethodInstance Type="Finder"
    ReturnParameterName="returnParameter" Default="true" ⮯
    Name="ReadList" DefaultDisplayName="Customer List">
        <Properties>
        <Property Name="RootFinder" Type="System.String">x
        </Property>
        </Properties>
    </MethodInstance>
  </MethodInstances>
</Method>
```

Listing 9.8 Typdeskriptor-Reihenfolge im XML-Modell

Spezifische Finder-Methode erzeugen

Die *spezifische Finder*-Methode dient zur Anzeige eines einzelnen Datensatzes aus der Quelle. Sie enthält einen Eingabeparameter, der den Bezeichner entgegennimmt, und einen Rückgabeparameter für das jeweilige Element. Wenn Sie diese Methode über die BDC-Methodendetails erzeugen, müssen Sie keine weiteren Anpassungen vornehmen, da der Rückgabeparameter vom Typ »Customer« bereits definiert wurde (siehe Abbildung 9.42).

Abbildung 9.42 Aufbau der spezifischen »Finder«-Methode

Fügen Sie folgenden Programmcode der Methode über die Quellcodeansicht hinzu:

```
try
{
   using (NorthwindDataContext context = new
      NorthwindDataContext(Constants.ConnectionString))
   {
      // Liste der Kunden abfragen
      IQueryable<Customer> customers;
      customers = context.Customer.AsQueryable();
      if (!string.IsNullOrEmpty(company))
      {
         // Entfernen des Wildcard-Suchzeichens
         company = company.Trim('*');
         customers = customers.Where(
            c => c.CompanyName.Contains(company));
```

```
        }
        if (!string.IsNullOrEmpty(contact))
        {
            // Entfernen des Wildcard-Suchzeichens
            contact = contact.Trim('*');
            customers = customers.Where(
                c => c.ContactName.Contains(contact));
        }
        return customers.ToList();
    }
}
catch (Exception ex)
{
    throw new RuntimeException(
        "Fehler beim Zugriff auf die Datenquelle: " + ex.Message
        , ex);
}
```

Listing 9.9 Spezifische »Finder«-Methode

Die »Creator«-Methode

Die Erstellung von neuen Elementen wird über die *Creator*-Methode implementiert. Auch diese Methode kann über die BDC-Methodendetails erzeugt werden.

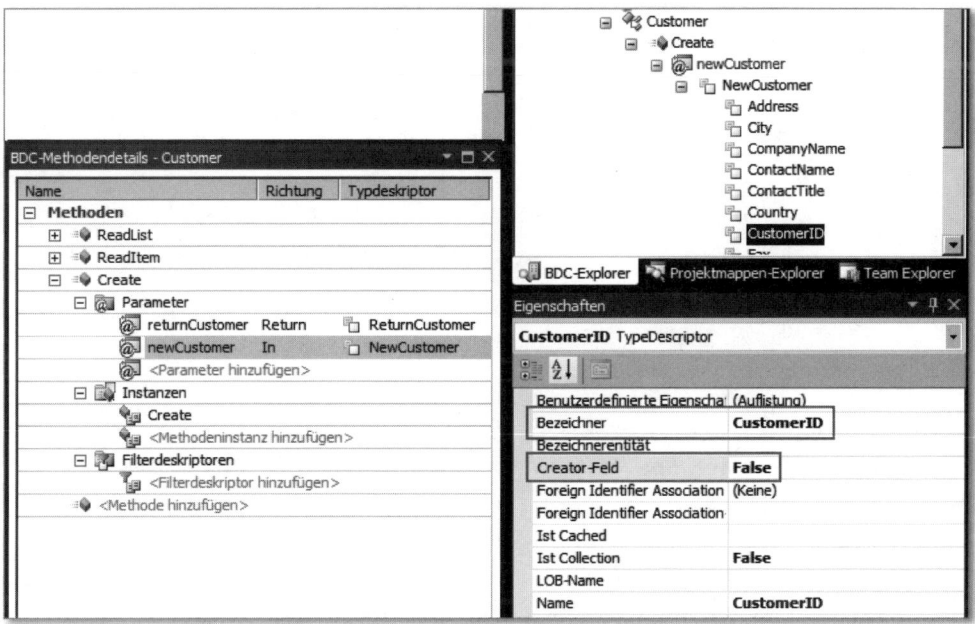

Abbildung 9.43 Der Primärschlüssel wird durch das LOB-System gesteuert und muss deshalb nicht übergeben werden.

533

Diesmal müssen Sie jedoch eine Anpassung an den Typdeskriptor des Eingabeparameters vornehmen. Dieser erwartet ein neues Objekt des Typs Customer. In den meisten Datenbanksystemen wird der Primärschlüssel vom Backend-System automatisch generiert. In diesem Fall wird jedoch kein Parameter übergeben, sondern die Eigenschaft im Creator-Feld auf den Wert False gesetzt.

Ist dieser Wert auf True gesetzt, sorgt er dafür, dass das Feld bei der Erstellung eines neuen Datensatzes an das Backend-System übertragen wird. Die restlichen Typdeskriptoren behalten ihre Standardeinstellungen.

Bei Verwendung der Northwind-Datenbank ist es jedoch nötig, den Wert für die CustomerID-Spalte an das Backend-System zu übergeben. Der Wert wird in diesem Beispiel deshalb auf True belassen.

Durch die Implementierung der Creator-Methode wird ein neues Element in der Datenbank erzeugt:

```
public static Customer Create(Customer newCustomer)
{
    try
    {
        using (NorthwindDataContext context = new
            NorthwindDataContext(Constants.ConnectionString))
        {
            context.Customer.InsertOnSubmit(newCustomer);
            context.SubmitChanges();
            return newCustomer;
        }
    }
    catch (Exception ex)
    {
        throw new RuntimeException(
            "Fehler beim Zugriff auf die Datenquelle: " + ex.Message
            , ex);
    }
}
```

Listing 9.10 »Create«-Methode

Die »Update«-Methode

Die Generierung der *Update*-Methode sollte Ihnen jetzt nicht mehr schwerfallen. Da das Backend-System einen Primärschlüssel nutzt, muss dieser zusätzlich zu dem geänderten Datensatz übergeben werden. Aus diesem Grund müssen Sie einen weiteren In-Parameter erstellen und die Eigenschaft Pre-Updater-Feld konfigurieren (siehe Abbildung 9.44).

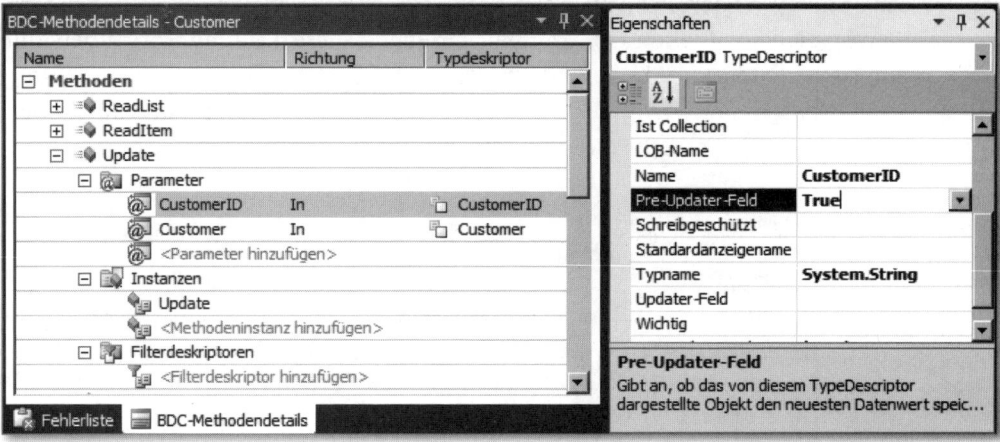

Abbildung 9.44 Über das »Pre-Updater-Feld« wird der Primärschlüssel an die Datenquelle übergeben.

Der In-Parameter wird durch Visual Studio mit allen zuvor konfigurierten Typdeskriptoren versehen.

```
public static void Update(Customer customer, string customerID)
{
    try
    {
        using (NorthwindDataContext context = new
          NorthwindDataContext(Constants.ConnectionString))
        {
            Customer oldCustomer;
            oldCustomer = (from c in context.Customer
                          where c.CustomerID == customerID
                          select c).Single();

            oldCustomer.UpdateWith(customer);
            context.SubmitChanges();
        }
    }
    catch (Exception ex)
    {
        throw new RuntimeException(
          "Fehler beim Zugriff auf die Datenquelle: " + ex.Message
          , ex);
    }
}
```

Listing 9.11 »Update«-Methode

Um unnötige Änderungen an einem Objekt zu vermeiden, werden nur geänderte Werte auf dem Kunden-Objekt überschrieben. Diese Prüfung wird über eine generische Extension-Methode durchgeführt.

```
public static class Extensions
{
    /// <summary>
    /// Kopiere die Werte aller Eigenschaften
    /// von other auf current
    /// </summary>
    /// <typeparam name="T"></typeparam>
    /// <param name="current"></param>
    /// <param name="other"></param>
    internal static void UpdateWith<T>(this T current, T other)
    {
        Type type = current.GetType();
        foreach (PropertyInfo property in type.GetProperties())
        {
            object oldValue = property.GetValue(current, null);
            object newValue = property.GetValue(other, null);
            if ((oldValue == null && newValue == null) ||
                (oldValue != null && oldValue.Equals(newValue)))
            {
                // Wenn sich der Wert nicht geändert hat, gehe weiter
                continue;
            }

            property.SetValue(current, newValue, null);
        }
    }
}
```

Listing 9.12 »Extensions«-Methode zur Aktualisierung von Werten in einem Objekt

Die »Delete«-Methode

Die Erzeugung der *Delete*-Methode erfolgt nach demselben Schema wie die Generierung der zuvor konfigurierten Methoden.

Folgender Code bewirkt, dass ein Datensatz aus der Datenbank gelöscht wird:

```
public static void Delete(string customerID)
{
    try
    {
        using (var context = new
```

```
            NorthwindDataContext(Constants.ConnectionString))
        {
            Customer customer = (from c in context.Customer
                            where c.CustomerID == customerID
                            select c).Single();
            context.Customer.DeleteOnSubmit(customer);
            context.SubmitChanges();
        }
    }
    catch (Exception ex)
    {
        throw new RuntimeException(
          "Fehler beim Zugriff auf die Datenquelle: " + ex.Message
          , ex);
    }
}
```

Listing 9.13 »Delete«-Methode

Nach Abschluss dieses Arbeitsschrittes ist Ihr BCS-Modell fertig. Mithilfe der von Ihnen erzeugen Methoden lassen sich nun Elemente aus der Datenquelle durchsuchen, aufrufen, modifizieren und löschen.

Besonderheiten beim Deployment auf SharePoint Foundation

Die Verfügbarkeit bzw. Funktionalität von BCS war bei Erscheinen von SharePoint Foundation 2010 zunächst leider noch nicht ganz ausgereift. Der Fehler bestand darin, dass der durch die Projektvorlage erzeugte Funktionsempfänger eine SharePoint Server-Assembly referenzierte – dies führte unter SharePoint Foundation dann zu einem Fehler.

Glücklicherweise erkannte Microsoft diesen Irrtum und sorgte für einen passenden Funktionsempfänger (siehe Abbildung 9.45). Diesen können Sie nun unter folgender URL herunterladen und in Ihr Projekt integrieren:

http://code.msdn.microsoft.com/BDCSPFoundation

Bereits dieses einfache Beispiel veranschaulicht die Komplexität der Business Connectivity Services. Die Umsetzung von BCS-Lösungen erfordert sehr viel Know-how und Erfahrung mit dem .NET Framework sowie der SharePoint-Architektur. Das Zusammenspiel dieser Komponenten zeigt Ihnen Möglichkeiten auf, wie Sie Business-integrierte Anwendungen implementieren, die sämtliche Facetten einer Systemarchitektur ausnutzen.

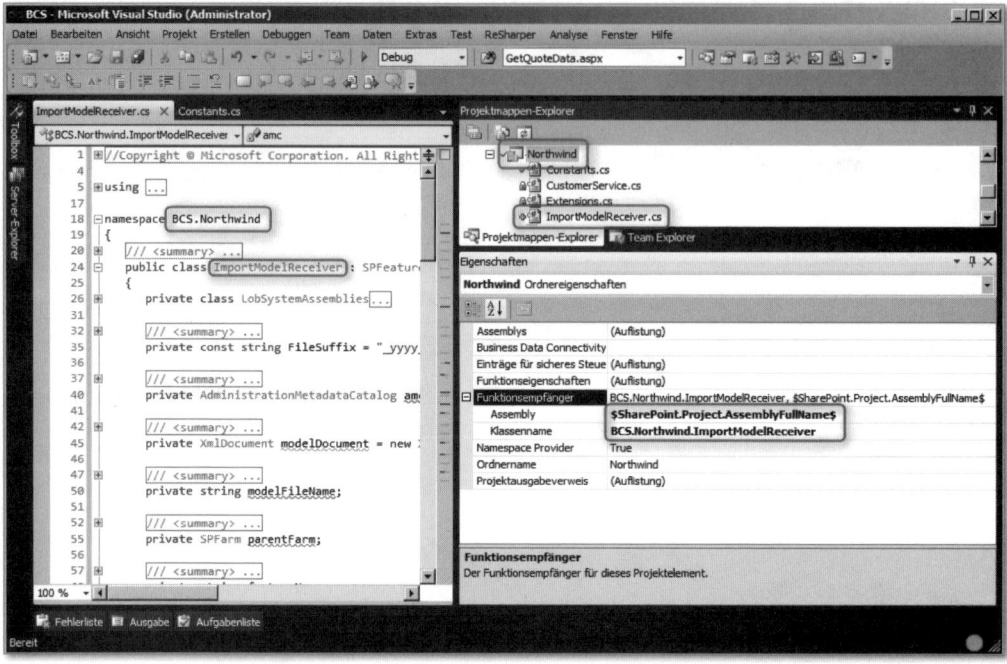

Abbildung 9.45 Konfiguration des Funktionsempfängers für BCS-Modelle unter SharePoint Foundation

Index

A

Anwendungsseite 49, 277
Assembly 159, 160
  Global Assembly Cache 75, 160
  Microsoft.BusinessData.dll 528
  Microsoft.SharePoint.Client.dll 220
  Microsoft.SharePoint.Client.Runtime.dll
    220
  Microsoft.SharePoint.dll 45, 159, 168
  SafeControl 341, 446

B

BCS 497
  Assoziation 506, 523
  Entität 498, 502, 503, 505, 522, 523
  Methode 503, 505, 524, 532, 533, 534,
    536
  Methodeninstanz 505
  Modell 503, 523
  SharePoint Designer 100
  Typdeskriptor 506, 510, 524, 526, 529,
    530
Benachrichtigung 328, 332
  addNotification 303, 332
Benutzerdefinierte Aktionen →
  CustomAction
Benutzersteuerelement 44, 49
Berechtigungen 202, 212
  Benutzerinformationsliste 203
  Berechtigungsstufen 203
  Client-Objektmodell 241
  CredentialCache 256
  DoesUserHavePermissions 208
  Heraufstufung 210, 212, 491
  Impersonifizierung 210, 213, 260
  NetworkCredential 256
  System 211, 213
  Vererbung 207
  WCF 259
Business Connectivity Services → BCS

C

CAML 22, 184, 228, 379, 383, 392, 413
  CamlQuery 228, 233, 244, 392, 414
ClientContext 216, 249, 362, 417
  ExecuteQuery 216, 230, 362
  get_current 249
  Load 216, 219, 224, 225, 250, 417
  LoadQuery 224, 230, 418
  Silverlight 373
Code Access Security 345, 351, 452
  Berechtigungslevel 347
  Sicherheitsrichtlinien 346
Collaborative Application Markup Language
  → CAML
ContentPlaceHolder → PlaceHolder
CorrelationToken → Workflow
CreationInformation 230, 236
CustomAction 294, 297, 305, 318, 322,
  324, 325

D

Datei
  Client.svc 253
  CMDUI.xml 291, 295
  Elements.xml 148, 387, 390, 486
  Feature.xml 433
  global.asax 54
  Microsoft.SharePoint.Client.Runtime.dll
    262
  Microsoft.SharePoint.dll 451
  Onet.xml 179, 380
  owssvr.dll 55
  Schema.xml 179, 383, 387
  SilverlightApplication.dll 359
  SP.js 247
  SPMetal.exe 401, 416
  STSADM.exe 447
  stsadm.exe 112
  svcutil.exe 254
  web.config 42, 51, 61, 262
  WEBTEMP.xml 172
  WSDL.exe 254, 262
  wss_usercode.config 452

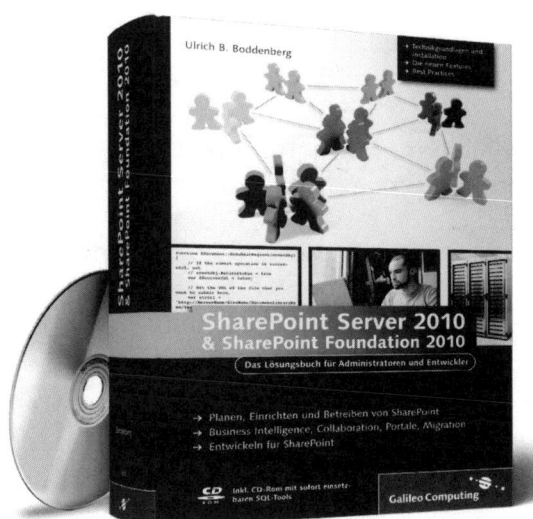

Planen, Einrichten und Betreiben von SharePoint

Business Intelligence, Collaboration, Portale, Informationskonsolidierung

Entwickeln für SharePoint

Ulrich B. Boddenberg

Microsoft SharePoint Server 2010 und SharePoint Foundation 2010

Das Lösungsbuch für Administratoren und Entwickler

Mit SharePoint 2010 realisieren Sie intelligente webbasierte Collaboration-Lösungen für Arbeitsgruppen und Unternehmen. Boddenbergs Standardwerk für Administratoren, Entwickler und Berater vermittelt das notwendige Wissen, um Lösungen mit dem aktuellen SharePoint Server umfassend zu evaluieren, zu planen und umzusetzen. Schwerpunkte des Buches sind u. a. Workflows, Enterprise Search, Datenintegration, Entwicklung für SharePoint, Web-Content-Management, Integration und Migration u. v. m.

ca. 1100 S., 2. Auflage, mit CD, 59,90 Euro
ISBN 978-3-8362-1655-5, Februar 2011

>> **www.galileocomputing.de/2445**

BizTalk Server einführen,
administrieren, Anwendungen
entwickeln

SharePoint-, SQL-Server-,
CRM-Anbindung, Überwachung
u. v. m.

Mit vielen Praxis-Szenarien, z. B. zu
E-Mail, Webservices etc.

Markus Widl

BizTalk Server 2010

Administration, Entwicklung und Einsatz

Wenn Sie Anwendungen für den Microsoft BizTalk Server 2010
programmieren wollen oder auch eine kompakte Einführung in die
Administration des Servers wünschen, dann ist dieses Buch Ihr idealer
Begleiter. Mithilfe leicht nachvollziehbarer und beruflich direkt
einsetzbarer Praxisbeispiele erlangen Sie schnell das nötige Know-how,
um eigene Projekte mit dem BizTalk-Server zu realisieren. So optimieren
Sie künftig die Integration, Verwaltung und Automatisierung von
Geschäftsprozessen noch leichter.

ca. 500 S., 59,90 Euro
ISBN 978-3-8362-1545-9, Februar 2011

>> **www.galileocomputing.de/2311**

Galileo Computing

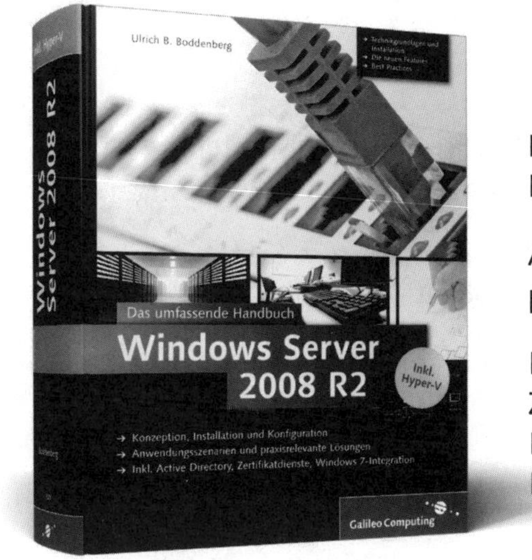

Konzeption, Installation und Konfiguration

Anwendungsszenarien und praxisrelevante Lösungen

Inkl. Active Directory, Zertifikatdienste, Windows 7-Integration, Virtualisierung mit Hyper-V, SharePoint

Ulrich B. Boddenberg

Windows Server 2008 R2

Das umfassende Handbuch

Hier erfahren Sie vom Experten alles über den Windows Server 2008 R2, was ein Profi wissen muss: von der Installation und Migration über Interoperabilität und Vista im Netz bis hin zur Hochverfügbarkeit.

1410 S., 3. Auflage 2010, 59,90 Euro
ISBN 978-3-8362-1528-2

>> www.galileocomputing.de/2286

Installation, Migration,
Datenbankmodellierung

T-SQL, .NET-Programmierung, XML
und Webservices

Einsatz als Programmierplattform und
Datenbankmanagement-Server

Dirk Mertins, Jörg Neumann, Andreas Kühnel

SQL Server 2008 R2

Das Programmierhandbuch

Vom ersten Datenbankentwurf und den SQL-Grundlagen, der Migration von
SQL Server 2005 oder SQL Server 2000 bis hin zu den neuen Features und
konkreten Programmierbeispielen beschreiben die Autoren alles Notwendige,
um den SQL Server 2008 R2 als Programmierplattform und Daten-
management-Server zu nutzen. Egal, ob es sich um klassische Programmierung
mit Transact-SQL oder .NET-Programmierung, ADO.NET oder LINQ handelt.

1216 S., 4. Auflage, 59,90 Euro
ISBN 978-3-8362-1693-7

>> www.galileocomputing.de/2503

Galileo Computing

Vollständige Kommandoreferenz mit
Schritt-für-Schritt-Anleitungen

ESX-Aufbau, Fehlersuche, Umgang
mit Festplattendateien und Snapshots

PowerShell, PowerCLI, vCLI und vMA

Dennis Zimmer, Bertram Wöhrmann

VMware ESX 4

Automatisierung, Befehle, Scripting

Aktuell zur Version 4 erfahren Sie in diesem Buch alles, was Sie über die
Kommandozeile des VMware ESX Servers wissen müssen. Die Autoren bringen
Ihnen alle wichtigen Funktionen und Änderungen gegenüber ESX 3.5 leicht
verständlich näher: Arbeiten Sie mit ESX-, Linux- und PowerCLI-Befehlen
wesentlich effizienter und erledigen Sie Aufgaben wie Installation, Konfiguration,
Benachrichtigungen, Protokollauswertungen, Fehlersuche, Sicherung und
Wiederherstellung noch schneller! Skriptkenntnisse werden nicht vorausgesetzt.
Die optimale Ergänzung zum Bestseller „VMware vSphere 4"!

687 S., 3. Auflage 2010, 69,90 Euro
ISBN 978-3-8362-1644-9

>> www.galileocomputing.de/2427

Galileo Computing

In unserem Webshop finden Sie unser aktuelles
Programm mit ausführlichen Informationen,
umfassenden Leseproben, kostenlosen Video-Lektionen –
und dazu die Möglichkeit der Volltextsuche in allen Büchern.

www.galileocomputing.de

Galileo Computing

Wissen, wie's geht.